Kunst-Reiseführer in der Reihe DuMont Dokumente

Zur schnellen Orientierung – die wichtigsten Städte und Klöster Tibets auf einen Blick:

(Auszug aus dem ausführlichen Ortsregister)

Dorjetra 240
Drayerpa 190
Drepung 179
Drigung Thel 231
Ganden 184
Golmud 301
Gyantse 263
Kumbum Jampa Ling 303
Labrang Tashi Khyil 308
Lanzhou 307
Lhasa 150
Mindroling 240
Nechung 187
Pälkhor Chöde 265
Rateng 230
Ratö 235
Sakya 283
Samye 241
Sera 175
Taglung Thang 230
Tashilhünpo 277
Tholing 297
Tsaparang 297
Tsethang 248
Tshurphu 192
Xining 302
Yumbhu Lhakhar 254
Zhalu 273

In der vorderen Umschlagklappe: Übersichtskarte von Tibet

In der hinteren Umschlagklappe: Stadtplan von Lhasa

DuMont Buchverlag Köln

Karl-Heinz Everding

Tibet

Lamaistische Klosterkulturen,
nomadische Lebensformen
und bäuerlicher Alltag
auf dem »Dach der Welt«

Umschlagvorderseite: Der Potala-Palast in Lhasa
Vordere Umschlaginnenklappe: Eine Darstellung der Weißen Tara
Umschlagrückseite: Tibetische Nomaden auf ihren Pferden
Hintere Umschlaginnenklappe: Tibetische Mönche

Danksagung

Mein herzlicher Dank gilt all denen, die mit ihrer Hilfsbereitschaft zu dem Buch beigetragen haben, besonders Frau Christine Funk, Herrn Ewald ›Tom‹ Thoemmes, der Thangka Painting School der Library of Tibetan Works and Archives, Dharamsala/Indien, unter der Leitung des Ehrwürdigen Sanggye Yeshe sowie Herrn Hans-Günter Semsek für seine engagierte und einfühlsame Betreuung des Buches.

Über den Autor: Karl-Heinz Everding, geboren 1953, studierte Tibetologie, Mongolistik und vergleichende Religionswissenschaften und promovierte mit einer Untersuchung über das Reinkarnationswesen. Derzeit arbeitet er als wissenschaftlicher Mitarbeiter an einem Projekt zur historischen und kulturgeschichtlichen Entwicklung West-Tibets.

Die Deutsche Bibliothek – CIP-Einheitsaufnahme

Everding, Karl-Heinz:
Tibet: Lamaistische Klosterkulturen, nomadische Lebensformen und bäuerlicher Alltag auf dem Dach der Welt / Karl-Heinz Everding. –
Köln: DuMont, 1993
(DuMont-Dokumente: DuMont Kunst-Reiseführer)
ISBN 3-7701-2771-4

Satz, Druck und buchbinderische Verarbeitung: Boss-Druck, Kleve

Printed in Germany ISBN 3-7701-2771-4

Inhalt

Vorwort 11

Tibet: Raum, Mensch und Kultur 13

Der Kulturraum 13
Die Entstehung des tibetischen Hochplateaus 13
Physische Geographie und klimatische Charakteristika 15
Geographische Landesgliederung 16
Politische Geographie 18
Flora und Fauna 20

Das tibetische Volk 22
Ethnie und Brauchtum 22
Bevölkerungsstatistische Untersuchungen 22
Ethnische Zugehörigkeit und Volksgruppen 23
Kleidung und Nahrung 24
Siedlung, Haus und Familie 25
Sitte und Brauchtum 26
Wichtige Stationen im Lebenslauf des Tibeters 27
Sprache und Schrift 29
Der Staat und seine Organe im ›Alten Tibet‹ 30
Die tibetische Zentralregierung 30
Recht und Gesetz 32
Landbesitzverhältnisse 33
Steuer 34
Die traditionellen Sozial- und Berufsstrukturen 35
Die sozialen Schichten 35
Die adlige Beamtenschaft 36
Bauern, Handwerker und Landarbeiter 36
Die tibetischen Nomaden 39
Der Changtang – Lebensraum der Nomaden 39
Die Nomaden 40

Das Vieh als Lebensgrundlage 41
Die schwarzen Zelte 41
Die Besteuerung der Nomaden im »Alten Tibet« 42

Die Geschichte Tibets 43

Tibets Frühgeschichte, die Yarlung Dynastie (bis 600 n. Chr.) 43
Der mythologische Ursprung 43
Nyatri Tsenpo und die Könige der Yarlung-Dynastie 44
Das tibetische Großreich und die Frühe Bekehrung Tibets 46
Songtsen Gampo, der Begründer des tibetischen Großreiches 46
Tisong Detsen, der Förderer des Buddhismus 48
Das Wirken des Magiers Padmasambhava 50
Samye und die religiösen Auseinandersetzungen des 8. Jhs. 50
Rälpacen und der Niedergang des Buddhismus 52
Die Periode der Späten Bekehrung 54
Die Renaissance des Buddhismus und die Entstehung der philosophischen Schulrichtungen 54
Atisha und die Kadampa-Schule 54
Die Kagyüpa-Schule 55
Die Nyingmapa-Schule 56
Die Periode der Sakya-Vorherrschaft zur Zeit der Yuan-Dynastie 56
Die Phagmo Drupa-Dynastie 57
Die Ägide der Gelbmützenschule unter den Dalai Lamas 58
Tsongkhapa und die Gründung der Gelbmützenschule 58
Die Entstehung der Inkarnationslinie der Dalai Lamas und die tibetisch-mongolischen Beziehungen des 16. Jhs. 59
Die Madhyamika-Philosophie 60
Der 5. Dalai Lama und die Entstehung der lamaistischen Autokratie 61
Die Zeit des 6. Dalai Lama und die Regentschaft des Desi 62
Der 7. Dalai Lama und die chinesisch-mandschurische Suzeränität über Tibet . . . 63
Die Zeit des 8. bis 12. Dalai Lama 64
Der 13. Dalai Lama und das Ende der chinesisch-mandschurischen Suzeränität . . . 64
Die Konferenz von Simla 65
Tibet unter der Herrschaft des 13. Dalai Lama 66
Die Inthronisation des 14. Dalai Lama 66
Die Autonome Region Tibet 66
Gründung und geschichtliche Entwicklung 67
Regierung, Militär und Polizei 69
Die verkehrstechnische Erschließung des Landes 70
Wirtschaftliche Erschließung und Städtebau 71
Bildung und medizinische Versorgung 71

Aktuelle Entwicklungen in der Autonomen Region Tibet 71
Zum völkerrechtlichen Status Tibets 72

Die Religionen Tibets 74
Volksreligiöse Vorstellungen 74
Die Bön-Religion 75
Der Buddhismus 77
Das Leben des Buddha 78
Zentrale Glaubensvorstellungen seiner Lehre 80
Das ›Kleine‹ und ›Große Fahrzeug‹: Mahayana und Hinayana 82
Dualität 85
Der Tantrismus 85
Die Yogacara-Schule 86
Vajrayana: Das ›Diamant-Fahrzeug‹ 87
Der Adi-Buddha, der Ur-Buddha 89
Der Tibetische Buddhismus oder Lamaismus 90
Grundzüge des Lamaismus 90
Die Bedeutung des Lama 90
Das Feld der Ansammlung von Verdienst und Weisheit 91
Tulkus, die ›widergeborenen Lamas‹ 93
Die Identifizierung der Tulkus 93
Das tibetische Selbstverständnis des Tulku-Wesens 94
Das Schrifttum 95
Vorstellungen über Zeit, Raum, Dasein und Tod 95
Kosmogonie und Kosmologie 95
Das Rad der Existenzen 96
Das Tibetische Totenbuch 100
Die volkstümliche religiöse Praxis 101
Klosterleben und mönchische Hierarchie 102
Der Werdegang des Mönches 104
Klosterwesen und Mönchstum in der Autonomen Region Tibet 106
Das lamaistische Pantheon 107
Wesen und Bedeutung der Gottheiten 107
Die Anordnung der Gottheiten im Pantheon 107
Der Adi-Buddha, die Fünf Tathagas und andere Buddhas (Dharmakaya) 108
Die himmlischen Bodhisattvas und tantrischen Gottheiten (Sambhogakaya) 109
Die Fünf Tathagatas 110
Heilige und Lehrer (Nirmanakaya) 111
Die ikonographische Darstellung des Pantheons 112
Die Buddhas 112
Friedvolle Gottheiten 113

Zum Symbolgehalt der ikonographischen Attribute 114
Zornvolle Gottheiten 115
Heilige und Lehrer 115
Mandalas – die Daseinssphären der Gottheiten 115

Die Kulturdenkmäler: Dzong, Kloster und Lhakhang 118
Die profane Architektur 118
Lamaistische Sakralbauten 119
Die Gründung und Verwaltung lamaistischer Klöster 119
Der architektonische Aufbau der Klöster 121
Die Klosterräumlichkeiten 123
Die Objekte der Verehrung 124
Der Stupa als Sinnbild des Geistes des Buddha 124

Kunst und Kunsthandwerk 126
Die Künstler und ihre Techniken 127
Herstellung von Plastiken 128
Malerei und Applikationstechnik 130
Schrift- und Buchkunst 130
Ikonographie und Ikonometrie 132
Kunsthandwerk in Metall 134
Schmuck 134
Steine und Mineralien 136

Die Feste der Tibeter 137

Die Erforschungsgeschichte Tibets 142

Die Orte und Klöster Tibets 149

Zentraltibet und das westliche Tsang 150
Lhasa, die ›Hauptstadt Tibets‹ 150
Tibets Nationalheiligtum, der Jokhang oder Lhasa Tsuglagkhang 151
Der Ramoche 159
Der Potala, der Winterpalast des Dalai Lama 161
Der 14. Dalai Lama Tenzin Gyatsho 166
Norbulingka, der Sommerpalast des Dalai Lama 168
Der Höhlentempel Drahlha Lubuk 171
Weitere Sehenswürdigkeiten und Heiligtümer Lhasas 171

Die Kulturdenkmäler in der Umgebung von Lhasa 175
Die drei Klosteruniversitäten der Gelugpa 175
Sera 175
Drepung 179
Ganden 184
Nechung – der Sitz des tibetischen Staatsorakels 187
Phabongkha – Songtsen Gampos Meditationsstätte 190
Drayerpa – ein Meditationsort der Frühzeit 190
Tsurphu – der Sitz des Karmapa 192
Rundreise über Taglung Thang, Rateng und Drigung Thel 227
Taglung Thang – das Stammkloster der Taglung Kagyüpa-Schule 230
Rateng – die Residenz Dromtönpas 230
Drigung Thel – das Stammkloster der Drigungpa-Schule 231
Terdroms heiße Quellen 232
Das Kloster Uru Katsel 232

Die Straße von Lhasa zum Gongkar-Airport 233
Nyethang Drölma Lhakhang – die letzte Wirkungsstätte des Atisha 234
Ratö – eine berühmte Stätte der Gelugpa 235
Gongkar Chöde 236
Drug Dechen Chökhor 237

Die Strecke von Lhasa nach Tsethang 237
Das Sakya-Kloster Dungphu Chökhor 239
Die Nyingmapa-Universität Dorjetra 240
Die Nyingmapa-Universität Mindroling 240
Das Kloster Samye – Abbild des Universums 241
Der große Yogi Milarepa 244
Der Brückenbauer Thangtong Gyelpo 246
Tsethang 248
Die Fahrt zu den Königsgräbern im Chonggye-Tal 250
Die Festung Yumbhu Lhakhar 254
Der Tandruk Lhakhang 255

Die Strecken von Lhasa nach Shigatse 257
Die Tsangpo-Route 257
Die Nördliche Route 258
Die Bönpo-Klöster Menri und Yungdrung Ling 259

Die Südliche Route 260
Der See Yamdok Yutsho 262
Das Kloster Samding 262
Gyantse 263
Die Klosterstadt Pälkhor Chöde 264
Der Tsuglagkhang des Klosters Pälkhor Chöde 265
Der Kumbum von Gyantse 267
Der Dzong von Gyantse 273
Zhalu – die Residenz des großen Butön Rinpoche 273
Shigatse 275
Der Dzong von Shigatse 276
Das Kloster Tashilhünpo – die Residenz des Panchen Lama 277
Die Sommerpaläste der Panchen Lamas 281

Die Überlandroute Lhasa – Kathmandu 282
Sakya – das Gründungskloster der Sakyapa-Schule 283
New Tingri und Shekar 289
Nyalam Phelgye Ling 290

Westtibet: Zum Berg Kailash und an den Manasorovar-See 290
Der Berg Kailash 293
Kailash Parikrama 295
Der See Manasorovar 297
Tholing und Tsaparang 297

Die Qinghai-Route: Von Lhasa nach Golmud und weiter nach Xining und Langzhou . . 299
Nagchu 301
Golmud 301
Xining 302
Kumbum Jampa Ling 303
Langzhou 307
Das Kloster Labrang Tashi Khyil 308

Ikonographie, Symbole und Terminologie des Tibetischen Buddhismus – ein lexikalischer Anhang 311

Praktische Reiseinformationen 353

Vorwort

Ganz fraglos ist der Besuch des ›Schneelandes‹, wie Tibet immer wieder in der Literatur genannt wird, eines der außergewöhnlichsten Reiseerlebnisse, die unser Erdball noch zu bieten vermag. Eine grandiose Gebirgslandschaft, türkisblaue Hochgebirgsseen, sich schier endlos hinziehende versteppte Almen, in ihren Zeltlagern hausende Nomaden, bäuerliche Siedlungen, Yaks, Tibetterrier und Pferdeesel, Lhasa, die ›Stadt der Götter‹, und nicht zuletzt eine der faszinierendsten Klosterkulturen Asiens erwarten den Reisenden. Daß die Menschen dieser abgelegenen, über Jahrhunderte nur schwer zugänglichen Region seit jeher gewohnt waren, ihr Leben mehr als an irgendeiner politischen Wirklichkeit an den Gesetzen der Natur selbst auszurichten, läßt eine Fahrt durch das Land schnell deutlich werden. Ungebundenheit und Autonomie bilden einen bestimmenden Charakterzug der tibetischen Seele.

Die heutige politische Realität des Landes steht dazu in einem eklatanten Widerspruch. Seit dem Einmarsch chinesischer Truppen im Jahre 1950 verweigert China den Tibetern das Recht auf Selbstbestimmung und bringt mahnende Stimmen mit Waffengewalt zum Schweigen. Der Vorwand, »das Land von seinem reaktionären, feudalistischen Gesellschaftssystem befreien« zu wollen, richtet sich dabei immer mehr gegen China selbst. Oder wie sollte die Verurteilung von Tibetern, die die Charta der Vereinten Nationen zur Einhaltung der Menschenrechte ins Tibetische übersetzten, zu 19 Jahren Zwangsarbeit anders zu verstehen sein? Tibet bildet heute – besonders nach der Verleihung des Friedensnobelpreises an den Dalai Lama 1989 – einen Präzedenzfall für die Glaubwürdigkeit chinesischer Politik.

Die Konfrontation mit den Folgeerscheinungen des gewaltsam eingeleiteten, gesellschaftlichen Umbruchs der 50er Jahre – für viele Tibeter nach wie vor eine unerträgliche Bürde – bildet eines der Schlüsselerlebnisse einer Tibetreise. Daneben ist es die Besichtigung der erhaltenen oder wieder aufgebauten Kulturdenkmäler, mehr aber noch die Begegnung mit den Menschen, ihren Sitten und Gebräuchen, ihrem sozialen Miteinander und ihrem Glauben, die den Wert einer Reise auf das ›Dach der Welt‹ ausmachen.

Um dem Besucher einen besseren Zugang zur originären tibetischen Kultur zu eröffnen, wurde dem Reiseteil eine detaillierte Einleitung vorangestellt, die möglichst umfassend mit dem traditionellen Tibet vor der chinesischen Annexion vertraut machen soll – jener Vorstellungswelt, die mit ihren magischen und mystischen Zügen noch immer maßgeblich das Lebensgefühl der Tibeter prägt. Zugleich wird hier in die Landesgeschichte und Geographie, das Sozialgefüge, die Frage der nationalen Identität sowie die gesellschaftliche und politische Entwicklung Tibets seit den Fünfziger Jahren eingeführt. Nur so lassen sich die Folgen und Spuren des tiefgreifenden Prozesses kulturellen Wandels verstehen, dem man heute im Lande allenthalben begegnet. Tibetische und sanskritische Namen und Begriffe wurden in diesem Buch in einer Schreibung wiedergegeben, die der tibetischen Artikulation möglichst nahekommt. Dabei war es allerdings unumgänglich, dem Leser einige ›Sonderbuchstaben‹ zuzumuten, um nicht zu sehr von der sich zunehmend einbürgernden, vor allem am Englischen orientierten Schreibung tibetischer Namen abzuweichen:

ng entspricht einem nasalierten ›n‹ wie etwa in dem deutschen Wort Ring. Wichtig ist, daß das ›g‹ dabei nicht gesprochen wird, so daß z. B. bei dem tibetischen Namen Ngawang ein ›g‹ weder im An- noch im Auslaut zu hören ist

ngg wird wie ›ng‹ im deutschen Wort Engel artikuliert; dort wird das ›g‹ also gesprochen

c und **ch** wie ›ch‹ im englischen champion; so ist z. B. der Name des Königs Rälpacen zu artikulieren wie Rälpatschen

j wie in Englisch Jack; z. B. Jokhang, zu artikulieren wie Dschokhang

ts und **tsh** werden wie ›z‹ im deutschen Wort Zeile ausgesprochen

zh wie ›j‹ in Französisch Journal; z. B. bei dem Ortsnamen Zhalu. Im Deutschen gibt es dafür kein phonetisches Equivalent

y wie ›y‹ im englischen yellow oder wie ›j‹ in jeder auszusprechen

sh ›sch‹, wie in schließen; z. B. Shambala ist wie Schambala zu artikulieren

s wird stets stimmlos gesprochen wie z. B. in Tasse; Lhasa ist demnach wie Lhassa auszusprechen

lh wird mit einem deutlich hörbaren ›h‹ artikuliert; z. B. Lhamo, Lhasa usw.

Eine Eigenart des Tibetischen ist, daß zwischen aspirierten und unaspirierten Silben unterschieden wird. So werden die Buchstaben ›k‹, ›c‹, ›t‹, und ›p‹ unbehaucht gesprochen. Das eingeschobene ›h‹ bei ›kh‹, ›ch‹, ›th‹ und ›ph‹ dient lediglich der Kennzeichnung gehaucht gesprochener Silben.

Aufgrund der herrschenden politischen Verhältnisse existieren für sämtliche Ortsnamen heute auch chinesische Schreibungen. Da es sich bei diesen Schreibungen im wesentlichen um chinesische Transkriptionen tibetischer Ortsnamen handelt, müßten Sie bei korrekter Aussprache eigentlich wieder nahe an der tibetischen Aussprache liegen. Aufgrund der variierenden Umschriften des Chinesischen sind diese Schreibungen zu allem Überfluß auch noch in verschiedenen Transkriptionssystemen in Umlauf. Benutzt wurde hier die Pinyin-Umschrift, die über folgende Besonderheiten verfügt:

ao = gesprochen ›au‹ wie in Raum; **c** = wie in stets; **ch** = wie in deutsch; **ei** = gesprochen wie in Ehe; **h** = wie in Buche; **i** = ›ie‹, wie in Fieber; **j** = ›dj‹, wie in Djungel; **q** = wie im englischen cheer; **s** = wie in muß; **sh** = wie das deutsche ›sch‹, Schwert; **x** = wie ich; **y** = wie im englischen you; **z** = wie in Landsmann; **zh** = wie in Maharadscha.

Karl-Heinz Everding　　　　Dharamsala im April 1993

Tibet: Raum, Mensch und Kultur

Der Kulturraum

Tibet fasziniert den Besucher durch die Weite und Ursprünglichkeit seiner Landschaft, durch die Naturverbundenheit menschlicher Lebensformen, vor allem aber durch die Heiterkeit und Herzlichkeit seiner Bewohner. Das charakteristische und prägende Merkmal des Landes ist die extreme Höhenlage von durchschnittlich über 4000 m, die das Leben in dieser Region extrem erschwert, für das wintertrockene Hochsteppenklima weiter Gebiete verantwortlich ist und nur eine dünne Besiedlung des größten Landesteiles zuläßt.

Zwischen dem 78. und 102. östlichen Längengrad und dem 28. bis 39. nördlichem Breitengrad gelegen, umfaßt die tibetische Hochebene eine Fläche von mehr als 2 Mio. km². Besiedelt wurde diese Region früher von etwa 5 Mio. Tibetern unterschiedlicher Ethnie. Die maximale Ausdehnung in nordsüdlicher Richtung mißt über 2400 km, in ostwestlicher Richtung etwa 1200 km. Im Kontrast zum unwirtlichen Westen, Norden und Süden des Hochplateaus steht der von feucht-warmem Klima beherrschte, fruchtbare Osten Tibets.

Verwechselt werden darf der geographische Raum des tibetischen Hochplateaus jedoch nicht mit der heutigen politischen Struktur des Landes, das in Form der ›Autonomen Region Tibet‹ einen Teil der Volksrepublik China bildet.

Die Entstehung des tibetischen Hochplateaus

Der Skelett-Fund eines 180 Mio. Jahre alten Ichthosaurus, eines Meeressauriers, im tibetisch-nepalesischen Grenzgebiet bei Nyalam sowie geologische Untersuchungen von Sandsteinsedimenten und Kalkablagerungen mit pflanzlichen und tierischen Fossilien haben ergeben, daß der heutige Süden des tibetischen Hochlandes vor mehr als 100 Mio. Jahren einen von subtropischem Klima geprägten Küstenstreifen bildete und an die Tethys, das erdumspannende ›Mittelmeer‹, grenzte.

Als nach dem Auseinanderbrechen Gondwanalandes, das u. a. aus den Landmassen Vorderindiens, Afrikas und Südamerikas bestand, die indische Platte im Zuge der Kontinentalverschiebung unaufhaltsam nach Norden driftete, kollidierte sie im Tertiär (vor etwa 50 Mio. Jahren) mit der eurasischen Festlandplatte, auf deren südlicher Seite die Landmasse des heutigen Tibet

Tibetische Landschaft

gelegen war. Wie ein Keil trieb sich die indische in die eurasische Kontinentalplatte, verschob sie um etwa 20 Grad nach Norden und bewirkte infolge des zunehmenden Druckes ihre stetige Hebung. Südostasien wurde unweigerlich nach Osten hinausgedrückt und China immer weiter in den Pazifik verschoben. Darüber hinaus kam es durch die ungeheure Schubkraft dieser bis zu 35 km dicken Kontinentalplatten von flächenmäßig enormer Größe zur sogenannten Plattentektonik, zur Überlagerung und Aufschichtung der kontinentalen Erdkrusten und damit zur Entstehung der alpiden Faltungen, die den Westen und Süden Tibets durchziehen: den Himalaya und die nur etwa 100 bis 200 km weiter nördlich parallel verlaufende Gangdise-Kette.

Mit der Kollision der beiden Platten wurde die Tethys unter ihnen begraben, gleichzeitig war damit südlich von Indien der Indische Ozean entstanden. Die gewaltigen Sedimentablagerungen der Tethys und die schwere indische Platte schoben sich unter die eurasische Festlandplatte, wurden aufgeschmolzen und drangen in Form von Magma in die darüberliegende eurasische Platte ein. Während der kleinere Teil durch vulkanische Aktivität herausgeschleudert wurde, bildete das in der Tiefe verbleibende Magma mit der Erstarrung kristallisiertes Granitgestein, das – durch eine Bruchfläche in der Kruste der indischen Platte hochgedrückt – heute die Gangdise-Kette ausmacht. Dieses Gebirge bildet die älteste Faltung der tibetischen Hochebene. Das auf seiner südlichen Seite verlaufende, großteils vom Tsangpo durchflossene Becken, in dem sämtliche großen Flüße Südasiens entspringen, wird gelegentlich quasi als die Schweißnaht der beiden Platten angesehen.

Südlich dieser Kollisionsfurche schließt sich bis zum Himalaya hin ein aus Kalkstein, Kieselschiefer, Basalt und verschiedenartigen Sedimenten bestehendes Gebirgsrelief an, dessen scheinbar willkürliche, ungeordnete Zusammensetzung Hypothesen über seine Herkunft schwierig gestaltet. Vermutlich handelt es sich hierbei u. a. um die Sedimentablagerungen der Tethys.

Vor etwa 20 Millionen Jahren kam es 100 km südlich des Gangdise zu einem erneuten Bruch in der Erdkruste, zur sogenannten ›Hauptrandstörung‹, die – durch die Verschiebung der abgescherten Krustenschicht auf den indischen Kontinent – zur Bildung des Himalaya führte. Noch immer hebt sich diese Gebirgsregion mit ihren vergletscherten Gipfeln und markanten Bergkämmen jährlich um etwa 5–10 mm.

Geologische Untersuchungen kamen zu dem Ergebnis, daß ein Druck von einigen tausend Atmosphären erforderlich ist, um dieses höchste Gebirge der Welt, dessen Gewicht auf 3000 Milliarden Tonnen pro km^2 veranschlagt wird, auf seinem gegenwärtigen Niveau zu halten. Die dadurch ausgelösten starken Spannungen in der Erdoberfläche führen immer wieder zu Erdbeben beträchtlicher Stärke. Sichtbare Zeichen der vulkanischen Tätigkeit dieser Region sind die 600 inzwischen erloschenen Vulkane sowie die zahlreichen heißen Quellen und Geysire Tibets, die in der Nähe von Yangpacen seit einigen Jahren auch zur Elektrizitätsgewinnung genutzt werden.

Erst im Zuge dieser jüngeren Hebung ist auch die tibetische Hochebene in den letzten 1 Million Jahren auf 4000–5000 m hochgedrückt worden – zehnmal schneller als die Alpen.

Physische Geographie und klimatische Charakteristika

Die tibetische Hochebene ist in den zentralasiatischen Kulturraum eingebunden. Dazu gehören die Autonome Region Xinjiang mit dem Tarim-Becken und der Dsungarei – das frühere Ostturkestan –, das mongolische Becken und das Tiefland von Turan – das frühere Westturkestan – samt seinen Randgebirgen. Die gesamte Region umfaßt eine Fläche von mehr als 10 Mio. km^2.

Wirft man einen Blick auf die Landkarte, wird sehr schnell deutlich, daß die tibetische Hochebene gleich von mehreren gewaltigen Gebirgszügen eingegrenzt wird: im Süden vom Himalaya, im Westen vom Karakorum und im Norden vom 7300 m hohen Kunlun. Auch den osttibetischen Raum umrahmen hohe Schneegebirgsketten, die nur wenige Ströme gen Süden durchbrechen. Nördlich des Tsangpo, der in seinem späteren Verlauf auf indischem Gebiet Brahmaputra heißt, zieht sich als Verlängerung des Karakorum der Transhimalaya (tib. *Gangdise*) mit einer mittleren Kammhöhe von 5500 bis 6000 m durch das Land und bildet, wie bereits von dem Entdeckungsreisenden Sven Hedin entdeckt, eine bedeutende Wasserscheide. Sämtliche, auf seiner nördlichen Seite verlaufenden Ströme speisen die abflußlosen, bis zu einer Höhe von 5500 m gelegenen Seen Nordtibets; die südlicherseits entspringenden Flüsse bahnen sich ihren Weg durch die höhere, aber jüngere Himalaya-Kette und münden schließlich in den Indischen Ozean.

Aufgrund der geringen Niederschläge macht sich eine zunehmende Austrocknung besonders in Zentraltibet bemerkbar, die sich in der Versandung und Verwüstung immer neuer Landstriche zeigt. Große Mengen Schnee fallen gewöhnlich nur in den höheren Regionen Tibets. Im Südwesten des Landes ist es die Schneeschmelze, im Osten vor allem der Monsun, die dafür sorgen, daß sommertags die großen, mäandrierenden Flüsse Hochwasser führen. Im allgemeinen ist das Klima trocken. Die Luft ist klar, nachts ist es kalt und aufgrund der starken Sonneneinstrahlung erwärmt es sich am Tage schnell. Um die Mittagszeit erheben sich häufig Winde, die die Wechselhaftigkeit des Wetters begünstigen.

Geographische Landesgliederung

Unsere Bezeichnung ›Tibet‹ ist vermutlich eine durch Lautverschiebungen und vokalischen Lautwandel entstandene Form des tibetischen *Töpö*, ›Oberes Tibet‹. Normalerweise bezeichnen die Tibeter ihr Land als *Pö*, oder *Pöyül*, ›Land Tibet‹, sich selbst als *Pöpa*. Ihr Land unterteilen sie zumeist in die drei Provinzen Ü Tsang, Amdo und Kham.

1) Ü Tsang bezeichnet Zentraltibet oder Südtibet, das aus Ü, der sich in etwa vom Tengri Nor über Lhasa bis zum Yarlung-Tal erstreckenden Region, und Tsang, der gesamten Gegend westlich der Chushül-Brücke bis etwa zur Grenzstation Zhangmu, besteht und das historische und kulturelle Zentrum Tibets darstellt. Der westlich von Sakya gelegene Landesteil, der die Gegend um den Berg Kailash sowie die historischen Stätten Guge, Toling und Tsaparang umfaßte, das heutige Westtibet, wurde von den Tibetern als *Ngari* bezeichnet, die nördlich der Gangdise-Kette gelegenen Hochebenen als das *Changthang*.

2) Die ehemalige Provinz Amdo bildet das bis zu den Bayankara-Zügen erstreckende Nordosttibet, dessen Fläche heute den chinesischen Provinzen Qinghai, Gansu und Sichuan angegliedert ist sowie die Tsaidam-Sümpfe (chin. *Qaidam Pendi*) und den berühmten Kokonor-See umfaßt. Kontrolliert wurde dieses Gebiet lange Zeit von den Mongolen.

3) Der südlich des Kokonor gelegene heilige Berg Amnye Machen im Siedlungsgebiet der einst räuberischen Golok bildet in etwa die Grenze zu **Kham,** Osttibet, dessen östlicher Teil heute unter Verwaltung der chinesischen Provinzen Sichuan und Yünnan steht.

Eine weitere, sehr gebräuchliche geographische Untergliederung ihres Landes leiten die Tibeter von der Höhenlage der tibetischen Regionen ab. So wird der westtibetische Raum als *Tö*, ›Obere Region‹, und das Gebiet von Amdo und Kham als *Mä*, ›Untere Region‹, bezeichnet.

Die dem Wortsinn innewohnende Vorstellung eines relativ ebenen, von weitläufigen Steppen geprägten Hochplateaus mag auf die nahezu ausschließlich von Nomaden besiedelten, einsamen Regionen nördlich des Transhimalaya am ehesten zutreffen. Unwirtliche, spärlich begraste und nur zur Viehweidung nutzbare Ebenen mit einer Höhenlage von 4500 bis 5500 m ziehen sich in diesen von den Tibetern *Changthang*, ›Nördliche Ebenen‹, genannten, äußerst dünn besiedelten Landstrichen nahezu endlos hin. Eingegrenzt wird der Changthang im Westen vom 8000 m hohen Karakorum, im Norden von den bis zu 7714 m hohen Kunlun-Bergen, im Osten von den weit über 6000 m messenden osttibetischen Randgebirgen und im Süden von der Gangdise-Kette. Die Landschaft ist geprägt von den abflußlosen, salzigen Seen, von denen besonders der 1940 km² große Tengri Nor (mong., tib. *Nam Tsho*, chin. *Namucuo*) bekannt wurde. Niederschläge sind hier nur in sehr geringen Mengen zu verzeichnen.

Die zwischen dem Himalaya und dem Transhimalaya gelegenen Regionen West- und Zentraltibet hingegen bilden landschaftstypologisch ein ausgeprägtes Gebirgsrelief, dessen Schneegrenze oberhalb von 6000 m liegt. Nur wenige der kahlen und vegetationsarmen Bergketten erreichen hier Höhen von 7000 m. Diese Region – als klimatischer Sperriegel auf der Nordabdachung des Himalaya gelegen – wird von einem schon beinahe wüstenhaft trockenen Kontinentalklima mit starken tageszeitlichen Temperaturschwankungen beherrscht. Nur während der Monsunzeit kommt es hier zu reichlichen Niederschlägen.

Mitsamt den Seitentälern sind die großen Flußniederungen Zentraltibets als geoökologische Nischen zugleich der bedeutendste Siedlungsraum. Die großen Städte und die kulturellen Zentren findet man besonders im sich über 1600 km in westöstlicher Richtung hinziehenden

Die Regionen Tibets

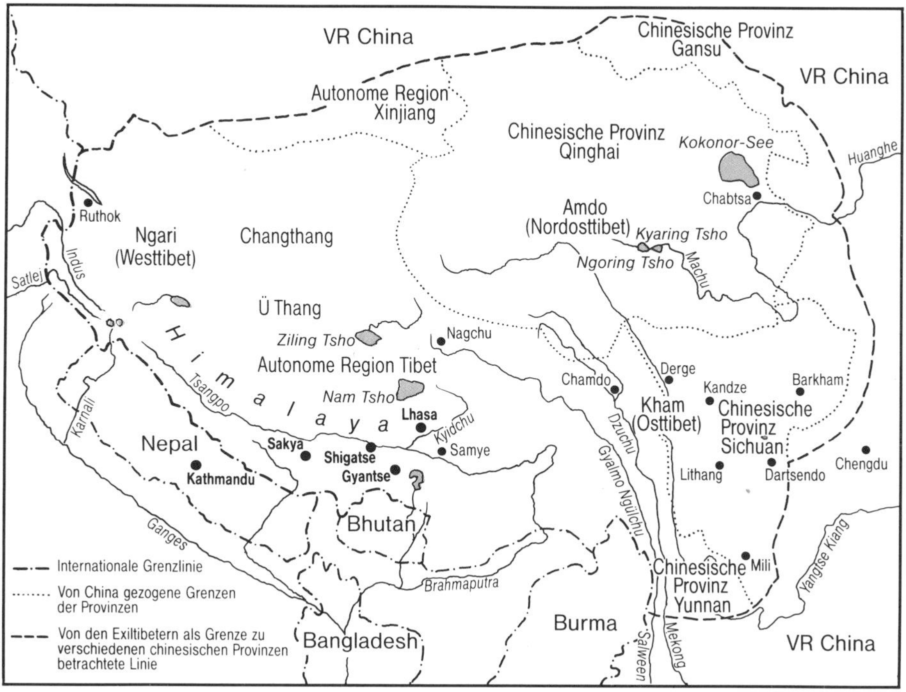

Tsangpo-Tal sowie in seinen fruchtbaren Seitentälern, die vom Nyangchu, vom Lhasa Kyidchu und vom Yarlungchu durchflossen werden.

Am südlichen Rand dieser touristisch bislang am besten erschlossenen Region ragen die höchsten Berge Tibets auf, allen voran der 8872 m hohe Mount Everest (tib. und chin. *Chomolangma*), über dessen Gipfel die nepalesisch-chinesische Grenze verläuft. Nach der Neuvermessung der Himalaya-Riesen mittels Satellit im Jahre 1987 gilt er wieder als der höchste Gipfel der Welt, gefolgt vom im Karakorum gelegenen K2 (auch Mount Godwin-Austin genannt, 8640 m). In Westtibet liegt der heilige Berg Kailash, in dem die lamaistischen Buddhisten und die Hindus die irdische Entsprechung der Weltenachse, des mythischen Weltenberges Meru, sehen. Ganz in seiner Nähe entspringen die großen, nach Süden zur indischen Tiefebene fließenden Ströme: der Yarlung Tsangpo oder Brahmaputra, der Indus, der Satlej und der Karnali.

Osttibet besitzt wiederum eine ganz eigene, charakteristische Topographie. Aufgrund seiner weitaus geringeren Höhenlage, der vermehrten Niederschläge und nicht zuletzt aufgrund des damit verbundenen nahezu subtropischen Klimas, herrscht hier eine weitaus üppigere Vegetation, die diese Region zum dichtbesiedeltsten Lebensraum Tibets werden ließ. Derge und Chamdo bilden die größten Städte dieser Region, entwässert wird das Gebiet vom Salween (tib. *Ngülchu,* chin. *Nu Jiang*), vom Mekong (tib. *Dzachu,* chin. *Lancang Jiang*) und vom Jinsha Jiang oder Yangtse (tib., chin. *Drichu*).

Politische Geographie

Wie fast alle Länder so hat auch das ›Alte Tibet‹ über einen sich stets verändernden territorialen Herrschaftsbereich verfügt, dessen Grenzen im Verlaufe der Geschichte durch die Eingliederung oder den Verlust von Landesteilen immer wieder Veränderungen unterlagen. Grenzverträge mit China liegen für die frühe Zeit auf noch heute in Lhasa zu sehenden Stelen vor. Grenzmarkierungen, die auch von den Nachbarn als solche akzeptiert wurden, blieben zwar rar, doch sowohl zu den Ländern südlich des Himalaya als auch nach China hin existent.

Die abgeschottete topographische Lage des Landes bildete einen nahezu allseitig von natürlichen, nur schwer überwindbaren Grenzen umschlossenen Lebensraum, der für die Nachbarn nur von geringerem Interesse war, andererseits aber auch die Einflußnahme der tibetischen Regierung auf die entfernteren Landesteile aufgrund der schwierigen geographischen Gegebenheiten, der dünnen Besiedlung und nicht zuletzt mangels einer schlagkräftigen Armee erschwerte. Besonders die im osttibetischen Raum gelegenen Provinzen, die z. T. den Status kleiner, autonomer Fürstentümer unter bisweilen klerikaler Verwaltung hatten und, je weiter nach Osten gelegen, ein um so unabhängigeres Dasein fristeten, entzogen sich der zentralstaatlichen Kontrolle – z. T. sogar bis in die allerjüngste Vergangenheit. Kulturell, ethnisch und sprachlich bei weitem enger mit Tibet verbunden, suchten besonders die im äußersten osttibetisch-chinesischen Grenzgebiet angesiedelten Provinzen ihre politische Autonomie bisweilen durch taktische Wendemanöver zu erhalten und unterstanden formal zeitweise der hier nur schwachen, daher leichter erträglichen chinesischen Oberhoheit. Die Grenzen waren also ständig fließend. Nicht viel größer gestaltete sich über lange Zeit der Einfluß der tibetischen Regierung in der Provinz Amdo (chin. *Qinghai*).

Während der vorschriftlichen Periode (bis zum 6. Jh.) herrschte keine zentrale Staatsmacht über die enorme Fläche Tibets; die frühen Yarlung-Könige kontrollierten vermutlich nur die weitere Umgebung ihres Heimattales Yarlung und das Reich Zhang-Zhung erstreckte sich lediglich über den westtibetischen Raum. Zu Beginn des 7. Jhs. läßt sich mit Namri Songtsen die Entstehung einer Zentralmacht verfolgen, die schon unter seinem Sohn Songtsen Gampo (reg. 629–649) zur Errichtung des tibetischen Großreiches führte. Mit einem Herrschaftssitz in Lhasa dehnte er sein Reich vom nördlichen Burma, Nepal, Westtibet, Ladakh, Brusha, heute Gilgit, und Westturkestan bis weit in die westlichen und nordwestlichen Grenzregionen Chinas hinein aus.

Nach seinem Tode kam es zu einer Ausweitung der Landesgrenzen nach Nordosten und Osten. König Tisong Detsen schließlich erreichte mit der Einnahme der damaligen chinesischen Hauptstadt Chang'an im Jahre 763 den Höhepunkt der Expansionsbestrebungen. Unter dem letzten zentraltibetischen König Langdarma zerfiel in der Mitte des 9. Jhs. die Staatsmacht wiederum in zahlreiche Teilstaaten.

Mit dem erneuten Einzug des Buddhismus um 1000 n. Chr. konsolidierte sich das Staatsgefüge wieder, das unter den Sakyapa (1253–1349) und im Anschluß daran für 100 Jahre unter den Phagmo Drupa-Herrschern erneut zentralstaatlich organisiert war (im Osten und Nordosten aber nur geringen Einfluß auszuüben vermochte). Während der Zeit der Gelbmützenschule (16.–20. Jh.), die ihren Höhepunkt in der Herrschaft der anfangs von den Mongolen, später von den chinesischen Mandschu-Kaisern gestützten Dalai Lamas fand, wurden mit Hilfe vor allem kirchenpolitischer Einflußnahme auch Amdo und Osttibet wieder stärker an das Kernland Tibet gebunden.

1914 kam es auf der Konferenz von Simla zur ersten, von einer internationalen Macht – nämlich den Briten – bestätigten Festlegung der Grenzen, die zwischen einem ›Inneren‹ und ›Äußeren Tibet‹ unterschied, das einer abgestuften Suzeränität der Chinesen unterstehen sollte. Während alle drei Konferenzteilnehmer den Vertrag paraphierten, verweigerte China schließlich seine Ratifizierung.

Nach dem Einmarsch chinesischer Truppen im Jahre 1950 kam es zu einer kartographischen Festlegung der Grenzen. Am 9.9.1965 proklamierten die Chinesen die etwa 1 217 000 km² große Autonome Region Tibet (chin. *Xizang Zizhiqu*). Die im Osten und Nordosten gelegenen, einstmals tibetischen Landesteile wurden den chinesischen Provinzen Qinghai, Sichuan, Yunnan und Gansu angegliedert.

Nach chinesischen Zählungen von 1990 leben in der sogenannten Autonomen Region Tibet (ART) 2,196 Mio., Menschen, davon sind 95,46% Tibeter. Lediglich 100 000 Han-Chinesen und Angehörige anderer nationaler Minderheiten sollen zu dieser Zeit die ART besiedelt haben. Bestritten werden diese Zahlen von Exiltibetern. Nach ihren Schätzungen leben etwa 500 000 Han-Chinesen in der ART, von denen ein großer Teil in militärischen Diensten steht.

Flora und Fauna

Die Tier- und Pflanzenwelt des tibetischen Hochplateaus wird wesentlich durch die Höhenlage und die klimatischen Bedingungen bestimmt. Niederschläge bringt der von Indien heraufziehende Monsun, der in Lhasa noch 400 mm Niederschlag abregnet, sowie die sogenannte Westwinddrift, die am Hindukusch ihren Ursprung hat und im Hochland von Tibet vorwiegend für Winter- und Frühjahrsniederschläge sorgt.

Die schwierigen topographischen Gegebenheiten im Verbund mit den extremen Temperaturen von im Winter bis zu –40 °C in den nördlichen Breiten sowie die extreme Höhenlage und die Versteppung der Talsohlen schränken den Variationsreichtum der Pflanzenwelt stark ein. Auffällig ist, daß die Flora des über 4500 m hoch gelegenen Changthang keine Endemiten, also ausschließlich in diesem Gebiet vorkommende Pflanzenarten, besitzt – vermutlich, da sie mangels Ausweichmöglichkeiten in niedrigere Regionen die Eiszeit nicht überdauerten. Zugleich wurden jedoch in dieser Zeit Pflanzen arktischer Provenienz heimisch. So konnte sich hier eine alpine Flora entwickeln, wie Enzian, Alpenmohn, Edelweiß, Hornkraut, Alpensäuerling oder Blasenfarn zeigen.

Da der größte Teil des Landes oberhalb der Baumgrenze liegt, wird das Landschaftsbild von Steppen beherrscht, die steinigen Berghänge sind ab und zu von dornigem Gestrüpp durchsetzt.

Ein zotteliges Yak

Die aufwendige Kultivierung von Aprikosen-, Pfirsich-, Apfel- und Walnußbäumen, oder auch kleinen Hainen und Gärten war früher nahezu ausschließlich Klöstern vorbehalten. In größeren Beständen sind lediglich Pappeln und Weiden in niedrigen, geschützten Lagen anzutreffen.

Größere Waldgebiete und eine üppigere Vegetation gibt es nur in Osttibet. In zahlreichen Arten blühen hier u. a. Rhododendron, Clematis, Lilie, Orchidee und Eisenhut.

Anbaumöglichkeiten für Kulturpflanzen bieten sich nur in den fruchtbaren, heute häufig bewässerten Flußtälern. Bis auf eine Höhe von 4400 m wird Gerste angebaut. In tieferen Lagen pflanzen die Bauern auch Weizen, Hafer, Reis und Leguminosen wie Pferdebohne, Saatplatterbse und Erbse an.

Zur Fauna Tibets gehören Braunbären, Rindergemsen (tib. *Takin*), Himalaya-Gemsen (tib. *Goral*) und verschiedene Schafarten wie Blauschaf oder Tibetwildschaf. Im Südosten des Schneelandes sind die allseits beliebten Pandas, die Bambusbären, in heute geschützten Reservaten heimisch. In den Steppengebieten trifft man auf die berühmte Tibet-Gazelle und Tibet-Antilope, weiterhin auf Pfeiffhasen, Herden von Pferdeeseln (tib. *Kiang*) und im äußersten Norden auf die Wildyaks. Bei einer Fahrt über die Pässe können die Besucher vielleicht einen Blick auf die possierlichen Erdhörnchen erhaschen, mit Glück bekommt man auch Murmeltiere zu sehen. Die Populationen der Schwarzhalskraniche und Rostgänse sind wieder angestiegen, der im Himalaya heimische Schneeleopard ist dagegen sehr selten geworden. Naturparks, die in verschiedenen Gegenden im Aufbau begriffen sind, werden in nicht allzu ferner Zukunft Studien zu dieser einzigartigen Tierwelt dieser Region ermöglichen.

Nicht weniger variationsreich ist die Vogelwelt dieser Breiten. Verschiedene Arten von Fasanen, Bartgeier, Greifvögel wie der Steinadler, Karmingimpel, Alpendrossel, Wiedehopf, Regenpfeiffer, Riesenschneefink und Kormoran flattern durch die Lüfte.

Die bedeutendsten Haustiere der Tibeter sind die als Yaks bekannten Grunzochsen und darüber hinaus das Dri, eine Mischung zwischen Yak und Rind. Ziegen und Schafe finden sich natürlich auch in jedem bäuerlichen Haushalt. Beliebt bei den Reitern ist das genügsame und zähe Bergpony, während Esel und Muli zumeist als Tragtiere zum Einsatz kommen. Zunehmender Beliebtheit erfreuen sich auch bei uns die tibetischen Hunde: Der als Wach- und Hirtenhund benutzte, scharfe Tibet-Mastiff, vor dem nicht genug gewarnt werden kann, der als Schoßhund dienende, kleine Lhasa-Apso sowie der etwas größere, langhaarige Tibet-Terrier.

Das tibetische Volk

Ethnie und Brauchtum

Seit jeher haben die Tibeter auf Reisende eine nachhaltige Wirkung hinterlassen. Sie bewiesen eine Aufgeschlossenheit Fremden gegenüber und beeindruckten durch ihre zurückhaltende, einfache Lebensart, durch ihre Fröhlichkeit und tiefe Zufriedenheit. Von solcherlei Charakterisierung zeugen die zahlreichen Reiseberichte der Missionare, Abenteurer und Forscher, die, einmal hierhergekommen, diese Menschen oft ihr Leben lang nicht vergaßen und häufig schweren Herzens wieder abreisten.

Je vertrauter man mit dem Leben der Tibeter jedoch ist, desto spürbarer wird hinter dem Lachen der sympathischen Gesichter auch der materielle Entbehrungsreichtum und die körperliche Beschwerlichkeit ihres Alltags deutlich. Abgesteckt wurden die gesellschaftlichen Rahmenbedingungen ihres Daseins von einem mittelalterlichen, von klerikalen Interessen geprägten Staatssystem und einer festgefügten, sozialen Rangordnung.

Neben der seßhaften, in den klimatisch begünstigten Talschaften siedelnden Bevölkerung gibt es in Tibet aber auch noch immer Nomaden (vgl. S. 39), die in der endlosen Weite des eisigen Changthang ihr Vieh weiden und sich den Gesetzen härtester Lebensbedingungen zu unterwerfen haben.

Nach den politischen Umwälzungen der letzten Jahrzehnte hat sich viel auf dem ›Dach der Welt‹ verändert. Wie alle Dritte-Welt-Länder befindet sich auch Tibet nun in dem weltweit zu beobachtenden sozialen, kulturellen und ökonomischen Gleichschaltungsprozeß, der unweigerlich zu einem kulturellen Identitätsverlust führen wird. Ob sich die Menschen damit wirklich auf dem Weg in eine glücklichere Zukunft befinden, ist mehr als ungewiß und auf lange Sicht wohl nicht wahrscheinlich.

□ Bevölkerungsstatistische Untersuchungen

Die statistischen Angaben über die Bevölkerungsdichte Tibets schwanken in der Regel zwischen 1 und 6 Millionen. Die Ursachen für diese erheblich divergierenden Zahlen haben verschiedene Gründe. Zum einen sind sie in einer unterschiedlich definierten geographischen Fläche zu suchen. So beziehen sich einige Zählungen auf den großtibetischen Raum, andere lediglich auf die heutige Autonome Region Tibet. Zum anderen führte die tibetische Regierung zu keiner Zeit einen genauen Zensus durch, so daß Vergleichszahlen fehlen. Wenn überhaupt gezählt wurde, pflegte man aus Steuergründen die Familien als Abgabeeinheiten zu erfassen. Die groben Schätzungen vieler Reisender waren nicht sehr genau. Für den Großraum der tibetischen Hochebene läßt sich die Zahl der Menschen nur ungenau auf heute etwa 5–6 Mio. schätzen. Die 1990 von chinesischer Seite veröffentlichte Bevölkerungsstatistik spricht von 2,196 Mio. Einwohnern für die ›Autonome Region Tibet‹.

Demographische Untersuchungen von Dieter Schuh, der sich Ende der 80er Jahre anhand der Dokumente eines Klosterarchivs mit der Bevölkerungsentwicklung in der südtibetischen Region Kirong beschäftigte, kommen zu dem Ergebnis, daß die durchschnittliche Lebenserwartung einjähriger Kinder bei ehemals knapp über 37 Jahren lag, wobei sich mit zunehmendem Alter eine deutliche Progression zugunsten der weiblichen Bevölkerungsschicht abzeichnete. Etwa 7,6% der Bevölkerung lebte in den Klöstern – weitaus weniger als zumeist vermutet. Wenn man jedoch bedenkt, daß damit einer von vier Männern zwischen 20 und 60 Jahren Mönch war, bedeutete das unter volkswirtschaftlichen Gesichtspunkten eine erhebliche Einschränkung der ökonomischen Leistungsfähigkeit.

□ Ethnische Zugehörigkeit und Volksgruppen

Das Schneeland wurde vermutlich vor mehr als 50 000 Jahren erstmals besiedelt. Die genauere ethnische Abstammung der Tibeter ist bislang aber nicht geklärt. Heute leben auf dem Hochplateau verschiedene Gruppen und Randgruppen, die sich untereinander und z. T. auch mit anderen Ethnien vermischt haben. In den Randgebieten konnten sie über die Jahrhunderte ihre sprachliche, politische und kulturelle Eigenständigkeit bewahren.

Für die vorschriftliche Periode bis zum 6. Jh. sind besonders drei Volksgruppen zu nennen: 1) die Pöpa, die Vorfahren der Zentraltibeter, 2) die im heutigen Qinghai angesiedelten, in ihrer Lebensweise scheinbar weitgehend den heutigen tibetischen Nomaden ähnelnden Qiang sowie 3) die nordöstlichen Tuyuhun (tib. *Azha*), die ehemals eine eigene Bevölkerungsgruppe bildeten, aber von den Tibetern absorbiert wurden.

Neben den verschiedenen Volksgruppen leben eine Reihe von Minderheiten im Land: die muslimischen Hui, in Südtibet die Lhopa, Sherpa, Menpa und Denpa, im Osten die Nakhi und in allen Teilen Tibets auch immer mehr Han-Chinesen.

Tracht der Nomaden, Paare aus Amdo und Zentraltibet

□ Kleidung und Nahrung

Bei einem Bummel durch die großen Städte Tibets fallen dem Besucher Männer, aber besonders Frauen mit den unterschiedlichsten Gewändern und Hüten auf, die einen Kundigen schnell die regionale Herkunft der Leute erkennen lassen.

Die traditionelle Kleidung der Tibeter ist die *Chupa,* ein weiter, etwa knielanger Mantel mit hochstehendem Kragen und Ärmeln, die weit über die Hände hinaus reichen. Gehalten wird die Chupa von einem Hüftgurt, über den der lose fallende Mantel eine Bauchtasche wirft, in der die notwendigen Alltagsutensilien verstaut sind. Im Winter werden Chupas aus Schafsfell bevorzugt, deren behaarte Seite innen liegt und den Körper vor Wind und Kälte schützt. Frauen tragen im Prinzip das gleiche Gewand, daß sich von dem ihrer Männer vor allem dadurch unterscheidet, daß es bis zu den Knöcheln reicht. Hohe Stiefel aus Wolle oder Leder dienen als Schuhwerk. Männer tragen traditionell verschiedene Arten von Mützen und Hüten, flechten ihr langes Haar, binden es um den Kopf und steckten es dann fest.

Auffälligstes Merkmal der Frauen und Ausdruck ihrer sozialen Stellung ist der üppige Schmuck, der aus ins Haar eingeflochtenen Edelsteinen, Kopfschmuck aller Art, Amulettbehälter, Halsketten, Armreifen, Ringen und großen Bauchspangen mit religiösen oder ornamentalen Motiven besteht. Gekleidet sind auf Tradition bedachte Damen heute oft in ein weit fallendes Gewand, das auf dem Rücken in Falten gelegt und eng tailliert getragen wird. Ihr volles schwarzes Haar ist in Zöpfen um den Kopf gebunden. Amdo-Tibeterinnen flechten ihr Haar in 108 Zöpfe, die an den Enden miteinander verbunden und mit Edelsteinen geschmückt werden. Gewand, Haartracht und Kopfbedeckung weisen stets die Zugehörigkeit des einzelnen zu seiner ethnischen Gruppe aus.

Gemüse findet, schon weil es sich im Land nur schwer kultivieren läßt, kaum Eingang in die häusliche Speisefolge. Die traditionelle Hauptnahrung der Tibeter besteht aus Buttertee und *Tsampa.*

Zubereitet wird der legendäre Buttertee in einem Mischzylinder, in dem der mehrfach aufgekochte, oft mit etwas Salz angereicherte Tee mit Butter versetzt wird – ein äußerst nahrhaftes Getränk unter den extremen Lebensbedingungen. Auf Festen trinken Tibeter oft bis zu 40 Tassen davon. Geschmacklich ist er weitaus besser als sein Ruf.

Tsampa, das Nationalgericht der Tibeter, besteht aus geröstetem Gerstenmehl, das, mit Butter und Buttertee vermengt, in einer hölzernen Eßschale geknetet wird. Da man es auch kalt essen kann, ist es schnell und unkompliziert zubereitet. Wichtig ist die richtige Konsistenz des Tsampa, die nur bei dem richtigen Mischungsverhältnis der Bestandteile erreicht wird. Ist es zu naß, klebt es an den Fingern, fehlt es an Tee, bildet es keinen richtigen Teig.

Tibetische Spezialitäten sind die *Khabse,* ein leichtes, besonders zu Neujahr bereitetes Gebäck, sowie die *Momos,* gebratene oder in Suppe gekochte Teigtäschchen, die mit Hackfleisch und Zwiebeln gefüllt werden. Daneben essen die Tibeter gerne getrocknetes Fleisch, das über Monate haltbar ist. Leckerbissen aus vorwiegend osttibetischen Anbaugebieten bilden getrocknete Aprikosen, Äpfel, Walnüsse, Birnen und Pfirsiche.

Unverzichtbar ist für viele Tibeter der *Chang,* das Gerstenbier, das nicht selten in gewaltigen Mengen genossen wird und mit 15 bis 20% Alkohol dann schnell seine Wirkung zeigt.

Ein kleines Bauerngehöft

□ Siedlung, Haus und Familie

Die Bewohner der tibetischen Dörfer unterstanden einem einzigen Lehnsherren und waren ihm gegenüber gemeinsam steuerpflichtig. Die Dörfler bildeten damit eine Interessengemeinschaft weitgehend gleich gestellter Mitglieder, die sich gegenseitig unterstützten, kollektiv ihre Felder bearbeiteten, die Ernte einbrachten und ein Oberhaupt als Vertreter in allen Rechtsangelegenheiten wählten. In der Nähe von Wasserstellen gelegen, besaßen die Ansiedlungen gewöhnlich einen mauerumgebenen Dorfplatz, der vorwiegend für die gemeinschaftliche Erntearbeit benutzt wurde. Die einzige kulturelle Einrichtung war in der Regel ein nahe gelegenes Kloster oder eine Gruppe von Stupas als Objekte religiöser Verehrung. Händler und Handwerker gab es nur in größeren Ortschaften.

Noch heute bewohnt die einfache Bevölkerung zumeist eingeschossige, aus luftgetrockneten Ziegeln gebaute, lehmverputzte und weißgetünchte Häuser, die über ein oder zwei als Koch-, Wohn- und Schlafraum fungierende Zimmer verfügen. Als Fußboden dient festgestampfter und polierter Lehm; auf dem leicht abfallenden Flachdach ist das Brennmaterial – Reisig und getrockneter Yakdung – gestapelt. In dem von einer hohen Mauer umschlossenen Hof befinden sich die Stallungen für das Vieh sowie ein Platz für die Ackergeräte. Der Abwehr böser Geister dient über dem Haupteingang häufig ein Yak- oder Schafsgehörn, die Tür wird mit magischen Emblemen oder Zauberformeln, Mantras, sowie mit Sonne, Mond und Flamme als Symbol der

Vereinigung der Gegensätze versehen. Seitlich der Tür sieht man gelegentlich die Darstellung von Skorpionen als Schutz vor negativen Einflüssen verschiedenster Art. An die Außenwände klatschen die Frauen im Sommer mit Stroh vermischte Yakmistfladen, die dann im Winter als Brennmaterial benutzt werden.

Die Häuser wohlhabender Bürger besitzen gewöhnlich zwei oder mehr Geschosse und zum Teil große Vorhöfe mit Gebäuden für die Bediensteten, zahlreichen Stallungen und einem eigenen Brunnen.

Die ideale tibetische Familie ist die Großfamilie, bei der drei Generationen unter einem Dach wohnen und die anfallenden Arbeiten und Handelsgeschäfte von verschiedenen Familienmitgliedern erledigt werden. Mann und Frau sind grundsätzlich gleich gestellt, Einheiratende in bestehende Familiensippen bleiben jedoch gewöhnlich unterprivilegiert. Die Stellung der Frau ist sehr stark, der Mann stets gut beraten, nicht gegen ihren Willen zu handeln. Ehebruch kann ihr schon mal süffisant nachgesehen werden, während er dann den Spott seiner Dorfgemeinschaft zu tragen hat. Eheliche wie uneheliche Kinder stellen bei ihrer Heirat eher einen Vor- als einen Nachteil dar. Sind sie doch dringend benötigte, potentielle Arbeitskräfte, die mit zehn Jahren häufig schon weitgehend in den Arbeitsprozeß integriert sind.

□ Sitte und Brauchtum

Die Sitte, Höherstehenden gegenüber die Zunge herauszustrecken, ist die wohl charakteristischste Form der Ehrerweisung in Tibet. Ein höfliches und zuvorkommendes Verhalten ist das Ideal der tibetischen Etikette und wird den Kindern bereits von klein auf anerzogen. Dies äußert sich zum einen in ehrerbietigem Verhalten wie gebeugter Haltung, einem beidhändigen Händedruck oder der Überreichung von auch kleinen Geschenken mit beiden Händen, zum anderen in einer zuvorkommenden Redeweise im Gespräch besonders mit sozial höherstehenden Personen. Nirgends zeigt sich höfliches Verhalten jedoch deutlicher als beim Austausch der *Khatakhs,* der weißen Glücksschleifen, die man bei allen feierlichen und offiziellen Anlässen und Familienbesuchen übergibt. Es ist undenkbar, einen Lama um seinen Segen zu bitten oder um Rat zu fragen, ohne einen Khatakh zu überreichen. Auch heiligen Statuen und anderen Verehrungsobjekten werden von den Gläubigen Glücksschleifen dargebracht. Beim Überreichen von Schreiben dient er als Ausdruck der Wertschätzung des Empfängers.

Betritt man ein Haus, so bekommt der Gast stets Tee, Gebäck und später auch Chang gereicht. Die Zurückweisung solcher Angebote gilt als große Unhöflichkeit. Ein Besucher würde niemals wagen, sich selbst zu bedienen, sondern er wartet, bis er durch Anreichen der Tasse zum Trinken aufgefordert wird. Nachdem man zuerst nur kleine Schlückchen nimmt, steht später kräftigen Zügen nichts mehr entgegen. Sobald man angetrunken hat, wird die Tasse stets wieder bis zum Rand gefüllt.

Picknicks und gesellschaftliche Feierlichkeiten begehen die Tibeter gern und oft überschwenglich. In ihnen offenbart sich die Lebensfreude und Lebenslust der Bewohner des einsamen und weiten Schneelandes. Abwechslungen von dem nicht selten eintönigen Alltag sind hoch willkommen. Nach ausgiebigen Gelagen, die von allerhand Scherzen und guter Stimmung begleitet werden, widmen sich die Menschen ihren Tänzen, die sie mit den seltsam melancholischen, anrührenden Volksliedern begleiten. Jung und alt beteiligen sich stundenlang daran, so wird das Gemeinschaftsgefühl gefördert. Solche Feste dauern nicht selten bis in die frühen Morgenstunden.

□ Wichtige Stationen im Lebenslauf des Tibeters

Viele volkstümliche Vorstellungen des traditionellen Tibet sind zu tief im Bewußtsein der Menschen verwurzelt, als daß sie sich in kurzer Zeit unter chinesischem Einfluß hätten ändern lassen. So werden die althergebrachten Sitten und Bräuche für Geburt, Ehe und Tod noch immer nahezu unverändert praktiziert.

Bei der Geburt gelten die Frauen als unrein, so daß die Niederkunft früher stets außerhalb des Wohnbereiches stattfand, oft in einem Stall oder in der näheren Umgebung des Hauses oder Zeltes. Die Frauen brachten ihr Kind allein zur Welt oder erhielten Hilfe in der Regel von Mutter oder Schwester.

Kinder sind seit eh und je ein freudiges Ereignis, besonders wenn es sich um Jungen als Stammhalter der Familie handelt. Einige Tage nach der Geburt erscheinen Nachbarn und Verwandte, um Mutter und Kind Khatakhs, Chang und Tsampa als Symbole eines von Glück, Gesundheit und Wohlstand geprägten Lebens zu überreichen. Nach drei bis vier Wochen bringen die Eltern den Säugling beim ersten Gang außer Haus in einen Tempel, so daß er der Segenskraft der Religion teilhaftig wird.

Ein Lama verleiht ihm dann seinen Namen, der – Nomen est Omen – wichtige Charakteristika des Kindes zum Ausdruck bringen oder ihm ein glückliches, sorgenfreies Leben bescheren soll. *Tshering* (Langes Leben), *Tashi* (Glück), *Wangchuk* (Mächtiger), *Lhaga* (Freude der Götter), *Samdup* (Erfüllung der Sehnsucht) sind typische Namen, die mehr oder weniger für Jungen wie Mädchen gebräuchlich sind. Andere Namen richten sich nach der Tageshälfte, an dem das Kind geboren wurde, z. B. *Nyima* (Sonne), *Dawa* (Mond). Leidet das Baby wiederholt unter schweren Krankheiten, so wird ihm unter Umständen ein neuer Name verliehen, der ihm eine bessere Gesundheit bringen soll.

Gestillt werden die Kinder oft bis zum vierten Lebensjahr. Sie schlafen zuerst bei der Mutter, wechseln bei der Geburt eines weiteren Kindes zum Vater und werden in den ersten Jahren sehr nachsichtig und liebevoll behandelt. Danach erfolgt die Erziehung nach den Prinzipien von Bescheidenheit und Fleiß. Die Älteren müssen sich um jüngere Geschwister kümmern, Vieh hüten und ihren Eltern in verschiedener Weise zur Hand gehen.

Geschlechtliche Beziehungen treten früh auf, müssen aber, auch im Falle von Kindern, nicht unbedingt zur Heirat führen. Wichtige Voraussetzungen für alle Ehen, die oft schon zu Kindeszeiten von den Eltern arrangiert wurden, bilden der Erhalt oder die Verbesserung der sozialen Rangstufe sowie die finanziellen Verhältnisse der Ehepartner. Da sich Mann und Frau oft kaum vor der Hochzeit kennenlernen, sollen astrologische Berechnungen die charakterliche Eignung füreinander erweisen. Endogame Verbindungen, also Ehen unter Partnern gleicher sozialer Schicht und oft auch gleicher Berufsgruppen, kommen häufig vor.

Aus wirtschaftlichen Gründen war die Mehrehe in Form der Polygamie, bei der ein Mann mit mehreren Frauen vermählt ist, und die Polyandrie, die Verheiratung einer Frau mit mehreren Männern, zumeist Brüdern, besonders in Bauernfamilien und beim Adel verbreitet. Sie bildete den besten Garant für den Zusammenhalt des familiären Landbesitzes. Aufgrund des Frauenüberschusses und der starken Mönchsquote war die Polygamie faktisch mehr verbreitet. Heiratete eine Frau mehrere Brüder, galt der älteste als rechtmäßiger Vater aller Kinder.

Vor der Hochzeit werden die Modalitäten der Ehe von den Angehörigen der beiden Partner in einem Vertrag festgelegt, und der Bräutigam schickt seiner zukünftigen Frau ein Hochzeitskleid und Schmuck. Der große Tag dann beginnt mit Tränen. Die Braut verabschiedet sich von ihren Eltern, Geschwistern und Bekannten und wird dann von dem Vertreter des Bräutigams samt seiner Delegation auf einer trächtigen Stute zu ihrem neuen Haus geführt. Auf ihrem Rücken ist der vom Bräutigam geschickte, mit verschiedenfarbigen Seidenbändern geschmückte Pfeil (= Symbol des Lebensbaums) befestigt. Während sie von dannen zieht, schwenkt ein Mitglied ihrer Familie, auf der Plattform des Elternhauses stehend, einen Pfeil und eine Hammelkeule (die den Wunsch nach Wohlstand symbolisiert) und ruft ihr immer wieder nach: »Nimm nicht das Glück unserer Familie mit!« In argem Kontrast zur fröhlich gestimmten, bereits feiernden Hochzeitsdelegation, die unterwegs mehrfach bewirtet wird, steht die noch immer weinende Braut.

Die Braut kurz vor der Hochzeit (1917)

Bei der Ankunft im festlich geschmückten Haus des Bräutigams nimmt sie die ihr gereichten Speisen entgegen. Nach jeder Schwelle und auf jeder Treppenstufe singt die Braut bestimmte Lieder, die ihren Willen bekräftigen, den Platz an der Seite ihres Mannes in Zukunft voll und ganz einzunehmen und die ihr zufallenden Pflichten zu erfüllen.

Wenn sich das Leben dem Ende zuneigt, wird ein Lama oder Mönch ins Haus gerufen, der den Sterbenden mittels des tibetischen Totenbuches auf seinen Eintritt in den *Bardo*, jenen Zwischenbereich, der zwischen Ableben und Wiedergeburt liegt, vorbereiten soll. Sobald der Tod eingetreten ist, wird der Verstorbene auf sonnengetrocknete Lehmziegel gelegt und drei Tage noch symbolisch mit vor ihm aufgestellter Nahrung versorgt. In Embryonalstellung als Symbol der bevorstehenden Wiedergeburt wird der in ein Tuch gehüllte, an einer Bambusstange hängende Leichnam sodann noch vor Sonnenaufgang von den engsten Verwandten oder Nachbarn entlang einer Mehlspur (Symbol des Weißen Weges der Befreiung) aus dem Hause getragen. An der ersten Wegekreuzung wird das unterwegs sorgsam zusammengefegte Mehl in einen Korb gegeben, der bereits die luftgetrockneten Lehmziegel enthält, auf denen der Verstorbene aufgebahrt war. Leichenbestatter übernehmen nun den seelenlosen Körper; nur der Sohn oder ein anderes nahestehendes Familienmitglied folgt dem Toten, um sich von der ordnungsgemäßen Bestattung zu überzeugen. Denn im Schneeland ist die Vorstellung weit verbreitet, böse Geister könnten von der leiblichen Hülle Besitz ergreifen und ihr Unwesen damit treiben.

Die tibetischen Bestattungsformen sind einerseits mit den speziellen natürlichen Gegebenheiten des Landes – gefrorene Böden, baumlose Gegenden und dünn besiedelte, weite Flächen – verknüpft, andererseits beruhen sie auf religiösen Tabus; so herrscht die Vorstellung, daß man die Erde nicht aufbrechen dürfe, da man auf diese Weise die Erdgeister stört.

Die typische Bestattungsform bildet die Luft- oder Himmelsbestattung, die, stets auf einer kleineren Erhebung vollzogen, in sehr drastischer Weise das Ende menschlichen Lebens verdeutlicht. Inmitten eines von Gebetsfahnen, Stupas und *Tsha tsha*-Häuschen abgegrenzten Bezirkes, in dem ganze Haufen von Gehörn als magischer Abwehrzauber und Schutz vor bösen Geistern liegen, befindet sich das Bestattungsfeld. Es besteht aus dicken Flußkieseln und einem großen, flachen Stein zur Ablage des Leichnams. Nachdem die bereits in der Nähe wartenden Geier durch die Entzündung von Wacholder weiter angelockt wurden, ritzen die professionellen Leichenbestatter mit ihren Messern zunächst ein buddhistisches Zeichen wie das Svastika-Symbol auf den Rücken des Toten und beginnen dann mit der Zerstückelung und anschließenden Verfütterung des Körpers an die auf dem Leichenfeld hockenden Geier.

Wasserbestattungen, bei denen die mit Steinen beschwerte oder zerstückelte Leiche in einen Fluß oder See geworfen wird, sind nur für Kleinkinder, Arme, Bettler oder Verstorbene ohne Hinterbliebene üblich und finden nur in wenigen Gegenden Tibets – so etwa in Tsethang – statt.

Die als unehrenhaft angesehene Erdbestattung, die früher für Räuber, Mörder und Epidemieopfer üblich war, wurde mit der Vorstellung verknüpft, daß die Seele der Beerdigten vom Boden gebunden, somit keine Wiedergeburt erlangen und schließlich erlöschen würde.

Feuerbestattung und Mumifizierung bilden eine nur hohen Lamas zugebilligte Bestattungsform. Die Reliquienasche und die nach Vorstellung der Tibeter bei der Verbrennung von spirituell vervollkommneten Personen zurückbleibenden kleinen weißen Kügelchen (tib. *Rilu*), werden als Weihefüllung von Stupas oder Statuen verwendet. Bei der Mumifizierung – nur üblich bei sehr hohen Lamas – wird noch immer in mehrjähriger, aufwendiger Arbeit dem Leichnam mit Salz die Flüssigkeit entzogen, und die Mumie dann in einem eigens für den Verstorbenen errichteten Reliquienstupa beigesetzt.

Sprache und Schrift

Das Tibetische ist eine monosyllabische, d. h. auf einsilbigen Wortwurzeln basierende Sprache, die innerhalb der sino-tibetischen Sprachfamilie zur Gruppe der tibeto-burmesischen Sprachen

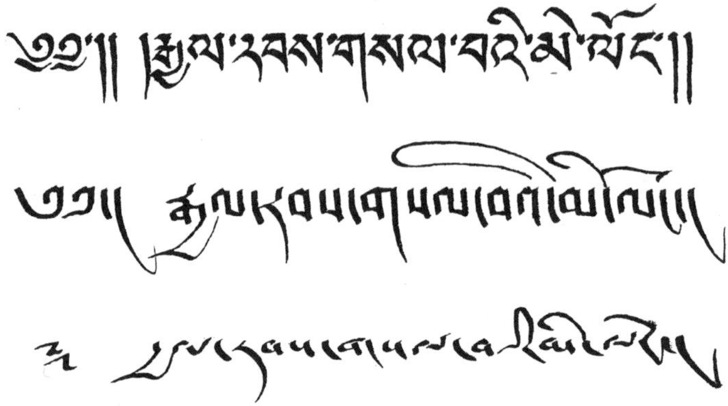

Tibetische Schrift

Kopfschrift

Kopflose Schrift

Handschrift, sogenannte flüssige Schrift

gehört. Sie verwendet Tonhöhenunterschiede als bedeutungsrelevantes Merkmal und besitzt einen isolierenden Sprachbau, d. h. die Unveränderlichkeit der Silben schließt eine Flexion von Nomen und Verben aus und erfordert damit eine strikte Trennung zwischen lexikalischen und grammatikalischen Elementen.

Die in den Texten verwendete Schriftsprache wurde im 7. Jh. normiert und um die Jahrtausendwende nochmals vor allem in terminologischer Hinsicht überarbeitet. Seitdem ist sie weitgehend unverändert in Gebrauch. Dadurch weicht die Schreibweise des Schrifttibetischen, die sich vermutlich am historischen Artikulationsstandard orientiert, von der gegenwärtigen Aussprache stark ab. Besonders die in den osttibetischen Randgebieten siedelnden Volksgruppen und die Bewohner von Amdo sprechen Dialekte, die sich von dem durch eine schichtenspezifische Ausdrucksweise geprägten Lhasa-Tibetisch unterscheiden.

In der schriftlosen Frühzeit benutzten die Tibeter Knotenschnüre und Kerbstöcke zur Notierung von Ereignissen. Vermutlich in Anlehnung an eine nordwestindische Variante der Gupta-Schrift schuf, wenn man der tibetischen Mythologie Glauben schenkt, Songtsen Gampos Minister Thömi Sambhota um 632 n. Chr. ein tibetisches Alphabet, das aus 30 Konsonanten und fünf Vokalen bestand und das bis heute in vorwiegend zwei Varianten in Gebrauch ist: Der in fast allen gedruckten Werken verwendeten ›Kopfschrift‹ (tib. *Ucen*), bei der die Buchstaben quasi am oberen Abstrich aufgehängt werden, und der ›Kopflosen Schrift‹ *(Ume)*, die sich als handschriftliche Variante in zahlreichen Formen vorwiegend auf Akten und Dokumenten findet.

Der Staat und seine Organe im ›Alten Tibet‹

□ Die tibetische Zentralregierung

Unter dem 5. Dalai Lama entstand Anfang des 17. Jhs. die spezielle tibetische Staatsform, die häufig als lamaistische Theokratie bezeichnet wird. In den verschiedenen Körperschaften der

Regierung arbeiteten Anfang des 20. Jhs. in sechs verschiedenen Rängen stehende Staatsdiener und zwar jeweils 175 Mönchs- und 175 Zivilbeamte. Um eine effektive Kontrolle zu gewährleisten, wurden alle bedeutenden Positionen von einem Mönch und einem Laien, also doppelt, besetzt. Von der in Lhasa ansässigen Zentralregierung eingesetzt, übten die Beamten eine wichtige staatliche Kontrollfunktion über die lokalen, politisch einflußreichen Interessengruppen und die in ihrem Distrikt angesiedelten großen Klöster aus.

Das unumstößliche, geistliche und weltliche Oberhaupt des Staates bildete auf Lebenszeit der Dalai Lama, dessen Position nur aus dem speziellen Kontext der tibetischen Kultur verständlich wird. Solange er noch minderjährig war, vertrat ihn ein von der Nationalversammlung bestimmter Regent. Dem Dalai Lama unterstanden sämtliche Institutionen, die als Regierung und Lamaistische Kirchenverwaltung in einen zivilen und kirchlichen Zweig getrennt waren. Gemeinsam mit dem Panchen Lama, dem Oberhaupt des Klosters Tashilhünpo, stand der Dalai Lama über der Beamtenhierarchie.

Die Regierung bestand aus den Staatsministern, dem Staatsrat mit den Staatssekretären, der Nationalversammlung und der Exekutive. Alle wichtigen Entscheidungen wie etwa die Besetzung bedeutender Funktionen, Enteignungen größeren Umfangs, innen- und außenpolitische Fragen großer Tragweite oder Reformvorschläge mußten dem Dalai Lama unterbreitet werden. Seine Entscheidungen und Verfügungen galten als endgültig. Die engsten Vertrauten des Dalai Lama bildeten die Staatsminister, denen als direkte Untergebene der zweite Rang zugeordnet wurde. Diese Beamten reichten die Gesuche und Vorschläge der verschiedenen Institutionen mit ihren eigenen Kommentaren versehen an den Dalai Lama bzw. leiteten dessen Anweisungen und Entscheidungen nach unten weiter.

Als Beamte dritten Ranges fungierten die Minister des Staatsrates, des sogenannten *Kashag*, der mit drei Adeligen und einem Mönch besetzt war und in politischer, wirtschaftlicher und juristischer Hinsicht die inneren Angelegenheiten des Landes in Händen hielt. Umgesetzt wurden seine Entscheidungen von den verschiedenen Exekutivorganen: Amt für Staatsfinanzen, Steueramt, Auswärtiges Amt, Gerichtshof, Amt zur Verteidigung, Schatzamt, Landwirtschaftsamt und der Distriktsverwaltung.

Unter dem Staatsrat rangierte die Nationalversammlung, der die Beamten des vierten bis sechsten Ranges angehörten. Als bedeutendste Vertreter des Klerus waren die vier Großsekretäre des Lamaistischen Kirchenrates sowie die Äbte der drei großen Staatsklöster vertreten. Die zivilen Angelegenheiten nahmen an erster Stelle die drei Sekretäre des Amtes für Staatsfinanzen wahr, die zugleich auch die Entscheidungen der Nationalversammlung dem Staatsrat übermittelten.

Abstimmungen waren in der Nationalversammlung unüblich, statt dessen wurde debattiert, wobei sich im Verlauf der Diskussion die Entscheidungsfindung langsam abzeichnete. Erst wenn sich kein Widerspruch mehr regte, war die Entscheidung der Nationalversammlung getroffen. Die Mönche setzten sich hier, da sie nur wenig zu verlieren hatten, zumeist mit ihren Meinungen gegen den wohlhabenden Adel durch.

Die Verwaltung der Provinzen oblag den zumeist im fünften oder sechsten Rang stehenden Distriktgouverneuren, die allein in Zentraltibet in mehr als 50 Administrationsdistrikten im

Regierungsauftrag Abgaben eintrieben und Recht sprachen. Steueraufkommen, das den festgesetzten, an die Zentralregierung abzuführenden Betrag überschritt, floß in die Tasche der Gouverneure.

Neben der Regierung, die sich vorwiegend mit den Angelegenheiten der Laienbevölkerung beschäftigte, unterstand dem Dalai Lama die Lamaistische Kirchenverwaltung, die mit sämtlichen klerikalen Angelegenheiten befaßt war. Zwischen ihrer obersten Körperschaft, dem Kirchenrat, und dem Dalai Lama vermittelte der Oberstkämmerer, der auch das Oberhaupt aller Mönche war. Der in etwa dem Staatsrat entsprechende Kirchenrat wurde von vier Großsekretären gebildet, denen wiederum verschiedene kirchliche Exekutivorgane unterstanden: das Amt des Klosterrates, das Kirchliche Schatzamt, das Amt zur Ausbildung der Mönchsbeamten etc. Die Lamaistische Kirchenverwaltung sicherte auf diese Weise den Einfluß und die Privilegien der Mönche. Sie beaufsichtigte – abgesehen von den drei großen Staatsklöstern, die der direkten Kontrolle des Dalai Lama unterstanden – die Klöster, beobachtete alle, Mönche und Klöster betreffenden Rechtsangelegenheiten, begutachtete die Anträge auf Neugründung von Klöstern und vertrat die Interessen der Geistlichkeit, wenn es um staatliche Zuwendungen an die Klöster ging.

□ Recht und Gesetz

Das bereits im 7. Jh. von Songtsen Gampo in Form der ›Sechzehn Gesetze‹ kodifizierte, tibetische Recht war grundsätzlich ein Kompensationsrecht, daß auf dem Ziel beruhte, den sozialen Ausgleich und die Beilegung von Konflikten im Einvernehmen zwischen Kläger und Angeklagtem herzustellen. Durch mongolischen Einfluß bekam es im 13. Jh. einen Vergeltungscharakter mit den bekannten, von den Chinesen heute gerne als Merkmal der feudalistischen Gesellschaftsstruktur Tibets herausgestellten Bestrafungspraktiken: Verstümmelung, Abschneiden der Nase oder Ohren, Blendung, Auspeitschung oder Einschließen von Gliedmaßen in schwere Holzblöcke. Gefängnisse gab es in jedem Dzong, lange Haftstrafen überlebten die Delinquenten nur in seltenen Fällen, Mörder und rückfällig gewordene Räuber wurden in der Regel mit dem Tode bestraft.

Der Instanzenweg für alle Rechtsfragen verlief über den Dorfältesten und den Distriktsgouverneur bis zur Zentralregierung in Lhasa. Judikative und Exekutive wurden von den gleichen Institutionen ausgeübt. Fühlte sich der Kläger durch den Urteilsspruch nicht befriedigt, konnte er sich an höhere Gerichte, selbst an den Staatsrat in Lhasa, wenden und dort sein Recht einfordern.

Mönche unterstanden einer eigenen klösterlichen Gerichtsbarkeit. Lediglich bei schwersten Vergehen hatten sie sich vor zivilen Gerichten zu verantworten. In gerichtlichen Auseinandersetzungen mit Laien genossen sie jedoch stets den einflußreichen Rechtsbeistand ihrer Klöster.

War die Wahrheit durch Indizien nicht zu ermitteln, bediente man sich zur Rechtsfindung – die von mittelalterlichen, magischen Vorstellungen geprägt wurde – bisweilen auch der Folter und unumstößlicher »Gottesurteile«: Das harmlose, aber konsequenzenreiche Werfen von Würfeln oder das ›blinde‹ Fischen nach verschiedenfarbigen Steinen in kochender Butter mit der bloßen Hand, wobei die schwarze oder weiße Farbe des emporgeholten Steines sowie der

Tibetische Beamte während einer Dienstreise (1890)

Versehrtheitszustand der Hand über die Glaubhaftigkeit und das Schicksal des Angeklagten entschieden.

□ Landbesitzverhältnisse

Grundsätzlich gehörte alles Land dem Dalai Lama und damit dem tibetischen Staat, der es entweder selbst bewirtschaftete oder verpachtete – vor allem an Adelige als Gegenleistung für die durch ihre Regierungsfunktionen erwiesenen Dienste. Dadurch, daß die Regierung weiterhin den Klöstern vertraglich zugesicherte Landeinheiten zur Sicherung ihrer wirtschaftlichen Existenz überließ, ergab sich eine Aufteilung der landwirtschaftlichen Nutzfläche in Regierungs-, Adels- und Klostergüter.

Zugeteilt wurde den Adligen in der Regel jedoch lediglich das Bewirtschaftungsrecht der Landgüter, das gewöhnlich über viele Generationen hinweg in den Familien verblieb. Die Bearbeitung dieser Nutzflächen übernahmen die tibetischen Bauern. Für ihre Frondienste bekamen sie von ihrem Lehnsherren – sei es Adliger, Kloster oder Staat – in der Regel kleinere Parzellen zur eigenständigen Bewirtschaftung zugeteilt. Seltener wurden sie mit Geld oder Naturalien entlohnt.

Den Lehnsherren blieb auf diese Weise ein nicht geringer Profit, den sie, um Steuern zu sparen, vorzugsweise in Hauseigentum, Viehbestand und Handelsgeschäften anlegten.

Nur wenige hohe Beamte haben über die Jahrhunderte für besonders verdienstvolle Tätigkeiten Landschenkungen erhalten.

□ Steuer

Steuerabgaben wurden in Form von Geld, Arbeitskraft und Naturalien erhoben. Fleisch, Getreide, Butter, Salz, Tee, Wolle, Pelze, kostbare Metalle, Mineralien und vieles andere wanderte so in die Schatz- und Vorratskammern der Regierung. Moschus, Tee, Salz, Holzprodukte, Yakschwänze und Gehörn von Wildtieren unterlagen einer Sondersteuer. Die Klöster sicherten sich in einigen Landesteilen – so etwa in Sakya – durch die Aushebung festgelegter Quoten der ihnen unterstellten Untertanen ihren Nachwuchs an Novizen, das Militär rekrutierte auf den Staatsgütern beschäftigte Untertanen. Landesweit waren darüber hinaus durchreisenden Regierungsbeamten kostenlos Reit- und Transporttiere zur Verfügung zu stellen.

Da die Klöster häufig von Abgaben freigestellt wurden und die klösterlichen Pfründe dem Staat somit keine Erträge brachten, bildete die Besteuerung der Staats- und Adelsgüter die bedeutendste Einnahmequelle der Regierung.

Die Distriktsgouverneure trieben die Steuern für die Staatsgüter direkt von den Untertanen ein. Die Adligen hatten eine festgelegte Pacht für ihre Güter an den Staat zu entrichten und zogen von den auf ihren Lehen arbeitenden Untertanen Steuern ein. Entweder nahmen sie die Frondienste ihrer Bauern in Anspruch oder sie besteuerten je nach Größe und Fruchtbarkeit des Bodens die Ernteerträge. Die Höhe der Zahlungen richtete sich an der Besteuerungspraxis der vorangegangenen Jahre aus, so daß Abgabenerhöhungen de facto nur in einem begrenzten Rahmen durchsetzbar waren. Wenngleich ungerechtfertigte Steigerungsraten von den Bauern eingeklagt werden konnten, waren Beschwerden bei größerer Entfernung von Lhasa allerdings nur schwer bei den entsprechenden Stellen vorzubringen. Regierungsbeamte, die dem Volk zu große Lasten aufbürdeten, fielen allerdings, wie es heißt, beim Dalai Lama schnell in Ungnade und büßten dann ihre Stellung und ihre Privilegien ein. Auch die Klöster hatten in dieser Angelegenheit keinen uneingeschränkten Handlungsspielraum.

Als Steuerbemessungseinheit für landwirtschaftlich genutzte Flächen diente das *Khal,* ein etwa 18 kg fassendes Hohlmaß für Getreide. Bezeichnenderweise existierte es in verschiedenen Größen, so daß etwa bei einer Rebellion die Bevölkerung ganzer Landstriche mit verdeckten Steuererhöhungen zur Rechenschaft gezogen werden konnte. Dagegen erhielt die Region, in der der aktuelle Dalai Lama geboren war, dadurch, daß man schlicht ein kleineres Khal verwendete, nicht selten steuerliche Entlastungen.

Bei besonderen Anlässen wie etwa einer militärischen Auseinandersetzung oder beim Tode eines Dalai Lama konnten zur Bezahlung der Soldaten oder für die Anfertigung eines Reliquien-Stupas bisweilen landesweite Sonderabgaben erhoben werden.

Die traditionellen Sozial- und Berufsstrukturen

□ Die sozialen Schichten

Wie in allen mittelalterlichen Gesellschaften war auch in Tibet die Herkunft und ökonomische Stellung ein bestimmender Faktor im Leben des einzelnen. An der Spitze der sozialen Pyramide standen die Adligen, es folgten die Gemeinen, unter denen nun die ›Verarmten‹ bzw. ›Ungeachteten‹ ihr Leben fristeten. Wer als Linienhalter einer in leiblicher Erbfolge weitergegebenen religiösen Linie geboren wurde, also etwa als Sohn eines verheirateten Lamas der roten Sekten, befand sich ebenso wie die zu Wiedergeburten verstorbener Heiliger erkorenen Tulkus außerhalb dieses Klassensystems.

Weniger als 1% der Bevölkerung gehörten dem Adel an. Diese Oberschicht leitete ihre Stellung aus den privilegierten, amtlichen Funktionen und den ihnen staatlicherseits verpachteten Landgütern ab. Ausdruck fand die Vorrangstellung des Adels schon darin, daß er auf seinen Gütern die von den Gemeinen aufzubringenden Steuern festsetzte und die Rechtsprechung ausübte.

Die ›Gemeinen‹ oder ›Untertanen‹, von denen ein großer Teil Frondienste auf Staats-, Adels- oder Klostergütern zu leisten hatte und quasi in ›Leibeigenschaft‹ zu dem jeweiligen Lehnsherrn standen, bildeten mit über 90% den größten Bevölkerungsanteil. Sie setzten sich vor allem aus Bauern, Händlern und Handwerkern zusammen. Bezeichnet wurde mit diesem Begriff weniger eine Klasse als die Zugehörigkeit zur großen Volksmasse, die jenseits von den Adligen und den Verarmten stand. Den größten Anteil unter den Gemeinen bildeten die Bauern, die gegen Besteuerung Land von den aristokratischen Großpächtern erwarben und ihren Lebensunterhalt durch Kleinhandel, Ackerbau und Viehzucht aufbesserten. Da sie stets in größeren, häufig polygamen Familienverbänden innerhalb eines Dorfes lebten und alle dem gleichen Lehnsherrn verpflichtet waren, kollektiv das Land bestellten und gemeinsam die auferlegten Steuern zu entrichten hatten, zeigten die Bauern ein ausgeprägtes Zusammengehörigkeitsgefühl.

Die zweit- und drittgeborenen, damit nicht erbschaftsberechtigten Söhne, verließen häufig ihre Familie und versuchten als Händler, Handwerker, Künstler und landlose Erntearbeiter ihr Glück. Da die Bauern nur ungern die eigenen Kinder an ein Kloster verloren, hielten sie die von ihnen wirtschaftlich abhängigen Landarbeiter dazu an, ihre Söhne als Mönchsteuer ins Kloster zu schicken, um so das Soll der Gemeinschaft zu erfüllen. Da die Ausbildung, die auf diese Weise den Kindern zuteil kam, einen sozialen Aufstieg für den Nachwuchs bedeutete, willigten die Landarbeiter dazu häufig nicht ungern ein.

Die ›Verarmten‹ bildeten mit einem Bevölkerungsanteil von wenigen Prozent den Bodensatz der tibetischen Gesellschaft. Verkrüppelt, obdachlos, heimatlos, von gnadenlosen Lehnsherren in den Ruin getrieben, durch Katastrophenfälle um ihren Besitz gebracht oder mit dem eigenen Leben nicht zurechtgekommen, wurden sie sozial nicht geachtet und von der Teilnahme an gesellschaftlichen Ereignissen weitgehend ausgeschlossen. Man mißtraute ihnen, betrachtete sie als ›unrein‹ und benutzte auf keinen Fall bei feierlichen Anlässen dieselbe Trinkschale mit ihnen. Auf diese Wiese aus der sozialen Gemeinschaft ausgeschlossen, besaßen sie nahezu keine Möglichkeiten, ihre gesellschaftliche Stellung zu verbessern. Die Heirat mit Gemeinen kam nur sehr selten vor, Land wurde den Verarmten im allgemeinen nicht verpachtet.

□ Die adlige Beamtenschaft

Die tibetische Aristokratie repräsentierte stets eine Bevölkerungsschicht, die ihre gesellschaftliche Stellung in erster Linie der Loyalität zu den Herrscherhäusern verdankte. Wechselnde machtpolitische Verhältnisse bedingten so zwangsläufig die Entstehung neuer Adelsfamilien, wenngleich noch in jüngster Zeit Häuser existierten, deren Abstammung sich bis in die frühe Königszeit zurückverfolgen ließ. Vom 18. bis 20. Jh. hatten prominente Mitglieder der höchsten Adelsschicht als Regierungsbeamte wichtige, oft mit Titeln verbundene Funktionen in der Regierung inne. Als Gegenleistung für ihre Dienste konnten sie Staatsgüter beträchtlicher Größe pachten, deren Bewirtschaftung oft hohen Gewinn abwarf.

Neu aufgenommen in die aristokratischen Kreise wurden Familien, die sich Verdienste um das Land erworben hatten, sei es, daß sie sich in politisch brisanten Situationen besonders hervorgetan und das Vertrauen des Dalai Lama gewonnen hatten, oder daß sie die Familie darstellten, in der die Reinkarnation des Dalai Lama entdeckt worden war. Das wichtigste Indiz der gesellschaftlichen Stellung einer Adelsfamilie war jedoch stets ihr Amt innerhalb der Regierung. Dem Dalai Lama gegenüber waren alle Aristokraten gleich Untertanen gestellt und ihm daher zu Diensten verpflichtet.

Große regionale Bedeutung hatten oft die jahrhundertealten adligen Familien, die besonders in finanzieller und wirtschaftlicher Hinsicht eng mit bestimmten religiösen Gruppierungen oder Klöstern verbunden waren. In ihren Familienverbänden wurde nicht selten die Reinkarnation eines verstorbenen Klosteroberhauptes gefunden.

□ Bauern, Handwerker und Landarbeiter

Die Gemeinen verdienten als Bauern, Handwerker, Händler oder Nomaden ihren Lebensunterhalt. Die unterschiedlichen Tätigkeiten waren Ausdruck ihrer sozialen Stellung, deren Wahrung oder Verbesserung das Bestreben jedes Tibeters ist. Der vorrangige Platz unter den Gemeinen gebührte den Bauern.

Diese Klasse stellte die große Masse der Bevölkerung, die nach Rechtsauffassung des tibetischen Staates die ihnen durch Geburt zufallenden gesellschaftlichen Aufgaben zu erfüllen und dadurch zum Gedeihen des Landes beizutragen hatte. So waren die Bauern verpflichtet, die Felder zu bestellen, ansonsten unterlagen sie staatlichem Zugriff, der in Tibet vom Amtsfunktionen ausübenden Adel verfügt wurde. Bevor sie sich für längere Zeit aus ihrem Steuerbereich entfernten, hatten sie stets ihren Lehnsherrn um Genehmigung zu ersuchen. Im Falle der Einheirat in Distrikte oder Familien, die einem anderen Lehnsherrn unterstanden, wurde häufig ein Mitglied des anderen Steuerbereichs in die Sozialgemeinschaft des Aussiedelnden überführt. Wer sich unerlaubt davonmachte, hatte im Falle seiner Ergreifung mit Bestrafung und der Forderung auf Wiedergutmachung des Produktivitätsausfalles zu rechnen. Wenngleich dieses System gelegentlich zur Ausbeutung führte, wirkte der permanente Mangel an Arbeitskräften

Bauern trennen die Spreu vom Weizen

als ein wirksames Regulativ, das den Adel zwang, in gutem Einvernehmen mit den Untergebenen zu stehen und ihnen nicht allzu große Lasten aufzubürden. Im Vergleich mit anderen asiatischen Ländern ging es den Bauern in Tibet dadurch recht gut.

In Familienverbänden oder dörflichen Ansiedlungen wohnten die Bauern in festen Lehmbauten auf dem Land, an dem sie durch Geburt ererbte Bewirtschaftungsrechte erworben hatten. Oberstes Prinzip bäuerlicher Lebenseinstellung war die Unaufteilbarkeit der familiären Scholle.

Betrieben wurde der Ackerbau in Mehrfelderwirtschaft mit festgelegter Fruchtfolge, z. B. Gerste, Brachland, Gerste, Erbsen, Buchweizen. Auch Hirse, Rübe und Rettich sowie Senf zur Erzeugung von Öl kultivierten die Bauern. Die Erntemethoden haben sich seit Jahrhunderten kaum geändert. Das Getreide wird auch heute noch mit der Sichel geschnitten, in Garben getrocknet, auf dem Rücken von Mensch oder Tier eingebracht und in Gemeinschaftsarbeit auf dem Dorfplatz gedroschen. Danach lagern es die Bauern in versiegelten Silos.

Als Haustiere werden *Dzos,* Pferde, Schafe und Ziegen gezüchtet. Das Dzo, eine Mischung zwischen Yak und Rind, ist eine äußerst leistungsfähige Rinderart, die den speziellen Bedürfnissen der Bauern sehr entgegenkommt, zumal es bis zu einer Höhe von über 4500 m leben kann. Das weibliche *Dzomo* erbringt mehr Milch als die *Dris,* die Yakkühe, der Dzo ist bei der Feldarbeit williger und leistungsfähiger als der Yak. Den Yaks in Statur und Färbung sehr ähnlich sehend, ist das bei weiterem kürzere Schulter-, Bauch und Schwanzhaar der Dzos das einfachste Unterscheidungsmerkmal.

Da die Arbeit zumeist nicht von den Bauern allein erledigt werden konnte, stellten sie oft Landarbeiter an, die als Zweit- oder Drittgeborene nicht in die beruflichen Fußstapfen ihrer Eltern treten konnten und sich ihren Lebensunterhalt durch Tätigkeiten aller Art erwerben mußten.

Nannte man die Bauern bisweilen *Düchen*, ›Dicker Rauch‹, so bezeichnete man die Landarbeiter als *Düchung*, ›Dünner Rauch‹, ein Begriff, der ihre geringere soziale und ökonomische Stellung gut beschreibt. Einheirat in bäuerliche Familien bildete für sie ein probates Mittel zu sozialem Aufstieg. Wenngleich arm, waren sie aber doch gesellschaftlich uneingeschränkt akzeptiert.

Die Stellung des Handwerkers ging mit seinem jeweiligen Metier einher. Mit religiösen Angelegenheiten verknüpfte Berufe wie die Bildnisgießerei und -malerei stellten den gesellschaftlichen Oberbau des Handwerkertums dar. Schreiner, Schneider, Weber, Feinschmiede und Kunsthandwerker nahmen den geachteten Mittelbau ein. Am unteren Ende der Rangskala standen die Töpfer, Gerber, Schuster und Grobschmiede. Geringes Ansehen hatten aus Gründen buddhistischer Ethik Metzger, Jäger, Fischer und Fallensteller. Das Schlachterhandwerk – seit eh und je mit Mißfallen betrachtet – wurde vielerorts von ethnischen Minderheiten, speziell von Moslems, ausgeübt.

Die Händler rangierten zwischen den Bauern und Nomaden. Da sie keine gesellschaftliche Vertretung besaßen und nicht über Landbesitz verfügten, waren auch sie unterprivilegiert. Als Folge davon wanderten sie oft in die Nachbarländer ab. Bedeutendste Handelsgüter bildeten Wolle und Salz. Aber auch Yakschwänze, Felle, Borax, Moschus und medizinische Substanzen wurden in China, Indien, Nepal und Kaschmir gegen Reis, Tee, Früchte, Zucker, Zündhölzer, Nadeln, Tabak, Stoffe, Hüte usw. eingetauscht. Aufgrund der Notwendigkeit, die in Naturalien gezahlten Steuerabgaben in Utensilien zu transferieren, die z. B. für den Bau von Klöstern benötigt wurden, waren auch Mönche in den Klöstern und Distriktbeamte mit dem Handel befaßt.

Wer im sozialen Netz der tibetischen Gesellschaft keinen Platz erworben hatte, unerlaubt seinen Distrikt oder wegen krimineller Vergehen seine Dorfgemeinschaft verlassen hatte, konnte sich oft nur noch als Bettler, Räuber und Wegelagerer durchbringen. So kam es, daß sich in entlegenen Gegenden, besonders in den Grenzgebieten, zeitweise große Banden umhertrieben, die auf regionaler Basis einen erheblichen politischen Einfluß besaßen und den Reisenden das Leben schwermachten – es sei denn, sie waren mittellose Pilger. Besonders die im Nordosten am heiligen Berge Amnye Machen siedelnden Golok, die so manchem Tibetreisenden früher um seine Besitztümer brachten, haben sich in dieser Beziehung einen zweifelhaften Ruhm erworben.

Die räuberischen Golok-Nomaden lauschen dem Grammophon eines Besuchers (1926) ▷

Die tibetischen Nomaden

Den speziellen topographischen Gegebenheiten des Landes, besonders des Changthang (s. u.), ist es zuzuschreiben, daß sich die Urform tibetischer Lebensweise, das Nomadentum, bis heute weitgehend unverfälscht erhalten hat. Während die seßhaft gewordene Bevölkerung sich vorwiegend durch Ackerbau ernährt, leben die Nomaden von Viehtrieb und Handel. Sie wohnen in Zelten, die sich leicht auf dem Rücken ihrer Yaks transportieren lassen, und ziehen mit ihren Herden den im Jahreszyklus nutzbaren Weideflächen nach. Ihr Leben wird damit von einer Einpassung in den natürlichen Lebensraum bestimmt. Ihre lokale Ungebundenheit bedingt ein enges Zusammenhalten des Familienverbandes.

□ Das Changthang – Lebensraum der Nomaden

Der Lebensraum der Nomaden ist das Changthang, die rauhe ›Nördliche Ebene‹, mit einer Höhenlage von etwa 5000 m und durchschnittlichen Jahrestemperaturen von –5° bis –6 °C. Im Winter fällt das Thermometer bisweilen auf –40 °C. Diesem extrem rauhen Klima steht die nahezu endlose Weite unbesiedelter Landstriche in nichts nach. Auf 10 km² kommt hier statistisch nicht einmal ein einziger Mensch und das auf einer Fläche von 600 000 km². Den ein-

samsten Teil dieser Region bildet das 200 000 km² umfassende Niemandsland, das sich von Nagchu bis zur westlichen Landesgrenze erstreckt. Eine Erschließung und Besiedlung dieses Gebietes wurde erst in den letzten Jahrzehnten begonnen.

Noch kaum von der Zivilisation berührt, bildet das Changthang eines der letzten Naturreservate Asiens, durchzogen von Tieren, die ansonsten nirgendwo mehr heimisch sind. Vereinzelt sind hier noch Herden von Wildyaks, Pferdeeseln (tib. *Kiang*) und Tibet-Gazellen zu sehen. Aufgrund der hohen Fellpreise sind viele Tierarten allerdings stark bedroht. Um diese Steppen touristisch nutzbar zu machen, ist neuerdings die Einrichtung großer Naturschutzgebiete geplant.

Eingeschlossen wird das Changthang von hohen Randgebirgen, im Norden vom Kunlun, im Süden und Westen von der Gangdise- sowie der Nyenchen Thanglha-Kette, die das aride Klima der von etwa 1500 salzhaltigen Seen durchzogenen nördlichen Ebene wesentlich mitverursachen.

In dieser unwirtlichen Region gibt es nur wenige Städte; so etwa Nagchu und Damxung, die als Raststationen der Qinghai-Route (vgl. S. 299) in der Nähe des Tengri Nor (mong., tib. *Nam Tsho;* chin. *Namocuo*) liegen. – Dieses 1940 km² große Gewässer liegt auf etwa 4678 m und ist einer der höchst gelegenen Seen der Welt. Besiedelt wird die Gegend neben Tibetern von den seit dem 16. Jh. hier lebenden mongolischen Dzungaren, die seinerzeit zur Stützung des 5. Dalai Lama unter ihrem Führer Gushri Khan (reg. 1636–56) ins Land kamen.

□ Die Nomaden

Tibetische Nomaden besitzen oft nur zwei oder drei Camps, die sie in fester Abfolge benutzen, um ihrem Vieh stets gute Lebensgrundlagen bieten zu können und die mageren Steppen nicht zu überweiden. Aufgrund der Höhenlagen gibt es jedoch für die kalte Jahreszeit von Oktober bis Ende April, in der kein Gras mehr wächst, keine Möglichkeit, durch weite Wanderungen in ertragreichere Gebiete zu ziehen. Daher bewegen sich die Nomaden in einem Raum von weniger als 100 km Länge. Dem Hauptlager, das gewöhnlich aus mehreren Zelten besteht, ist häufig in höheren Bergregionen noch ein kleineres Nebenlager angegliedert, von dem aus gewöhnlich jüngere Mitglieder des Familienverbandes das Vieh hüten.

Strikt getrennt werden alle anfallenden Arbeiten danach, ob sie in den männlichen oder weiblichen Aufgabenbereich fallen. Die Aufgabe der Frau ist es, die Yakkühe und Schafe zu melken, Butter, Milch und Käse zuzubereiten, Gerste zu Tsampa zu mahlen, Wasser zu holen, die Kinder zu versorgen, Stoffbahnen für Kleidung und Zelte zu weben und den Dung als Brennmaterial zu sammeln. Die Männer hingegen kümmern sich um den Aufbau der Zelte und die Beladung der Yaks, sie sammeln Salz und treiben Handel, der sie oft auf Monate von den Zelten wegführt. Weiterhin gehen sie zur Jagd, scheren, hüten und schlachten die Yaks und Schafe, sie schneidern und stellen Sättel, Gürtel und Seile her. Darüber hinaus tauschen sie in den Wintermonaten auf den Märkten Tee, Getreide, Reis, Zucker und getrocknete Früchte ein.

Der Stolz eines jeden Nomaden ist natürlich sein Pferd, das im Wert etwa fünf Yaks entspricht. Decken, Sattel und Zaumzeug sind stets von guter Qualität, farbenprächtig und üppig verziert.

□ Das Vieh als Lebensgrundlage

Die Lebensgrundlage der Nomaden ist das Vieh, besonders der Yak, der durch seine dichte lange Behaarung mit seinen wärmeisolierend wirkenden Fettschichten optimal den extremen Lebensbedingungen des Changthang angepaßt ist.

Die Gattung der Rinder bezeichnen die Tibeter generell als *Nor* oder *Nag*. Ihre in Tibet heimischen Spezien bilden neben einer vergleichsweise kleinwüchsigen Art unseres Hausrindes der Grunzochse oder Yak, weiblich *Dri*, sowie der *Dzo*, weiblich *Dzomo*, eine Mischung aus Yak und Rind. Während die Dzos vornehmlich das Rindvieh der seßhaften Bevölkerung bilden, gehören die Yaks zu den Nomaden. Sie sind scheue, sensible Tiere, die sich nur oberhalb von 3000 m wohlfühlen und in oft großen Herden gehalten werden. Viele der Yaks werden kastriert. Da die Tiere ihre Standorte nur wenig verändern, bleiben sie bei der Weidung in Hochlagen bis nahezu 7000 m weitgehend sich selbst überlassen. Ein Yak kann ein Gewicht von mehr als sechs Zentnern erreichen und wird vielfach als Tragtier für Lasten bis zu zwei Zentnern eingesetzt.

Schon da sie täglich gemolken werden, ist die Haltung der Yakkühe weitaus aufwendiger. Die Dris werden in Herden gehütet und stets von den gefährlichen, bestens trainierten Tibet-Mastiffs bewacht, vor denen man sich unbedingt hüten sollte.

Neben Fleisch, Fell und Butter gewinnen die Nomaden durch Auszupfung des Bauchhaares von Yak und Dri auch Wolle, die sie zu ca. 30 cm breiten Stoffbahnen weben und daraus ihre Zelte und Kleidung herstellen.

Da die Familienverbände oft nicht stark genug sind, um Kühe und Rinder, Schafe und Ziegen in verschiedenen Herden nach arten-, alters- und geschlechtsspezifischen Kriterien zu hüten, werden die Tiere mit farbigen Zeichen oder durch Ohreinschnitte unverwechselbar gekennzeichnet. Dadurch können die Herden verschiedener Camps zusammengelegt und in gegenseitigem Übereinkommen geweidet werden.

Das wichtigste Hilfsmittel des Hirten ist die Steinschleuder, mit deren Hilfe er die Herde zusammenhält und ihre Weidebewegung lenkt. Kinder ab acht Jahren erfüllen diese Aufgaben. Die Hirten, dem Wetter stets ungeschützt ausgesetzt, stehen übrigens am unteren Ende der sozialen Rangfolge.

Neben den Yaks halten die Nomaden dem Hochland angepaßte Schafe. Die Tiere zeichnen sich durch einen erhöhten Hämoglobingehalt des Blutes, längeres Haar und größere Lungen aus. Auch sie werden häufig zum Transport von Salz und Getreide eingesetzt. Die in den Hochebenen gehaltenen Ziegen atmen bis zu fünfmal schneller als ihre Artgenossen im Tiefland. Besonders in niedrigeren Regionen werden Schafherden häufig mit Ziegen durchsetzt, da sich die Tiere dann besser bewegen und das Land nicht überweiden.

□ Die schwarzen Zelte

Nicht zu unrecht vergleicht man das Zelt der tibetischen Nomaden immer wieder mit einer Spinne. In der Nähe von Flüssen oder Quellen errichtet, wird es von Zeltstangen getragen und über hohe Außenpfosten verspannt. Die Zeltdecken bestehen aus aneinandergenähten, etwa 30 cm breiten, gewebten Yakhaarbahnen, die aufgrund des natürlichen Fettgehaltes der Yakwolle weitgehend wind- und wasserdicht sind.

Vater und Tochter vor dem Zelt

Im Zentrum des Zeltes steht unter einer Rauchöffnung ein aus Lehm errichteter bis zu 2 m langer Ofen, der von seiner schmalen Kopfseite her beheizt wird. Rechts von ihm ist der Bereich der Männer und Besucher, links der der Frauen und Kinder. Rundherum stehen Säcke aus Yakhaar und Leder, gefüllt mit Vorräten. Ein kleiner Altar befindet sich gegenüber dem Eingang an der hinteren Zeltwand. Nachts schläft die gesamte Familie im Zelt; lediglich ein paar jüngere Männer wachen – geschützt von Felldecken – bei der Herde.

Einzelne Zelte trifft man nur in dichter besiedelten Gegenden an. Die Einsamkeit des Changthang fördert die Bildung größerer Lebensgemeinschaften, die in Camps siedeln und über mehrere Pferche aus aufeinandergeschichteten Steinen verfügen, um den Jungtieren nachts eine sichere Bleibe zu bieten.

□ Die Besteuerung der Nomaden im ›Alten Tibet‹

Die tibetischen Nomaden lebten in größeren Gruppen von etwa 15 bis 20 Familien auf ihren Weidegebieten, die, ähnlich wie die Äcker der Bauern unter klerikaler, adliger oder staatlicher Verwaltung standen und für deren Nutzung sie an ihren Lehnsherrn Steuern in Form von Vieh, Butter, Fleisch, Wolle, Fellen usw. zahlten. Das von ihnen gehütete Vieh gehörte ihnen nur zum Teil selbst, oft trieben sie auch die Rinder ihres Lehnsherrn.

Für jedes fremde Stück Vieh hatten die Nomaden einen festgelegten Steuerbetrag zu zahlen, so z. B. jährlich für drei Schafe ein Lamm oder für ein Dri etwa 40 kg Butter. Die Höhe der Besteuerung richtete sich zusätzlich an der Risikobereitschaft des Pächters aus. Wollte er geringere Abgaben zahlen, mußte er das Risiko tragen, etwaige Verluste, wie sie besonders in harten Wintern immer wieder vorkamen, aus eigenen Beständen auszugleichen. Als Ausgleich durfte der Pächter die überschüssigen Lämmer oder Kälber für sich behalten. Wollte er alles Risiko für sich ausschließen und am Ende der Abgabenperiode nach der realen Stückzahl an Vieh veranlagt werden, stand er sich steuerlich eher ungünstiger.

Die Geschichte Tibets

Die tibetische Geschichte zerfällt in vier große Zeitabschnitte, die von jeweils gewaltigen kulturellen Umwälzungen begleitet wurden: 1) die vorschriftliche Periode bis etwa 600 n. Chr., 2) die Ära des tibetischen Großreiches und der ›Frühen Bekehrung zum Buddhismus‹ (600–842), 3) das Zeitalter der ›Späten buddhistischen Bekehrung‹ und die Errichtung der lamaistischen Theokratie sowie 4) die Periode, die nach dem Einmarsch chinesischer Truppen 1950 15 Jahre später zur Gründung der ›Autonomen Region Tibet‹ führte.

Tibets Frühgeschichte, die Yarlung-Dynastie (bis 600 n. Chr.)

□ Der mythologische Ursprung

Schon in den Orakelknochen-Inschriften der chinesischen Shang-Dynastie heißt es, daß im Nordwesten Chinas die nomadischen Stämme der Qiang und westlich davon, was in etwa dem nordtibetischen Raum entspricht, die sogenannten West-Qiang siedelten. Die Schilderung der Lebensweise dieser Westlichen Qiang läßt ihre nahe Verwandtschaft mit den heutigen tibetischen Nomaden erkennen und vieles spricht dafür, daß dieser Volksstamm zu den Vorfahren der Tibeter zählt.

Archäologische Grabungen waren im traditionellen Tibet aufgrund religiöser Tabu-Vorstellungen unmöglich. So konnten Tibetologen wie etwa Giuseppe Tucci auf ihren Forschungsreisen lediglich Steinsetzungen, Höhlen, Menhire und Felszeichnungen untersuchen. Peter

Aufschnaiter fand 1948 bei einem Kanalbau in Lhasa Steinwerkzeuge, Gefäße und ein Grab mit einem in Hockstellung beigesetzten Toten, in dessen Augenhöhlen ähnlich wie bei den Skythen Türkise eingesetzt waren. Untersuchungen der Funde wiesen in die Zeit um Christi Geburt. Erst in den 80er und 90er Jahren unseres Jahrhunderts wurden von chinesischer Seite in dem osttibetischen Dorf Karo und im Lhasa-Tal nahe des Klosters Sera archäologische Grabungen begonnen, die Zeugnisse einer mehr als viertausendjährigen Besiedlung des tibetischen Hochplateaus zutage förderten. Von chinesischen Wissenschaftlern veröffentlichte erste Untersuchungsergebnisse zeigen, daß zu dieser Zeit eine animistisch geprägte Zivilisation siedelte, die wahrscheinlich auch Menschenopfer darbrachte.

Lebendig geblieben ist diese vorschriftliche Periode in alten, mündlich überlieferten mythischen Erzählungen, die vom Anbeginn des tibetischen Volkes sowie von der Entstehung und Genealogie seines Königshauses berichten. Der Kern der tibetischen Ursprungslegende berichtet von einem Affen, der sich mit einer Dämonin vereinte und sechs Kinder zeugte, die die Urahnen von sechs tibetischen Stämmen bildeten. Mit der Bekehrung Tibets zum Buddhismus wurde diese mythologische Kernerzählung von religiösem Gedankengut überlagert und, dadurch daß der Ursprung der Tibeter in das Licht eines übergeordneten buddhistischen Heilsplans gestellt wurde, von der lamaistischen Kirche vereinnahmt. Diese buddhisierte Form der Ursprungslegende findet sich z. B. in den Wandmalereien des Norbulingka, des Sommerpalastes der Dalai Lamas (vgl. S. 168), illustriert:

Vor langer Zeit, so heißt es, weihte der auf dem südindischen Berge Potala residierende Avalokiteshvara, der Bodhisattva des Mitleids und Schutzpatron Tibets, einen Affen, der als die irdische Manifestation eines himmlischen Wesens galt, in die Geheimnisse der buddhistischen Lehre ein und sandte ihn zur meditativen Verwirklichung des Glaubens in das Schneeland Tibet. Dort zog sich der Affe in eine Höhle auf einem Berge des Yarlung-Tales, östlich der heutigen Stadt Tsethang, zur Meditation zurück.

Da erschien eines Tages eine in dieser Region lebende Dämonin bei ihm und bat ihn um die Ehe. Nur widerstrebend willigte er ein und schon bald wurden sechs kleine Affenkinder geboren, die ihr Vater in einem nahegelegenen Wäldchen sich selbst überließ. Als er sie drei Jahre später besuchte, stellte er voller Entsetzen fest, daß sich ihre Anzahl bereits auf dreihundert erhöht hatte und der ehemals reiche Früchte tragende Hain sie kaum noch ernähren konnte. Aus Sorge über die weitere Ernährung seiner Nachkommen wandte er sich an Avalokiteshvara. Dieser schickte ihn zum Berge Meru, dem Mittelpunkt der Welt, wo er fünf verschiedene Arten Getreidesamen fand. Auf die ungepflügte Erde des Yarlung-Tales verstreut, brachten sie bald reichliche Ernte. Durch die neue Nahrung wurden die Schwänze der Äffchen kürzer und kürzer, ihre Zungen konnten zunehmend Worte artikulieren und schon bald hatten sie sich ganz und gar in menschliche Wesen verwandelt.

□ Nyatri Tsenpo und die Könige der Yarlung-Dynastie

Es mag im 3. Jh. v. Chr. gewesen sein, daß – als die Hirten des Yarlung-Tales wie üblich ihre Schafe weideten – ein Fremder von einem nahen Berge zu ihnen herabstieg. Von einem aus zwölf klugen Männern bestehenden Rat befragt, woher er komme, sprach dieser jedoch nur unverständliche Worte und wies dabei mit seinem rechten Zeigefinger zum Himmel. Schließend, er sei ein Sohn des Himmels, erhoben sie ihn auf ihren Nacken, machten ihn zu ihrem König und verliehen ihm den Namen Nyatri Tsenpo (›Nackenthron-König‹). Er war der erste König Tibets.

Tibets erster König Nyatri Tsenpo

Gemeinsam mit seinen ersten sechs Nachfolgern war er von himmlischer Herkunft. Tagsüber weilten diese sieben himmlischen Könige auf der Erde, des Nachts stiegen sie wieder mittels des Himmelsseils – einer Art Regenbogen, der vom Kopf zum Firmament reichte – in den himmlischen Bereich empor. Das Ende ihrer Herrschaft war erreicht, sobald die Söhne zu Reiten verstanden – d. h. sobald sie 13 Jahre alt geworden waren. Dann entschwanden sie auf eben diesem Wege, ohne eine sterbliche Hülle zu hinterlassen. Aufgrund ihrer himmlischen Verbindung werden diese Könige als die ›Sieben Himmelsthrone‹ bezeichnet.

Spätere lamaistische Traditionen stellten Nyatri Tsenpo als einen mit ungewöhnlichen körperlichen Charakteristika wie blauen Augenbrauen und Gewebehäuten zwischen seinen Fingern versehenen Abkömmling eines indischen Königshauses dar, der sich später nach Tibet absetzte und hier von Bönpos aufgrund einer Fehlinterpretation seiner Handbewegung zum König erkoren wurde. Ziel dieser Darstellung war die Verknüpfung des tibetischen Königshauses mit der als Förderer des Buddhismus aufgetretenen indischen Königsgenealogie, die ihrerseits auf den mythischen König Mahasammata zurückgeführt wird – den ersten König aller Lebewesen. Darüber hinaus berichten die Chroniken, daß Nyatri Tsenpo zu Ehren mit der Festung Yumbhu Lhakhar im Yarlung-Tal (vgl. S. 254) das erste Haus erbaut wurde, da die Tibeter zu dieser Zeit noch in Höhlen gelebt haben sollen.

In der achten Königsgeneration stand schließlich Drigum Tsenpo, der ebenfalls noch von himmlischer Abstammung war. Als er eines Tages hochmütig seine Untertanen zu einem Wettstreit herausforderte, zertrennte er unbedachterweise das Himmelsseil. Damit war die himmlische Verbindung für alle folgenden Könige unterbrochen. Ihr Herrschaftsbereich erstreckte sich im wesentlichen über die weitere Region des Yarlung-Tales. Beigesetzt wurden zahlreiche dieser Könige in der Festung Chingwa Tagtse, nahe zum heutigen Tsethang im Chonggye-Tal (vgl. S. 250).

Die erste Berührung mit dem Buddhismus verlegt die tibetische Mythologie etwa in das 3. oder 4. Jh. n. Chr. Damals, zur Zeit des 28. tibetischen Königs Thothori Nyentsen, sollen buddhistische Schriften und ein goldener Stupa vom Himmel auf den Yumbhu Lhakhar gefallen sein. Da man sie nicht lesen konnte, bewahrte man sie vorerst nur ehrfurchtsvoll auf. Später sollen sie in den Reliquien-Stupa des 5. Dalai Lama als Weihefüllung eingelagert worden sein.

Das tibetische Großreich und die Frühe Bekehrung Tibets

□ Songtsen Gampo, der Begründer des tibetischen Großreiches

Als 32. König des Yarlung-Tales herrschte Ende des 6. Jhs. Namri Songtsen. Um einen bedrohenden Widersacher, der ihm in der nördlich von Lhasa gelegenen Region Phenyül erwachsen war, auszuschalten, einte er die Stämme des südlichen Tibet und zog gegen seinen Feind zu Felde. Nach dem Sieg fand Namri Songtsen die einzelnen Stammesfürsten mit großzügigen Lehen ab und hatte als Primus inter pares Einfluß über weite Teile Zentraltibets erlangt. Von Tsang, der Provinz des heutigen Shigatse, bis in die Provinz Dagpo, noch tsangpo-abwärts des Yarlung-Tales, erstreckte sich sein Herrschaftsbereich.

Alten Quellen zufolge wurde im Jahre 617 sein Sohn Songtsen Gampo geboren, mit dessen Thronfolge im Jahre 629 die datierbare Geschichte Tibets beginnt. Auffällig ist, daß ihm die Königswürde genau in seinem 13. Lebensjahr, dem Jahr, da die tibetischen Könige nach alter Sitte die sakrale Großjährigkeit erlangten, zugefallen sein soll. Ob er nach dem Tode des Vaters seinen für mehrere Jahre regierenden Bruder möglicherweise durch Mord aus dem Wege schaffte, oder ob sein Geburtsdatum u. U. in einer idealtypischen Rekonstruktion des Geburtsjahres auf der Grundlage seines Herrschaftsantritts von späteren Historikern interpoliert wurde, läßt die Quellenlage nicht erkennen.

Im 60 km nordöstlich von Lhasa gelegenen Orte Gyama geboren, verlegte Songtsen Gampo den Sitz der tibetischen Könige vom Yarlung-Tal nach Lhasa und baute das sich staatlich bereits konsolidierende Tibet zu einer Großmacht aus, die für die folgenden 200 Jahre seine Nachbarn, besonders China, in Atem halten sollte. Die Grundlage dieser aggressiven Expansionspolitik bildete ein schlagkräftiges Heer, das etwa 100 000 Krieger umfaßt haben mag. Einer Periode innerer Festigung durch die Unterwerfung rebellierender tibetischer Fürstentümer folgten kriegerische Siegeszüge über die im Nordosten siedelnden Sumpa, die Tuyuhun in der Gegend des Kokonor-Sees und die Qiang im chinesischen Grenzgebiet. Im Süden und Westen erstreckte sich der tibetische Herrschaftsbereich bis in den Himalaya und nach Turkestan, im Osten bis zur chinesischen Provinz Sichuan. Bündnisse mit sich mehr oder weniger freiwillig unterwerfenden Fürstentümern wie Minyak oder Zhang-Zhung fanden in Songtsen Gampos Verbindungen mit den Töchtern der Fürsten ihren Ausdruck.

Auch seine Vermählung mit der nepalesischen Prinzessin Bhrikuti und der chinesischen Prinzessin Wencheng, die von der späteren lamaistischen Historiographie als seine beiden Hauptgemahlinnen und als Emanationen der Grünen und Weißen Tara dargestellt werden, hatte zunächst einmal politische Ziele.

Um 630 war der rechtmäßige nepalesische Licchavi-König Narendradeva – von einem gewissen Jisnagupta seiner Herrschaft beraubt – nach Tibet geflogen und genoß hier den Schutz der Regierung. Erst 641 bestieg er mit Songtsen Gampos Hilfe wieder den Thron Nepals, das daraufhin zeitweise tibetischer Suzeränität unterstanden zu haben scheint. Bhrikuti, die von den Tibetern fälschlicherweise als Tochter des früheren nepalesischen Königs Amshuvarmans betrachtet wird, war u. U. eine Nichte von Narendradeva. Ob sie wirklich gelebt hat, gilt als nicht sicher, nach Darstellung der späteren lamaistischen Quellen spielt sie jedoch eine entscheidende Rolle bei der buddhistischen Missionierung Tibets.

König Songtsen Gampo

Bhrikuti soll 632 oder 634 Lhasa erreicht haben und als bedeutendsten Teil ihrer Mitgift die heute im Ramoche, Lhasa, stehende Statue des Jobo Mikyö Dorje (vgl. S. 161) mitgebracht haben. In ihrem Gefolge kamen Priester und Künstler ins Land, die entscheidenden Anteil an der Errichtung und Gestaltung der von ihr initiierten Bauwerke hatten. Zugeschrieben werden Bhrikuti der ehemalige Palast von Songtsen Gampo, auf dessen Fundamenten heute der Potala steht, sowie das bedeutendste Heiligtum Tibets, der Jokhang von Lhasa.

Aufgrund der ständigen, verlustreichen kriegerischen Auseinandersetzung mit seinem tibetischen Nachbarn willigte schließlich der chinesische Tang-Kaiser Taizong (reg. 627–50) ein, Songtsen Gampo seine Tochter Wencheng zur Gemahlin zu geben. 641 traf sie in Lhasa ein. Ihre Mitgift bestand aus dem berühmten Jobo Shakyamuni, einer Statue (vgl. S. 156), die von den Tibetern als ein zu Lebzeiten des Buddha gefertigtes Porträt betrachtet wird. Gerühmt wurden die Kenntnisse von Wencheng in der Astrologie, vor allem aber in der Geomantie, einer Wissenschaft, die sich mit den günstigen und ungünstigen Zeichen von Orten und Regionen sowie mit den sie bewohnenden übersinnlichen Kräften und Mächten befaßte. In der Erkenntnis, daß sich über ganz Tibet ein Dämon ausbreite, der der Bekehrung des Landes zum Buddhismus im Wege stünde, ließ – um die Arme und Beine dieses Dämonen gleichsam mit Pflöcken zu befestigen – Songtsen Gampo auf ihren Rat hin in allen Teilen Tibets sowie in den Grenzregionen zwölf Tempel errichten.

Aufgrund der vielen siegreichen Eroberungszüge war die gesamte Herrschaftsperiode Songtsen Gampos von einem enormen Aufschwung in kultureller, technologischer und ökonomischer Hinsicht gekennzeichnet. In diese Blütezeit fiel die Umwandlung Tibets von einer animistisch orientierten, dezentralisierten Nomadengemeinschaft in eine Seßhaftengesellschaft mit zentralstaatlicher Verwaltung, die schon bald Züge einer Hochkultur annehmen sollte. Die langfristig entscheidende Neuerung Songtsen Gampos war sicherlich die Einführung des Buddhismus als Begleiterscheinung seiner Heiratspolitik. Die Entsendung seines Ministers Thönmi Sambhota nach Indien führte zur Entwicklung einer tibetischen Schrift, mit deren Hilfe buddhistische Werke ins Tibetische übersetzt und Annalen verfaßt wurden. Zugleich bildete sie eine wichtige Voraussetzung zur Verwaltung dieses gewaltigen Reiches, das durch eine Lehnsverfassung regiert wurde und sich in der Rechtsprechung auf die von Songtsen Gampo kodifizierte Sammlung der Sechzehn Gesetze stützte. Wie schon sein Vater regierte auch Songtsen Gampo als Primus inter pares. Einen großen Teil seiner Macht hatte er zumeist mit seinem Großminister zu teilen. Nachdem sein Sohn Gunsong Gungtsen das 13. Lebensjahr erreicht hatte, ließ er ihn formal inthronisieren, um so einem eventuellen Mord zu entgehen. Als Gunsong nach fünf Jahren mehr nomineller Herrschaft verstarb, regierte Songtsen Gampo bis zu seinem Tode im Jahre 649 oder Anfang 650 in gewohnter Weise.

Da sich im Tibet dieser Zeit Herrschaft und Macht nie auf die Person des Königs allein konzentriert hatten, zeichnete sich mit seinem Tode auch kein Ende des tibetischen Großreiches ab. Die Herrschaft lag in den folgenden 100 Jahren in den Händen von Ministern und Königen, die das Reich sogar noch weiter ausdehnten. Nur gegen Ende des 7. Jhs. konnte China sich kurzzeitig von dem Druck der Tibeter ein wenig befreien.

□ Tisong Detsen, der Förderer des Buddhismus

Um 710 gelangte in Fortführung der chinesisch-tibetischen Heiratspolitik die chinesische Prinzessin Kimsheng Kongjo (tib., chin. *Jincheng;* † 739) nach Tibet, um eine eheliche Verbindung mit König Düsong einzugehen. Da Düsong aber bei ihrer Ankunft bereits verstorben war, heiratete sie den unmündigen Thronfolger Tide Tsugtsen (704–55) noch im Kindesalter. (Viele tibetische Chronisten erklären sie fälschlicherweise zur Mutter Tisong Detsens, des zweiten großen Religionskönigs.) Trotz dieser Ehe kam das gespannte Verhältnis zu China jedoch nicht zur Ruhe.

Aus Indien und Turkestan reisten zu dieser Zeit mehr und mehr buddhistische Missionare ins Land. Die frommen Männer gründeten heilige Stätten und gewannen recht schnell einen starken gesellschaftlichen Einfluß. Der Adel, der diese Entwicklung mit Sorge betrachtete, nutzte 741 eine Epidemie recht geschickt für die eigenen Interessen. Unter dem Vorwand, daß die Seuche nur deshalb ausgebrochen sei, weil man den Buddhismus begünstigt hatte, konnten die Missionare des Landes verwiesen werden. Zurückzuführen war dieser Konflikt auf die Angst einer kulturellen Überfremdung, mehr jedoch noch auf die Befürchtung der Bön-Priester und des Adels, die ihnen angestammte Macht könne in den sich anbahnenden politischen und kulturellen Veränderungen geschmälert werden.

Mit Tisong Detsen (reg. 755–97) erhielt Tibet in dieser unruhigen Phase einen Herrscher, der in der Lenkung der inneren und äußeren Angelegenheiten des Staates ein außergewöhnliches Geschick bewies. Geboren 742, bestieg er im Jahre 755 zu einer Zeit den Thron, da Tibet im Zenith seiner Macht stand und als die vorherrschende politisch-militärische Macht Zentralasiens über die größte geographische Ausdehnung seiner Geschichte verfügte. Im Süden und Westen besaß es die Suzeränität über Bengalen, Nepal, Kaschmir, Ladakh, Brusha (das heutige

Gilgit) und Teile Turkestans. Selbst bis Ferghana und Samarkand sollen die Tibeter vorgedrungen sein und hier zeitweise mit den Arabern paktiert haben. Darüber hinaus machten sie die nördlich von Tibet ansässigen Uiguren zu Verbündeten und erzielten mit ihrer Hilfe weitere militärische Erfolge, die Tibets Herrschaftsbereich im Osten bis in die chinesischen Provinzen Gansu, Sichuan und Yünnan hinein ausdehnten.

Als China die vertraglich vereinbarten Tributzahlungen von jährlich 50 000 Ballen Seide nicht liefern konnte, gelang dem tibetischen General Tagdra Lugong 763 gar das Kunststück der Eroberung von Chang'an, der damaligen Hauptstadt Chinas – ein Husarenstreich, der zwar nur ganze drei Wochen von Erfolg gekrönt war, aber die unbändige Kraft der tibetischen Armee unter Beweis stellte. In der Erkenntnis, daß Tibet die Verwaltung weiterer Gebiete im dichtbesiedelten China schon aufgrund der zahlenmäßigen Unterlegenheit seiner Bevölkerung nicht gelingen würde, gab man sich 783 mit einem – allerdings nur kurzlebigen – Frieden zufrieden, der in einem gemeinsamen Vertrag besiedelt wurde. Nur als ein weiterer Beleg für die militärische Überlegenheit der tibetischen Truppen kann es gewertet werden, daß sich die Araber nach 790 aus Furcht vor dem Machthunger der Schneelandbewohner mit den Chinesen verbündeten.

König Tisong Detsen

Nicht hinwegtäuschen konnten diese außenpolitischen Erfolge allerdings über die schwelenden innenpolitischen Krisen dieser Zeit, die in dem Verhältnis zwischen König und Adel auf der einen Seite und zwischen Buddhismus und Bön-Religion auf der anderen Seite begründet lagen. Die Priester der Bön-Religion verbündeten sich mit dem Adel, indem sie die Stellung des Königs in Fortsetzung der traditionellen Machtverhältnisse als die eines Primus inter pares herausstellten. Die buddhistischen Missionare hingegen versuchten, sich bei Hofe zu etablieren, indem sie dem König mit ihrer Lehre die staatsphilosophische, religiös sanktionierte Legitimation eines absoluten Monarchen lieferten. Sie knüpften dabei an die Zeit des großen, indischen Königs Ashoka an und stellten den Herrscher als einen zurecht privilegierten, irdischen Vollender des buddhistischen Heilsplanes dar.

Da der Buddhismus die gesellschaftliche Stellung des Adels relativierte und seine Rechte beschnitt, war ein tiefgreifender Konflikt zwischen Aristokratie und Königstum somit unausweichlich. Ausgetragen wurde er auf dem Wege kulturpolitischer Entscheidungen, die der König durch sein besonnenes Handeln zu eigenem Vorteil nutzte.

Nachdem Tisong Detsen sein Interesse in jungen Jahren zunächst der Bön-Religion geschenkt hatte, wandte er sich im reiferen Alter verstärkt dem Buddhismus zu. Er ließ heilige Schrif-

Das Wirken des Magiers Padmasambhava

Padmasambhava, der ›Lotosgeborene‹, der seinen Namen, wie die Mythologie berichtet, aufgrund seiner Geburt im See Dhanakosha im mythischen Lande Uddiyana erlangte, ist eine der schillernsten Figuren der tibetischen Geschichte. Ein undurchdringlicher, mythologisierender Schleier von übernatürlichen Ereignissen und Wundergeschichten umgibt den Meister. Da die Person eigentlich nirgends konkret greifbar wird, ist seine historische Wirklichkeit stark in Frage gestellt. Möglich wäre auch, daß er eine rein literarische Figur darstellt, in der verschiedene Personen Eingang gefunden haben.

In Padmasambhavas Geburtsland Uddiyana, etwa in der Region des Swat-Tales in Pakistan zu lokalisieren, waren im 8. Jh. zahlreiche geistige und religiöse Strömungen unterschiedlichster Art präsent. Hellenistisches Gedankengut, nur wenige Jahrhunderte zuvor durch Alexander bis an den Ganges gelangt, gnostische und zaroastrische Lehren, der Islam, der sich in verschiedenen Religionen etablierende Tantrismus sowie verschiedenartige Volksreligionen trieben hier in oft auch noch synkretistischen Ausformungen die eigenartigsten Blüten. Ebenso bunt und phantastisch muten Leben, Werk und Lehre des Padmasambhava an. Synkretistisch-buddhistische Vorstellungen, okkulte Lehren, magische Praktiken, übernatürliche Kräfte und Wunder bilden die Hauptelemente seiner Biographie.

Nach seiner Geburt in einer Lotosblume wurde er von König Indrabhuti von Uddiyana adoptiert. Der ihm angetragenen Königsherrschaft entzog er sich durch eine rastlose Wanderung in Indien und der angrenzenden buddhistischen Welt. Er meditierte bevorzugt auf Leichenplätzen, wo er von Dakinis, tantrischen weiblichen Gottheiten, die höchsten Weihen erhielt, und wurde ein Meister tantrisch-exorzistischer Kultpraktiken. In acht Ländern wirkte er schließlich zum Wohle der Lehre, indem er die dem Buddhismus feindlich gesonnenen Dämonen und Landesgottheiten unterwarf und dem Buddhismus dienstbar machte. Dadurch, daß er diese Kräfte nicht vernichtete, sondern in Dharmapalas, Schutzgottheiten der Lehre, verwandelte, praktizierte er zugleich eines der wesentlichen Elemente des tantrischen Heilsweges: Negative Mächte und Eigenschaften gilt es nicht auszugrenzen und zu zerstören, sondern durch Wandlung und Sublimierung zu hilfreichen Triebkräften des Heilsweges zu machen.

ten aus dem Indischen und Chinesischen ins Tibetische übersetzen und rief große Lehrer wie Shantirakshita und Kamalashila an seinen Hof. Ihr Wirken stieß jedoch auf heftigen Widerstand.

□ Samye und die religiösen Auseinandersetzungen des 8. Jhs.

Nachdem bereits unter Songtsen Gampo (617–649) und seinen Nachfolgern zahlreiche Tempel als buddhistische Kultstätten errichtet worden waren, faßte Tisong Detsen mit der Errichtung

Als ihn die Einladung von Tisong Detsen erreichte, begab er sich nach einem ausgiebigen Studium der Glaubensvorstellungen und Rituale der Bön-Religion nach Tibet. Durch sein von magischen Praktiken und wundervollen Taten beherrschtes Wirken soll er die Voraussetzungen für die Erbauung des Klosters von Samye gelegt haben. Er scharte eine Gruppe von 25 Schülern um sich, unter denen auch Tisong Detsen verzeichnet ist. Zu seiner Hauptgefährtin erwählte er Yeshe Tshogyel, eine ehemalige Gemahlin des tibetischen Königs, die in ihrem eigentlichen Wesen als eine tantrische Dakini der höchsten Klasse angesehen wurde. Da ein Großteil der von ihm und seiner Gefährtin Yeshe Tshogyel tradierten Lehren den Menschen der damaligen Zeit unverständlich blieb, versteckte er zahlreiche Schriften in allen Gegenden Tibets. Dieses apokryphe Schrifttum, von sogenannten *Tertön*, ›Schatzfindern‹, im Laufe der Jahre gehoben, stellt einen wesentlichen Bestandteil des Korpus der ›Roten Sekten‹, besonders der Nyingmapa-Schule, dar. Über die Dauer seines Aufenthaltes in Tibet gibt es sehr unterschiedliche Angaben. Nach einer Überlieferung soll Padmasambhava Tibet schließlich auf einem märchenhaften Flügelroß verlassen haben.

von Samye den Bau eines Klosters ins Auge, um dem Buddhismus eine breitere Basis zur Etablierung seiner Lehren zu geben. Vor dem Hintergrund der Auseinandersetzung zwischen Adel und Königtum traf er damit eine religionspolitische Entscheidung, die letztlich der Erhöhung seiner eigenen Stellung dienen mußte.

Da die Errichtung des Klosters gegen die Opposition von Adel und Böntum nicht so einfach durchzusetzen war, lud er nach Darstellung der lamaistischen Historiographie auf Empfehlung Shantirakshitas den großen Padmasambhava ein. Als ein Meister der Magie gelang es ihm, den mit philosophisch-moralischer Gelehrsamkeit nur schwer überzeugbaren Tibetern Respekt abzuringen und so kam es etwa 775 zur Gründung des Klosters Samye.

Wie die lamaistischen Chroniken vermerken, führte das rituelle Tieropfer der Bönpos, das die Buddhisten aus ethischen Gründen ablehnten, immer wieder zu heftigen Klagen der Buddhisten beim Herrscher, so daß dieser sich schließlich entschloß, ein Streitgespräch zwischen Vertretern der beiden Parteien zu inszenieren. Sieg oder Niederlage in einer solchen Auseinandersetzung, die mit allen philosophischen, rhetorischen und magischen Mitteln geführt wurde, entschieden über Gunst oder Verbannung, über Förderung oder Entehrung und Verfolgung, bisweilen auch über Tod und Leben. Die unterlegene Partei wurde stets als häretisch, irrgläubig, abgestempelt und in der Regel in einem öffentlichen Spektakel gedemütigt. Bezeichnenderweise hatten die Herrscher häufig den Vorsitz über diese Dispute und die Entscheidung über Sieg und Niederlage der Parteien lag in ihren Händen. In ihrem Charakter glichen diese religiösen Wettkämpfe nicht selten Schauprozessen. Offensichtlich ist dabei, daß kulturpolitische Entscheidungen hier zur Durchsetzung politischer Ziele benutzt wurden.

Wie sich dieser Disput genau zutrug, ist nicht bekannt. Die Bönpos unterlagen und wurden in die Region von Zhang Zhung (das etwa im heutigen Westtibet zu lokalisieren ist) verbannt. Ihre Führer verspottete man, indem man ihnen Fuchsmützen aufs Haupt setzte und ihnen Halbtrommeln in die Hand gab, sie in blaue Baumwollgewänder gleich Schamanen kleidete, auf Esel und Rinder setzte und ihnen unreine Speisen reichte. Blutige Opfer durften sie nicht mehr durchführen. Der Buddhismus hingegen avancierte 779 zur Staatsreligion.

Nachdem der Adel durch die Niederlage der Bönpas dem König gegenüber an Boden verloren hatte, bahnte sich eine innerbuddhistische Auseinandersetzung zwischen den Vertretern der indischen und chinesischen Richtung an. So lehrten die indischen Buddhisten, daß die Anhäufung der ›Sechs Vollkommenheiten‹ (Skt. *Paramita*) – Freigiebigkeit, Sittlichkeit, Geduld, Willenskraft, Konzentration und Weisheit – eine entscheidende Voraussetzung zur Erlangung der Buddhaschaft bilde, da ein solcher Weg in einem langsamen, kontinuierlich fortschreitenden Prozeß ethischer Reinigung verlaufe. Die chinesischen Buddhisten – beeinflußt von taoistischen Vorstellungen – hielten dagegen, daß Erleuchtung eine spontane, intuitive Erkenntnis sei und keinerlei willentlicher Anstrengung unterliege. Als die beste Voraussetzung zur Erlangung von Erleuchtung sahen sie einen in Ruhe verweilenden Geist an, der sich der Natur der Dinge willenlos überlasse.

Zwischen 792 und 794 wurde dieser innerbuddhistische Disput im sogenannten ›Konzil von Samye‹ ausgetragen. Er endete mit der Niederlage der Chinesen. Noch heute tritt der Streitführer der chinesischen Buddhisten, Hva-shang, in Erinnerung an dieses Ereignis bei zeremoniellen Mysterienspielen als Spottfigur auf.

□ Rälpacen und der Niedergang des Buddhismus

Nach Tisong Detsen regierten Mune Tsenpo (reg. 797–99) und Senaleg (reg. 798–817). Zu dieser Zeit etablierte sich der Buddhismus als eine bedeutende politische Kraft; Mönche nahmen erstmals Regierungsfunktionen bis in höchste Ministerämter wahr. Von indischen und tibetischen Mönchen wurde mit dem *Mahavyutpatti* ein hervorragendes zweisprachiges Wörterbuch geschaffen, das der Übersetzung buddhistischer Werke aus dem Sanskrit ins Tibetische diente und den hohen Wert der tibetischen Übersetzungen begründete.

Der aufgrund seiner Förderung des Buddhismus als ›Dritter Religionskönig‹ apostrophierte Rälpacen (reg. 817–36) konnte das tibetische Großreich zunächst noch zusammenhalten. Der Friedensvertrag mit China im Jahre 822/823 sicherte ihm ein Staatsgebiet von Ost-Turkestan bis nach West-Sichuan sowie eine gegenseitige Anerkennung der Grenzen. Ein Erlaß, der jedem buddhistischen Mönch Unterstützung in der Höhe des steuerlichen Aufkommens von sieben Familien garantierte, führte jedoch zu erneuten offenen Spannungen zwischen König und Adel. Nachdem man Rälpacen mit einer Verleumdungskampagne dazu gebracht hatte, seinen höchsten Minister hinrichten zu lassen, ermordeten zwei Mitglieder des Adels den trunkenen Herrscher im Schlaf.

König Rälpacen

Inwieweit Rälpacens älterer Bruder Langdarma, an dem die Thronfolge ehedem vorbeigegangen war, mit den Verschwörern gemeinsame Sache gemacht hatte, ist umstritten. Vom Adel nun inthronisiert, ließ er eine gnadenlose Buddhistenverfolgung durchführen. Schriften gingen in Flammen auf, die Tempel und ihre Verehrungsobjekte wurden zu einem großen Teil zerstört, der Eingang zum Jokhang vermauert und zum Hohn der buddhistischen Moralgebote mit Szenen wie einem Chang trinkenden Mönchen bemalt. Mönche ließen ihr Leben, mußten zum Böntum übertreten oder den Beruf des Schlachters und Jägers ergreifen – Professionen, die mit der buddhistischen Moral unvereinbar waren.

Um 842 (nach anderen Quellen bereits 838) machte sich daraufhin der buddhistische Mönch Pälgi Dorje, der in strenger Klausur im Felsenkloster Drayerpa weilte, daran, den König zu ermorden, um so, wie lamaistische Schriften erklären, das negative Karma Langdarmas nicht noch größer werden zu lassen. Gehüllt in ein weißes Gewand mit schwarzem Futter und beritten mit einem schwarz gefärbten Schimmel – so heißt es –, tötete er den König bei einem feierlichen Anlaß vor dem Jokhang durch einen Pfeilschuß ins Herz. Auf der Flucht durchquerte er mit seinem Pferd den an Lhasa vorbeifließenden Kyichu, wobei die weiße Färbung des Schimmels wieder zum Vorschein kam. Dadurch daß er das schwarze Futter seines Gewandes anschließend nach außen kehrte, konnte er unerkannt entkommen.

Die Buddhistenverfolgung war damit jedoch nicht beendet. Innere Streitigkeiten führten zum Zerfall des Reiches in zahlreiche kleine Staaten und zum Ende des tibetischen Königtums.

Eine tiefe Ohnmacht legte sich über das Land und für eine Zeit von nahezu anderthalb Jahrhunderten fiel Tibet in das nachrichtenlose Dunkel der Geschichte zurück.

Von besonderer Bedeutung ist diese Zeit jedoch trotz allem für den tibetischen Buddhismus. Eines seiner Hauptelemente ist nämlich die ununterbrochene, lückenlose Überlieferung der Lehren von Lehrer zu Schüler. Tibetische Chronisten schreiben es nach Osttibet geflüchteten Anhängern zu, diese wichtige Aufgabe übernommen zu haben.

Die Periode der Späten Bekehrung

□ Die Renaissance des Buddhismus und die Entstehung der philosophischen Schulrichtungen

Wenngleich die Wiederbelebung des Buddhismus, die sogenannte ›Späte Bekehrung‹, wiederum von einem Königshaus – diesmal von den westtibetischen Königen Yeshe Ö und Jangchub Ö, die ihre Familienlinie auf das alte, zentraltibetische Königshaus zurückführten – initiiert und gefördert wurde, fiel sie diesmal auf einen weitaus fruchtbareren Boden als zuvor. In verschiedenen Gegenden des Landes bildeten sich Gemeinschaften von Gläubigen, die, vom Geist der Lehre des Buddha beseelt, ihr Heil in der Verwirklichung seiner Lehre suchten.

Andererseits scheint auch die ›Frühe Verbreitung der Lehre‹ durchaus ihre Spuren in der tibetischen Gesellschaft des 10. Jhs. hinterlassen zu haben. So gab es noch ›Tantriker‹, die in ihren Kulthandlungen das Erbe der Frühzeit zu bewahren vorgaben. Sie praktizierten jedoch eine weitgehend degenerierte Form, die mit der Dogmatik und Metaphysik des eigentlichen Buddhismus nicht mehr viel gemein hatte. Unumgänglich war daher eine Neubekehrung von indischer Seite, die Überarbeitung der Übersetzungen und die kritische Prüfung des vorhandenen ›buddhistischen‹ Schrifttums auf seinen Authentizitätsgehalt hin.

In dieser, von einer neuen Aufbruchstimmung geprägten Zeit entstanden besonders an den Orten, an denen einst große indische oder tibetische Heilige gewirkt hatten, zahlreiche Klöster. Die bedeutendsten unter ihnen wie Rateng (1157), Zhalu (1087), Sakya (1073), Drigung Thel (1179), Taglung Thang (1180) und Tshurphu (1189) wurden zum Hauptsitz von Schulrichtungen oder ihren religiösen Untergruppierungen, die vielfach Verflechtungen mit regionalen politischen Kräften wie etwa machtvollen adligen Familien aufwiesen. Wenngleich als Resultat dieser unkoordinierten Bekehrung unterschiedliche religiöse Sekten entstanden, sollte sich der Buddhismus in dieser Periode als die entscheidende kulturelle Kraft für eine erneute Einigung unter zentralstaatlicher Verwaltung erweisen.

□ Atisha und die Kadampa-Schule

Auf Initiative des westtibetischen Königshauses gingen um die Jahrtausendwende Mönche wie der berühmte Übersetzer Rinchen Zangpo (958–1055) nach Kashmir und Bihar. Nach dem Studium der Lehre bei großen Meistern kehrten sie in ihre Heimat zurück und bereiteten dann die Neubekehrung Tibets durch Lehrverkündigungen, Übersetzungen neuer Werke und die Gründung von Tempeln vor. Auf Einladung von Jangchub Ö gelangte so 1042 auch der bengalische Gelehrte Atisha (982–1054) nach Tibet.

Nach einem mehrjährigen Aufenthalt in Westtibet, wo er sein berühmtes Werk *Bodhipatha-pradipa*, »Lampe auf dem Weg zur Erleuchtung«, abfaßte, begab er sich nach Zentraltibet und ließ sich dort nahe bei Lhasa im Tale Nyethang nieder. Der Schwerpunkt seiner Lehrauslegung lag auf dem intensiven Studium der Mahayana-Philosophie und auf der Betonung einer moralisch-sittlichen Lebensweise als unabdingbare Grundlage für die Praktizierung der esoterischen, tantrischen Rituale, wobei er in Weiterführung buddhistischer Tradition die strenge, zölibatäre Lebensführung des Mönchstums als den idealen Lebensweg postulierte. Von seinem Schüler Dromtönpa (1005–64), dem Gründer des Klosters Rateng, wurde die Kadampa-Schule gegründet, die sich die Weiterführung seiner Lehrinterpretation zur Aufgabe machte.

□ Die Kagyüpa-Schule

Eine weitere bedeutende Schulrichtung bildete die Kagyüpa-Schule, die ›Schule der mündlichen Überlieferung‹, die auf den tibetischen Übersetzer Marpa (1012–98) zurückgeht und ihren Namen davon ableitet, daß in ihr die bedeutendsten Lehren nur mündlich tradiert werden. Auf drei Indienreisen, die dazu dienten, Unterweisungen und Einweihungen von indischen Meistern und Gelehrten zu erhalten, begegnete Marpa den indischen Tantrikern Tilopa (988–1069) und Naropa (956–1040), die ihn mittels der ›Sechs Yogas des Naropa‹ in die Praxis des Vajrayana-Buddhismus initiierten.

Die Yogis Atisha und Milarepa

Als bekanntester Heiliger dieser Schule, die der meditativen Verwirklichung der Lehrinhalte den Vorrang gegenüber praxisferner Schriftgelehrtheit einräumt, gilt Tibets berühmter Yogi Milarepa (1040–1123, vgl. S. 244), dessen Vita eng mit dem Pilgerort Nyalam Phelgye Ling verknüpft ist.

Unter seinem Schüler Gampopa (1079–1153) kam es dann zur Aufsplitterung der Schule in zahlreiche Untergruppierungen, von denen die am Kloster Tshurphu residierenden Karma-Kagyüpa-Schule die bedeutendste bildet.

□ Die Nyingmapa-Schule

Die ›Schule der Alten‹, die Nyingmapa, knüpft an die Tradition der Frühen Verbreitung der Lehre an und sieht in dem Magier Padmasambhava ihren bedeutendsten Guru. Im Schwerpunkt ihrer religiösen Praxis steht die meditative Erfahrung. Abgesehen von den Schriften Kanjur und Tanjur, dem von allen tibetischen Schulrichtungen anerkannten buddhistischen Kanon, basiert ihre Lehrauslegung auch auf der Sammlung *Nyingmä Jübum,* der ›Sammlung der Alten Tantras‹. In ihr sind Texte zusammengefaßt, die zur Zeit der Frühen Bekehrung ins Tibetische übersetzt wurden. Der Authentizitätsgehalt dieser Schriften wird von den anderen Schulrichtungen jedoch in Frage gestellt, da die Sanskrit-Originale zur Zeit der Späten Bekehrung nicht mehr greifbar waren und ihre Herkunft somit zweifelhaft erschien.

Eine weitere bedeutende Klasse von Texten der Nyingmapa-Schule, die z. T. auch von den Sakyapa und Kagyüpa als maßgeblich betrachtet wird, bilden die *Termas,* apokryphe Schriften, die seinerzeit von Padmasambhava versteckt worden sein sollen, da die Zeit zu ihrem Verständnis noch nicht reif gewesen sei (vgl. S. 51). Das ›Tibetische Totenbuch‹ ist eines der bekanntesten Werke dieser Literaturgattung, deren Schriften in späterer Zeit von Heiligen, die als *Tertön,* ›Schatzfinder‹, bezeichnet werden, entdeckt wurden und noch immer werden.

□ Die Periode der Sakya-Vorherrschaft zur Zeit der Yuan-Dynastie

Es war im Jahre 1073, daß ein gewisser Khön Könchog Gyelpo (1034–1103) das Kloster Sakya gründete und damit den Grundstein für die Sakyapa-Schule legte, deren Ausbreitungsgebiet zunächst auf die Grenzregion zwischen West- und Zentraltibet beschränkt blieb. Eng einher mit der zunehmenden Verbreitung dieser Schulrichtung ging die wachsende politische Einflußnahme der mit den Sakya assoziierten Adelsfamilie der Khön. Ihr entstammten in der Regel sowohl die Thronfolger des Klosters Sakya als auch die Machthaber des gleichnamigen Kleinstaates, der sich zu Anfang des 13. Jhs. als einer der führenden Tibets etabliert hatte.

Zu dieser Zeit war es Tschinggis Khan (1167?–1227) gelungen, die sich gegenseitig befehdenden Mongolenstämme zu einigen und sich 1206 zum Herrscher ausrufen zu lassen. Damit richtete sich die geballte Kraft dieses Steppenvolkes, das sich seit jeher in inneren Stammeskämpfen aufgerieben hatte, plötzlich gegen seine Nachbarstaaten, die dem Ansturm nichts entgegensetzen konnten. Nach einem guten halben Jahrhundert hatte der ungebrochene Expansionsdrang zu einem Reich geführt, wie es die Welt bis dahin noch nicht gesehen hatte. Von der Oder und Ungarn im Westen bis in den letzten Zipfel Südchinas erstreckte sich dieses Weltreich, das in der Mitte des 13. Jhs. in vier Teilstaaten, *Khanate,* gegliedert war.

Nach mongolischen Raubzügen, die sich 1240 bis in den nördlichen Teil Zentraltibets erstreckten, unterstellten sich nahezu alle tibetischen Fürstentümer freiwillig der mongolischen Vorherrschaft. Deren Regierungspraxis entsprach es, die Herrschaft nach Möglichkeit durch einen einheimischen Repräsentanten ausüben zu lassen, der von allen gesellschaftlichen Gruppen anerkannt wurde. So berief Göden, ein Enkel Tschinggis Khans, 1244 den Sakya Pandita (1182–1251), den ›Gelehrten von Sakya‹, ins chinesische Liang Chou. Als buddhistischer Mönch mit hoher geistlicher Autorität und als Universalgelehrter, der auf allen Gebieten der buddhistischen Wissenschaften bewandert war, bildete er eine ideale Integrationsfigur für die Verwaltung Tibets.

Sein Tod im Jahre 1251 erforderte die Wahl eines Nachfolgers, den man mit seinem Neffen, dem Sakya-Lama Phagpa (1235–80), schnell gefunden hatte. Nachdem er bereits 1253 an den Hof des mongolischen Yuan-Khanates berufen wurde, erhielt er 1260 von Khubilai Khan (1215–94) seine Ernennung zum ›Reichslehrer‹, 1270 die Berufung zum ›Kaiserlichen Lehrer‹, zwei Titel, die die überragende geistliche Stellung Phagpa Lamas am Hofe Khubilais belegen und die mit außergewöhnlich großen Privilegien verknüpft waren. Diese herausragende Sonderstellung lag in der Spiritualität, in der philosophischen Gelehrtheit und nach Darstellung lamaistischer Quellen auch in den magischen Fähigkeiten des Meisters begründet. 1264 übernahm Phagpa ein eigens für ihn geschaffenes Amt für buddhistische Angelegenheiten, das auch mit der Verwaltung Tibets betraut war.

Chinesische Historiker versuchen bisweilen den chinesischen Souveränitätsanspruch über Tibet in diese Zeit zurückzuführen und interpretieren die Vergabe von Titeln an die Sakya-Hierarchen und andere hohe Lamas als Beweis für die Einbezogenheit Tibets in das Yuan-Reich. Aus der Sicht der Exiltibeter wurden Phagpa Lama jedoch von Khubilai Khan als Gegenleistung für die dem Khan erteilten religiösen Weihen die erwähnten Titel sowie als Weihegeschenk die Verwaltung Tibets übertragen. Der Tibetologe Dieter Schuh resümiert, daß Khubilai »an Phagpa und dessen Nachfolger mit der Amtsstellung eines Reichserziehers die Verfügungsgewalt über die Region Tibet übertragen« hatte. Trotz der Bestallung von tibetischen Amtsträgern durch die mongolischen Kaiser »blieb Tibet in der Staatsorganisation der Yuan-Zeit eine besondere Einheit, die mehr im Sinne eines Lehensverhältnisses als in dem einer vollgültigen Einbeziehung in den zentralistisch ausgerichteten Yuan-Staat verwaltet wurde«.

□ Die Phagmo Drupa-Dynastie

Während das Supremat der Sakyapa somit von den Yuan-Kaisern begünstigt wurde, endete mit dem sich bereits abzeichnenden Niedergang der mongolischen Vorherrschaft über China auch die Vormachtstellung des Hauses Sakya über Tibet. Bereits 1254, 14 Jahre vor dem Ende der Yuan-Dynastie, wurde Sakya in innertibetischen Auseinandersetzungen von der Phagmo Drupa-Dynastie unter Jangchub Gyeltsen (1302–64) abgelöst. Den mongolischen Kaisern blieb nur noch, ihm eine Bestallungsurkunde zu senden und so den Schein politischer Handlungsfähigkeit aufrecht zu erhalten. Nach ihrer Ablösung durch die Ming-Kaiser (1368–1644) verlieh China weiterhin tibetischen Würdenträgern wie dem Karmapa oder den religiösen Oberhäuptern der Phagmo Drupa, Sakyapa und Drigungpa, hochrangige Titel und versuchte so den

Anschein eines rechtlichen Suzeränitätsanspruch über Tibet zu erwecken. In Wirklichkeit erschöpfte sich der chinesische Einfluß jedoch darin, hohe tibetische Würdenträger als Hofgeistliche nach China einzuladen.

Gekennzeichnet wurde die Periode der Phagmo Drupa von einer Rückbesinnung auf die eigene Tradition und einer Verklärung der Zeit der Frühen Bekehrung. So ersetzte man die von den Mongolen eingeführte Rechtsprechung durch eine überarbeitete Form der Gesetzgebung Songtsen Gampos und verwaltete das Land durch neu eingesetzte Festungskommandanten, die das Amt auf ihre Söhne vererbten. An die glorreiche Zeit der Frühen Bekehrung konnten die Phagmo Drupa jedoch nicht anknüpfen. Während Jangchub Gyeltsen, der seinen Sitz in Nedong, dem südlichen Stadtteil des heutigen Tsethang, einrichtete, auch noch über Sakya herrschte, verfiel die Macht der Phagmo Drupa unter seinen Nachfolgern immer mehr. Nachdem sich in der Provinz Tsang unter der Führung des Tsangpa Desi ein eigenes Machtzentrum mit Sitz im heutigen Shigatse entfaltet hatte, herrschten die Phagmo Drupa nur noch über Mitteltibet.

Die Ägide der Gelbmützen-Schule unter den Dalai Lamas

□ Tsongkhapa und die Gründung der Gelbmützen-Schule

1357 wurde im nordosttibetischen Orte Tsongkha, ›Zwiebelregion‹, Tsongkhapa, der ›Mann aus Tshongkha‹, geboren. Mit überragender Intelligenz ausgestattet, studierte er, von Wissensdrang getrieben, bei allen großen Meistern seiner Zeit, gleich welcher Schulrichtung sie angehörten, erhielt durch Einweihungen die von ihnen gehaltenen tantrischen Überlieferungstraditionen und erwarb sich so den Ruf eines großen, unparteiischen Gelehrten.

Mit seinem umfassenden, 25bändigen Gesamtwerk schuf er eine neue Lehrauslegung, die sich eng an die Lehren der Kadampa-Schule und der im Kloster Zhalu residierenden Zhalupa anlehnte und zur Gründung der Gelugpa-Schule, der ›Tugend-Schule‹, führte. Aufgrund der gelben Kopfbedeckungen ihrer Repräsentanten wurde sie auch als Gelbmützen-Schule bekannt. In Fortsetzung der Kadampa-Doktrin begegnete Tsongkhapa dem um sich greifenden Verfall mönchisch-zölibatärer Disziplin an den Rotmützen-Klöstern, indem er die Einhaltung der sittlichen Ordensregeln als Grundlage tantrischer Ritualpraxis herausstellte. Damit schloß er die Vererbung klerikaler Funktionen in Familienverbänden, wie sie die Wirklichkeit des damaligen religiösen Lebens in vielen Bereichen bestimmte, für die Gelbmützen aus. Die daraus resultierende ungleich stärkere Zentralisierung seiner Schulrichtung, sein Ruf als Reformator sowie die Euphorie, die seine Bewegung auslöste, begünstigten den schnellen Aufstieg der Gelugpa und die Gründung ihrer großen Lehrzentren Ganden (1409), Drepung (1416), Sera (1419) und Tashilhünpo (1447). Ihren endgültigen Durchbruch als vorherrschende religiöse und politische Kraft Tibets erreichte sie jedoch erst 200 Jahre später.

Charakterisiert wird die Gelugpa-Doktrin vor allem durch die Betonung der Madhyamika-Philosophie Nagarjunas (s. u.) und die Erörterung der philosophischen Sachverhalte in logischen Disputationen, wie sie an den großen Gelugpa-Klöstern häufig zu sehen sind.

Tsongkhapa mit seinen beiden Schülern

□ Die Entstehung der Inkarnationslinie der Dalai Lamas und die tibetisch-mongolischen Beziehungen des 16. Jhs.

Im 15. Jh. gab es keine zentrale Macht im Lande, verschiedene Fürstentümer rangen vergeblich um die Vorherrschaft. So fühlten sich die hauptsächlich in Mitteltibet ansässigen Gelugpa während des Niedergangs der Phagmo Drupa-Herrschaft zunehmend von Tsangpa Desi bedroht, der sich als Herrscher über Tsang mit den Karmapas verbündet hatte. Die Gelbmützen entsandten deshalb 1578 den Abt Sönam Gyatsho (1543–88) auf eine Missionsreise in die Mongolei – getragen von der Hoffnung, in dem dortigen Herrscher Altan Khan (1507–83) einen mächtigen Schutzpatron zu finden.

Bei seiner Audienz unterbreitete Sönam Gyatsho dem Khan, daß er, der Herrscher, eine Wiederverkörperung Khubilai Khans sei – ein Name, der in den Ohren des Mongolen Erinnerungen an die glorreiche Zeit des Weltreiches wachrief – und daß er, Sönam Gyatsho selbst, die Reinkarnation des Sakya-Hierarchen Phagpa wäre. Ebenso wie die beiden damals gemeinsam zum Wohle der Lehre gewirkt hätten, sollten sie diese Tradition nun fortsetzen. Altan Khan mag geschmeichelt gewesen sein, ob dieser Benennung, gab sie ihm doch eine zusätzliche staatsphilosophische Legitimation seines Herrschaftsanspruches. Seinerseits ernannte er Sönam Gyatsho daraufhin zum Dalai Lama, ein mongolischsprachiger Titel, der zumeist mit ›Lama, (dessen Mitleid so groß ist wie) der Ozean‹ übersetzt wird. Mit diesem Ereignis setzte eine buddhistische Missionierung der Mongolei ein, die bis in die jüngste Zeit ihre Früchte trug.

Um an die glorreiche Zeit Tsongkhapas anzuknüpfen, ernannte man später seinen Neffen Gendün Dub (1391–1474), den Gründer des Klosters Tashilhünpo und Abt von Drepung, sowie Gendün Gyatsho (1475–1542) – ebenfalls Abt von Drepung und Oberhaupt der Gelugpa-Schule – zum ersten und zweiten Dalai Lama, so daß der weitsichtige Sönam Gyatsho als dritter in der Reihe der Dalai Lamas gezählt wird. Dadurch daß man Sönam Gyatsho als Wiederverkörpe-

Die Madhyamika-Philosophie

Der Hauptvertreter der Madhyamika-Schule ist der indische Heilige Nagarjuna. Er lebte etwa um 200 n. Chr. und soll, wie legendenhafte Schilderungen berichten, seine Lehren aus der von Nagas, ›Schlangengeistern‹, gehüteten Tiefe der Welten-Ozeane geborgen haben. Daher wird er auf ikonographischen Darstellungen stets in der Kopfmandorla von sieben Schlangen gekrönt. Neben zahlreichen, nachweislich von ihm verfaßten, hoch philosophischen Werken wird ihm von der tibetischen Überlieferung die Abfassung der Prajnyaparamita, der ›Vollendung der Weisheit‹, zugeschrieben – eine Schrift, die zu den maßgeblichen Werken des Mahayana gezählt werden muß.

Ausgangspunkt der Madhyamika-Lehre, der Lehre der ›Anhänger des Mittleren Weges‹, ist die letztendliche Unfaßbarkeit der Wirklichkeit. Einerseits wird erkannt, daß die gesamte Vorstellungswelt auf gegensätzlichen Begriffspaaren wie ›Ewigkeit‹ und ›Vergänglichkeit‹, ›lang‹ und ›kurz‹ oder ›groß‹ und ›klein‹ aufgebaut ist; andererseits wird realisiert, daß alle Erscheinungen nicht als unabhängig voneinander existieren, sondern, schon da sie der Vergänglichkeit unterliegen, einzig zusammengesetzt, essenzlos, sind. Die Welt der Vorstellungen wie die der Erscheinungen ist damit letztlich wesenlos und unwirklich, eben ›leer‹. Diese wesenmäßig allen Erscheinungen innewohnende ›Leerheit‹ (Skt. *Shunyata*) ist jedoch mit dem Wesen der höchsten Wirklichkeit identisch, so daß letztlich Samsara und Nirvana eins sind, ja, ihre Unterscheidung hinfällig wird, wenn man die Leerheit realisiert.

Wenn der Erscheinungswelt auch eine relative Wahrheit und eine empirische Realität nicht abgesprochen wird, kann sie aus Madhyamika-Sicht aufgrund ihres maßgeblichen Charakteristikums, nämlich der Vergänglichkeit, nicht mit positiven Urteilen belegt werden.

Der wahre Weg der Madhyamika-Anhängern ist daher der bereits vom Buddha verkündete ›Weg der Mitte‹ – ein Weg, der jenseits aller Extreme verläuft und die Gegensätze von ›Seiendem‹ und ›Nicht-Seiendem‹, von ›Wirklichem‹ und ›Nicht-Wirklichem‹ und selbst von Samsara und Nirvana zu überwinden sucht.

rung dieser beiden großen Gelugpa-Lamas bezeichnete, ihn darüber hinaus als die irdische Manifestation des Avalokiteshvara (Bodhisattvas des unendlichen Mitleids) betrachtete und fortan seine Wiederverkörperungen suchte, wurde der Titel Dalai Lama zum Linientitel eines sich nach seinem Ableben ständig neu inkarnierenden Lama. Die Anerkennung als Tulku, als wiedergeborener Lama, sanktionierte die zentrale Position, die der Dalai Lama in der Gelugpa-Schule durch die Unterstützung Altan Khans einnahm und prädestinierte zugleich die geistliche und politische Vorrangstellung der Institution des Dalai Lama vom 17. Jh. bis heute.

Eine engere Verbindung Tibets mit der Mongolei sollte schließlich die Reinkarnation Sönam Gyatshos bringen, indem man einen 1589 geborenen Urenkel Altan Khans als 4. Dalai Lama identifizierte. 1602 kam er nach Tibet, bereits 1617 verstarb er aber zu einer Zeit heftiger innenpolitischer Auseinandersetzungen an einer schweren Krankheit.

□ Der 5. Dalai Lama und die Entstehung der lamaistischen Autokratie

Bei der Suche nach der Reinkarnation des 4. Dalai Lama wurde man mit dem Sprößling einer Nyingmapa-Familie in Chonggye fündig, der zum ›Großen Fünften‹ Dalai Lama namens Ngawang Lozang Gyatsho (1617–82) werden sollte. Geboren in einer Zeit unentschiedener innenpolitischer Machtverhältnisse und unabsehbarer politischer Veränderungen in den Nachbarländern China und der Mongolei, erwies er sich als einer der größten Staatsmänner Tibets. Er besaß politischen Weitblick, war abgeklärt und weise in seinen Entscheidungen und wurde weithin für seine überragende Gelehrsamkeit gerühmt, die in einem 25bändigen Gesamtwerk ihren Niederschlag fand. Wie Konzeption und Gestaltung des 1644–92 nach seinen Plänen erbauten Potala offenbaren, war er darüber hinaus ein großer Architekt.

Altan Khan und der dritte Dalai Lama

Der 5. Dalai Lama

Nur mit Unterstützung mongolischer Truppen hatten die Gelugpa 1618 den inzwischen sehr mächtig gewordenen, mit den Karmapas verbündeten Gouverneur von Tsang nach blutigen Übergriffen auf die Gelbmützen-Klöster Drepung und Sera aus Zentraltibet zu vertreiben vermocht. Als der Herrscher des osttibetischen Beri und der mit den Karmapas verbündete Tsang-Herrscher um 1635 erneut ein Komplott gegen die Gelugpa schmiedeten, gewannen diese Gushri Khan (1607?–1656), den Herrscher der mongolischen Khoshoten, für ihre Sache. Nachdem er 1637 die mit dem Tsang-Herrscher sympathisierenden Chogtu-Mongolen vernichtend geschlagen hatte, erhielt er 1638 im Jokhang vom Dalai Lama seine Ernennung zum Religionskönig über Tibet. 1639 zog er siegreich gegen den Herrscher des osttibetischen Beri zu Felde, 1641 erstürmte er den Dzong von Shigatse, nahm den Tsang-Herrscher gefangen und ließ ihn hinrichten. Indem er dem Dalai Lama 1642 im Dzong von Shigatse ein Mandala als Symbol für die Welt überreichen ließ, übertrug er ihm die höchste weltliche Autorität über ganz Tibet. Mit der Bildung einer Regierung, die einem vom Dalai Lama eingesetzten Regenten (tib. *Desi*) unterstand, wurde der 5. Dalai Lama als religiöses und politisches Oberhaupt seines Landes zum Begründer der lamaistischen Autokratie.

1644 gründeten die im nordöstlichen China siedelnden Mandschuren die Qing-Dynastie (1644–1911); wieder einmal hatte ein Steppenvolk damit China überrannt und dem ›Reich der Mitte‹ seine Herrschaft aufgezwungen. Von den Han-Chinesen wurden die Besatzer, schon da sie starken Repressionen von seiten der Mandschuren ausgesetzt waren, als eine Fremdherrschaft empfunden. Zu Tibet unterhielten die Mandschuren zunächst freundschaftliche Kontakte.

□ Die Zeit des 6. Dalai Lama und die Regentschaft des Desi

Als 1679 der Desi Sanggye Gyatsho (1653–1705) im Alter von nur 27 Jahren als Günstling des Dalai Lama das Regentenamt übernahm, zog sich der Dalai Lama völlig von der Welt zurück.

Seinen Tod im Jahre 1682 verheimlichte der Regent unter der Vorgabe, der Dalai Lama sei in tiefer Meditation und bedürfe völliger Ruhe. Zugleich ließ er im stillen die Reinkarnation des Fünften suchen, die er in Tshangyang Gyatsho (1682–1705) gefunden zu haben glaubte. In ihm pochte jedoch das Herz eines lebensfreudigen Jugendlichen, der einem mönchischen Leben nur wenig Freude abgewinnen konnte. So unternahm er anonyme nächtliche Streifzüge in den dunklen Vierteln Lhasas, hatte Liebschaften, die ihn immer wieder zur Abfassung poetischer Liebeslyrik veranlaßten, und suchte nach einem Ausweg, um der ihm auferlegten Bürde zu entgehen. Vergeblich wollte man ihn wiederholt unter großem moralischem Druck zur Annahme der Gelübde bewegen. Doch er widerstand, wissend, daß er für ein solches Leben nicht geboren war. Paradoxerweise veranlaßt gerade diese Standhaftigkeit die heutigen Tibeter, in ihm einen der großen Dalai Lamas zu sehen.

Inzwischen war den nun von Lhajang Khan geführten Khoshoten mit dem Stammesverband der mongolischen Dzungaren ein ernsthafter Rivale erwachsen. Lhajang Khan verbündete sich mit China und der Desi beging den Fehler, mit den Dzungaren zu paktieren, da er dadurch die Khoshoten, die früheren Beschützer und Verbündeten der Gelugpa brüskierte. Diese drangen nun plündernd nach Tibet ein, zerstörten Klöster der Gelbmützen, stürzten den Desi 1705 schließlich von einem Felsen, ernannten einen ihnen gewogenen Mönch zum Dalai Lama, entführten den 6. Dalai Lama in die Mongolei und ermordeten ihn wahrscheinlich auf dem Weg dorthin.

□ Der 7. Dalai Lama und die chinesisch-mandschurische Suzeränität über Tibet

Nachdem die Dzungaren in innermongolischen Auseinandersetzungen die Khoshoten besiegt hatten, richteten sie sich in Tibet ein. Durch Plünderungen und die Zerstörung von Klöstern der Nyingmapa zogen sie sich den Haß der Bevölkerung zu. Chinesische Truppen, die die im osttibetischen Lithang entdeckte Wiedergeburt des 6. Dalai Lama nach Lhasa eskortierten, wurden daraufhin von den Tibetern zu Hilfe gerufen. Dadurch, daß sie die Dzungaren besiegten, bot sich nun den Qing-Kaisern die Gelegenheit, als Förderer und Schutzherrn des Lamaismus aufzutreten und gleichzeitig Tibet unter ihre Gewalt zu bringen. Indem sie nach einer dreijährigen Besatzungsaufsicht gefolgstreue Tibeter als Regenten einsetzten und zwei *Ambane* (chinesische Kommissare) als Kontrolleure der Regierung zurückließen, errichteten sie 1723 ein de facto-Protektorat über Tibet.

Der 7. Dalai Lama

Nach der Aufdeckung tibetischer Widerstandsbewegungen 1750 wurde das weltliche Parlament aufgelöst, der 7. Dalai Lama (1708–57) zum nominellen Oberhaupt über Tibet ernannt und eine Regierung aus Laien- und Mönchsbeamten eingesetzt, wie sie grob betrachtet bis in die Mitte des 20. Jhs. bestand. Die Ambane, unterstützt von einer in Lhasa stationierten Garnison, erhielten jedoch ein erweitertes Mitspracherecht in allen wichtigen Entscheidungen. Als Regenten für minderjährige Dalai Lamas durften fortan nur noch Mönche eingesetzt werden, die als Thronhalter eines von vier Klöstern in der Nähe von Lhasa fungierten: Tshechogling, Kündeling, Tshemönling und Tänjäling. Mit der speziellen Förderung dieser Klöster sicherten sich die Qing-Kaiser eine langfristige Einflußnahme auf die tibetische Regierung.

□ Die Zeit des 8. bis 12. Dalai Lama

Nach dem Tode des 7. Dalai Lama regierten zunächst tibetische Regenten, die von China bestätigt wurden. Der 8. Dalai Lama (1758–1804) wurde jedoch nie zum Herrscher nominiert. Als 1792 nepalesische Gurkha-Truppen das Schneeland heimsuchten und die Tibeter sich selbst nicht mehr zu helfen wußten, nutzte der chinesische Kaiser Qianlong (reg. 1735–96) die Gelegenheit: Er schickte ein großes Heer, das die Gurkha in kurzer Zeit besiegte, und ergriff anschließend weitere Maßnahmen zur Straffung der chinesischen Oberhoheit über Tibet. Die Ambane waren seit dieser Zeit als Vertreter des Kaisers dem Dalai Lama und Panchen Lama gleichgestellt. In allen wichtigen innenpolitischen Angelegenheiten Tibets besaßen die Ambane, die auch für die Sicherung der Landesgrenzen verantwortlich waren, fortan ein Mitspracherecht.

Der 9., 10., 11. und 12. Dalai Lama, die in der Zeit von 1805–75 lebten, wurden allesamt schon in jungen Jahren ermordet. Mehrere Seiten hatten ein Interesse daran, daß ihre Regierungszeit möglichst kurz blieb oder sie erst gar nicht die Großjährigkeit erreichten.

□ Der 13. Dalai Lama und das Ende der chinesisch-mandschurischen Suzeränität

Als sich im Wechselspiel geschichtlicher Ereignisse das Blatt langsam wieder zugunsten der Tibeter wenden sollte, war es der 13. Dalai Lama (1876–1933), der entschlossen innere Reformen durchführte und sich so als der bedeutendste Dalai Lama seit dem Großen Fünften erweisen sollte.

Nach der Niederlage im sino-japanischen Krieg 1894/95 ließ die strikte Kontrolle der Qing-Herrscher über Tibet nach und Britannien wie auch Rußland suchten diplomatische Kontakte mit der tibetischen Regierung. Beraten von mongolischen Lamas, bewies die russische Seite großes diplomatisches Geschick, indem sie ihr Land als das real existierende Shambala und den Zaren als einen erhabenen Religionskönig ausgab. Damit vermochte Rußland aus der Vorstellung von der realen Existenz dieses sehnsüchtig erwarteten Paradieses auf Erden enormen politischen Profit zu ziehen. Der in Diensten der russischen Regierung stehende, burjätische Mönch Dorjejev wurde zu einem engen Berater des Dalai Lama. Dagegen blieben die Versuche der Briten, eine Mission in das Schneeland zu entsenden, aufgrund der tibetischen Abschottungspolitik erfolglos.

Da die chinesische Suzeränität zu Beginn des 19. Jhs nicht mehr groß genug war, um der mit China bereits 1876 abgestimmten Eröffnung beiderseitiger Handelsbeziehungen mit Tibet den Weg zu ebnen, und der russische Einfluß ihren Argwohn erregte, unternahmen die Briten unter Leitung des Colonel Younghusband eine militärische Expedition nach Tibet, die 1904 mit der blutigen Erstürmung des Dzongs von Gyantse und wenig später mit der Kapitulation der Tibeter endete. Der Vertrag von 1906 erkannte die chinesische Suzeränität über Tibet an und verlieh den Briten das Recht zur Eröffnung von Handelsniederlassungen in Gartok und

Der 13. Dalai Lama im Jahre 1930

Gyantse. Die Zahlung der vertraglich mit Tibet – und nicht China – vereinbarten Summe für die Aufwandsentschädigungen Britanniens übernahm China, um so erneut seinen Suzeränitätsanspruch deutlich zu machen. Militärische Expeditionen Chinas nach Osttibet und nach Lhasa führten 1910 zur Flucht des Dalai Lama nach Indien.

Das Ende der Qing-Dynastie stand jedoch unweigerlich bevor. 1911 wurde die Chinesische Republik unter General Yuan Shikai ausgerufen, die letzten chinesischen Truppen verließen Tibet 1912, der Dalai Lama kehrte 1913 aus dem Exil zurück und bekräftigte in einer feierlichen Proklamation die Unabhängigkeit Tibets.

□ Die Konferenz von Simla

1913 hielten die Tibeter, Chinesen und Briten im indischen Simla eine Dreierkonferenz ab, die der Klärung des politischen Status und der Festlegung der Grenzen zwischen Tibet und China dienen sollte. Dem von chinesischer Seite eingebrachten Souveränitätsanspruch, der Tibet als einen integrierenden Teil Chinas einforderte, widersetzten sich die Tibeter – gestützt von den Briten – aufs Heftigste. Die Delegationen einigten sich schließlich darauf, das Schneeland in ein ›Inneres‹ und ›Äußeres Tibet‹ aufzuteilen. Das »Äußere Tibet« sollte einen autonomen Status unter einer stark eingeschränkten, chinesischen Suzeränität erhalten, das »Innere Tibet«, der unmittelbar an China grenzende Teil, dagegen einer erweiterten chinesischen Oberhoheit unterstehen.

Der chinesische Verhandlungsführer Ivan Zhen wollte diesen nach zähen Diskussionen gefundenen Entwurf paraphieren, wurde dann aber von der chinesischen Regierung angewiesen, den Vertrag nicht zu unterzeichnen. Von dieser Zeit an betrachteten die Briten die Tibeter als gleichberechtigte Partner, so daß sie fortan in allen politischen Angelegenheiten direkt mit den Tibetern verhandelten.

□ Tibet unter der Herrschaft des 13. Dalai Lama

Die enge Anbindung des 6. Panchen Lama an China führte zu einem Zerwürfnis mit dem Dalai Lama; 1923 flüchtete der zweithöchste Mönch in die Mongolei.

Die Aufstellung einer Polizei und einer kleinen Armee vermochte die Interessen der Zentralregierung gegenüber Klöstern, die aufgrund chinesischer Zuwendungen prochinesische Positionen einnahmen, besser durchzusetzen. In Gyantse öffnete eine englische Schule für die Kinder adliger Tibeter ihre Pforten, erste Telegraphenlinien sorgten für eine verbesserte Kommunikation und in Lhasa entstand ein kleines Wasserelektrizitätswerk. Politisch isolierte sich Tibet jedoch erneut. Eine restriktive Fremdenpolitik erlaubte kaum jemandem, das Land zu betreten, und die begonnene Modernisierung stieß auf eine heftige Opposition bei den konservativen, am Erhalt der bestehenden Strukturen interessierten Mönche. So hinterließ der Dalai Lama bei seinem Tode 1933 ein Land, das vor vielen ungelösten Problemen stand.

□ Die Inthronisation des 14. Dalai Lama

Als seine Wiedergeburt gilt der am 6. Juni 1935 geborene 14. Dalai Lama Tendzin Gyatsho, den man 1938 in Amdo (chin. *Qinghai*) fand. Nur gegen die ungeheure Summe von 300 000 Sang – sage und schreibe etwa 20 t Silber – wurde der tibetischen Regierung von dem regionalen, sich weitgehender Unabhängigkeit erfreuenden Machthaber gestattet, ihn 1939 nach Lhasa zu holen. 1940 wurde er inthronisiert und 1949 noch von den Kuomintang offiziell anerkannt.

Die Autonome Region Tibet

Der Umbruch, den Tibet mit der Invasion chinesischer Truppen im Jahre 1950 erlebte, hätte kaum krasser ausfallen können. Die bis dahin gültigen gesellschaftlichen und politischen Verhältnisse wurden nahezu auf den Kopf gestellt. Auf die traditionellen Lebensformen und kulturellen Werte der Tibeter blickten die neuen Machthaber verächtlich herab, handelte es sich in ihren Augen hier doch einzig um eine rückständige, minderwertige und reformbedürftige Kultur, die von den herrschenden gesellschaftlichen Kräften lediglich als probates Mittel zur Aufrechterhaltung der bestehenden Machtverhältnisse benutzt worden war. Der einseitige Blick auf das überkommene tibetische Feudalsystem und die kommunistische Befreiungsideologie dienten China als Rechtfertigung zur Besetzung des Landes.

□ Gründung und geschichtliche Entwicklung

Der 14. Dalai Lama 1951 im Alter von 16 Jahren

Nach der Machtergreifung Mao Zedongs fiel im Oktober 1950 die chinesische Armee in Tibet ein. Sie stieß auf nur wenig Gegenwehr und hatte im Handstreich die osttibetische Stadt Chamdo erobert. Auf Befragung des Orakels von Nechung (vgl. S. 187) wurde der erst sechzehnjährige Dalai Lama in sein Amt eingesetzt. Im November 1950 trug Tibet den Vereinten Nationen den Fall vor und sprach von einer klaren Aggression und Besetzung des Landes. Einzig El Salvador verurteilte den Übergriff der Chinesen, die übrigen Mitglieder enthielten sich der Stimme. Schicksalsergeben blieb den Tibetern nur der Weg von ›Verhandlungen‹ mit China, die 1951 zu dem berühmten 17-Artikel-Abkommen führten. In diesem Vertrag wurde Tibet, wie der Dalai Lama heute sagt, gezwungen, Chinas Souveränität über Tibet zu bestätigen. China verbürgte sich in dem Abkommen, weder das traditionelle Regierungssystem noch den Status des Dalai Lama anzutasten und sicherte den Tibetern das uneingeschränkte Recht auf Religionsfreiheit zu – Garantien, die sich schon bald als null und nichtig erweisen sollten.

Die chinesische Politik bediente sich des Adels wie des Klerus, spielte sie gegeneinander aus und schwächte die Position des Dalai Lama durch die Stärkung der Rolle des Panchen Lama. 1954 wurde die Route von Qinghai nach Lhasa fertiggestellt und chinesische Bauernfamilien begannen, Tibet zu besiedeln. Das Verhalten der chinesischen Streitkräfte, die Einführung von neuen Steuern sowie Eingriffe in die traditionelle Sozialstruktur und das religiöse Leben führten von 1958 an immer wieder zu Aufruhr und zur Bildung einer Guerilla, die das südlich des Tsangpo gelegene Gebiet kontrollierte.

Als sich der Dalai Lama der Forderung, mit seiner Armee diesem Widerstand ein Ende zu bereiten, widersetzte, drohte ihm im März 1959 seine Festsetzung im Norbulingka. Abertausende Tibeter versammelten sich daraufhin an der Sommerresidenz, um ihr Oberhaupt, das Symbol tibetischer Identität, zu beschützen. In dem Getümmel gelang es dem Dalai Lama, unbemerkt durch einen Hinterausgang zu entkommen. Indien erreichte er am 30. März 1959, wo er später eine Exilregierung mit Sitz in Dharamasala im indischen Bundesstaat Himachal Pradesh einrichtete.

Im Oktober 1959 beriet die Vollversammlung der Vereinten Nationen erneut den völkerrechtlichen Status Tibets. Da Tibet jedoch aufgrund seiner Lage nicht in den seinerzeit bri-

Der Dalai Lama auf der Flucht von Tibet nach Indien (1959)

santen Ost-West-Konflikt eingebunden und wirtschaftlich weitgehend bedeutungslos war, wurde lediglich eine Vertagung dieser Frage auf unbestimmte Zeit beschlossen.

In Tibet setzte nun eine radikale, politische Säuberung ein. Eine kommunistische Kader-Verwaltung entstand, der Adel verlor seine Privilegien, die traditionellen Klassenstrukturen wurden zerstört und Mönche aus ihren Klöstern vertrieben. Tausende Tibeter fielen im Widerstand oder wurden zur Umerziehung für Jahrzehnte in Arbeitslager und Gefängnisse gesteckt – häufig allein aus dem Grund, daß sie sich weiterhin zu ihrer Religion bekannten.

Am 9. September 1965 riefen die Chinesen die ›Autonome Region Tibet‹ aus, eine Maßnahme, die der Verkleinerung, ja beinahe Halbierung, des tibetischen Territoriums diente; weite Teile des osttibetischen und nordosttibetischen Raumes unterstanden nun der Verwaltung der chinesischen Provinzen Qinghai, Sichuan, Yunnan und Gansu.

Um der kommunistischen Revolution neue Impulse zu geben, wurde 1966 auf Betreiben von Mao Zedong in China die Kulturrevolution initiiert. Rote Garden zerstörten das ›feudalistische‹ Kulturerbe Chinas in allen Landesteilen und richteten auch in Tibet irreparable Schäden an. Von den ehemals weit über 4000 religiösen Orten und Klöstern Tibets blieben keine 100 verschont. Dabei wurden die heiligen Stätten derartig stark zerstört, daß oft nicht einmal mehr die ursprünglichen Grundmauern auszumachen sind. Die Roten Garden zerschlugen Statuen, schmolzen metallenes Kunsthandwerk ein, zerstörten die prachtvollen Thangkas, bauten Steine, Säulen und Balken wieder in andere Gebäude ein und verbrannten die heiligen Texte. Vieles wanderte auch nach China und tauchte nie wieder auf. Historisch wertvolles Material wie Dokumente, Akten, Urkunden, Verträge und geschichtliche Texte verschwanden in chinesischen Archiven, wo sie bis heute für die wissenschaftliche Forschung unzugänglich aufbewahrt werden. Nach amtlichen chinesischen Statistiken wurden damals 79,6% der religiösen Stätten vernichtet, 93,9% der Mönche mußten ihre Roben ablegen.

Auch wirtschaftliche Experimente wie die Anpflanzung neuer Getreidesorten oder der aberwitzige Versuch, Nomaden in öden Betonbarracken seßhaft zu machen, schlugen fehl und führten letztlich zu zahllosen Hungertoten. Ende der 70er Jahre setzte eine allmähliche, mehr museale Restauration weniger tibetischer Kulturdenkmäler ein, und Tibet wurde langsam wieder einem gewinnträchtigen Tourismus geöffnet.

Am 1. Oktober 1987, dem chinesischen Nationalfeiertag, kam es, nachdem erneut friedlich demonstrierende Mönche verhaftet wurden, zu einem Menschenauflauf in Lhasa. Als die Demonstranten eine Polizeiwache stürmten, fielen Schüsse. Es gab Tote, Verletzte, Hunderte von Verhaftungen. Das amerikanische Repräsentantenhaus verurteilte die Gewaltanwendung in Tibet. Der Dala Lama legte schließlich einen Fünf-Punkte-Plan vor, der China aufforderte, 1) Tibet zu einer Friedenszone zu machen, 2) die Umsiedlung von Chinesen nach Tibet zu stoppen, 3) die Menschenrechte und demokratischen Freiheiten zu respektieren, 4) die Umweltzerstörung in Tibet zu beenden und 5) Verhandlungen zwischen dem tibetischen und chinesischen Volk bezüglich des zukünftigen Status Tibets durchzuführen.

Im März 1988 wurden beim Neujahrsfest erneut tibetische Demonstranten, vor allem Mönche der drei großen Staatsklöster, unbarmherzig zusammengeschlagen. Bilder eines chinesischen Polizeivideos, das die brutale, menschenunwürdige Behandlung der tibetischen Demonstranten dokumentierte, gingen um die Welt und lösten große Empörung aus. Am 15. Juni 1988 legte der Dalai Lama anläßlich seiner Rede vor dem Europäischen Parlament in Straßburg einen neuen Plan vor, der, um den Kreislauf der Gewalt zu beenden, China gegenüber zu großen Zugeständnissen bereit war. Er sah vor, die chinesische Oberhoheit in außen- und verteidigungspolitischen Angelegenheiten anzuerkennen, bestand aber weiterhin auf der Unabhängigkeit Tibets. In den eigenen Reihen erntete der Dalai Lama viel Kritik für diesen Vorstoß. Nach ergebnislosen Verhandlungen wurde auch dieser Plan 1991 zurückgezogen. Wieder einmal hatte sich China, wie der Dalai Lama resümierte, nur den Anschein der Verhandlungsbereitschaft gegeben. Ziel der Politik der tibetischen Exilregierung könne nun nur mehr die Wiederherstellung der Unabhängigkeit Tibets sein.

□ Regierung, Militär und Polizei

Die Regierung der Autonomen Region Tibet besteht heute aus dem Komitee der Kommunistischen Partei, der Volksregierung, dem Revolutionsrat, dem Politischen Konsultativkomitee und der Einheitsfront – Körperschaften, deren Namen allein viel über die aktuelle politische Wirklichkeit Tibets aussagen. Mit Ausnahme des Politischen Konsultativkomitees, das über keine entscheidenden Vollmachten verfügt, besetzen in diesen Institutionen Han-Chinesen die entscheidenden Positionen. Funktionäre werden nicht gewählt, sondern von oben ernannt. Weniger Qualifikation und Ausbildung, sondern Linientreue und proletarische Klassenzugehörigkeit bilden die entscheidenden Berufungskriterien. Tibetische Funktionäre – wie lange Zeit auch der Panchen Lama – werden in der Regel vor allem für repräsentative Zwecke benutzt. Etwa 30% der tibetischen Funktionäre sind Frauen.

Im Zuge der Militarisierung des Schneelandes wurden nach Schätzungen der Exiltibeter weit mehr als 300 000 chinesische Soldaten allein in der Autonomen Region Tibet stationiert – eine

Zahl, die angesichts der Größe des Landes nicht unglaublich klingt. Neben den Chinesen sind auch Tibeter zu Polizei und Militär zugelassen. Eingesetzt werden sie jedoch vorwiegend an Positionen, an denen sie wie bei der Verkehrspolizei oder im Säuberungs- und Wartungsdienst der Armee, nicht an der Waffe stehen.

□ Die verkehrstechnische Erschließung des Landes

Bis 1950 gab es in ganz Tibet keine Fahrzeuge. Das Rad war heilig und so erfolgte der Transport von Gütern auf dem Rücken von Yaks, Pferden und Eseln. Die wenigen Brücken über größere Flüsse leiteten oft nur Fußgänger an das andere Ufer, so daß Lasten lediglich mit hölzernen Fähren und nur flußabwärts benutzbaren, noch heute häufig zu sehenden Yakhautbooten transportiert werden konnten.

Eine unabdingbare Voraussetzung für die ökonomische Erschließung des Landes bildete daher ein effektives Verkehrsnetz mit kostengünstigen Transportmöglichkeiten. Den Grundstein dazu legten chinesische Ingenieure mit der Anlage vorwiegend ungeteerter Pisten in einer Gesamtlänge von bislang etwa 22 000 km. Verbunden ist Lhasa mit dem Kernland China über die Qinghai-Route und die osttibetische Strecke über Chamdo, Derge und Dartsemdo (tib., chin. *Kangding*). Die Trasse verläuft durch die hohen osttibetischen Randgebirge und durchschneidet nicht weniger als vier große Flußtäler. In einem groß angelegten, bereits angelaufenem Straßenbauprogramm ist die Asphaltierung sämtlicher Hauptverbindungsrouten bis etwa zum Jahre 2005 geplant.

Den vorläufigen Endpunkt der Eisenbahnverbindung nach China hinein bildet das im Nordosten gelegene Xining. Den geplanten Ausbau des Bahnnetzes durch eine Linie nach Lhasa sehen viele Tibeter als Auftakt zu einem noch massiveren Ausverkauf des Landes an. Wie schon heute, wird Lhasa, das auch durch den 100 km südöstlich gelegenen Gongkar Airport Flugverbindungen nach Chengdu, Xian und Kathmandu (Nepal) besitzt, wohl auch in Zukunft den bedeutendsten Verkehrsknotenpunkt Tibets bilden.

Yakhautboot (1910)

□ Wirtschaftliche Erschließung und Städtebau

Neben den traditionellen Handwerkszweigen Teppichknüpferei und Weberei entstanden vor allem in Lhasa nach 1950 mehr als 200 neue Betriebe in der Metall-, Holz-, Leder- und Textilverarbeitung. Neben staatlichen Kooperativen hat sich in den letzten Jahren ein immer breiteres, vor allem von Chinesen betriebenes, privates Geschäftsleben entwickelt, das besonders im Einzelhandel, Restaurantgewerbe und Transportwesen Fuß faßte. Auch die Lebensmittelindustrie nahm mit Waren nach westlichem Muster einen schwunghaften Aufstieg. Dem Abbau von Bodenschätzen stehen bislang noch die schwierigen Geländebedingungen entgegen, doch haben die Chinesen in Osttibet nun mit Schürfungen begonnen. Die Abholzung ganzer Regionen hat dort zu irreparablen, ökologischen Schäden geführt.

Breite Boulevards, uniforme Betonbauten, Krankenhäuser, Handelszentren, Verwaltungsgebäude, Videokinos, chinesische Restaurants und Warenhäuser veränderten neben den Wohnsiedlungen der chinesischen Einwanderer das traditionelle Gepräge tibetischer Städte erheblich. Darüber hinaus verfügt Lhasa nun auch noch über ein Warmwasserschwimmbad, einen Kulturpalast und eine moderne Sporthalle mit digitaler Zeitmessung – so verkünden es Werbeprospekte und Zeitschriften voller Stolz.

□ Bildung und medizinische Versorgung

Nach chinesischen Angaben wurden mehr als 6000 Schulen eingerichtet, die von über 200 000 Schülern besucht werden und seit längerer Zeit auch wieder Unterricht in tibetischer Sprache bieten. Darüber hinaus entstanden Technische Hochschulen und Universitäten. Seit Ende der 70er Jahre ist auch wieder in begrenztem Maße der Druck von tibetischen Schriften erlaubt. Zeitungen und Zeitschriften, die sich mit den verschiedensten Aspekten der tibetischen Kultur beschäftigen, können, nachdem sie die Zensur passiert haben, wieder gedruckt werden.

Etwa 1000 Krankenhäuser und medizinische Einrichtungen, die tibetische und chinesische Diagnose- und Therapieverfahren praktizieren, übernehmen die Versorgung der Bevölkerung. Bei der Vielzahl dieser Einrichtungen dürfte es sich allerdings um eher behelfsmäßig bis notdürftig eingerichtete Sanitätsstellen ohne ständige ärztliche Betreuung handeln.

□ Aktuelle Entwicklungen in der Autonomen Region Tibet

Nicht nur ökonomisch und politisch haben die jüngeren Umwälzungen zu einschneidenden Veränderungen geführt. Der westlich geprägte Kultureinfluß hat, wie besonders in den tibetischen Städten an Kleidung und Verhalten der Menschen deutlich wird, zu einer Lockerung der sozialen Tabus, zu einer Umschichtung der alten Werte und Normen und zu neuen Interessen geführt, die im wesentlichen von einer eher passiven, konsumorientierten Lebensweise geprägt werden.

Mode, Fernsehen, Kino sowie Diskos mit Popmusik westlichen Stils beherrschen zunehmend die Interessen der Jugendlichen und lassen sie – ihrer eigenen Kultur zunehmend fremd gegenüberstehend – in einem kulturellen Niemandsland zurück. Bei älteren Menschen, bei Nomaden und den in ländlichen Gegenden heimischen Tibetern läßt sich seit der Öffnung der Klöster gegen Ende der 70er Jahre eine Renaissance buddhistischer Praktiken erkennen. Ob jedoch der Versuch, das Weltbild und Lebensgefühl der Vergangenheit wieder aufleben zu lassen, als kulturgeschichtliche Regression oder als ein zukunftsweisender Weg zu einer neuen nationalen Identität betrachtet werden kann, ist fraglich. Zweifellos eröffnet die Religiösität den Tibetern jedoch einen dringend benötigten Freiraum, in dem sie sich dem ›Großen Bruder‹, der allgegenwärtigen Wirklichkeit des chinesischen Kommunismus, entziehen können. Solange die wieder ›gestattete‹ Religionsfreiheit aber das Lehren, Unterrichten und Studieren der wirklichen Lehre des Buddhismus nicht einschließt und sich in rein rituellen Übungen erschöpft, läuft die Religion Gefahr, ausgehöhlt zu werden.

Glaubt man den Anschuldigungen, die von der tibetischen Exilregierung unter Führung des Dalai Lama und internationalen Menschenrechtsvertretungen erhoben werden, so mußten der wirtschaftliche Aufschwung Tibets und die infrastrukturellen Verbesserungen des Landes teuer bezahlt werden: Folter, jahrzehntelange Zwangsinhaftierung überzeugter Buddhisten, brutale Niederschlagung gewaltloser Demonstrationen, die Militarisierung des Landes, die Zwangssterilisation tibetischer Frauen, die Bespitzelung und Überwachung der einheimischen Bevölkerung, Raub und materielle Verwertung des traditionellen Kulturguts, nicht wieder gutzumachender ökologischer Raubbau, die Abholzung riesiger Regionen, ohne auch nur die geringste Aufforstung, die Überweidung und die daraus resultierende Verkarstung ganzer Landstriche und nicht zuletzt die Nutzung des tibetischen Hochplateaus als Lagerstätte für ausgebrannte, atomare Brennelemente und Basis für Atomraketen, bilden dabei nur die bedeutendsten Kritikpunkte.

□ Zum völkerrechtlichen Status Tibets

Unüberbrückbar scheinen die Gegensätze in der Frage des völkerrechtlichen Status Tibets zu sein. Die Volksrepublik China sieht den Souveränitätsanspruch über Tibet in den historischen Ereignissen der Yuan-Zeit begründet – ein Anspruch, der nur schwerlich die Zustimmung unabhängiger internationaler Völkerrechtsgremien finden wird. Dadurch, daß China das von der tibetischen Exilregierung eingeklagte Selbstbestimmungsrecht Tibets stets zur Einmischung in die inneren Angelegenheiten und zu reiner politischer Agitation mit dem Ziel der Aufsplitterung der nationalen Einheit Chinas erklärte, gelang es der Volksrepublik bisher, alle Einwände erfolgreich abzuwehren. Die 1959 von den Vereinten Nationen vertagte Frage über den völkerrechtlichen Status von Tibet durch ein internationales Gremium noch mals erörtern zu lassen, konnte China immer wieder mit unverhohlenem, politischen Druck verhindern. Deklariert wird »die von der Dalai Lama-Clique und den chinafeindlichen Kräften der Welt geforderte Unabhängigkeit Tibets« als »nichts anderes als ein Produkt der imperialistischen Aggression gegen China in der Geschichte der Neuzeit«.

Auf der anderen Seite verweist die tibetische Exilregierung unter Führung des Dalai Lama auf die ethnische, sprachliche und kulturelle Eigenständigkeit der Tibeter und bezeichnet den Einmarsch chinesischer Truppen als Besetzung ihres Landes und schwerwiegenden Verstoß gegen das Völkerrecht. In der Tat empfinden die Tibeter in ihrer großen Mehrheit die Chinesen als eine Besatzungsmacht, die ihnen das Recht auf ihre nationale Unabhängigkeit vorenthält. Unterstützung erfahren sie bislang allerdings weniger durch demokratische Regierungen als durch die öffentliche Meinung in der westlichen Welt. Dabei ist die weltweite Aufmerksamkeit, die der Tibet-Frage zuteil wurde, vor allem dem Dalai Lama zu verdanken. Den Chinesen ein Dorn im Auge, wurden ihm aufgrund seines Eintretens für Frieden und Gewaltlosigkeit, Völkerverständigung und Toleranz bereits zahlreiche Ehrungen zuteil. Seine unablässigen Bemühungen um eine friedliche Lösung der Tibet-Frage wurden 1990 mit dem Friedensnobelpreis ausgezeichnet.

Während Entschließungen internationaler Gremien zu der Frage bislang nicht vorliegen, wurde ein gegen Ende der 70er Jahre verfaßtes, vertrauliches Gutachten des CIA bekannt, das die historischen Beziehungen zwischen Tibet und China als »stärker von religiöser denn von politischer Natur« geprägt erklärte. Die chinesische Machtübernahme wird dort als eine ›Invasion‹ und ›Okkupation‹ bezeichnet, die den Tibetern seinerzeit keine Alternative zur Unterzeichnung des 17-Punkte-Abkommens gelassen habe. Der Senat der Vereinigten Staaten verabschiedete am 23. Mai 1991 eine Resolution, nach der es »die Meinung des Kongresses ist, daß Tibet – einschließlich derjenigen Regionen, die den chinesischen Provinzen Sichuan, Yunnan, Gansu und Qinghai einverleibt wurden – nach den gängigen Richtlinien internationalen Rechtes ein besetztes Land bildet, dessen wahre Repräsentanten der Dalai Lama und die tibetische Exilregierung (...) bilden«.

Zu einem ähnlichen Schluß gelangte der Wissenschaftliche Fachdienst des Deutschen Bundestages in seinem Gutachten über den Status Tibets (Reg. Nr. WF II – 163/87 vom 12. 8. 1987): »Anläßlich der Niederlage der Kuomintang-Regierung forderte die tibetische Regierung alle Vertreter Chinas im Juli 1949 zum Verlassen des Landes auf, um klarzustellen, daß China über Tibet keine Rechte hat. Damit hätte Tibet völkerrechtlich wirksam alle seine Unabhängigkeit einschränkenden vertraglichen Bindungen beendet, wenn solche noch bestanden hätten. (...) Seit dem Einmarsch der chinesischen Truppen im Jahr 1950 wird an dem Problem des völkerrechtlichen Status Tibets nicht gerührt. Die Staaten nehmen die Faktizität der Ausübung der Gebietshoheit durch China hin und stellen den Anspruch Chinas nicht in Frage, enthalten sich aber fast ausnahmslos einer ausdrücklichen Anerkennung Tibets als Teil Chinas. (...) Am 7. Oktober 1950 hat China seine Truppen in Tibet einmarschieren lassen und es gewaltsam seinem Staatsverband einverleibt. (...) Gebietserwerb durch Ersitzung (...) greift (...) schon deshalb nicht, weil eine Ersitzung von Gebieten nicht möglich ist, die unter Verletzung der Grundsätze der UN-Charta, insbesondere durch eine völkerrechtswidrige Gewaltanwendung besetzt wurden. (...) China hat keinen wirksamen Gebietstitel erworben, weil dem das Grundprinzip des aus dem Gewaltverbot hervorgehenden Annektionsverbots entgegensteht. Die Effektivität tatsächlicher Herrschaftsgewalt über ein Gebiet vermag keinen Gebietserwerb zu bewirken, der sich nicht im Rahmen des Völkerrechts hält«.

Ein Fachkomitee des Europa-Parlamentes unter Vorsitz von Danielle Mitterand kam am 20. November 1992 zu dem Ergebnis, »daß dem tibetischen Volk das Recht auf Selbstbestimmung verweigert wird, daß es der Zerstörung seiner kulturellen Zeugnisse, der Folter und der Verweigerung der Religions- und Meinungsfreiheit unterworfen ist, und daß der Bevölkerungstransfer von Chinesen nach Tibet die ethnische und kulturelle Einheit der Tibeter unterminiert«. Weiter heißt es, »daß das tibetische Volk für viele Jahrhunderte autonom regiert wurde, nach 1911 eine eigenständige Staatsstruktur ausbildete und heute von der tibetischen Exilregierung repräsentiert wird«.

Angesichts der tiefgreifenden politischen Umwälzungen in den Ostblockländern zu Beginn der 90er Jahre, ist der Dalai Lama optimistisch, daß China seine bisherige Tibet-Politik auf Dauer nicht fortsetzen kann. Zugleich ist er realistisch genug zu wissen, daß eine Lösung der Tibet-Frage nur im Einvernehmen mit den Chinesen zu erzielen ist. Daher strebt er nach wie vor Verhandlungen an. Vieles spricht dafür, daß sich im Gefolge der Öffnung Chinas und der Einführung der Marktwirtschaft gesellschaftliche Entwicklungen einstellen werden, die auch tiefgreifende politische Veränderungen zur Folge haben werden. Da somit Verhandlungen mit den Exiltibetern auch für China immer erforderlicher werden, bleibt zu hoffen, daß die vielbeschworene chinesisch-tibetische Freundschaft damit doch noch Realität wird. Bis dahin aber werden die Tibeter sicherlich nicht müde werden, die Weltöffentlichkeit auf das Schicksal ihres Volkes aufmerksam zu machen.

Die Religionen Tibets

Die tiefe Verwurzelung des Menschen in einem Lebensraum, dessen extremen, klimatischen Bedingungen er auf Gedeih und Verderb ausgeliefert ist, sowie die Gefahren, Härten, und Beschwernisse des Alltags in einem ökologischen Grenzbereich haben die Bewohner Tibets stärker als in vielen anderen Gegenden unseres Erdballs nach Möglichkeiten suchen lassen, die sich in den Naturgewalten, Krankheiten und Gefahren offenbarenden Kräfte durch magisches Handeln und rituelle Verrichtungen zu ihrem eigenen Vorteil zu beeinflussen. Da den Tibetern das Wirken dieser Mächte uneinsichtig und unerklärlich war, führte ihr Bedürfnis nach Schutz zur Entwicklung volksreligiöser Vorstellungen, die von einer magisch-animistischen Erlebnisweise geprägt wurden. Das Gefühl, in einer von den verschiedensten numinosen Mächten beherrschten Welt zu leben, die Gewißheit, von einer höheren Wirklichkeit getragen zu werden, aber auch Ängste und Sorgen um die eigene Existenz bilden damit die Triebfeder der tiefen Religiosität der Bewohner des Schneelandes. Als unausweichliche Folge wurden die tibetischen Religionen – das ›systematisierte‹ Böntum und der Buddhismus – zu den maßgeblichen Trägern der gesamten tibetischen Kultur.

Volksreligiöse Vorstellungen

Soweit man die Kulturgeschichte Tibets zurückverfolgen kann, wird die Vorstellungswelt der Tibeter von naturreligiösen, animistischen Vorstellungen geprägt, die sowohl in der Bön-

Religion als auch im Buddhismus geeignete Projektionsfelder fanden. Grundlage dieser Vorstellungen ist das Erlebnis der Welt als einer allerorts von Numina, Geistern und Dämonen belebten Wirklichkeit. Diese unsichtbaren Wesenheiten wirken als latente Kräfte und werden häufig als Ursache für Unheil, Verderben und Krankheiten angesehen, können aber auch begünstigenden Einfluß ausüben. In der Unterwelt residieren so die Erdherren, im Wasser die vor allem Krankheiten verursachenden *Nagas* oder ›Schlangengeister‹, auf Bäumen, Pässen, Bergen sowie in Schluchten und an gefährlichen Wegesstellen die Tsän-Dämonen, die man sich als rotfarbige, wilde Jäger vorzustellen hat, und schließlich in der Luft und auf den Gestirnen die Himmelsgeister.

Verletzt man den Wohnbereich dieser Wesen auch nur durch unvorsichtige Handlungsweise, läuft man Gefahr, sich ihren Zorn zuzuziehen. Daher schützen sich die Tibeter mit Amuletten, magischen Symbolen und Handlungen sowie mit Trank-, Speise- und Rauchopfern, um sich den negativen Einflüssen übelgesonnener Kräfte zu entziehen. Verursachen diese Dämonen großes Unheil, werden sie in ›Geisterfallen‹, bunten Fadenkreuzen unterschiedlichster Größe, rituell gefangen und gebannt.

Darüber hinaus sind die volksreligiösen Empfindungen durch die Vorstellung von verschiedenen ›Seelen‹ geprägt, die – nur schwer differenzierbar – Träger des Bewußtseins, der Lebensenergie, des Gemütes oder auch der Atemkraft eines Menschen sind. Verflüchtigen sie sich aus dem Körper, indem sie sich auf Bäumen niederlassen, in Steine eingehen, oder nehmen Geister von ihnen Besitz, so kommt es zu körperlichen und seelischen Krankheiten oder gar zum Tod. Bei schweren Krankheiten werden deshalb häufig spezielle Rituale zur Rückführung der jeweiligen Seele in den Körper des Erkrankten vollzogen.

Die Bön-Religion

Bevor der Buddhismus im 7. Jh. nach Tibet eingeführt wurde, herrschte hier eine nur noch ungenau faßbare, ursprünglich vermutlich stark von animistischen und naturreligiösen Zügen geprägte Religion, die ein Sammelbecken für alle volksreligiösen Bedürfnisse darstellte und häufig als die ursprüngliche Religion Tibets bezeichnet wird, die Bön-Religion. Ihre Priester, die *Bönpos*, verehrten die Gestirne des Himmels, sie versuchten durch Tier-, unter bestimmten Umständen vermutlich sogar durch Menschenopfer das Schicksal zu beeinflussen und betrieben allerlei magische Praktiken zur Austreibung böser Geister oder zur Befriedung übel gesonnener Dämonen. Selbst nach der Einführung des Buddhismus waren die Bönpos noch für die Bestattung der tibetischen Könige verantwortlich. Das Zentrum der Bön-Religion bildete das von den späteren Bönpos stark mythologisierte Königreich Zhang-Zhung, das im heutigen Westtibet gelegen war.

Inwieweit diese ursprüngliche Form der Bön-Religion, über die aufgrund ihrer schriftlosen Tradition heute nur noch unklare Vorstellungen existieren, mit den zuvor beschriebenen volks-

Bön-Priester in vollem Ornat (1921)

religiösen Vorstellungen identisch war, ist umstritten. Mit der Ankunft des Buddhismus unterlag die Bön-Religion jedoch unzweifelhaft einem starken Wandel. Sie entwickelte ein systematisiertes Lehrgebäude, adoptierte manichäische und persische Religionselemente und näherte sich in ihren Auffassungen im Laufe der Zeit immer stärker den Anschauungen der buddhistischen Philosophie an.

Etwa im 8. Jh. n. Chr. entstand so die Vorstellung von einem Heiligen namens Shenrab Mibo, der als Stifter der Bön-Religion angesehen wurde und in seiner legendenhaften Darstellung ganz dem Leben des Buddha nachempfunden war. Aus der himmlischen Sphäre Ölmo Lungrig auf die Erde herabgestiegen, soll er Erleuchtung erlangt und seine Lehre in ganz Asien verbreitet haben. Dadurch, daß seine Lebenszeit etwa im Jahre 15 000 v. Chr. angesetzt und der historische Buddha zu einer seiner späteren Reinkarnationen erklärt wurde, betrachteten die Bönpos den Buddhismus fortan als eine Schwesterreligion, die einen Teilaspekt der Bön-Lehre praktizierte. Unter den tibetischen Buddhisten stieß diese Auffassung jedoch nur auf wenig Verständnis.

Gekennzeichnet wird diese ›systematisierte Form‹ der Bön-Religion durch ausgeprägte Jenseitsvorstellungen und eine Kosmogonie, derzufolge die Welt aus einem Ei entstand. Das kanonische Schrifttum der Bönpos, das von seinem Namen und Umfang her, aber auch formal und inhaltlich enge Anlehnungen an den im frühen 14. Jh. zusammengestellten tibetisch-buddhistischen Kanon aufweist, besteht aus dem Kanjur, der ›Übersetzung der Worte (des Stifters Shenrab Mibo)‹ und dem Tenjur (nicht Tanjur!), der ›Übersetzung (der späteren Bönpo-Kommentatoren)‹. Die Zusammenstellung dieser Texte, die der Bönpo-Überlieferung zufolge ehemals aus der Zhang-Zhung-Sprache ins Tibetische übersetzt wurden, fand im 14. und 15. Jh. statt.

Eines der zentralen Lehrsysteme der Bön-Religion bildet die ›Lehre von den Neun Wegen‹, die Anlehnungen an das System der ›Neun Wege‹ der Nyingmapa-Schule aufweist. Voller originärer tibetischer Vorstellungen bildet dieses System eine eigenständig konzipierte, klar durchdachte Abhandlung quasi-buddhistischer Praktiken, die den Bedürfnissen aller Gläubigen entsprechend ihrem Verwirklichungsgrade gerecht werden sollten. Das Spektrum dieser Wege zur Heilserlangung reicht von Techniken zur Schicksalsbefragung und exorzistischen Riten zur Bannung feindlich gesinnter Dämonen und Geister, über Anleitungen zur moralisch-sittlichen

Lebensführung und tantrische Ritualpraktiken bis zur Darlegung des Weges der ›Großen Vollendung‹ (tib. *Dzogchen*), dem Kulminationspunkt aller Bön-Lehren.

Wenngleich das Böntum im Laufe der Zeit von der Praxis sogenannter ›Roter Opfer‹, Ritualpraktiken, bei denen Blut vergossen wurde, immer mehr absah und damit den buddhistischen Geboten der Sittlichkeit entgegenkam, vermochte die Bön-Religion in den letzten Jahrhunderten lediglich in abgelegenen Regionen Ost- und Westtibets überdauern. Da die Bönpos keine international renommierten Fürsprecher hatten, wirkte sich die Kulturrevolution verheerend für sie aus. Keines ihrer Klöster scheint diese Zeit unbeschadet überstanden zu haben. In West-, Zentral- und Osttibet hat jedoch der Wiederaufbau der heiligen Bön-Stätten begonnen. Ende der 80er Jahre erschien denn auch in Tibet ein Neudruck des Bönpo-Kanjurs nach dem einzigen Exemplar, das die Kulturrevolution überdauerte.

Shenrab Mibo, Begründer der Bön-Religion

Im Gegensatz zu den Buddhisten umrunden die Bönpo ihre heiligen Stätten gegen den Uhrzeigersinn. Ihr Hauptsymbol bildet das linksläufige Swastika, unter ihrem Obergewand tragen die Bönpo-Mönche eine blaue Weste.

Der Buddhismus

Noch immer übt der Buddhismus als asiatische Lebensphilosophie eine starke Anziehungskraft auf den Westen aus. Die Ursache dieser Faszination mag in dem friedfertigen Erscheinungsbild der von ihm beeinflußten Kulturen liegen, weiterhin in der darstellenden Kunst, die im Bild des von allem weltlichen Streben gelösten, in sich ruhenden, lächelnden Buddha ihren adäquatesten Ausdruck findet, oder auch in dem Versuch, den Menschen aus allen weltlichen Abhängigkeiten und Verstrickungen zu lösen und ihm den Weg zu einem Absoluten zu weisen.

Die tibetische Form des Buddhismus, die aufgrund der überragenden Stellung des Lama unter der Bezeichnung Lamaismus bekannt wurde, ist eine späte Entwicklungsstufe des Buddhismus, die nur aus der Kenntnis seiner früheren Formen verständlich werden kann, so daß hier zunächst die Entstehung und Entwicklung des Buddhismus im indischen Kulturraum verfolgt werden soll.

□ Das Leben des Buddha

Buddha wurde unter dem Namen Siddhartha Gautama im 5. Jh. v. Chr. in Kapilavastu, am Südrand des heutigen Nepal, als Sohn des Fürsten Shuddodana aus dem Geschlecht der Shakya geboren. Mit 16 Jahren heiratete er Yashodhara, die ihm seinen Sohn Rahula gebar. Im 29. Lebensjahr ging er in die Einsamkeit und übte sich in Askese. Nach einem mystischen Einheitserlebnis zog er für den Rest seines Lebens als Wanderprediger durchs Land und verkündete die von ihm geschaute Wahrheit bis zu seinem Tode im Alter von 80 Jahren (etwa 400 bis 350 v. Chr.). Von nun an wurde er als *Buddha,* ›der Erleuchtete‹, bezeichnet; später bekam er aufgrund seiner Herkunft auch den Namen Shakyamuni, der ›Weise (aus dem Geschlecht) der Shakya‹.

Um diesen historischen Kern rankt sich schon in der frühen indischen Tradition ein ganzer Zyklus von Erzählungen, der das Leben Buddhas legendenhaft verklärt und sein Dasein als den Endpunkt einer langen Reihe von Existenzen begreift, in denen er ständig auf dem Wege zur Erkenntnis voranschritt.

Demgemäß kündigte sich seine Geburt bereits mit bedeutungsvollen Zeichen an, so z. B. in dem Traum seiner Mutter Maya, in dem ein weißer Elefant in sie eindrang. Geboren wurde er aus der Seite seiner an einem Shala-Baum lehnenden Mutter, die diese Geburt nur um wenige Tage überlebte. Alsbald machte er sieben Schritte und eroberte somit sinnbildlich die Welt.

Buddha Shakyamuni, der historische Buddha

Die 32 Haupt- und 80 Nebenmerkmale eines ›Großen Mannes‹ (Skt. *Mahapurusha*), die den Körper des Jungen kennzeichneten, veranlaßten den Weisen Asita zu der Deutung, daß hier nur ein Lebewesen das Licht der Welt erblickt haben könne, das das Karma besitze, entweder ein *Chakravartin,* ein Weltenherrscher, oder ein Buddha zu werden. Shuddodana, um seine Thronfolge besorgt und geschmeichelt von der Aussicht, sein Sohn könne womöglich einst ein überragender Herrscher werden, ließ ihn von allem weltlichen Treiben abschirmen, erbaute ihm drei Paläste und bescherte ihm das genußreiche und unbekümmerte Leben eines Jünglings von königlichem Stand.

Vier Ausfahrten aus seinem Palast konfrontierten ihn mit der Wirklichkeit der Welt, er hatte vier Begegnungen, die einen entscheidenden Einschnitt in seinem Leben bedeuten sollten. So wurden ihm in der Begegnung mit einem alten Mann die Mühsal und Ungewißheit des Alters gewahr, in der Begegnung mit einem Kranken die körperliche und seelische Erschöpfung und in der Begegnung mit einem Verstorbenen die Unausweichlichkeit des Todes und die Begrenztheit allen irdischen Glückes bewußt. Diese drei Erlebnisse erschreckten ihn, und auf der Suche nach einem Ausweg begegnete er auf seiner vierten Ausfahrt einem Mönch als dem Symbol für den Weg, Befreiung von weltlichen Leiden zu erlangen.

So entschloß er sich zur Flucht aus dem Palast, tauschte die königlichen Kleider gegen einfache Bettelgewänder ein, schnitt sein Haar und folgte Weisen und Yoga-Lehrern, die ihn in meditativen Praktiken unterrichteten. Er übte das Anhalten des Atmens bis zur Bewußtlosigkeit und fastete bis zur nahezu völligen Erschöpfung. An wen er sich auch wandte, er beherrschte die Techniken seiner Meister stets nach kurzer Zeit in Vollendung, verspürte aber keine Erfüllung.

In der Erkenntnis, daß er mit derartigen asketischen Übungen keine Befreiung erreichen würde, nahm er in seinem 36. Lebensjahr wieder Nahrung zu sich und begab sich in der Nähe von Gaya an den Naranjana-Fluß. Hier versenkte er sich unter dem Bodhibaum *(Ficus religiosa)*, in ununterbrochene Meditation. Nach einigen Tagen erschien ihm – um die Herrschaft über die Welt fürchtend – Mara, die Verkörperung des Bösen, mit seinem Gefolge: einem mit Kampfgeräten aller Art, Rauch, Eisen und Feuer bewaffneten Heer, sowie den aufreizenden Töchtern ›Lust‹, ›Sehnsucht‹ und ›Begierde‹ als den Verkörperungen sinnlicher Verlockungen. Buddha wandelte die Angriffe der Kämpfer jedoch in einen Blumenregen, ließ sich von den weiblichen Verlockungen nicht beeindrucken, rief die Erde als Zeugen seiner Wahrhaftigkeit an und berührte sie mit den Fingern der rechten Hand – diese ›Geste der Erdberührung‹ (Skt. *Bhumisparsha-Mudra*) ist in der tibetischen Kunst zum kennzeichnenden ikonographischen Merkmal des historischen Buddha geworden.

Das Schicksal der Lebewesen im leidvollen, unsteten Geburtenkreislauf erkennend und geistig nochmals seine gesamten Wiedergeburten durchlaufend, erlangte er schließlich in einer überwältigenden Erfahrung die Erleuchtung. Die Vier Weltenhüter, die Herrscher über die in den verschiedenen Himmelsrichtungen existierenden Dämonenscharen, reichten ihm je eine Almosenschale, die er in eine einzige verwandelte; als Symbol seiner Besitzlosigkeit wurde die Schale später in den ikonographischen Darstellungen zum Hauptattribut des Buddha. Sinnend, ob seine Erkenntnis nicht zu tief und zu schwer verständlich für die Lebewesen sei, suchten Götter wie der Weltenherrscher Brahma ihn auf und bewegten ihn, den Menschen diese Lehre zu verkünden. Daraufhin begab er sich nach Benares und verkündete dort im Gazellenhain von Sarnath fünf ehemaligen Schülern die gefundene Erkenntnis, die er in den ›Vier Edlen Wahrheiten‹ darlegte.

1) Die ›Edle Wahrheit vom Leiden‹ definiert als eigentliche Natur allen Daseins das Leiden, da die Lebewesen unter Geburt, Krankheit, Alter, Tod, Zusammensein mit leidvollen und Getrenntsein von glücklichen Umständen leiden.

2) Die ›Edle Wahrheit von der Leidensentstehung‹ postuliert als Ursache des Leidens den Durst oder die Gier der Lebewesen nach Lust, Freude und Leidenschaft, und damit nach immer neuen Wiedergeburten.

3) Die ›Edle Wahrheit von der Leidensaufhebung‹ sieht in dem Erlöschen dieses Durstes nach Lust das Ende des Leidens.

4) Die ›Edle Wahrheit vom rechten Pfad zur Leidensaufhebung‹ lehrt den Weg zur Aufhebung des Leidens in der Befolgung des sogenannten ›Achtfachen Pfades‹: Angemessene Sicht, Angemessene Gesinnung, Angemessene Rede, Angemessenes Handeln, Angemessene Lebensführung, Angemessenes Bemühen, Angemessene Achtsamkeit und Angemessene Konzentration.

In seinen verbleibenden Jahren wirkte der Buddha als Wandermönch. Er predigte vor allen Kasten und erlangte in den nördlichen Regionen Indiens Berühmtheit. Nach seinem Tode wurden seine Reliquien unter acht Fürsten geteilt und in verschiedenen Teilen Nord-Indiens in Grabhügeln, Stupas, beigesetzt.

□ Zentrale Glaubensvorstellungen seiner Lehre

Die für das ganze indische Denken typische Betrachtungsweise der Welt als eines unabänderlichen, ewigen Kreislaufes (Skt. *Samsara*), in dem die Lebewesen in zahllosen, aufeinanderfolgenden Wiedergeburten der Kausalität karmischer Kräfte unterliegen, bildet auch die Grundlage des buddhistischen Weltbildes. Um aus diesem von Leiden geprägten, in seinem eigentlichen Wesen irrealen Kreislauf auszuscheiden und den von Leidlosigkeit gekennzeichneten Zustand des Nirvana (s.u.) zu erreichen, ist es erforderlich, das Karma-Gesetz zu durchbrechen – ein weltimmanentes Kausalitätsgesetz, das jede Schicksalswendung als Auswirkung früher begangener Taten begreift. Dabei ist es die jeder Tat innewohnende moralisch-sittliche Qualität, die den Grad der heilvollen oder unheilvollen Auswirkung einer Tat bestimmt. Positives Karma beschert gute Existenzen, negatives Karma führt zur Wiedergeburt in leidvollen Daseinsbereichen. Da jeder Mensch somit der Urheber seiner eigenen Lebensumstände ist, stellt das Karma kein fatalistisches Schicksalsgesetz dar, sondern es eröffnet die Möglichkeit zur Beeinflussung des eigenen Schicksals, der gegenwärtigen und zukünftigen Existenzen, durch die bewußte Ausübung entsprechender Handlungen in Übereinstimmung mit dem ›Achtfachen Pfad‹. Wenngleich der Buddha damit die Lehre des Karma-Gesetzes von älteren indischen Traditionen übernahm, lehnte er jedoch die Verknüpfung mit dem Kastensystem, die von der brahmanischen Philosophie befürwortet wurde und die Bewertung des Menschen an seiner gesellschaftlichen Stellung ausrichtete, strikt ab. Damit stand seine Lehre allen, unabhängig von Geburt und Herkunft, offen.

Dem Kreislauf der Wiedergeburten, dem Samsara, gegenüber steht das *Nirvana*, (›Verwehen‹), eine Sphäre, die sich allem diskursiven Denken entzieht, so daß über sie keine Aussagen gemacht werden können, es sei denn Negationen, die ausdrücklich erklären, was Nirvana eben nicht ist. Ziel dieser Negationen ist es, falsche Vorstellungen über die dem Nirvana eigene, unfaßbare Natur zu zerstören. Den Mißinterpretationen früherer Forschungen ist es zuzuschreiben, daß diese Negationen zu der Vorstellung des Nirvana als einem ›Nichts‹ und zu der irrigen Auffassung geführt haben, der Buddhismus beinhalte eine nihilistisch geprägte Philosophie. Definiert wird Nirvana vom Buddha als die der Erkenntnis nicht mehr zugängliche Realität des Ungeborenen, Ungewordenen, Ungeschaffenen und Ungestalteten jenseits von Sein und Nicht-Sein.

Nach den Vorstellungen Buddhas wird das Bewußtsein der Menschen durch Einprägungen, die aus vergangenen Leben als karmische Resultate zurückgeblieben sind, bestimmt. Das Bewußtsein zählt Buddha zu den sogenannten ›Fünf Gruppen des Ergreifens‹ (Skt. *Skandha*): 1) Körper und Körperlichkeit, 2) Empfindung und Gefühl, 3) Wahrnehmung, 4) Einprägungen sowie 5) Erkennen oder Bewußtsein. Mit der Auffassung, daß diese Fünf Skandha keine beständigen Entitäten darstellen und sie nicht das unvergängliche Selbst einer Person bilden können, da sie in ihrem eigentlichen Wesen ohne Selbst (Skt. *Anatman*) sind, tritt Buddha den Lehren von einem *Atman,* einem ›Selbst‹ – wie es seinerzeit in Indien bestand – entgegen. Auch hier konkretisiert sich das Wesen des Menschen also nicht.

Während der Samsara, die Welt des Daseins, somit einen unendlichen Strom zahlloser ineinandergreifender, kausal miteinander verknüpfter Prozesse darstellt, das Nirvana in seinem eigenen Wesen nicht greifbar wird und auch das Wesen des Menschen nicht das ist, als das es bei grober Betrachtung erscheint, wird der Mensch in seinen Vorstellungen über die Welt von seinen individuellen karmischen Rückständen geleitet. Der Anschein eigenständiger Entitäten ergibt sich aufgrund der Unwissenheit, die den Menschen die eigentliche Natur der Welt nicht mehr erkennen läßt und eine irrige Vorstellung über die Natur des eigenen Geistes bedingt. Getrieben von seinen Leidenschaften wird er zu einem Spielball karmischer Kräfte.

Den Ausweg aus diesem Dilemma weist der Buddha mit seinem Weg zur Befreiung, der im Nirvana sein Ziel sieht. Dabei versucht er in den Menschen das Vertrauen zu erwecken, daß sein Weg der richtige sei. Die Richtigkeit seines Weges hat er hingegen nie unter Beweis zu stellen gesucht, wie er sich auch zu anderen Religionen nur am Rande äußerte. Die Überprüfbarkeit der Lehren durch eigenes inneres Erleben, durch Meditation, sieht er als eines der wesentlichsten Elemente seines Weges an. Metaphysische Spekulationen hingegen – z. B. über Ursprung und Ende der Welt oder die Existenz oder Nicht-Existenz Gottes – lehnt er als dem Geiste unergründlich ab.

Da sich das Nirvana in seiner eigentlichen Natur aller Bedingtheit und Prägung entzieht, kann man es nur erreichen, indem man Taten von eben solcher, eben ›angemessener‹ Natur vollzieht, d. h. indem man Taten vollbringt, die weder positiver noch negativer Natur sind. Daher mahnt der Buddha seine Schüler, auf dem ›Mittleren Pfad‹ jenseits der Extreme zu wandern, Gleichmut zu entwickeln, dem ›Durst‹, d. h. emotionalen Anhaftungen aller Art, zu entsagen, das Leben aller Lebewesen zu achten und die ›Vier Unermeßlichkeiten‹ – Liebe, Mitleid, Heiterkeit und Güte – anzuhäufen.

Betrachtet man die Lehren des Buddha in ihrer Gesamtheit, so fällt auf, daß der Buddhismus in seiner ursprünglichen Form wesentliche Elemente einer Religion vermissen läßt. Eine transzendente Macht wie Gott, ein Pantheon von Gottheiten und selbst das Element eines Kultes, Merkmal jeder Religion, fehlen. Daher läßt sich durchaus sagen, daß die Lehre des Buddha ursprünglich mehr eine Philosophie oder Psychologie denn eine Religion gewesen ist. Ihre wesentlichen Elemente bildeten Erkenntnis und Heil.

Diese Lehre war nicht mehr wirklich weiterzuentwickeln und in ihren Ansprüchen an die Lebensführung zu hoch, um von einer breiteren Masse getragen zu werden. Das evolutionäre Element, das Religionen häufig um der Erhaltung ihrer Lebendigkeit halber notwendig haben

Buddha Akshobhya im Sambhogakaya

Buddha Vairocana im Dharmakaya

und das gewöhnlich zur Gründung von Schulen, Orden oder Sekten führt, konnte sich daher nur in Richtungen entwickeln, die dem eigentlichen Kern der Lehre vom ›Verwehen‹ entgegenliefen. Mit der Tradierung der Lehre kam es, unter dem zunehmenden Einfluß des Laientums, zu Akzentverschiebungen sowie zu ideengeschichtlichen Weiterentwicklungen und somit zur Ausbildung von *Hinayana* und *Mahayana.* Diese beiden ›Fahrzeuge‹ befolgten einen Weg der ›Weltabgewandtheit‹ bzw. ›Weltzugewandtheit‹, vertraten damit jedoch philosophische Standpunkte, die sie vom eigentlichen Kern der Lehre des Buddha entfernten.

□ Das ›Kleine‹ und das ›Große Fahrzeug‹: Mahayana und Hinayana

Die Niederschrift der Lehren Buddhas führte zur Zusammenstellung kanonischer Sammlungen, von denen die im Pali abgefaßte Sammlung *Tripitaka,* der ›Dreikorb‹, etwa im 3. bis 2. Jh. v. Chr. kompiliert worden sein dürfte. Sie besteht aus dem *Sutra-Pitaka,* dem ›Korb der Lehrreden‹, dem *Vinaya-Pitaka,* dem ›Korb der Ordenszucht‹ sowie dem *Abhidharma-Pitaka,* in dem die systematischen Abhandlungen gesammelt sind, und bildet das verbindliche Schrifttum der Anhänger des *Theravada,* des heute noch in Sri Lanka und Hinterindien heimischen Buddhismus.

Von den Mahayanisten wird das Theravada, die ›Lehrmeinung der Ordensältesten‹, abwertend als *Hinayana,* ›Kleines Fahrzeug‹, bezeichnet, da diese Anschauung nur eine Teilwahrheit wiedergebe und ihr Heilsziel – die *Arhat*-Schaft, die ›Stufe von Einem, der seine inneren Feinde besiegt hat‹ – lediglich eine egozentrische Vorstufe auf dem Erlösungswege darstelle. Die Theravadins leugnen vehement die Existenz eines Ichs, erklären den Geburtenkreislauf und das

Leiden der Lebewesen für real, halten eine Befreiung einzig aus eigener Kraft für möglich und definieren das Nirvana lediglich als die Befreiung vom leidvollen Zustand des Samsara. Ihr Ideal ist der Mönchsweg, ihr Ziel die möglichst baldige Befreiung – zu ›Verwehen‹, zu Verlöschen wie eine Kerze.

Das *Mahayana,* dessen Philosophie auch den Kern des tibetischen Buddhismus bildet, tritt erst um Christi Geburt in Erscheinung.

Seine entscheidendste philosophische Neuerung bildet die Vorstellung eines Absoluten – der sogenannten ›Leere‹ (Skt. *Shunyata*), die alles Sein durchdringt und damit auch die Dualität von Samsara und Nirvana aufhebt. Diese Leere wird als zeit- und grenzenlos, ungeschaffen, unveränderlich, undenk-, unwäg- und unmeßbar bezeichnet. Verglichen wird sie häufig mit dem leeren Himmelsraum. Ziel ist daher weniger das Erreichen des Nirvana als die Verwirklichung dieser eigentlichen Natur der Wirklichkeit, die zweierlei Auswirkungen besitzt: Als Erkenntnis bedeutet sie Buddha-Schaft und die Erfahrung des ›Großen Glücks‹, ihre unmittelbare Auswirkung ist die Buddha-Aktivität, unendliches Mitleid mit allen leidenden Kreaturen.

Diese Buddha-Aktivität entfaltet sich in ›Körpern‹ im Sinne von Daseinsebenen. Der *Dharmakaya,* der ›Körper des Gesetzes‹, bildet das Absolute, die jenseits der Dualität liegende Ebene der eigentlichen Natur der Wirklichkeit. Um sich den Lebewesen teilhaftig zu machen, strahlen die Buddhas aus diesem, ihrem Kern Wesenheiten aus, die in fein- und grobstofflicher Form in den Samsara hinunterwandern, um dort den Lebewesen heilwirksam beizustehen.

Auf der feinstofflichen Ebene, im sogenannten *Sambhogakaya,* dem ›Körper des Mitgenießens‹, nehmen sie die Form von Gottheiten des buddhistischen Pantheons an, die als die Verkörperungen der Qualitäten der Buddhas, z. B. Liebe, Weisheit, Nachsicht oder Entschlossenheit, betrachtet werden. Spezielle meditative Praktiken sollen es ermöglichen, auf diese Weise an den Qualitäten der Buddhas teilzunehmen.

Im sogenannten *Nirmanakaya,* dem ›Erscheinungskörper‹, nehmen die heilwirksamen Kräfte schließlich grobstoffliche Körper an, um so den Lebewesen direkt Unterweisungen geben zu können. In einer Weiterentwicklung dieser Vorstellungen kam es in Tibet zur Lehre von den *Tulkus,* den ›Wiedergeborenen Lamas‹ (vgl. S. 93).

Die Dimensionen von Zeit und Raum werden von den Mahayanisten gedanklich bis über alle Vorstellbarkeit ausgedehnt. Der historische Buddha wird folglich als einer von zahllosen, unablässig erscheinenden Buddhas gedacht, die immer wieder neu im Samsara auftreten, um den Lebewesen mit der Verkündigung der Lehre den Weg zu weisen. Damit tritt der historische Buddha hinter der Vorstellung eines allgegenwärtigen Erleuchtungsprinzips zurück, das nun auch in anderen Buddhas wie dem Buddha Akshobhya oder dem Buddha Amitabha verehrt wird. Als Auswirkung ihrer Buddha-Aktivität, ihres unermeßlichen Mitleids, werden ihre Sambhogakaya-Emanationen – Bodhisattvas wie Avalokiteshvara, Maitreya, Manjushri oder Tara – angesehen, die im Samsara zum Wohle der Lebewesen wirksam werden.

Unter dem Einfluß des Laientums, dem ein auf immer ›entschwundener‹ Buddha ohne jegliche transzendente Wirklichkeit unbegreifbar war und dessen Kult- und Verehrungsbedürfnis der mönchische Hinayana-Buddhismus somit nur schwer genüge zu tun vermochte, hatte sich die nachdrückliche Betonung des unendlichen Mitleids Buddhas entwickelt. Ihren Niederschlag fand sie in den Vorgeburtsgeschichten des Buddha, die eindringlich beschreiben, wie dieser als *Bodhisattva,* als ›Erleuchtungswesen‹, sein ganzes Wirken immer wieder einzig dem Wohle anderer Lebewesen widmete und in den zahllosen, seiner Erleuchtung vorangegangenen Existenzen ihnen gar manchesmal sein Leben opferte. Das Bodhisattva-Ideal, das selbstlose Wirken zum Wohle aller Lebewesen, wurde damit zu einem Faktor, dem jeder, gleich ob Mönch oder Laie, in seinem Leben Folge leisten konnte. Das Bodhisattva-Gelübde – die in eigener Entscheidung auf sich genommene Verpflichtung, fortan nur noch zum Wohle aller Menschen nach Erleuchtung zu streben und gar auf das Eingehen ins Nirvana zu verzichten, bis der Samsara an Lebewesen leer ist – wurde damit zur Grundlage des Mahayana. Die Praxis der Sechs *Paramitas,* der ›Sechs Vollkommenheiten‹ – Freigiebigkeit, Sittlichkeit, Nachsicht, Willenskraft, Meditation und Weisheit –, bildete einen unabdingbaren Bestandteil des Weges.

Ihre Niederschrift fanden die Lehren des Mahayana in der *Prajnyaparamita,* der ›Vollkommenheit der Weisheit‹, von der die Tibeter glauben, sie sei von dem berühmten Philosophen Nagarjuna (etwa 200 n. Chr.) aus dem in der Tiefe der Ozeane gelegenen Bereich der *Nagas,* der ›Schlangengeister‹, geholt worden. Nagarjuna schuf mit seiner Lehrauslegung eine der beiden Hauptströmungen des Mahayana, die *Madhyamika*-Schule, den ›Mittleren Weg‹, die mit kühnster Logik die Nicht-Existenz der Gegebenheiten nachwies und alle Phänomene als zusammengesetzt entlarvte. Die Erscheinungswelt erschien damit als irreal und als eine reine Projektion des eigenen Geistes und seines Bewußtseinszustandes (vgl. S. 60).

Mit der *Yogacara*-Richtung, der Schule der ›Yoga-Praxis‹, schuf Asanga (4. Jh. n. Chr.) die zweite bedeutende Schule des Mahayana. Ihr Hauptaugenmerk lag auf der Erkenntnis der Leere

Die Bodhisattvas Avalokiteshvara und Manjushri

Dualität

Dualität, ›Zweiheit‹, ›polares Dasein‹, ist einer der entscheidenden Begriffe zu einem tieferen Verständnis buddhistischer Weltanschauung. Begründet liegt das Wesen der Dualität nach mahayanistischen Vorstellungen im menschlichen Geiste, der sich selbst (= Subjekt) als getrennt von der Außenwelt (= Objekt) mit ihren vielfältigen Erscheinungsformen erlebt. Da Leiden nur durch die Spaltung der in ihrem eigentlichen Wesen unteilbaren Einheit der höchsten Natur der Wirklichkeit in Subjekt und Objekt entsteht, ist die Aufhebung dieser geistig projizierten Dualität, die sich in allem Gegensatzdenken und in allen Extremen findet, Ziel des Mahayana. Charakterisiert wird diese höchste Natur der Wirklichkeit – eben da sie jenseits aller Dualität liegt – als ›Nicht-Zweiheit‹ (Skt. *Advaya*). Sie korrespondiert mit dem Bewußtseinszustand des Nirvana, während Dualität, die Spaltung von Subjekt und Objekt, das Kennzeichen des Samsara ist.

als ›Reinem Bewußtsein‹. Im Gegensatz zur Madhyamika-Schule, die mit negativer Dialektik die konventionellen Vorstellungen über den Samsara zu überwinden und damit zu dem Punkt zu kommen suchte, an dem nichts mehr über das Absolute wie über die Dinge ausgesagt werden kann und der Erkennende in völliger Losgelöstheit verharrt, wandte sich die Yogacara-Schule diesem höchsten Sein in mehr positiver Weise zu und strebte die unmittelbare Erfahrung des jenseits aller Dualität (s. o.) liegenden ›Reinen Bewußtseins‹ an, das häufig mit einem leuchtenden Spiegel verglichen wurde, der nichts als sein eigenes Licht reflektiert.

Damit war es das Ziel des Bodhisattva, stets in völliger Losgelöstheit im Samsara zu verweilen, eine Haltung, die mit dem Lächeln des Buddha unübertrefflich zum Ausdruck kommt.

□ Der Tantrismus

Etwa vom 5. bis 6. Jh. nach Chr. an werden die indischen Religionen des Buddhismus, Jinismus und Hinduismus von dem mystisch-magischen Gedankengut der *Tantrismus*-Bewegung erfaßt. Es handelt sich dabei um eine esoterische, ganzheitliche Erkenntnislehre, deren Ziel die Transzendierung der realen Welt in das höchste Sein und die mystische Verschmelzung mit dem Absoluten bildet. Wesentlich ist für den Tantrismus, der seinen Namen von den als *Tantra* bezeichneten Lehrsystemen ableitet, die weitgehende Ablehnung dogmatischer Anschauungen, die Betrachtung der Welt als einer aus purer Energie bestehenden, vielschichtigen Realität, die sich in einer männlich-weiblichen Polarität entfaltet, die Lehre der Untrennbarkeit von Absolutem und Relativem und schließlich die Erkenntnis, daß der Welt eine sich über scheinbar zahllose Ebenen erstreckende makro-mikrokosmische Analogie zugrunde liegt.

Im Kern bildet der Tantrismus eine Geheimlehre, die nur unter Anleitung eines in den komplizierten yogischen und meditativen Techniken erfahrenen Lehrers (Skt. *Guru*) ausgeführt

Die Yogacara-Schule

Wie bereits an dem Namen deutlich wird, war in der Schule der ›Yoga-Praxis‹ (Skt. *Yogacara*) die yogische und meditative Verwirklichung des Heilsprinzips von größerer Bedeutung als seine intellektuell-philosophische Erörterung. Gegründet wurde sie von dem etwa im 4. nachchristlichen Jahrhundert lebenden Brahmanen-Sohn Asanga aus Purushapur, dem heute in Pakistan gelegenen Peshavar.

Die zentrale Konzeption der Yogacara-Lehre bildet die Betrachtung der letztendlichen Natur der Wirklichkeit als ›Reines Bewußtsein‹ (Skt. *Cittamatra*). Der Welt mit ihren zahllosen Erscheinungen oder dem zu erkennenden Objekt wird nach Yogacara-Ansicht von dem Erkennenden eine Realität beigelegt, die ihr als Projektion insoweit anhaftet, als sie im Bewußtsein des Erkennenden besteht; die eigentliche Natur dieser Erscheinungen besteht allerdings aus ›Reinem Bewußtsein‹, dessen Natur mit einem systematischen, rational-analytischen Denken nicht faßbar ist.

Maßgeblich ist daher für die Yogacara-Anhänger die Entwicklung eines ›vorstellungsfreien Wissens‹ (Skt. *Nirvikalpakajnyana*), das nur durch eine entsprechende Schulung des Bewußtseins des Erkenntnisträger entwickelt werden kann. Das Bewußtsein des Erkennenden wird als ein ›Speicherbewußtsein‹ (Skt. *Alayavijnyana*) definiert. Mit all seinen Erkenntnisakten hat dieses individuelle Einprägungen erfahren, die ihrerseits die weitere Erfahrung der Welt prägen. Wird sich der Erkennende jedoch durch das Hören und Praktizieren der ›Rechten Lehre‹ und die damit einhergehende Anhäufung von Verdiensten und Weisheit bewußt, daß, wenn es schon keine Erscheinungen als Erkenntnisobjekte gibt, auch kein individuelles Selbst als Erkenntnisträger exisitert, schaut er schließlich unmittelbar das höchste Sein. Die Erlangung der Erleuchtung – bereits keimhaft in Form der ›Buddha-Natur‹ (Skt. *Tathagatagarbha*) in jedem Lebewesen angelegt – ist damit weniger durch einen willentlichen Erkenntnisprozeß als vielmehr nur durch ein unvoreingenommenes Zulassen und Gewahrwerden der wahren Natur des Seins zu erreichen, die als ›leuchtend‹, ›rein‹ und ›ohne zwei‹ charakterisiert wird.

werden darf und tiefe Eingriffe in die Psyche eines Adepten vornimmt. Die Lehrinhalte werden verbildlicht und mit sexuellen Symbolen als Ausdruck der Polaritäten dargestellt. Geometrische Diagramme wie die Mandalas dienen als Abbilder psychischer wie kosmischer Gegebenheiten, yogische Techniken sollen die unmittelbare Erfahrung des kosmischen Bewußtseins ermöglichen. Darüber hinaus treten hier erstmals die Darstellungen bipolarer Gottheiten in sexueller Vereinigung als Symbol der Aufhebung der grundlegenden Polaritäten auf.

□ Vajrayana: Das ›Diamant-Fahrzeug‹

Während der Tantrismus im Hinduismus zum Shaktismus, der Lehre von der göttlichen Energie der Shakti, der Gattin Shivas, führt, ist er im Buddhismus für die Entstehung des Vajrayana, des ›Diamant-Fahrzeuges‹, maßgebend, das die Verwirklichung der Buddha-Natur anstrebt und sie mit dem unveränderlichen Wesen eines Diamanten (Skt. *Vajra*) vergleicht.

Dogmatisch fußt das Vajrayana auf der Mahayana-Philosophie, der Erkenntnis von Nirvana, Samsara und Selbst als Leere und der liebenden Hinwendung zu allen im Leiden verhafteten Lebewesen. Sein Ziel ist jedoch eine schnellere Verwirklichung des Heilsziels. Während Hinayana und Mahayana lehren, daß sich das Heil nur durch Sammlung von karmischen Verdiensten über zahlreiche Existenzen hinweg verwirklichen lasse, strebt das Vajrayana die Erleuchtung möglichst noch im gegenwärtigen Leben eines Adepten an. Dazu benutzt es radikale Mittel und Methoden, die eine tiefgreifende Bewußtseinsveränderung hervorrufen, sowie Texte, die in einer vielschichtigen ›intentionalen Sprache‹ geschrieben wurden, so daß die Tiefe ihres Verständnisses mit dem Bewußtseinsgrad des Rezipienten korrespondiert.

Die beiden bedeutendsten Komponenten des Heilsweges sind nach den Vajrayana-Lehren die Prinzipien von *Upaya* und *Prajnya*, wobei Upaya die ›Methode‹ zur Verwirklichung des Heils – nämlich die Praxis von *Bodhicitta*, tätigem Mitleid – und Prajnya ›Weisheit‹ im Sinne der unmittelbaren Einsicht in die Natur der Wirklichkeit bezeichnet. Aus der Erkenntnis (Prajnya), daß alles Dasein vergänglich ist und egoistisches Handeln somit letztlich nichtig, folgt die Hinwendung zu den im Leiden verhafteten Lebewesen (Upaya), die ihrerseits als tätiges Mitleid wieder zu Weisheit führt. Upaya und Prajnya bilden damit sich ergänzende, gleichwertige Prinzipien, die sich gegenseitig bedingen und fördern. Ihre mystische Vereinigung wird mit der Überwindung der Dualität und der höchsten Verwirklichung der Lehre gleichgesetzt. In der Ikonographie werden Upaya und Prajnya durch *Yab-Yum*-Darstellungen, männliche Gottheiten in geschlechtlicher Vereinigung mit ihrer weiblichen Entsprechung, symbolisiert, in der Ritualpraxis durch Diamantzepter (Skt. *Vajra* = Upaya) und Glocke (Skt. *Gantha* = Prajnya).

Ihren bildlichen Ausdruck finden die Lehrinhalte in Symbolen und in den Darstellungen von Gottheiten, die in *Mandalas* verweilen, – dies sind geometrische Diagramme, die als der Daseinsbereich oder der ›Palast‹ einer Gottheit samt ihrem Gefolge zu verstehen sind. Durch bestimmte symbolische Handhaltungen (Skt. *Mudra*), die den äußeren Handlungsverlauf zu einem inneren meditativen Visualisationsablauf widerspiegeln, und das Aussprechen von *Mantras*, heiligen Silben, die die mystischen Schwingungen der heilwirksamen Kräfte lebendig werden lassen sollen, verschmilzt der Meditierende mit den vor seinem geistigen Auge visualisierten Gottheiten. Dabei werden die Buddhas und Bodhisattvas von Eingeweihten als die Verkörperung heilwirksamer Kräfte wie Mitleid, Weisheit oder Liebe angesehen. Ziel dieser Meditationen ist es, sich die in den Gottheiten zum Ausdruck kommenden Kräfte zu eigen zu machen.

Die Visualisation der komplexen Gottheiten mit bestimmten Farben, Attributen, Aureolen, Nebengottheiten usw. beruht auf den Anweisungen der Tantras, der esoterischen Schriften des Tantrismus. In ihnen haben bedeutende Heilige ihre Offenbarungen niedergelegt, die ihnen von der höchsten Natur der Wirklichkeit zuteil wurden. Dadurch, daß sie durch eine ununterbrochene geistige Übertragungslinie jeweils von Lehrer zu Schüler übermittelt wurden, erhält der Initiand mit der Einweihung die Übertragung der ursprünglichen Offenbarung. Ist die Sukzessionsfolge aus irgendwelchen Gründen einmal verlorengegangen, gilt die Lehre als nicht mehr praktikabel, da sie damit ihre spirituelle Wirklichkeit verloren hat.

Darüber hinaus kommt dem Guru als unabdingbarem Führer eine herausragende Stellung zu. Er überwacht die Praxis des Adepten und hilft ihm, den rechten Standpunkt bei seiner zunehmenden Transzendierung der Welt zu finden. Zugleich dient er dem Schüler als ein Objekt, dem er all seine Hingabe zuwenden kann – ein Element des Tantrismus, das bei hinduistischen Gurus, die in den Westen kamen, bisweilen einen recht zwiespältigen Eindruck hinterlassen hat. Der Guru verkörpert für seinen Schüler quasi die manifestierte Gegenwart der Buddha-Schaft. Dabei ist es unerheblich, ob dem Lehrer – natürlich unter der Voraussetzung, daß er als ein echter Heilsstrebender vertrauenswürdig ist – diese Kraft eigen ist oder nicht. Für den Vajrayanisten ist die Welt nach der Mahayana-Philosophie irreal. So ist es legitim, Dingen und Menschen – unter der Voraussetzung, daß damit der Heilsverwirklichung gedient wird – Funktionen zuzuordnen, die sie ›real‹ nicht besitzen. Ziel dieser Vorstellung ist es, völlige Hingabe und Vertrauen zu erwecken und durch die Transzendierung des Lehrers in ein spirituelles Wesen das eigene Leben als eine höhere Wirklichkeit zu begreifen, die dem Adepten alle nur erdenkliche Unterstützung bei der Verwirklichung des *Summum Bonum* gewährt.

Eine weitere entscheidende Neuerung des Vajrayana bildet die etwa im 9. Jh. entstandene Konzeption eines Adi-Buddha, eines Ur-Buddha. Er gilt als der Ursprung und Urgrund allen Seins und verkörpert die bildlich eigentlich gar nicht mehr darstellbare, alle Vorstellung übersteigende Leere sowie das Buddha-Prinzip an sich.

Cakrasamvara in Yab-Yum

Der Adi-Buddha, der Ur-Buddha

Als Ausdruck der wahren Natur des Seins und damit auch der wahren Selbstnatur aller Lebewesen gilt der Adi-Buddha, der bei den Nyingmapa als Samantabhadra, ›All-Guter‹, bei den Gelbmützen und anderen lamaistischen Schulrichtungen als Vajradhara, ›Vajra-Träger‹, bezeichnet wird. Wenngleich der Adi-Buddha als Verkörperung des Dharmakaya, des Absoluten, das ohne Form, Farbe oder Größe ist, eigentlich gar nicht mehr darstellbar ist, wird er aus didaktischen Gründen und wegen der meditativen Praktiken dargestellt bzw. visualisiert.

Entstanden ist die Konzeption dieses ›Ur-Buddha‹ in Indien. In der zweiten Hälfte des ersten nachchristlichen Jahrtausends entwickelten indische Mystiker die Vorstellung von der zeit- und raumlosen Gegenwart eines Absoluten, das den Urgrund und Ursprung allen Seins bildet. Von zentraler Bedeutung wurde diese Konzeption im Zuge der Ausbildung der Kalacakra-Lehren, der Lehren vom ›Rad der Zeit‹ (7.–10. Jh.), die – geprägt von astrologischen und mystischen Vorstellungen – den esoterischen Höhepunkt des Vajrayana darstellen. Der Weise Tsilupa ließ damals im 10. Jh. über dem Eingang der berühmten Kloster-Universität von Nalanda den folgenden Text anbringen:

»Wer den Adi-Buddha nicht kennt, der kennt auch nicht die (Gottheit) Kalacakra. Wer Kalacakra nicht kennt, vermag auch nicht die geheimen Namen vollendet aussprechen. Wer die Namen nicht vollendet auszusprechen vermag, der kennt auch nicht den ›Weisheitskörper‹ (Skt. *Inyanakaya*) des Vajradhara. Wer den ›Weisheitskörper‹ des Vajradhara nicht kennt, der kennt auch nicht das ›Fahrzeug der Mantras‹ (Skt. *Mantrayana*). All jene, die das ›Fahrzeug der Mantras‹ nicht kennen, sind im Samsara Wandelnde und getrennt vom Weg des Erhabenen Vajradhara. Deshalb ist der höchste Adi-Buddha von den heiligen Meistern zu verkünden und von den nach Befreiung strebenden, besten Schülern zu hören!«

Der Tibetische Buddhismus oder Lamaismus

□ Grundzüge des Lamaismus

Bereits in dem kurzen Abriß der Geschichte Tibets wurde erwähnt, wie König Songtsen Gampo und seine beiden Gemahlinnen den Buddhismus in Tibet einführten und förderten. Konfrontiert wurde die neue Religion mit den magischen Vorstellungen des Bön-Glaubens, dessen Vertreter – um ihren Einfluß fürchtend – eine Ausbreitung des Buddhismus soweit wie möglich zu verhindern trachteten. Um sich mit Unterstützung des Königshauses zu etablieren und sich einer breiteren Masse überhaupt verständlich machen zu können, integrierten die frühen Buddhisten die einheimischen volksreligiösen Vorstellungen in ihre Glaubensinhalte. Magische Rituale zur Beeinflussung künftiger Ereignisse, exorzistische Riten, rituelle Heilungen und Besessenheitsphänomene prägten somit von Anfang an das äußere Erscheinungsbild des Tibetischen Buddhismus. Animistische Elemente wie die Befriedung von Lokalgottheiten wurden besonders mit dem Auftreten des Magiers Padmasambhava (8. Jh.) deutlich, der, wie es heißt, die einheimischen Dämonen unterwarf und dem Buddhismus dienstbar machte, indem er sie als Schutzgottheiten auf der untersten Stufe in das lamaistische Pantheon eingliederte.

Mit der gegen Ende des 10. Jhs. einsetzenden Neubekehrung Tibets nahm der Tibetische Buddhismus verstärkt die Züge einer monastisch geprägten Religion an. Aufgrund der zentralen Stellung des Lamas als unabdingbarem Führer auf dem tantrischen Heilsweg kann er von dieser Zeit an religionstypologisch auch als ›Lamaismus‹ bezeichnet werden.

Die Basis des Tibetischen Buddhismus bilden einerseits die Philosophie des Mahayana, andererseits die meditativen und rituellen Praktiken des Vajrayana. Die philosophischen Konzeptionen dieser ›Fahrzeuge‹ wurden systematisiert und durch feinsinnige Akzentsetzungen zur Grundlage philosophischer Strömungen gemacht, die in Verbindung mit gesellschaftlich einflußreichen Gruppen wie mächtigen Adelsfamilien zur Gründung von verschiedenen Schulrichtungen mit oft weitreichendem politischen Einfluß führten (vgl. S. 56). Dabei rückte die Bedeutung der geistigen Überlieferung und Vermittlung der Lehren durch den Lama immer mehr in den Mittelpunkt. Mit der Gründung einer ›lamaistischen Theokratie‹ liegen ab dem 17. Jh. die weltliche und religiöse Oberhoheit Tibets in den Händen des Dalai Lama.

□ Die Bedeutung des Lama

Bereits die frühen Tibetreisenden waren häufig von den tibetischen Lamas beeindruckt. Ihre philosophische Bildung, ihre Gelassenheit und Heiterkeit sowie ihre in jahrelangen Versenkungen erworbene tiefe Überzeugung von der Richtigkeit ihrer Lebenshaltung verlieh ihnen eine Lebendigkeit und Glaubwürdigkeit, die immer wieder verwunderte und viele Besucher des Schneelandes mit Respekt an ihre Begegnungen mit tibetischen Lamas zurückdenken ließ.

Lama zu sein, andere Menschen auf dem Wege zur Befreiung zu führen, ist eine Eigenschaft, die nur wenigen hochrangigen Würdenträgern zugesprochen wird. Gebunden ist diese Funktion nicht unbedingt an ein Mönchsgelübde. Ein Lama, ein ›Oberer‹, ist in den Augen der

Tibeter nicht jeder Mönch, sondern nur derjenige, der in seinem ganzen Wirken vom Geist der buddhistischen Philosophie beseelt ist und eine echte spirituelle Verwirklichung besitzt, die ihn zu geistlicher Führung befähigt – gleich ob er Mönch oder Laie ist.

Gewöhnlich ist der Lama das geistige Oberhaupt seines Klosters und für die philosophische Ausrichtung und rituelle Praxis verantwortlich. Er besitzt die höchsten Einweihungen und gibt sie seinen Schülern entsprechend ihrem Erkenntnisstand weiter. Darüber hinaus übernimmt er für seine Adepten die Funktion des ›Wurzellama‹, eines geistlichen Führers, der mit dem Adi-Buddha, der Personifikation der Leere, identisch ist. Verglichen wird er deshalb häufig mit einem Spiegel, in dem dem Schüler seine eigenen Projektionen bewußt werden.

□ Das Feld der Ansammlung von Verdienst und Weisheit

Deutlich wird die Funktion und Bedeutung des tibetischen Lamas am besten in einem Gemälde, das in Form von Thangkas in fast allen tibetischen Klöstern zu sehen ist, dem ›Feld der Ansammlung von Verdienst und Weisheit‹. Im Zentrum dieses Gemäldes sieht man einen Lama, unter ihm sind in hierarchischer Ordnung die Gottheiten des buddhistischen Pantheons zu sehen. Von den Dharmapalas und Dakinis aufwärts über die Buddhas der Sündenvergebung bis hin zu den Gottheiten der vier Tantra-Klassen bilden sie die machtvollen Mittel zur Verwirklichung des Heils. Gleich ›Instrumenten‹ sind sie von den Meditierenden zu benutzen, um die in ihnen zum Ausdruck kommenden heilwirksamen Kräfte zu verwirklichen. Links und rechts des Lamas finden sich die beiden Gruppierungen der bedeutendsten Lehrer der Madhyamika- und Yogacara-Schule. Sie sind die Träger der geistigen Überlieferungslinie dieser Lehren und aufgrund ihres tiefen Verständnisses zur richtigen Auslegung der Lehren befähigt. Über dem Lama führt eine Reihe von Darstellungen des Manjushri – des mit Buch und Schwert versehenen Bodhisattva der Weisheit – zum Adi-Buddha, dem Urgrund und Ursprung allen Seins. Der zentral positionierte Lama ruht damit auf dem Fundament mächtiger Erlösungsmittel; die beiden grundlegenden Strömungen der Madhyamika- und Yogacara-Philosophie gehen in Form von Regenbogen in ihn ein, und zugleich besitzt er durch seine Verbindung zum Adi-Buddha die unmittelbare Einsicht in die eigentliche Natur der Wirklichkeit.

Zum Ausdruck kommt hier die Stellung des Lama als die eines unentbehrlichen Führers auf dem Wege zum Heil. In der Erkenntnis der wahren Natur der Wirklichkeit wendet sich sein Mitleid den im Samsara verbliebenen Lebewesen zu. Dadurch, daß er die Mittel und Wege studiert und verwirklicht hat, verfügt er einerseits über die rechte Auslegung der Lehre, andererseits vermag er seinen Schülern die spirituelle Einweihung in die bestmögliche religiöse Praxis zu vermitteln. Da er somit die Personifikation des Heils bildet, wird der spirituelle Fortschritt seines Schülers als ein Resultat seiner Güte verstanden. Unerheblich ist dabei, ob der Lama diesem Anspruch wirklich gerecht wird oder ob er seine Position nur als eine ›stellvertretende‹ Funktion begreift. Denn jeder als Lama eines Schülers fungierende Geistliche besitzt seinerseits wiederum seinen eigenen Lama, dem er die gleiche Zuwendung und Hingabe schenkt, die er selbst von seinen Schülern erfährt – so ist es auch beim Dalai Lama.

Feld der Ansammlung von Verdienst und Ehre ▷

□ Tulkus, die ›wiedergeborenen Lamas‹

Während nach buddhistischer Auffassung jedes Lebewesen aufgrund der Summe seiner karmischen Rückstände der Wiedergeburt unterliegt, entwickelte sich im Mahayana die Vorstellung von den Bodhisattvas, Wesen, die nicht eher ins Nirvana eingehen, als bis auch der letzte Mensch aus dem leidvollen Kreislauf des Samsara Befreiung erlangt hat. Im Gegensatz zu den Menschen, deren Wiedergeburt karmischen Kräften unterlag, trafen diese Bodhisattvas die Wahl ihrer Wiederverkörperungen in eigener freier Entscheidung, wobei das Ausmaß heilvoller Wirkensmöglichkeit zum Maßstab ihrer Wiederverkörperung wurde.

Während diese Vorstellung im Mahayana von vorwiegend dogmatischer Bedeutung war, erfuhr sie in Tibet ihre konkrete Anwendung, als der für seine magischen Fähigkeiten weithin gerühmte 2. Karmapa Karma Pakshi (1206–83), der Lama des Klosters Tshurphu, nach seinem Ableben in Form eines Kindes wiedergefunden wurde, das als der 3. Karmapa (1284–1339) postuliert und schon bald inthronisiert wurde. Damit entwickelte sich in Tibet die Lehre von den *Tulkus*, den sich auf grobstofflicher Ebene manifestierenden ›Erscheinungskörpern‹ (Skt. *Nirmanakaya*) der Buddhas – Heiligen, von denen man glaubte, sie könnten aufgrund ihrer unmittelbaren Einsicht in die Natur der Wirklichkeit ihre folgende Wiedergeburt beeinflussen oder gar frei wählen, um so ihrem Heilsauftrag in bestmöglicher Weise gerecht zu werden.

Die Einführung dieser Lehre hatte in politischer und gesellschaftlicher Hinsicht weitreichende Auswirkungen und erwies sich besonders in der Hand der Gelugpa als von eminenter politischer Bedeutung. Mit der so entstandenen Möglichkeit, das Charisma einer Person auf ihr Amt zu übertragen, bildeten sich schon bald in allen Schulen und Gegenden Tibets fest institutionalisierte Linien von Tulkus. Vom 18. Jh. an gehörte der Linientitel des Tulku zum Inventar jedes mit Amt und Würden versehenen Lamas.

Zu unterscheiden ist hier zwischen Wiederverkörperungen, die lediglich als Reinkarnationen ihrer Vorgänger gelten, und Tulkus, die als Wiederverkörperungen ihrer Vorgänger und zugleich auch als die grobstofflichen Emanationen, Ausstrahlungen, eines himmlischen Bodhisattva oder eines Buddha gelten. So wird der Dalai Lama von den Tibetern als eine der zahllosen leibhaftigen Verkörperungen des Avalokiteshvara, des Bodhisattvas des Mitleids, angesehen, der Panchen Lama als eine der Verkörperungen des Buddha Amitabha.

□ Die Identifizierung der Tulkus

Die Auffindung der Reinkarnationen im Kindesalter von ein bis etwa sechs Jahren und die Kriterien ihrer Identifizierung gehören zu den charakteristischen Eigenarten der tibetischen Kultur. Wenngleich es hier bisweilen zu politischer Einflußnahme gekommen sein mag und viele reinkarnierte Lamas gerade in den Familien der adeligen Beamtenschaft entdeckt wurden, lassen sich doch ebensoviele Beispiele für große Lamas anführen, die aus ärmlichsten Verhältnissen stammen. Der Glaube an die Wirksamkeit des Übersinnlichen ist groß in Tibet, und die Identifizierung der Wiedergeburt wird im Falle mehrerer zur Auswahl stehender Kandidaten häufig durch in Trance gefallene Orakelpriester vorgenommen.

Im Falle der Dalai Lamas übernimmt nach dem Tode ein Lama die Regentschaft. Ein Komitee aus Lamas, Laienbeamten und persönlichen Vertrauten des verstorbenen Dalai Lama wird aufgestellt, das seine Arbeit im Geheimen verrichtet. Neben der Befragung der großen Orakel besucht es zu einem durch Divination festgelegten Zeitpunkt mit dem Regenten den weissagenden See Lamo Lhatsho in der Nähe von Samye. Visionen, in den Wellen aufleuchtende Schriftzeichen und Bilder veranlassen dann zur Suche in bestimmten Regionen Tibets.

Erreichen die Mitglieder des Komitees – häufig verkleidet, damit sie nicht erkannt werden – schließlich ein Haus, in dem ihnen ein Kind auffällt, machen sie dort Rast. Sie werden das Kind beobachten, beiläufig die Mutter über außergewöhnliche Zeichen und Träume während der Schwangerschaft und Geburt befragen und legen dem Kind, falls sich ihr Verdacht erhärtet, eine Anzahl von Gegenständen vor, unter denen sich neben Kopien auch die persönlichen Ritualgegenstände des Dalai Lama wie Vajra, Glocke oder Rosenkranz befinden. Identifiziert es sie spontan, zeigt es ein außergewöhnliches Verhalten und für sein Alter eine ungewöhnliche Reife und Intelligenz, wird es weiteren Prüfungen unterzogen. Immer wieder heißt es in den Schriften gar, daß sich Kinder selbst als Reinkarnation eines bestimmten Lamas bezeichneten, oder einen früheren Vertrauten, der im Komitee mitwirkte, erkannten und mit Namen ansprachen. Mit etwa drei bis sechs Jahren wird die Reinkarnation im Falle der Dalai Lamas in den Potala gebracht, dort einer speziellen Ausbildung unterzogen und schließlich mit etwa 18 Jahren inthronisiert.

□ Das tibetische Selbstverständnis des Tulku-Wesens

Aus lamaistischer Sicht entstand das Reinkarnationssystem, wie es sich in Tibet entwickelte, unter den historischen und gesellschaftlichen Umständen der Späten Bekehrung. Nach tibetischer Auffassung ist deutlich zwischen der Institution und dem Amtsträger zu unterscheiden. Der Amtsträger gilt als ein Wesen, das aufgrund seiner hohen Einsicht in die Natur der Wirklichkeit und gesteuert von Prozessen, die mit den menschlichen Sinnesorganen nicht faßbar sind, diese Existenzenreihe annahm, um so zum Besten der Lehre und der Lebewesen wirken zu können. Die Institution ist rein temporärer Natur und wird ihre eigenen Entwicklungen nehmen, u. U. auch ihr Ende finden, wenn sich die gesellschaftlichen Bedingungen verändern.

Ein junger Tulku zwischen seinen Spielgefährten (1920)

Solange es sinnvoll erscheint, heißt es, wird sich das Wesen, das sich derzeit als Dalai Lama verkörpert, weiterhin für diese Institution zur Verfügung stellen, sollten Zeit und Umstände sein Auftreten in dieser Form nicht mehr notwendig machen, wird er auch nicht mehr in dieser gesellschaftlichen Funktion erscheinen, was nicht bedeutet, daß das Wirken des sich gegenwärtig als Dalai Lama verkörpernden Menschen damit aufhören würde. Aufgrund der ihm innewohnenden Bodhisattva-Natur wird es weiterhin in seiner den Lebewesen hilfreichen Form erscheinen: Egal ob als Tal, als schattenspendender Baum oder als ein Mensch, der vielleicht auch in einer anderen Kultur und unter anderen Umständen die ihm auferlegte Aufgabe erfüllen wird. Daher ist es auch nicht gewiß, ob die Institution des Dalai Lama mit dem Verscheiden des gegenwärtigen Dalai Lama weitergeführt wird oder nicht. Er selbst wird nach eigenen Worten sein Wirken nicht aufgeben.

Das Schrifttum

Das kanonische Schrifttum des Lamaismus bilden Kanjur, die ›Übersetzung des (Buddha)-Wortes‹, und Tanjur, die ›Übersetzung der Lehr(auslegungen)‹. Ersterer besteht aus den Lehren des Buddha, letzterer aus den von den indischen Gelehrten verfaßten Werken – Tantras, Unterweisungen, Kommentaren sowie Werken zur Grammatik, Medizin und Astrologie. Die Zusammenstellung dieser Texte, die in mehreren, sich in der Anzahl ihrer Bände und Werke unterscheidenden Blockdruckausgaben vorliegen, wurde im 14. Jh. von Butön Rinchen Dub (1290–1364) und Tshälpa Künga Dorje (1309–64) vorgenommen, indem jedes Werk auf seinen Authentizitätsgehalt hin untersucht wurde. Insgesamt enthalten Kanjur und Tanjur in etwa 300 Bänden mehr als 4000 Werke. Der besondere Wert dieses Schrifttums liegt darin, daß die hervorragenden tibetischen Übersetzungen nach dem Verlust der Sanskrit-Vorlagen vielfach die einzige erhaltene Version darstellen.

Authentisches tibetisches Schrifttum bilden historiographische und biographische Werke – darunter Königsgenealogien, Chroniken, Ortsbeschreibungen, Pilgerführer, Heiligenlegenden, Biographien und Autobiographien – Texte zur Medizin, Astronomie, Astrologie und Zeitrechnung, Kommentarwerke tibetischer Geistlicher, Gebetssammlungen, Lobpreisungen, Opfer- und Meditationsrituale.

Vorstellungen über Zeit, Raum, Dasein und Tod

□ Kosmogonie und Kosmologie

Durch die bahnbrechenden Entdeckungen des Nikolaus Kopernikus sind die Grenzen unseres Weltalls in unvorstellbare Entfernung gerückt. Ähnliche Vorstellungen über eine ungeheure

Ausdehnung von Zeit und Raum sind in Indien jedoch schon seit viel längerer Zeit präsent gewesen und haben bereits vor der Zeitenwende auch in den Buddhismus Eingang gefunden. Sie beruhten dort jedoch nicht auf wissenschaftlichen Beweisen, sondern vielmehr auf einem umfassenden Analogiedenken, das in der Philosophie begründet war und ein Ende von Raum und Zeit so gut wie nicht kannte.

Buddhistischer Vorstellung zufolge vollzieht sich das Entstehen und Vergehen einer Welt in vier großen Äonen, die jede 1 300 000 000 Jahre andauern. Im ersten Zeitalter existiert einzig die große Leere als Essenz des Universums. Durch die Entstehung eines Urwindes und der daraus resultierenden Bildung der Elemente in der Reihenfolge Wind, Feuer, Wasser und Erde im zweiten Äon, gestaltet sich im dritten Äon das Leben auf der Erde. Danach löst sich die Welt im vierten Äon in einem Verbrennungsprozeß wiederum in ihre eigentliche Natur der Leere auf.

Ohne Anfang und Ende folgt so eine Welt der anderen, jede mit Sonne, Mond und Planeten ausgestattet. 3000 solcher Welten werden von einer Mauer umgeben, von diesen 3000 Welten gibt es wiederum 3000 von einer Mauer umringte Welten, die ihrerseits in 3000facher Anzahl existieren. Daraus ergibt sich eine Anzahl von 27 000 000 000 Welten – ein Sinnbild für die Unbegrenztheit des Raumes.

Auf einem Doppelvajra ruhend, besitzt das Universum die Form eines Mühlrades. Zentrum jedes Weltsystems ist der mystische Weltenberg Meru, der von sieben Ring-Gebirgen und Ring-Ozeanen sowie in den vier Himmelsrichtungen von vier Kontinenten mit je zwei Nebenkontinenten umgeben wird. Die auf diesen Erdteilen lebenden Wesen besitzen eine Kopfform, die der geometrischen Figur des jeweiligen Kontinentes gleicht. Unsere Welt, *Jambudvipa* genannt, ist der annähernd fünfeckige, südliche Kontinent in der Form eines Wagens. In mikro-makrokosmischer Analogie steht im Zentrum von Jambudvipa als geographische Entsprechung des Weltenberges Meru der im westlichen Tibet gelegene heilige Berg Kailash. Bewohnt wird jedes Weltsystem von sechs Klassen von Lebewesen: Weit unterhalb von Jambudvipa existieren die Höllengeister, die in heißen und kalten Höllen über lange Zeiträume hinweg die unvorstellbarsten Qualen ertragen müssen, sowie die Hungergeister, Lebewesen, die einen unstillbaren Hunger und Durst als Ausdruck ihrer Gier erleiden. Auf den Kontinenten leben die von Unwissenheit geplagten Tiere, die von Stolz und Ichsucht erfüllten Menschen. Die verschiedenen Klassen von Göttern sind hierarchisch auf den Stufen des Weltenberges Meru sowie in den darüberliegenden Bereichen der Form angesiedelt, wo sie anders als der menschliche, grobstoffliche Körper eine feinstoffliche Konstitution besitzen und über undenkbar lange Zeiten hinweg alle Freuden ihres himmlischen Daseins genießen. Im Bereich der Formlosigkeit gibt es schließlich keine körperlichen Wesen mehr. Hier existieren vier Stufen der Meditation, die die höchsten meditativen, ihrem eigentlichen Wesen nach nicht mehr lokalisierbaren Sphären bilden.

□ Das Rad der Existenzen (Bhavacakra)

Didaktischen Zwecken dient das Rad der Existenzen (Skt. *Bhavacakra*). Oft am Eingang zur Versammlungshalle eines Klosters dargestellt, soll es den einfachen Gläubigen in bildlicher

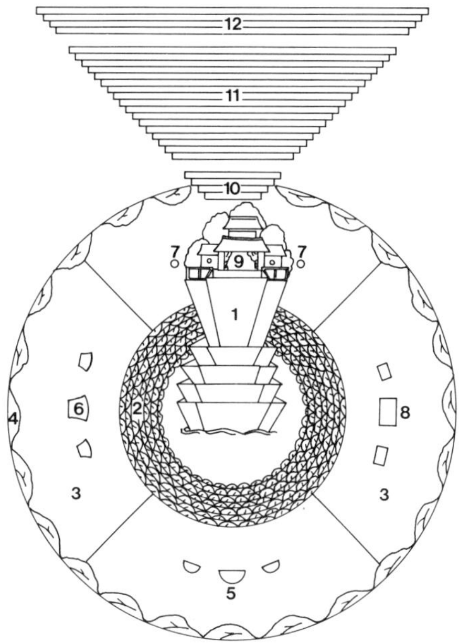

Das buddhistische Weltenschema
1 Weltenberg Meru
2 Sieben Ringgebirge und Ringozeane
3 Urozean
4 Gebirgskette
5 Kontinent Purvavide
6 Kontinent Jambudvida
7 Kontinent Apara-Godaniya
8 Kontinent Uttarakaru
9 Palast des Gottes Brahma
10 Die noch von Begierde gekennzeichneten Daseinsbereiche der niederen Götter
11 Die 17 Himmel des Bereichs der Form
12 Die vier Stufen der Formlosigkeit

Weise mit den grundlegenden dogmatischen Anschauungen über den Kreislauf des Daseins vertraut machen.

In der Radnabe sieht man ein Schwein, eine Schlange und einen Hahn als Symbole für Unwissenheit, Haß und Stolz, die sogenannten ›Drei Grundgifte‹, die die Ursache des Samsara, des Geburtenkreislaufes, bilden. Solange das Bewußtsein von ihnen beherrscht wird, nimmt es aufgrund des Durstes nach Existenz Wiedergeburten in einer der sechs, innerhalb der Radspeichen sichtbaren Wiedergeburtswelten an. Im Nabenkranz sind die beiden Wege heilvoller und unheilvoller Taten dargestellt: der über den Lama führende ›Weiße Weg‹ als langsamer, kontinuierlicher Aufstieg zum Heil sowie der ›Schwarze Weg‹ frevelhafter Taten, auf dem Dämonen den Lebewesen Schlingen um den Hals legen und sie in die Tiefe der niederen Bereiche zerren.

Die unteren Bereiche sind die von besonders schweren und langfristigen Arten des Leidens gekennzeichneten ›Niederen Daseinsbereiche‹, in denen Höllenwesen, Hungergeister und Tiere ihr Dasein fristen. In der Höllenwelt regiert der Totenrichter Yamaraja mit seinen Schergen. Er trägt eine Waage und einen Spiegel als Symbole der Wahrheit, in dem die Lebewesen ihr eigenes Schicksal erkennen. Die Unglücklichen leben dort in eisigkalten und brennendheißen Höllen, werden immer wieder zerstückelt, von Speeren durchbohrt, mit Hämmern geschlagen und bei lebendigem Leibe in Töpfen gekocht. Sie waten in Flüssen aus glühendem Eisen, und immer wieder gehen Hagel von Speeren auf sie nieder. Von Höllenhunden angegriffen, versuchen sie auf Bäume zu klettern, wobei sie sich jedoch Eisendorne in ihr Fleisch treiben – ein

Leben voll aller nur erdenklichen Qualen. Die Hungergeister (Skt. *Preta*) besitzen lediglich nadelöhrgroße Münder, Kehlen dünn wie ein Pferdehaar und hören oft nicht einmal die Geräusche des Essens. Die Tiere unterliegen dem Gesetz des Fressens und Gefressenwerdens. Ohne feste Lebensräume vegetieren sie in der Mehrzahl kurz wie Eintagsfliegen dahin.

In den ›Oberen Bereichen‹ existieren die Menschen, Halbgötter und Götter. Die Menschen, die aufgrund ihres Intellektes die idealen Voraussetzungen hätten, Befreiung zu erlangen, frönen in der Mehrzahl dem Egoismus, anstatt sich, so ein Buddha überhaupt erschienen ist und die Lehre verkündet hat, der Praxis des Dharma hinzugeben.

In einem weiteren Speichenfeld sind die von Neid und Ehrgeiz besessenen Halbgötter, die *Asuras*, angesiedelt. Sie liegen ständig mit den Göttern, die in dem oberen mittleren Speichenfeld beheimatet sind, im Streit, erringen auch Teilerfolge, werden jedoch stets, sobald sie in den Himmel der ›Götter mit der Großen Trommel‹ gelangen, wieder geschlagen.

Die Götter hingegen führen je höher angesiedelt ein um so üppigeres Leben, frei von Sorgen und Krankheiten. Sie unterliegen jedoch der Illusion, ihr himmlischer Zustand dauere für alle Ewigkeit an, und sobald ihr Tod naht, haben sie eine schreckliche Vision vom Ende ihrer Existenz.

Häufig werden in diesen sechs Daseinsbereichen sechs Manifestationen des Avalokiteshvara dargestellt, die mit verschiedenen, in ihren Händen gehaltenen Symbolen den Lebewesen das Gegenmittel zur Aufhebung ihres leidvollen Daseins bereit halten. So erscheint Avalokiteshvara in der Götterwelt mit einer Laute, um die Lebewesen durch den ausklingenden Ton an die Vergänglichkeit ihres Daseins zu erinnern, bei den Halbgöttern mit einem Schwert als Symbol der Sittlichkeit, bei den Menschen mit einer Almosenschale als Symbol für den Weg der Dharma-Praxis, bei den Tieren mit einem Buch als Symbol der Weisheit, bei den Hungergeistern mit der Vase mit dem ewigen Lebenswasser (Skt. *Amrita*) als Symbol der Stillung aller Begierde und in der Hölle mit einem Spiegel als Symbol für die Aufhebung der Leidenschaft durch die Erkenntnis der wahren Natur der Dinge.

Sicherlich fühlt man sich in vielem bei diesen Daseinswelten an mittelalterliche, christliche Jenseitsvorstellungen erinnert. Hier wie da wurden diese Existenzbereiche als ›real‹ existierende Welten betrachtet, wobei die beschriebenen, schrecklichen Leiden sicher manchen Gläubigen dazu veranlaßten, ein moralisch-sittlich einwandfreies Leben zu führen und seine gegenwärtige Existenz als **ein** Glied in einer unendlich langen Kette von Wiedergeburten zu begreifen. In jüngerer Zeit werden diese Daseinsbereiche von modernen tibetischen Lamas gelegentlich mehr als verbildlichte, symbolische Leidenswelten eigentlich psychischer Daseinszustände interpretiert, die aufgrund ihrer Anschaulichkeit dem Gläubigen einen besseren Einblick in das Leiden als die letztendliche Natur allen Daseins geben können. Indem der Meditierende angesichts dieses endlosen Ozeans leidvoller Existenzen versteht, daß alle Lebewesen dem Leiden unterworfen sind, soll zugleich seine Motivation auf dem Erleuchtungswege, die Erweckung von liebevollem Mitgefühl mit dem Leiden aller Lebewesen (Skt. *Bodhicitta*), gestärkt werden.

Das Rad der Existenzen ▷

Im Radkranz befindet sich schließlich eine bildliche Darstellung der zwölffachen Kausalkette, die zeigt, wie die Lebewesen aus Unwissenheit (›Alter Mann‹) Taten begehen (›Töpfer‹), deren Resultate ungewiß sind und somit zu ungesteuertem Bewußtsein führen (›Affe beim Früchtesammeln‹). Mit der Werdung als Lebewesen bilden sich Name und Form, die geistige und körperliche Disposition (›Menschen in einem Boot‹), die zur Ausbildung von Intellekt und Sinnesorganen führen (›Haus mit Tür und Fenstern‹). Über die sinnliche Wahrnehmung kommt es zum Kontakt des Subjektes mit der Außenwelt (›Liebespaar‹), aus dem Gefühle resultieren (›Mensch mit Pfeil im Auge‹), die Begierde und Lebensdurst wecken (›Weintrinker‹). Diese Gier zieht Habgier nach sich (›Blumen- oder Früchtesammlerin‹), die karmische Resultate bedingt (›Schwangere Frau‹). Die folgende Geburt (›Gebärende‹) leitet ein neues Dasein ein, das zum Tode führt (›Transport einer Leiche‹) und damit zu immer neuen Wiedergeburten.

Geboren wird dieses Rad der Existenzen aus dem Schoße eines Dämonen. Der oberhalb des Bhavacakra abgebildete Buddha weist den Weg zur Befreiung aus einem von Unwissenheit und Leidenschaften gerpägten Daseinskreislauf.

□ Das Tibetische Totenbuch

Zur Gattung der Terma-Literatur (vgl. S. 56) zählt das Tibetische Totenbuch, das – im 16. Jh. ›geborgen‹ – aufgrund seiner zahlreichen Übersetzungen zu den bekanntesten Zeugnissen der tibetischen Literatur gehört. Neben anderen Werken belehrt es über die Erfahrungen, die der Mensch im *Bardo* macht, dem ›Zwischenbereich‹ zwischen Tod und Annahme einer neuen Existenz.

Die Lesung des Textes erfolgt am Sterbebett eines Menschen mit dem Ziel, sein Bewußtsein auf das Eintreten in den Bardo vorzubereiten. Er wird aufgefordert, sein Leben nochmals Revue passieren zu lassen, sich besonders an seine karmisch verdienstvollen Taten zu erinnern und sein Anhaften an Ort, Zeit und Umstände seiner Existenz aufzugeben, da er nun mit dem Tode seinem eigentlichen Wesen begegnen wird.

Mit dem Aufhören der ›Äußeren Atmung‹ ist der Todeszeitpunkt gekommen. Der Verstorbene begegnet nun einem weißen, gleißenden Licht, heller als 1000 Sonnen. Erkennt er es als seine eigene Wirklichkeit an, erlangt er augenblicklich Befreiung. Verfällt er – sich geblendet fühlend – in Angst, wandert er tiefer in den Bardo. Dort begegnet er nun jeden Tag anderen Gestalten, Buddhas in strahlenden Aureolen, schreckenerregenden Gottheiten, Klängen, Lichtern und Strahlen. Der Lesende fordert ihn immer wieder auf, diese als die Trugbilder seines eigenen Karmas zu erkennen, keine Angst vor den Erscheinungen zu haben, sondern sich zu vergegenwärtigen, daß er nun einen immateriellen Körper besitze, dem diese Kräfte nichts anzuhaben vermögen. Verstehen solle er all diese Mächte als seine Helfer, denn in ihnen offenbart sich lediglich die Weisheit zur Überwindung seiner karmischen Verdunklungen.

Erkennt er diese Erscheinungen immer noch nicht als seine eigenen Projektionen, irrt er weiter in den Bardo hinunter, bis er dem Totenrichter Yamaraja begegnet. In dessem Spiegel erkennt er sein eigenes Karma, dessen Waage wägt die Summe seiner positiven und negativen Taten. Dann legt Yamaraja ihm eine Schlinge um den Hals, reißt ihm das Herz aus der Brust, trinkt sein Blut und verzehrt seine Eingeweide. Hier ist die letzte Gelegenheit, Befreiung zu erlangen. Erkennt er ihn als die Eigengestalt der Leere, als die letztlich unfaßbare Natur seiner eigenen Wirklichkeit, ist er befreit. Andernfalls wird er weiter in den Bardo hinunterwandern, sich von dumpfen Lichtern angezogen fühlen und immer wieder Paare in sexueller Vereinigung vor sich sehen. Aufgrund seines Durstes nach Wiedergeburt und Existenz wird er schließlich zwischen eines dieser Paare treten und damit in eigener Entscheidung die Wahl seiner künftigen Existenz treffen.

Der Bardo ist somit gleichermaßen ein Reich der Schrecken wie die beste Chance zur Befreiung. Aufgabe des Menschen ist es hier, seine karmisch bedingten Illusionen zu durchschauen und den Bardo als die Pforte zur Befreiung zu begreifen. Dabei ist mit dem Bardo nicht nur der Zustand zwischen Tod und Wiedergeburt, sondern ebenso der Zwischenbereich zwischen Wiedergeburt und Tod gemeint. Daher wird das ›Tibetische Totenbuch‹, dessen Originaltitel wörtlich übersetzt »Die Befreiung durch Zuhören im Zwischenzustand« lautet, von den Lamas ebenso als ein Führer für das Leben verstanden.

Die volkstümliche religiöse Praxis

»Ich nehme meine Zuflucht zum Buddha! Ich nehme meine Zuflucht zum Dharma! Ich nehme meine Zuflucht zum Sangha! Ich nehme meine Zuflucht zum Lama!« So lautet die Formel der grundlegenden religiösen Praxis der Tibeter. Dabei falten sie die Hände auf dem Scheitel, an der Stirn, vor der Kehle und vor dem Herzen, machen einen oft lang ausgestreckten Verneigungskniefall in Richtung auf ein religiöses Objekt und stellen sich den Buddha als die Verkörperung des Erleuchtungsprinzips, den Dharma als die heilwirksame Lehre, den Sangha als die Gemeinschaft der zum Heil strebenden Gläubigen und den Lama als die Vergegenwärtigung der Buddha-Schaft vor. Fromme Pilger messen den Umrundungsweg für Pilgerstätten oder den Pilgerweg um heilige Orte wie den Berg Kailash bisweilen gar mit ihrem Körper aus, indem sie jedesmal, bevor sie sich von der langgestreckten Verneigung erheben, ihre Gebetsschnur an die Stelle legen, die ihr Kopf berührte, und dann bis zu dieser Stelle vorgehen, um erneut ihre Zufluchtnahme zu vollziehen. Tage und Wochen können so vergehen, den Geist auf das Numinose gerichtet.

Das Murmeln von Mantras, das unablässige Bewegen der 108-perligen Gebetsschnur und das Drehen von Gebetsmühlen, in denen Mantras tausendfach auf Papierröllchen aufgeschrieben wurden, die nun durch die Drehung in Schwingungen gebracht werden, dienen der Aktivierung der in den mystischen Lauten und Formeln gegenwärtigen Kräfte. *Om mani padme hum,* frei übersetzt »Oh du Juwel in der Lotosblüte«, spielt auf die Vereinigung der Polaritäten von ›Methode‹ und ›Weisheit‹ (vgl. S. 87) an und wird nicht zu unrecht das meist gesprochene Gebet der Welt genannt. Es richtet sich an den Bodhisattva Avalokiteshvara, die Verkörperung des universellen Mitleids. Gebetsfahnen, die das Juwel der Lehre tragende Windpferd, die Tiere der vier Himmelsrichtungen und verschiedene Mantras und Glücksformeln zeigen, tragen den

Ein gläubiger Pilger während seiner Niederwerfungen

Wunsch nach Verbreitung der buddhistischen Lehre in alle Himmelsrichtungen und drücken damit die Hoffnung für das Glück aller Lebewesen aus.

In den *Lhakhang*, den Tempeln, sieht man die Gläubigen unter Regalen mit Schriften hindurchkriechen sowie mit den Köpfen die Buchenden, Statuen und Stupas berühren, um so der Segenskraft der religiösen Objekte teilhaftig zu werden. Geld wird nur selten gespendet; geopfert werden zumeist wie seit eh und je Butter für die Butterlampen und Tsampa als Nahrung für die Mönche.

Klosterleben und mönchische Hierarchie

Die große Verehrung, die Lama und Mönchen entgegengebracht wurde, die Privilegien, die Mönche aufgrund ihrer sozialen Ausnahmestellung in der tibetischen Gesellschaft genossen, aber vor allem die idealisierte Darstellung des Mönchsweges als der beste Schritt zur Befreiung aus allem irdischen Leiden, bedingten den hohen Stellenwert, den das monastisch geprägte

Ein Mönch setzt die Gebetsmühlen in Gang

Leben in den Augen der Tibeter genoß. Viele Familien sahen es als ihre Pflicht an, zumindest einen Sohn ins Kloster zu schicken. Ließ die Zahl der Mönche zu wünschen übrig, wurde in manchen Regionen Tibets eine ›Mönchssteuer‹ erhoben, die die Bauern dazu verpflichtete, einen Sohn ins Kloster zu schicken.

Das Leben in den Klöstern mag manchem aus zeitlicher und räumlicher Distanz als romantisch erscheinen. In Wirklichkeit wurde es für die Masse der gewöhnlichen Mönche jedoch durch einen eintönigen Alltag geprägt, der für den, der nicht zu den wenigen ›Auserwählten‹ zählte, nur geringe Abwechslung bot. Denn zur Bewältigung der anspruchsvollen philosophischen und logischen Studien waren nur einige begnadete Gläubige fähig. Tag für Tag führten die Mönche daher, von einer Gemeinschaft oder einzelnen Personen dem Kloster angetragene rituelle Begehungen aus, pflegten die Gebäude und Räumlichkeiten oder nahmen Aufgaben in der Druckerei, der Klosterverwaltung oder der Küche wahr. Das administrative Oberhaupt eines Klosters war der Abt, der auf etwa drei Jahre von einem Gremium gewählt wurde, aber auch mehrere Amtsperioden nacheinander die Geschicke der heiligen Stätte leiten konnte.

Neben den einfachen Mönchen standen die Tulkus, die – bereits von Klein auf als Wiederverkörperungen früherer Heiliger angesehen – eine in jeder Weise besondere Stellung innerhalb der Klöster einnahmen. Sie waren entweder das Oberhaupt des gesamten Klosters oder bestimmter

Abteilungen, sie erteilten Weihen, sammelten Spenden bei potenten Gabenherren und konnten ein von relativem Wohlstand geprägtes Leben entsprechend ihrem geistlichen Rang führen.

□ Der Werdegang des Mönches

Ähnlich wie es auch bei uns im Mittelalter der Fall gewesen ist, werden die Kinder in der Regel schon mit acht bis zehn Jahren von ihren Familien ins Kloster geschickt. Mit einem Geschenk aus Geld und Naturalien wenden sich die Eltern an einen Mönch ihrer Wahl, oft einen Verwandten, der die grundlegende schulische und religiöse Ausbildung des Jungen übernehmen soll. Gemeinsam treten die beiden dann vor den Abt, der den Kandidaten auf seine körperliche Unversehrtheit hin untersucht, ihn über seine soziale Herkunft befragt und seine intellektuellen Fähigkeiten prüft. Bei seinem Lehrer erlernt der Anwärter sodann im Privatunterricht Lesen und Schreiben sowie die täglich zu rezitierenden Gebete. Mit einem Khatakh und einer Silbermünze machen Lehrer und Schüler schließlich dem Abt erneut ihre Aufwartung und bitten ihn um die endgültige Aufnahme des Kandidaten ins Kloster. Nach einer weiteren Prüfung, wird dem Adepten vom Abt das Kopfhaar geschnitten, ihm die Weihe erteilt und ein Novizen-Name verliehen. Damit hat der Knabe ein 36 moralische Gebote umfassendes Gelübde auf sich genommen und ist in den Mönchsstand aufgenommen.

In den nächsten Jahren widmet er sich nun vor allem dem Memorieren der großen philosophischen Grundtexte, die jeweils Hunderte von Seiten umfassen. Zugleich hat er bei Begehungen Tee auszuschenken und seinem Lehrer zur Hand zu gehen. Mit etwa 15 Jahren beginnt er schließlich eine grundlegende Ausbildung in buddhistischer Logik und Disputation, für die er zumeist zu einem größeren, auf philosophische Studien spezialisierten Kloster wechselt. Erst mit dem Beginn seiner philosophischen Ausbildung begreift er langsam den Sinn der zuvor auswendig gelernten Texte.

Im Laufe ihrer Studien haben die Mönche regelmäßig Examen abzulegen, die teils in öffentlichen Disputationen abgehalten werden. Die Ordination als Vollmönch (Skt. *Bohikshu*, tib. *Gelong*), die zur Befolgung von 253 Regeln verpflichtet und ein lebenslanges Gelübde darstellt, nehmen die Mönche in der Regel erst mit weit über 20 Jahren auf sich. Der Titel *Geshe*, ›Heilsfreund‹, eine Art philosophischer Doktorgrad, kann häufig erst nach einem 20jährigen Studium erlangt werden.

Nach dem Abschluß ihrer Studien erhalten die Mönche entsprechend ihrer Qualifikation eine Funktion in ihrem Kloster oder der Abteilung, der sie angehören. Gebraucht werden Mönche für alle religiösen und weltlichen Aspekte des Alltagslebens. Die meisten führen rituelle Verrichtungen aus, die, je mehr Personen aktiv an ihnen teilnehmen, um so heilwirksamer betrachtet werden. Geleitet werden die Zeremonien vom Abt oder Tulku, unterstützt vom Zeremonienmeister, dem Vorsinger und einem Mönchsorchester. Dabei kommen alle möglichen Arten von hell- oder dumpfklingenden Becken, Trommeln unterschiedlicher Größe, Knochentrompeten, Oboen, Alphörner, Glocken und Zimbeln zum Einsatz. Die Instrumente werden während der Liturgie recht effektvoll eingesetzt und vermögen mit ihren extremen Tonlagen und ihrer beträchtlichen Lautstärke den Gläubigen ein hohes Maß an Ehrfurcht einzuflößen.

Zwei Mönche im öffentlichen Disput (1930)

Junge Mönche während des Unterrichts

Andere Mönche sind mit den Vorbereitungen für die Opferzeremonien beschäftigt. Sie fertigen *Tormas,* aus Tsampa-Teig hergestellte und mit farbigen Butterverzierungen versehene ›Speiseopfer‹ an, die den zornvollen Gottheiten in dreieckiger Form, friedvollen Gottheiten in häufig konischer Formgebung verabreicht werden. Nach Helmut Hoffmann stellen sie, der ursprünglichen Vorstellung nach, »den Schreckensgottheiten dargebrachte Opfergaben von ausgerissenen Augen, Ohren, Nasen, Zungen und Herzen von Feinden des Buddhismus« dar. Weitere Gaben sind Wasser oder Chang als Trankopfer, Butterlampen als Lichtopfer, Blumen und Räucherstäbchen als Duftopfer. Da all diese Dinge nicht immer leicht zu bekommen sind, werden sie oft durch sieben wassergefüllte Schalen repräsentiert, deren Inhalt täglich mit einer kurzen Opferzeremonie erneuert wird.

Um das Dharma zu verbreiten und der Gemeinschaft, der man entstammt, mit religiösen Begehungen beizustehen, gehen viele Mönche nach dem Abschluß ihrer Studien wieder in ihr Heimatkloster. Doch gab es zu allen Zeiten auch diejenigen, für die nun eine Zeit meditativer Verwirklichung begann. Um das intellektuell erworbene Wissen zu vertiefen, begaben sie sich an heilige Orte oder in klosternah gelegene Höhlen. Dort verbrachten sie lange Zeit in Meditation, teilweise sogar in völliger Dunkelheit. Ziel dieser Übungen war es, ununterbrochen und unbeeinträchtigt von allem weltlichen Geschehen das eigene Bewußtsein zu beobachten und dadurch ein unmittelbares Verständnis der Natur des menschlichen Geistes zu bekommen.

□ Klosterwesen und Mönchstum in der Autonomen Region Tibet

Tiefgreifende Veränderungen des Klosterwesens und der mönchischen Lebensweise lassen sich mit der Wiederbelebung tibetischer Klöster gegen Ende der 70er Jahre konstatieren. Der den Klöstern eigene Grundbesitz wurde nach 1959 von den Chinesen konfisziert; einschneidende Beschränkungen sorgen dafür, daß sie keine neue wirtschaftliche Macht aufbauen können.

Die Errichtung religiöser Stätten ist heute in jedem Fall genehmigungspflichtig. Nach der Fertigstellung unterstehen die Klöster staatlicher Aufsicht und Verwaltung. Über einen bestimmten, staatlicherseits zugebilligten Landbesitz hinaus ist den Klöstern der Erwerb von Grund und Boden untersagt. Die Spenden der Gläubigen müssen sich auf Naturalien, Geld und materielle Gaben wie Kleidung, Opfergerät und andere religiöse Gegenstände beschränken. Landschenkungen, die im traditionellen Tibet zur Mehrung des klösterlichen Grundbesitzes führten, sind nicht mehr gestattet. Geld, das Klöstern durch den Tourismus, z.B. durch die amtlicherseits festgelegten Photographiergebühren, zufließt, muß in der Regel an das Amt für Kultur- und Denkmalspflege abgeführt werden, das die Gelder je nach Maßgabe in restaurierungswürdige und bedürftige Kulturbauten fließen läßt.

Unterscheiden lassen sich im heutigen Tibet zwei Kategorien von Klöstern, wobei die Grenzen allerdings als fließend zu betrachten sind. Die erste umfaßt bedeutende historische Stätten und traditionsreiche Kulturdenkmäler, die unter baudenkmalgeschichtlichen Gesichtspunkten als besonders erhaltenswert angesehen und deshalb in vielfältiger Weise staatlich bezuschußt werden. Als bedeutendste Objekte wären hier der Jokhang, der Potala, der Norbulingka, das Kloster Tashilhünpo, die Klosterstädte Pälkhor Chöde, Labrang sowie Kumbum und die drei großen Klosteruniversitäten der Gelugpa zu nennen.

Als Repräsentanten eines funktionierenden Kulturlebens wird die auf 100 Mönche je Fakultät limitierte Mönchsschaft dieser Klöster staatlich gefördert. Im Falle von Drepung, dem Kloster mit den meisten Fakultäten Tibets, erhalten 700 Mönche eine staatliche Unterstützung. Überzählige Novizen werden derzeit stillschweigend geduldet, müssen jedoch von ihrer Familie unterstützt werden oder sich ihren Lebensunterhalt selbst verdienen. Hierzu bietet sich ihnen die Abhaltung ritueller Handlungen für die Gemeinschaft an, Arbeit auf den klösterlichen Feldern oder Tätigkeiten im Transportwesen, das sich durch den Erwerb von Lastwagen als neuerliche Einkommensquelle für Klöster aufgetan hat.

In der zweiten Kategorie werden die einfachen, oft kleinen Klöster oder Lhakhang zusammengefaßt, die von den lokalen Gläubigen mit eigenen Mitteln wiederaufgebaut wurden und – von ihrer kulturgeschichtlichen Bedeutung geringer bewertet und in touristisch noch unerschlossenen oder unattraktiveren Regionen gelegen – sich mehr oder weniger selbst tragen müssen. Auch die Mönche dieser Klöster sind auf die Unterstützung der Gemeinschaft angewiesen und sorgen auch selbst für ihren Lebensunterhalt.

Das lamaistische Pantheon

□ Wesen und Bedeutung der Gottheiten

Betritt der Besucher ein tibetisches Kloster, so sieht er sich einer verwirrenden Vielfalt von Buddhas, Gottheiten und historischen Persönlichkeiten gegenüber, deren eindrucksvolle Darstellungsform allein viel über die Vorstellungswelt des tibetischen Buddhismus vermittelt. Friedvolle stehen neben zornvollen, weibliche grundsätzlich gleichberechtigt neben männlichen Gottheiten. Sie alle sind als der bildliche Ausdruck heilwirksamer Kräfte zu verstehen, die sich mit verschiedenen Stufen oder Phasen zum Wege der Erleuchtung verbinden. In Vereinigung mit ihrer gegengeschlechtlichen Entsprechung gelten sie als Ausdruck der grundlegenden Polarität des Universums: Die männliche Gottheit als Upaya, ›Methode‹, und die weibliche Gottheit als Prajna, ›Weisheit‹, die beiden sich gegenseitig bedingenden Komponenten des vajrayanistischen Heilsweges (vgl. S. 87). Sie gelten nicht als Erfindungen des menschlichen Geistes, sondern als Offenbarungen der höchsten Natur der Wirklichkeit, die großen Heiligen in Visionen zuteil wurden. Während meditativer Praktiken werden sie visionär erzeugt, gleich Instrumenten zur Umgestaltung des Bewußtseins benutzt und anschließend wieder in die ihnen eigene Natur der Leere aufgelöst. Deutlich werden Wesen und Funktion der einzelnen Gottheiten aus der Kenntnis ihrer Bedeutung und Stellung im lamaistischen Pantheon.

□ Die Anordnung der Gottheiten im Pantheon

Entstanden ist die Mehrzahl aller Buddhas und Gottheiten bereits im indischen Kulturraum. Es ist jedoch ein Verdienst der Tibeter, den sich erst grob abzeichnenden Aufbau des Vajrayana-Pantheons systematisch geordnet zu haben.

Ikonographisch festgelegt sind die Darstellungen der Buddhas und Bodhisattvas durch ihre detaillierte Beschreibung in den sogenannten *Sadhanas*, den rituellen Anweisungen zur Evozierung der Gottheiten, die von Heiligen entsprechend ihrer Visionen abgefaßt wurden. Die ikonographischen Darstellungen historischer Persönlichkeiten wie etwa der Lamas hingegen sind nicht immer einheitlich. Bestimmt werden sie weitgehend durch die biographischen Charakteristika der Personen. Unterscheiden lassen sich grundsätzlich vier Gruppen von Darstellungen:

1) Buddhas als Repräsentation des Dharmakaya
2) Bodhisattvas als Repräsentation des Sambhogakaya
   a) in friedvollem Aspekt,
   b) in zornvollem Aspekt und
   c) in gemischt friedvoll-zornvollem Aspekt
3) Heilige und Lehrer als Repräsentation des Nirmanakaya
   a) Arhats
   b) Siddhas und Yogis
   c) Gurus und Lamas
4) Könige und Gabenherren als Laienanhänger, die oft auch als Repräsentation des Nirmanakaya aufzufassen sind.

□ Der Adi-Buddha, die Fünf Tathagatas und andere Buddhas (Dharmakaya)

Ausdruck der Ebene höchsten Seins, des Absoluten, des Dharmakaya, ist im Lamaismus grundsätzlich der im 9. Jh. noch in Indien entstandene Adi-Buddha, der ›Ur-Buddha‹. Als Urgrund und Ursprung allen Seins wird er nackt, von dunkelblauer Körperfarbe, seine weiße Prajna, seine Gefährtin, umarmend, dargestellt. Er gilt als die Verkörperung par excellence dieses immerwährenden, geistigen Prinzips. Eine historische Realität hat er nach buddhistischen Vorstellungen nie besessen.

Aus ihm als der höchsten Wirklichkeit werden zunächst fünf Buddhas geboren, die die Fünf *Tathagatas*, die Fünf ›So-Gegangenen‹, oder die Fünf *Jinas*, die Fünf ›Siegreichen‹, genannt werden. Auch diese Buddhas besitzen keine historische Wirklichkeit, sondern sind als die Verkörperungen grundlegender Prinzipien zu verstehen, die sich in vielfältiger Hinsicht auf allen Ebenen des Daseins entfalten. In ihnen kommen Ordnung und Aufbau des Universums, die verschiedenen Wege zur Befreiung, die grundlegenden Weisheiten, Elemente und Himmelsrichtungen und damit die gesamte Philosophie des Vajrayana in einer Bildersprache zum Ausdruck, deren Verständnisgrad auf dem Wissen des jeweiligen Rezipienten beruht. Die Fünf Tathagatas gelten als die Oberhäupter ganzer Familien von Gottheiten und himmlischen, feinstofflichen Wesenheiten, die sich auf der Sambhogakaya-Ebene manifestieren und als Ausdruck ihres grenzenlosen Wirkens gelten.

Die zumeist in Gruppen dargestellten Acht Medizin-Buddhas oder die Fünfunddreißig Buddhas der Sündenbekenntnis sind ebenfalls mehr ideellen Charakters. Als historische oder pseudo-historische Gestalten werden lediglich die Buddhas der Sieben Weltzeitalter, und die Buddhas der drei Zeiten betrachtet. Sie sollen wie der Buddha Shakyamuni einst erschienen sein oder noch in Zukunft erscheinen, um den Lebewesen den Dharma zu verkünden.

Wesensmäßig sind alle Buddhas identisch. Sie unterscheiden sich jedoch in ihren Charakteristika, die aus ihrem individuellen Wege zur Erleuchtung herrühren und die sich in ihrer jeweiligen ikonographischen Darstellung – Körperfarbe, Handhaltung, Symbol, Throntier – offenbaren.

□ Die himmlischen Bodhisattvas und die tantrischen Gottheiten (Sambhogakaya)

Sämtliche Gottheiten, die auf der Sambhogakaya-Ebene erscheinen und sich von den schlicht gewandeten Buddhas durch ihre reich geschmückte Darstellung samt Bodhisattva-Krone oder Diadem unterscheiden, gelten als Emanationen der Fünf Tathagatas. Zu betrachten sind all diese Wesenheiten, gleich ob in fried- oder zornvoller Erscheinung, als die Verkörperung der heilwirksamen Kräfte der Buddhas. Da die Buddhas als vollkommen Erleuchtete in einem Bereich jenseits aller Dualität (vgl. S. 85) verweilen, können sie nach lamaistischen Vorstellungen auch nicht von Meditierenden als Objekt erfahren werden.

Nach der Vorstellung des Mahayana entsenden sie jedoch permanent Wesenheiten – nämlich Bodhisattvas – in den Samsara, um die Menschen an ihren heilwirksamen Qualitäten teilhaben zu lassen. Daher heißt diese feinstoffliche Ebene, auf der die Buddha-Emanationen durch Meditation erfahren werden können, der ›Körper des Mitgenießens‹, Sambhogakaya. Die Mannigfaltigkeit dieser Gottheiten, die entsprechend dem Grade ihrer Heilwirksamkeit in vier Tantra-Klassen eingeteilt werden, spiegelt die unbegrenzte Vielfalt der Buddha-Qualitäten.

Wegen der Komplexität der sich in ihnen offenbarenden Prinzipien erscheinen die Gottheiten zumeist vielarmig, vielbeinig und vielgesichtig. Neben männlichen und weiblichen, die einzeln oder als Ausdruck der Vereinigung der Gegensätze in geschlechtlicher Vereinigung mit ihrem Gegenpartner (tib. *Yab-Yum;* vgl. S. 87) auftreten können, unterscheidet man die Gottheiten nach ihrer Erscheinungsform sowie dem Grad ihrer Heilwirksamkeit. Da die friedvollen Gottheiten grundsätzlich Aspekte der Buddha-Schaft verkörpern, an denen die Menschen gerne teilhaben, kommen in ihnen Weisheit, Freude, Glück und Harmonie zum Ausdruck. Zornvolle oder rasende Gottheiten hingegen, die dem einfachen Gläubigen sicherlich als Mächte erscheinen, deren Gunst man sich durch Unterwerfung und Opferfreudigkeit sichern muß, bilden aus lamaistischer Sicht die Verkörperung der Wissenskräfte. Sie werden als besonders machtvolle Mittel zur Ausmerzung von Verblendungen betrachtet, die die Lebewesen über ihre eigene Identität und die Realität der Welt besitzen, sowie zur Vernichtung der aus diesen Verblendungen resultierenden leidenschaftlichen Gefühlswelten, die sich in den verschiedensten Formen bis hin zu Gier und Haß äußern. Um den Menschen an die Vergänglichkeit seines eigenen Daseins und an die letztendliche Leere aller Erscheinungsformen zu erinnern, sind die zornvollen Gottheiten daher mit Ketten von Totenschädeln behängt, Schlangen als Symbolen des Wissens begürtet, Tigerfellschürzen als Symbole großer Macht bekleidet und mit Attributen wie Schädelschale, Schenkeltrompete, Lanze, Hackmesser, Beil oder Schlinge ausgestattet. Gemischt friedvoll-zornvolle Gottheiten wie Ushnishavijaya sind als Mischformen zu verstehen.

In den Texten wird der schreckenerregende *Yamantaka* als die rasende Seite des *Manjushri, Mahakala,* der ›Große Schwarze‹, als der zornvolle Aspekt des mitleidvollen *Avalokiteshvara*

Die Fünf Tathagatas

Die Pentade der Tathagatas ist von zentraler Bedeutung für die esotherischen Lehren des Vajrayana-Buddhismus. Zum Ausdruck kommt in ihr eine dem grob- wie feinstofflichen zugrundeliegende komplexe Ordnung, die eine wesentliche Basis zum Verständnis der verschiedenen Wege und Mittel zur Befreiung bildet.

Mittels ihrer Keimsilbe, einer Art ›Urlaut‹, emanieren diese Fünf Tathagatas, die als die Verkörperungen des Adi-Buddha, des Urgrunds und Ursprungs allen Seins, betrachtet werden, aus der gestaltlosen Leere und nehmen – in mystischer Vereinigung mit ihrer Gefährtin (Skt. Prajnya) – ihre Position im Mandala ein. Sie sind gekennzeichnet durch eine spezifische Farbe, korrespondieren mit einem der Elemente und tragen das Hauptsymbol ihrer Familie in Händen. Ihr Thron wird von einem Symboltier gestützt. Betrachtet werden die Fünf Tathagatas (oder die Fünf Jinas, wie sie auch häufig genannt werden) auf der Bewußtseinsebene als Verkörperung eines der Fünf Skandhas, der fünf Daseinsgruppen, die alles, was allgemein als Persönlichkeit angesehen wird, konstituieren (Bewußtsein, Körper, Empfindung, Wahrnehmung, Absicht). Sie bilden damit das angemessene Gegen- oder Heilmittel zu den Verdunklungen des Bewußtseins, indem sie den Lebewesen die ihnen eingeborene Weisheit vermitteln. So beseitigt der Buddha Vairocana die Unwissenheit durch die Vermittlung der Weisheit, daß allem Sein letztlich die universelle Gesetzmäßigkeit, der Dharma, zugrundeliegt. Buddha Akshobhya vermag den Haß aufzulösen, indem er in seiner spiegelgleichen Weisheit die Lebewesen die wahre Natur allen Seins erkennen läßt. Buddha Amoghasiddhi andererseits wird als ein Gegenmittel zu Geiz und Habgier betrachtet, indem er die Weisheit karmischer Vollendung vermittelt: Jede Handlung zieht unweigerlich ihre karmische Auswirkung nach sich und führt damit zu entsprechenden Wiedergeburten. Neben einer ganzen Familie von Gottheiten ist jedem der Tathagatas als hauptsächliche Sambhogakaya-Manifestation ein Bodhisattva zugeordnet, der die Qualitäten der jeweiligen Buddha-Familie in ureigener Weise verkörpert. Die Buddhas, die in vergangenen Zeitaltern wirkten, der im gegenwärtigen Zeitalter aufgetretene Buddha Shakyamuni oder der als Buddha der Zukunft erwartete Buddha Maitreya gelten als grobstoffliche Manifestationen der Fünf Tathagatas.

erklärt, so daß die friedvollen und zornvollen Gottheiten den Januskopf des über sie hinausgehenden Prinzips bilden.

Die weiblichen Gottheiten werden als *Dakini*, ›Himmelswandlerin‹, bezeichnet. Eine Besonderheit des tantrischen Heilsweges ist, daß jeder Meditierende einen sogenannten *Yidam*, eine ›Im Herzen gebundene (Gottheit)‹, von seinem Lama zugeordnet bekommt. Dieser Yidam bildet das bestmögliche Hilfsmittel zur Beseitigung der individuellen Verdunklungen.

Eine Sonderklasse stellen die stets in schreckenerregender Form auftretenden *Dharmapalas*, die ›Beschützer der Lehre‹, dar. Als ursprünglich nicht-buddhistische Gottheiten wurden sie durch Magier wie Padmasambhava (vgl. S. 50) unterworfen und dem lamaistischen Pantheon

Schema zu den Fünf Tathagata

Symbolik	Vairocana	Akshobhya	Ratnasambhava	Amitabha	Amoghasiddhi
Keimsilbe	Om	Hum	Tram	Hri	Ah
Prajnya	Akashadhatvi-shvari	Locana	Mamaki	Pandara	Samayatara
Mandala-Sphäre	Mitte	Osten	Süden	Westen	Norden
Farbe	Weiß	Blau	Gelb	Rot	Grün
Element	Äther	Wasser	Erde	Feuer	Luft
Symbol	Rad der Lehre (Dharmacakra)	Diamantzepter (Vajra)	Juwel (Ratna)	Lotos (Padma)	Doppelvajra (Vishvavajra)
Symboltiere seines Thrones	Löwen	Elefanten	Pferde	Pfauen oder Gänse	Garudas
Skandha (»Daseins-gruppen«)	Bewußtsein	Körper	Empfindung	Wahrnehmung	Wollen, Absicht
Rechtes Mittel zur Beseitigung des Grundfehlers	Unwissenheit	Haß	Stolz, Ichsucht	Leidenschaft-liches Begeh-ren	Geiz, Habgier
Vermittelte Weisheit	Weisheit der universellen Gesetzlichkeit	Spiegelgleiche Weisheit	Weisheit essen-tielle Gleichheit	Weisheit der Unterschei-dung	Weisheit karmischer Vollendung
Zugeordneter Bodhisattva	Samantabhadra (»Allguter«)	Vajrapani (»Vajra-Halter«)	Ratnapani (»Juwelhalter«)	Padmapani-Avalokite-shvara (»Lotos-Halter«)	Vishvapani (»Doppel-[vajra]-Halter«)
Nirmanakaya-Manifestation	Der in der Vergangenheit erschienene Buddha Kra-kuchanda	Der in der Vergangenheit erschienene Buddha Kana-kamuni	Der in der Vergangenheit erschienene Buddha Kashyapa	Buddha Sha-kyamuni, der Buddha des gegenwärtigen Zeitalters	Buddha Mai-treya, der in Zukunft er-scheinende Buddha

nach: Detlef Ingo Lauf

auf der untersten Stufe einverleibt. Ihre Aufgabe ist es, die Lehre des Buddha und die Gläubigen vor negativen Einflüssen zu schützen.

□ Heilige und Lehrer (Nirmanakaya)

Wenngleich nicht alle, so gelten doch viele der Arhats, Siddhas, Yogis und Lamas als Ausstrahlung der himmlischen Bodhisattvas und damit als die irdische, grobstoffliche Manifestation des Heilsprinzips.

Die *Arhats* sind die direkten Schüler des Buddha. Ikonographisch werden sie, häufig in einer Felsgebirgslandschaft sitzend, als Mönche mit kurzgeschorenem Haar dargestellt.

Unter *Yogis* versteht man Meditierende, die keine Mönchsgelübde auf sich genommen haben und in jahrelanger Zurückgezogenheit eine hohe spirituelle Verwirklichung erreicht haben.

Als *Siddhas* wird eine spezielle Gruppe von indischen Heiligen bezeichnet, die speziell die geheimsten Lehren des Vajrayana praktizierten und aufgrund ihrer exzellenten Beherrschung der Dharma-Praxis magische Kräfte erreicht haben. So spricht man ihnen die Fähigkeit zu, Wasser den Berg hinauffließen zu lassen, zu fliegen oder auch sich selbst in alle möglichen Gestalten zu verwandeln – Kräfte, die sie öffentlich vorführten, um so die vorgefertigten Vorstellungen der Menschen über die Wirklichkeit zu zerstören.

Die ikonographische Darstellung des Pantheons

Wenngleich die Tibeter glauben, daß bereits zu Lebzeiten des Buddha Porträts von ihm angefertigt wurden, so sind die Abbilder des ›Erhabenen‹ weitaus jünger. Bevor es zur figürlichen Darstellung Buddhas kam, wurde er lediglich symbolisch durch seinen Fuß- oder Handabdruck, einen Stupa o. ä. repräsentiert. Erst etwa im 3. Jh. v. Chr. läßt sich in Indien gleichzeitig die Arbeit an einem Buddha-Bildnis feststellen, das infolge der bis zum Indus reichenden Feldzüge Alexanders und der damit verbundenen Begegnung von Orient und Okzident wesentlich durch das Apollo-Ideal des griechischen Hellenismus beeinflußt worden zu sein scheint. Zum Ausdruck gelangt in diesem Bildnis, das in der späteren Ikonographie durch 32 Haupt- und 80 Nebenmerkmale gekennzeichnet wird, die Transzendenz im Antlitz des Menschlichen.

Mit der Darstellung von Szenen aus der buddhistischen Erzählliteratur und später mit der Abbildung von anderen Buddhas und Bodhisattvas – so Tara, Maitreya, Manjushri oder Avalokiteshvara – entwickelte sich bereits im Hinayana und Mahayana ein System spezifischer ikonographischer Charakteristika. Zornvolle Gottheiten als Ausdruck heilwirksamer Energien von rasender Intensität wurden im Vajrayana (vgl. S. 87) in das buddhistische Pantheon integriert. Zugleich entstand in dieser Phase die Vorstellung universeller, kosmischer Ordnungen, die in Mandalas – geometrisch aufgebauten Gebilden als ›Daseinssphäre‹ der Gottheiten – ihren bildlichen Ausdruck fanden.

□ Die Buddhas

Ikonographisch werden die Buddhas in Mönchsroben dargestellt. Als Zeichen ihrer Erleuchtung besitzen sie auf dem Haupt eine *Ushnisha,* einen Auswuchs, der von einem Juwel gekrönt ist. Ihre Sitzhaltung ist mit Ausnahme des Buddha Maitreya stets der Vajra-Sitz. Ihre Erscheinung ist friedvoll. Abgesehen vom Adi-Buddha treten sie nicht in Yab-Yum-Stellung auf.

Allen Buddhas kann man auch etwa in der Darstellungsform eines mit reichem Schmuck und Diadem ausgestatteten Bodhisattva begegnen. Lediglich in ihrer Gewandung und Ausschmückung unterscheidet sich diese Darstellung von ihrer Dharmakaya-Form. Grundlage

Der schreckenerregende Yamantaka

dieser unterschiedlichen Darstellung von Buddhas in Dharmakaya- und Sambhogakaya-Form ist die Vorstellung, daß die Buddhas – in dem jenseits aller Dualität von Samsara und Nirvana liegenden und deshalb unerfahrbaren Dharmakaya verweilend – neben zahllosen Gottheiten als Verkörperung ihrer mannigfachen Qualitäten auch eine Emanation ihres ureigenen Wesens in den feinstofflichen Bereich des Sambhogakaya ausstrahlen, um sich dadurch den Menschen auch in der ihnen wesenseigenen Form teilhaftig zu machen (vgl. S. 109).

□ Friedvolle Gottheiten

Friedvolle Gottheiten tragen langes Haar und über jedem ihrer Gesichter eine fünfstrahlige Bodhisattva-Krone, die die Fünf Tathagatas symbolisiert. Sie besitzen freundliche Gesichter sowie wohlproportionierte, jugendliche Körper und treten in ›himmlischer Gewandung‹ auf. Ihr häufig nur über die Schultern, Lenden und Beine fallendes Gewand ist in der Regel mit reichem ornamentalem Schmuck versehen, in den Ohren tragen sie Ringe, an Armen, Oberkörper und Füßen kostbaren Schmuck. Ihr Gesichtsausdruck strahlt milde lächelnd, ihre

Zum Symbolgehalt der ikonographischen Attribute

Charakterisiert werden die Qualitäten der Heiligen und Gottheiten des lamaistischen Pantheons durch verschiedenartige Attribute und Symbole (vgl. S. 314), die sie zumeist in Händen halten. Während Yogis und Siddhas vor allem mit den ikonographischen Kennzeichen zornvoller Gottheiten ausgestattet sind, tragen die Heiligen des Mahayana sowie tibetische Lamas vorwiegend die friedvoller Gottheiten.

Die Symbole friedvoller Gottheiten verdeutlichen die positiven Kräfte des Heilsweges und die ethischen Mittel zur Heilserlangung. So stellt die Vase mit dem Lebenswasser ein Symbol der Langlebigkeit dar. Die Spiegel bildet, da er die Dinge in der ihnen eigenen Natur wiedergibt, ein Sinnbild der Wahrheit. Das Rad der Lehre erinnert den Gläubigen an das Gesetz, das allem Dasein zugrunde liegt, das Juwel der Lehre zeigt die Vollkommenheit der Buddha-Schaft. Bettelstab und Almosenschale stellen Kennzeichen der Besitzlosigkeit und der Aufgabe nach weltlichen Streben dar. Buch und Schwert sind die Symbole für Weisheit und Entscheidungskraft, Sonne und Mond stehen für Upaya und Prajnya, ›Methode‹ und ›Weisheit‹ (vgl. S. 87). Der Lotos ist ein Kennzeichen der Reinheit und die Gebetsschnur Symbol für die Kraft des Glaubens. Ebenso wie das Vajra-Kreuz ist das Swastika, das ›Hakenkreuz‹, als ein Symbol der Festigkeit und Unverrückbarkeit zu verstehen. Beide finden sich auf dem Thron des Lama und fordern ihn auf, fest in dieser Welt zu verbleiben, um die Lebewesen auf den Weg der Befreiung zu führen.

Zornvolle Gottheiten werden hingegen vor allem durch Waffen sowie durch Symbole, die menschliche Knochen, Häute und Eingeweide zeigen, gekennzeichnet. Die verschiedenen Arten von Waffen dienen der Unterdrückung hinderlicher Kräfte – seien sie im menschlichen Geiste in Form negativer Eigenschaften begründet oder als in der Welt wirkende, unheilvolle Mächte verstanden, die es zu bannen gilt. So trägt die Schutzgottheit Gönpo Gur einen magischen Stab, aus dem im Bedarfsfall ganze Armeen von Kämpfern hervorgerufen werden können. Pfeil und Bogen sowie Schädelschale und Opfermesser bilden die Entsprechung der bei friedvollen Gottheiten anzutreffenden Vajra und Gantha, ›Diamantzepter‹ und ›Glocke‹, als Ausdruck der Vereinigung von ›Methode‹ und ›Weisheit‹ (vgl. S. 87). Streitaxt, Eisenkette und Schlinge bilden Instrumente zur Beseitigung negativer Eigenschaften und Kräfte, Ritualdolch, Dreizack und Khatvangga-Stab werden große magische Kräfte zugesprochen. Die Knotentrompete – ein Symbol für die Überwindung menschlicher Leidenschaft – besitzt ihre größte Kraft, heißt es, wenn sie aus dem Oberschenkel einer verstorbenen Sechzehnjährigen besteht – denn nirgends wird die Tragik menschlichen Lebens deutlicher als beim Tode einer in der Blüte ihrer Schönheit stehenden jungen Frau. Die Doppeltrommel, aus zwei Holzschalen oder zwei menschlichen Schädeln bestehend, versinnbildlicht mit dem gleichzeitigen Aufschlagen der Klöppel auf den Trommelfellen, daß die relative und die absolute Wahrheit stets gleichzeitig existent sind. Der Vajra-Stab ist wie der Elefantenhaken ein Symbol der Macht. Die Würfel sollen den Gläubigen an das Schicksal gemahnen, das Herz des ›Feindes‹ und der Brahma-Kopf stellen Symbole der Lebenskraft von Mächten dar, die sich die Gottheiten zu eigen gemacht haben.

Augen sind lieblich, sie stehen oder sitzen in der Regel auf Lotosblumen inmitten einer strahlenden Aureole.

□ Zornvolle Gottheiten

Zornvolle Gottheiten wie der furchterregende Mahakala treten inmitten von lodernden Flammenaureolen auf. Auf dem Kopf tragen sie anstelle des Bodhisattva-Diadem eine fünffache Totenschädelkrone, in ihren oft zahlreichen Armen aus Knochen bestehende Ritualinstrumente wie Schädelschale und Schenkeltrompete sowie allerlei Arten von Waffen und Kriegsgegenständen. Sie besitzen kugelförmige Augen, breite Nasen, weitaufgerissene Mäuler mit gefletschten Zähnen und häufig auch Tierköpfe. Als Schurz und Rückenbedeckung benutzen sie Tierhäute. Anstelle des Juwelenschmucks friedvoller Gottheiten tragen sie lange Ketten aus Menschenköpfen und Totenschädeln. Unter ihren Füßen werden Tiere, Menschen oder Götter des hinduistischen Pantheons zerstampft. Sie gelten als die schreckenerregende, besonders machtvolle Verkörperung des Wissens. Ihre Aktivität wendet sich ausdrücklich nicht gegen die Menschen, sondern gegen deren irrige Vorstellungen.

□ Heilige und Lehrer

Ikonographisch werden Lehrer und Heilige sehr variabel dargestellt. Neben den häufig in einer Gruppe dargestellten 84 indischen *Mahasiddhas*, den ›Großen Magiern‹, werden bisweilen auch tibetische Siddhas und Yogis porträtiert, von denen der Brückenbauer Thangtong Gyälpo (vgl. S. 246) wohl der berühmteste ist. Zu unterscheiden sind hier grundsätzlich ›Weißgekleidete‹, die in weiße Baumwollgewänder gehüllte Laienpraktiker, und ›Rotgekleidete‹, die Lamas, die dem Mönchsweg folgen.

Mandalas – die Daseinssphären der Gottheiten

Wenngleich die Gottheiten des lamaistischen Pantheons ihrer Verehrung halber häufig einzeln dargestellt werden, hat man sie sich nicht als isoliert existierende Wesen, sondern als Mittelpunkt psycho-kosmischer Ordnungssysteme vorzustellen, die als *Mandalas* bezeichnet werden und in einer mikro-makrokosmischen Analogie auf allen Ebenen des Universums wirksam sind. Sie werden gleichermaßen als Kristallisationspunkte der feinstofflichen Ebenen des Universums wie – um es mit C. G. Jung auszudrücken – auch als archetypische Urbilder der Psyche gedacht. Ihre kultische Evozierung stellt für den Vajrayana-Anhänger eines der machtvollsten Mittel auf dem Wege zur Erleuchtung dar.

Betrachtet man ein Mandala (tib. *Kyilkhor*), ›Kreis‹, ›Bereich‹ oder ›Scheibe‹, wird man intuitiv der ihm innewohnenden Ruhe und Harmonie gewahr, die wesentlich in seinem konzentrischen Aufbau aus Kreis mit innenliegendem Quadrat und gemeinsamem Mittelpunkt begründet liegt. Die Ausgewogenheit in Farbe und Form, seine Geschlossenheit im Aufbau, die

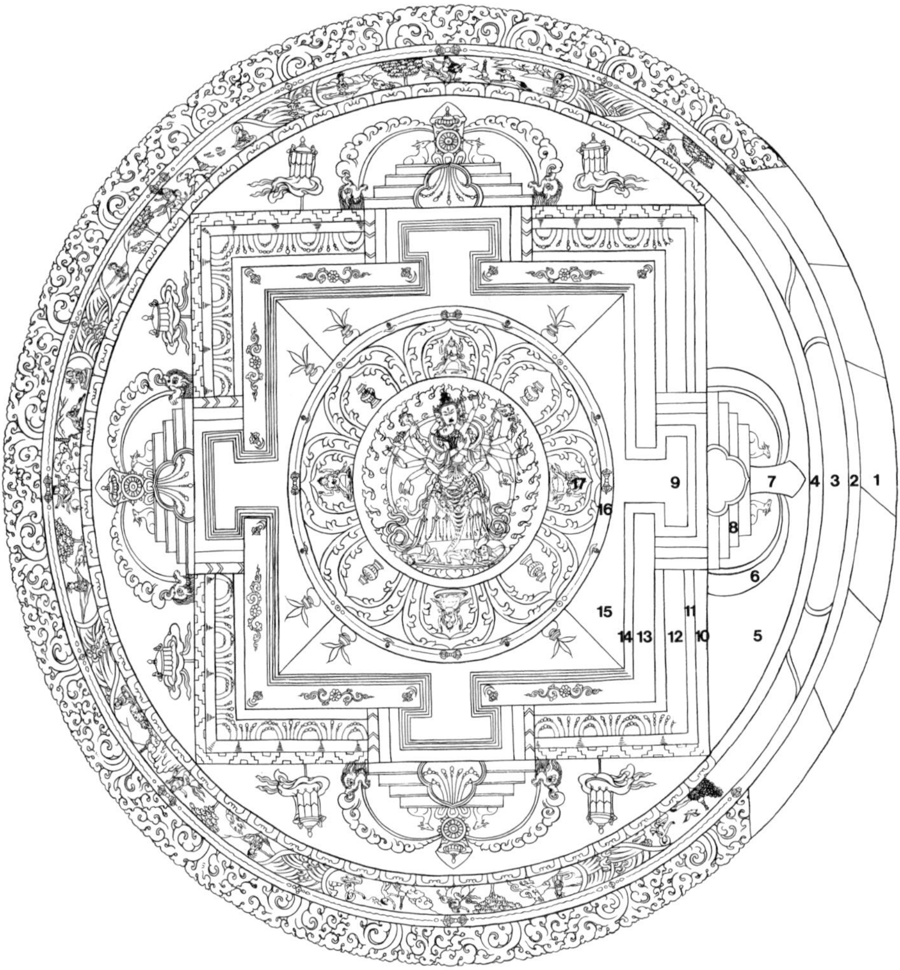

Mandala *1 Der Flammenkreis 2 Die Vajra-Mauer 3 Die Sphäre der acht Leichenäcker als Sinnbild der Aufgabe jeglichen Anhaftens 4 Der Lotosblütenring als Symbol der Reinheit 5 Der mit Bannern geschmückte Vorhof 6 Die aus dem Maul eines Makara kommenden Speichen des Doppelvajra, das Fundament des Palastes 7 Das Rad der Lehre 8 Vier von Säulen getragene Vordächer 9 Der von einem Torhüter bewachte Eingang des Palastes 10 Die Zierdächer des Palastes 11 Die Ziegelwand des Palastes 12 Girlanden als Wandschmuck 13 Eine umlaufende Galerie 14 Die durchsichtige Mauer des himmlischen Palastes 15 Der Innenhof des Palastes 16 Die von Vajras gebildete Sphäre als direkte Ausstrahlung der Gottheit 17 Die vier Nebengottheiten*

Klarheit der harmonisch miteinander verwobenen Elemente und die dem Mandala zugrundeliegende, auf das heilige Zentrum zustrebende, innere Ordnung lassen seine Bezeichnung als ›magischer Kreis‹ leicht verständlich werden.

Für den Buddhisten stellt ein Mandala den Daseinsbereich einer Gottheit dar, der in vielem mit dem Palast und dem Gefolge eines Herrschers vergleichbar ist. Im Zentrum des nach kosmologischen Prinzipien quadratisch angelegten Palastes thront die Hauptgottheit – zumeist in glückseliger Vereinigung mit ihrer weiblichen Entsprechung als Ausdruck der letztendlichen Einheit der Polaritäten von Upaya und Prajna, ›Methode‹ und ›Weisheit‹ (vgl. S. 87). Umgeben wird sie von verschiedenen Nebengöttern, die das in der Hauptgottheit zutage tretende Prinzip in seinen verschiedenen Variationen verkörpern. In den Gärten und über den Tordächern finden sich die Glückssymbole oder das Rad der Lehre mit den beiden Gazellen zur Erinnerung an die erste Verkündigung der Lehre durch den Buddha im Gazellenhain von Benares. Torwächter schützen die Eingänge – vergleichbar mit dem auch aus anderen Religionen bekannten ›Hüter der Schwelle‹ zum Unbewußten. Die den Palast umfassenden Kreise stellen Sphären der Reinigung von Körper (außenliegender, mehrfarbiger Flammenkreis), Wort (Vajra-Mauer) und Geist (Lotosblütenkranz) dar, die der Meditierende zunächst meditativ zu durchschreiten hat, bevor er in den Palast einzutreten vermag. Ergänzt werden diese drei Kreise bei Mandalas der höchsten Initiationsstufe häufig von einem vierten Kreis, der Darstellungen von auf Leichenäckern meditierenden Yogis zeigt – Bilder der Vergänglichkeit des eigenen Daseins, die den Meditierenden zur Erkenntnis seines ureigenen, letztendlich ›leeren‹ Wesens führen sollen.

Als Abbild der höheren Wirklichkeit des Kosmos in seiner feinstofflichen Form betrachtet, stellt der Flammenkreis einen regenbogenfarbigen, den gesamten Kosmos umschließenden Lichtkreis dar, die Vajra-Mauer eine undurchdringliche Abschirmung, der Ring aus Lotosblütenblättern einen auf dem Ur-Ozean schwimmenden Lotos, der Palast mit seinen Vorhöfen die geistigen Energien der Welt und das Zentrum als Ort der Gottheit den mehrstufigen Weltenberg Meru, die *Axis Mundi*, die Mitte der Welt.

Hat der Meditierende nach vorbereitenden Übungen das Mandala visuell in seinem eigenen Geiste erzeugt, die verschiedenen Kreise der Läuterung durchschritten und die Gottheiten gebeten, aus der ihnen eigenen Sphäre herabzukommen und in seinem geistigen Schaubild Wohnung zu nehmen, tritt er schließlich durch das seiner geistigen Disposition am besten entsprechende Tor ein. Weiter schreitet er nun auf das Zentrum zu, wobei sich immer wieder Lotosblüten, in denen Gottheiten als Spiegelbilder seiner eigenen Identität thronen, öffnen, bis er schließlich von Angesicht zu Angesicht vor der zentralen Gottheit steht, mit ihr verschmilzt, für diesen Augenblick die Qualitäten der Gottheit besitzt und selber in der ihr eigenen Art zum Wohle und Nutzen aller Lebewesen wirken wird. In der Realisation, daß er selbst, die Gottheit, das Mandala als Abbild des gesamten Kosmos und alle Lebewesen letztlich ›leer‹ sind, wird sodann seine gesamte Visualisation in weißes Licht als letztendlicher Ausdruck der höchsten Natur der Wirklichkeit, der Leere, die die potentielle Fülle aller Erscheinungen in sich trägt, aufgehen. Wie jede Meditation und Opferzeremonie endet auch dieser Prozeß nun mit der ›Übertragung der Verdienste‹, in der der Meditierende alle Verdienste, die er durch diese Praxis erworben haben mag, selbstlos dem Wohle aller Lebewesen widmet.

Ziel dieser Meditation ist die Teilhabe an den positiven Qualitäten der sich im Sambhogakaya offenbarenden Buddha-Natur, die Reinigung des eigenen Geistes und die Klärung der eigenen Position im Verhältnis zu allen Lebewesen, die nur eine Stellung liebevollen Mitgefühls mit allen anderen sein kann – gleich wie verblendet sie durch Unwissenheit oder wie verbohrt sie aufgrund ihrer Leidenschaften sein mögen.

Eine unabdingbare Voraussetzung für sämtliche tantrischen Meditationspraktiken, in denen Mandalas als Bildwerkzeuge zur Erfahrung höherer Realitäten benutzt werden, ist die Initiation in die entsprechende Lehre durch einen in der geistigen Übertragungslinie stehenden Lama. Er ermöglicht dem Schüler durch eine Verlesung des Textes das Studium des betreffenden Tantras, eröffnet ihm die erforderlichen Mantras und erteilt ihm die ›Ermächtigung‹ (Skt. *Abhisheka*), die Einweihung, in Form einer mystischen Übertragung dieses geheimgehaltenen Wissens.

Bekannt geworden sind die Mandalas vor allem in Form von zweidimensionalen Darstellungen auf den tibetischen Thangkas. Die in den Klöstern bisweilen zu sehenden plastischen Mandalas vermitteln jedoch einen besseren Eindruck von der dreidimensionalen Räumlichkeit, die der Konzeption der Mandalas zugrunde liegt. Mit etwas Glück bietet sich die Gelegenheit, Mönchen in den Klöstern bei der Herstellung eines ›Sand-Mandalas‹ zuzuschauen. Mit farbigem Pulver werden diese Initiationsmandalas für einen besonderen religiösen Anlaß in wochenlanger Arbeit angefertigt.

Die Kulturdenkmäler: Dzong, Kloster und Lhakhang

Die profane Architektur

Die ursprünglich nomadisierenden, in Zelten lebenden Tibeter ließen sich mit ihrer Seßhaftwerdung zunächst in Höhlen nieder, später bauten sie Häuser mit flachen Dächern, die sie zunächst vornehmlich für die Winterzeit bezogen. Könige und mächtige Adelsfamilien errichteten sich große, mehrgeschossige Festungen, die Vorläufer der heutigen *Dzongs.* Als älteste Fortifikationen gelten der Yumbhu Lhakhar in der ›Wiege der tibetischen Kultur‹, dem Yarlung-Tal, sowie die Burgen im angrenzenden Chonggye-Tal. Unter Songtsen Gampo und seinen Nachfolgern entstanden zahlreiche, bis zu neunstöckige Gebäude, deren letzte Überreste schließlich ebenso wie fast sämtliche Dzongs Tibets während der Kulturrevolution zerstört wurden.

Abgesehen vom Dzong von Gyantse (vgl. S. 273) sieht man heute nur noch hier und da auf Bergspitzen ein paar Mauerreste. Im Unterschied zu bhutanesischen Festungen, die als Residenzen geistlicher Würdenträger auch stets umfangreiche Klöster, religiöse Ausbildungszentren und Wohnräume für die Mönche beherbergten, besaßen die tibetischen Dzongs als Amtssitze der Distriktsgouverneure einzig administrative Aufgaben. Sie bildeten wehrhafte, von Fuß- und Reitertruppen nur schwer einnehmbare Befestigungsanlagen, die – an herausragenden topographischen Punkten in strategisch günstiger Lage erbaut – auch der lokalen Bevölkerung in unsicheren Zeiten Schutz boten. Die stets aus Bruchstein errichteten Burggebäude enthielten Kanzlei, Gericht, Archive sowie Wohn- und Lagerräume nebst Speichern, aber natürlich auch kleinere Gebetsräume.

Die Häuser des wohlhabenden Bürgertums sind zumeist zwei- bis dreigeschossig. Einen Kontrast zu ihren weiß getünchten Fassaden bilden die bunt bemalten, von vorgeblendeten Dächern mit Ziervorhängen überkrönten Fenster in geschwärzten, konischen Fensterlaibungen. Das Flachdach wird von einem dunkel getönten Reisigkranz umgeben, der mit weißen oder bunten Fähnchen, die mit magischen Formeln bedruckt sind, als Schutz vor Geistern, Dämonen und anderen unheilvollen Mächten dient.

Lamaistische Sakralbauten

Die Erbauungsgeschichte lamaistischer Heiligtümer beginnt im 7. Jh. mit der Errichtung von 13 Tempeln in allen Gegenden des Landes, die den Zweck erfüllten, eine sich über ganz Tibet ausbreitende Dämonin gleichsam mit Pflöcken an allen Gliedmaßen zu befestigen und so unschädlich zu machen (vgl. S. 47). Diese ersten buddhistischen Kultstätten Tibets, die ursprünglich vermutlich nur aus einem einzigen Raum bestanden, waren keine Klöster, sondern *Lhakhang*, ›Häuser der Götter‹, also Gebetsräume, die dem Kult, der Verehrung und der Opferung der neuen buddhistischen Gottheiten dienten. Erhalten sind von diesen bedeutenden Stätten, die später baulich erweitert wurden, lediglich noch der Jokhang, der Ramoche, das Kloster Uru Katsel, der Trandruk Lhakhang und die in Bhutan zu besichtigenden Gebäude des Kyichu Lhakhang im Paro-Tal und des Jampa Lhakhang im Bumthang-Tal. Erst um 775 wird mit der Errichtung von Samye der Grundstein für die tibetische Klosterkultur gelegt. Eine breitere Basis findet sie allerdings erst im Zuge der Späten Bekehrung Tibets.

□ Die Gründung und Verwaltung lamaistischer Klöster

Der tibetische Begriff für Kloster, *Gompa* oder *Gönpa,* bedeutet ›abgelegener Ort‹. Standpunkte, an denen neue Klöster gegründet werden sollten, wurden zunächst nach physisch-geographischen, astrologischen und geomantischen Gesichtspunkten auf ihre Eignung hin geprüft. Notwendig für die Ortswahl waren Quellen, Bäche oder Flüsse sowie Geländeformationen wie kleinere Plateaus an Berghängen, die die Errichtung von Klöstern überhaupt erst ermöglichten. Der Astrologie und der Geomantie, der aus dem alten China bekannten ›Erdwahrsagung‹, kam die Aufgabe zu, die positiven und negativen Einflüsse des Ortes zu analysieren, die Erdströmungen festzustellen und die hier lebenden Numina daraufhin zu prüfen, ob sie mit dem zu erbauenden Kloster in einem gedeihlichen Auskommen stehen würden. Erwies sich der Platz bei diesen häufig mit divinatorischen Mitteln durchgeführten Prüfungen als frei von üblen Einflüssen, wurde als nächstes die landschaftliche Umgebung auf spirituelle Anzeichen hin untersucht. Gab es vielleicht Berge oder Felsformationen, in denen lamaistische Würdenträger mit der ihnen zugesprochenen ›reinen Sichtweise‹ buddhistische Symbole wie die Acht Glückszeichen oder das Abbild von Gottheiten erkennen konnten, wurden diese Anzeichen als besonders günstige Charakteristika des Ortes gewertet. So ist Tshurphu etwa zu Füßen eines Berges gelegen, in dem das Abbild des Avalokiteshvara zum Vorschein kommt, der Berg des Meditationsortes Drayerpa gilt als eine Erscheinung der Tara. Baumgruppen – in der kargen Landschaft Tibets stets als ein Zeichen positiver Kräfte eines Ortes gedeutet – galten nicht selten als dem Kopfhaar entsprossen, das einem berühmten Heiligen bei seiner Mönchstonsur geschnitten worden war oder als die Lebensbäume numinoser Mächte.

Da sich die Zahl der Klöster mit der Zeit immer mehr vergrößerte – im 20. Jh. dürfte es etwa 5000 gegeben haben –, mußte die Gründung einer neuen heiligen Stätte durch die Lamaistische Kirchenverwaltung genehmigt werden. Denn aufgrund ihrer steuerlichen Sonderrechte hatte die Zahl der Klöster in den vergangenen Jahrhunderten bereits das volkswirtschaftlich vertretbare Maß erreicht, wenn nicht gar überschritten. Beschieden wurde dem Gründer im Falle eines positiven Bescheids eine spezielle Herrscherurkunde, die dem Kloster seine Rechtsgrundlage zusprach und ihm steuerliche Einnahmequellen zusicherte.

Mit Hilfe von Kollekten, Spenden von Gläubigen, Förderern aus gutgestellten Adelsfamilien und im Falle eines berühmten Gründers auch mit staatlicher Unterstützung wurden dann die Mittel für den Bau des Klosters zusammengetragen. Blühte es auf, kam es erfahrungsgemäß zur Gründung von Dependancen und kleineren Lhakhang in den angrenzenden Regionen; diese heiligen Stätten blieben ihrem ›Mutterkloster‹ verbunden, stellten die religiöse Betreuung ihrer Region sicher und sorgten für zusätzliche Einnahmen.

Die ökonomische Führung oblag Verwaltern, teils Mönchen, teils Laien, die die Klöster nach strengen, wirtschaftlichen Prinzipien führten. War der Verwalter ein Laie, wurde mit ihm häufig ein Vertrag abgeschlossen, der für seine Arbeitsperiode einen festgesetzten Zugewinn einplante. Konnte er das Soll nicht erreichen, so hatte er den Differenzbetrag aus eigener Tasche auszugleichen, konnte er einen Überschuß erwirtschaften, stand ihm der Gewinn zu. Die Verwalter mußten daher kaufmännisches Geschick im Handel und einen förderlichen Umgang mit den klösterlichen Landarbeitern an den Tag legen. Für zeremonielle Begehungen zugunsten der Gemeinschaft oder einzelner Gläubiger wurden festgelegte Gebühren erhoben. Neben den Einkünften aus dem Handel und der Bewirtschaftung der Ländereien bildeten die Spenden der Gläubigen einen wesentlichen Anteil des Klostereinkommens. Verantwortlich waren die Verwalter auch für den Einkauf der Nahrungsmittel, die aus wirtschaftlichen Überlegungen, doch sehr zum Ärger der Mönche, auch schon mal von minderer Qualität sein konnten.

□ Der architektonische Aufbau der Klöster

Ursprünglich mit nur wenigen Gebäuden in kleinen Ausmaßen gegründet, entwickelten sich manche heiligen Stätten mit ihrer wachsenden politischen und ökonomischen Bedeutung zu wahren Klosterstädten, in denen oft mehr als 1000 Mönche lebten.

Zumeist nach Süden ausgerichtet und oft an Gebirgshängen oder am Fuße von Bergen gelegen, so daß sie in unsicheren Zeiten auch als Schutzburgen fungieren konnten, waren die tibetischen Klöster in der Regel von einer hohen Mauer eingefaßt, die den Klosterbezirk von der Außenwelt abschirmte. Während die kultischen Zwecken dienenden, zentralen Gebäude oft nach symmetrischen Prinzipien konstruiert wurden, lassen sich in der Gestaltung des Klosteraufbaus in der Regel keine übergeordneten Anlagenprinzipien erkennen. Zurückzuführen ist dies einerseits auf die unterschiedlichen topographischen Gegebenheiten des Geländes, andererseits auf die über Jahrhunderte ohne raumplanerische Maßnahmen durchgeführte Erweiterung der Klosteranlagen und die gelegentliche Umgestaltung einzelner Gebäude. Eine wichtige Ausnahme bildet hier das Kloster von Samye (vgl. S. 241), dessen Kernanlage – als Abbild kosmologischer Vorstellungen erbaut – bis in die jüngste Zeit weitgehend unverändert erhalten blieb.

Aus den Quellen wird deutlich, daß zahlreichen tibetischen Klöstern, die in den ersten Jahrhunderten der Späten Bekehrung entstanden (ab dem 11. Jh.), der symbolische Aufbau eines

Butterlampen erhellen nur schwach das Dunkel des Tempels

Eine typische Klosteranlage – hier die heilige Stätte Kumbum

Mandala zugrunde lag. Nahezu sämtlich fielen sie während der Kulturrevolution in Schutt und Asche. In jüngerer Zeit entstanden die lamaistischen Sakralbauten zumeist nach mehr funktionalen Prinzipien und als terrassiert ansteigende Kultanlagen, die die Gläubigen über einen oder mehrere Vorhöfe, die Vorhalle und durch den Versammlungsraum (tib. *Dukhang*) zum Heiligtum führen.

Erbaut werden die sakralen Gebäude tibetischer Klöster üblicherweise aus Bruchstein. Die leicht nach innen geneigten, dicken Mauern sind weiß, das Grundgeschoß ist zumeist fensterlos. In den oberen Stockwerken finden sich überdachte, häufig mit drapierten Vorhängen verzierte Fenster, die von schwarzen Fensterlaibungen eingefaßt werden, bisweilen auch offene Galerien, von denen die auf dem Klosterhof stattfindenden Zeremonienspiele gut zu überblicken sind. Im Gegensatz zu den schwarzen Reisigbändern nobler Profanbauten bildet eine breite, rot eingefärbte Attika das unverkennbare Erkennungsmerkmal aller Sakralgebäude. Wichtige Gebäude wie der zentrale Lhakhang oder der Gönkhang, der Raum der Schutzgottheiten, sind nicht selten gänzlich in dunkelrotem Farbton gehalten.

Auf der Dachplattform befindet sich im Zentrum gewöhnlich der Aufbau des Lichtgaden für den *Dukhang*, die Versammlungs- und Hauptgebetshalle. An den Außenseiten des Flachdaches sind weitere Lhakhang angeordnet; über dem Sanktuarium liegt häufig der Lama Lhakhang, eine dem Kultus des Lama geweihte Kapelle oder das Privatgemach (tib. *Simchung*) des Klosteroberhauptes. Die, bei bedeutenden Kulturdenkmälern aus vergoldetem Kupfer gefertigten Walmdächer haben ein reich verziertes und bemaltes Konsolgebälk. Makara-Köpfe dienen als Wasserspeier, Gottheiten oder buddhistische Embleme zieren die Randplatten. Auf dem Dachfirst halten Garudas mit Glöckchen behangene Ketten, die an goldenen ›Spitzen‹ – Symbolen der buddhistischen Lehre – befestigt sind.

□ Die Klosterräumlichkeiten

Das Zentrum tibetischer Klöster bildet der Dukhang, die ›Versammlungshalle‹, in der sich die Mönche anläßlich der täglichen gemeinschaftlichen Zusammenkünfte und zur Begehung religiöser Festlichkeiten treffen. In der offenen Vorhalle des Dukhang erkennt der kundige Besucher gewöhnlich die Vier Weltenhüter und didaktische Darstellungen wie das Rad der Existenzen, kosmologische Schaubilder oder Vorschriften für ein angemessenes Verhalten der Mönche. Betritt man die Versammlungshalle durch die mit fein geschmiedeten Beschlägen verzierten, roten, zweiflügeligen Türen, zeigen innen an der Eingangswand Malereien die Dharmapalas, die Religionsschützer des Klosters, an den Seitenwänden findet man oft Schriften oder die Darstellungen der Zwölf oder Hundert Taten des Buddha; der Besucher erkennt Statuen, Stupas mit den Reliquien verstorbener Lamas, die Throne des Klosters- oder Sektenoberhauptes sowie oft auch die des Dalai Lama oder Panchen Lama. Längs der schweren Säulen sieht man im Halbdunkel die Sitzreihen der Mönche, die hier in der Regel zwei- oder dreimal täglich Opferzeremonien vollziehen, während derer sie mit Buttertee und Tsampa aus der Gemeinschaftsküche versorgt werden. Am oberen Ende des Mittelganges befinden sich, leicht erhöht und mit kleinen Tischchen versehen, die Sitze der Tulkus, des Ritualleiters und des Vorsingers. Licht fällt lediglich durch die Eingangstür und einen im Mittelteil des Raumes gelegenen, von langen Säulen getragenen Lichtgaden ein.

Gegenüber vom Haupteingang befinden sich gewöhnlich ein bis drei Sanktuarien von häufig doppelter Stockwerkhöhe, die – durch Türen verbunden – im Uhrzeigersinn begangen werden können und die bedeutendsten Verehrungsobjekte des Klosters beherbergen. Spezielle Gänge ermöglichen dem Gläubigen die rituelle Umrundung einzelner Objekte oder des ganzen Sanktuariums. Gekrönt werden diese bedeutendsten Heiligtümer in großen Klöstern nicht selten von prachtvollen, chinesisch inspirierten Dächern.

Da die Kloster-Universitäten der Gelugpa aus verschiedenen Fakultäten bestanden, verfügten sie neben den Versammlungshallen der einzelnen Fakultäten auch über einen sogenannten *Tshogchen Dukhang*, eine ›Versammlungshalle der Vollversammlung‹. Hier kamen an hohen Festtagen oder bei besonderen zeremoniellen Anlässen alle Mönche des Klosters zusammen, um gemeinschaftlich die erforderlichen rituellen Kulthandlungen zu begehen.

Einen besonderen Platz unter den Gebäuden nimmt der *Gönkhang*, der ›Raum der Schutzgottheiten‹ (tib. *Gönpo*), ein. Er zeigt die Dharmapalas und zählt zu den ehrfurchtsvollsten Stätten tibetischer Klöster. Erhellt wird er nur durch Butterlampen und das durch die Eingangstür fallende Licht. Die Wände sind dunkel gehalten oder mit Schwarzgrundmalereien versehen, die dem Raum eine eindringliche, gespenstige Atmosphäre verleihen: Man erkennt die Dharmapalas, weiterhin die eigene Mächte verkörpernden Reittiere der Schutzgottheiten, menschliche

Sinnesorgane, Eingeweide und ausgerissene Herzen als Warnung an diejenigen, die den moralischen Geboten der Religion zuwiderhandeln. Nicht weniger schreckenerregend erscheinen die figürlichen Darstellungen der Beschützer, unter denen die Hauptstatue des Gönkhang auch oft die Hauptschutzgottheit des Klosters darstellt. Täglich wird hier unter dem Scheppern von Becken und den dumpfen Schlägen einer Standtrommel die rituelle Zufriedenstellung dieser Gottheiten von einem Mönch durchgeführt.

In der Nähe der Dukhang liegt stets die Klosterküche, die die Mönche bei den oft mehrtägigen, rituellen Begehungen mit Tsampa und Buttertee versorgt. Im obersten Klostergeschoß oder in höheren Lagen des Berghanges befindet sich häufig die *Labrang*, die Residenz des Abtes.

Den größten Teil der Gebäude bildeten früher die Mönchsbehausungen, die in fast allen tibetischen Klöstern während der Kulturrevolution völlig oder zum Großteil zerstört wurden. Entsprechend ihrem geistlichen Stand lebten die Mönche entweder allein oder zu zwei bis vier Personen in einem Raum; entsprechend ihrer regionalen Herkunft waren sie in den sogenannten *Khangtsen* untergebracht, die mehr oder weniger autonome wirtschaftliche Einheiten innerhalb der Klöster bildeten und bestimmten Fakultäten angegliedert waren. Daß Mönche aus verschiedenen Teilen Tibets oder aus anderen Ländern wie Ladakh oder der Mongolei in der Gemeinschaft ihrer Landsleute sein wollten, ist verständlich und diente der Verträglichkeit untereinander sowie der Bewahrung regionaler Sitten und Gebräuche.

□ Die Objekte der Verehrung

Der Buddha als das Prinzip der Erleuchtung offenbart sich den Lebewesen nach Vajrayana-Vorstellungen in drei grundsätzlich verschiedenen Aspekten, die als Körper, Wort und Geist des Buddha bezeichnet werden und 1) die körperliche Manifestation des Buddha, 2) seine Lehre und 3) das Erleuchtungsbewußtsein darstellen. Als Symbole des Körpers werden alle Statuen von Buddhas, Gottheiten und Heiligen angesehen, als Symbole des Wortes gelten alle heiligen Schriften und als Symbole des Geistes betrachten die Gläubigen sämtliche Stupas. Von den Tibetern werden diese drei religiösen Objekte als ›Stützen des Glaubens‹ oder als ›Objekte der Verehrung‹ bezeichnet, da der Gläubige, indem er sich den Statuen, den Schriften oder einem Stupa vertrauensvoll zuwendet, sie zur ›Stütze‹ seines Weges macht, religiöse Verdienste anhäuft. Die kultische Verehrung der ›Stützen des Glaubens‹ bildet damit ein bedeutendes Mittel zur Heilserlangung, das allen, auch den einfachen Gläubigen, offensteht. Deutlich wird hier, daß der Erweckung des Glaubens im Sinne des inneren Erfühlens der Wirksamkeit des Numinosen eine ganz besondere Bedeutung beigemessen wird.

□ Der Stupa als Sinnbild des Geistes des Buddha

Nachdem das Pantheon und Schrifttum des Tibetischen Buddhismus bereits behandelt wurden (vgl. S. 107, 95), bedürfen die Stupas hier einer ausführlicheren Erklärung. Als den Symbolen des lamaistischen Kulturbereichs begegnet man ihnen in Tibet allenthalben. In den Klöstern dienen sie als Reliquienbehälter verstorbener Heiliger, am Rande von Orten, die über keine Klosteranlagen verfügen, als Verehrungsobjekte, durch deren rituelle Umkreisung sich die Gläubigen

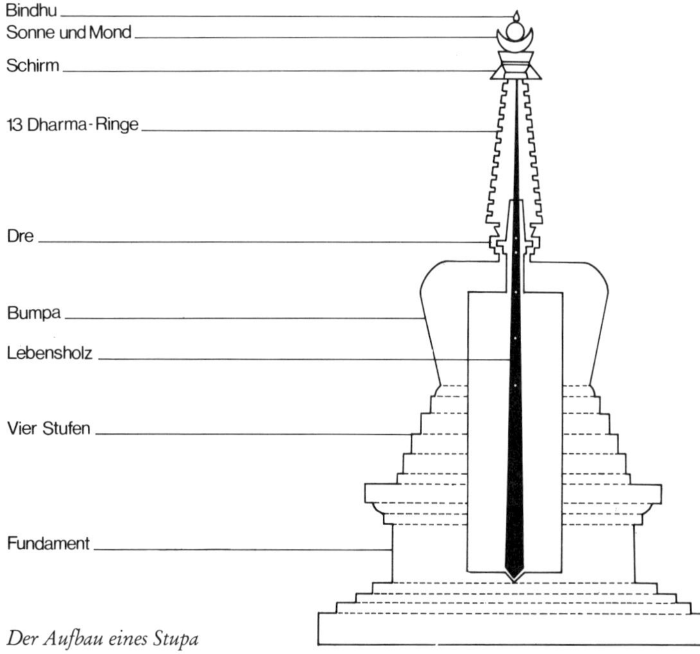

Der Aufbau eines Stupa

in den Geist ihrer Religion versenken, auf Paßhöhen als Wegmarkierungen sowie als Symbole für Glück und Heil. Wo immer man ihnen in der einsamen, weiten Landschaft begegnen mag – schon in ihrer harmonischen, würdevollen Formgebung erscheinen sie als Symbole der Sinnhaftigkeit und Hoffnung, der Geborgenheit in einer übersinnlichen Wirklichkeit, wie sie von den Tibetern im Geiste Buddhas gesehen wird.

Buddhistische Überlieferungen berichten davon, daß bereits die Reliquien des historischen Buddha in einem Stupa beigesetzt wurden. In dem um Christi Geburt zusammengestellten *Mahaparinirvanasutra,* dem »Sutra vom Eingehen des Buddha ins Nirvana«, heißt es gar, daß die sterbliche Hülle unter acht Königen geteilt wurde, die in allen Regionen des indischen Subkontinentes die Reliquien in acht Stupas einlagerten. Neben dieser Funktion als ›Grabmal des Buddha‹ erlangte der Stupa seine eigentliche Bedeutung als Repräsentation des Erleuchteten jedoch erst mehr als 100 Jahre nach seinem Tode. Vom Bedürfnis der einfachen Gläubigen nach einem konkreten Verehrungsobjekt getragen, rückte er bereits im frühen Buddhismus immer stärker in den Mittelpunkt der Gemeinde und bildete, da eine bildliche Darstellung des Buddha als eine unangemessene Verdinglichung des durch ihn verkörperten Erleuchtungsprinzips empfunden wurde, neben Symbolen wie dem Rad oder dem Fuß- und Handabdruck eines der bedeutendsten Objekte der rituellen Verehrung. In verschiedener Formgebung und Größe, als umwandelbares religiöses Objekt wie als begehbare Tempelanlage existieren Stupas in allen zum Buddhismus bekehrten Ländern.

Von den Tibetern werden Stupas als *Chörten,* ›Opferbehältnisse‹ sowie ›Objekt der Verehrung‹, bezeichnet. Damit wird zum einen auf die Funktion – Opfergaben, Reliquien und Texte aufzunehmen –, zum anderen auf die rituelle Bedeutung – in Kenntnis seines Symbolgehaltes rituelle Umrundungen zu vollziehen und in ihm den Geist Buddhas zu huldigen – angespielt.

Die Symbolik des Stupa ist komplex und verwirrend, zudem in der westlichen Darstellung häufig mit Vorstellungen verknüpft, die sich durch Texte nicht belegen lassen und dem Tibeter fremd erscheinen. Im Kern bildet der Stupa – wiederum in der bereits öfter aufgezeigten makro-mikrokosmischen Analogie – gleichermaßen ein Abbild des Universums, des Menschen und seines Weges zur Erleuchtung.

Für den Betrachter unsichtbar verbirgt sich in seiner Mittelachse ein sogenanntes ›Lebensholz‹. Unter kosmologischen Gesichtspunkten gilt es als die Entsprechung des Weltenbaumes, der alten indischen Vorstellungen zufolge im Zentrum der Welt steht und seinerseits mit dem mythischen Weltenberg Meru korrespondiert. Dieses Lebensholz verbindet Erde und Himmel, die im Fundament und in der gewölbten Kuppel des Stupa zum Ausdruck kommen. Die darüber liegenden Aufbauten korrespondieren mit den über der Welt gelegenen feinstofflichen und formlosen Bereichen. Mondsichel und die Sonnenscheibe schließlich bilden die Symbole der grundsätzlichen Polaritäten von ›Methode‹ (Skt. Upaya) und ›Weisheit‹ (Skt. Prajnya, vgl. S. 87), die Flamme weist auf die Befreiung als Resultat der Vereinigung dieser Gegensätze hin. Den verschiedenen Partien und Einzelteilen liegt eine komplizierte Symbolik zugrunde, die den Stupa als Ausdruck der verschiedenen Qualitäten des menschlichen Geistes und der zur Erlangung der Erleuchtung erforderlichen Tugenden versteht.

Erst mit dem Lamaismus scheint die Gruppe der ›Acht Stupas des Sugata‹, die ›Acht Stupas des Wohlgegangenen‹ (= Buddha), entstanden zu sein, die man immer wieder in lamaistischen Klöstern vorfindet. Hierbei handelt es sich um acht Stupas in leicht abgewandelter architektonischer Formgebung, die mit den bedeutendsten Ereignissen im Leben des Buddha verknüpft und damit als Sinnbilder für diese berühmten, als beispielhaft angesehenen Taten in seinem Leben betrachtet werden.

Kunst und Kunsthandwerk

Die ältesten Zeugnisse tibetischer Kunst gehen in die frühgeschichtliche, vorbuddhistische Epoche zurück. Ausgrabungen und Höhlenforschungen förderten einerseits Gebrauchsgegenstände wie tönerne Gefäße, Speerspitzen und Messer aus Bronze, zutage, andererseits magische

Amulette – von den Tibetern *Togja* genannt –, die als Grabbeigaben Verwendung fanden. Tibetreisende wie Guiseppe Tucci oder Peter Aufschnaiter entdeckten Steinkreisziehungen und Menhire als Zeugnisse dieser vorschriftlichen Periode.

Mit der Gründung des tibetischen Großreiches unter König Songtsen Gampo (reg. 629–49) hielt mit dem Buddhismus auch die chinesische und indisch-nepalesische Kunst Einzug ins Schneeland. Dadurch entstanden vor allem indisch, aber auch chinesisch beeinflußte Stilrichtungen, die in späterer Zeit mit der Gründung der großen, philosophischen Schulrichtungen durch berühmte Künstler zur Ausbildung von großen Malschulen führten. Bekanntheit erlangten so vor allem der *Karma Gardri-* und der *Mendri*-Stil, deren Zeugnisse vor allem Klöster der Kagyüpa- und der Sakyapa-Schule schmückten. Zugleich wurden immer wieder indische, nepalesische und chinesische Künstler zur Ausgestaltung der Tempelanlagen ins Schneeland eingeladen, so daß Tibet, auch wenn nur noch wenige dieser Stätten heute erhalten geblieben sind, einzigartige Zeugnisse für das künstlerische Schaffen seiner Nachbarländer besitzt. Gar nicht hoch genug zu bewerten sind so z. B. das westtibetische Tsaparang (vgl. S. 297) mit seinen herrlichen, indisch-buddhistischen Malereien des 11. Jhs., der berühmte Kumbum und die Klosteranlage von Gyantse (vgl. S. 267) mit Zeugnissen nepalesisch-newarischen Kunstschaffens des 15. Jhs. oder das Kloster Zhalu (vgl. S. 273) mit seinen beeindruckenden Malereien und Plastiken.

Charakteristisch ist der tibetischen Kunst in all ihren Stilrichtungen eine gewisse Statik, die zum einen in der ikonometrisch festgelegten Darstellungsweise der Gottheiten begründet liegt, zum anderen auf einer Kunstauffassung beruht, die in Stiltreue und originalgetreuer Bewahrung der jeweiligen künstlerischen Tradition ihr Ideal sieht. Dadurch, daß die künstlerische Freiheit im wesentlichen auf die kompositionelle Gestaltung des Gesamtwerkes und die Ausgestaltung der landschaftlichen Umgebung reduziert wird, tritt die Individualität des Meisters hinter den ureigenen Auftrag zurück: Die Wirklichkeit des buddhistischen Heilsweges durch die Darstellung von Buddhas und Gottheiten und durch die Illustration buddhistischen Gedankengutes lebendig zu machen.

Die Künstler und ihre Techniken

Die tibetische Kunst war eine auftragsgebundene Kunst. Ausgeübt wurde sie weniger von Mönchen als von Laien, die – der handwerklichen Tradition ihrer Familie folgend – für ihre Dienste von Klöstern, wohltätigen Gabenherren oder Privatleuten verpflichtet wurden und ihre Arbeiten an den Wünschen der Auftraggeber ausrichteten. Es galt als eine grundsätzliche Voraussetzung für die Anfertigung religiöser Bildnisse, daß die Künstler Einweihungen in die Wirklichkeitssphäre der jeweiligen, zu fertigenden Gottheiten besaßen, um so einen Zugang zum eigentlichen Wesen ihrer Arbeit zu bekommen und die Gottheiten aus eigenem inneren Erleben gestalten zu können.

Mit ihrem Schaffen erfüllten die Meister eine wichtige soziale Funktion. Einerseits illustrierten sie durch die Ausschmückung von Klöstern und Lhakhang die glorreiche Tradition der verschiedenen Mönchsgemeinden, andererseits dienten sie den Bedürfnissen der Laienbevölkerung, die lamaistische Kultfiguren vor allem in Auftrag gab, um von Krankheiten zu genesen, Unheil abzuwenden oder einem verstorbenen Familienmitglied eine günstige Wiedergeburt zu sichern.

Herstellung von Plastiken

Tibetische Plastiken werden in der Regel aus Lehm, Ton oder verschiedenen Metallegierungen hergestellt, seltener aus Stein oder Holz. Schon aus Kostengründen ist die Mehrzahl der großen Statuen aus einem Lehm- oder Tongemisch gefertigt, das – mit Papier und bisweilen auch Streifen aus Gaze versetzt – auf einen Holzkern als Basis aufgetragen wird. Ist sie trocken, wird die Statue poliert und farbenprächtig bemalt.

Gehämmerte Statuen werden stets in mehreren Teilen gefertigt und aus Metallplatten zurechtgeschlagen, die in der Regel aus Messing, Kupfer oder Bronze bestehen, seltener aus Silber oder Gold. Um die Arbeit zu erleichtern, zeichnet der Künstler gewöhnlich die Umrisse der anzufertigenden Statue auf die noch unbehandelte Metallplatte.

Metallguß wird von den Tibetern mit Hilfe von wiederverwendbaren Gußformen oder nach dem ›Verfahren der verlorenen Form‹ vorgenommen. Während die größeren Metallstatuen in der Regel aus vergoldetem Kupfer bestehen, werden kleinere Statuen häufig aus kostbaren Metallegierungen gegossen und manchmal vergoldet. Berühmt sind Statuen aus *Lima* oder *Dzekyim,* zwei in unterschiedlichen Arten vorkommende Legierungen, die aus bis zu sieben verschiedenen Metallen bestehen und bei uns als ›Glockenmetall‹ bekannt geworden sind.

Die traditionelle Methode des tibetischen Metallgusses bildet das bereits im 7. Jh. von nepalesischen Künstlern übernommene, aufwendige ›Verfahren der verlorenen Form‹. Über einen Lehmkern modelliert der Meister eine Wachsschicht in Form der gewünschten Statue, auf die eine zweite Lehmschicht als Mantel aufgetragen wird. Eine metallene Bodenplatte verbindet Lehmkern und -mantel und ermöglicht es, durch ausgesparte Löcher den Wachs nach vollständiger Trocknung des Lehms durch Erhitzung auszuschmelzen. Danach wird der entstandene Hohlraum mit flüssiger Bronze ausgegossen. Nach der Abkühlung muß der Lehmmantel zwangsläufig zerstört werden, so daß jede nach diesem Verfahren gefertigte Statue ein Original darstellt. Um Gußfehler und Unebenheiten auszugleichen, folgt eine aufwendige Nachbehandlung. Wiedergaben vielarmiger Gottheiten und größere Statuen werden häufig in Teilen gefertigt und später zusammengesetzt.

Tonstatue im Kloster Sera ▷

Während der Künstler lediglich eine unbelebte Form schafft, wird die Statue abschließend von einem Lama geweiht. Dabei gibt man Stoffetzen des Gewandes eines Lamas, Samenkörner, Tsha tsha-Figürchen, Papierstreifen mit Mantras u. ä. als Weihefüllung in den Sockel der Figur und bittet die Gottheit mit einem speziellen Ritual, aus dem ihr eigenen Daseinsbereich in die Statue zu absorbieren. Auf diese Weise ›zum Leben erweckt‹, ist sie ein vollwertiges ›Objekt der Verehrung‹.

Malerei und Applikationstechnik

Neben den Plastiken bilden die *Thangkas,* ›Flachbilder‹, die bekanntesten Zeugnisse tibetischer Kunst. In kostbares Brokat eingefaßt und mit einem Seidentuch als Schutz versehen, werden sie nach Gebrauch aufgerollt und so vor Beschädigung oder Verschmutzung geschützt – weshalb sie auch als ›Rollbilder‹ bekannt sind.

Traditionell werden auf die mit Leimfarbe grundierte, aufgespannte Leinwand zunächst mit Blei- oder Kohlestiften die Bildachsen eingezeichnet und die ikonometrischen Raster der Gottheiten entworfen. Danach malt ein Schüler die einzelnen Gemäldepartien aus; nun übernimmt der Meister die Feinarbeiten und überzeichnet bei kostbaren Gemälden einzelne Partien mit Gold.

Nach der Vollendung faßt man die Leinwand in Brokat ein. Die Malerei selbst, den ›Spiegel der Thangka‹, umrahmen zwei rote und gelbe Brokatstreifen, die als Regenbogen bezeichnet werden. Im unteren Teil des Brokats sitzt, farblich abgehoben, eine ›Tür‹. Ein dünner Seidenschleier, der oberhalb des Spiegels drapiert wird, schützt das Thangka. Thangkas zornvoller Gottheiten werden in der Regel nur bei rituellen Begehungen geöffnet, ansonsten lagern sie zusammengerollt oder durch den Schleier verdeckt, da in ihnen nach lamaistischen Vorstellungen heilwirksame Qualitäten zum Ausdruck kommen, die nur mit der richtigen Einstellung und nicht etwa unbedacht angesehen werden sollten.

Hergestellt werden Thangkas in Form von Malereien, Stickereien, Webereien oder Applikationen von Brokat- und Seidenstoffen. In Applikationstechnik werden besonders die großen, von zahlreichen Klöstern an ihren Festtagen auf eigens dafür errichteten Thangka-Wänden ausgehängten, riesigen Rollbilder gefertigt.

Schrift- und Buchkunst

Tibetische Bücher bestehen aus zweiseitig beschriebenen oder bedruckten, ungebundenen Blättern, deren Breite zur Länge in einem Verhältnis von etwa 3:1 bis 4:1 steht. Gewöhnlich mit sechs bis zehn Textzeilen beschrieben, trägt jedes Blatt links einen Randtitel und eine Paginierung. Nach Gebrauch faßt der Leser die Blätter zwischen zwei hölzerne Buchdeckeln ein und umwickelt alles mit einem Tuch aus Baumwolle, Seide oder Brokat. Hergestellt wurden die Bücher im sogenannten Blockdruckverfahren mit Druckstöcken, in die der Text spiegelverkehrt eingeschnitzt war. Als Druckerschwärze diente aus Birkenholz gewonnene Tusche. Papier produzierten die Mönche im sogenannten Eingießverfahren; dabei wurde der Faserbrei in einen mit einem Baumwolltuch bespannten, festen Rahmen gegossen, so daß das Sieb erst nach der Abtrocknung des Blattes wieder verwendet werden konnte.

Aufgrund der hohen Verehrung, die dem religiösen Schrifttum als der Repräsentation des ›Wortes des Buddha‹ gezollt wurde, besaßen zahlreiche Klöster kostbare Prachtausgaben bedeutender Werke – bisweilen gar den ganzen Kanjur und Tanjur. Dabei handelte es sich zumeist um schwarz oder blau gelackte Seiten, die mit goldener oder silberner Tinte beschriftet wurden. Die Titelseiten bemalten Künstler mit Miniaturen lamaistischer Gottheiten, in die oft vergoldeten

Ein Thangka-Maler vor seinem Bild (1937)

Ikonographie und Ikonometrie

Die friedlichen und zornvollen Gottheiten des lamaistischen Pantheons werden von den Tibetern als symbolhafte Verkörperungen transzendenter Wirklichkeiten betrachtet, die große Heilige einst als Abbilder höherer Wahrheiten visualisierten. Das Ziel der künstlerischen Wiedergabe dieser Gottheiten, deren Darstellungsweise in den Sadhanas, den Ritualtexten zu ihrer Evokation, detailliert beschrieben wird, ist daher an erster Stelle ihre maßgerechte und **ikonographisch korrekte** Wiedergabe. Nur so kann dem Gläubigen eine Vorstellung von der ureigenen Form der Gottheit vermittelt werden – sei es, daß er das Abbild zu kultischen Zwecken verwendet oder daß er es als eine Meditations- oder Visualisationshilfe benutzt.

Bestimmt wird damit jede tibetisch-sakrale Kunst zuallererst durch die künstlerischen Elemente der Ikonographie und Ikonometrie. Die Ikonographie schreibt dem Maler exakt die Darstellungsweise der Gottheit vor, ihre Körperfarbe, die Anzahl der Köpfe und Arme, die Haltung von Armen und Beinen, die ikonographischen Attribute, die Körperhaltung und Gewandung der Gottheit, die spezifische Art der Aureole sowie die Begleitfiguren. Die Ikonometrie, die Lehre von den exakten Proportionen bei der Darstellung von Gottheiten, befähigt den Künstler zur Anfertigung eines komplizierten Rasters, in dem die Gottheit darzustellen ist. Die Komplexität und der Aufbau des ikonometrischen Rasters richtet sich dabei an dem Typus der darzustellenden Gottheit aus.

Ähnlich wie die Ikonographie hat sich die Ikonometrie über Jahrhunderte hin entwickelt. Im Prinzip haben die tibetischen Maler und Zeichner die genauen Gestaltungsvorschriften zur Darstellung der Gottheiten den indischen Tantras entnommen, sie jedoch in den einzelnen stilistischen Traditionen leicht abgewandelt und den aus der indischen Tradition bekannten horizontalen und vertikalen Linien auch noch diagonale hinzugefügt. Je nach der Größe der Darstellung diente dabei ein auf dem menschlichen Körper aufgebautes System aus Daumen, Faust, Handspanne oder Elle dem Künstler als Maßeinheit. Der Wert einer tibetischen Malerei oder Plastik wird damit im wesentlichen durch die exakte Einhaltung der ikonographischen und ikonometrischen Vorschriften bestimmt, hinter die ästhetische Momente, künstlerische Gestaltung und stilistische Eigenheiten des Künstlers zurücktreten müssen.

Die Darstellung der persönlichen Schutzgottheit Kalacakra; hier in der zehngesichtigen Form zusammen mit seiner weiblichen Entsprechung im Yab-Yum eingezeichnet in einem ikonographischen Netz

༄། དྲང་སྲོང་ཁྲོས་པའི་སྐུའི་ཚད་ཐལ་མོ་བཅུ་པ།།
ཁ་རི་ཁང་གསར་གྱི་དགེ་ཚེ་དམ་པའི་བུ་འགྲུབ་རྡོ་རྗེ་ནས་བྲིས་པའོ།།

Buchdeckel schnitzten sie kunstvoll Buddhas, Bodhisattvas, Glückssymbole und Mantras ein. Benutzt wurden diese prachtvollen Ausgaben nicht zum Studium, sondern als ›Objekte der Verehrung‹, deren religiöse Bedeutung schon durch ihren materiellen Wert zum Ausdruck kam.

Kunsthandwerk in Metall

Für viele Bereiche des religiösen wie alltäglichen Lebens produzierten die tibetischen Feinschmiede Gegenstände aus kostbaren Metallen – vorzugsweise Silber, das in großen Mengen aus Indien importiert wurde. Das Gros dieser Arbeiten – Beschläge an Zaumzeug, Sätteln und Gürteln, weiter Deckel und Ständer von Teeschalen, Kannen, Dosen, Gefäße, Amulettbehälter, Spangen, Broschen, Anhänger, Schmuckstücke oder Griffe von Waffen – besticht durch seine hervorragende Qualität. Verbreitete Motive sind die Acht Glückssymbole, daneben Tierornamente mit Drachen, Pfauen, den ›Vier Einträchtigen Brüdern‹ usw., aber auch rein florale Motive kommen vor. Plastisch hervortretende, ornamentale Verzierungen in Form von Wellen-, Ranken-, Perl-, Blüten- oder Blätterbändern sind in raffinierten Ziselier-, Gravur- und Tauschiertechniken gearbeitet. Auch die Goldeinlagen und Einlegearbeiten mit Korallen und Türkisen zeigen den ausgeprägten Sinn der Tibeter für Ästhetik.

Schmuck

Tibeter, gleich ob Männer oder Frauen, lieben fein gearbeitete Schmuckstücke und kostbare Steine über alles. Sie setzen Akzente auf ihrer farbenprächtigen, üppig verzierten Kleidung und dokumentieren damit Reichtum und soziale Stellung. Neben seiner dekorativen, besitzt ein großer Teil des Schmucks aber auch eine praktische, religiöse oder heilkräftige Funktion. So werden Steinfeuerzeuge, Maniküre-Sets, Kämme oder Behälter für Schreibfedern – aus kostbaren Materialien gefertigt und mit Edelsteinen besetzt – häufig am Gürtel getragen. Amulette und Reliquienbehälter dienen als Brustschmuck, und besonders Steinen – allen voran dem sagenumwobenen *Zi* – werden heilkräftige Wirkungen beigemessen.

Der schon traditionell vorwiegend an besonderen Festtagen getragene Kopfschmuck der Frauen ist heute nur noch selten zu sehen. Er bestand aus einem ins Haar gebundenen, bei reichen Frauen mit Perlen und dicken Korallen besetzten Holzstück, dem *Patruk,* das je nach Landessitte verschiedene Formen besaß; in Lhasa bestand es aus einem wohlgeschwungenen, breiten, flach auf dem Kopf getragenen Holz, in Shigatse aus mehreren bogenförmig gewundenen Holzstäben, die den Kopf halbkreisförmig umgaben. Das Zeichen verheirateter Frauen ist neben ihrer gestreiften Schürze eine am Hinterkopf im Haar befestigte Türkisbrosche.

Schmuckverkäuferin im Kloster Drepung

Nahezu jede Frau trägt aus Silber gearbeitete Ohrgehänge und Ohrringe, Halsketten unterschiedlicher Länge, auf der Brust einen *Ga'u*, einen üppig verzierten Amulettbehälter mit ornamental-floralen oder auch religiösen Motiven, Armreifen aus Silber, Elfenbein oder Knochen und mehrere Ringe. Den Gürtel zieren gewöhnlich eine Spange und ein Nadelkissen oder ein kunstvoll gearbeiteter Anhänger, der Wildtierzahn, Ohrlöffel, Zahnstocher und einen kleinen Kamm enthalten mag. Als ein unübersehbares Zeichen materiellen Wohlstandes sind goldene Eckzähne heutzutage überaus beliebt.

Das klassische Schmuckstück adliger Männer war ein Ohrring mit bis zu 25 cm langem, steifen Schaft, der aus goldgefaßten Türkisen bester Qualität und einer zentral eingearbeiteten Perle bestand. Unbeamtete Tibeter trugen runde Ohrringe aus Silber oder Gold, in denen sich bis zu drei große Türkise befanden. Gehalten wurden sie aufgrund ihres relativ hohen Gewichtes zumeist von einer über dem Ohr liegenden Kordel. Am Gürtel trugen die Männer Messer oder Schwerter mit verzierten Griffen und Scheiden, dazu Feuerzeug, Zunderhorn und Pulverbeutel. Nomaden und Osttibeter trugen neben zahlreichen Fingerringen häufig Halbedelsteine und Ringe aus Silber, Elfenbein und Jade im Haar.

Wenngleich die Ga'u, die Amulettbehälter, aufgrund ihrer kunstvollen Fertigung von den Tibetern auch als Schmuckstücke getragen werden, stellen sie eigentlich religiöse, magische Schutzobjekte dar, die ihren Eigentümer vor allen Arten von Unheil und Krankheit bewahren sollen. Der Inhalt dieser Ga'u besteht gewöhnlich aus Papierröllchen mit Mantras, gedruckten Bildchen von Heiligen oder Gottheiten, Tsha tsha-Figürchen, Reiskörnern, die bei einer Weihezeremonie benutzt wurden, Medizinkügelchen oder auch aus einigen Haaren oder den Fetzen des Gewandes eines hoch verehrten Lamas. Dabei ist es die animistische Vorstellung, daß die magische Kraft einer Person auch in ihren Körper, in ihre Gewänder und Besitztümer übergeht, die diesen unscheinbaren Inhalten ihre segensvolle und unheilabwehrende Wirkung verleiht.

Steine und Materialien

Auffällig am tibetischen Schmuck sind sicherlich die Steine, vor allem die Türkise und Korallen, die in ihren leuchtenden Farben den Anmut und die Fröhlichkeit der Tibeter widerspiegeln. Während die Türkise zu einem Großteil in Tibet gefunden wurden, mußten Korallen von China, Rußland und Indien importiert werden. Bernstein war ebenfalls weit verbreitet, wurde aber nicht so hoch geschätzt, Diamanten kamen erst zu Anfang des Jahrhunderts ins Schneeland und waren nur in den Kreisen des Hochadels verbreitet.

Einzigartig und in ihrem Wert nahezu unermeßlich sind für die Tibeter jedoch die als Garanten für Glück und Wohlergehen betrachteten Zi-Steine. Dabei handelt es sich vermutlich um gefärbte oder geätzte Karneole, gelbfarbige Steine mit dunkleren Linien, über deren Herkunft bislang nur wenig bekannt ist. Getragen werden sie häufig an einer einfachen dünnen Schnur um den Hals. Ihre medizinische Heilkräftigkeit und ihre magische Schutzfunktion gelten als unvergleichlich. Ihr Wert bemißt sich nach der Größe und Form sowie nach der Art und Anzahl eingeätzter Zeichnungen. Als bedeutendstes Charakteristikum gilt die Zahl der ›Augen‹, kleinerer Kreise, die als Symbole der Schutzkräftigkeit angesehen werden, wobei ein Zi mit acht oder neun Augen unbezahlbar ist. Bewertet wird der Zi weiter nach den sichtbaren Winkeln, Bändern oder Wellenlinien und der Deutlichkeit der Linien.

Zweifellos handelt es sich bei den Zi um Grabbeigaben oder Schmucksteine von Menschen aus prähistorischer oder neolithischer Zeit. Weit verbreitet sind Erzählungen, daß die Zi einmal eine Art von Würmern waren, die, wenn man sie erblickte und schnell seinen Hut über sie warf, sich zu Tode erschreckten und versteinerten. Andere Überlieferungen erklären sie zu Schmucksteinen der Götter, die auserwählten Gläubigen zuteil wurden oder die sie einfach zur Erde warfen, wenn sie beschädigt waren.

Neben den Zi gibt es eine Vielzahl verwandter, halbdurchsichtiger Natursteine, die ebenfalls hoch geschätzt werden, aber auch eine enorme Anzahl mehr oder minder echt aussehender Imitate, vor denen unerfahrene Antiquitätenjäger dringend gewarnt seien.

Die Feste der Tibeter

Trotz der lustverneinenden Philosophie des Buddhismus sind die Tibeter ein heiteres und lebensbejahendes Volk. Gerne wird jede Gelegenheit wahrgenommen, Feste zu feiern. Neben den privaten Feierlichkeiten im Kreis familiärer oder dörflicher Gemeinschaft nehmen daher Wettkampfsportarten wie Pferderennen, Ringen, Steinheben oder Bogenschießen sowie rituelle Zeremonienfestspiele als didaktische Schauspiele zur Veranschaulichung der Mythologie einen wichtigen Platz im Jahreszyklus ein. Oft strömen die Tibeter in reich geschmückter Festtagskleidung von weit her zu den Schauspielorten, so daß sich schon von daher ein Besuch dieser Veranstaltungen lohnt.

Erst langsam entwickelt sich in Tibet wieder ein Bewußtsein, das an den traditionellen Daten die lokalen Festtraditionen wieder zu neuem Leben erweckt. Die Daten der Feste beruhen auf dem 1027 eingeführten tibetischen Kalender, der das Jahr in 12 Monate à 30 Tage aufteilt und etwa alle sieben bis acht Jahre einen Schaltmonat einfügt, um so die jahreszeitliche Progression auszugleichen. Da gelegentlich Tage wegfallen oder auch hinzugefügt werden, ist das genaue Festtagsdatum gelegentlich nicht immer exakt festzustellen. Falls Sie Feste an Orten besuchen möchten, die weit entlegen sind, sollten Sie sich unbedingt bei tibetischen Reiseorganisationen vergewissern, daß sie auch tatsächlich stattfinden. Dort kann man Ihnen vielleicht auch sagen, an welchen Tagen die Hauptveranstaltung mehrtägiger Festveranstaltungen abgehalten wird.

Aufgrund der unsicheren kulturpolitischen Lage und der Genehmigungspflicht aller Festveranstaltungen kann für die termingerechte Abhaltung der Feste nicht garantiert werden.

Das **Neujahrsfest** (tib. *Losar*) ist die bedeutendste Feierlichkeit des tibetischen Kalenders und wird vor allem im engeren Familienkreis begangen. In den letzten Tagen des Jahres wird das Haus gründlich gereinigt und auf dem Hausaltar symbolisiert ein Korb mit Mehl, Körnern, Butter und aufgesteckten wilden Ginseng-Ähren Wohlergehen und reiche Ernte. Mit Kreide werden die Acht Glückssymbole in die Küche gezeichnet und eine Swastika auf die Eingangstür gemalt. Am 29. Tage des 12. Monats hält die Familie ein opulentes Mahl ab, bei dem lustige Überraschungen in den Momos, den Teigtäschchen, versteckt sind. Am 30. Tage werden am Hausaltar Trank- und Nahrungsopfer wie frisch gesprossene Keimlinge aufgestellt und am Neujahrstag schließlich geht es nun richtig los. Man überreicht sich nun Khatakhs und wünscht sich gegenseitig *Tashi Dele* (›Glück und Wohlergehen‹) und *Losar Zang* (›Glückliches Neues Jahr‹).

Vom 2. Tag des neuen Jahres an werden dann Freunde und Verwandte besucht. Auf dem Land wie in der Stadt vergnügt man sich an den lokalen Veranstaltungen und Wettkämpfen, Tänzen und Gesangsdarbietungen. In Lhasa wird zu dieser Zeit regelmäßig vor dem Potala ein Stangenklettern veranstaltet. Die spektakulären Unternehmungen früherer Zeit, wie etwa das gefährliche und riskante Seilrutschen an einem mehr als 100 m langen Hanfseil von der Spitze des

Potala bis zur Stele vor dem Potala, werden nicht mehr durchgeführt. Sie wurden bereits vom 13. Dalai Lama abgeschafft.

Das **Große Gebet,** von den Tibetern *Mönlam* oder *Mönlam Chenmo* genannt, ist eines der bedeutendsten Feste der Gelbmützen. 1409 von Tsongkhapa eingeführt, findet es vom 3. bis 25. Tage des ersten tibetischen Monats im Lhasa-Tsuglagkhang und in kleinerem Umfang im Kloster Tashilhünpo von Shigatse statt (vgl. S. 151, 275).

Unter der Leitung der für ein Jahr ernannten beiden *Zhängo* von Drepung, versammeln sich die Mönche der Klöster von Sera, Drepung und Ganden im Lhasa-Tsuglagkhang und halten Gebete und Disputationen ab. Am 25. Tage endet das Fest mit einer morgendlichen Prozession, in der die Maitreya-Statue der Südlichen Kapelle des Tsuglagkhang um den Barkhor getragen wird. Nachmittags finden an diesem Tage verschiedene sportliche Wettkämpfe zur Zerstreuung statt.

Nach Unruhen während des Festes im Jahre 1987 wurde die Begehung des ›Großen Gebetes‹ von den Chinesen bis auf weiteres untersagt.

Das Butter-Festival findet stets am 15. Tage des 1. Monats statt. In Lhasa werden in einem Wettbewerb zwischen den großen Klöstern die besten der bis zu 15 m hohen Butterskulpturen ausgezeichnet. Besonders abends bietet sich dem Besucher vor dem Jokhang ein eindrucksvolles Schauspiel. Neben den farbigen, angestrahlten ›Fettobjekten‹ sieht man dort feurige Tänze, Puppentheater und vieles andere mehr.

Der **Geburtstag des Buddha,** von den Tibetern *Saga Dawa,* ›Frühlingsmonat‹, genannt, wird in den Klöstern mit großen Zeremonien begangen. Ganz Lhasa bevölkert an diesen Tagen die Umrundungswege Barkhor und Lingkhor (vgl. S. 171). Besonders am Ufer des Kyichu werden Rauchopfer dargebracht und am Cagpori hauen die Gläubigen zahllose neue Buddha-Bilder in den Fels. Ab Mittags lohnt sich ein Besuch im Chingdröl Chiling-Park auf der Rückseite des Potala – dort halten die Pilger ab Mittag ihre ausgiebigen Picknicks ab.

Während des **Lingkha (›Garten-Fest‹)** genießen die Tibeter in ihrer besten Kleidung Chang, Buttertee und Gebäck in den Parks und Hainen ihrer Umgebung.

Das **Pilger-Fest** ist speziell dem rituellen Besuch heiliger Stätten gewidmet und wird nachmittags mit Feiern, Picknicks und Volkstänzen fortgesetzt.

Pferderennen, Ringen, Steinheben und Bogenschießen sind die vier populären Wettkampfspiele Tibets (tib. *Damag*), die in den Sommermonaten in fast allen Regionen des Schneelandes stattfinden. Das herausragende Pferderennen findet in Nagchu statt – eines der größten Volksfeste, zu dem die Tibeter von überall her anreisen, in ihren bestickten Sommerzelten kampieren, feiern und sich mit Chang berauschen. Ein richtiger Zeltstadtbasar entsteht auf dem Festtagsgelände und jung und alt erfreuen sich an den vielen Volkstanzgruppen.

Der Ursprung tibetischer **Lhamo-Opern** geht auf den berühmten Brückenbauer Thangtong Gyelpo (1375–1464, vgl. S. 246) zurück. Während der Bauarbeiten zu einer Flußüberspannung soll er einst sieben Frauen im Tanz unterrichtet haben. Ihre Bewegungen waren dabei derart lieblich, daß die Leute später sagten, sie glichen ›Göttinnen‹ (tib. *Lhamo*) – womit diese Opern ihren Namen bekommen hatten. Um dem gemeinen Volk heilgeschichtliche Geschehnisse der indischen wie tibetischen Mythologie nahezubringen, ließ Thangtong Gyelpo diese Tänzerin-

Bogenschützen beim Turnier (1936)

nen religiöse Gesangsdarbietungen abhalten. Bei den Aufführungen sammelte er zugleich Geld für seine Brücken.

Ausgeführt werden die Lhamo-Opern noch heute ausschließlich von Laien. Bekleidet sind die Akteure mit traditionellen, oft üppig verzierten Kostümen, vor dem Gesicht tragen sie eine flache Scheibenmaske. Die Vorstellungen ziehen sich gewöhnlich über viele Stunden, wenn nicht Tage hin; als Bühne dient ein von einer Zeltplane abgedeckter, mit Stroh bedeckter Platz, auf dem sich die Schauspieler mangels Vorhang tanzend und singend in die Szenen begeben. Die Bühnenausstattung steht in ihrer bewußt gewählten Einfachheit der Komik der Aufführungen in nichts nach. Die Texte zu verstehen, fällt selbst dem Tibeter schwer. Äußerst faszinierend ist es, wie das Geschehen auf der ›Bühne‹ vom Publikum rezipiert wird. Mal zittert es mit, ist tief gerührt, ob der Tragik und Dramatik der Ereignisse, wartet zugleich aber auch schon auf die von den Schauspielern geschickt inszenierte, teils recht derbe Komik. Drama und Satire, hinreißende Schönheit und pure Posse wechseln im Augenblick und werden von den Zuschauern mit lautem, überschwenglichem Gelächter belohnt.

In den ersten Tagen des 7. tibetischen Monats wird dem Wasser eine heilkräftige Wirkung zugeschrieben. Um daran zu partizipieren, baden und waschen sich die Tibeter in dieser Zeit in den Seen und Flüssen. Wenn Sie Interesse haben, dem Treiben des **Badefestivals** zuzusehen, lohnt sich in Lhasa ab dem spätem Nachmittag oder besser noch am Abend ein Besuch der Insel Jarmalingka, von der man auch einen herrlichen Blick auf den Potala hat.

Dieses alte, ursprünglich rein religiöse **Joghurt-Fest** (tib. *Zhotön*), das wohl im 15. Jh. im Kloster Drepung ins Leben gerufen wurde, diente ursprünglich zu Ehren der Meditierenden. Zum Abschluß einer manchmal gar langjährigen Periode vollständiger Zurückgezogenheit kamen Menschen aus allen Bevölkerungsschichten zusammen, um die Mönche und auch Laien nach der entbehrungsreichen Zeit zu beköstigen.

Ab dem 17. Jh. standen dann Theateraufführungen traditioneller tibetischer Opern im Mittelpunkt dieses Festes. Seit dem frühen 19. Jh. wurde das Zhotön im Sommerpalast Norbulingkha abgehalten und war vor allem für die Oberschicht Lhasas ein Festgelage. Theatertruppen verschiedener Provenienz wetteiferten dabei um die Gunst des Publikums. Seit der Kulturrevolution nehmen aber wieder, wie es heißt, alle Bevölkerungsschichten an diesem Fest teil.

Mit ein wenig Glück kann der Besucher in den Sommer- oder Herbstmonaten die **Feldsegnung** beobachten. Überall im Lande umrunden kleine Prozessionen die Felder. Angeführt von einem Mönch tragen die Menschen Weihrauch, religiöse Symbole und heilige Schriften mit sich. In Tsang und anderen Regionen werden gelegentlich auf den Feldern aus Lehm errichtete Thronsitze aufgebaut, auf denen ein Mönch Riten für eine reiche Ernte zelebriert.

Zwei maskierte Cham-Tänzer

Zahlreiche große Klöster Tibets besitzen die Tradition des *Cham,* ritueller **Zeremonienspiele,** die im Kern stets der Vernichtung des Bösen dienen. Dabei wird das in der Gemeinschaft der Gläubigen angehäufte Böse in eine kleine Teigpuppe gebannt, die sich im Zentrum des Tanzplatzes – zumeist des Klosterhofes – befindet. Mit dem Abschluß der Feierlichkeit wird diese dann symbolisch verbrannt oder zerstört.

Die mit farbenprächtigen, brokatenen Gewändern und großen Masken auftretenden Tänzer stellen Dharmapalas, Beschützer der Religion, samt ihren tierköpfigen Hilfsgottheiten dar und sind damit heilwirksame Kräfte, die den Lebewesen auf ihrem Weg zur Erleuchtung durch die Vernichtung hinderlicher Widerstände hilfreich sind. Die Hauptgottheit bildet gewöhnlich eine Yidam-Gottheit der höchsten Stufe wie Yamantaka, Mahakala oder Hayagriva.

Ziel all dieser rituellen Zeremonienspiele ist es, den Gläubigen Existenz und Wirken heilvoller Kräfte vor Augen zu führen und den tugendhaften Weg der Religion als die Aufhebung der Lebensproblematik herauszustellen.

Am Rande der Cham-Tänze treten verschiedene Figuren wie die Herren der Friedhöfe, die mit Skeletten bemalte Gewänder und Totenkopfmasken tragen, Hva-shang, der als Streitführer der chinesischen Buddhisten in der Samye-Debatte 792–94 unterlag (vgl. S. 52), oder witzige, komische Figuren mit ungelenken Bewegungen auf, die Menschlich allzu Menschliches wie Faulheit, Sorglosigkeit, Zank, Unvernunft, Hochnäsigkeit parodieren und den Zuschauern ihr eigenes Verhalten vor Augen führen sollen.

Die **Tshechu-Tänze** stellen eine besondere Variation des Cham an den Klöstern der roten Sekten, der Nyingmapa, Kagyüpa und Sakyapa, dar, bei denen Lehren und Wirken des Magiers Padmasambhava (vgl. S. 50) hoch geachtet werden. Der Name *Tshechu,* ›Zehnter Tag‹, erinnert an die Geburt dieses *Guru Rinpoche* (›Kostbaren Guru‹), wie er von den Tibetern zumeist genannt wird. Geboren wurde er seiner Biographie zufolge am 10. Tag des 10. tibetischen Monats. Daher ist der 10. Tag, an dem selbstverständlich auch die Tshechu-Festspiele abgehalten werden, bei den Vertretern der roten Sekten ein hoher allmonatlicher Feiertag.

Gegenstand des Tshechu ist stets das Wirken Padmasambhavas. Besonderer Beliebtheit erfreut sich beim Tshechu der *Tshänjä*-Tanz, der ›Tanz der Acht Erscheinungsformen (Padmasambhavas)‹; hier wird gezeigt, wie der Magier den Buddhismus in acht Ländern einführte. Begleitet wird der große Meister stets von König Tisong Detsen (reg. 755–97), Vimalamitra, den ersten Abt des Klosters Samye, und seinen beiden Hauptgefährtinnen Yeshe Tshogyel und Mandarava.

Die Erforschungsgeschichte Tibets

Die Mühen, Strapazen und Gefahren, die Abenteurer, Entdecker und Forscher auf sich genommen haben, um in diesen fast bis in unsere Tage auf den Landkarten noch nahezu weißen Flecken Tibet vorzustoßen, sind heute kaum noch vorstellbar. So standen ihnen – ganz abgesehen von der schwierigen, oft jahrelangen Anreise – nicht nur die das Land auf drei Seiten umschließenden höchsten Gebirgsketten der Welt entgegen, sondern auch der sich im Norden Tibets erstreckende, als undurchquerbar angesehene Changthang schien eine gewaltige Barriere zu sein. Diejenigen, die selbst diese Strapaze hinter sich gebracht hatten, wurden sodann von der Attitüde eines freiheitsliebenden Volkes überrascht, das soweit notwendig, Handelsverbindungen mit seinen Nachbarländern aufrechterhielt, an der Aufnahme von Beziehungen zu fremden Kulturen aber scheinbar nur wenig Interesse zeigte – ja, sich in den letzten Jahrhunderten bewußt vor allen Eindringlingen verschloß. Die Nachrichten und Spekulationen, die seit jeher über diese Region in den Westen gelangt waren und von einer eigenartigen, Neugierde erweckenden Zivilisation berichteten, erhielten auf diese Weise neue Nahrung. Der Wunsch, dieses Land zu bereisen, zu erforschen und seine sagenumwobene, rätselhafte Kultur zu ergründen, führte zu immer neuen Unternehmungen. Doch nur wenigen war es zuteil, das sehnsüchtig erstrebte Ziel ihrer Reise zu erreichen: Lhasa, die ›Stadt der Götter‹.

Die frühesten Berichte über Tibet stammen von den am Hofe des mongolischen Yuan-Kaisers Khubilai Khan weilenden Reisenden: Als erstem von dem Franziskaner-Mönch Wilhelm von Rubruk, der 1253 im Auftrage von Ludwig IX. die Möglichkeiten zur Missionierung der Mongolen erkunden sollte, nicht viel später von dem venezianischen Kaufmann Marco Polo, der 1271–92 in Beijing verweilte, und von dem Franziskaner-Mönch Odorico von Pordenone, der sich 1325–30 in China aufhielt. Bereits hier ist von den magischen Fähigkeiten tibetischer Lamas, von der Himmelsbestattung und von den ›Lebenden Buddhas‹ die Rede. Ihre Berichte beruhten auf persönlichen Begegnungen mit Lamas am Kaiserhof oder auf Nachrichten, die sie in Gesprächen mit anderen Reisenden gesammelt hatten. Bis Tibet war jedoch keiner von ihnen je vorgedrungen.

Weitere 300 Jahre sollten vergehen, bis der portugiesische Jesuiten-Pater Antonio de Andrade und sein Mitbruder Marques sich Anfang der 20er Jahre des 17. Jhs. aufmachten, die letzten Gemeinschaften nestorianischer Christen im tibetischen Hochland zu suchen. 1624 erreichten sie nach mühevoller, viermonatiger Reise vom indischen Agra als erste Europäer Tibet und verbrachten einen guten Monat am Hofe des Königs von Guge im westtibetischen Tsaparang. In den folgenden Jahren gelang ihnen gar die Errichtung einer christlichen Mission in Tsaparang mit einer Dependance in Shigatse. Wenngleich andere Jesuiten-Patres folgten, war ihre Missionierung nur von kurzzeitigem Erfolg. Nachdem de Andrade als Günstling des Herrscherhauses von Guge zunehmend die tibetischen Lamas attackiert hatte, verbündete sich der königliche Bruder, das geistliche Oberhaupt von Guge, mit dem Herrscher von Ladakh. 1633 wurde der

König von Guge in seiner Burg festgesetzt und schließlich als Gefangener nach Ladakh verschleppt. Man hörte nie wieder von ihm.

1660 setzten der Österreicher Johannes Grueber und der Belgier Albert d'Orville die jesuitische Tibet-Mission fort, indem sie von Beijing über den Kukunor nach Lhasa reisten und dort zwei Monate verbrachten, bevor sie über Nepal das Schneeland wieder verließen. Die Ergebnisse ihrer Reise beinhalteten erste authentische Beschreibungen Lhasas und zeigten eine Skizze des im Bau befindlichen Potala. Veröffentlicht wurde ihr Bericht in dem 1667 in Amsterdam von dem jesuitischen Gelehrten Athanasius Kirchner herausgegebenen, monumentalen Werk *China Illustrata.*

Italienische Kapuziner missionierten in Tibet, speziell in Lhasa, mit kurzer Unterbrechung von 1707–33. Man schätzte sie als Ärzte, weniger jedoch als Glaubensverkünder. Sie wurden zu Augenzeugen der Auseinandersetzungen zwischen den rivalisierenden mongolischen Truppen der Dzungaren und Khoshoten und beobachteten, wie die 1720 von den Qing-Kaisern nach Lhasa entsandten Truppen die innere Ordnung und die Suzeränität über Tibet wiederherstellten. 1716 machte sich auch der italienische Jesuiten-Pater Ippolito Desideri über Westtibet, am Kailash vorbei dem Transhimalaya folgend, auf den Weg nach Lhasa. Beeindruckt zeigte er sich von der tiefen Gläubigkeit der Tibeter und den Tugenden der lamaistischen Lehre. Als Anzeichen satanischen Wirkens erschienen ihm hingegen die magischen Vorstellungen und rituellen Praktiken, die verschiedenen Formen der Vielehe ebenso wie die Bestattung der Toten. Als erster legte er eine umfassendere Beschreibung des Lamaismus vor, ohne jedoch zu erkennen, daß es sich um eine Form des Buddhismus handelte. Sein Reisebericht ist ein bedeutendes Zeitdokument zur tibetischen Kulturgeschichte.

Doch nicht nur als Missionsgebiet und unerforschtes Territorium lockte Tibet. Nachdem die East India Company Mitte des 18. Jhs. das Handelsmonopol über Indien erlangt hatte, suchten die Briten nach Möglichkeiten, mit Tibet Beziehungen aufzunehmen. Günstige Handelsverbindungen nach China zum Import von Seide boten sich an, die Ressourcen Tibets, für die Gold und Moschus verlockende Beispiele bildeten, waren andererseits noch kaum erforscht. 1774 wurde der erst 28jährige Schotte Georg Bogle in Begleitung Alexander Hamiltons von der East India Company in das Schneeland entsandt. Ihre Reiseroute verlief über Bhutan und durch das Chumbi-Tal nach Gyantse und Shigatse. Bogle war von der Zuvorkommenheit und der direkten Art, mit der der Panchen Lama ihn behandelte, beeindruckt. Ein vertrautes Verhältnis entwickelte sich zwischen beiden und Bogle heiratete schließlich gar eine Schwester des Panchen. Da der Panchen Lama seine Gesuche um Eröffnung von Handelsbeziehungen jedoch stets dem Regenten in Lhasa zur Entscheidung vorlegte, wurde Bogles Mission nicht von dem gewünschten Erfolg gekrönt. Im Frühjahr des folgenden Jahres kehrte er nach Indien zurück. Der Panchen Lama verstarb 1780 bei seinem Besuch des Kaiserhofes in Beijing, Bogle 1781 im Alter von 34 Jahren in Kalkutta. 1783 folgte eine weitere Mission unter der Leitung von Samuel Turner. Doch auch sie brachte den Briten nicht das erwünschte Handelsabkommen.

1788–92 fielen die Gurkhas, nachdem sie 1770 zur beherrschenden Macht Nepals geworden waren, in Tibet ein. Geschlagen wurden sie 1792 von den Truppen des Qing-Kaisers Qianlong (reg. 1735–96). Da die Briten aufgrund ihrer passiven Haltung verdächtigt wurden, heimlich den Nepalesen geholfen zu haben, schlossen sich die Grenzen für weitere britische Expeditionen. Lediglich Thomas Manning sollte noch das Kunststück gelingen, 1811/12 Lhasa zu besuchen und sogar vom Dalai Lama empfangen zu werden.

Von der Mongolei aus durch die nordosttibetische Provinz Amdo drangen 1846 schließlich wieder zwei französische Lazaristen-Brüder nach Lhasa vor: Regis-Evariste Huc und Joseph Gabet. Ihr Aufenthalt war jedoch nur von kurzer Dauer. Auf Betreiben des chinesischen *Amban*, des Kaiserlichen Kommissionärs, mußten sie Tibet nach einigen Monaten wieder via Batang verlassen. Ihre detaillierte, lesenswerte Beschreibung von Land und Leuten erschien erstmals 1853 in zwei Bänden. Nur drei Jahre später besuchten die Gebrüder Adolph, Herrmann und Robert Schlagintweit Westtibet. Nach der Ermordung von Adolph 1857 durch den Usbeken-Führer Weli Khan, beendeten sie ihre Reise. Sie hinterließen umfangreiche geologische, magnetische und meteorologische Aufzeichnungen sowie reiche botanische, zoologische und ethnographische Sammlungen. Die Auswertung ihrer Forschungsergebnisse veröffentlichte später vor allem ihr jüngerer Bruder Emil, der gemeinsam mit dem in Ladakh aktiven Herrnhuter Missionar August Hermann Franke zum Begründer der deutschen Tibetologie wurde.

Nach der geographischen Vermessung der Regionen südlich des Himalaya suchten die Engländer nach Wegen, auch die tibetische Hochebene zu kartographieren. Um das bestehende Einreiseverbot für Briten zu umgehen, entschlossen sie sich, indische Gelehrte, *Pandits*, im Gebrauch von Kompaß, Sextant und Barometer auszubilden und sie Ortsbestimmungen und Routenaufnahmen in Tibet durchführen zu lassen. Ab 1864 wurden auf diese Weise mehrere geheimgehaltene Expeditionen durchgeführt, die speziell der geographischen Erforschung noch unbekannter Regionen West-, Zentral- und Nordosttibets dienten. Das Gepäck der Inder besaß doppelte Böden, ihre Kleidung versteckte Taschen. Als Längenmaß diente den als Pilgern oder Kaufleuten verkleideten Pandits ihre Schrittzahl, die sie mit Hilfe ihrer auf 100 Perlen verkürzten Gebetsschnur abzählten. Mit Siedebarometern ermittelten sie die Höhen. Zur Aufzeichnung der Meßergebnisse benutzten sie die unbeschriebene Papierrolle ihres Gebetszylinders. Die Leistung, die Pandits wie Nain Singh, Kishen Singh oder Kintup auf diese Weise vollbrachten, ist gar nicht hoch genug einzuschätzen: Die Erforschung des Tsangpo von seiner Quelle bis zur Einmündung des Kyichu, der Nachweis, daß der Tsangpo mit dem in Assam den Himalaya durchbrechenden Brahmaputra identisch ist, die Aufzeichnung der Handelsroute von Gartok, der damals größten Stadt Westtibets, bis nach Lhasa; weiterhin die Erforschung der westtibetischen Goldfelder und des Tengri Nor, die Kartographierung des Handelsweges von Lhasa zur Mongolei sowie auch geographische Aufzeichnungen über unerforschte Regionen Osttibets bildeten die Ergebnisse dieses bewundernswerten Engagements, der großen Selbstdisziplin und der akribischen Exaktheit auf oft jahrelangen Reisen – ganz zu schweigen von den unerdenklichen Mühen und Gefahren, denen die Pandits ständig ausgesetzt waren, sei es enttarnt, von Räubern überfallen oder – wie Kintup es erfahren mußte – Leibeigener eines tibetischen Gutsherren zu werden.

Ab 1878 machte sich auch der bengalische Lehrer Sarat Chandra Das, wie seine Landsleute vom britischen Survey of India ausgebildet, mehrfach auf die Reise nach Tibet. Während sich der ihn begleitende sikkimesische Lama Ugyen Gyatsho um die geographische Aufgabe kümmerte, richtete Sarat Chandra Das sein Augenmerk mehr auf die Politik und Religion Tibets und studierte das Rechts- und Sozialwesen. Seine Reiseberichte und die vielfältigen tibetologischen Arbeiten – darunter ein tibetisch-englisches Lexikon, das bis heute seinen Wert besitzt – zeugen von seiner intimen Kenntnis der tibetischen Kultur.

Doch nicht nur die Briten streckten zu dieser Zeit ihre Fühler nach Tibet aus. Auch der russische Zar, gleich den Briten nicht bar imperialer Ambitionen, sandte Erkundungsexpeditionen in das tibetische Hochland und im Zuge des englisch-russischen Interessenkonfliktes kam es zu dem berühmten ›Great Game‹, dem Wettlauf um politische Einflußnahme auf dem ›Dach der Welt‹.

Von 1870–85 führte Nicholas Michailovich Prjevalski vornehmlich im Kukunor- und Tsaidam-Becken vier Expeditionen durch, die bedeutende physio-geographische und zoologische Ergebnisse brachten. Berühmt wurde er durch die Entdeckung des in den tibetisch-mongolischen Steppen beheimateten, nach ihm benannten Pferdes, das als direkter Nachkomme des Urpferdes gilt. In seiner dritten Expedition befand sich auch ein gewisser Agvan Dorjiev. Als russischer Burjate dem lamaistischen Glauben angehörend, trat er später – vom zaristischen Geheimdienst angeworben – in das Kloster Drepung ein. Aufgrund seiner exzellenten Beherrschung buddhistischer Logik stieg er schnell in der Mönchshierarchie auf und wurde zu einem Lehrer und Vertrauten des heranwachsenden 13. Dalai Lama (1876–1933). Indem er den russischen Zaren als eine Reinkarnation Tsongkhapas darstellte, intrigierte er erfolgreich gegen Britisch-Indien und das zu dieser Zeit suzeräne China. Bezeugt ist Dorjievs Einfluß durch den Japaner Ekai Kawaguchi, der von 1899–1902 in Tibet, zumeist in Lhasa, weilte und dort, unter der Vorgabe, ein chinesischer Gläubiger zu sein, den Buddhismus studierte.

Angesichts des Machtverfalls der Qing-Dynastie (1644–1911) ließen sich die Briten 1904 – beständig daran gehindert, ihre eigenen Interessen in Tibet vertreten zu können und zugleich aus Furcht, Rußland könne auf Dauer die angestrebten Handelsverbindungen zwischen Britisch-Indien und Tibet unterbinden und damit britische Machtinteressen gefährden – unter Colonel Younghusband zu einer militärischen Aktion gegen Tibet hinreißen. Mit der folgenden Eröffnung von Handelskontoren verbrachten Sir Charles Bell, Agent der britischen Regierung in Gyantse, und später Hugh E. Richardson, Stellvertreter Großbritanniens in Lhasa, sowie der Funker John Ford viele Jahre im Schneeland.

Die wissenschaftliche Erforschung Tibets blieb jedoch nicht den Briten und Russen allein überlassen. Bereits 1891 hatte Sven Hedin mit seinen denkwürdigen Forschungsreisen erstmals seinen Fuß auf zentralasiatischen Boden gesetzt. 1894 erforschte er die Geheimnisse des rätselhaften ›Wandernden Sees‹, des Lop-nor, 1899 suchte er vergeblich von Nordosten Lhasa zu erreichen, 1906 unternahm er von Indien auf dem Umweg über Ostturkestan einen erneuten Vorstoß in das ›Verbotene Land‹, der ihn bis nach Shigatse führte, 1908 drang er als Schafhirte verkleidet nach Westtibet vor. Sein sehnsüchtiges Ziel, Lhasa zu erreichen, blieb ihm jedoch trotz unfaßbarer Mühen und Strapazen – einige seiner Begleiter sowie zahllose Last- und Reit-

Sven Hedin

Ernst Schäfer

tiere kamen uns Leben – aufgrund der Wachsamkeit der Tibeter aber verwehrt. 1928 und 1933 leitete er zwei weitere Forschungsexpeditionen in China und längs der Seidenstraße. Bis heute verbindet sich mit ihm enger als mit jedem anderen die geographische Erforschung Zentralasiens.

Der vielleicht bedeutendste deutsche Forscher in Tibet, Wilhelm Filchner, unternahm von 1903 an, teils mit dem Mediziner Albert Tafel, mehrere Reisen in das nordöstliche, östliche und südliche Tibet. Er führte erdmagnetische, meteorologische und topographische Messungen durch, legte eine umfangreiche botanische und zoologische Sammlung an und verfaßte quasi als Nebenprodukt seiner naturwissenschaftlichen Untersuchungen hervorragende Arbeiten zur tibetischen Kultur. Besondere Erwähnung verdient seine 1933 erschienene Arbeit *»Kumbum Dschampa Ling«*, eine in ihrer Detailliertheit einzigartige Beschreibung eines tibetischen Klosters.

Mit der Französin Alexandra David-Neel, die sich von 1912 an 14 Jahre lang ununterbrochen in Tibet aufhielt, begann ein neuer Abschnitt in der Erforschung des Landes. Alexandra war tief ergriffen vom Weltbild des Lamaismus und widmete sich intensiv der meditativen Praxis. In ihren Büchern berichtete sie über ihre vielfältigen Reisen, ihre Begegnungen mit außergewöhnlichen Lamas und ihre magisch-mystischen Erlebnisse. Damit belebte sie erneut den Mythos über ein rätselhaftes Land, in dem Menschen durch spezielle meditative Praktiken in den Besitz außergewöhnlicher übersinnlicher Kräfte gelangten. Aus ähnlichen Gründen bereisten später der Amerikaner Theos Bernard und Lama Anagarika Govinda Tibet. Bernard suchte seine Erlebnisse kommerziell zu verwerten und bezeichnete sich selbst später zum Erstaunen tibetischer Geistlicher als Lama. Anders Govinda: Geboren wurde er unter dem Namen Ernst Lothar Hoffmann als Sohn eines Deutschen und einer Bolivianerin. Nach seiner Promotion in Philosophie an der Universität Freiburg fand er eine Anstellung als Lektor im indischen Patna. Tief von der Lehre Buddhas bewegt, wandte er sich später nach Tibet, um einen spirituellen Lehrer zu finden. Aufgrund seiner profunden geistlichen Ausbildung, seiner hervorragenden Kenntnis buddhistischer Metaphysik und seiner vorbildlichen Praxis wurde er als einziger Europäer von der tibetischen Geistlichkeit als Lama akzeptiert.

Heinrich Harrer

Gekennzeichnet wird diese Periode der Erforschungsgeschichte Tibets aber auch von Abenteurern und Weltenbummlern wie Herbert Tichy oder William Montgomery-McGovern. Verkleidet als Diener ihrer einheimischen Reisebegleiter kamen sie auf eigene Faust weiter als manch großangelegte Forschungsexpedition. Tichy umkreiste 1936 den heiligen Berg Kailash, McGovern erreichte 1923 während des Neujahrsfestes gar Lhasa.

Für die naturwissenschaftliche Erforschung Tibets im 20. Jh. stehen vor allem zwei Namen: Brooke Dolan und Ernst Schäfer. Dolan, Mitglied der Akademie der Naturwissenschaften von Philadelphia, führte 1931/32 und 1934/35 zwei Tibet-Expeditionen durch, die vor allem der Anlage zoologischer und botanischer Sammlungen dienten. Die größte Bedeutung seiner ersten Reise, an der auch die deutschen Biologen Walter Stötzner, Hugo Weigold und Ernst Schäfer teilnahmen, bildeten die Forschungsergebnisse über den Lebensraum des inzwischen weltweit bekannten Panda, des ›Bambus-Bären‹, der noch heute im Südosten Tibets beheimatet ist.

Dem Zoologen Ernst Schäfer gelang es auf seiner eigenen Expedition 1938/39 endlich, Lhasa zu erreichen. Neben seinen wertvollen Reiseberichten und Filmaufnahmen hatte er mehr als 2500 Objekte aller Art gesammelt. Seine Funktion als Vertreter des Deutschen Reiches, der zur tibetischen Regierung diplomatische Kontakte knüpfen sollte, hat seinen Berichten allerdings nie zu der Publizität verholfen, die spätere Tibetreisende mit ihren Büchern erreichten – allen voran Heinrich Harrer.

Als Mitglied einer Nanga-Parbat-Expedition 1939 nach der deutschen Kriegserklärung an England in Indien interniert, gelang ihm nach mehreren Versuchen die abenteuerliche Flucht mit dem Österreicher Peter Aufschnaiter auf das ›Dach der Welt‹. 1946 bis 1950 verbrachten die beiden, z. T. in Diensten der tibetischen Regierung, in Lhasa. Harrer leitete Kanalisierungsarbeiten des Kyidchu und unterrichtete später gar, wie sein bekannter Reisebericht »Sieben Jahre in Tibet« erzählt, den Dalai Lama. Aufschnaiter verwuchs während seines Aufenthaltes sicherlich mehr als viele andere Reisende mit dem Lande, erregte in seiner stillen, bescheidenen Art allerdings weitaus weniger Aufsehen. Er widmete sich der Entwicklung der tibetischen Landwirtschaft und arbeitete erfolgreich an verschiedenen technischen Aufgaben; so baute er u. a. ein kleines Elektrizitätswerk in Lhasa. Auch hinterließ er archäologische Gräberfunde, meteorologische Messungen, hervorragende Stadtpläne von Lhasa, wissenschaftliche Artikel, Skizzen, Zeichnungen, Photos sowie einen posthum veröffentlichten, wertvollen Reisebericht.

Während ihres Tibet-Aufenthaltes trafen Harrer und Aufschnaiter 1948 mit dem italienischen Tibetologen Giuseppe Tucci zusammen, der von etwa 1930 bis 1949 als Leiter des römischen Instituts für den Mittleren und Fernen Osten insgesamt acht Reisen durchführte. Die Berichte, die er über seine Erforschung der westtibetischen Kulturdenkmäler sowie über seine Reisen nach Shigatse, Gyantse, Lhasa, Samye und ins Yarlung-Tal hinterließ, vervollständigen die Vielfalt seiner bahnbrechenden Arbeiten auf allen Gebieten der Tibetologie.

Das von chinesischen Truppen heimgesuchte Tibet haben nur noch wenige Reisende gesehen. Lowell Thomas jun. und sen. reisten 1955 in die ›Verbotene Stadt‹ und brachten den letzten großen Film des ›Alten Tibet‹ mit. Nach der Flucht des Dalai Lama 1959 wurde nur noch ganz wenigen von den neuen Machthabern eine Reise auf das ›Dach der Welt‹ gestattet. 1962 erlaubten die Chinesen dem englischen Journalisten-Ehepaar Stuart und Roma Gelder, Lhasa zu besuchen. Ihr Bericht »The Timely Rain«, der auf Gesprächen mit dem Panchen Lama, tibetischen Regierungsbeamten, Nomaden und Mönchen basiert, verdeutlichte, daß die vom tibetischen Buddhismus getragene traditionelle Kultur im Schneelande – trotz offiziell genehmigter Religionsfreiheit von seiten Chinas – ihrem Ende bereits nahe zu sein schien.

Die Orte und Klöster Tibets

Zentraltibet und das westliche Tsang

Lhasa, die ›Hauptstadt‹ Tibets

Lhasa (offiziell in 3658 m Höhe gelegen, in Wirklichkeit aber wohl ein wenig über 3700 m hoch), als ›Stadt der Götter‹ oder ›Königssitz‹ zu übersetzen, bildet mit derzeit etwa 130 000 Einwohnern die Metropole Tibets. Während vieler Jahrhunderte lag sie im Brennpunkt der Geschichte. Die tibetischen Könige machten Lhasa von 620 bis 841 zum Herrschaftssitz ihres ausgedehnten Reiches. Vom 15. Jh. an avancierte die ›Stadt der Götter‹ unter den Gelugpa zum Regierungssitz der lamaistischen Autokratie. Heute ist sie die Regionalkapitale der Autonomen Region Tibet.

»Der Himmel (dieses Ortes) gleicht einem achtspeichigen Rad der Lehre, ein Zeichen guter Vorbedeutung; der Boden gleicht einem achtblättrigen Lotus, ein Zeichen des Glücks; die Berge gleichen den Acht Glückssymbolen, ein Zeichen guten Gedeihens!«, so hatte die in der weissagenden Kunst der Geomantie bewanderte chinesische Tang-Prinzessin Wencheng bei ihrer Ankunft in Lhasa über die Stadt geurteilt, eine Einschätzung, die angesichts der spärlichen Vegetation weiter Landstriche Zentraltibets nicht verwundern mag. Ist das Lhasa-Tal doch eine der fruchtbarsten und erfreulichsten Regionen Tibets, grün, voller Sonnenschein und tagsüber fast immer angenehm temperiert.

Seit seiner Gründung im 7. Jh. stellt Lhasa eines der erhabensten Pilgerziele zahlloser Gläubiger dar. Im Herzen der Altstadt ist der Jokhang, das tibetische Nationalheiligtum, gelegen, nicht weit westlich davon türmt sich majestätisch der Potala auf dem Berge Marpori empor. Den zahlreichen weiteren kleineren Klöstern und heiligen Stätten innerhalb der Stadt schließen sich die drei großen Klosteruniversitäten Sera, Drepung und Ganden in der näheren Umgebung an. Für den Großteil der Tibet-Reisenden in den letzten Jahrhunderten als ›Verbotene Stadt‹ unerreichbar, wurde Lhasa von der Allgegenwärtigkeit einer mittelalterlichen Klosterkultur geprägt, die mit ihren Legenden und den nur schwer verifizierbaren Wundergeschichten den Mythos der Stadt bis heute am Leben erhielt.

Die Geschichte von Lhasa begann im 7. Jh., als Songtsen Gampo (reg. 629–49), der 33. tibetische König, mit der Tradition seiner Ahnen brach und die Residenz vom Yarlung-Tal in das weitläufige, fruchtbare Lhasa-Tal verlegte – eine Entscheidung, die einen wichtigen Schritt auf dem Wege zur Seßhaftwerdung des tibetischen Volkes bildete. Seinen Palast errichtete er auf dem Marpori, jener Erhebung, die heute den Potala trägt. Die von ihm dort gegründete Stadt wurde zunächst als *Rasa*, ›Umfriedeter Ort‹, bekannt, vermutlich da sie von einer hohen Stadtmauer umgeben war. Die spätere lamaistische Historiographie leitet diesen Namen allerdings von einer mythologischen Begebenheit ab (s. u.).

Die Errichtung des Jokhang, des landesweiten religiösen Zentrums, markiert den Beginn der buddhistischen Bekehrung. Zahlreiche weitere heilige Stätten wie der Ramoche, der Dralha Lubuk oder der Meru Nyingpa folgten.

Mit der Machtübernahme des tibetischen Königs Langdarma (reg. 836–42) wurden in der Phase der Buddhistenverfolgung die heiligen Stätten geschlossen und teilweise zerstört. Nach seiner Ermordung versank Tibet wieder in eine Periode der Kleinstaatlichkeit. Erste zaghafte Versuche zur Rekonstruktion buddhistischer Stätten in Lhasa sind in das 11. Jh. datierbar. Dadurch, daß die zu Anfang des 15. Jhs. entstandene Gelbmützen-Schule ihren Einflußbereich mit der Gründung der Klöster Sera, Drepung und Ganden auf das Lhasa-Tal konzentrierte, erhielt Lhasa im 17. Jh. mit der Errichtung des Potala und des zu seinen Füßen gelegenen Regierungsviertels Zhöl endgültig seinen Status als ›Hauptstadt‹ und Regierungssitz zurück. Mitte des 18. Jhs. folgte die Errichtung des Norbulingka, des Sommerpalastes der Dalai Lamas.

Nach der chinesischen Invasion 1950 trat eine tiefgreifende Änderung des Stadtbildes ein. Die ehemals als Eingangstore zur Stadt führenden großen Stupas mußten den neu angelegten breiten Alleen weichen, besonders im Norden und Westen Lhasas entstanden neue Siedlungen in Fertigbauweise zur Unterbringung der eingewanderten Han-Chinesen. Heute leben schätzungsweise 80 000 Chinesen samt etwa 50 000 Tibetern in Lhasa.

□ Tibets Nationalheiligtum, der Jokhang oder Lhasa Tsuglagkhang

Das höchste Ziel der Pilgerreise jedes lamaistischen Buddhisten bildet der Jokhang. Erbaut im 7. Jh. unter Songtsen Gampo, beherbergt der Tempel neben dem Jobo Shakyamuni, der heiligsten Statue Tibets, zahlreiche weitere kostbare Standbilder, die von den bedeutendsten Vertretern aller großen Schulrichtungen des Tibetischen Buddhismus gestiftet wurden. Der Jokhang muß als das Nationalheiligtum, als das Herz der tibetischen Kultur betrachtet werden. Ist es da verwunderlich, daß sich um keinen anderen tibetischen Tempel ein auch nur annähernd so reicher, ein nur in etwa so phantastischer Bogen von Mythen und Sagen rankt, die – jedem Bewohner des Landes heilig – spüren lassen, wie tief die Tibeter in ihrem Glauben verwurzelt sind?

Wie die Chroniken berichten, schlugen die Versuche von Bhrikuti, der nepalesischen Gemahlin des Königs Songtsen Gampo fehl, eines seinerzeit unweit des königlichen Palastes gelegenes Gewässer namens *Othangi Tsho*, ›See der Milchebene‹, trocken zu legen, um auf ihm einen Tempel zu errichten. Sämtliche tagsüber vollbrachten Arbeiten wurden nachts stets auf eigentümliche Weise wieder zunichte gemacht.

Da gewahrte die in astrologischen und geomantischen Untersuchungen versierte Wencheng, die chinesische Gemahlin von Songtsen Gampo, daß sich eine auf dem Rücken liegende Dämonin über ganz Tibet ausbreitete und die Einführung des Buddhismus behinderte. Da der ›Milchebenen See‹ deren Herzblut bildete, nahm sie ihren goldenen Ring vom Finger und warf ihn in das Wasser. Ein weißer Stupa tauchte auf, verschwand aber alsbald wieder in der Tiefe. Als Mittel zur Harmonisierung der Elemente ließ sie nun Erde (tib. *Sa*) zur Auffüllung des Sees auf dem Rücken von Ziegen (tib. *Ra*) herbeibringen, die als magische Ausstrahlung der

Die beiden Gemahlinnen von König Songtsen Gampo, Bhrikuti und Wencheng

buddhistischen Schutzgottheit Damcen galten. So wurde diese Stelle zunächst als Rasa, ›Ort der Ziegen‹, bekannt, eine Bezeichnung, die – nach Darstellung lamaistischer Chroniken aufgrund dieses mythologischen Hintergrundes – zum ursprünglichen Namen Lhasa wurde.

Die anschließende, etwa zwischen 642 und 653 zunächst abgeschlossene Erbauung des Tsuglagkhang, der ›Kathedrale‹, oblag den in Begleitung Bhrikutis ins Schneeland gekommenen nepalesischen Künstlern. Als sich jedoch Songtsen Gampo selbst, der als Emanation des Bodhisattva Avalokiteshvaras galt, an den Arbeiten beteiligte, heißt es, kamen auch die Götter herbei und vollendeten mit Hilfe ihrer magischen Kräfte die Errichtung des Heiligtums. Daher rührt der ausführliche Name *Rasa Trülnang Tsuglagkhang*, die ›Magisch Entstandene Kathedrale von Rasa‹, der die Bezeichnung der gesamten Tempelanlage bildet. Die viel bekanntere Bezeichnung *Jokhang*, ›Haus des Jobo‹, die sich vom bedeutendsten Verehrungsobjekt des Tempels, dem Jobo Shakyamuni, ableitet, bezieht sich strenggenommen nur auf das Hauptsanktuarium der Anlage, wurde später aber als pars pro toto auch für den gesamten Komplex verwendet.

Seinen Standort fand im Tsuglagkhang zunächst der Jobo Mikyö Dorje, der die Mitgift der nepalesischen Prinzessin Bhrikuti darstellte. Entweder auf Wunsch von Songtsen Gampo oder aus Angst vor chinesischen Truppen, die in der Zeit von Songtsen Gampos Nachfolger Mangsong Mangtsen auf Lhasa zumarschierten, tauschten die Mönche diese Statue dann jedoch mit dem seinerzeit noch im Ramoche stehenden Jobo Shakyamuni aus. Letzteren versteckten sie zunächst in einem Raum des Tsuglagkhang. Später beließ man das Standbild des Jobo Shakyamuni im Jokhang und plazierte es im zentralen Sanktuarium.

Nach der Ermordung von König Rälpacen (reg. 817–36) ließ sein Nachfolger Langdarma den Jokhang schließen und zur Diffamierung des Buddhismus das Bild eines Gerstenbier trinkenden Mönches auf die Eingangstür malen. Erst lange Zeit später scheint der Jokhang im Zuge der Späten Bekehrung Tibets wieder zu einem Zentrum der religiösen Ehrerweisung gemacht worden zu sein. Grundlegende und umfangreiche Renovierungen ließ schließlich Tsongkhapa (1357–1419) durchführen, der den Tsuglagkhang zum Mittelpunkt des 1409 von ihm eingeführten ›Großen Gebetes‹ (Mönlam) machte. Fortan fand es hier alljährlich statt. Weitere Umgestaltungen und bauliche Erweiterungen wie die Errichtung der Fassade des Haupteingangs unter Einbeziehung des offenen Vorhofes für den Dukhang fielen in die Zeit des 5. Dalai Lama. Der 13. Dalai Lama ließ den Großteil der Malereien erneuern.

1959 verboten die Chinesen religiöse Zeremonien im Jokhang, ab 1965 war das Gebäude geschlossen, bis es 1979 nach umfangreichen Renovierungen zur Behebung der während der Kulturrevolution angerichteten Schäden wiedereröffnet werden konnte. Zerstört wurden in diesen Jahren nahezu sämtliche Statuen. Lediglich der Jobo Shakyamuni und die Lehmstatuen im Lhakhang der Dharma-Könige scheinen diese Zeit weitgehend unbeschadet überstanden zu haben. Eine auf drei Jahre veranschlagte Generalüberholung des gesamten Gebäudes begann 1990. Nahezu sämtliche Balken, Säulen und Türpfosten wurden von Holzschnitzern unter Einarbeitung nur weniger originaler ornamentaler oder plastischer Teile wie z. B. der Löwenköpfe an den Balkenköpfen neu geschnitzt. In nahezu allen Gebäudeteilen verlegten die Handwerker neue Fußböden und zogen neue Decken ein.

Bevor man den Tsuglagkhang betritt, sollte man vor dem Haupteingang die von Mauern umgebenen Stelen beachten. Der hohe, mit einer chinesisch-tibetischen Inschrift versehene, berühmte Gedenkstein von 821/822 wurde unter dem tibetischen König Rälpacen unter Abhaltung buddhistischer und nicht-buddhistischer Riten errichtet und enthält einen ausführlichen Friedensvertrag. Rälpacen und der chinesische Kaiser Wen Wu Hsiao-te Wang-ti vereinbarten, daß »beide, Tibet und China, die ihnen eigenen Länder und Grenzen behalten und (...) daß von keiner Seite kriegerische Auseinandersetzungen, feindliche Invasionen und Landannektionen durchgeführt werden sollen.«

Daneben sind die berühmten Pockenstelen zu sehen, die anläßlich der 1793 grassierenden Pockenepidemie errichtet wurden. In chinesischer Sprache wird die Bevölkerung vor der Krankheit gewarnt und mit hygienischen Vorsichtsmaßnahmen vertraut gemacht. In der Annahme, daß die Stelen selbst ein Heilmittel gegen die Infektion bildeten, scheinen die Tibeter damals gar kleine Steinstücke herausgeschlagen zu haben, um sie zu verzehren.

Hinter den Gedenksteinen ist durch eine kleine Maueröffnung ein toter, über und über mit Gebetsfahnen und Khathaks behängter Baumstamm zu sehen, eine Weide, die ehemals von Prinzessin Wencheng angepflanzt worden sein soll. In der Kulturrevolution wurde sie, eben weil sie den Tibetern heilig war, von den Roten Garden gefällt.

Auf den großen Steinplatten vor dem Haupteingang des Tsuglagkhang sieht man stets Gläubige voller Ehrfurcht täglich Hunderte von rituellen Niederwerfungen vollziehen, um so im Bewußtsein des weit hinten thronenden Jobo ihre Zuflucht zu Buddha, zu seiner Lehre und zu seiner Gemeinde zu nehmen.

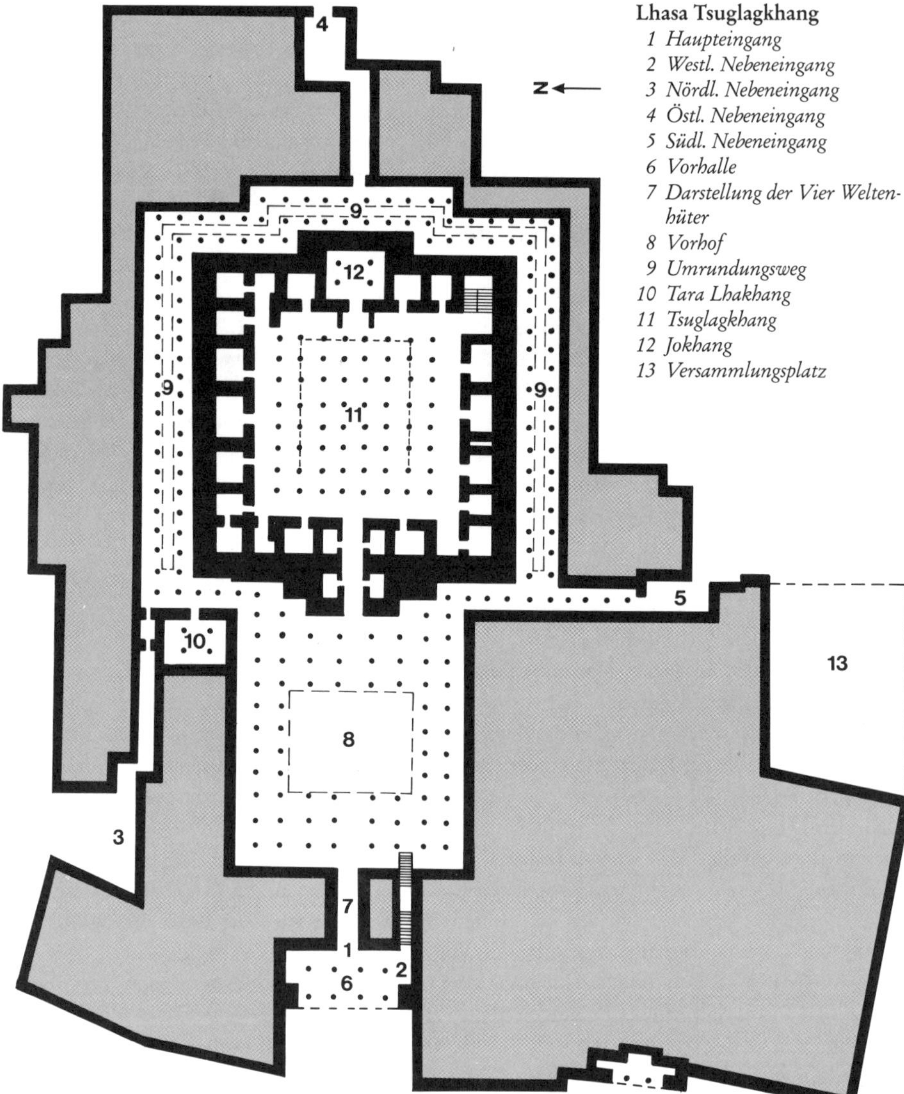

Lhasa Tsuglagkhang

1 *Haupteingang*
2 *Westl. Nebeneingang*
3 *Nördl. Nebeneingang*
4 *Östl. Nebeneingang*
5 *Südl. Nebeneingang*
6 *Vorhalle*
7 *Darstellung der Vier Weltenhüter*
8 *Vorhof*
9 *Umrundungsweg*
10 *Tara Lhakhang*
11 *Tsuglagkhang*
12 *Jokhang*
13 *Versammlungsplatz*

Tritt man nun durch die schweren Tore, gelangt man zunächst in einen Vorhof, in dem während des Mönlam-Festes, des 1409 von Tsongkhapa eingeführten ›Großen Gebets‹, alljährlich das Examen für die 16, zur Abschlußprüfung des *Geshe Lharampa*-Examens zugelassenen Kandidaten stattfand. Der Dalai Lama weilte dann in dem goldbedachten, im ersten Stockwerk auf der nördlichen Hofseite gelegenen Raum und schaute den Disputationskünsten dieser Mönche zu. Nur fünf Kandidaten wurde am Ende dieser höchste Titel des ›Doktors der Philosophie‹ zuteil.

Vor dem Eingang des sich östlicherseits an den Vorhof anschließenden Heiligtums, das auf einem offenen, mit Illustrationen zum Leben des Buddha geschmückten Weg umrundet werden kann, sind häufig 1000 kleine Butterlampen zur Darbringung des Tausendfachen Lichtopfers aufgestellt. Türen aus einem speziellen Akazienholz führen sodann ins Innere des Tsuglagkhang; entlang des langen Ganges befinden sich die Lhakhang der Beschützer des Gebäudes: die zornvollen Raksha-Dämonen links und die der friedlichen Schlangendämonen (Skt. *Nagas*) rechts.

Fast immer sieht man hier Pilger in langen Schlangen anstehen, scheu, ehrfürchtig gebeugt, brennende Butterlampen in ihren Händen tragend, bisweilen auch hemmungslos drängelnd, um Anschluß an ihren Familienverband zu halten. Von der Oma bis zum neugeborenen Enkel sind alle dabei! Viele kommen, wie schon an ihrer Kleidung zu erkennen ist, aus weit entlegenen Gegenden und Regionen Tibets und erfüllen sich hier den inständigen Wunsch, das Heiligste aller Heiligtümer ›zu besuchen‹ – tib. *Jälwa,* ein Verbum, das nur schwer in unsere Sprache zu übersetzen ist; Jälwa bezeichnet die andachtsvolle, aus innigstem Herzen stammende Begegnung mit einem religiösen Objekt der Verehrung, das die materialisierte Gegenwart des Numinosen zum Ausdruck bringt.

Der Aufbau des Tsuglagkhang wird auch hier noch nicht erkennbar. Es handelt sich um einen vergleichsweise kleinen, heute mit mehreren großen Statuen besetzten Versammlungsraum, über dem sich ein großer Lichtgaden erhebt. Eingeschlossen wird dieser Dukhang von einem Säulengang mit dahinter liegenden Kapellen, deren drei wichtigste axial angeordnet sind: Geradeaus im Osten liegt als bedeutendstes Sanktuarium der Jokhang, auf der linken und rechten Seite die dem Avalokiteshvara bzw. Maitreya geweihten Lhakhang. Ergänzt werden sie auf der westlichen Seite durch den Songtsen Gampo Lhakhang, der sich oberhalb der Eingangspassage im ersten Stockwerk befindet. Vier prächtige, vergoldete Kupferdächer, die man später beim Besuch der Dachplattform sehen wird, krönen diese vier Heiligtümer.

Unterhalb des Lichtgaden befinden sich heute links eine große Statue von Padmasambhava, dem Magier aus dem mythischen Land Uddiyana (vgl. S. 50), und rechts eine mehrere Meter hohe, herrliche Statue des zukünftigen Buddha Maitreya in seiner Bodhisattva-Form. Mit herabhängenden Beinen sitzt er in typisch westlicher Sitzhaltung auf seinem Thron, eine Tatsache, die man heute gern dahingehend interpretiert, daß der zukünftige Buddha im Westen auftreten wird. Hinten links ist eine sehr schöne Statue des Tausendarmigen Avalokiteshvara aus vergoldetem Kupfer zu sehen, hinten rechts nochmals ein großer in nördlicher Richtung blickender Buddha Maitreya.

Folgt man dem niedrigen, von Säulen aus dem 7. Jh. gesäumten Gang im Uhrzeigersinn, passiert man links zunächst Malereien der Fünf Jinas, die Kapelle Tsongkhapas und seiner acht Hauptschüler sowie in der Ecke den ursprünglich vom Sakya Pandita errichteten Stupa zur Begutachtung divinatorischer, weissagender Zeichen.

Auf der nördlichen Seite gelangt man dann nach dem Lhakhang der Acht Medizin-Buddhas zur nördlichen Hauptkapelle, dem Thugje Chenpo Lhakhang, der die nach dem Jobo bedeu-

Gläubige Pilger im Jokhang

tendste Statue des Tsuglagkhang enthält: Den berühmten ›Elfgesichtigen Großen Mitleidvollen‹, eine Figur des Avalokiteshvara, die, ursprünglich von einem nepalesischen Künstler begonnen, sich von selbst über Nacht vollendete. Bei ihrem Ableben sollen Songtsen Gampo und seine beiden Gemahlinnen sowie der nepalesische Künstler in diese Statue – der bereits der Geist des Avalokiteshvara innewohnte – eingegangen sein, so daß sie auch als *Rangjung Ngaden* bekannt wurde, die ›Von selbst Entstandene Fünf (Seelen) Besitzende‹. Wie fast alle Plastiken des Jokhang wurde auch diese Statue in der Kulturrevolution zerstört und später rekonstruiert. Zwei Köpfe des Originals brachten tibetische Flüchtlinge mit ins indische Dharamsala, wo sie heute im Tempel des Dalai Lama zu sehen sind.

Im weiteren betritt man – das Waschbecken von König Songtsen Gampo passierend – den Jampa Tründse Lhakhang. Errichtet wurde mer mit Erde, die vom heiligen Waschwasser Songtsen Gampos durchtränkt war. Die Hauptstatue bildet hier ein Maitreya (tib. *Jampa*).

Der sich anschließende Tsongkhapa Lhakhang enthält eine Porträtstatue des Tsongkhapa und die Plastiken großer Lehrer anderer lamaistischer Schulrichtungen. Im nordöstlichen Eckraum bildet – so glauben die Tibeter – ein kleiner Teich im Lhakhang des Milchebenen-Sees den letzten verbliebenen Rest des vor der Errichtung des Jokhang trockengelegten Gewässers. An bestimmten religiösen Festtagen werden ihm noch immer Opfergaben zur Besänftigung der dort hausenden Dämonen und Geister dargebracht.

Den Amitabha Lhakhang beherrscht Buddha Amitabha, der zu den Fünf Tathagatas zählende Buddha des Westens, eine der berühmten ›Acht lichtausstrahlenden Statuen‹ des Jokhang.

Vorbei an den Standbildern von Songtsen Gampo samt seinen beiden Gemahlinnen sowie einem Padmasambhava kommt man dann zum Jokhang, dem ›Raum des Edlen Herren‹, der den Jobo Shakyamuni, den ›Edlen Herrn Shakyamuni‹, eine Statue des historischen Buddha enthält. Es handelt sich hierbei nicht um den im Alleinheitszustand (Dharmakaya) verharrenden Buddha, sondern um seine Sambhogakaya-Form (vgl. S. 109), in der die Lebewesen seiner Qualitäten teilhaftig werden können. Im Gegensatz zur üblichen Buddha-Darstellung ist der Jobo mit einem fünfstrahligen Diadem versehen und mit himmlischer Gewandung sowie prächtigem Schmuck angetan. Über und über mit kostbarsten Juwelen, Korallen, Türkisen, Mondsteinen, aufwendig gearbeiteten Amulettbehältern und den von Tibetern so begehrten Zi-Steinen behängt, thront er in einem prächtigen Schrein vor einer wunderbar gearbeiteten

Rückenlehne, umgeben von den Acht Mahabodhisattvas und den Zwei Zornvollen Torhütern in stehender Form.

Über den Ursprung dieser Statue heißt es, der historische Buddha sei für diejenigen, die ihn in seiner Sambhogakaya-Form zu schauen fähig waren, zu prächtig und strahlend gewesen, um ihn überhaupt anzuschauen. Da habe der indische Künstler Vishvakarma einst den Buddha in Meditation versunken an einem Tisch sitzen sehen und anhand seines Spiegelbildes diese Plastik als das erste Porträt des Erleuchteten geschaffen. Später wurde diese in einer kostbaren Metallegierung gegossene Statue einem chinesischen Kaiser als Dank für seinen hilfreichen Beistand bei einem Einfall westlicher Yavana-Völker überreicht. Der nahm sie mit nach China, wo sie im 7. Jh. Kaiser Tai Tsung seiner Tochter, der Prinzessin Wencheng, als Mitgift für ihre Heirat mit dem tibetischen König Songtsen Gampo mitgab. Dadurch gelangte tibetischen Legenden zufolge das älteste und heiligste Abbild des Buddha ins Schneeland.

Abgesehen davon, das die archäologische Forschung die Entstehung des Buddha-Bildes erst in die Zeit des dritten vorchristlichen Jahrhunderts datiert, ist es ungewiß, ob die ursprünglich hier plazierte Statue die unsicheren antibuddhistischen Zeiten des 9. und 10. Jhs. wirklich überdauern konnte. Der berühmte Tibetologe Giuseppe Tucci glaubt, die Skulptur etwa in das 12. Jh. datieren zu können.

Der Jobo kann auf einem eigenen, schmalen Weg umrundet und dabei aus verschiedenen Blickwinkeln betrachtet werden. An seiner Rückseite ist oberhalb des Weges ein Abbild des Buddha Dipamkara zu sehen; von dieser Statue des Buddha der Vergangenheit heißt es, daß sie, als man sie einst an einen anderen Ort bringen wollte, sprach, sie wolle auch in Zukunft hier verbleiben.

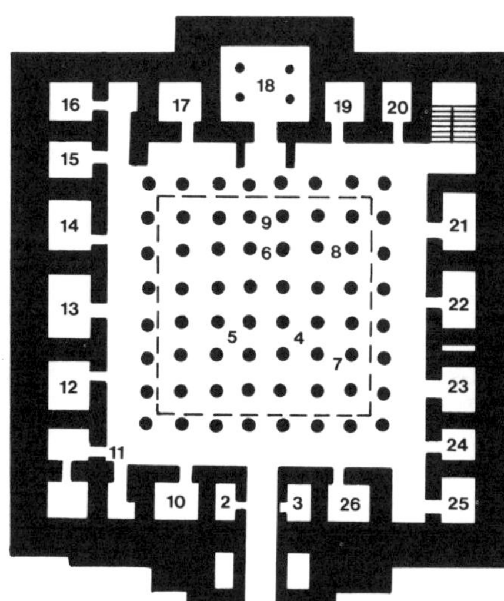

Tsuglagkhang (Grundgeschoß)
1 Eingang 2 Raksha Lhakhang 3 Naga Lhakhang 4 Maitreya 5 Padmasambhava 6 Avalokiteshvara 7 Maitreya 8 Großer Maitreya 9 Statue des Padmasambhava 10 Tsongkhapa Lakhang 11 Stupa des Sakya Pandita 12 Lhakhang der Acht Medizin-Buddhas 13 Thugje Chenpo Lhakhang 14 Jampa Tründse Lhaghang 15 Tsongkhapa Lhakhang 16 Lhakhang des Milchebenen-Sees 17 Amitabha Lhakhang 18 Jokhang 19 Maitreya Lhakhang 20 Avalokiteshvara Lhakhang 21 Lhakhang der Acht Medizin-Buddhas 22 Maitreya Lhakhang 23 Lhakhang, in dem einst der Jobo versteckt wurde 24 Lhakhang der Buddhas der Sieben Weltzeitalter 25 Amitayus Lhakhang 26 Lhakhang der Dharma-Könige

Weitergehend sieht man links Standbilder von Atisha und seinen Schülern und gelangt nach zwei dem Maitreya und dem Avalokiteshvara geweihten Heiligtümern auf der südlichen Seite zum Lhakhang der Acht Medizin-Buddhas sowie zum Maitreya Lhakhang, dem südlichen Hauptsanktuarium. Die hier verehrte, relativ kleine, zentrale, von Manjushri und Avalokiteshvara flankierte Statue des Buddha Maitreya ist den Tibetern sehr heilig. Alljährlich wird sie zum Ende des ›Großen Gebets‹ um den Tsuglagkhang getragen, um die Ankunft des zukünftigen Buddha Maitreya zu beschleunigen.

Nach dem Lhakhang, in dem einst der Jobo vor den chinesischen Truppen versteckt wurde, dem Lhakhang der Buddhas der Sieben Weltzeitalter und der Kapelle der Neun Amitayus Gottheiten, steht man auf der westlichen Seite vor dem Lhakhang der Dharma-Könige; hier befinden sich neben dem Jobo die einzigen original erhaltenen Statuen des Tsuglagkhang. Der mit einem kleinen Amitabha-Kopf gekrönte Songtsen Gampo (reg. 629–49) wird von Tisong Detsen (reg. 755–97) links und Rälpacen (reg. 817–36) rechts umgeben. Links schließen sich weiterhin Nyatri Tsenpo, der erste tibetische König (3. Jh. v. Chr.), Prinzessin Wencheng und Songtsen Gampos Minister Gawa an, der seinerzeit Wencheng von China aus nach Tibet geleitete. Rechts sieht man neben Rälpacen noch die nepalesische Prinzessin Bhrikuti und den Minister Thönmi Smabhota (7. Jh.), der die tibetische Schrift und die ersten grammatikalischen Werke für das Tibetische schuf.

In der südöstlichen Ecke führt direkt vor dem dortigen kleinen Padmasambhava Lakhang eine Treppe in den ersten Stock. Auf der Empore zum Lichthof hin, die einen schönen Blick auf die unterhalb stehenden Statuen gewährt, saßen bei großen Feierlichkeiten ranghohe Mönche. Die Balkenköpfe zeigen Schneelöwen – Symbole der Bodhisattvas –, deren individuelle Mimik nicht selten menschliche Gemütsbewegungen auszudrücken scheint. Auch hier zeugen die Türlaibungen und Türsturze mit den eingearbeiteten Reliefs in der aufwendigen, nepalesisch beeinflußten Gestaltung von erstaunlicher handwerklicher Kunstfertigkeit.

Auf der östlichen Seite befinden sich links Songtsen Gampos Meditationsraum und rechts oberhalb des Jokhang ein Lhakhang mit den Acht Erscheinungsformen Padmasambhavas. Letzterer weist Statuen der verschiedenen Erscheinungsformen auf, in denen Padmasambhava in acht verschiedenen Ländern in der jeweils angemessenen Weise die Lehre verkündet haben soll.

Daneben ist der Samvara Lhakhang gelegen, der eine Statue des tantrischen Yidam Samvara im Yab-Yum-Aspekt beinhaltet. Vorbei an drei noch leeren Sakralräumen, die ehemals eine Statue der glorreichen Beschützerin Lhamo, den pferdeköpfigen Yidam Hayagriva, ›Pferdenacken‹, und ein Privatgemach Songtsen Gampos enthielten, sowie zwei weiteren Gönkhang, ›Räumen von Schutzgott-

Altstadt von Lhasa

heiten‹, gelangt man auf der westlichen Seite des Säulenganges zum Chögyel Lhakhang, der ›Kapelle des Dharma-Königs‹ Songtsen Gampo. Seine eindrucksvolle, freundlich dreinblickende Statue wird hier von seinen beiden Gemahlinnen, Bhrikuti links und Wencheng rechts, flankiert. Als Ausstrahlung des Buddha Amitabha trägt er dessen Antlitz in seinem Turban. Der große Krug für das Gerstenbier, *Chang*, steht ihm gegenüber direkt zwischen den beiden Türen. An der rechten Seitenwand fällt dem Besucher eine sehr schöne Statue von Tsongkhapa vor einer herrlichen Wandmalerei des Tausendarmigen Avalokiteshvara ins Auge.

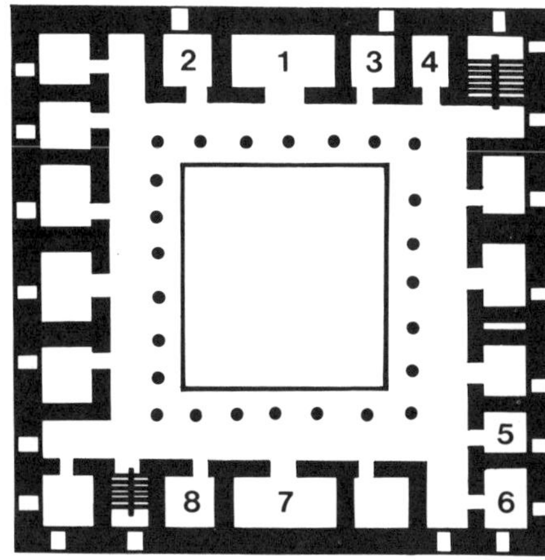

Tsuglagkhang (Obergeschoß) *1 Lichtgaden des Jokhang 2 Meditationsraum von Songtsen Gampo 3 Padmasambhava Lhakhang 4 Samvara Lhakhang 5 Buddha Shakyamuni 6 Gönkhang der fünf Beschützer 7 Chögyel Lhakhang 8 Avalokiteshvara Lhakhang*

Die an der nördlichen Seitenwand liegenden, noch unzugänglichen Kapellen werden in Kürze renoviert. In das zweite Stockwerk gelangt man, indem man wiederum in der südöstlichen Ecke das Treppenhaus benutzt. Auf halber Höhe sieht man den mit zahllosen Khathaks verhängten Schrein der zornvollen Schutzgottheit Lhamo und tritt dann, oben angekommen, in den ihr gewidmeten Gönkhang ein. Thangkas in Form eindrucksvoller, nur spärlich kolorierter Goldmalereien auf schwarzem Untergrund prägen den Raum. Fast ständig wird hier mit scheppernden Becken und dumpfer Standtrommel die rituelle Zufriedenstellung der Schutzgottheit vollzogen.

Durch die Tür rechts den Raum verlassend, findet man sich auf der weitläufigen Dachplattform des Tsuglagkhang wieder und tut einen erleichternden Schritt ins Licht nach der dunklen und engen Atmosphäre. Große, vergoldete Dächer glänzen im Sonnenlicht, üppig verziert mit kunstvollen Wasserspeiern, Dachfirstfiguren, den verschiedensten buddhistischen Symbolen und Heiligen. Werfen Sie einen Blick in den Vorhof des Tsuglagkhang, auf den wunderbar verzierten Aufenthaltsraum des Dalai Lama, sodann auf den Potala und an der Jokhang-Fassade hinunter auf die dort ihre Verneigungskniefälle vollziehenden Tibeter.

□ Der Ramoche

Der Ramoche zählt mit dem Jokhang zu den ältesten religiösen Stätten Tibets. Die Mythologie berichtet, daß die chinesische Tang-Prinzessin Wencheng, als sie im 7. Jh. nach Tibet kam und Songtsen Gampo heiratete, die Statue des Jobo Shakyamuni mitbrachte und als seine Behausung den Ramoche, die ›Große Einfriedung‹, errichten ließ. Seinen Namen erhielt dieser Tempel wohl nach der wehrhaften Mauer, die ihn ehemals umgeben zu haben scheint. Angefertigt wurde der Schutzwall wahrscheinlich nach dem Tode von Songtsen Gampo, als zur

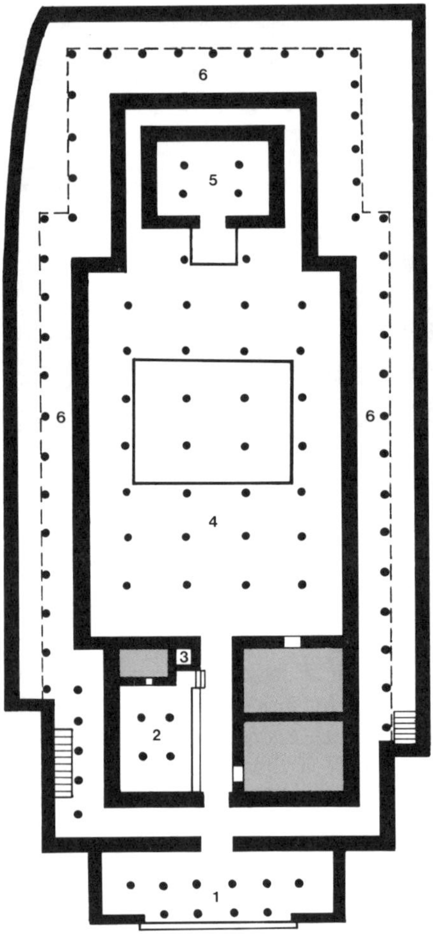

Ramoche *1 Vorhalle 2 Ehem. Gönkhang 3 Gönpo Serdongma 4 Dukhang 5 Jokhang 6 Umrundungsgang*

Zeit seines Nachfolgers Mangsong Mangtsen chinesische Truppen auf Lhasa zumarschierten. Aus Furcht, die Chinesen könnten den Jobo Shakyamuni – seit jeher die kostbarste Statue Tibets – mit sich nehmen, wurde das Bildnis in den Jokhang gebracht und in einem Seitenraum versteckt. Seinen Platz nahm der Jobo Mikyö Dorje ein (Skt. *Akshobhya Vajra*), der – von der nepalesischen Prinzessin Bhrikuti mitgebracht – bis dahin als Hauptobjekt der Verehrung für den Jokhang gedient hatte. Ein Rücktausch der Statuen wurde später nie wieder vorgenommen, so daß die Standbilder noch heute in dem von der jeweils anderen Prinzessin erbauten Lhakhang residieren.

Mit dem Niedergang der Lehre im 9. Jh. fiel auch der Ramoche in einen Dornröschen-Schlaf, aus dem er erst mit dem Erstarken der Gelugpa wieder erweckt wurde. 1474 erwählte der Gelbmützen-Lama Künga Döndrub den Tempel zum Zentrum der ›Oberen Tantrischen Fakultät‹, *Gyütö* genannt, die sich hier mit bis zu 500 Mönchen speziell der tantrischen Ritualpraxis der Gelugpa widmete. 1959 in Brand gesetzt, zerstörten chinesische Kulturrevolutionäre den Ramoche im Jahre 1966 vollends. Erst zwei Jahrzehnte später nahm man eine umfassende Renovierung vor. Nahezu sämtliche Statuen mußten neu errichtet werden.

Gleich am Eingang links befand sich ehemals der Gönkhang des Ramoche. Heute ist hier nur noch eine Statue des lokalen Beschützers Gön Serdongma, des ›Goldgesichtigen Gönpo‹, zu sehen.

An der Altarseite des Dukhang zieht zunächst links ein bis zur Decke reichender, schrekkenerregender Vajrabhairava die Aufmerksamkeit des Besuchers auf sich. Rechts von ihm schließen sich in verglasten Schreinen Guhyasamaja, der Gründer Künga Döndrub, der Thron des Dalai Lama, eine Statue des 13. Dalai Lama sowie Tsongkhapa mit seinen beiden Schülern an. Im dahinter gelegenen Sanktuarium, das zu beiden Seiten von Weltenhütern bewacht wird, beherrscht der Jobo Mikyö Dorje in einer prachtvollen, üppig verzierten und mit

Juwelen besetzten *Gandhola* den Raum. Während der Kulturrevolution schafften die Roten Garden das Oberteil der Statue nach China; erst Anfang der 80er gelang es dem Panchen Lama nach langen Recherchen den entführten Part ausfindig zu machen, nach Tibet zurückzubringen und das originale Standbild wiederherzustellen. Umgeben wird der Jobo von neu errichteten Lehmstatuen: den Acht Bodhisattvas und den Zornvollen Türhütern Hayagriva und Vajrapani.

□ Der Potala, der Winterpalast des Dalai Lama

Nah und doch irgendwie unerreichbar fern und surreal wie eine Manifestation überirdischer Realität ragt er in den Himmel empor. Majestätisch, eigenartig, unbegreifbar, gleich einem nie endenden Schauspiel der Illusion, einem Monument einer anderen Welt. Westlichen Augen mag es schwer fallen zu glauben, daß ein solches Bauwerk, in diesen Ausmaßen, in dieser Farbigkeit, wirklich gebaut wurde. Viele Male hat man es in Prospekten und Büchern gesehen, selbst jedoch vor ihm zu stehen, ist etwas ganz anderes.

Ein prächtigeres und angemesseneres Bauwerk als der Potala hätte sich schwerlich als Residenz der Dalai Lamas bauen lassen. Es ist müßig zu sagen, daß die tibetische Architektur hier ihre Vollendung erfahren hat. Je länger und eingehender man ihn von welcher Seite auch immer betrachtet, desto faszinierter ist man ob der kühnen unkonzentrischen Bauweise, der farbenfrohen, lebhaften Verschachtelung seiner einzelnen Gebäudepartien, der zahllosen Vorsprünge, Rundungen und Unterbrechungen, der scheinbar willkürlich über den Berghang verlaufenden, überdimensionalen Treppenaufgänge und Wehrmauern. Staunend steht der Betrachter vor der architektonischen Gestaltung, die das aus den landschaftstopographischen Gegebenheiten Erwachsende gegenüber dem Geplanten favorisiert. Weniger die Prinzipien von Zentralbauweise und Konzentrik, sondern die Ausgewogenheit in Farbe, Form, Proportion, Zweckgebundenheit und Monumentalität bilden hier die bestimmenden architektonischen Elemente.

Zu Recht ist der Potala das Wahrzeichen Tibets, ein einzigartiges Monument, das unbedenklich zu den größten Bauwerken der Menschheitsgeschichte gezählt werden kann.

Benannt nach dem Paradies des Avalokiteshvara, des Emanators der Dalai Lamas, erhebt er sich auf dem Berge Marpori, dem ›Roten Berg‹, in 13 Stockwerken 110 m hoch über der Stadt. Hinter seiner 360 m langen und von bis zu 5 m dicken Mauern gebildeten Fassade verbergen sich, wie es heißt, 999 Räume. In seinem weißgetünchten Teil befinden sich hauptsächlich Verwaltungsräumlichkeiten und Lager. Zwei kleinere, gelbe Gebäude dienen zur Aufbewahrung von Opferrequisiten und der großen Thangkas, die hier zum Neujahrsfest ausgehändigt werden. Der zentral auf der Spitze gelegene ›Rote Palast‹, der Phodrang Marpo, schließlich ist der Wohnsitz des Dalai Lama. Hier gibt es mehrere Versammlungshallen, Privatgemächer und Lhakhang mit prachtvollen Statuen, Schriften und monumentalen Reliquienstupas. Seit Jahrhunderten ist dieser Gebäudeteil das sehnsüchtig erstrebte Ziel der vielen Pilger.

Bereits Songtsen Gampo hatte im 7. Jh. seine Residenz auf dem Marpori, dem ›Roten Berg‹, errichten lassen. Nach der Zerstörung durch chinesische Truppen blieben nur zwei Räume des ursprünglichen Palastes erhalten, die der Große Fünfte Dalai Lama Ngawang Lozang

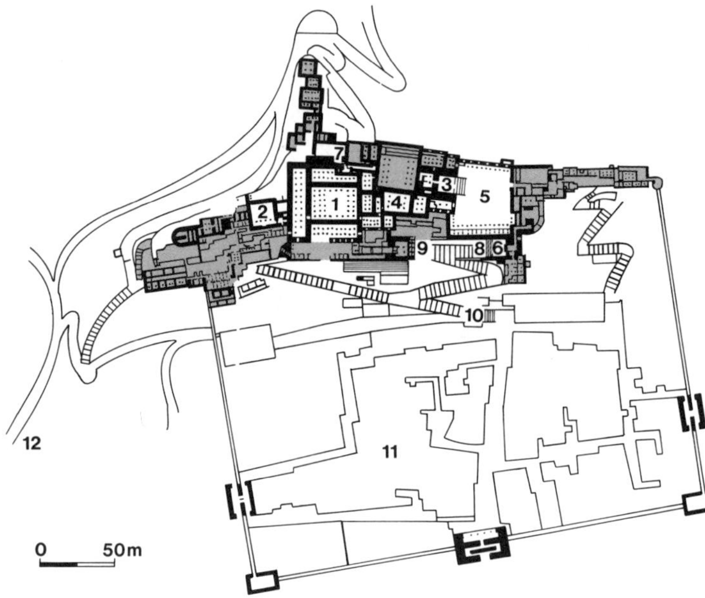

Potala
1 *Roter Palast*
2 *Stupa des 13. Dalai Lama*
3 *Zimmer des 13. und 14. Dalai Lama*
4 *Aussichtsplattform*
5 *Klosterhof*
6 *Aussichtsplattform*
7 *Rückwärtiger Eingang*
8 *Östl. Eingang*
9 *Zentraler Eingang*
10 *Aufgang*
11 *ehem. Regierungsviertel*
12 *Auffahrt*

Gyatsho (1617–82) bei der Errichtung des Potala in seine Bauplanung mit einbezog. 1645, drei Jahre nach seiner Ernennung zum geistlichen und weltlichen Oberhaupt Tibets durch den dzungarischen Mongolen-Fürsten Gushri Khan (reg. 1636–56), erfolgte die Grundsteinlegung. Während der weißgetünchte, hauptsächlich zur Unterbringung von Verwaltungsgebäuden, Lagern und Speichern vorgesehene Gebäudeteil noch zu Lebzeiten des 5. Dalai Lama beendet wurde, konnte der ›Rote Palast‹ erst unter dem Regenten Desi Sanggye Gyatsho (1653–1705) im Jahre 1694 vollendet werden.

Nicht unbeschadet überstand der Potala die Wirren der 50er Jahre. Bomben schlugen ein, konnten dem Gebäude und seinen kostbaren Verehrungsobjekten aber nur wenig anhaben. Fast alle Objekte sind daher noch originalgetreu erhalten. Die Besuchszeiten sind derzeit in der Regel auf Montag und Donnerstag von 9.00 bis 12.30 h begrenzt.

Während tibetische Pilger und Einzelreisende sich den Palast von der Vorderseite über die gewaltigen Treppen ersteigen müssen, wird Gruppenreisenden das Privileg eingeräumt, mit ihrem Kleinbus zum Hintereingang des Potala hinaufzufahren. Wir betreten den Roten Palast von der Rückseite und gelangen zunächst in den Lhakhang der Existenzenlinie der Dalai Lamas, der gleich rechts ein Standbild des Tsharpa Chöje enthält, dem Gründer des Tsharpa-Zweiges der Sakyapa-Schule, sodann die Statuen der ersten vier Dalai Lamas, weiterhin Standbilder von Dromtönpa, Songtsen Gampo und Avalokiteshvara. Davor sieht man die Plastiken von 13 verschiedenen Formen des Padmasambhava. Nun gelangen wir zu den reich geschmückten Statuen des Jobo Rinpoche und des 5. Dalai Lama, vor denen die Sieben Juwelen der Königsherrschaft aufgereiht sind. Den Acht Medizin-Buddhas schließen sich die Buddhas der Drei

Zeiten an. Am Ausgang rechts steht der Reliquien-Stupa des 11. Dalai Lama, dessen Porträt samt seinem Kabinett auch die Wandmalerei links des Stupa zeigt. Rechts des Stupa erkennen wir nochmals seine Porträtstatue. Prächtige Wandmalereien des Amitayus – gold auf rotem Untergrund – vervollständigen diesen wie auch den folgenden Raum.

Einige Schritte weiter gelangt man in den Lhakhang der Goldenen Reliquien-Stupas, der im Zentrum den Stupa des 5. Dalai Lama, rechts davon den des 10. und links davon den Stupa des 12. Dalai Lama enthält. Flankiert wird diese Dreiergruppe von je vier der Acht Stupas des Sugata, die alle das Bildnis des Buddha in der *Bumpa,* der Kuppel, zeigen.

Der zentrale, 1692 errichtete Stupa des 5. Dalai Lama (1617–82) wird nicht umsonst ›Einzigartiges Schmuckstück Jambudvipas (= unserer Welt)‹ genannt. Tausende von Perlen, Türkise, Korallen, Katzenaugen, Zi-Steine, Kristalle nebst prächtigen Einlegearbeiten zieren den mit etwa 15 m Höhe größten Reliquienschrein des Potala. Allein für seine Vergoldung wurden 3721 tibetische Gold-Srang verwendet; bei 37 g je Srang sind dies über 133 kg Gold, die laut einer Urkunde aus dem Jahre 1680 einen Gegenwert von etwa 17000 Zentnern Getreide besaßen. Neben dem mumifizierten Leichnam des 5. Dalai Lama enthält der Stupa als Weihefüllung ganze Textsammlungen, Statuen sowie weitere religiöse Objekte. Unter den Opfergaben sind als Insignien seiner überragenden geistlichen und weltlichen Vorrangstellung vergoldete Embleme der Acht Glückssymbole, der Sieben Juwelen der Königsherrschaft und der Opfer der Fünf Sinne zu sehen.

Nun gelangt der Besucher in die Inthronisierungshalle des 6. Dalai Lama. Einzelne Sektionen des Raumes, so auch der Thronbereich, sind mit weißen Baumwolltüchern verhängt. Wunderschöne Wandmalereien zeigen verschiedene Formen des Avalokiteshvara, tibetische Könige, die Dalai Lamas oder den Desi Sanggye Gyatsho. Südlich schließt sich der Rigdsin Lhakhang an, in dem Lamas und Gottheiten der Nyingmapa-Schule um Padmasambhava gruppiert sind. Östlich der Inthronisierungshalle liegt die Lamrim-Kapelle, die mit einem eindrucksvollen Tsongkhapa als Hauptstatue zahlreiche kleinere Abbilder derjenigen Gurus und Lamas enthält, die in der Überlieferungsreihe der Lehre vom ›Stufenweg zur Erleuchtung‹ (tib. *Lamrim*) stehen.

Dem nordöstlichen Treppenaufgang folgend, gelangt man in das darüber gelegene Geschoß; hinter den vielflügeligen, reich ornamentierten Türen, die nur an Festtagen geöffnet werden, verbergen sich die Spitzen der zuvor besichtigten monumentalen Stupas. Sehenswert sind hier die weitgehend

Eingangsgeschoß des Potala *1 Lhakhang der Dalai Lamas 2 Lhakhang der Reliquienstupas 3 Inthronisationshalle 4 Rigdsin Lhakhang 5 Lamrim Lhakhang 6 Treppenhaus*

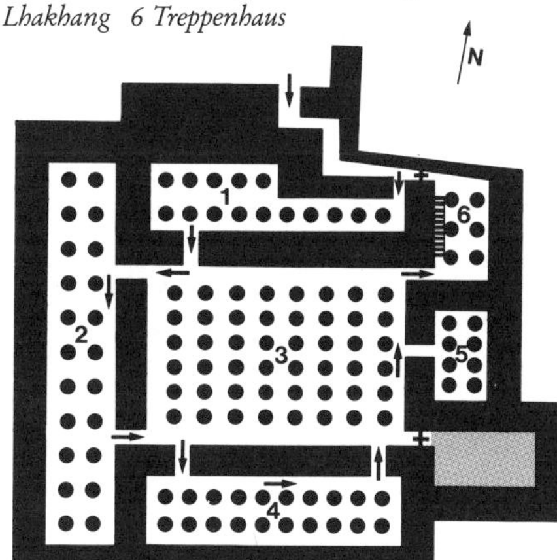

originalgetreu rekonstruierten Wandmalereien, die u. a. die Errichtung des Potala illustrieren.

Wiederum treppauf ist nun das Obergeschoß erreicht. Im Uhrzeigersinn weitergehend, passiert man zuerst den häufig geschlossenen Kalacakra Lhakhang, der – juwelenbestückt und aus vergoldetem Kupfer gefertigt – ein wundervolles plastisches Mandala Kalacakras mit seinen sämtlichen Nebengottheiten enthält. Auf der Südseite folgen sodann der Shakyamuni Lhakhang mit dem Buddha, den Acht Mahabodhisattvas und dem Thron des 8. Dalai Lama (1758–1804), danach der Amitayus Lhakhang, der die Gottheiten des Neunfachen Amitayus-Mandalas und zwei Taras enthält.

Der inmitten des Umrundungsweges gelegene, einladende Raum bietet Gelegenheit zur Erholung und zum Einkauf von Büchern, Postkarten und Anstecknadeln. In der nordwestlichen Ecke des Gevierts befindet sich schließlich die besonders verehrte Meditationshöhle von Songtsen Gampos. Sie gilt als einer der beiden verbliebenen Kammern des ursprünglichen Palastes Kukhar Phodrang, der im 7. Jh. von chinesischen Truppen weitgehend zerstört worden sein soll. Ein schmaler Gang führt in die Höhle hinab, in deren Zentrum ein Abbild des großen Königs thront, flankiert links von einem Achtunddreißigarmigen Avalokiteshvara, rechts vom 5. Dalai Lama. An der linken Seitenwand zeigen schöne Statuen die Weiße Tara, den Bodhisattva Maitreya, den 7. Dalai Lama und den Buddha Shakyamuni, davor sieht man den Schrifterfinder Thönmi Sambhota, Padmasambhava und Songtsen Gampos Sohn Gungri Gungtsen. Rechts hinter der Säule sind die Gemahlinnen des Königs und mehrere lebhaft wirkende, kleinere Statuen plaziert. Der Herd Songtsen Gampos ist am Sockel der Säule aufgestellt.

Nach Osten hin schließen sich der von einem Buddha Shakyamuni beherrschte Zhitro Lhakhang, der ›Lhakhang der Friedvollen und Zornvollen Gottheiten‹, sowie der Westliche und Östliche Lima Lhakhang an, die Tausende von Verehrungsobjekten aus hochwertigen Metallegierungen (tib. *Lima*) enthalten. In ersterem thront wieder ein Shakyamuni als Hauptstatue, in letzterem gruppieren sich um den von Avalokiteshvara und Maitreya flankierten 5. Dalai Lama 300 Stupas und 1600 Statuetten unterschiedlichster Stilrichtungen – eine schöner als die andere!

Über die aufwärts führende Treppe gelangt man nun in den direkt darüber gelegenen Phagpa Lhakhang, der ebenfalls als Überrest des früheren Palastes gilt und neben der Meditationshöhle von Songtsen Gampo das vielleicht bedeutendste Pilgerziel des Potala darstellt. Tritt man durch die linke Tür, passiert man zunächst eine Vitrine, die in Stein hinterlassene Fuß- und Handabdrücke von Tsongkhapa, Padmasambhava und dem 12. Dalai Lama zeigt. In dem folgenden Schaukasten lohnt es sich, die verschiedenen ikonographischen Darstellungen Padmasambhavas und die exzellenten kleineren Figurenreliefs mit Tsongkhapa oder Avalokiteshvara als Zentralfigur zu bewundern. Im zentralen Schrein schließlich stehen die drei alten, aus einem besonders kostbaren indischen Sandelholz gefertigten Statuen des Avalokiteshvara, die das Herzensobjekt Songtsen Gampos bildeten und als besonders heilig verehrt werden. Einst bei der Spaltung eines Baumstammes zum Vorschein gekommen, gelten sie als ohne menschliches Einwirken entstanden und damit als die wundersame Manifestation transzendenter Wirklich-

Der Kupferstich des Paters Johannes Grueber zeigt den Potala im Jahre 1661

keit. Unter den zahlreichen Standbildern in der folgenden Glasvitrine sollten Sie sich von den Mönchen die Statue des Je Tashi Dokhama zeigen lassen – einer Tsongkhapa-Statue, die, von einem Schüler des Meisters gefertigt, als Weihefüllung nicht ein Buch, sondern ein paar Haarsträhnen Tsongkhapas enthalten soll.

Gegen den Uhrzeigersinn schreitend, gelangen wir in der südwestlichen Ecke zu einem Gang, der zum prachtvollen Stupa des 13. Dalai Lama führt (leider ist dieser Lhakhang aufgrund von Renovierungen, wie es heißt, für Touristen zumeist nicht zugänglich). Es schließt sich der Amitayus Lhakhang, das ehemalige Privatgemach des außergewöhnlichen 6. Dalai Lama (vgl. S. 62) an; hinter dem Thron sind der Buddha und die Sechzehn Arhats aufgereiht. Links sieht man die berühmte prachtvolle Amitayus-Statue, umgeben von weiteren 1000 kleineren Amitayus-Figuren in Holzregalen. Rechts schließen sich die Beschützer der Drei Familien, ein Tsongkhapa in einer Glasvitrine, die zornvolle Schutzgottheit Lhamo Ekajati, ein wunderbarer Jobo Shakyamuni und davor der 5. Dalai Lama an.

Vorbei an zwei gewöhnlich geschlossenen Kapellen mit einem Tausendarmigen Avalokiteshvara und einem Plastischen Mandala von Guhyasamaja, Samvara und Yamantaka, gelangt man über eine Treppe aufs Dachgeschoß, in dem man zunächst den Maitreya Lhakhang betritt, der seinen Namen von der großen, 1984 nach einem Brand neu errichteten Statue des Buddha Maitreya im Sambhogakaya-Aspekt erhielt. Als Weihefüllung beinhaltet sie den mumifizierten Körper eines als seine Emanation angesehenen Heiligen sowie die Schädelschale Atishas. Rechts davon sieht man in einer Glasvitrine die Dondub Drölma, als deren Emanation die

Der 14. Dalai Lama Tenzin Gyatsho

Am 6. Juli 1935 erblickte der gegenwärtige 14. Dalai Lama in Tagtser, einem kleinen Ort unweit des Klosters Kumbum, in der nordwesttibetischen Region Amdo, der heutigen chinesischen Provinz Qinghai, das Licht der Welt. Bereits in seinem 2. Lebensjahr entdeckte ihn das Komitee, das nach der Reinkarnation des 13. Dalai Lama suchte, in seinem elterlichen Bauernhaus und identifizierte ihn als dessen Wiederverkörperung. Schon bald darauf brachte man ihn nach Lhasa, wo ihn Erzieher von seinen Eltern getrennt im Potala aufzogen und Lehrer ihn in den traditionellen Wissenschaften des Tibetischen Buddhismus unterrichteten. Am 22. Februar 1940 wurde er als ›Geistliches und Weltliches Oberhaupt Tibets‹ feierlich inthronisiert. Nach dem Einmarsch chinesischer Truppen am 17. November 1950, übernahm der Dalai Lama im Alter von 15 Jahren sein Amt. Stets um Entspannung im Verhältnis zu China bemüht, ging er 1954 auf ein Treffen mit Mao Zedong in Beijing ein, um durch ›Friedensverhandlungen‹ doch noch das scheinbar Unmögliche für sein Land zu erreichen. 1959 erwarb er in öffentlicher Disputation den Titel eines Geshe Lharampa, den höchsten Grad buddhistischer Logik. Kurz darauf entzog er sich mit seiner Flucht nach Indien seiner bevorstehenden Festnahme durch die neuen chinesischen Machthaber in Lhasa.

Gefolgt von etwa 100 000 Landsleuten, die in über ganz Indien verteilten Niederlassungen eine vorübergehende Bleibe fanden, ließ sich der Dalai Lama in Dharamsala (Bundesstaat Himachal Pradesh) nieder und gründete dort die tibetische Exilregierung. Eine auf seine Initiative hin ausgearbeitete, bereits 1963 verabschiedete Verfassung, verankerte die Gründung einer Demokratie für die Zeit der Rückkehr nach Tibet.

Hohen Respekt erntete er in aller Welt durch seine kompromißlose Parteinahme für die Idee der Gewaltlosigkeit, sein Eintreten für notleidende Völker, seinen Aufruf zu mehr Zusammenarbeit unter den Weltreligionen und seine Auffassung der universellen Verantwortung allen menschlichen Handelns – Konzepte, die tief in seiner buddhistischen Lebensauffassung verwurzelt sind und mit der Schlichtheit, Natürlichkeit und Menschlichkeit seines Wesens in Einklang stehen. Ganz gleich ob bei seinen Vorträgen, auf Friedenstagungen, Symposien mit Philosophen und Naturwissenschaftlern oder auf dem brasilianischen Ökologie-Gipfel 1992 – immer wieder hat er in seinem ganzen Handeln ein Menschenbild zum Ausdruck gebracht, das von Ehrlichkeit, Respekt vor dem unantastbaren Lebensrecht und der Menschenwürde geprägt ist, sich zugleich aber auch häufig als ein unorthodoxer, weitblickender Denker gezeigt, dem Opportunität fremd und tagespolitische Kurzsichtigkeit zur Lösung der anstehenden globalen Probleme unangebracht erscheinen. Erwiesen hat er sich durch seine überzeugende, von Offenheit, Spontaneität und Herzlichkeit geprägte Haltung nicht nur als ein leidenschaftlicher Kämpfer für die gerechte Sache seines Volkes, sondern auch als Anwalt für die Wahrung der Menschenrechte und als Botschafter für Frieden und Gerechtigkeit – ein Engagement, das ihm nach vielen internationalen Ehrungen und Auszeichnungen 1989 die Ernennung zum Träger des Friedensnobelpreises bescherte. Hervorgehoben wurde von dem Komitee »die Tatsache, daß sich der Dalai

Lama in seinen Bemühungen um die Befreiung Tibets konsequent der Anwendung von Gewalt widersetzt« und »statt dessen friedliche, auf gegenseitigem Respekt basierende Lösungen befürwortet hat. (...) Der Dalai Lama entwickelte seine Philosophie des Friedens aus seiner Verehrung allen Lebendigens und auf dem Konzept universeller Verantwortlichkeit, die die ganze Menschheit wie die Natur gleichermaßen umfaßt.« Gewürdigt wurden weiterhin »seine konstruktiven und weitsichtigen Vorschläge zur Lösung internationaler Konflikte und weltumspannender Umweltprobleme.«

In der Folge dieser Auszeichnung reihten sich Empfänge bei den Präsidenten und Oberhäuptern nahezu aller bedeutenden Staaten der Welt aneinander. Von George Bush bis John Major, vom australischen Ministerpräsidenten Paul Keating bis zu Helmut Kohl gaben sie sich die Ehre seines Empfangs.

Daß er in der 1991 überarbeiteten demokratischen Verfassung auf seinen eigenen Wunsch hin einen Passus verankern ließ, der seine Position als auf Lebenszeit ernanntes weltliches Oberhaupt Tibets dem Parlament jederzeit zur Abwahl freistellt, ist typisch für sein auf demokratischen, rechtsstaatlichen Prinzipien beruhendes Weltverständnis. Für die Zeit einer möglichen Befreiung seines Landes schloß er bereits jetzt jegliche parlamentarische Regierungsfunktion für sich selbst aus, um sich dann vermehrt seinem geistlichen Auftrag widmen zu können.

Betrachtet man die Funktion des Dalai Lama in der heutigen tibetischen Gesellschaft, erweist er sich als das uneingeschränkt akzeptierte Oberhaupt seines Volkes, das seinen Landsleuten – gleich welcher regionalen oder religiösen Herkunft – gerecht zu werden versucht, die schwebenden gesellschaftlichen Konflikte anspricht, die Menschen in der ihm eigenen direkten Weise zu Zusammenhalt und zu mehr Toleranz zu bewegen und Ihnen die Hoffnung auf eine Rückkehr auf das Dach der Welt zu erhalten vermag. Wie in seinem ganzen Handeln bildet auch hier seine undogmatische, stets um das Wohl des Menschen bemühte Lebensauffassung die Grundlage seines ganzen Wirkens, das er mit seiner Definition von Religion – einfach, unorthodox und entwaffnend, wie er ist – auf den Nenner gebracht hat: *My religion is compassion* (»Meine Religion ist das liebende Mitgefühl«).

Mutter des 9. Dalai Lama galt, und ein Plastisches Mandala der Yidam-Gottheit Kalacakra. Dem Maitreya gegenüber befindet sich der Thron des 8. Dalai Lama, der diesen Raum ehemals als sein Privatzimmer nutzte, dahinter in Regalen eine Ausgabe der 25bändigen Gesammelten Werke Tsongkhapas. Am Ausgang sind in einer Glasvitrine die Drei Gottheiten Langen Lebens, Songtsen Gampo, ein Namgyel Stupa und eine hervorragende Statue des Kalacakra untergebracht. Nachdem man von der Dachplattform einen Blick über die Stadt geworfen hat, betritt man schließlich die Privatgemächer des 13. und 14. Dalai Lama. Nach der offiziellen Empfangshalle, die neben wunderschönen Wandmalereien zur Mythologie des Tibetischen Buddhismus links und rechts des Thrones Porträts der beiden Dalai Lamas enthält, gelangt man in das private Empfangszimmer. Zu bewundern sind hier die Malerei eines Drepung Stupa und in einem verglasten Schrein die Pferde-, die Bären- und die Löwengesichtige Dakini. In dem folgenden kleinen Raum befinden sich hauptsächlich Darstellungen von Dharmapalas, so der Sechsarmige Mahakala, der Nechung Chökyong und die Lhamo. Abschließend kann man von der Tür aus einen Blick in das Ruhegemach des Dalai Lama werfen, einen kleinen, sehr atmosphärisch gestalteten Raum mit einer der eindrucksvollsten und in sich ruhendsten Darstellungen Tsongkhapas, die in Tibet zu sehen ist. Vor dem Thron liegen zahlreiche Khathaks auf dem Boden, ein Gruß, den Pilger ihrem geistlichen Oberhaupt mit innigen Wünschen um seine Rückkehr erwiesen haben.

Treppab gelangt man sodann in einen Hof, in dem Mönche aus dem Privatkloster des Dalai Lama, dem Namgyel Dratshang, regelmäßig Cham-Tänze aufführen. Weiter die Stufen hinunter passiert man prachtvolle Portale, sieht reich geschnitztes Deckengebälk und bewundert Darstellungen der Weltenhüter, bis man zu den breit angelegten Treppen auf der Frontseite des Potala gelangt und, weiter absteigend, unter ständigem Wechsel der Perspektive immer neue Facetten dieses einzigartigen Bauwerkes entdeckt. Der Weg mündet schließlich in die Beijing Road, tibetisch *Deki Sharlam* genannt, auf deren gegenüberliegender Seite, umgeben von einer Mauer, die originale, mehr als 1200 Jahre alte Steinstele steht, die davon berichtet, wie die Tibeter im Jahre 763 die damalige chinesische Hauptstadt Chang'an (das heutige Xian) einnahmen.

□ Norbulingka, der Sommerpalast des Dalai Lama

Auf heute 360 000 m² erstreckt sich das Areal des Norbulingka (chin. *Luobulingka*), des ›Juwel-Gartens‹, der den späteren Dalai Lamas als Sommerresidenz diente. Seit der sogenannten ›friedvollen Befreiung‹ durch die Chinesen heißt der Norbulingka offiziell und demonstrativ ›Volkspark‹. Im westlichen Teil Lhasas gelegen, besitzt der Norbulingka mehrere Parzellen, auf denen die Sommerpaläste des 7. und 8., des 13. sowie des 14. Dalai Lama errichtet wurden. Die Residenz des 13. Dalai Lama bleibt für Besucher verschlossen, die anderen Gebäude sind täglich außer sonntags von 9–12 h und 15.30–18 h geöffnet. Die folgende Beschreibung folgt der im Uhrzeigersinn gehaltenen Umrundung tibetischer Pilger.

Nachdem der 7. Dalai Lama Kälsang Gyatsho (1708–57) in einer auf diesem Gelände sprudelnden Quelle gelegentlich seine Heilbäder nahm, ließ er im Jahre 1754 einen kleinen Palast errichten, der den Namen *Kälsang Phodrang* trug. Der folgende Dalai Lama (1758–1804) ließ in dem angrenzenden Areal zusätzlich einen Teich mit einem architektonisch stark chinesisch beeinflußten Pavillon anlegen. Nach den früh verstorbenen 9. bis 12. Dalai Lamas verbrachte auch der 13. Dalai Lama (1876–1933) die sommerlichen Monate seiner Jugendzeit hier. Später ließ er sich den *Chänzig Phodrang* erbauen, den man, vorbei an einem kleinen Zoo, nach einigen hundert Meter Fußweg erreicht. In der Versammlungshalle sind neben dem Thron des 13. Dalai Lama alte Thangkas, Silberstatuen der Drei Gottheiten Langen Lebens sowie eine Statue des 13. Dalai Lama zu sehen, die von seinem Nachfolger in Auftrag gegeben wurde. Im Obergeschoß gelangt man zu den Privatgemächern des Dreizehnten.

Dem Umrundungsweg weiter nach Osten folgend, erreicht man nach gut 800 Metern den 1956 fertiggestellten *Tagten Minjur Phodrang*, den Sommerpalast des 14. Dalai Lama (*1935), der für die Tibeter die derzeit bedeutendste Stätte dieser Anlage bildet; hier können sie Ihrem Oberhaupt in seiner gegenwärtigen Existenzform in bestmöglicher Weise ihre Reverenz erweisen und durch den Besuch der von seinem Geist durchzogenen Räume, in seiner Sphäre verweilen. Das Photographieren ist in sämlichen Zimmern verboten.

Wenngleich das Gebäude wesentliche Elemente der traditionellen tibetischen Architektur besitzt, ist ein zur Abstraktion neigender moderner, chinesischer Einfluß unverkennbar. Die Geschlossenheit und Logik der architektonischen Elemente, die Ausgewogenheit in Farbe, Form und Proportion und die Liebe zum Detail stehen in einem auffälligen Kontrast zur ansonsten elementar strengen, eher düster und schwer wirkenden tibetischen Architektur. Das reich ornamentierte Golddach wird von Garudas, Makara-Köpfen, Siegesbannern, goldenen Spitzen, Reliefs buddhistischer Gottheiten, magischen Glückszeichen und dem Rad der Lehre geschmückt, das, flankiert von den beiden Gazellen, an die erstmalige Verkündigung der Lehre durch den Buddha im Gazellenhain von Benares erinnert.

Sämtliche zum Besuch geöffneten Räume befinden sich im ersten Stockwerk. Zuerst betritt man den Audienzraum des Dalai Lama, in dem sein Sitzthron steht und ein exzellentes Thangka Yamantakas zeigt. In dem verglasten Schrein befinden sich vergoldete Kupferstatuen

Sommerpalast des 14. Dalai Lama – Hauptfassade

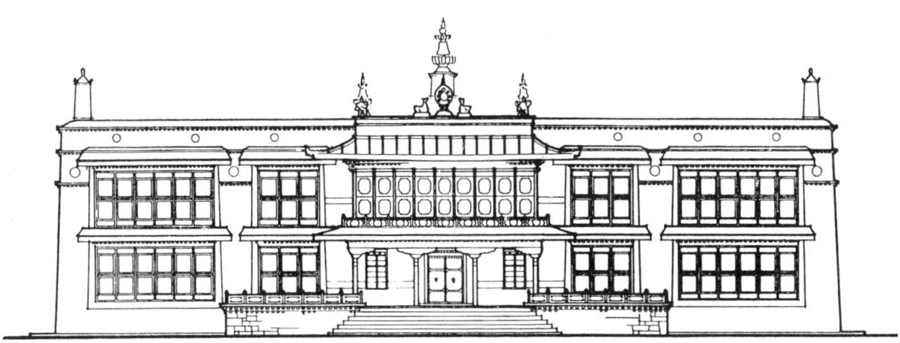

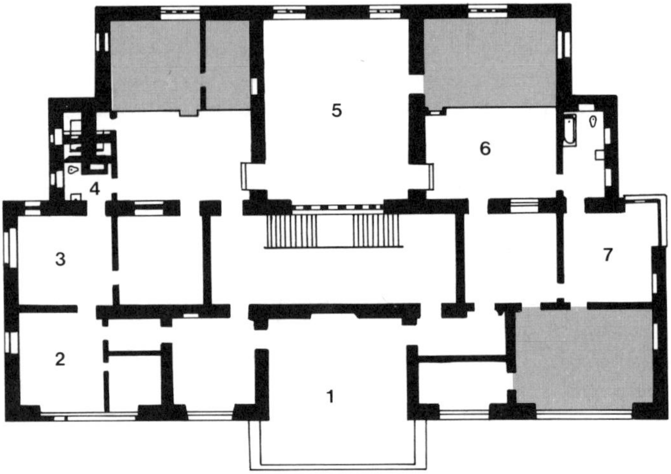

1. Stock des Sommerpalastes
1 Audienzraum
2 Meditationszimmer
3 Schlafzimmer
4 Bad
5 Offizielle Empfangshalle
6 Aufenthaltsraum der Mutter
7 Beratungszimmer

von Vajradhara, Maitreya und Manjushri. Am interessantesten sind hier jedoch die liebevoll ausgeführten Wandmalereien, die die bedeutenden Ereignisse der tibetischen Geschichte von den ersten Anfängen bis in die jüngste Zeit hinein illustrieren: Oben links sehen wir Buddha Shakyamuni bei der Verkündigung der Lehre. Die Bekehrung der Tibeter überträgt er Avalokiteshvara, der sich hier in Form eines Affen mit einer Dämonin vermählt, die ihm sechs Kinder als Urahnen der tibetischen Geschlechter gebiert. Gezeigt wird Nyatri Tsenpo, der erste tibetische König, bei der Urbarmachung des Landes. Zur Zeit von Songtsen Gampo kommt es zur Einführung der tibetischen Schrift und des Buddhismus; der König heiratet die chinesische und die nepalesische Prinzessin. Die Gründung von Samye zur Zeit Tisong Detsens und schließlich die Ermordung des antibuddhistischen Königs Langdarma folgen. Weiter geht es mit Darstellungen von Milarepa und anderen großen Lehrern der Späten Bekehrung Tibets und ihrer Wirkensstätten, mit der Erbauung von Sera, Drepung, Ganden, des Potala und zahlreicher anderer Gelugpa-Klöster; Illustrationen bedeutender historischer Ereignisse aus der Zeit einzelner Dalai Lamas folgen auf der rechten Seite des Raumes. Die Einholung des jungen 14. Dalai Lama von Chamdo nach Lhasa bildet das vorerst letzte Ereignis dieses Darstellungszyklusses.

Im Meditationszimmer sieht man über dem Thron in Form einer Brokatapplikation ein Thangka der Triade der Kadampa-Lamas: Atisha und seine beiden Schüler Dromtönpa und Ngog Legpä Sherab. Beachtenswert erscheinen weiter die Statue des Tausendarmigen Avalokiteshvara sowie ein Thangka, daß das Feld der Ansammlung von Verdienst und Weisheit zeigt (vgl. S. 91). Durch das Schlafzimmer des Dalai Lama, in dem ein Art déco-Bett (ein Geschenk des indischen Ministerpräsidenten Nehru) steht, und an der häufig mit Neugier betrachteten, in westlichem Stil gehaltenen Toilette des Dalai Lama vorbei, gelangt man sodann in die offizielle Empfangshalle. Der überaus reichgeschnitzte, hohe, vergoldete Thron beherrscht diesen Raum. Besonders interessant sind die exzellenten Wandmalereien. Hinten links sieht man eine realistische Darstellung des 13. Dalai Lama mit seinem Kabinett, indische, mongolische und chinesische Würdenträger, seine Lehrer und Mitglieder seiner Familie. Auch der an seinem Schlapphut erkennbare Hugh Richardson (vgl. S. 145) und der japanische Mönch Ekai Kawaguchi (vgl. S. 145) befinden sich unter den Porträtierten. Auf der gegenüberliegenden Wand finden sich die verschiedenen Dalai Lamas dargestellt; ab dem Fünften sind sie mit einem Rad der Lehre als Symbol ihrer auch weltlichen Vorrangstellung versehen.

Danach betritt man die Aufenthaltsräume der Mutter des Dalai Lama, die als Frau nur über Tag hier verweilen durfte. Ins Auge fällt vor allem ein kleiner Schrein aus Sandelholz mit einem sehr schönen Buddha Shakyamuni und einem zum Skelett abgemagerten Yogi Milarepa - eine Darstellungsform, die an seine Zeit asketischer Übungen zur Ausmerzung seines negativen Karmas erinnert. Im Beratungszimmer dominiert die große indische Malerei des Padmapani, eine Form des Avalokiteshvara - ebenfalls ein Geschenk des indischen Ministerpräsidenten Nehru.

□ Der Höhlentempel Dralha Lubuk

Der Höhlentempel liegt am Fuße des Chagpori gegenüber dem Potala und stellt eine der eigenartigsten und sehenswertesten religiösen Stätten Lhasas dar. Die Einrichtung dieser religiösen Stätte geht vermutlich auf Songtsen Gampos tibetische Gemahlin Mönza Ticham zurück. Der Ortsname leitet sich von einer Prophezeiung ab: Die auf dem zentralen Felsen (tib. *Dra*) der Höhle von selbst entstandene Darstellung des Buddha (tib. *Lha*) wird irgendwann einmal in der Zukunft von den Nagas (tib. *Lu*) in ihren eigenen Bereich mitgenommen werden (tib. *Buk*). Die Grotte genießt als ein ehemaliger Meditationsplatz Songtsen Gampos (617–649) hohe Verehrung.

Vor dem Höhleneingang wurde ein kleiner Lhakhang gebaut, der hervorragende Malereien besitzt. In der Grotte selbst sollen ehemals viele von selbst entstandene Zeichen und Darstellungen buddhistischer Gottheiten gewesen sein, die allerdings während der Kulturrevolution zerstört wurden; einige restaurierte man in jüngerer Zeit. Hinter Glas befinden sich an dem zentralen Pfeiler die Steinreliefs des Buddha und seiner beiden Schüler Maudgalyayana und Shariputra, rechts und links davon Maitreya und Avalokiteshvara. Im Gang sind verschiedene Buddhas und Bodhisattvas zu sehen. In der Nähe des Dämonengesichts im rückwärtigen Teil der Höhle soll sich - im Fels verborgen - der Juwelenschmuck der nepalesischen Gemahlin Songtsen Gampos befinden. Weitergehend passiert man einen kleinen Altar mit der Pälden Lhamo als Hauptstatue, danach eine wunderbare Dreiergruppe des rotgekleideten Songtsen Gampo mit seinen beiden Hauptgemahlinnen.

□ Weitere Sehenswürdigkeiten und Heiligtümer Lhasas

Das geistige und kulturelle Zentrum Lhasas bildet der Jokhang. Die rituelle Umrundung dieses Nationalheiligtums wird von den Tibetern auf drei Wegen vollzogen: dem ›Inneren Umrundungsweg‹ *(Nangkhor)*, der den Jokhang, den Haupttempel innerhalb des Lhasa Tsuglagkhang, in seinem Zentrum hat, dem ›Mittleren Umrundungsweg‹ *(Barkhor)*, auf dem die Pilger den Tsuglagkhang sowie die angrenzenden überwiegend religiösen Nebengebäude umschreiten, und dem ›Äußeren Umrundungsweg‹ *(Lingkhor)*, der um Lhasa herum führt. An religiösen Festtagen, besonders am *Saga Dawa*, dem Geburtstag des Buddha, herrscht auf dem Lingkhor ein buntes Treiben. Abertausende von Pilgern sind dann auf den Beinen und halten später auf der Rückseite des Potala, im Park Chingdröl Chiling (s. u.), ausgedehnte Picknicks und Festgelage ab.

Ein Besuch auf dem Barkhor, dem Mittleren Umrundungsweg, ist wohl eines der eindringlichsten und unvergeßlichsten Erlebnisse jeder Tibetreise. Zahllose Tibeter schreiten, besonders in den Abendstunden, im Uhrzeigersinn um den Tsuglagkhang, lassen ihre Gebetsschnüre dabei durch die Finger gleiten und treffen sich mit ihren Bekannten. Sie feilschen, tauschen die neusten Nachrichten aus oder gehen schlicht ihren religiösen Handlungen nach. Die weitgehend originalgetreu rekonstruierten Adelshäuser, reichgeschmückte tibetische Frauen, Khampas mit ihren ins Haar geflochtenen roten oder schwarzen Quasten, Amdo-Frauen mit ihrem zu 108 Zöpfen geflochtenem Haar, Bettler, Pilger, in Familienverbänden vor dem Jokhang lagernde Nomadenfamilien, Butterverkäufer für die rituellen Lampenopfer, Verneigungskniefälle vollziehende Gläubige vor dem Eingang zum Tsuglagkhang, qualmende Wacholderöfen für die Rauchopfer, dazu die Händler und Verkäufer mit ihren bun-

Händlerinnen auf dem Barkhor

ten, reichbestückten Ständen – ein Bild, welches das Gefühl vermittelt, im alten Tibet zu sein. Bisweilen sind hier noch Pilger – oder auch professionelle Beter – zu sehen, die zur Sammlung religiöser Verdienste mit lang gestreckten Verneigungskniefällen den ganzen Barkhor zurücklegen.

Jede Menge an kleinen oder größeren Mitbringseln, über die Sie sich zu Hause sicher freuen werden, können Sie hier erwerben: Ketten, Ringe und Armreifen aus Korallen, Türkisen, Zi-Steinen und Bernstein, Räucherstäbchen, tibetische Schriften, chinesisches Porzellan, Teppiche, Stoffe, Messer, religiöse Gegenstände wie Buddhas, Tsha tsha-Figuren oder Gebetsmühlen und vieles andere mehr. Handeln ist unbedingt notwendig.

Das **Nonnenkloster Ani Sangkhung** – im 15. Jh. vermutlich von dem Tsongkhapa-Schüler Tongden gegründet – liegt nur wenige hundert Meter südlich des Tsuglagkhang. Der heiligste Ort ist die Meditationsgrube Songtsen Gampos. Es heißt, er habe sich hierhin zurückgezogen, um den Flußlauf des Lhasa Kyidchu, der den Jokhang zu überschwemmen drohte, kraft seiner außergewöhnlichen Konzentration in sein heutiges Bett zu verlegen. Zu sehen ist diese Höhle samt einem Songtsen Gampo gewidmeten Schrein am Ende der kleinen Gasse rechts des Kloster-Dukhang.

Dieser 16säulige Dukhang beherbergt als Hauptstatue einen Tausendarmigen Avalokiteshvara, links davon eine Glasvitrine mit Tormas für Lhamo, deren Thangka in der nebenstehenden Vitrine zu sehen ist, weiter Standbilder von Lamas der Gelugpa-Schule wie Phabongkha Rinpoche und Trijang Rinpoche, den ›Jüngeren Tutor‹ des gegenwärtigen Dalai Lama. Rechts der Hauptstatue thronen wiederum Gelugpa-Lamas, die nackte Dakini Naro Khachöma und die Weiße Tara. Der Lichtgaden weist schöne, teilweise alte Malereien von Gottheiten und Lamas der Gelugpa-Schule auf.

Der **Meru Nyingpa,** gegründet vom tibetischen König Rälpacen (reg. 817–36), befindet sich auf der Rückseite des Tsuglagkhang. Lange Zeit als Übungsraum einer Tanz- und Theatergruppe benutzt, dient der Tempel seit 1986 wieder religiösen Zwecken. Wenige Mönche vom Kloster Nechung (vgl. S. 187) vollziehen hier die *Pujas* für die schreckenerregenden 13 Manifestationen des Beschützers Gyelpo Ku'nga, die im Sanktuarium in Form großer neuer Statuen, im davorliegenden Versammlungsraum in Form von wundervollen, phantasievoll gestalteten Malereien zu sehen sind. Während des Mönlam-Festes unternahm das Nechung-Orakel traditionell von hier aus eine Umkreisung des Tsuglagkhang vor.

Gyütö und **Gyüme,** die ›Obere‹ und ›Untere Tantrische Fakultät‹, bildeten ehemals die beiden großen Lehreinrichtungen der Gelugpa. Spezialisiert waren die Klöster auf die Durchführung tantrischer Ritualpraktiken zur Bannung feindlicher dämonischer Mächte. Beide lagen sie ehemals im Lhasa-Tal, wurden in der Kulturrevolution jedoch völlig zerstört. Erhalten sind lediglich ihre Dependancen in Lhasa. Die Mönche von Gyütö haben sich im Ramoche (vgl. S. 159) eingerichtet, die Mönche des 1433 von Tsonkhapas Schüler Sherab Sengge gegründeten Klosters Gyüme im gleichnamigen Zweigkloster. An der East Beijing Road gelegen, fällt es von außen lediglich durch sein mit goldenen Lettern bemaltes Schild oberhalb des Eingangs auf. Als Hauptstatuen sind in der Versammlungshalle Tsongkhapa und seine beiden Schüler zu sehen.

An der Rückseite des Potalas befindet sich der **Chingdröl Chiling,** ein großer Park, der von den Tibetern im Sommer – besonders an Festtagen wie dem Geburtstag Buddhas – gerne zu Picknicks genutzt wird. Hier liegt auch ein kleiner See, der einst durch die Entnahme von Erdreich für den Bau des Potala entstand. In seiner Mitte steht auf einer Insel der kleine, dreistöckige Lukhang, der ›Tempel der Nagas‹, der vom 6. Dalai Lama Tshangyang Gyatsho (1683–1706) als Meditationsstätte errichtet wurde.

Die **Moschee von Lhasa** liegt südlich des Tsuglagkhang, ganz in der Nähe vom Ani Tsamkhung-Kloster. Während der Kulturrevolution von den Roten Garden zerstört, wurde sie erst vor wenigen Jahren wieder aufgebaut. Der Einfluß der tibetischen Kultur ist an den ausschmückenden Verzierungen deutlich ablesbar. Eingang fanden Muslime auf dem Dach der Welt vor allem als Händler und Metzger, letzteres ein Handwerk, das von den Tibetern aufgrund der buddhistischen Geisteshaltung nicht ausgeübt werden durfte. Ursprünglich aus Indien und Ladakh eingewandert, wurde die heute weit über 1000 Mitglieder zählende muslimische Gemeinde in den letzten Jahrzehnten durch Einwanderer aus anderen Teilen Chinas verstärkt.

Die ehemalige **Tibetische Medizinschule** befand sich einst auf dem gegenüber vom Potala gelegenen ›Eisenberg‹, dem Cagpori. Nicht einmal die Überreste dieser einzigen staatlichen Medizinschule des traditionellen Tibet sind heute noch zu erkennen. Statt dessen ragt hier nun die 1983 errichtete große Antenne empor.

Die Medizinschule diente ehemals der theoretischen und praktischen Ausbildung der Ärzte in den ›Drei Wurzeln des Tibetischen Medizinbaumes‹: Anatomie, Pulsologie, Moxibustion (Diagnostik von Wind, Schleim und Galle) sowie Pharmazie. Methoden zur Erkennung von Krankheiten sind die Befragung nach den Krankheitssymptomen, die Untersuchung von Zunge und Urin und im besonderen das Fühlen verschiedener, den Zustand der fünf Elemente anzeigender Pulsschläge, die tibetische Ärzte durch spezielle Fingerstellungen am Unterarm des Patienten messen.

Wer heute die traditionellen Diagnose- und Therapieverfahren kennenlernen möchte, kann den Arzt im Lhasa-Hotel konsultieren oder das Tibetische Krankenhaus (tib. *Mentsi Khang*) besuchen, das westlich des Tsuglagkhang gelegen ist. Während die beiden unteren Stockwerke ausschließlich der Praxis tibetischer Medizin gewidmet sind, befinden sich in der dritten Etage zwei Räume mit Plastiken der großen Medizin-Lamas und Thangkas zur Illustration des Medizin-Systems.

Das **Lhasa-Museum** – unterhalb des Potala und gegenüber dem Postamt gelegen – hatte ursprünglich die Aufgabe, ein Bild der tibetischen Kultur zu vermitteln, wie es die Sicht der chinesischen Propaganda zur Zeit der Kulturrevolution bestimmte. Wenngleich man heute viel von den einst drastischen Verzerrungen und der Verallgemeinerung des Speziellen zurückgenommen hat, ist der propagandistische Einfluß nicht zu übersehen.

Anhand von Bild und Film wird hier die ökonomische Entwicklung des Landes seit den 50er Jahren ausführlich dokumentiert. Aber auch Photographien des traditionellen Tibet, das Modell eines Tempels und eine Auswahl von Gegenständen zur materiellen Kultur werden dem Besucher präsentiert.

Die Kulturdenkmäler in der Umgebung von Lhasa

Die drei Klosteruniversitäten der Gelugpa

Sera, Drepung und Ganden nehmen in verschiedener Hinsicht eine Sonderstellung unter den tibetischen Klöstern ein. Einerseits dienten sie als Universitäten der Ausbildung von Mönchen der Gelugpa-Schule, die aus ihren oft weit entfernten Heimatklöstern für mehrere Jahre hierherkamen, um sich dem langwierigen, komplexen Studium buddhistischer Logik und Philosophie zu unterziehen sowie sich die tantrische Ritualpraxis anzueignen. Andererseits bestand hier die Möglichkeit, von hervorragenden Lehrern die für den tantrischen Heilsweg so essentiellen Einweihungen in die Mandala-Sphären der höchsten Gottheiten zu erhalten und spezielle meditative Techniken zu erlernen.

Ursprünglich als recht kleine Klöster gegründet, entstanden innerhalb dieser Anlagen mit dem Auftreten stets neuer bedeutender Lamas, die ihre eigene Lehrauslegung schufen, verschiedene, weitgehend autonome Fakultäten, die ihre eigenen Versammlungshallen bauten und ihre eigenen Quartiere für die Unterbringung der ihnen angehörenden Mönche besaßen. Dadurch, daß diese nach Vollendung ihres Studiums in ihrer Heimat häufig neue Klöster gründeten, unterstanden den einzelnen Fakultäten, tibetisch *Dratshang* genannt, bald zahlreiche Zweigstellen, die religiös und wirtschaftlich eng mit ihren Mutterklöstern verknüpft blieben. Drepung allein besaß einmal über 300 Niederlassungen.

Dadurch, daß in den oft mehr als 20 Mönchsquartieren (tib. *Khangtsen*) bis zu jeweils 500 Mönche samt Laienbrüdern lebten, expandierten die religiösen Anlagen zu wahren Klosterstädten mit mehreren tausend Bewohnern.

□ Sera

Sera Thegchen Ling, der ›In Wildrosenhecken gelegene Kontinent des Großen Fahrzeugs‹, liegt etwa 4 km nördlich des Potala. Die Gründung des Klosters erfolgte 1419 durch den Tsongkhapa-Schüler Jamchen Chöje (1354–1435), der als Stellvertreter seines Lehrers von 1414–35 dreimal am Hofe der Ming-Kaiser weilte und damit das traditionell enge Verhältnis Seras (chin. *Selasi*) zu China begründete. Nicht zuletzt aus diesem Grund bestand seit jeher eine Art Konkurrenzdenken zwischen Sera und Drepung. Von 2850 Mönchen um 1700 stieg ihre Zahl im 20. Jh. auf 6600 an. Etabliert haben sich in Sera drei Fakultäten. Besonders empfohlen sei der Besuch der Jepa Dratshang, der Tantrischen Fakultät und der Großen Versammlungshalle.

Der 102säulige Tshogchen Dukhang, die ›Halle der Vollversammlung‹, ließ um 1712 der mongolische Khoshoten-Fürst Lhajang Khan errichten, dessen Porträt samt Hofstaat sich

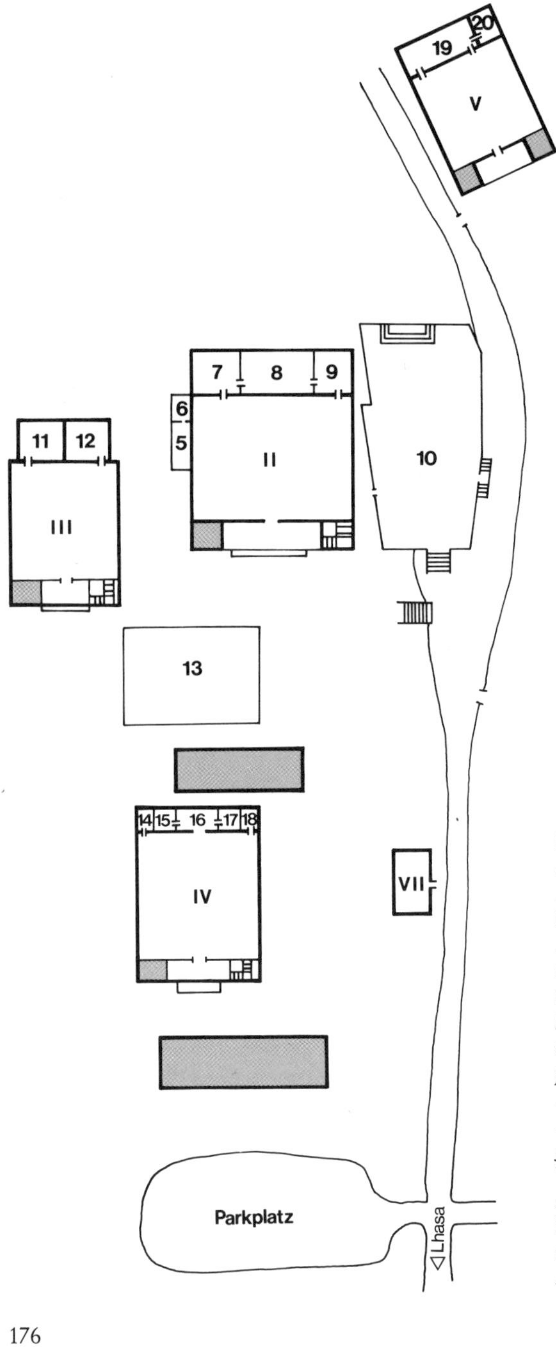

Sera I Tshogchen Dukhang *1 Buddha und die 16 Arhats 2 Maitreya Lhakhang 3 Tsongkhapa Lhakhang 4 Gönkhang* **II Fakultät Sera Je** *5 Buddhas der 3 Zeiten 6 Tamdin Lhakhang 7 Maitreya Lhakhang 8 Tsongkhapa Lhakhang 9 Manjushri Lhakhang 10 Disputationshof* **III Tantrische Fakultät** *11 Buddha und die 16 Arhats 12 Gönkhang 13 Disputationshof* **IV Fakultät Sera Mä** *14 Ta'o Chögyel 15 Tsongkhapa Lhakhang 16 Buddhas der 3 Zeiten 17 Miwang Jobo 18 Lehrträger der Gelugpa-Schule* **V Hamdong Khangtshen** *19 Maitreya Lhakhang 20 Gönkhang* **VI Tsongkhapas Einsiedelei VII Ara Khangtshen** *mit der Porträtstatue des Heiligen Ara Drubthob (1535–1589)*

innen links an der Eingangswand befindet. Vor den Sanktuarien sieht man von links, einen Avalokiteshvara in einem verglasten Schrein, einen sehr feingearbeiteten Buddha Maitreya im Sambhogakaya-Aspekt und Vajrapani, sodann Amitayus, Tsongkhapa samt Schülern, in Disputationsgeste den für seine Logik-Kenntnisse berühmten Sera-Lama Chöki Gyeltshen (1469–1544), den 7. Dalai Lama unter einem Schirm, Maitreya, unter einem weiteren Schirm den Klostergründer Jamchen Chöje, der links vom 5. und rechts vom 13. Dalai Lama flankiert wird, und einen großen Buddha Maitreya.

Im linken Sanktuarium begegnet man den Statuen des Buddha Shakyamuni, der Sechzehn Arhats und der Vier Weltenhüter. Das zentrale Allerheiligste beherrscht eine Stuckfigur des zukünftigen Buddha Maitreya in der Höhe von zwei Stockwerken, umgeben von den Acht Bodhisattvas. Im rechten Sanktuarium zeigen exzellente Thangkas den 5. Dalai Lama und Tsongkhapa, rechts erkennt der Besucher auf brokatenen Applikationsthangkhas die Grüne Tara, den Sechsarmigen Mahakala und die Blaue Yama. Der angrenzende Gönkhang ist für Touristen geschlossen.

Im Obergeschoß befindet sich der Gesichtsschau-Lhakhang für den zweistöckigen Maitreya, eine dem Tausendarmigen Avalokiteshvara gewidmete Kapelle sowie der Lama Lhakhang.

Zu einer Rekonstruktion von Tsonkhapas Einsiedelei, die der Meister hier schon vor der Gründung Seras aufsuchte, folge man einem kleinen, östlich der Versammlungshalle gelegenen Pfad.

Eigenartig ist die Geschichte der Sera Je-Fakultät. Eine etwa 100 Personen starke, sich um einen gewissen Künchen Lodrö Rinchen Sengge, den Sohn eines ladakhischen Nyingmapa-Lamas, scharende Gruppe von Mönchen setzte sich nach einem Streit vom Kloster Drepung ab, ließ sich in Sera nieder und begründete hier die Jepa Dratshang, die ›Flüchtlingsfakultät‹, die schon bald zur einflußreichsten Abteilung des Klosters wurde.

Im Dukhang von Sera Je wird man linker Hand zunächst in einen Lhakhang der Buddhas der Drei Zeiten geführt, die von den Acht Bodhisattvas umgeben werden. Von hier aus gelangt man in die düstere Tamdin-Kapelle, die, wie sich schon aus den langen Pilgerschlangen ersehen läßt, die bedeutendsten Verehrungsobjekte enthält. Rüstungen, Waffen, Masken von Dharmapalas und – hinter den zahllosen Khatakhs kaum sichtbar – die Statuen von acht schreckenerregenden Gottheiten geben dem Raum eine gespenstische Atmosphäre. Ehrfürchtige Blicke werfen die Gläubigen auf die Hauptstatue und berühren deren Fuß mit ihrer Stirn. Es handelt sich um den sogenannten Tamdin Yangsang Töpa, den ›Geheimsten, Zornvollen Tamdin‹ (Skt. *Hayagriva*), der eine der bedeutendsten Yidam-Gottheiten darstellt. Hinter einer Klappe befindet sich ein ebenfalls im Kultus der Nyingmapa-Schule gebräuchlicher Ritualdolch als Symbol der Nyingmapa-Gottheit Vajrakila. In Erinnerung an die einst vom 5. Dalai Lama erteilte Weihe dieser Gottheit wurde dieser Ritualdolch früher alljährlich am 27. Tage des 12. Monats in einer Prozession nach Lhasa gebracht und dort dem Dalai Lama, seinen Ministern und dem chinesischen Amban präsentiert.

Vor den Sanktuarien des Dukhang passiert man nun den Stupa, der die Reliquien des 1. Rateng Rinpoche Tänpa Rabgya (vgl. S. 230) beinhaltet, weiterhin den vergoldeten Silberstupa seines Vorgängers Ngawang Chogden, die Göttin mit dem Weißen Schirm, in einem kleinen verglasten Schrein eine Sprechende Tara, darüber den 5. Rateng Rinpoche, eine Statue des 13. Dalai Lama, in einer Glasvitrine ein Thangka des Medizin-Buddha sowie die Statuen und Stupas verschiedener Lamas von Sera. Die Wandmalereien des Dukhang sind den Zwölf Taten des Buddha, die an der Eingangswand den Dharmapalas gewidmet.

Das linke Sanktuarium enthält einen Buddha Maitreya, den Jobo, die Sechzehn Arhats in Felsgebirgsdarstellung und verschiedene Lamas von Sera; im zentralen Heiligtum ragt eine große Lehmstatue des Sektengründers Tsongkhapa auf, links davon erkennt der Besucher Shakyamuni und rechts Amitabha, den Buddha des Westens, als Gefolge die Acht Bodhisattvas und die Zwei Zornvollen Türhüter sowie prächtige kleinere Statuen. Das rechte Sanktuarium beherbergt neben alten heiligen Schriften als Hauptstatue Manjushri, den Bodhisattva der Weisheit mit Buch und Schwert auf den Schultern, flankiert links von einem in seiner ikonographischen Darstellung ungewöhnlichen Maitreya und rechts einem weiteren Manjushri.

Gleich nebenan liegt Sera Ngagpa Dratsang, die Tantrische Fakultät von Sera, die bei ihrer Etablierung im Jahre 1712 die ehemalige ›Halle der Vollversammlung‹ bezog. Gegründet wurde die Abteilung von dem mongolischen Khoshoten-Fürsten Lhajang Khan (reg. 1703–17), dem damaligen Herrscher über Tibet, der durch die regelmäßige Begehung tantrischer Ritualpraktiken sein Wohl gesichert und sein weiteres Schicksal positiv beeinflußt sehen wollte. Dem war jedoch nicht so: Tragischerweise schlugen 1717 die mongolischen Dzungaren seine Truppen. Nachdem er Zuflucht im Potala gefunden hatte, entschloß er sich schließlich aufgrund seiner aussichtslosen Lage, den Tod im Kampf zu finden.

Im Dukhang sind Wandmalereien zu den Trägern der Lehre vom Stufenweg zur Erleuchtung, im Lichtgaden eine große Brokatapplikation des Guhyasamaja und an der Wand oben Statuen bedeutender Lamas von Sera zu sehen. Das linke Heiligtum enthält die aus Sandelholz geschnitzten Statuen von Buddha, den Sechzehn Arhats und den Weltenhütern, die der Sera-Gründer Jamchen Chöje (1354–1435) seinerzeit als Geschenk des chinesischen Ming-Kaisers Yongle (reg. 1402–24) mitbrachte. Das rechte Sanktuarium bildet einen Gönkhang, in dem tantrische Schutzgottheiten unter Führung des schreckenerregenden, stierköpfigen Vajrabhairava vorherrschen. An einem Pfeiler hängt ein riesiger Ritualdolch, den Deckenraum schmücken Stoffbahnen mit aufgemalten Opfergaben und Masken für die rituellen Cham-Tänze. Von links sieht man Palden Lhamo, einen vierarmigen Mahakala, der früher das originale Schwert Lhajang Khans gehalten haben soll, den Kshetrapala, den Sechsarmigen Mahakala, Gönpo Gur, Vaishravana, den Totengott Yamaraja und ein Thangka der Lhamo, deren Herz Wärme ausstrahlen soll. Oben liegt noch eine Kapelle des rotfarbigen Buddha Amitabha.

Sera Mä, aufgrund seiner Lage als ›Untere Fakultät‹ bezeichnet, wurde 1421 von Jangchub Bum gegründet und beherbergt im Dukhang als Hauptstatue einen sehr schönen Buddha Shakyamuni, der von Maitreya und Manjushri flankiert wird. Die dahinter gelegenen Sanktuarien enthalten von links den lokalen Beschützer Ta'o Chögyel, sodann Tsongkhapa, danach die Buddhas der Drei Zeiten samt den Sechzehn Arhats in Felsgebirgsdarstellung. In der folgenden Kapelle sieht man, eingerahmt von den Acht Bodhisattvas und den Zwei Zornvollen Türhütern, den von dem einflußreichen Miwang Pholhanä, einem Gabenherren Tsongkhapas, errichteten Shakyamuni namens Miwang Jobo – das bedeutendste Verehrungsobjekt von Sera Mä. In der rechten Kapelle thront Tsongkhapa inmitten der bedeutenden Lehrträger der Kadampa- und Gelugpa-Schule.

Das nur wenig besuchte Hamdong Khangtsen strahlt mit seinen durchweg alten Thangkas und Statuen eine stille und klare Atmosphäre aus. Die Wände des Dukhang schmücken u. a. Malereien zur Biographie Tsongkhapas. An der Wand oben sind Statuen von Tsongkhapa, Shakyamuni und der Drei Gottheiten Langen Lebens zu sehen. Im dahinter gelegenen Sanktuarium nimmt Maitreya die zentrale Stellung ein, der sich anschließende Gönkhang birgt den Reichtumsgott Vaishravana, sowie die Statuen der speziellen Beschützer dieses Khangtsens.

Gelegenheiten zur Beobachtung philosophischer Auseinandersetzungen bieten sich sicherlich in einem der drei Disputationshöfe Seras.

□ Drepung

Nicht ganz 10 km westlich von Lhasa gelegen, wurde Drepung (chin. *Zhebengsi*) 1416 von dem Tsongkhapa-Schüler Jamyang Chöje (1379–1449) gegründet und war vor der chinesischen Besetzung mit mehr als 10 000 Mönchen das größte Kloster Tibets. Sein Name, ›Reishaufen‹, spielt auf das kleine Reishäufchen an, das buddhistische Mönche bei der Zeremonie des 37fachen Mandalas symbolisch für die Welt mit all ihren materiellen und sinnlichen Verlockungen den Buddhas opfern. Das Kloster selbst wird dadurch gleichermaßen zu einer Gabe an die Buddhas

Halle des Freudvollen Palastes im Kloster Drepung

und zu einem Sinnbild des buddhistischen Mönchsweges: die freiwillige Aufgabe sinnlicher Anhaftungen, die Entsagung materieller Güter, die Hinwendung zum Numinosen und die Widmung aller Aktivitäten zum Wohle der Lebewesen.

Während das Kloster Ganden von Anfang an das spirituelle Zentrum der Gelbmützen-Schule darstellte, war Drepung als die ehemalige Residenz der Dalai Lamas stets das politische Zentrum der Gelugpa. Mehrfach wurden Teile des Klosters aufgrund seiner Verwicklung in die innerpolitischen Ereignisse des Schneelandes - besonders von den mongolischen Truppen der Dzungaren und Koshoten - zerstört und gebrandschatzt. Die Äbte von Drepung waren an allen politischen Entscheidungen beteiligt. Sie fungierten als Vermittler in Kriegsangelegenheiten und verfügten über eine einflußreiche Position, wenn es um die Benennung von Regenten oder die Identifizierung des Dalai Lama ging.

Zum Ausdruck kam die politische Bedeutung des Klosters auch während des Mönlam-Festes, während dessen die Regierungsgeschäfte - ursprünglich mehr symbolisch - in die Hände der Geistlichkeit gelegt werden sollten. Äbte von Drepung übten das Amt des zu dieser Zeit regierenden Zhängo aus. Besonders im letzten Jahrhundert wurde diese Festtagsperiode, wenn man den Berichten von Tibetreisenden wie Ekai Kanraguchi oder Ernst Schäfer glauben darf, von teils chaotischen, verheerenden Zuständen geprägt. Um die hohen Bestechungsgelder, mit denen das Amt des Zhängo regelrecht erkauft wurde, wieder einzubringen, wurden die Bürger von Lhasa wegen häufig banaler Vergehen mit hohen Geldstrafen belegt, die auf der Stelle eingefordert wurden. Weite Teile des Adels sahen sich daher für die Zeit des Mönlam gezwungen,

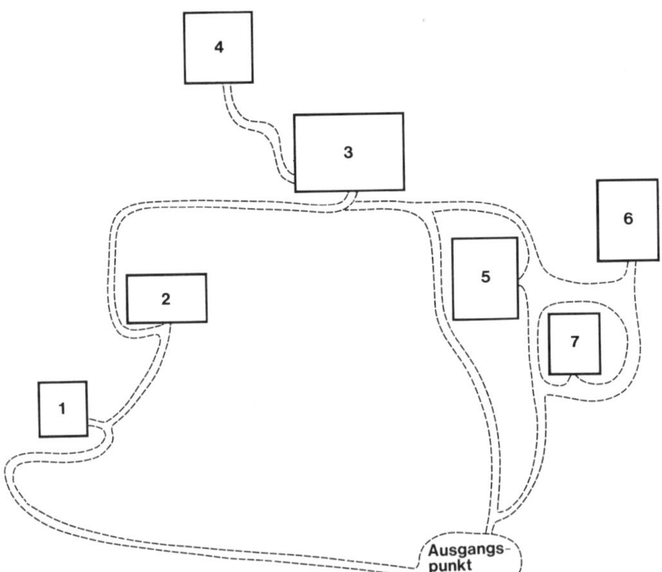

Drepung
1 Privatgemach des 5. Dalai Lama
2 Ganden Phodrang
3 Halle der Vollversammlung
4 Tantrische Fakultät
5 Fakultät Loseling
6 Fakultät Gomang
7 Fakultät Deyang

die Stadt zu verlassen. Die Mönche, für den Rest des Jahres strenger Ordenszucht unterworfen, fühlten sich während des Festes wie befreit und schlugen in mancher Hinsicht über die Stränge. Der 13. Dalai Lama sah sich daher zu einer Änderung der Festtagsorganisation genötigt. Durchgreifenden Wandel brachte sie allerdings nicht.

Während große Teile der Mönchsunterkünfte in der Kulturrevolution zerstört wurden, blieben die Versammlungshallen der vier Fakultäten Drepungs – Loseling, Gomang, Ngagpa und Deyang –, der ehemalige Regierungssitz der Dalai Lamas (tib. *Ganden Phodrang*) sowie die Große Halle für die Vollversammlung unbeschädigt.

Beginnt man den Besichtigungsgang im Uhrzeigersinn, so gelangt man im Westen der Klosteranlage zuerst zum **Sangag Phodrang,** zum ›Palast Geheimer Mantras‹, ursprünglich das Privatgemach des 5. Dalai Lama. Nach seinem Tode wurde es in einen Lhakhang umgewandelt, der nun ein großes Thangka der Weißen Tara und sehr schöne Statuen in einer Glasvitrine enthält. Das dahinter liegende Sanktuarium bildet einen eindrucksvollen Gönkhang, einen ›Raum der Schutzgottheiten‹. Im Zentrum sieht man die Statue des 5. Dalai Lama vor einem mächtigen, stierköpfigen, sechszehnbeinigen und sechsunddreißigarmigen Yamantaka. Begleitet wird er links von der Reichtumsgottheit Vaishravana und dem Sechsarmigen Mahakala, rechts von Damcen und Lhamo. Herrliche Schwarzgrundmalereien zieren die Wände. Links findet sich die Gruppe der zwölf Weiblichen Schutzgottheiten Tibets; Malereien menschlicher Eingeweide, Herzen und der Fünf Sinnesorgane sind als Opfergaben an die Schutzgottheiten zu interpretieren. Rechts sieht man Wandmalereien der schlangenbeleibten Planetengottheit Rahula sowie den dreigesichtigen Nechung und Gyelpo Ku'nga, Gottheiten, die das Medium des Klosters Nechung (vgl. S. 187) während seiner Séancen heimsuchen.

Über die steile Holztreppe gelangt man nun in den Vorhof des **Ganden Phodrang,** des ›Freudvollen Palastes‹. 1518 vom 2. Dalai Lama (1476–1542) unter dem Namen ›Blaues Steinhaus‹ errichtet, erhielt das Gebäude seine heutige Bezeichnung mit der Ernennung des 5. Dalai Lama durch den Koshoten-Herrscher Gushri Khan (reg. 1636–56) zum geistlichen und weltlichen Herrscher über Tibet im Jahre 1642. Eine vertikal dreifach geteilte, steinerne Treppe, deren mittlerer Teil nur vom Dalai Lama benutzt werden darf, führt zum Eingang empor. Der oben gelegene, 16säulige Inthronisierungssaal des 5. Dalai Lama wird beherrscht von seinem großen Thron. Den Lichtgaden zieren wunderbare Malereien von Buddha mit der Grünen und Weißen Tara, des 1. Dalai Lama Gendün Drub (1391–1475) und des 5. Dalai Lama Ngawang Losang Gyatsho (1617–82).

In den links und rechts befindlichen Holzregalen, unter denen die Tibeter hindurchkriechen, um so der Weisheit des in ihnen gelagerten Schrifttums teilhaftig zu werden, wird der Kanjur, das Wort des Buddha, aufbewahrt. In verglasten Schreinen passiert man an der Altarwand eine alte Tsongkhapa-Statue, den Elfgesichtigen Avalokiteshvara, einen Kasten mit Tormas, weiter Yamantaka, Guhyasamaja, Samvara und andere zornvolle Yidam-Gottheiten der Gelugpa-Schule, die Grüne Tara und in einem von bunten Khathaks verhängten Schrein Pälden Lhamo, die Schutzgottheit der Dalai Lamas. Im obersten Stockwerk liegen – für die Öffentlichkeit unzugänglich – ein kleiner Audienzraum und das Privatgemach der Dalai Lamas.

Weitergehend gelangt man zum Vorplatz des 184säuligen Tshogchen Dukhang, in dem die Mönche aller Fakultäten zusammenkommen. Hinter den mächtigen Säulen der Vorhalle sind prächtige Wandmalereien der Vier Weltenhüter und die mit vergoldeten Glückssymbolen beschlagenen Türen des Haupteinganges zu sehen. An der Altarwand erkennt man von links sechs der Sechzehn Arhats und zwei Weltenhüter. Danach besucht man das linke Sanktuarium mit eindrucksvollen Statuen der Buddhas der Drei Zeiten, überragt von den Acht Stupas des Sugata. Im Dukhang passiert man sodann einen großen sehr schönen Manjushri, den Bodhisattva der Weisheit, linker Hand die Göttin mit dem Weißen Schirm in ihrer Tausendarmigen Form, weiter einen Shakyamuni, den 13. Dalai Lama, den Gründer Jamyang Chöje (1379–1449), den 3. bis 9. Dalai Lama und die restlichen Statuen der Gruppe der Sechzehn Arhats.

Im Obergeschoß gelangt man zunächst zum Maitreya Lhakhang, in dem man das Gesicht dieser mehr als zwei Stockwerke messenden Statue zu sehen bekommt. Ihre Weihefüllung besteht aus der Schädelschale des Mahayana-Gelehrten Asanga, dem Dharma-Gewand Tsongkhapas und den Reliquienkügelchen des früheren Buddha Kashyapa, die sich noch heute von selbst vermehren sollen. Zu beachten ist auch die in einer Vitrine aufbewahrte weiße, rechtsgewundene Dharma-Schnecke, die Tsongkhapa nach mystischen Eingebungen gefunden haben soll. Als ein Symbol des Klanges der Lehre wurde sie vom Klostergründer Jamyang Chöje als ein Geschenk der Bodhisattvas angesehen. Der sich anschließende Jobo Lhakhang enthält neben dem Jobo zwölf Stupas als Symbole der Zwölf Taten Buddhas. Rechts sind noch 108 kleine Reliquienschreine vom Typus des Erleuchtungsstupas und ein wunderbares Thangka des Maitreya zu sehen.

Eine Treppe hinunter gelangt der Besucher nun zum Gesichtsschau-Lhakhang des großen Buddha Maitreya im Dharmakaya-Aspekt, der das stets geschlossene rechte Sanktuarium im Grundgeschoß einnimmt. Wieder herauskommend, betritt man linker Hand den Kanjur Lhakhang. Er enthält eine prächtige, einst im Besitz des 5. Dalai Lama befindliche, 114bändige Ausgabe der ›Worte des Buddha‹, deren goldgeschriebene, schwarzgelackte Seiten samt überaus fein geschnitzten Buchdeckeln hier in Glaskästen ausgestellt sind. In weiteren Vitrinen sieht man eine Sprechende Tara, weiter eine Tara, der die Fähigkeit zugesprochen wird, Regen zu bewirken, und die Tara aus dem in der Kulturrevolution zerstörten Kloster Tshechen in Gyantse.

Links oberhalb der Großen Versammlungshalle liegt die Ngagpa Dratsang, die Tantrische Fakultät von Drepung. Ihr 48säuliger Dukhang birgt künstlerisch hervorragend gestaltete Wandmalereien von Dharmapalas, der Grünen Tara und verschiedener Erscheinungsformen des Yidam Samvara, weiterhin Statuen von Dalai Lamas und bedeutender Lehrträger des Stufenweges zur Erleuchtung sowie exzellente Stupas. Das Sanktuarium besteht hier aus einem Gönkhang, einem Raum der Schutzgottheiten, die von den Mönchen als machtvolle Mittel zur Beseitigung negativer Einflüsse angerufen werden.

Wir umrunden die große Versammlungshalle und passieren einen von zwei Stupas flankierten, kleinen Manjushri-Tempel, der ein Relief des Bodhisattva in einem Felsblock besitzt und als das ursprüngliche Gründungsgebäude von Drepung gilt. Weiter abwärts steigend, gelangt man nach Loseling, der mit ehemals allein 5000 Mönchen größten Fakultät Drepungs. Den 102säuligen Dukhang zieren große Thangkas von Shakyamuni und Yamaraja, an den Wänden rechts und links stehen 1000 Statuetten des Langlebigkeit verkörpernden Amitayus in verglasten Regalfächern. An der Altarwand passiert der interessierte Besucher von links die großen Statuen von Tsongkhapa, weiter verschiedene lokale Würdenträger, den 5., 8., und 7. Dalai Lama, in Disputationsmudra den berühmten Panchen Losang Dragpa (1478–1556), der das 15. Oberhaupt der Gelugpa-Schule war und die Lehrauslegung Drepungs in seinen Werken maßgeblich bestimmte, sowie den Thron des Dalai Lama.

Die drei Gottheiten langen Lebens

Das linke Sanktuarium enthält einen Bodhistupa, umgeben von den Lehrergruppen der Sechzehn Arhats sowie den acht großen Mahayana-Philosophen, die als die Sechs Ornamente und die Beiden Besten bezeichnet werden; im zentralen Allerheiligsten beeindruckt ein zwei Stockwerke hoher Maitreya, links davon ragen ein weiterer Maitreya und ein Jobo auf, rechts findet der Besucher Tara, Maitreya und einen von dem Regenten Demo Rinpoche (reg. 1886–1895) errichteten Stupa. Rechts geht es in das Nebensanktuarium, das dem Jobo, dem Buddha in seiner Sambhogakaya-Form (vgl. S. 109), gewidmet ist. Im Dukhang der Gomang Dratsang, der ›Fakultät der vielen Zugänge (zur Lehre)‹, an der allein früher etwa 3000 Mönche studierten, sieht man an der Altarwand 1000 kleine Tsongkhapa-Statuen, den Thron des Dalai Lama, den 7. Dalai Lama, den Elfgesichtigen Avalokiteshvara, Tsongkhapa, Amitayus, einen außergewöhnlichen Maitreya, und den 1. Jamyang Zhäpa Ngawang Tsöndrü (1648–1721), den Tulku des Klosters Labrang. Das linke Heiligtum präsentiert uns die Drei Gottheiten Langen Lebens, Amitayus in Begleitung der Tara sowie die Sechsarmige Ushnishavijaya.

Das zentrale Sanktuarium enthält eine überwältigende Fülle an großen und kleinen Standbildern. Links und rechts des zentralen Buddha Tathagata Akshobhya erblickt man Maitreya und Jobo mit prächtigen Thronaureolen, darüber zwei herrliche Stupas, ganz vorne lebhafte

Porträtstatuen der sechs Existenzkettenglieder des Jamyang Zhäpa, links und rechts große Statuen der Sechzehn Arhats. Der rechts gelegene Tara Lhakhang zeigt Statuen der Einundzwanzig Taras, die Sechzehn Arhats, eine Sprechende Tara sowie einen schönen Elfgesichtigen Thugje Chenpo, den ›Großen Mitleidvollen‹. Im Obergeschoß kann man noch einen Gönkhang des schrecklichen, dunkelblauen Sechsarmigen Mahakala besuchen.

Deyang Dratsang ist eine Gründung von Cogpa Jangchub Pälden, der Anfang des 15. Jhs. auch das Kloster Nechung ins Leben rief. Der Dukhang beherbergt an der Altarwand Ushnishavijaya, Tara, die Sitzthrone des Dalai Lama und des Abtes, die Drei Gottheiten Langen Lebens und den Medizin-Buddha Bhaishajyaguru samt seinem Gefolge. Das Sanktuarium wird von einem großen Buddha Maitreya beherrscht, den der Klostergründer und der 7. Dalai Lama links sowie Tsongkhapa und Shakyamuni rechts flankieren. Einen längeren Blick lohnen die Thangkas, die das Leben des Buddha in herausragender Weise illustrieren. Im oben gelegenen Deyangcog, dem Raum der Schutzgottheiten, regiert der Dharmapala Nechung Chökyong, ein Beschützer der Lehre, der eine enge Verbindung zum Gründer Cogpa Jangchub Pälden hatte.

□ Ganden

1416 von Tsongkhapa gegründet, bildet Ganden (chin. *Gandansi*), 62 km nordöstlich von Lhasa am Oberlauf des Kyichu gelegen, das religiöse Zentrum der Gelbmützen-Schule. Der Name des Klosters, das ›Freudenvolle‹ (Skt. *Tushita*), ist eigentlich die Bezeichnung für die Himmlische Sphäre, in der die Buddhas verweilen, bevor sie ein letztes Mal auf die Erde herabsteigen, um den Lebewesen den Dharma zu verkünden.

Anfahrt: Nach Überquerung der Lhasa-Brücke, biegen wir links ab und folgen stets dem kleinen Sträßchen. Bei Km 18 taucht die berühmte religiöse Stätte Tshäl Gungtang auf, die im 13. und 14. Jh. den starken Tshälpa-Fürsten als Residenz diente, bislang jedoch nur in geringem Maße rekonstruiert wurde. Nach weiteren 11 km sieht man den links auf einer Anhöhe gelegenen Tagtse Dzong, den ursprünglichen Sitz des Distriktsgouverneurs von Lhasa. Nach 31 km läßt man die große, in die Region Mädro führende Eisenbrücke links liegen und biegt nach weiteren 20 km einen kleinen Seitenweg rechts ab. 8 km weiter erkennt der Reisende plötzlich das Kloster, das herrlich anzusehen in einer großen Bergmulde eingebettet ist. Nur bei wenigen heiligen Stätten ist die Bedeutung des Begriffes für ›Kloster‹ *Gompa,* ›abgelegener Ort‹, so augenfällig.

Selten zeigen sich die Wunden, die die Roten Garden der tibetischen Kultur geschlagen haben, so deutlich wie hier. Wie stumme Zeugen ragen die Ruinenstümpfe der zerstörten Gebäude gen Himmel. Rekonstruiert wurden – weitgehend originalgetreu – bisher erst etwa 30 der ehemals wohl mehr als 200 Gebäude. Die Statuen und Malereien wie auch das gesamte Klosterinventar stammen nahezu ausschließlich aus jüngerer Zeit. Trotzdem zählt der Besuch von Ganden zu den eindringlichsten Erlebnissen einer Tibetreise, denn noch immer haftet dem Ort ein Geist der Spiritualität an, wie er heute nur noch selten in Tibet zu finden ist.

Die ehemaligen Fakultäten *Jangtse* und *Shartse* sowie die Tantrische Fakultät haben den Lehrbetrieb noch nicht in ihrer früher gewohnten Weise wieder aufgenommen.

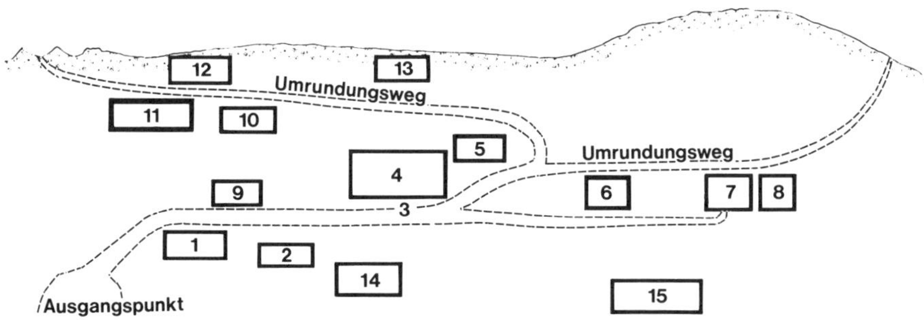

Ganden *1 Ngamchö Lhakhang 2 Disputationshof 3 Stupa 4 Hauptgebäude 5 Jampa Lhakhang 6 Goldthron-Gebäude 7 Trithog Khang 8 Disputationshof 9 Fakultät Shartse 10 Fakultät Jangtse 11 Disputationshof 12–15 Wohnquartiere*

Auf dem Hauptweg durch das Kloster passiert man zuerst rechts den bereits von Tsongkhapa und seinen Schülern zu rituellen Zwecken benutzten Ngamchö Lhakhang; hier befinden sich Statuen von Tsongkhapa und seinen Schülern, weiterhin Je Tshedzinma, eine ›Lebensverlängerung gewährende‹ Statue Tsongkhapas, sowie Wandmalereien, die Manjushri, Buddha und die Sechzehn Arhats als Lehrer des Hinayana und des achtarmigen, tiefblauen Guhyasamaja zeigen. Der links gelegene Gönkhang, dessen Betreten Damen untersagt ist, beherbergt den Reichtumsgott Vaishravana, den Beschützer Setrab, die schreckliche Lhamo auf ihrem Maultier, den Sechsarmigen Mahakala, Yamantaka und den Todesherrscher Yama. Darüber befinden sich die Privatgemächer des Dalai Lama und des Panchen Lama, letzteres mit einem reichgeschnitzten Altar und wunderschönen alten Statuetten.

Rechts einen Disputationshof passierend, gelangen wir sodann zum Yangpacen, dessen roter Anstrich allein schon auf seine herausragende Stellung unter den Sakralgebäuden von Ganden schließen läßt. Der Dukhang enthält 1000 Tsongkhapa-Statuen aus Lehm, Seidenstickereien geben die Grüne Tara wider, alte Thangkas zeigen die Göttin mit dem Weißen Schirm sowie das Feld der Ansammlung von Verdienst und Weisheit (vgl. S. 91); auch der Thron des Panchen Lama lohnt einen Blick. Das obenan gelegene Sanktuarium birgt eine Buddha-Statue, deren Oberteil noch original erhalten blieb, und einen Nirvana-Stupa. Der sich rechts anschließende Gönkhang beherbergt den schrecklichen Yamantaka, die zornvolle Schutzgöttin Lhamo, den Sechsarmigen Mahakala und Yamaraja.

Im Obergeschoß liegt rechts der bedeutendste Raum des Klosters, der Serdung Khang, der den ›Goldenen Reliquien-Stupa (Tsongkhapas beherbergende) Raum‹. Nachdem sich die sterbliche Hülle Tsongkhapas bei der Feuerbestattung als unverbrennbar erwiesen hatte, wurde sie in diesem Stupa beigesetzt. Als der Reliquienschrein während der Kulturrevolution geöffnet wurde, sollen die Roten Garden einen noch unversehrten Körper vorgefunden haben. Nachdem sie ihn geschändet hatten, konnten nur noch Teile der Schädelschale von Gläubigen gerettet und dem Stupa später wieder als Weihefüllung beigegeben werden. Vor dem Stupa befinden sich die Statuen Tsongkhapas (1357–1419) und seiner beiden Hauptschüler Khädrubje (1385–1438) und Gyeltshabje (1364–1431). In einer Glasvitrine sieht man links die ehemalige Eßschale des großen Tantrikers und seinen Vajra, das Horn eines Dri-Rindes, das von selbst entstandene 21 Tara-Darstellungen aufweist, einen Yamantaka als Herzensobjekt von Tsongkhapas Schüler Khädrubje – allesamt heilige Gegenstände, die gläubige Tibeter bisweilen aus der Vitrine herausnehmen lassen, um sie ehrfürchtig mit der Stirn zu berühren und so ihrer Segenskraft teilhaftig zu werden. Benannt ist das gesamte Gebäude nach einem riesigen, hinter dem Stupa sichtbaren Felsblock, von dem es heißt, er sei von Yangpacen – der tibetische Name des in der Buddha-Biographie wichtigen indischen Ortes Sarvasti – hierhergeflogen. Wandmalereien sind der Linie der bislang 99 wiedergeborenen Ganden Tri Rinpoches gewidmet, der ›Thronhalter von Ganden‹.

In dem zum Innenhof hin geöffneten kleinen Versammlungsraum fertigt ein Mönch gewöhnlich kleine Plättchen aus Tsampa-Teig an, die den Abdruck eines Zahnes Tsongkhapas aufweisen und eine kostbare Reliquie für Gläubige darstellen. Dieser Zahn, der auf der Spitze eines kleinen, inzwischen leicht verbeulten silbernen Stupas sitzt, zählt zu den bedeutendsten Verehrungsobjekten des Klosters. Auf der gegenüberliegenden Seite dieses Dukhang stehen der Lhakhang des Medizin-Buddha sowie der Lama Lhakhang zum Besuch offen.

Wir gehen von hier am linker Hand gelegenen, seit 1991 wieder geöffneten Jampa Lhakhang vorbei, in dem eine 4 m große vergoldete Kupferstatue des Buddha Maitreya thront, und gelangen sodann zum Sertri Khang, dem ›Goldthron-Gebäude‹; im Grundgeschoß befindet sich vor der Triade von Tsongkhapa und seinen beiden Schülern der Thron des Ganden Tripa, des ›Thronhalters (oder Abtes) von Ganden‹, der zugleich das Oberhaupt der Gelugpa-Schule ist. Schon Tsongkhapa und die Dalai Lamas residierten hier. In den oberen Stockwerken befinden sich zwei Lhakhang, die den Kanjur und Tanjur, das kanonische Schrifttum des Lamaismus, enthalten.

Der folgende Trithog Khang, die Residenz des Ganden Tripa, enthält oben im Kanjur Lhakhang ebenfalls einen Kanjur sowie Statuen von Tsongkhapa und seinen beiden Schülern. Im Grundgeschoß passiert man sodann die ehemalige Residenz von Tsongkhapas Schüler Khädrubje (1385–1438). Heute bildet sie einen Gönkhang des Viergesichtigen Mahakala, einer Schutzgottheit der Sakyapa, die Khädrubje aus Sakya mit hierherbrachte. Die rituelle Beschwichtigung des zornvollen Mahakala wird hier ständig von einem Becken und Standtrommel schlagenden Mönch vollzogen. Die Hauptstatue zeigt den Yidam Samvara, am Balken verkörpert eine kleine, alte Maske das Abbild des Jigje Tshelha, des Langlebigkeit spendenden Vajrabhairava, der als die zornvolle Manifestation des Manjushri gilt.

Vom Privatgemach des Ganden Tripa, in dem sich neben seinem Sitzthron wiederum Statuen von Tsongkhapa und seinen beiden Schülern befinden, gelangt man zum *Tshomchen,* dem Versammlungsraum, der neben Amitayus und 21 Statuen der Weißen Taras auch alte Thangkas mit Szenen aus dem Leben des Buddha enthält.

Weiter führt ein Gang zum Sterbezimmer Tsongkhapas, in dem sich als Nachbau der Thron befindet, auf dem er einst verschied. An den Wänden zeigen herrliche Malereien die Drei Gottheiten Langen Lebens, Tsongkhapa, die Weiße und die Blaue Tara, eine gemischt friedvoll-

Pilger im Kloster Ganden

zornvolle Erscheinungsform des Manjushri als Emanator Tsongkhapas, Mahakala und den dunkelblauen Yidam Guhyasamaja. In dem dahinter gelegenen Privatgemach Tsongkhapas befindet sich ein Thangka mit seinem Porträt, flankiert vom Buddha Shakyamuni und dem Vierarmigen Avalokiteshvara. In einem prächtigen, verglasten Schrein mit alten Statuen erkennt der Betrachter Tsongkhapa mit seinen Schülern, die Tara und den Buddha Maitreya. Das gegenüberliegende Privatzimmer des Dalai Lama beinhaltet über dem Sitzthron ein sehr schönes Thangka, das die Grüne Tara, Shakyamuni und Tsongkhapa zeigt.

Nechung - der Sitz des tibetischen Staatsorakels

Nur 1 km südöstlich von Drepung befindet sich das um die Wende zum 14. Jh. gegründete Kloster Nechung (chin. *Naiqiongsi*), dessen Medium Ende des 17. Jhs. zum tibetischen Staatsorakel ernannt wurde. Das Orakelwesen ist ein aus der Volksreligion erwachsenes Phänomen der Kultur des Schneelandes, das vom Buddhismus geduldet wird, jedoch nicht als genuin buddhistisch angesehen werden darf. Denn die Gottheiten, die sich während der Séancen menschlicher Medien als Sprachrohr ihrer Prophezeiungen bedienen, werden normalerweise nicht dem lamaistischen Pantheon zugerechnet. Buddhistischen Vorstellungen zufolge handelt es sich hierbei um zumeist lokale Schutzgottheiten, deren Aktivität grundsätzlich nicht heilwirksamen, sondern weltlichen Zielen zuträglich ist. Nur durch ganz wenige Medien, wie eben durch das tibetische Staatsorakel, schaffen sich auch Dharmapalas, die auf der untersten Stufe des Pantheons stehenden Gottheiten, Gehör.

Bereits die Gründungsmythologie des Klosters ist eng mit der bedeutendsten Orakelgottheit von Nechung, dem *Nechung Chökyong*, dem ›Dharma-Schützer Nechung‹, verknüpft: Eine ursprünglich von Samye nach Tshäl Gungthang (am Kyidchu, 5 km oberhalb von Lhasa) ›gewanderte‹ Orakelgottheit hatte dort für einige Zeit ein Medium in Besitz genommen, war dann aber auf Initiative von dessen Weib in eine kleine Kiste verbannt worden, die auf dem Kyidchu ausgesetzt wurde. Als zu dieser Zeit der Lama Cogpa Jangchub Pälden, der nahe des später dort gegründeten Klosters Drepung residierte, eine Vision vom Nahen der Gottheit hatte, sandte er zur Bergung der Kiste einen Schüler aus. Dieser tat, wie ihm befohlen, fand das gewünschte Objekt, lud es sich auf die Schulter und machte sich auf den Heimweg. Doch mit jedem Schritt wurde die Last schwerer, der Mönch setzte die Kiste schließlich ab, konnte sie sich dann aber nicht wieder aufbürden. Von Neugier getrieben, öffnete er das Behältnis, und heraus flog eine Taube, die sich auf einem nahen Birkenbaum niederließ. Die Gottheit

Das Orakel von Nechung (1942)

wollte eben selbst entscheiden, an welchem Platz sie zu residieren wünsche. »Der Dharmapala ist groß, doch der Ort (tib. *Ne*) ist klein (tib. Chung)!«, sprach daraufhin Lama Cogpa und schuf so den Ortsnamen Nechung, ›Kleiner Ort‹.

In dem anschließend hier errichteten Kloster etablierte sich ein Medium, das, regelmäßig von mehreren Gottheiten nacheinander besessen, in Trance fiel und Ratsuchenden in der ›Sprache der Götter‹, die von einem speziellen Sekretär ›übersetzt‹ wurde, Auskunft über ihre Schicksalsfragen erteilte. Das Medium war stets ein Mitglied der Mönchsgemeinschaft von Nechung. Nach dessen Tode ging seine Funktion ohne jegliches menschliches Einwirken auf einen anderen Mönch der auf 115 Gläubige limitierten Gemeinschaft über, wobei sich das neue Medium, seiner Auserwählung durch die Gottheit nie zu widersetzen vermochte. Ende des 17. Jhs. zum Staatsorakel propagiert, diente es fortan der Entscheidungshilfe in oft wichtigen politischen Angelegenheiten des tibetischen Staates. Die Mandschu-Kaiser verliehen ihm im 18. Jh. den hochrangigen Titel eines *Kung*, doch geriet das Medium später durch verschiedene zweifelhafte Prophezeiungen – z. B. sagte es fälschlicherweise im Jahre 1904 den Sieg tibetischer Truppen über die Younghusband-Expedition (vgl. S. 64) voraus – in Mißkredit. 1959 flüchtete das Medium in Begleitung des Dalai Lama nach Indien, wo es derzeit in Dharamsala in dem ebenfalls nach ihm benannten Kloster Nechung residiert. Das tibetische Kloster wurde während der Kulturrevolution schwer beschädigt, inzwischen jedoch zu einem Großteil renoviert.

Betritt man den durch lange Reihen von Gebetsmühlen abgegrenzten Klosterhof, fallen einem zunächst die zahlreichen Hähne ins Auge, die die Mönche von der ansässigen Bevölkerung kaufen, um sie davor zu bewahren, geschlachtet zu werden. Durch mit Leichenhäuten bemalte Türen als Symbole für die Nichtigkeit egoistischen menschlichen Strebens betritt man den Dukhang. Unter den hervorragenden, neuen Wandmalereien erkennt man die acht zornvollen Gottheiten der Nyingmapa-Schule sowie die fünf verschiedenen Manifestationen des Gyelpo Ku'nga, eine der bedeutendsten Orakelgottheiten. An der gegenüber vom Eingang gelegenen Wand gelangt man links in einen Raum, in dem ständig die rituelle Zufriedenstellung der Dharmapalas und Orakelgottheiten vollzogen wird. In der hinteren linken Ecke befindet sich der Baumstamm, auf dem sich einst die Taube niedergelassen haben soll, davor stehen zwei Schreine mit zwei weiteren Orakelgottheiten. Der mit Khatakhs Verhangene beinhaltet die Statue des Nechung Chökyong. Beachtenswert sind auch die Standbilder der Acht Medizin-Buddhas sowie die Thangkas. Im zentralen Sanktuarium trifft man auf den Jobo, umgeben von Lehmstatuen der Gyelpo Ku'nga-Gottheiten.

Im 1. Obergeschoß kann man den Tsongkhapa gewidmeten Lama Lhakhang besuchen. Das angrenzende Dzamling Simchung soll früher derart viele, kostbare Statuen enthalten haben, daß man es mit den Schätzen der Welt (tib. *Dzamling*) verglich. Als ein Geschenk von Drepung sind hier heute großteils alte, sehr schöne Statuen des Jobo, eines Buddha Shakyamuni sowie eines Elfgesichtigen Avalokiteshvara, der von Manjushri und Maitreya flankiert wird, zu sehen. Im 2. Obergeschoß strahlt dem Besucher im Gesichtsschau-Lhakhang das Antlitz einer zwei Stockwerke hohen Padmasambhava-Statue entgegen. Dort, wo sich das Herz befindet, erkennt man hinter einer Glasscheibe eine kostbare kleine, alte Figur des großen Meisters, die von ihm selbst noch geweiht worden sein soll.

Phabongkha – Songtsen Gampos Meditationsstätte

Nur etwa 1 km westlich von Sera, auf einer Bergnase des dortigen Nyangdren-Tales, liegt das traditionsreiche, sagenumwobene Phabongkha (chin. *Pabengka*). Songtsen Gampo soll hier vor der Errichtung des Jokhang auf Anraten seiner chinesischen Gemahlin Wencheng einen neunstöckigen Palast errichtet haben, der zur Zeit Langdarmas (reg. 836–841) in Brand gesteckt wurde. Im Zuge der Späten Bekehrung wurde die Stätte von Lamas der Kadampa-, Sakyapa- und Gelugpa-Schule in verkleinerter Form wieder aufgebaut. Selbstentstandene Symbole, Fußabdrücke von Heiligen und in die Felsen gemeißelte mystische Keimsilben schmücken den Ort. Im obersten Stockwerk wird eine etwa 40 cm große Plastik der Beschützer der Drei Familien aufbewahrt, die – zur Zeit der Geburt Songtsen Gampos in einem Brunnen seines väterlichen Palastes gefunden – die älteste Statue Tibets darstellen soll.

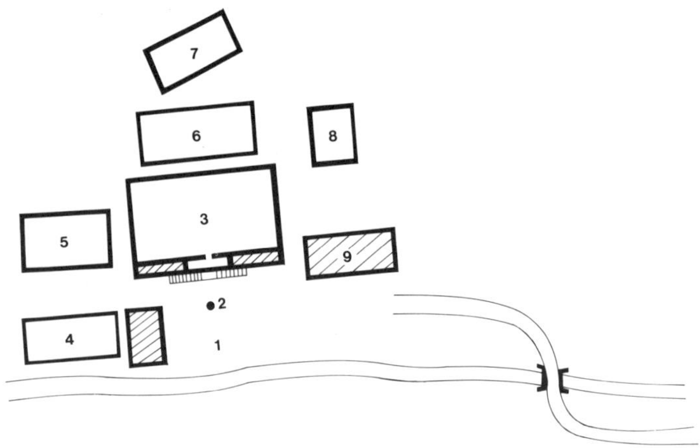

Tshurphu
1 *Hof*
2 *Stele*
3 *Dukhang der Fakultät Tshurphu*
4 *ehem. Fakultät Zhiwa Dratsang*
5 *Zur ri-Fakultät*
6 *im Aufbau befindlicher Dukhang*
7 *Gyeltshab Phodrang*
8 *Öseling*
9 *Gelber Lhakhang*

Drayerpa – ein Meditationsort der Frühzeit

Wie der Name schon sagt, bildet Drayerpa (chin. *Yeba*), ›Weitschweifender Felsen(blick)‹, einen hoch in den Bergen gelegenen Ort mit herrlicher Aussicht, so daß sich ein Besuch allein schon wegen der landschaftlichen Schönheit lohnt. Die religiöse Bedeutung von Drayerpa steht seiner prachtvollen Lage jedoch in keiner Weise nach. Drayerpa ist eine heilige Stätte, in die sich schon Songtsen Gampo zurückgezogen haben soll.

Anfahrt: Von Lhasa in Richtung Ganden, überquert man den Kyidchu auf der Tagtse Zamchen-Brücke und folgt 1 km später der flußabwärts führenden Straße. Nach einer Fahrt von 13 km biegt rechts ein holpriger Weg in das Tal von Drayerpa ab, der – nur mit einem Jeep befahrbar – nach ca. 7 km sein Ende findet. Für den Aufstieg zur heiligen Stätte sollte man eine gute Wegstunde einplanen.

Unterhalb des am steilen Berghang errichteten Lhakhang passiert man zunächst die Ruinen des noch nicht wiedererrichteten Klosters von Drayerpa, an dem die Schulen der Gelugpa, Nyingmapa und Kadampa gemeinsam praktizierten; auch ein Lhakhang, der den Mönchen von Gyütö, einer der beiden tantrischen Fakultäten der Gelugpa, zur Abhaltung der Sommerklausur diente, liegt noch in Trümmern. Weiter ansteigend kommt man an den ersten Einsiedeleien vorbei und gelangt zum Jamkhang, der eine zwei Stockwerke messende, 1991 wieder errichtete Maitreya-Statute enthält, die von sechs männlichen und sechs weiblichen Bodhisattvas umgeben ist. Danach passiert man die Meditationshöhle des Pälgi Dorje, jenes Mönches, der 841 den antibuddhistischen König Langdarma (reg. 836–841) tötete (vgl. S. 53). Nur einen Steinwurf weiter kommt man zum etwas höher gelegenen Dawa Phug Lhakhang, zum ›Lhakhang der Mondhöhle‹, in der Padmasambhava einst meditierte und einen noch heute sichtbaren Fußabdruck zurückließ. Die Meditationshöhle von Songtsen Gampo befindet sich oberhalb davon. Neben der Statue des großen Herrschers wird Ihnen der Mönch hier kleine

Blick auf die Hauptversammlungshalle von Tshurphu

weiße Stellen im Fußboden zeigen; wie es heißt, sind dies die versteinerten Tropfen von Milch, die eine Ziege fallen ließ, als sie hierherkam, um den König zu nähren. Ein aus Lehm gefertigter Buddha Vairocana – eigentlich eine Rekonstruktion der ursprünglichen Statue – sowie ein Stein, der das Relief Kumarajas aufweist, gelten als erste Opfergabe von Stein und Erde für die Errichtung des Jokhang.

Wenn es Ihre Zeit erlaubt, können Sie auf der Spitze des Berges noch Padmasambhavas Meditationshöhle Nyima Phug, die ›Sonnenhöhle‹, die Ruinen des Gebäudes, in dem der Kadampa-Lama Atisha (982–1054) sein berühmtes Werk *»Kadam Legbam«*, »Buch der Kadampa«, verfaßte, oder einen der sechs nahegelegenen Leichenäcker besuchen, die zwar nur noch selten benutzt werden, aber einen guten Eindruck von der Atmosphäre tibetischer Bestattungsplätze vermitteln.

Tshurphu – der Sitz des Karmapa

Wenn man auf der Qinghai-Route (vgl. S. 299) von Lhasa in Richtung Yangpacen fährt, nach 35 km links abbiegt und die kleine Eisenbrücke überquert, gelangt man nach ca. einstündiger, nur noch per Jeep zu bewältigender Wegstrecke an zahlreichen, heute scheinbar großteils nicht mehr intakten Wassermühlen vorbei, nach Tshurphu (chin. *Chubusi*), zu der ehemaligen Residenz des Karmapa. Als Oberhaupt der Karma-Kagyüpa-Schule, die auf den indischen Tantriker Naropa (956–1040), den Übersetzer Marpa (1012–98) und seinen Schüler, den großen tibetischen Yogi Milarepa (1040–1123), zurückgeht, gehört der Karmapa zu den bedeutendsten Lamas Tibets. Kontakte zum mongolischen, chinesischen und mandschurischen Hof stärkten seine Position im Laufe der Geschichte nicht unerheblich, wenngleich er im 12. Jh. den Sakyapa und später den Gelugpa den Vortritt einräumen mußte. Mit Tshurphu als Hauptsitz unterstanden ihm mehrere hundert weitere Klöster, die zum überwiegenden Teil in Osttibet angesiedelt waren. In den 50er Jahren reiste der 16. Karmapa Rigpä Dorje (1924–85) wiederholt nach Sikkim, wo er sich schließlich als Hauptlama des sikkimesischen Königshauses in Rumtek niederließ. Tshurphu, einst eines der prachtvollsten Klöster Tibets, wurde schon bald danach von den Chinesen so gut wie vollständig zerstört.

Wenn man das in einem kargen, engen Tal gelegene Kloster nach 60 km schwieriger Fahrt erreicht, findet man sich mitten auf dem zentralen Klosterhof vor der wiederaufgebauten, dunkelrot getünchten Tshurphu-Fakultät wieder, die als Sitz des Karmapa dem Ort seinen Namen verlieh und eine der vier Abteilungen des Klosters bildete. Im Zentrum des Hofes fällt jedoch zunächst eine alte, beschriftete Stele ins Auge, die von der Gründung des vermutlich im 7. oder 8. Jh. errichteten, heute weitgehend unbekannten Tempels Changbu berichtet, der hier vor der Gründung von Tshurphu durch einen Adeligen des Tshepong-Geschlechtes erbaut worden sein soll.

1 Tonstatue eines Heiligen der Sakyapa-Schule ▷

2 Wandmalerei im Jokhang von Lhasa

4 Pfauenrelief im Jokhang von Lhasa

3 Bemalte Holzbalken im Jokhang von Lhasa

5 Pilger im Kloster Drepung

6 Heiligenstatuen im Kloster Drepung ▷

7 Der Potala-Palast in Lhasa

8 Kloster Drepung im Lhasa-Tal

9 Der Jokhang in Lhasa

10 In Gyantse

11 Die Festung Yumbhu Lhakhar im Yarlung-Tal ▷

13 Der See Yamdok Yutsho
◁ 12 Das Dorf Päti am Yamdok Yutsho-See
14 Yak-Herde am Karo La-Paß

15 Sanddünen am Tsangpo-Fluß

17 Landschaft am Kyidchu-Fluß ▷

16 Landschaft bei Tsetang

18 Ritualtänze im Kloster Taglung

19 Ein Mönch öffnet die Tore des Tempels

21 Disputierende Mönche im Kloster Sera ▷

20 Aufführung einer Lhamo-Oper

23 Im Jokhang von Lhasa

◁ 22 Im Kloster Samye

24 Zuschauer einer Lhamo-Oper ▷

26 Warten auf die Flußfähre
◁ 25 Ausrollen einer Riesen-Thangka im Kloster Kumbum
27 Dörflicher Dreschplatz

28 Ein Bauer kehrt von der Feldarbeit heim

30 Landschaft in der Nähe von Shekar ▷

29 Getreidelagerplatz im Kloster Sakya

Der 36säulige Dukhang von Tshurphu weist neben den Sitzreihen für die 250 Mönche Malereien der Sechzehn Arhats, der Schüler des Buddha, sowie im Lichtgaden eine Thangka-Serie der ›Goldenen Kette der Kagyüpa‹ auf, die herausragende Lehrer der Schule zeigt. Im Raum oben gelangt man über eine kleine Treppe auf der linken Seite zu dem durch sein erhöhtes Niveau abgehobenen, zwei Stockwerke hohen, sechssäuligen Altarraum, der links einen silbernen Stupa mit geretteten Reliquien der 16 Karmapas sowie darüber ein Porträt des 16. Karmapa Rigpä Dorje (1924–85) aufweist. Im Zentrum befinden sich hinter der Dreiergruppe von Buddha Shakyamuni mit Buddha Amitabha links und Rigpä Dorje rechts Darstellungen der Tausend Buddhas. Auf der rechten Seite wird in Regalen eine Ausgabe des Kanjur und Tanjur aufbewahrt.

Tritt man aus dem Dukhang heraus und wendet sich nach rechts, passiert man linker Hand die Ruinen der Zhiwa Dratsang, die mit ihrer Gründung im Jahre 1189 durch den 1. Karmapa Düsum Khyenpa (1110–93) die ursprüngliche Keimzelle des Klosters bildete, doch schon bald nur noch von untergeordneter Bedeutung war.

Auf der rechten Seite liegt ein kleiner Tempel der Zur Ri-Fakultät, der die scheinbar einzigen alten Statuen Tshurphus enthält. Weitgehend abgeschlossen ist der Bau des hinter dem Tshurphu Dukhang gelegenen Gyeltshab Phodrang, dem Zentrum von Chökhang Gong, d. i. die Fakultät ›Höhergelegener Opferraum‹, die den Sitz des in einer Wiederverkörperungslinie auftretenden Gyeltshab Rinpoche, des zweithöchsten Lamas von Tshurphu, bildete. Die Umkreisung des zentralen Dukhang fortsetzend, gelangt man zum Öseling, dem »Kontinent des klaren Lichtes«. Über dem im Grundgeschoß gelegenen, sechssäuligen Versammlungsraum der neben trefflichen Tormas Statuen Padmasambhavas, Tisong Detsens und Shantarakshitas aufweist, liegt das Privatgemach des Gyeltshab Rinpoche; auf der Altarseite sieht man von links nach rechts zwei Thangkas verschiedener Karmapas, eine Malerei des Dagpo Rinpoche, der als Wiederverkörperung des Kagyüpa-Lama Gampopa (1079–1153) gilt, ein Thangka des 4. Karmapa Rolpä Dorje (1340–83), eine tantrische Form des Feldes der Ansammlung von Verdienst und Weisheit sowie in der Mitte den Thron des Gyeltshab Rinpoche.

Bekannt war Tshurphu – das der Tradition des großen Yogi Milarepa verpflichtet ist – vor allem wegen seiner zahlreichen Einsiedeleien und Meditationshöhlen, die auf einem hoch oberhalb des Klosters verlaufenden Umrundungsweg gelegen sind. Die bedeutendsten Stätten bilden hier die Drubta Samtenling und der Pema Kyungdzong, eine ehemalige Meditationsstätte des 2. Karmapa Karma Pakshi (1206–83) und seiner Wiederverkörperung, des 3. Karmapa Rangjung Dorje (1284–1339). Auf dem dortigen ›Tanzplatz der Dakinis‹ werden dem Besucher Fußabdrücke der weiblichen Dakini-Gottheiten im Staub gezeigt. Auf der gegenüberliegenden Seite des kleinen Flüßchens erkennt man die Steintribüne, zu deren Füßen Festspiele und Dharma-Verkündigungen stattfanden. Der hier ehemals gelegene Sommerpalast des Karmapa ist bislang nicht rekonstruiert worden.

◁ 31 Viele kleine Statuen im Kloster von Tsetang

Rundreise über Taglung Thang, Rateng und Drigung Thel

Ein Besuch dieser drei Klöster, die zu den bedeutendsten und einflußreichsten Stätten Zentraltibets zählten, gehört zu den interessantesten und erlebnisreichsten Ausflügen. Durch eindrucksvolle, dünnbesiedelte Landschaften führt die Strecke in erst noch wenig vom Tourismus berührte Regionen. An den Paßauffahrten begegnet man tibetischen Nomaden und ihren Zelten, Yakherden grasen am Wegesrand, Geier durchmessen die Lüfte und Murmeltiere schauen neugierig-putzig in die Gegend.

Zu bewältigen ist die etwa 450 km lange Strecke zur Zeit nur mit Jeeps. Für diese Tour sollte man drei Tage einkalkulieren, dann hat man ausreichend Zeit für den Besuch der Klöster und kann unterwegs Pausen einlegen, um interessante Eindrücke rechts und links des Weges zu sammeln. Unbedingt muß man Verpflegung mitnehmen und um eine Übernachtungsmöglichkeit zu finden, bedarf es Abenteuergeist. (Wer nicht über genügend Zeit verfügt, kann als Alternative eine Tagesfahrt per Jeep zum Kloster Drigung Thel unternehmen, die mit insgesamt 270 km allerdings einen langen und anstrengenden, aber sicherlich auch lohnenswerten Tag bedeuten wird.)

km

00 Lhasa-Hotel

06 Hinter der Kuru Zampa, der über den Lhasa-Kyidchu führenden Brücke, biegt man links nach Norden ab.

15 Links liegt das Dorf Tshäl, rechts Gungthang, zwei Orte, von denen der berühmte Lama Zhang (1123–93), der Gründer des Tshälpa-Zweiges der Kagyüpa-Schule, und die ihm folgenden Tshälpa-Fürsten großen politischen Einfluß in Zentraltibet ausübten. Der Lhakhang mit der berühmten Gungthang Lhamo ist erst kürzlich renoviert worden.

29 Links auf dem Berge erhebt sich der Tagtse Dzong (früher Dechen Dzong genannt), der ehemalige Regierungssitz des Gouverneurs für den Bezirk Kyishö (Lhasa und seine Umgebung).

30 Man überquert links die Tagtse Zamchen, die ›Große Brücke (der Region) Tagtse‹ (chin. *Dagze*), und folgt hinter der Flußüberspannung zunächst dem Kyidchu stromaufwärts in die Region Phenpo (chin. *Linzhouxian*).

56 Rechts erkennt man auf einer Bergspitze die Ruinen des Singa Gompa.

71 Das Dorf Ganden Chökhor ist erreicht; seinen Namen hat es von dem hiesigen kleinen Gelugpa-Kloster bekommen, das von dem berühmten Kadampa-Lama Geshe Potoba im 11. Jh. gegründet wurde und derzeit wieder aufgebaut wird. Geradeaus geht es nach

◁ *Fromme tibetische Pilgerin mit ihrer Gebetsmühle*

Langthang, benannt nach der ehemals hier von Langri Thangpa (1054–1123) gegründeten heiligen Stätte. Um nach Taglung zu gelangen, biegt man jedoch in Richtung Lhündrub rechts ab.

90 Wiederum rechts ragen die Ruinen von Lhündrup Dzong (chin. *Lhündzub*) empor, einem der ehemals sechs Distriktssitze der Region Phenpo.

116 Paßhöhe des Phenpo Chagla (etwa 5000 m). Hier verläßt man den Bezirk Phenpo und gelangt in die Region Taglung (chin. *Daglung*).

127 Links weiter Blick in das Tal, in dem das Kagyüpa-Kloster Taglung Thang (vgl. S. 230) in etwa vier km Entfernung gelegen ist.

133 Rechts der Straße steht ein großer, aus Lehm gefertigter Stupa vom Typus des Tashi Gomang Chörten, eines ›Vieltürigen Stupa‹, als Symbol der vielen Zugänge zur Lehre des Buddha. Links oben im Felsen erkennt man Seli Götsang, das ›Geiernest von Seli‹, wohin sich Sangye Yarjön (1203–72), der dritte Thronhalter des Klosters Taglung Thang zur Meditation zurückzog.

140 Ortschaft Phondo.

141 Mittels der Phondo-Brücke überquert man den Phondo Lhachu. Links ist noch die alte Eisenkettenbrücke zu sehen.

155 Dorf Chomdo.

165 Kloster Rateng (vgl. S. 230, chin. *Rezhensi*), die Residenz des Kadampa-Lamas Dromtönpa (1005–64).

Zurück zum Ort Phondo, nimmt man die vor dem Fluß Phondo Lhachu links abbiegende Route und folgt nun stets der Straße durch das Lungshö-Tal. Der stets rechts fließende Strom, der später zum Lhasachu oder Kyidchu wird, heißt in diesem Abschnitt entsprechend der Talschaft Lungshöchu.

205 Linker Hand sieht man in Gabra die Ruinen eines alten Dzongs, der heute als Aufenthaltsort einer lokalen Schutzgottheit gilt.

247 Man passiert den großen Stupa von Parong, der als Weihefüllung die Gebeine eines Schweins enthalten soll, das als eine der Präexistenzen des Buddha gilt.

249 Links liegt das Kagyüpa-Kloster Dorje Phodrang.

259 Der Drigungchu mündet in den Lungshöchu.

Dem Drichu aufwärts folgend, sieht man bei km

261 rechts in der Ferne die Überreste von Uru Zha'i Lhakhang, einem Nyingmapa-Kloster, das von Nyang Tingdzin Zangpo (760–815), dem Schutzpatron von König Tisong Detsen, erbaut wurde.

271 Ortschaft Yangrigar, in der ursprünglich ein gleichnamiges Zweigkloster von Drigung Thel (s. u.) lag.

278 Man überquert den Drigungchu.

295 Links zweigt der Weg zu den heißen Quellen und heiligen Stätten von Terdrom (7,5 km, vgl. S. 232) ab.

299 Links am Berge ragt Drigung Thel auf (vgl. S. 231), das Gründungskloster der Drigung Kagyüpa-Schule.

Auf Yak-Herden trifft man unterwegs häufig

346 Zurück zur Mündung des Drigungchu in den Lungshöchu, geht es nun weiter flußabwärts, immer wieder kleinere Orte und Stupas passierend, bis man bei km

367 das Kloster Uru Katsel (7. Jh., vgl. S. 232) erreicht.

370 Hier passiert man Mädro Shän, die Distrikthauptstadt des Bezirkes Mädro Gongkar (chin. *Maizhokunggar*),

8 km weiter gelangt man links zum Dorf Gyama, dem Geburtsort von Songtsen Gampo.

388 Links liegt die Ortschaft Lamo und das gleichnamige Kloster, das einst für sein Orakelmedium bekannt war.

392 Man passiert den Stupa von Ganden Lashö.

396 Ort Tsamdo, von dem man links zur Auffahrt zum Tsongkhapas Kloster Ganden (chin. Gandansi) abbiegt.

408 Links auf einem Berg die Überreste einer Nomadensiedlung, die das Vieh des Klosters Drepung weidete und versorgte.

415 Zurück an der Brücke Tagtse Zamchen.

446 Lhasa-Hotel.

□ Taglung Thang – das Stammkloster der Taglung Kagyüpa-Schule

Die 1180 von dem Phagmo Drupa-Schüler Taglung Thangpa Tashi Päl (1142–1210) gegründete heilige Stätte Taglung Thang avancierte zum Mutterkloster zahlreicher, vor allem in Osttibet angesiedelter Mönchsgemeinschaften, die dem System der Taglung-Kagyüpa-Schule folgten. In der anfänglichen Blüteperiode erlebte das Kloster einen enormen Aufschwung. Den Quellen zufolge lebten hier im 15. Jh. 7500 Mönche. Die für das 15.–17. Jh. anzusetzende mittlere Periode der Klostergeschichte wurde gekennzeichnet durch interne Auseinandersetzungen und politische Wirren, Uneinigkeiten in der Abtsfolge, Angriffe und Zerstörungen durch Truppen der tibetischen Zentralregierung und durch die vorübergehende Übernahme der heiligen Stätte im Jahre 1679 durch einen Abt von Sera. Erst im 18. Jh. erlebte Taglung in der späten Periode eine Renaissance seiner glorreichen Tradition, bis es in der Kulturrevolution von den Roten Garden vollständig zerstört wurde. Heute wird das Kloster vom Tsetrül Rinpoche geführt, einem der ehemaligen drei hier in Wiederverkörperungslinien auftretenden Tulkus. Nur wenige, zumeist erst kürzlich errichtete Statuen sind in den neu errichteten Sakralbauten zu sehen.

□ Rateng – die Residenz Dromtönpas

»Kommst Du nach Rateng, bringe mir ein Zweiglein seines Waldes mit!«, ist eine häufig zu hörende Bitte lamaistischer Gläubiger, denn der Fichtenwald mit seinem Bestand von mehr als 1000, großteils jahrhundertealten, mächtigen Bäumen ist schon ein Reichtum ganz besonderer Art in der kargen Landschaft Zentraltibets. Interpretiert wird er von den Tibetern als ein Zeichen der Heiligkeit des Ortes, an dem Atishas Schüler Dromtönpa Gyelwä Jungnä (1005–64) 1057 das Kloster Rateng (oder Reting, chin. *Rezhensi*) ins Leben rief, eines der ehemals bedeutendsten Klöster der tibetischen Kadampa-Schule.

Nach seiner Gründung machte die heilige Stätte schwere Zeiten durch: Aufgrund innerklösterlicher Auseinandersetzungen traten gewählte Oberhäupter ihr Amt nicht an, so daß der Abtsthron mehrfach unbesetzt blieb; 1240 wurden bei einem Einfall mongolischer Truppen 500 Mönche getötet. Erst als der 7. Dalai Lama das Kloster seinem Lehrer Ngawang Chogden (1677–1751) anvertraute, ging es mit der heiligen Stätte aufwärts. Ngawang Chogdens Reinkarnationen wurden zu den Rateng Rinpoches. Die Tulkus waren einflußreiche Persönlichkeiten, die von 1845–62 und 1934–41, während der Minderjährigkeit von Dalai Lamas, gar das Amt des Regenten über Tibet bekleideten. Der letzte Rateng Rinpoche fiel 1947, in politische Intrigen verwickelt, einem Mord zum Opfer. In der Kulturrevolution wurde Rateng förmlich dem Erdboden gleichgemacht.

Den einst 100säuligen Dukhang hat man gegenwärtig in einem 21 Säulen umfassenden Teil rekonstruiert, der die wenigen erhaltenen Verehrungsobjekte des Klosters auf einem kleinen Altar präsentiert: Seit jeher bedeutend ist die kleine, ursprünglich aus Indien stammende Statue des Jobo Jampäl Dorje in Form einer dreiköpfigen, sechsarmigen Yidam-Gottheit. Seitlich davon hat man einen in Stein hinterlassenen Fußabdruck Rateng Rinpoches sowie ein *Om mani padme hum*, das Mantra des Avalokiteshvara – in magischer Weise auf schwarzem Stein entstanden –, positioniert. Dahinter liegt der Utsekhang mit dem Thron des Rateng Rinpoche und den Statuen Atishas und seiner beiden Hauptschüler Dromtönpa und Ngog Legpä Sherab sowie ein Raum mit 1000 aus Lehm gefertigten kleinen Buddha-Statuen.

Nahe dem Kloster befindet sich die Residenz des Rateng Rinpoche, die sogenannte Zhide Labrang, die u. a. einen zwei Stockwerke hoch aufragenden Maitreya beherbergt.

□ Drigung Thel – das Stammkloster der Drigungpa-Schule

Da Drigung Thel während der chinesischen Kulturrevolution so gut wie völlig zerstört wurde und seine gesamten Verehrungsobjekte erst in jüngerer Zeit wieder rekonstruiert werden konnten, mag die ehemals gebräuchliche Empfehlung, Drigung (chin. *Zhigungsi*) aufgrund seiner schier unermeßlichen Reichtümer erst am Ende einer Pilgerreise zu besuchen, heute unter kunsthistorischen Gesichtspunkten nicht mehr zutreffend sein. Von seiner landschaftlichen Lage her zählt es jedoch nach wie vor zu den herrlichsten Klöstern Tibets.

135 km östlich von Lhasa am steilen Berghang, gut 100 m über dem Tal gelegen, wurde die 800 Jahre alte Residenz der Drigung Rinpoches 1179 von Kyobpa Jigten Sumgön (1143–1217), einem Schüler des berühmten Kagyüpa-Lamas Phagmo Drupa Dorje Gyelpo (1110–70), errichtet. Die Familienlinie Kyobpas, die ihre Herkunft aus dem berühmten himmlischen Geschlecht der Kyura ableitete, regierte hier, indem sie das geistliche Oberhaupt des Klosters sowie bis ins 17. Jh. den Gouverneur der sogenannten Zehntausendschaft Drigung stellte – eine der dreizehn, in der Yuan-Periode (1280–1368) von den Mongolen innerhalb Tibets etablierten Verwaltungseinheiten, die in etwa 10 000 Familien umfaßten. Ein nicht unerheblicher Teil der Steuereinnahmen dürfte dem Kloster zugute gekommen sein, das, wie historische Beschreibungen belegen, nahezu unschätzbar wertvolle Statuen, Stupas und Schriften besaß. Im 17. Jh. wurde die bis dahin in erblicher Leibfolge weitergegebene Linie des Klosterober-

hauptes durch Inkarnationslinien ersetzt, die, von zwei Brüdern ausgehend, den Linientitel des ›Jüngeren‹ und ›Älteren‹ Drigung Rinpoche führten.

Der Dukhang enthält als Hauptstatue ein Abbild des Klostergründers Kyobpa, weiter seinen Fußabdruck in Stein, einen Padmasambhava, einen Stupa aus vergoldetem Kupfer mit einem Yidam Kalacakra, daneben einen Vajradhara, Achi – die weibliche Schutzgottheit des Klosters – sowie die Throne der Drigung Rinpoches. Neben zwei weiteren Lhakhang ist im oberen Teil der Anlage noch der von zwei kleinen Golddächern gekrönte Lhakhang Dzamling Gyän mit dem Reliquienstupa Kyobpa Rinpoches zu sehen.

Berühmt ist Drigung noch immer für seinen etwa 500 m westlich des Klosters gelegenen Bestattungsplatz, von dem es heißt, daß die Seele der hier der Himmelsbestattung Anheimgegebenen mit Sicherheit nicht in die Hölle wandern würde – eine ehemals von dem Klostergründer Kyobpa Rinpoche gegebene autoritative Erklärung, die noch heute alle mehr oder minder vermögenden Bewohner Lhasas bewegt, sich hier bestatten zu lassen.

□ Terdroms heiße Quellen

Terdrom, ›Schatzkiste‹, ist eine heilige Stätte, an der der 17. Drigungpa-Hierarch Rinchen Phüntshog (1509–57) Terma-Texte fand, verborgene Schriften, die zu einer Einbeziehung von Lehren der Nyingmapa-Schule in das Drigung-Kagyüpa-Lehrsystem führten. Schon die Fahrt in das enge Tal mit seiner üppigen Flora und Fauna ist für den Besucher recht erfrischend. Berühmt ist der Ort für seine heißen Thermalquellen, in kultureller Hinsicht für einige, in mehrstündigen Wanderungen zu erreichende Höhlen, in denen Padmasambhava, seine Gefährtin Yeshe Tsogyel, Rinchen Phüntshog und andere Heilige meditiert haben sollen. Ein kleines Nonnenkloster der Drigungpa-Schule, in dem heute wieder 100 fromme Frauen leben, beherbergt im Dukhang Statuen der Acht Manifestationen Padmasambhavas und der Achi, der Beschützerin von Drigung.

□ Das Kloster Uru Katsel

Die heilige Stätte entstand ursprünglich zur Zeit Songtsen Gampos als eine der zwölf Lhakhang, welche die sich über ganz Tibet ausbreitende Dämonin fixieren sollten (vgl. S. 47). Vermutlich erst zur Zeit der Späten Bekehrung Tibets wurde an diesem Ort auch ein Kloster gebaut, das später der Verwaltung von Drigung Thel unterstellt wurde.

Der kleine, eine sehr ruhige Atmosphäre ausstrahlende Dukhang hat auf dem Thron des lokalen Tulku den kleinen, feingearbeiteten Reliquienschrein des Rinchen Phüntshog (1509–57), des 17. Drigungpa-Hierarchen. Links vor dem Sanktuarium erkennt der Besucher die Statue von Kyobpa Jigten Sumgön (1143–1217), dem Gründer des Klosters Drigung Thel, sowie im Allerheiligsten die Buddhas der Drei Zeiten und links eine Statue des Rinchen Phüntshog.

Die Straße von Lhasa zum Gongkar-Airport

Diese Route ist für Besucher eine der am häufigsten befahrenen Straßen Tibets, da sie ein wesentliches Teilstück der Strecken ›Von Lhasa nach Tsethang‹ (vgl. S. 237) und ›Von Lhasa nach Shigatse‹ (vgl. S. 257) bildet. Vom Holiday Inn Hotel, Lhasa (3700 m), startend, biegt man bei Kilometer

2 am ›Denkmal für die Helden des Straßenbaus‹, ein Mahnmal für die 3000 Opfer des Straßenbaus in Tibet, rechts ab.

11 Man passiert rechts die Abzweigung zur Qinghai-Route (vgl. S. 299), die über Yangpacen nach Golmud führt.

18 Rechts ist ein großes Felsrelief des Buddha Shakyamuni zu sehen, das der lokalen Überlieferung zufolge in mythischer Vorzeit von der Königin Nyethang Le'u Jemo zur Tilgung ihrer Sünden gefertigt wurde.

25 Rechts der Straße liegt der Nyethang Drölma Lhakhang (vgl. S. 234), ca. 300 m links der Straße der wiedererbaute, den Reliquien-Stupa Atishas enthaltende Lhakhang Serpo.

25 Rechts Abzweigung zum Gelbmützen-Kloster Ratö (vgl. S. 235).

37 Links Tsaida-Brücke.

40 Rechts in 3 km Entfernung am Fuß des Berges die in den 60er Jahren erbaute, heute nahezu verwaiste Lepra-Klinik.

69 Man erreicht die große neue Tsangpo-Brücke (3650 m), die entsprechend der hiesigen Region Chushül-Brücke (Chin. *Quxü*) genannt wird. Am südlichen Ende ragt der berühmte heilige Berg Chubori in den Himmel, auf dem ehemals 108 Klöster gestanden haben sollen und der heute wieder einige Stupas und kleinere Lhakhang trägt.

70 Am südlichen Brückenkopf biegt man links in östlicher Richtung nach Tsethang und zum Gongkar-Airport ab. Folgt man hier der rechts nach Westen abbiegenden Straße, gelangt man auf der südlichen Route via Gyantse oder auf der Tsangpo-Route nach Shigatse.

76 Rechts sprudelt auf halber Höhe des Berges eine ›Lange-Lebensquelle‹ hervor, der die Tibeter große Heilkräfte zusprechen.

85 Man passiert rechts die Ruinen des Gongkar Dzong, des ehemaligen Verwaltungssitzes des Gouverneurs von Gongkar (chin. *Gonggar*), sowie das wiedererbaute Gelugpa-Kloster Gongkar Shedrub Ling.

87 Rechts biegt eine kleine Seitenstraße zu dem nahe gelegenen Sakya-Kloster Gongkar Chöde (vgl. S. 236) ab. Diesem Sträßchen etwa 4–5 km in die obere Region des Tales folgend, gelangt man zum Kloster Drug Dechen Chökhor (vgl. S. 237), dem ehemals bedeutendsten Drugpa-Kagyüpa-Kloster von Zentraltibet, das gegenwärtig wieder renoviert wird.

98 Gongkar-Airport (3630 m).

Nyethang Drölma Lhakhang – die letzte Wirkensstätte des Atisha

Das etwa 20 km von Lhasa entfernte Tal Nyethang erlangte seine Bedeutung vor allem in der Anfangsphase der Späten Verbreitung des Buddhismus in Tibet. 1043 ließ sich der bengalische Lehrer Atisha (982–1054) hier nieder und gründete den Drölma Lhakhang, der als sein Herzensobjekt eine Statue der Tara (tib. *Drölma*) bewahrte. Die Betonung seiner Lehrauslegung, die in seiner berühmten *»Bodhipathapradipa«*, der »Lampe auf dem Weg zur Erleuchtung«, zusammengefaßt wird, lag auf einer das Mönchstum idealisierenden, sittlich einwandfreien Lebensführung als Grundlage tantrischer Ritualpraxis. Als später der große Reformator Tsongkhapa (1354–1419) auftrat und seine Interpretation des Dharma im Kern auf Atishas Lehrmeinung gründete, schlossen sich die Mönche und Klöster der Kadampa-Schule nahezu vollständig der Gelugpa-Schule an, so daß die Kadampa-Stätten zu dieser Zeit großteils in Gelugpa-Klöster umgewandelt wurden.

Nur auf Intervention der damaligen ostbengalischen Regierung entging diese Wirkensstätte Atishas, der noch heute von den wenigen Buddhisten in Bangladesch als ein bedeutender Nationalheiliger verehrt wird, während der Kulturrevolution ihrer Zerstörung.

Durchschreitet man den mit Obstbäumen bepflanzten Innenhof, so fallen zunächst links und rechts der Türen je zwei Weltenhüter in altertümlich wirkender, stehender Haltung auf. Im Mittelteil der Galerie zeigt links eine Wandmalerei Atisha und seine beiden Hauptschüler: Einmal Dromtönpa, den Gründer des Klosters Rateng, und dann Ngog Legpä Sherab, der im Jahre 1073 Sangphu Ne'u thog, die heute nicht mehr existierende, älteste Klosteruniversität Tibets ins Leben rief. Rechts erkennt der Besucher Buddha Shakyamuni samt den bedeutendsten Lamas und Gottheiten der Gelugpa-Schule in einer Malerei.

Nyethang *1 Gebetszylinder 2 Namgyel Lhakhang 3 Tara Lhakhang 4 Amitayus Lhakhang*

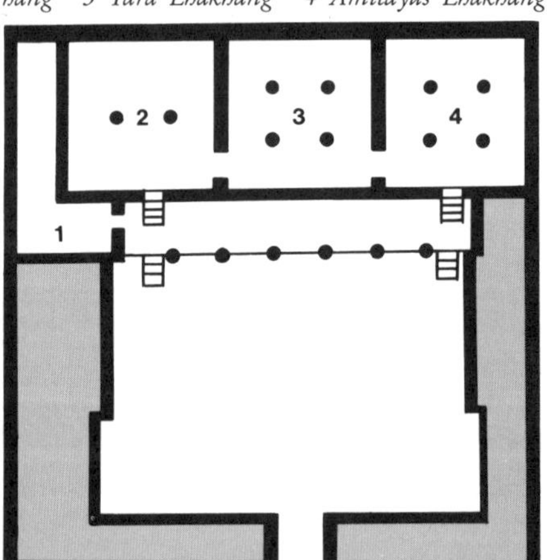

Von den dahinter liegenden drei Lhakhang enthält der Raum links einen Namgyel-Stupa, der die Reliquien Kashyapas, des Buddhas einer früheren Weltepoche, als Weihefüllung besitzen soll. Der mittlere Lhakhang, vom mongolischen Koshoten-Fürsten Lhajang Khan (reg. 1703–17) errichtet, beherbergt die Reihe der 21 Tara-Darstellungen in Form fast meterhoher, vergoldeter Kupferstatuen; in dem zentralen Schrein befindet sich eine Nachbildung der ›Sprechenden‹ Weißen Tara, die – aus Indien mitgebracht – ein Herzensobjekt Atishas bildete und dieser Stätte ihren Namen verlieh. Rechts oben sind die Statuen der Fünf Tathagatas zu sehen. In dem

Im Kloster Nyethang

Lhakhang rechts thront Amitayus, die Verkörperung unendlichen Lebens, flankiert von den Acht Bodhisattvas sowie zwei Buddhas vergangener Zeitalter: links Buddha Dipamkara und rechts Buddha Kashyapa. In der Mitte ist die Statue Atishas in einem hölzernen Schrein zu sehen.

Auf der anderen Straßenseite liegt der heute wieder aufgebaute Lhakhang Serpo, der ›Gelbe Lhakhang‹, der die Reliqienstupas Atishas und des Sakya-Lama Sönam Gyeltshen (1312–75) enthält, der ebenfalls im Nyethang-Tal wirkte.

Ratö – eine berühmte Stätte der Gelugpa

Wenn man dem kleinen Weg 500 m hinter dem Nyethang Drölma-Lhakhang rechts etwas mehr als 2 km ins eigentliche Nyethang-Tal hinein folgt, gelangt man nach Ratö, dem nach Sera, Drepung, Ganden und Tashilhünpo ehemals bedeutendsten und traditionsreichsten Gelugpa-Kloster Zentraltibets. Erbaut wurde es im 15. Jh. von Tsongkhapas osttibetischem

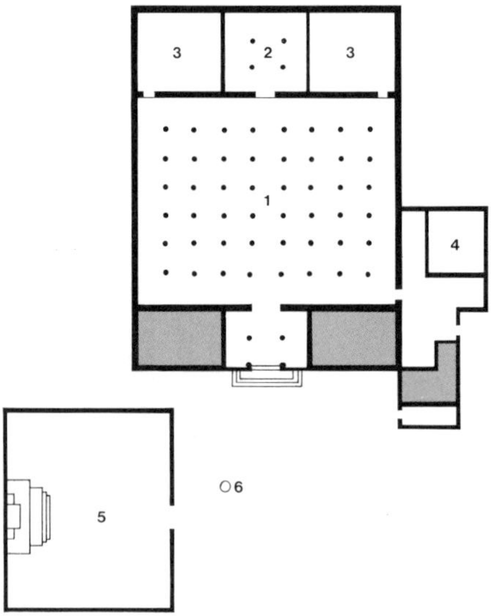

Ratö *1 Dukhang 2 Shakyamuni Lhakhang 3 Nebensanktuarien 4 Klosterküche 5 Disputationshof 6 Stele*

Schüler Markhampa auf dem Gelände des ehemaligen Nyethang Dewachen (gegründet 1205), das einst eines der berühmtesten Klöster der Kadampa-Schule bildete. Nur selten besucht, bildet es schon aufgrund seiner herrlichen alten Wandmalereien ein lohnenswertes Ziel.

Wenn man den Dukhang betritt, befindet sich gleich links des Eingangs die Darstellung Setrapas, der speziellen Schutzgottheit des Klosters, die hier regelmäßig von einem in Trance gefallenen Medium Besitz nahm und den Gläubigen Rat in schwierigen Lebenslagen erteilte. Die der Gewandung Setrapas nachempfundene eindrucksvolle Tracht des Orakelmediums, dessen Tradition heute nicht mehr gepflegt wird, ist vorne im Zentrum des Dukhang noch an einem Pfeiler zu sehen. Weiter links zeigen die Malereien Yamantaka, Yama, Mahakala und den Reichtumsgott Vaishravana; rechts des Eingangs sieht man den Gyelpo Gurdzin, weiter die schreckliche Lhamo und Reste der 21 Taras. Über die Darstellungen von Manjushri, Padmapani, Bhaishajyaguru, der Buddhas der Sündenbekenntnis und des Regenten Desi Sanggye Gyatso (1653–1705) gelangt man zur Wandmalerei des 5. Dalai Lama (1617–87), dem geistigen Ziehvater des Regenten Desi.

Im Sanktuarium steht eine kleine Tara-Statue, die einst das Herzensobjekt Longdol Lamas (* 1729) war; der unorthodoxe, eigenwillige Mönch, der anfangs in Sera lebte, später jedoch in der oberen Region des Nyethang-Tales sein (heute verwaistes) Kloster Rinchen Ling gründete, wurde von der lokalen Bevölkerung hoch verehrt.

Gongkar Chöde

Das Sakyapa-Kloster Gongkar Dorje Dän oder Gongkar Chöde liegt etwa 5 km vor der Abfahrt zum Flughafen rechts der Straße nach Tsethang. Die Spuren der Kulturrevolution, in der sämtliche Statuen des Klosters zerstört oder gestohlen und das Gebäude in einen Kornspeicher umfunktioniert wurde, sind noch deutlich zu erkennen. Sehenswert sind die noch original erhaltenen Wandgemälde des berühmten Malers Khyentse Chenmo (15. Jh.), der die bildnerische Ausgestaltung des 1464 von Dorje Dänpa Kündga Namgyäl gegründeten Klosters übernahm. Nennenswerte Statuen sind gegenwärtig lediglich in einem, dem Mahakala geweihten Gönkhang zu sehen. Am oberen Ende der noch leeren 64säuligen Versammlungshalle gelangt man in das Sanktuarium, das eine Höhe von drei Stockwerken aufweist. Ebenso hoch war das einst bedeutendste Verehrungsobjekt des Klosters Gongkar Chöde, eine Statue des Buddha Shakyamuni, die als Weihefüllung die Schädelschale Gayadharas, eines bedeutenden Heiligen der Sakyapa-Schule, beinhaltete.

Auf keinen Fall sollte man die Malereien des im Obergeschoß gelegenen Kyeedor Lhakhang versäumen, der Yidam-Gottheiten aller Tantra-Klassen aufweist.

Wenn man von Gongkar Chöde dem kleinen Sträßchen in die obere Region des Tales folgt, gelangt man zum Drugpa-Kloster Drug Dechen Chökhor.

Drug Dechen Chökhor

Die heilige Stätte wurde um 1600 von Yongdzin Ngawang Zangpo, einem Lehrer des 5. Dalai Lama (1617–87) gegründet und zählte in früheren Zeiten zu den reichsten Klöstern Zentraltibets. In der Kulturrevolution weitgehend zerstört, wurden der Dukhang und zwei Lhakhang inzwischen wieder aufgebaut. Neben Mönchen leben hier auch verheiratete Yogis. Zielsetzung des Klosters ist die Bewahrung der yogischen und meditativen Traditionen der Drugpa-Kagyüpa-Schule.

Die Strecke von Lhasa nach Tsethang

Die Strecke von Lhasa nach Tsethang ist 193 km lang und kann mit einem Kleinbus in fünf Stunden Fahrtzeit gut bewältigt werden. Zunächst mit der Route ›Von Lhasa zum Gongkar Airport‹ identisch (vgl. S. 233), verläuft sie ab dem Flughafen weitere 90 km durch das herrliche, landschaftlich sehr abwechslungsreiche Tsangpo-Tal. Bei Kilometer

98 gelangt man zum Gongkar Airport (3630 m).

111 Auf der anderen Tsangpo-Seite gerät kurz die ehemalige Nyingmapa-Universität Dorjetra (vgl. S. 240) ins Blickfeld.

113 400 m rechts der Straße liegt Serthang, ›Goldebene‹, mit dem Stupa des Phadampa Sanggye († 1117).

116 Der Ort Chiteshö. Rechts führt ein Weg in das Dorf und nach gut 400 m weiter zum Sakya-Kloster Dungphu Chökhor (vgl. S. 239).

140 Rechts geht es zur nahe gelegenen Distriktstadt Dranang (chin. *Zhanang*) ab. In einem östlich davon gelegenen Tal befanden sich ehemals die religiösen Stätten Drathang und Jampaling, deren Wiederaufbau geplant ist.

148 Rechts biegt der Weg in die obere Region des Tales Dranang ab; ca. 10 km entfernt liegt die Nyingmapa-Universität Mindroling (vgl. S. 240).

156 Anlegestelle für die Fähre nach Samye (3540 m); das älteste Kloster Tibets ist auf der gegenüberliegenden Flußseite gerade noch zu erkennen (vgl. S. 241).

164 Sanddünen, rechts in der Ferne liegt das Kloster Namseling.

170 Sanddünen, hier empfiehlt sich ein Fotostopp.

193 Tsethang (chin. *Zedang*, vgl. S. 248), die ›Wiege der tibetischen Kultur‹ (3500 m).

Das Rad der Lehre, flankiert von zwei Gazellen, schmückt viele Tempeldächer – es erinnert an Buddhas Verkündigung der Lehre im Gazellenhain von Benares

Das Sakya-Kloster Dungphu Chökhor

Am südlichen Rande der Siedlung Chiteshö liegt mit Dungphu Chökhor das zweite größere zentraltibetische Kloster, das sich dem Schulzweig der Ngorpa-Sakya verpflichtet fühlt. Seine Gründung wird dem Nyingmapa-Lama und ehemaligen Abt von Samye Drawa Ngonshe (1012–90) zugeschrieben, der besonders durch seine Entdeckung des apokryphen Schrifttums wie der *»Vier-Medizin-Tantras«* Berühmtheit erlangte. Im 15. Jh. wurde es von der Sakyapa-Schule übernommen.

In der Vorhalle des Klosters trifft man auf sehr schöne didaktische Darstellungen zur buddhistischen Kosmologie und auf das Rad der Existenzen.

In der Versammlungshalle sind links an der Eingangswand verschiedene Schutzgottheiten wie Gönpo Gur, Mahakala oder Lhamo zu sehen. An der Wand links folgen die Darstellungen der zwölf exemplarischen Taten des Buddha sowie ein Wandgemälde des Sakya Lama Künga Nyingpo (1092–1158). Auf der gegenüberliegenden Seite sind die Fünf Sakya-Hierarchen sowie weiter zum Eingang Yidam-Gottheiten und Dharmapalas dargestellt. Im Lichtgaden sieht man die Sechzehn Arhats, die Lehrergruppe der Sechs Ornamente und der Zwei Vorzüglichen, die Repräsentanten der geistigen Linie der Sakyapa, und zum Schluß die Acht Medizin-Buddhas.

Vor dem Eingang zum Sanktuarium passiert man den Thron des Ngor Rinpoche und einen kleinen Schrein mit einer Tara-Statue, dem Herzensobjekt des indischen Heiligen Chandragomin (7. Jh.). Im Sanktuarium trifft man auf einen Buddha Maitreya, die Sechzehn Arhats sowie die Acht Bodhisattvas.

Rechts des Dukhang liegt der Lhakhang der Fünf Jinas mit dem Buddha Vairocana als Hauptstatue und den Yum, ihren weiblichen Entsprechungen, in Form stehender Statuen.

Die Nyingmapa-Universität Dorjetra

Das auf der nördlichen Seite des Tsangpo, direkt am Fluß gelegene Dorjetra erreicht man mit kleinen Booten, die von Chiteshö aus zum anderen Ufer übersetzen.

An der Stelle des ehemaligen Klosters Evam Chogar wurde Thubten Dorjetra 1610 von Rigdzin Ngagi Wangpo neu begründet und bildete seit dieser Zeit die Residenz des Rigdzin Chenpo, der hier bisher in zehn Existenzen auftrat. 1718 zerstörten mongolische Dzungaren die heilige Stätte und ermordeten den Abt, den als Lehrer des 5. Dalai Lama bekannt gewordenen Rigdzin Pema Trinlä. Die zentralen Lehren des Klosters bilden die von dem Nyingmapa-Tertön Rigdzin Gödem Truchen (1337–1409) geborgenen apokryphen Schriften. Neben Mindroling stellt Dorjetra die zweite große Nyingmapa-Universität Zentraltibets dar.

Der Wiederaufbau des Klosters wird zur Zeit von wenigen Mönchen betrieben, die zunächst noch im wesentlichen mit der Errichtung der Gebäude befaßt sind. Verehrungsobjekte sind erst wieder in geringer Zahl vorhanden.

Die Nyingmapa-Universität Mindroling

Die bedeutendste religiöse Stätte auf dem Weg nach Tsethang bildet neben Samye sicherlich das Nyingmapa-Kloster Mindroling (chin. *Minzhulin*), ›Kontinent der Reifung und Befreiung‹, das 1616 von Terdag Lingpa (1586–1654) gegründet wurde und Zentrum für die Praxis und Überlieferung der ›Südlichen Termas‹ abgibt. Geführt wird Mindroling vom Minling Tichen, dem ›Thronhalter von Mindroling‹, der der Familienlinie des Terdak Lingpa entstammt und sein Amt stets in leiblicher Erbfolge weitergibt. Etwa 400 Mönche – gerühmt wegen ihrer vorbildlichen Einhaltung des Vinaya-Kodex, der Mönchsregeln für die ethische Lebensführung – studierten hier vor 1959 unter drei Tulkus. Unterstellt war Mindroling eine große Anzahl von Zweigklöstern, deren Mönche hier eine mehrjährige rituelle und meditative Ausbildung erfuhren. 1718 wurde das Kloster wie Dorjetra auch von den Dzungaren geplündert und zerstört. Der gegenwärtige Minling Tichen flüchtete 1959 ins indische Exil, wo er in Dehra Dun, Uttar Pradesh, Indien, ein neues Kloster gründete.

Der aus dem bräunlichen Bruchstein dieser Region neu erbaute 20säulige Dukhang zeigt Wandmalereien des Amitayus, des Bodhisattva der Langlebigkeit, der die Vase mit dem Lebenswasser in doppelter Dhyana-Mudra hält. Vor dem Sanktuarium sind 18 große vergoldete Kupferstatuen der Lehrhalter der Lamdrä-Überlieferungslehre aufgereiht, der zentralen Lehre der Sakyapa, die besagt, daß der ›Weg (zur Erleuchtung) bereits die Frucht darstellt‹. Die linke Seitenkapelle enthält fünf prächtige alte Stupas im Kadampa-Stil, als Statuen Padmasambhava und den Gründer Terdag Lingpa, die rechte Kapelle den Gönkhang der Durtrö Lhamo, der Lhamo in ihrem Aspekt ›Herrin der Leichenäcker‹. Im Sanktuarium erkennt der Besucher eine große, eindrucksvolle Statue des Buddha Shakyamuni, die Acht Bodhisattvas sowie links einen Düdül-Chörten, ein Stupa zur Unterdrückung feindlicher magischer Kräfte, und rechts einen Bodhistupa als Symbol für das Erleuchtungsprinzip.

Im Obergeschoß trifft man im Dewachen Lhakhang auf die Statue von Lochen Dharmashris, dem Hauptschüler von Terdak Lingpa. Statuen von Lamas der Sakyapa und Nyingmapa sowie Wandmalereien der tibetischen Könige Songtsen Gampo, Tisong Detsen und des 1. Königs Nyatri Tsenpo vervollständigen den Raum.

Der rechts davon gelegene Lama Lhakhang ist der Überlieferungslinie des Klosters geweiht. Als geistiger Ursprung der Linie zeigt eine Wandmalerei den schmuck- und attributlosen, dunkelblauen Samantabhadra, den Adi- oder Ur-Buddha der Nyingmapa-Schule, dargestellt in Yab-Yum mit seiner weißen Prajna. Flankiert wird er von den Trägern der Überlieferungslinie der am Kloster Mindroling praktizierten Lehren, speziell der ›Linie der Großen Vollendung‹, die eine sehr esoterische Variante der Nyingmapa darstellt. Neben verschiedenen älteren Statuetten ist noch ein Fels mit dem Hufabdruck des Pferdes Terdag Lingpas zu erwähnen, ein Objekt, das die magischen Kräfte des großen Meisters verdeutlicht. Selbst sein Reittier offenbart sich damit als eine Emanation übernatürlicher Kräfte.

Im Desheg Phodrang hängt ein auf Anordnung des 5. Dalai Lama gefertigtes Thangka, das Terdak Lingpa sowie dessen Hand- und Fußabdrücke zeigt. Mehrere kleine Schreine enthalten kostbare, alte Statuen.

Die große, 36säulige Versammlungshalle des Klosters, der Sangag Phodrang, enthält als Hauptstatue in einem Glasschrein den weißbärtigen Gründer Terdak Lingpa, die Throne des Klosteroberhauptes, also des Minling Tichen, und des Abtes. Die Wandmalereien zeigen sorgfältig restaurierte, verschiedenartige Erscheinungsformen des Avalokiteshvara.

Das Kloster Samye – Abbild des Universums

Das auf der nördlichen Tsangpo-Seite gelegene Samye (chin. *Sangyesi*) besucht man zumeist in einem Tagesausflug von Tsethang aus. Die etwa 1,5 Std. dauernde Überquerung des Tsangpo erfolgt in Fähren, auf denen bis zu 60 Passagiere Platz finden. Aufgrund des niedrigen Wasserstandes legen die Boote auf dem gegenüberliegenden Ufer ca. 5 km oberhalb von Samye an. Der weitere Transport zum Kloster erfolgt mit Lastwagen. Verpflegung ist mitzubringen.

Etwa 2 km von der Anlegestelle entfernt passiert man Zurkardo; hier markieren links am Berg fünf weiße Stupas den Ort, an dem Padmasambhava und der tibetische König Tisong

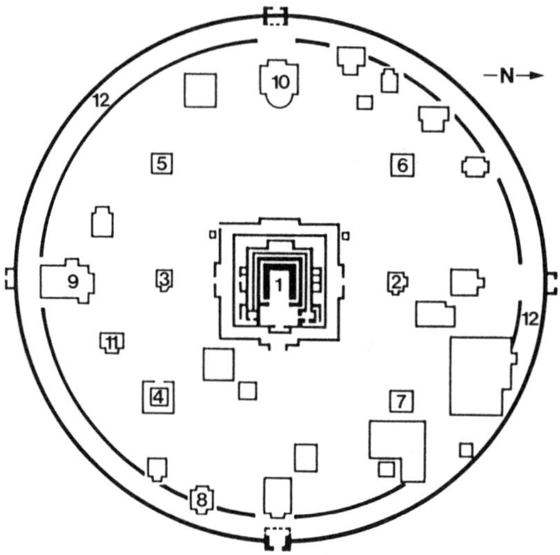

Samye
1 *Haupttempel*
2 *Mondtempel*
3 *Sonnentempel*
4 *Weißer Stupa*
5 *Roter Stupa*
6 *Schwarzer Stupa*
7 *Grüner Stupa*
8 *Tsangmang Ling*
9 *Aryapalo*
10 *Jampa Ling*
11 *Khamsum Sangak Ling*
12 *Klostermauer*

Detsen (reg. 755–97) sich erstmals trafen (vgl. S. 50 f.). Der Herrscher, der Padmasambhava nach alter tibetischer Sitte ein Stück des Weges von Samye aus entgegengekommen war, soll sich geweigert haben, vor dem großen Guru Verneigungskniefälle zu vollziehen und gar auf dessen Huldigung gewartet zu haben. Daraufhin – wir folgen der Überlieferung – hat der große Magier seine Hand ausgestreckt und fünf Flammen entzündeten sich an seinen Fingerspitzen. Von tiefem Glauben ergriffen, vollzog nun Tisong Detsen, wie es heißt, seine Prostrationen und errichtete später hier zur Erinnerung diese fünf Stupas.

Nach weiteren gut drei Kilometern über Sandwege erreicht man schließlich Samye, das gleich einer Oase in dieser steppenartigen, von Sanddünen geprägten Landschaft gelegen ist.

Samye, das ›Über alle gedankliche Vorstellung Hinausgehende‹, ist das älteste Kloster Tibets. Offiziell erbaut, um die Tauglichkeit der Tibeter für das Mönchsleben zu erproben, markiert es in einer Zeit, da die Auseinandersetzungen zwischen den Buddhisten und den Anhängern der Bön-Religion – zugleich ein Machtkampf zwischen Königstum und Adel – noch nicht entschieden waren, den Beginn der buddhistischen Klosterkultur Tibets (vgl. S. 50 f.). Nicht zuletzt aufgrund dieser noch unentschiedenen Spannungen dürfte die Errichtung des ersten tibetischen Klosters so weit von Lhasa entfernt stattgefunden haben.

Nachdem Padmasambhava die sich der Einführung des Buddhismus widersetzenden Dämonen befriedet hatte, schien die Zeit günstig, nach der Errichtung zahlreicher buddhistischer Opferstätten auch das erste Kloster in Tibet zu erbauen, um so dem philosophisch hoch entwickelten Buddhismus ein festeres Fundament zu verleihen. Daher beauftragte Tisong Detsen den indischen Meister Shantarakshita mit der Gründung von Samye. Nachdem Padmasambhava die geomantische Lage des in Betracht gezogenen Geländes geprüft hatte, errichtete Shantarakshita das Kloster nach dem Modell des vom bengalischen König Gopala geschaffenen

Tempels von Otantapuri (Magadha, Indien) und in Anlehnung an die buddhistische Kosmologie, an die Lehre vom Aufbau des Universums: Um den Haupttempel als Abbild des zentralen Weltenberges Meru erbaute der indische Meister in den vier Himmelsrichtungen zwölf Tempel als Sinnbilder der vier Kontinente mit ihren jeweiligen beiden Nebenkontinenten; zwei kleinere heilige Stätten südlich und nördlich des Haupttempels symbolisieren Sonne und Mond. Den jedes dieser Weltsysteme umringenden Eisenwall ließ er durch eine kreisförmige, den ganzen Klosterkomplex umschließende, ehemals 108 kleine Stupas tragende Mauer nachbilden. Der symmetrische Aufbau des Klosters mit seinen ineinanderliegenden geometrischen Formen läßt die Anlage zugleich als ein plastisches Mandala erscheinen. Den besten Blick auf die Klosteranlage bietet sich vom südlich gelegenen Berg Häpori, auf dem Padmasambhava vor der Grundsteinlegung die Beschwörung der örtlichen Dämonen vollzogen haben soll.

Wenngleich Samye in der Kulturrevolution glücklicherweise nur wenig zerstört wurde, fand in dieser Zeit eine Besiedlung des Klostergeländes mit Laien statt, so daß heute zahlreiche zusätzliche Gebäude den klaren Aufbau der Anlage stören. Geplant ist eine unveränderte Wiederherstellung der ursprünglichen Konzeption. Die Restaurierung und Renovierung der sakralen Gebäude ist in vollem Gange. 1990 erhielt der Haupttempel wieder sein prachtvolles, mehrstöckiges Golddach. 1991 lebten im Kloster 117 Mönche der Nyingmapa- und Sakyapa-Schule.

Die bildnerische Ausgestaltung des dreistöckigen Haupttempels wurden den Quellen zufolge in indischem, tibetischem und chinesischem Stil vorgenommen. Heute ist allerdings nicht mehr erkennbar, welches Stockwerk in welcher Stilrichtung gehalten gewesen sein mag.

Wenige Schritte südlich des Haupteingangs steht die berühmte rotfarbige Stele mit dem Edikt von Tisong Detsen aus dem Jahre 779; damit war der Buddhismus zur Staatsreligion ernannt. Die in der Vorhalle von der Decke herabhängende Glocke spendete vermutlich Gyelmo Tsän, eine der fünf Gemahlinnen Tisong Detsens. Neben den didaktischen Malereien des Rades der Existenzen und einer Darstellung des Weltaufbaus sollten Sie besonders die beiden vergnüglichen Elefanten links und rechts des Eingangs zum Innenhof beachten.

Der innere, durch Reihen von Gebetsmühlen abgegrenzte Umrundungsweg enthält z. T. sehr schöne, alte Malereien. Während der Kulturrevolution dienten sie, wie sich an den Einschußlöchern sehen läßt, den Roten Garden als Zielscheibe. Links vom Eingang des Haupttempels liegt der Lhakhang mit der großen Stuckfigur des Tausendarmigen Avalokiteshvara. An der Wand rechts sieht man Songtsen Gampo und den Wanderstab von Padmasambhavas Schüler Vairocana. Wandmalereien zeigen die großen Lehrer aller vier tibetischen Schulrichtungen. Kleinere Steintafeln, die dem roten Stupa von Samye entnommen wurden und damit ein beträchtliches Alter haben dürften, stellen Atisha, Milarepa, Padmasambhava und die Grüne Tara dar.

Der dreitürige Haupteingang zur zentral gelegenen Großen Versammlungshalle des Grundgeschosses wird nur bei besonderen Anläßen geöffnet, so daß man den Dukhang gewöhnlich über eine kleinere Tür auf der linken Seite betritt. Links passiert man zunächst den Brückenbauer Thangtong Gyelpo (1385–1464), Butön (1290–1364), den Gründer des Kloster Zhalu (vgl. S. 273), weiter Kamalashila, der Streitführer in der innerbuddhistischen Auseinanderset-

Der Große Yogi Milarepa

Der Einsiedler Milarepa (1040–1123) ist jedem Tibeter, ob jung oder alt, bekannt: Nachdem er sich in jungen Jahren – von einer habsüchtigen Verwandtschaft nach dem Tode seines Vaters um sein rechtmäßiges Erbe gebracht – der Schwarzen Magie zuwandte und Tod und Unheil über die Erbschleicher gebracht hatte, bereute er seine Taten von ganzem Herzen. Um Buße zu tun, begab er sich auf den ›Weißen Pfad‹ der Religion. So fand er in dem berühmten Übersetzer und Kagyüpa-Lama Marpa (1012–98) einen Lehrer, der ihn unnachgiebig und streng behandelte und ihm schwierige Aufgaben wie die Errichtung von acht Häusern – Symbole seines sich wandelnden Bewußtseins – auftrug. Erst nachdem sein Geist auf diese Weise zur unvoreingenommenen Praxis der Lehre frei geworden war, weihte Marpa ihn in die tantrischen Geheimnisse ein. Nachdem Milarepa Erleuchtung erlangt hatte, begab er sich – nur mit dem weißen Baumwollgewand der Yogis bekleidet – in die Einsamkeit des Himalaya und meditierte dort in völliger Abgeschiedenheit von der Außenwelt.

Berühmt ist er für seine exzellente Beherrschung tantrischer Meditations- und Yogapraktiken. So übte er in Vollendung den ›Yoga Innerer Hitze‹ (tib. *Tummo*) aus, der es ihm ermöglichte, auch in der eisigen Winterzeit seiner Meditationspraxis nachzugehen.

Seine ›Hunderttausend Gesänge‹ enthalten gleichnishafte Belehrungen, die ohne philosophische Spitzfindigkeiten den Geist der buddhistischen Lehre in einfachen Worten auszudrücken wissen und die praktische Verwirklichung der philosophischen Lehrinhalte für essentieller halten als eine weltferne Gelehrtheit.

Die Ikonographie stellt ihn als einen echten Tantriker dar: gekleidet ist er in das weiße Gewand des nicht ans Zölibat gebundenen Laienpraktikers, sein Haar ist als Zeichen seiner Wertschätzung des natürlicherweise Entstehenden ungeschnitten, seine Rechte hat er – dem Klang der Stille, d.h. der ›Leere‹, der letztendlichen Natur der Wirklichkeit, lauschend – ans Ohr gelegt.

zung von Samye 792/4 (vgl. S. 52), Padmasambhavas Schüler Yudra Nyingpo und Vimalamitra; hinter dieser Figurengruppe zeigen herrliche alte Wandmalereien den roten Hayagriva, Vajrakila, Hevajra und den 13. Dalai Lama, der sich um die Renovierung von Samye verdient gemacht hat. In kleinen, mit Vorhängen versehenen Schreinen findet der Besucher die sehr lebhaft wirkenden Statuen von Vairocana (8. Jh.), Shantarakshita, der als Erbauer und erster Abt von Samye wirkte, Padmasambhava, Tisong Detsen und Songtsen Gampo.

Über eine kleine Treppe gelangt man sodann in das erhöht gelegene Sanktuarium, an dessen rechter und linker Wand – jeweils von einem der zornigen Türhüter flankiert – große Lehmstatuen der Bodhisattvas der Zehn Richtungen aufgestellt sind. Im Zentrum thront ein Shakyamuni im Sambhogakaya-Aspekt, der Jobo Mahabodhi, der zur Zeit der Errichtung von Samye wunderbarerweise auf dem östlich gelegenen Berge Häpori erschienen sein soll. Während der

Kulturrevolution schwer beschädigt, ist die Statue mittlerweile gut restauriert worden. Beachtenswert ist die rechts davon stehende kleine Figur Padmasambhavas. Die einst von dem Padmasambhava-Schüler Namkha Nyingpo (8. Jh.) gefertigte Statue, befand sich lange Zeit in dem südtibetischen Ningmapa-Kloster Kharchu und wird hoch verehrt. Über die kleine Treppe rechts wieder hinuntergehend, passiert man – wiederum in kleinen Schreinen – die Statuen der bedeutendsten Repräsentanten verschiedener tibetischer Schulen: die Triade der Kadampa-Lamas, Dromtönpa (1005–64), den Gründer von Rateng, Atisha (982–1054) und Ngog Legpä Sherab (11. Jh.), sodann den Nyingmapa-Lama Longchenpa (1308–64), den Sakya Pandita (1182–1251) und Tsongkhapa (1357–1419).

Durch die geradeaus weiter führende Tür betritt man den Gönkhang, der ausschließlich vorbuddhistische Schutzgottheiten wie Pehar, Tsi'u Marpo oder Pälden Masung Gyelpo beherbergt, die dem buddhistischen Pantheon durch das Wirken Padmasambhavas einverleibt wurden.

Zurück im Dukhang gelangt man links zu einer Gruppe von über und über mit Khatakhs behängten schaurigen Schutzgottheiten, von denen Palden Lhamo, Vaishravana und Pehar, der Haupt-Beschützer von Samye, als wichtigste erwähnt seien.

Im Obergeschoß befinden sich in der Vorhalle links am Treppenaufgang prächtige Malereien zur Illustration der Biographie und der verschiedenen Erscheinungsformen des Padma-

Das Kloster Samye in einer alten Darstellung

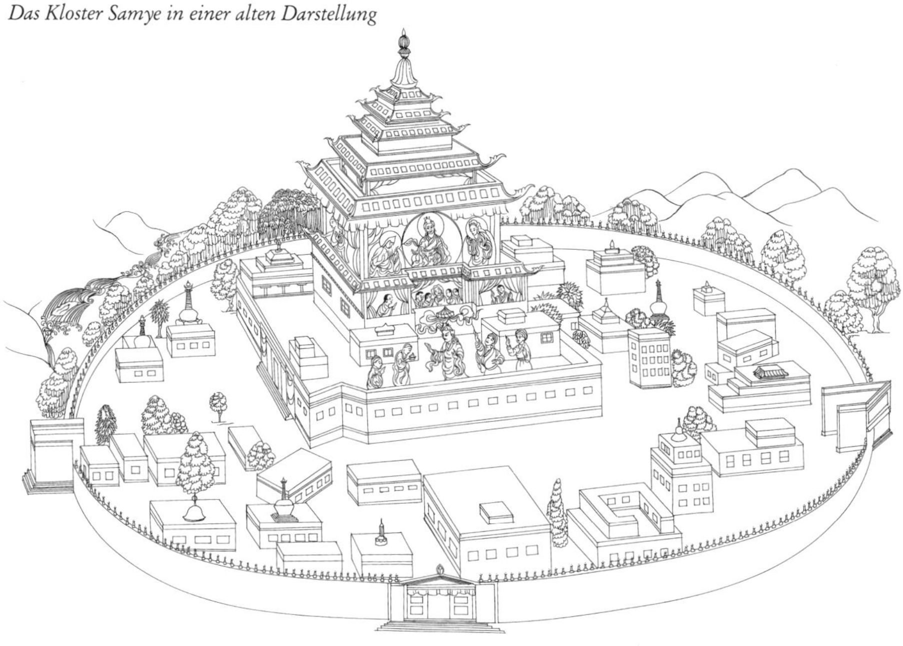

Der Brückenbauer Thangtong Gyelpo

Schon das Alter von 125 Jahren, das ihm einigen tibetischen Quellen nach zugeschrieben wird, unterstreicht den schillernden Charakter des von den Tibetern hochverehrten Heiligen Thangtong Gyelpo, dessen Lebenszeit vermutlich 1385–1464 anzusetzen ist. Er gilt als Emanation des Avalokiteshvara und als Manifestation Padmasambhavas und bezeichnete sich selbst als einen ›Verrückten Heiligen‹. Thangton hatte zahllose Visionen von Gottheiten des lamaistischen Pantheons, unternahm visionäre Reisen nach Südindien und in das mythische Land Uddiyana und trat zu alledem besonders durch seine Tätigkeit als Eisenbrückenbauer in Erscheinung. Belehrungen an Klöstern aller tibetischer Schulrichtungen belegen seine kompromißlos anti-sektiererische Einstellung in religiösen Angelegenheiten.

1433 gründete er nahe der heutigen Chushül-Brücke auf dem Berge Chubori sein ›Eisenbrücken-Kloster‹, Cagzam Labrang, von dem heute nicht einmal mehr die Grundmauern zu sehen sind. Er gilt als Begründer der tibetischen Lhamo-Oper und als Erfinder des Lederbootes. Neben Ost- und Zentraltibet bereiste er Bhutan und Nepal. Im Sterbeprozeß soll er seinen Körper in Licht absorbiert und so ohne Überreste diese Welt verlassen haben.

Ikonographisch wird er als dickbäuchiger Siddha mit langem Haar dargestellt, eine Vase mit dem Nektar ewigen Lebens bzw. eine Schädelschale in der Linken und einige Eisenkettenglieder in der Rechten haltend.

sambhava, weiterhin Darstellungen des 7. und des 5. Dalai Lama, des mongolischen Tibetherrschers Gushri Khan und der paradiesischen Sphäre des Padmasambhava. Die Mitte des hiesigen Lhakhang nimmt eine Statue Padmasambhavas ein, die rechts von Jigme Lingpa (1729–98) in einer Glasvitrine, links von Longchenpa (1308–64), den beiden bedeutendsten späteren Nyingmapa-Lamas, flankiert wird. Weiter links thront eine sehr schöne, alte Statue des Amitayus, weiter rechts ein Buddha Shakyamuni. Die links und rechts an der Wand stehenden großen Standbilder der Bodhisattvas der Zehn Richtungen dienen als Gefolge. Beachtlich sind die Wandmalereien zu den Zehn Taten des Buddha.

Auf der östlichen Seite der Vorhalle führt eine Tür in das Privatgemach des Dalai Lama, hier zeigt eine schöne alte Wandmalerei den Klosterkomplex von Samye.

Das Dachgeschoß beherbergt einzig den geräumigen Vairocana-Lhakhang, der in der Mitte ein Plastisches Mandala der 37 Gottheiten Vairocanas enthält. Statuen all dieser Gottheiten finden sich nochmals separat auf den vier Seiten des Lhakhang positioniert. Zugleich bietet sich hier ein Blick auf den vermutlich originalgetreu rekonstruierten Dachstuhl, dessen ausgeklügelte, staunenerregende Hängewerk-Konstruktion tragende Säulen innerhalb des Lhakhang erübrigt und das gesamte Gewicht des Daches auf die Tragmauern verlagert.

Bei der Treppe angefangen, begegnet man im Umrundungsgang Wandmalereien, die den gegenwärtigen 14. Dalai Lama mit Buch und Schwert auf der rechten Schulter und dem Dharmacakra in der Linken zeigen, weiterhin erkennt der Betrachter einen Heruka, Buddha Shakyamuni, Kalacakra, Padmasambhavas Emanationsform Guru Dragpo mit einem Skorpion, Vajrapani, Kurukulla, Hayagriva, Hevajra, die Dakini Naro Khachöma, Vajrakila, die sieben ersten, in Samye ordinierten Mönche auf der südlichen Wand und schließlich die

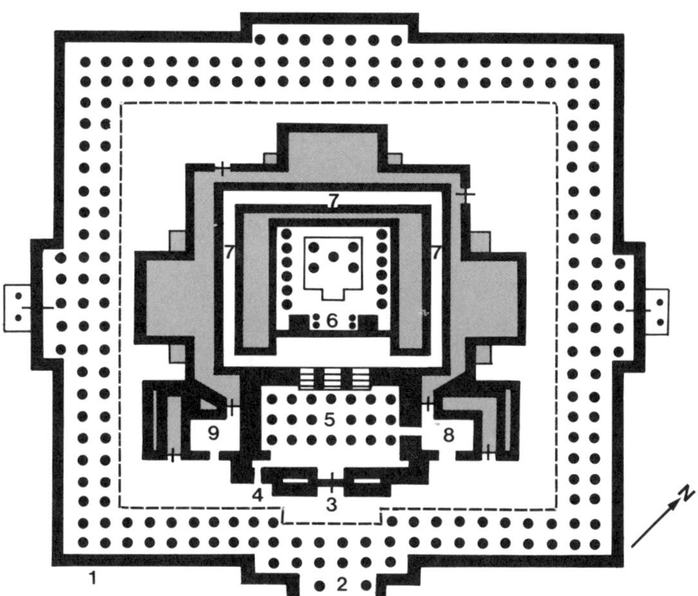

Tsuglagkhang von Samye
1 Stele
2 Haupteingang
3 Eingang zum Dukhang
4 Nebeneingang
5 Dukhang
6 Sanktuarium
7 Umrundungsweg
8 Gönkhang
9 Avalokiteshvara Lhakhang

25 Schüler des Padmasambhava auf der westlichen Seite. Daran schließen sich die Acht Manifestationen des Padmasambhava, die Lehrergruppe ›Sechs Ornamente und die Beiden Besten‹, Buddha mit seinen beiden Hauptschülern, die Sakya-Lamas Ra Lotsava, Sakya Pandita, Lama Dampa Sönam Gyeltshen (1312–75) und Künga Nyingpo (1092–1158) und schließlich der 7., 11., 13. und wiederum der 14. Dalai Lama an.

Ist vor der Rückfahrt noch Zeit für einen Besuch weiterer Lhakhang, bietet sich eine Besichtigung der Nebengebäude an; besonders interessant sind der Tsangmang Ling, der Aryapalo, der Jampa Ling oder der Khamsum Sangak Ling, alle wurden inzwischen renoviert und beherbergen alte Malereien und Statuen. Sehr empfehlenswert ist eine Besteigung des Häpori, des östlich von Samye gelegenen kleinen Berges, auf dem Padmasambhava einst die Beschwörung der lokalen Dämonen durchführte. Von hier aus bietet sich eine sehr schöne Aussicht auf die Gesamtanlage des Klosters.

Möchten Sie noch einen weiteren Tag in Samye verbringen, so sollten Sie verschiedene, jeweils mehrere Wegstunden entfernt gelegene Meditationshöhlen Padmasambhavas besuchen. Am berühmtesten sind Drakmar Ke'utshang, Yamalung und Chimphug, in denen der große Magier mit seiner Gefährtin Yeshe Tshogyel meditierte und seine 25 Schüler in die Geheimnisse der Mahayoga-Meditation einführte. Mönche weisen den Weg zu diesen heiligen Stätten.

Tsethang

Das traditionsreiche, häufig als ›Wiege der tibetischen Kultur‹ apostrophierte Tsethang (chin. *Zedang*) bildet die mit 14 000 Einwohnern einzige größere Stadt der Region Lokha (chin. *Shannan*). In diesem sogenannten ›Südlichen Gebiet‹, das sich in südlicher Richtung bis zu den angrenzenden Himalaya-Ländern erstreckt, leben auf einer Fläche von 90 000 km² mehr als 260 000 Menschen, überwiegend Tibeter, weiter Men Ba, die islamischen Hui und andere nationale Minderheiten.

Zu erreichen ist das 3500 m hoch und 193 km von Lhasa entfernt gelegene Tsethang in fünfstündiger Fahrt, die ab der Chushül-Brücke stets den Tsangpo entlangführt. Bereits bei der Einfahrt in die kleine Metropole fallen die von chinesischer Seite ausgeführten städtebaulichen Maßnahmen ins Auge. Breit angelegte Alleen, mehrstöckige Betonbauten und viele verstreute Verkaufsstände vielfach tibetischer Händler beherrschen das gesichtslose Stadtbild. Ein 1991 errichteter Brunnen mit der Darstellung von kleinen Äffchen läßt die mit Tsethang verknüpfte Entstehungsmythologie des tibetischen Volkes recht trivial erscheinen (vgl. S. 44). Die im traditionellen Stil errichteten Wohnquartiere der Tibeter befinden sich mehr am Rande der Stadt.

Die historische Bedeutung von Tsethang ist eng mit dem auf der östlichen Seite der Stadt gelegenen Berge Gongpori (ca. 4600 m) verknüpft, auf dem einst die mythologischen Urahnen der Tibeter lebten: Ein als Schüler des Bodhisattva Avalokiteshvara angesehener roter Affe

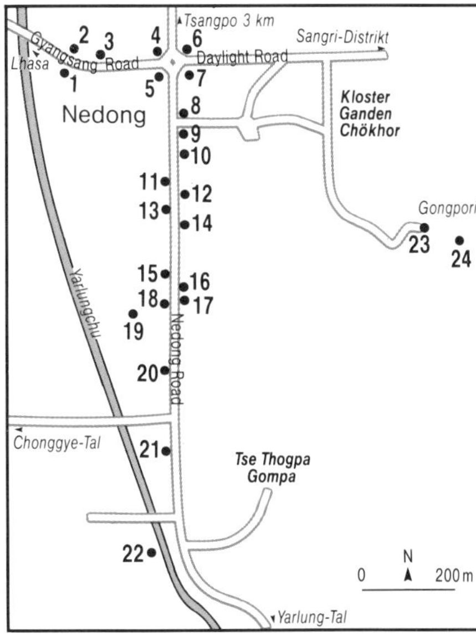

Tsethang *1 Busstand 2 Chinesisches Krankenhaus 3 Tibetisches Krankenhaus 4 Muslim Guesthouse 5 Postamt 6 Minoritäten-Vertretung von Shannan 7 Kaufhaus 8 Bank of China 9 Xinhua-Buchladen 10 Foto-Geschäft 11 Geschäft der Tourist Service Corporation 12 Kaufhaus 13 Landwirtschaftskammer 14 Landesregierung der Region Shannan 15 Political Security Bureau 16 Gerichtshof 17 CITS (Chinese International Travel Service) 18 Kaufhaus des Tsethang-Hotels 19 Zedang-Hotel 20 Städtisches Veranstaltungsgelände 21 Nedong Guesthouse 22 Teppichfabrik 23 Nonnenkloster Sangag Simkyil 24 Höhle der tibetischen Urahnen*

und eine weiße Dämonin als seine Gemahlin (vgl. S. 44). Noch heute pilgern die Tibeter zu den etwas unterhalb der drei Gipfel dieses Berges gelegenen Höhlen, die als Wohnort dieses ungewöhnlichen Paares gelten und Darstellungen des Avalokiteshvara enthalten. Die sechsfache Nachkommenschaft von Affe und Dämonin soll das Gelände als ›Spielplatz‹ (tib. *Tsethang*) benutzt haben, so daß der Name der Stadt aus dieser Begebenheit abgeleitet wird. Der nicht unbeschwerliche Aufstieg zu diesen Höhlen nimmt etwa einen halben Tag in Anspruch.

Am Fuß des Berges befindet sich das Nonnenkloster Sangag Simkyil, das ehemals von dem Sakyapa-Lama Sönam Gyeltshen (1312–75) gegründet und später in ein Gelugpa-Kloster konvertiert wurde. Es enthält einen Lhakhang, der als ehemaliger Meditationsort von König Songtsen Gampo gilt, und einen eindrucksvollen kleinen Dukhang, der die stille Atmosphäre des Klosters widerspiegelt. Rechts des Klosters befindet sich eine Quelle, deren Wasser vor Zahnschmerzen schützen soll. Auf dem zum Stadtzentrum zurückführenden Weg passiert der Besucher das inzwischen wieder weitgehend renovierte Gelugpa-Kloster Ganden Chökhor.

Quasi als südlicher Stadtteil von Tsethang schließt sich hinter dem Postamt unmerklich das Gebiet der früheren Stadt Nedong (tib. *Ne'u Dong*) an, die als Hauptsitz des Phamo Drupa Jangchub Gyeltsen (1302–64) diente. 1349 aufgrund seiner überragenden Machtstellung vom chinesischen Yuan-Kaiser Shundi (reg. 1333–68) als oberster Hierarch bestätigt, besiegte er 1354 die bis dahin in Tibet herrschenden Sakyapa und errichtete hier das Zentrum der fortan 200 Jahre lang regierenden Phamo Drupa-Dynastie. Von seinem ehemals südwestlich des Gongpori gelegenen Herrschaftssitz sind keinerlei Spuren mehr erhalten.

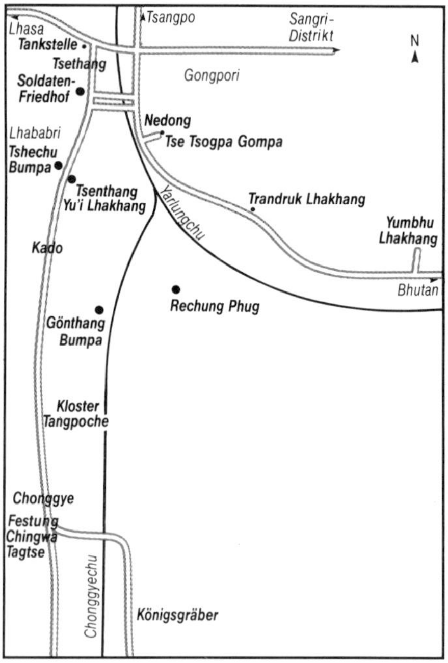

Yarlung-Tal

Tsethang bildet einen hervorragenden Ausgangspunkt zum Besuch mehrerer bedeutender historischer Stätten. Das keine 50 km entfernt gelegene Samye (vgl. S. 241), das älteste Kloster Tibets, kann, ebenso wie die berühmte Nyingmapa-Universität Mindroling (54 km, vgl. S. 240), in einem Tagesausflug erreicht werden. Darüber hinaus empfiehlt sich als Halbtagesfahrt ein Besuch der Königsgräber im nahe gelegenen Chonggye-Tal (31 km, s. u.) und eine Fahrt ins Yarlung-Tal zum Yumbu Lhakhar (15 km), der ältesten Festung Tibets, in Kombination mit einem Besuch des Trandruk Lhakhang (7. Jh., vgl. S. 254, 255).

Etwa 17 km tsangpoabwärts ist auf der gegenüberliegenden Flußseite Densa Thel, der bisher erst in geringem Maße rekonstruierte Sitz des Phagmo Drupa (1110–70), zu sehen. Nur wenig unterhalb davon gelangt man zum Ölkha-Tal, in dem Tsongkhapa einst eine berühmte Kapelle des Maitreya errichtete. An diesem Ort ist heute ein kleines Kloster der Gelbmützen-Schule errichtet worden. Wenn man sich weiter in das Tal hinauf begibt, gelangt man zu dem heiligen Lhamo Lhatsho, dem ›Göttersee der Lhamo‹, dessen nach tibetischer Auffassung ganz natürlich entstehende magische Zeichen seit der Zeit des 2. Dalai Lama Gendün Gyatsho (1475–1542) immer wieder zur Identifizierung von Dalai Lamas zu Rate gezogen werden.

□ Die Fahrt zu den Königsgräbern im Chonggye Tal

Vom Zedang-Hotel folgt man der Hauptstraße in südlicher Richtung und biegt nach 600 m rechts in ein Sträßchen ein, das die Grenze zwischen Tsethang und Nedong markiert. Nach der Überquerung des Yarlungchu läuft die Straße bei Kilometer

2 zunächst direkt auf einen Soldaten-Friedhof zu, auf dem Opfer der chinesisch-indischen Auseinandersetzungen von 1962 begraben liegen.

5 Man passiert Tshechu Bumpa, einen der drei berühmten Stupas des Yarlung-Tales, der ursprünglich Gewänder Songtsen Gampos enthalten haben soll und 1991 als bedeutendes lokales Heiligtum wiedererrichtet wurde. Rechts ragt der Lhababri in den Himmel, der Berg, von dem der Legende nach Nyatri Tsenpo, der erste tibetische König, einst ins Yarlung-Tal hinabgestiegen sein soll. Nahe am Gipfel befindet sich die Sheldrak Phuk, die ›Kristallfels-Höhle‹, eine Meditationsgrotte von Padmasambhava. Der Besuch erfordert

eine etwa sechsstündige Wanderung. Berühmt wurde dieser Ort durch das ehemals von Padmasambhavas Gefährtin Yeshe Tshogyel versteckte Katang De'nga, die Biographie des großen Meisters, die später von dem Tertön Ogyen Lingpa (1323–60) entdeckt wurde (vgl. S. 50). Links liegt innerhalb einer kleinen Häuseransammlung der noch in den Anfängen der Renovierung steckende Tsenthang Yu'i Lhakhang.

8 Ortschaft Kado.

10 Auf halber Höhe des Berges befinden sich links die Ruinen des im Wiederaufbau befindlichen Klosters Rechung Phuk.

11 In weiter Entfernung sieht man links den Gönthang Bumpa, den ›Wunscherfüllenden Stupa‹, der ebenfalls zu den bedeutenden Schreinen dieser Region gezählt wird.

18 Rechts erkennt man am Fuß des Berges das 1017 gegründete Kadampa-Kloster Tangpoche, das später von den Gelugpa übernommen wurde und in dem gegenwärtig 25 Mönche leben.

28 Stadt Chonggye (chin. *Qiongjie*), der Sitz der frühen Könige, die Tibet von dem oberhalb des Ortes gelegenen Dzong Chingwa Tagtse aus regierten, bis Songtsen Gampo (reg. 629–49) seine Residenz in das heutige Lhasa verlegte. Sichtbar sind hier nur noch die Überreste der in den letzten Jahrzehnten zerstörten Festung und ihrer sich über den Berg ziehenden verfallenen Burgmauern. Tibetischen Chroniken zufolge sollen sechs Könige von Pode Gunggyel (ca. 100 v. Chr.) bis Esholek auf diesem Berge jeweils ihren eigenen Dzong errichtet haben.

In dem rechts davon gelegenen, wiederaufgebauten Kloster Ribo Dechen ist der 5. Dalai Lama geboren worden. Der unterhalb davon befindliche weiße Tempel in chinesischem Stil stellt lediglich einen Fernsehsender dar.

Der kleinen Seitenstraße vor dem Ortsausgang nach links folgend, gelangt man schließlich bei Kilometer

31 zu den Grabhügeln der tibetischen Könige, in denen 13 Herrscher des Landes bestattet wurden. Der erste, den man hier zur ewigen Ruhe bettete, war Songtsen Gampo, der letzte, der buddhistenfeindliche Langdarma.

Archäologische Grabungen durften hier bisher nicht durchgeführt werden, daher liegen gesicherte Erkenntnisse bezüglich der Zuordnung der einzelnen Gräber noch nicht vor. Gefunden wurden bisher neun Gräber, die Ausmaße von 50–250 m Länge und eine Höhe von bis zu 15 m aufweisen. Schriftlichen Quellen zufolge bestehen diese letzten Ruhestätten aus fünf bis neun mandala-artig angelegten Räumen, in deren Zentrum das Grab des Königs liegt, während die peripheren Kammern Opfergaben sowie die als Grabbeigabe dienenden Menschen- und Tieropfer aufnahmen. Den mit Gold bestrichenen Leichnam setzte man in einem silbernen Reliquienbehälter (tib. *Ga'u*) bei, der, auf einem Podest plaziert, von einem Schirm überspannt wurde. Daneben stand eine aus Stuck gefertigte Statue des Königs, während die persönlichen Besitztümer des Herrschers seitlich des Podestes gelagert wurden. Auf dem mit Bäumen bepflanzten Grabhügel ragten aus Stein gefertigte, beschriftete Gedenkstelen sowie Tempel zur Abhaltung des Ahnenkultes auf, die zugleich als Aufenthaltsort für die Schutzgottheit der Tumuli fungierten.

Königsgräber *1 Songtsen Gampo 2 Gungri Gungtsen 3 Rälpacen Unsicher ist bisher die Zuordnung der übrigen Gräber: 4 Tide Tsugden 5 Senaleg 6 Mangsong Mangtsen 7 Tisong Detsen 8 Langdarma 9 Ösung*

In dem 801 verfaßten chinesischen Werk *Tongdian* heißt es über die Bestattungsriten tibetischer Könige: »Beim Tode eines Mannes tötet man Ochsen und Pferde, die mit dem Verstorbenen zu bestatten sind. Die Ochsen und Pferde werden ringsherum im Grabmal aufgehäuft. Das Grabmal besitzt eine viereckige Form mit aufgeschichteten Steinen, so daß sie ihm die Form eines normalen Herrscherhauses verleihen. Jene Personen, die der König zu seinen persönlichen Freunden gemacht hat, werden mit der Bezeichnung ›Männer des gleichen Schicksals‹ belegt. Ihre Zahl übersteigt nicht fünf Männer. An dem Tag, da der König stirbt, geben sich alle ›Männer des gleichen Schicksals‹ Tag und Nacht dem Gewein hin. An dem Tag, da sie (mit ihm) beerdigt werden sollen, werden ihnen die Beine durchbohrt, so daß sie verbluten. Kurz bevor sie die Lebenden mit dem Verstorbenen bestatten, befindet sich unter den Verwandten ein Vertrauenswürdiger, der unter Gebrauch seines Schwertes ihren Schädel spaltet und ihnen das Gehirn herausschneidet. Weiter nimmt er vier kleine Stöckchen von der Größe eines Fingers und drückt sie ihnen an beiden Seiten in die Brust. Sobald die vier oder fünf Männer völlig verstorben sind, werden sie mit dem Toten bestattet.«

Erstaunlich scheint, daß selbst die großen buddhistischen Könige wie Songtsen Gampo oder Tisong Detsen, die die Ausbreitung der buddhistischen Lehre vorantrieben, bis in das 9. Jh.

hinein hier gemäß der althergebrachten Tradition der Bön-Religion bestattet wurden und dabei selbst die aus buddhistischer Sicht verpönten Menschenopfer als Teil der Grabbeigabe nicht abschaffen ließen. Die Gründe für diese Bestattungsriten sind nicht zuletzt in dem nachhaltigen Einfluß der chinesischen Tang-Dynastie auf die tibetische Kultur dieser Zeit zu suchen. Andererseits belegen sie, wie schwach der Buddhismus in dieser Ära noch war. Nicht unterschätzt werden sollte, daß die Ernennung der Minister zu ›Männern des gleichen Schicksals‹ ein probates Mittel darstellte, um das Leben des Königs vor Anschlägen zu schützen. Den fünf selbst waren dadurch auf das Leben des Königs abzielende Intrigen unmöglich gemacht, andere Attentäter hätten sich mit einem Königsmord unweigerlich auch die Rachegelüste der ministerlichen Familienangehörigen zugezogen.

Einen längeren Blick lohnt vor allem der rechts der Straße gelegene, von einer Mauer umgebene Tumulus, in dem mit hoher Wahrscheinlichkeit das Grab Songtsen Gampos zu lokalisieren ist. Auf dem Hügel befindet sich ein kleiner Lhakhang mit den zentralen Lehmstatuen Songtsen Gampos und seiner beiden Gemahlinnen. Rechts zeigt eine Wandmalerei die Fünfunddreißig Buddhas der Sündenvergebung, links davon ist eine Darstellung der Acht (vor den acht Gefahren schützenden) Taras zu sehen. Auf der gegenüberliegenden Seite sind die Acht Emanationen des Padmasambhava abgebildet, rechts davon einige Schutzgottheiten, unter denen Gönpo Maning, eine Form des Mahakala, an einer Lanze mit Dreizack und dreieckigem Winkel erkennbar ist. Hinter den

1
2
3
4

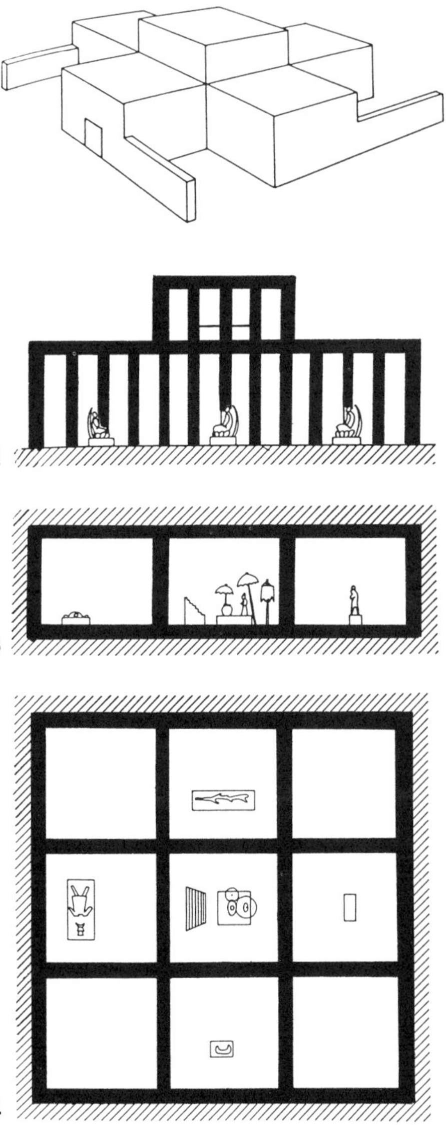

Königsgräber
1 Grabmal in Svastika (= Hakenkreuz)-Form
2 Querschnitt
3 Querschnitt der Grabkammer
4 Aufsicht

zentralen Statuen gelangt man zu den Buddhas der drei Zeiten, wobei Buddha Maitreya hier die zentrale Position einnimmt. Flankiert werden sie von Amitayus rechts und Padmasambhava links, daneben wiederum von Vajrapani und Hayagriva.

Sehenswert erscheint noch die einzige erhaltene Inschriftensäule, gut 500 m jenseits des kleinen Sträßchens gelegen. Gewidmet ist die mit Drachen und Wolken verzierte, auf einer Schildkröte ruhende, 8 m hohe Stele, dem 815 verstorbenen König Senaleg.

Wenn man den Berg Murari etwa 20 Minuten hochsteigt, findet man auf einem der Königsgräber einen alten steinernen Löwen (9. Jh.), der hier anscheinend eine Schutzfunktion ausübte.

□ Die Festung Yumbhu Lhakhar

Yumbhu Lhakhar ist die älteste Festung Tibets und gilt als Palast des ersten mythischen, tibetischen Königs Nyatri Tsenpo (ca. 300 v. Chr.), dem Begründer der Yarlung-Dynastie.

Zu erreichen ist dieses, in der Kulturrevolution zerstörte, inzwischen wieder weitgehend originalgetreu errichtete, prachtvolle Gebäude in einer etwa halbstündigen Fahrt in das südlich von Tsethang gelegene Yarlung-Tal. Die architektonische Gestaltung des Yumbu Lhakhar weist auf das 7.–8. Jh. hin. Modifikationen, wie etwa die Errichtung des zweiten Stockwerkes samt Golddach durch den 5. Dalai Lama, wurden allerdings bis in das 17. Jh. vorgenommen. Ehemals vermutlich ein Dzong, sah man die Festung im 17. Jh. als ein tibetisches Nationaldenkmal der Frühzeit an und wandelte sie in ein quasi religiöses Gebäude mit mehreren Lhakhang um.

Im Grundgeschoß betritt man einen Lhakhang, der im Zentrum den Jobo enthält, umgeben auf seiner Rechten von Thönmi Sambhota, dem Erfinder der tibetischen Schrift, König Tisong Detsen (reg. 755–97), dem König Lha Thothori (5. Jh.) und dem ersten tibetischen König Nyatri Tsenpo, der seine himmlische Herkunft mit dem nach oben weisenden Zeigefinger andeutet. Zu seiner Linken finden sich Songtsen Gampo (reg. 629–49), König Rälpacen (reg. 815–36), der Prinz Ngada Ösung und Songtsen Gampos Minister Lönpo Gar, der seinerzeit die Prinzessin Wencheng nach Tibet brachte. Ngada Ösung, der ›Durch-Licht-Geschützte-Herrscher‹, war der rechtmäßige Sohn des buddhismusfeindlichen König Langdarma. Geboren von seiner jüngeren Gemahlin, schützte diese ihn vor den Nachstellungen durch Langdarmas ältere, mißgünstige Frau, indem sie ihn tagsüber in der Sonne und nachts unter Lichtern hielt. Kein Mordbube konnte sich so im Schutze der Dunkelheit anschleichen. Die Nachkommen Ösungs gründeten später die westtibetischen Königreiche und waren für die Renaissance des Buddhismus entscheidend verantwortlich.

Im darüber gelegenen Stockwerk befinden sich als Hauptstatuen Buddha Shakyamuni und Avalokiteshvara. Die Wand links zeigt Darstellungen der 21 Taras und der tibetischen Mythologie, so z. B. die Herabkunft Nyatri Tsenpos vom Himmel, seine Erhebung auf den Nacken seiner Untertanen etc. Die ehemals hier aufbewahrten Schriften, die zur Zeit des Königs Lha Thothori (etwa 4.–5. Jh. n. Chr.) vom Himmel auf das Dach des Yumbhu Lhakhar gefallen sein sollen und der tibetischen Mythologie zufolge die erste Berührung Tibets mit dem Buddhismus markierten, wurden im 17. Jh. dem Stupa des 5. Dalai Lama als Weihefüllung beigegeben.

Rechts des Shakyamuni enthält eine Vitrine kostbare alte Statuen wie einen Avalokiteshvara, der als Herzensobjekt Songtsen Gampos gilt, oder die Triade Padmasambhava, Shantarakshita und Tisong Detsen. Dem Gang um das als Lichtöffnung für das Untergeschoß dienende offene Viereck folgend, passiert man die Fünfunddreißig Buddhas der Sündenbekenntnis und sieht direkt vor dem Ausgang eine Wandmalerei des auf einem Yak reitenden, zwei dreizackige Lanzen haltenden Dharmapala Yarlha Shampo, der Schutzgottheit des Yarlung-Tales, die auf dem gleichnamigen Schneeberg residiert.

Treppen und Leitern ermöglichen einen weiteren Aufstieg aufs Dach und in den bislang nicht weiter ausgestalteten Turm.

Folgt man der Straße nach Süden, gelangt man zum Schneeberg Yarlha Shampo (ca. 7000 m), den die Tibeter zu den vier heiligen Bergen Zentraltibets zählen und in seiner Formgebung als einen kristallenen Stupa betrachten. Auf ihm sollen die sechs auf Nyatri Tsenpo folgenden ›Himmelskönige‹ zur Erde hinabgestiegen sein (vgl. S. 45). Über Tsomä (chin. *Comai*) erreicht man nach 165 km Bhutan.

□ Der Trandruk Lhakhang

Auf dem Wege von Tsethang zum Yumbu Lhakhar passiert man nach 7 km den inmitten eines Dorfes gelegenen Trandruk Lhakhang. Die lokale Überlieferung berichtet, daß sich über die gesamte Gegend ehemals ein großer See erstreckte, in dem ein übelgesinnter, mit fünf verschiedenfarbigen Köpfen versehener Drache (tib. *Trandruk*) lebte. Ein mit großen magischen Fähigkeiten ausgestatteter Lama der Frühzeit soll sich daraufhin in einen Adler verwandelt und das Untier besiegt haben – eine mythologische Erzählung, die den Sieg des Intellekts (Adler) über das Gefühl (Drache) zum Gegenstand zu haben scheint. Songtsen Gampo (reg. 629–49) soll nach der Trockenlegung des Sees dann entsprechend den geomantischen Berechnungen seiner chinesischen Gemahlin den Trandruk Lhakhang hier erbaut haben, um so die imaginäre linke Schulter der ganz Tibet in ihren Krallen haltenden Dämonin zu fixieren (vgl. S. 47).

Durch zwei Innenhöfe betritt man die weitgehend leere Hauptversammlungshalle des Klosters. Das linke Sanktuarium zeigt Songtsen Gampo samt seinen beiden Gemahlinnen, das rechte die Beschützer der Drei Familien – einen Tausendarmigen Avalokiteshvara, einen Vajrapani und einen Manjushri. Das zentrale Heiligtum beherbergt die Fünf Tathagatas als Verkörperungen der fünf grundlegenden Prinzipien des Universums; in der Mitte Vairocana, zu seiner Rechten Amitabha und Akshobhya, zu seiner Linken Ratnasambhava und Amoghasiddhi. Rechts der Tür sind zwei Statuen der Tara plaziert; die kleinere ist als die berühmte ›Sprechende Tara von Trandruk‹ bekannt. Auf der rechten Seite der Versammlungshalle befinden sich zwei weitere Lhakhang und zeigen recht grobgearbeitete Standbilder der Drei Gottheiten Langen Lebens sowie des Padmasambhava und seiner beiden Begleiterinnen.

Im darüber gelegenen Stockwerk passiert man rechts den Gönkhang mit dem Weißen Tshangpa als Hauptgott und gelangt oberhalb des Lhakhang mit den Fünf Tathagatas in ein kleines Sanktuarium, das eines der kostbarsten und herrlichsten Zeugnisse lamaistischer Kunst, das berühmte Perlenthangka, enthält: Eine aus Korallen, Türkisen sowie 29 925 weißen Perlen gefertigte Darstellung des ›Lässig verweilenden Avalokiteshvara‹, dessen Augen sich stets dem

Betrachter zuzuwenden scheinen, gleich an welcher Stelle des Lhakhang er sich auch befinden mag. Im auf der Stirn gelegenen dritten Auge als Symbol der Allwissenheit funkelt ein großer Diamant. Aufbewahrt wird das Thangka in einer Glasvitrine mit einer prächtig geschnitzten Gandhola in chinesischem Stil.

Die Strecken von Lhasa nach Shigatse

In Shigatse, der Hauptstadt der Provinz Tsang, lohnt unbedingt ein Besuch im Kloster Tashilhünpo, der Residenz des Panchen Lama. Shigatse ist aber schon deshalb ein ideales Ausflugsziel, weil auf der Fahrt dorthin mehr als 5000 m hohe Pässe zu überwinden sind.

Zu erreichen ist Shigatse von Lhasa aus über drei Straßen, die gewöhnlich als die Tsangpo-Route, die Nördliche Route und die Südliche Route bezeichnet werden.

Die Tsangpo-Route

Die Tsangpo-Route wurde erst im Sommer 1992 fertiggestellt und ist die kürzeste und mit etwa sechs Stunden Fahrtzeit auch schnellste Verbindung nach Shigatse. An landschaftlichen oder kulturellen Reizen hat die durchgehend asphaltierte Strecke vergleichsweise wenig zu bieten. Bis km 69 ist sie mit der Strecke Lhasa-Gongkar Airport identisch (vgl. S. 233). Direkt vor der Chushül-Brücke (3650 m) zweigt man beim Kilometerstein 4703 rechts ab und folgt dem Sträßchen auf dem nördlichen Tsangpo-Ufer. Links erscheinen schon bald die beiden Schneeberge Jobo und Jomo.

77 Überquerung des Tsangpo und Weiterfahrt auf dem südlichen Flußufer.

117 Auf der anderen Flußseite taucht ein kleines Bönpo-Kloster auf.

118 Man passiert die Datsukhar-Fähre (chin. *Dagzhuka*). Hier trifft die Nördliche Route auf die Tsangpo-Route. Shigatse erreicht man nach weiteren 81 km.

◁ *Die Festung Yumbhu Lhakhar*

Die Nördliche Route

Die in weiter Entfernung nördlich des Tsangpo verlaufende, landschaftlich sehr reizvolle Nördliche Route von Lhasa nach Shigatse mißt etwa 340 km. Sie führt zunächst von Lhasa über die Qinghai-Route nach Yangpacen (chin. *Yangbajing*) und verläuft dann in südwestlicher Richtung über die typischen tibetischen Hochebenen. Man fährt nun an heißen Quellen vorbei, sieht Nomaden mit ihren Zeltlagern und Herden von Yaks, Schafen und Ziegen, passiert zwei hochgelegene Pässe und gelangt schließlich zur Datsukhar-Fähre, die in der Regel nur außerhalb der Monsunzeit (Juli–September) verkehrt, so daß die Strecke im Sommer häufig nicht benutzt werden kann. Danach geht es westwärts durch das sandreiche Tsangpo-Tal nach Shigatse. Für die Fahrtzeit sollte man zehn Stunden einplanen. Die Entfernungsangaben für diese Strecke beruhen auf der durchgängigen Zählung der Kilometersteine rechts der Straße.

Etwa 2 km hinter Yangpacen (89 km von Lhasa entfernt) verläßt man die geradeaus weiter nach Golmud führende Qinghai-Route und biegt dann
00 die kleine, zunächst asphaltierte Straße nach links ab. In der Ferne werden schon die heißen Quellen sichtbar, die mit technologischer Unterstützung der Bundesrepublik zur

Zentraltibet

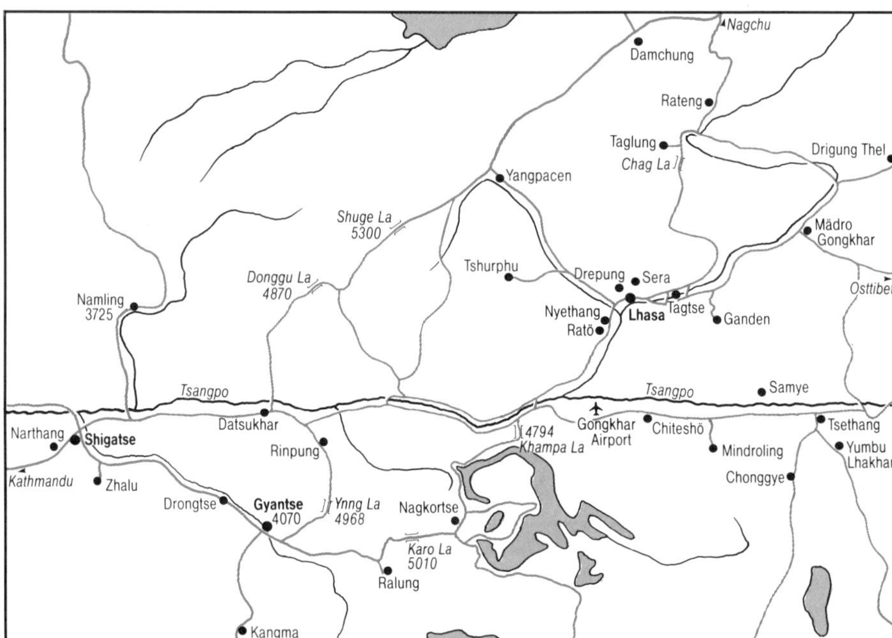

zur Elektrizitätsgewinnung genutzt werden. Rechts bietet sich der Blick auf die Ausläufer der Nyenchen Thanglha-Kette (chin. *Nyainqen Tanglha*), links kommt schon bald der schneebedeckte Transhimalaya ins Bild.

18 Rechts der Straße passiert man das noch im Wiederaufbau befindliche Kagyüpa-Kloster Yangpacen, die berühmte Residenz des Zhamar Rinpoche, des ›Rothut-Tulku‹, der die zweithöchste Inkarnation der Kagyüpa-Schule darstellt.

56 Paßhöhe des Shuge La (5300 m) und Blick auf den 7048 m hohen Chungmokang (chin. *Qiongmogang*).

104 Paßhöhe des Donggu La (4840 m).

166 Links der Straße liegt auf einem kleinen Plateau in etwa 4–5 km Entfernung das Bönpo-Kloster Yungdrung Ling.

168 Datsukhar-Fähre (chin. *Dagzhuka*); folgt man hier vor der Flußüberquerung etwa 20 Min. dem Tsangpo stromaufwärts, verläuft rechts ein kleiner Weg zum Kloster Menri, dem traditionell bedeutendsten zentraltibetischen Kloster der Bönpo. Setzt man zum anderen Ufer über, erreicht man, dem letzten Stück der Tsangpo-Route folgend, nach 81 km Shigatse.

□ Die Bönpo-Klöster Menri und Yungdrung Ling

Eine Gelegenheit, die spärlichen Überreste des Böntums in Zentraltibet zu besuchen, bieten die Klöster Yungdrung Ling und Menri, deren Rekonstruktion in den 80er Jahren schließlich wieder gestattet wurde. Falls Sie eines der Klöster rituell umrunden möchten, sollten Sie das nach Sitte der Bön-Religion gegen den Uhrzeigersinn tun.

Die Gründung von Menri erfolgte 1405 durch Sherab Gyeltshen (1356–1415). Es war das traditionell bedeutendste Kloster der Bönpo in Tibet, gleichermaßen ein Zentrum philosophischer Studien wie der Kontemplation. Heute leben hier gerade wieder etwa 40 Mönche.

Der dreistöckige Hauptbau des Klosters enthält im ersten Stockwerk den Versammlungsraum, im zweiten die Bibliothek. Im Sanktuarium des Dukhang bildet der aus vergoldetem Kupfer bestehende, reichverzierte Reliquien-Stupa Sherab Gyeltshens das Hauptobjekt der Verehrung. Flankiert wird er von den Reliquien-Stupas der großen Äbte Sönam Lodrö und Thadräl Sögyel. Hoch geachtet wird hier die ›Sprechende Statue‹ Tazi Künzangs, die einst aus dem Paradiese Tazi herbeigebracht worden sein soll. Der seitlich gelegene Gönkhang wird von dem Bönpo-Beschützer Tagla Membar beherrscht. Errichtet wurden mittlerweile auch wieder die dreistöckige Residenz des Abtes sowie ein 20säuliger Tshännyid Khang als Zentrum der philosophischen Fakultät des Klosters.

Etwa 60 Mönche praktizieren heute wieder im Kloster Yungdrung Ling die Bön-Lehre. Das zweistöckige, 100säulige Hauptgebäude beherbergt im Grundgeschoß den Versammlungsraum. Im Sanktuarium trifft man auf den Reliquien-Stupa des Klostergründers Dawa Gyeltshen in der Höhe von zwei Stockwerken. Der nebenan gelegene Raum ist den Schutzgottheiten des Klosters geweiht.

Die Südliche Route

Diese Strecke erfordert per Bus etwa zehn Stunden, per Jeep etwa acht Stunden Fahrtzeit. Zu Beginn ist sie mit der Tsangpo-Route identisch, biegt jedoch hinter der Chushül-Brücke bei Kilometer

70 rechts ab.

71 Ab hier sind auf der rechten Seite die beiden Schneeberge Jobo (rechts) und Jomo (links), ›Herr‹ und ›Herrin‹, zu sehen, die, als Sitz des Samvara betrachtet, zu den heiligen Bergen Zentraltibets zählen und früher von zahllosen Pilgern rituell umrundet wurden.

76 Das Dorf Changdang.

83 Man folgt links der Auffahrt zum Khampa La.

107 Paßhöhe des 4794 m hohen Khampa La (chin. *Gangbala*) mit herrlichem Ausblick nach Norden auf das Tsangpo-Tal und nach Südwesten auf den Yamdok Yutsho (4482 m, vgl. S. 262), der durch seine türkisblaue Färbung besticht. Darüber erhebt sich am westlichen Horizont der Nöjin Kangsa, dessen Höhe mit 7223 m angegeben wird.

130 Rechts kommen zwei Stupas ins Blickfeld, Shakya Bumpa genannt, die 1985 rekonstruiert wurden. Die ursprünglich an diesem Ort befindlichen Schreine sollen – so heißt es – einst von Indien aus hierher geflogen sein.

132 Das Dorf Päti. Auf dem Hügel sind noch die Spuren des ehemaligen Dzong von Päti zu erkennen.

157 Man passiert den Dzong von Nangkartse (chin. *Nagarze*), den Sitz des Gouverneurs dieser alten Handelsstadt. Linker Hand sieht man bei km

158 Das Nyingmapa-Kloster Nangkartse Chöde.

159 in weiter Entfernung die Überreste von Samding (vgl. S. 262), dem Kloster der ›Vajra-Bache‹, der höchsten weiblichen Inkarnation Tibets.

187 Paßhöhe des 5010 m hohen Karo La (chin. *Karuola*). Hier befindet sich die sogenannte Omathang, die ›Milch-Ebene‹, eine von fruchtbaren Almen geprägte Gegend, in der man häufig Nomaden mit ihren Zelten und Viehherden antrifft.

188 Gletscher des Nöjin Kangsa (chin. *Noyin Kangsa*); dieser Berg gilt als Sitz einer speziellen, Nöjin genannten Form der Reichtumsgottheit Vaishravana.

209 Man hat einen herrlichen Blick auf den Nöjin Kangsa.

211 Links Abfahrt zum etwa 4 km entfernten Kloster Ralung, einem der ehemaligen Hauptsitze der tibetischen Drugpa-Kagyüpa-Schule.

230 Paßhöhe des Zhimi La (4370 m), dem sogenannten ›Katzenpaß‹.

240 Rechts auf dem Berg nahe der Straße erkennt der Reisende die Ruinen einer Befestigung, die angeblich einmal der alte Gyantse Dzong war.

270 Gyantse (chin. *Gyangze;* 4070 m), die Hauptstadt des gleichnamigen Distriktes (vgl. S. 263), berühmt geworden durch das Kloster Pälkhor Chöde (vgl. S. 264), den wunderbaren Kumbum (vgl. S. 267) und seine Burg, die als einziger Dzong Tibets den Zerstörungen während der Kulturrevolution entging (vgl. S. 273).

Stupas nahe am See Yamdok Yutsho

Durch die ›Kornkammer Tibets‹, das fruchtbare Nyang-Tal mit seinen prächtigen Bauernhäusern, geht es nun zumeist in weiter Entfernung zum Nyangchu weiter nach Shigatse.

273 Gesamtansicht von Gyantse, bester Platz für ein Erinnerungsphoto.

279 Man passiert rechts die Ruinen von Tsechen Chöde, das im 14. Jh. als Residenz für die Wiedergeburt des 1364 verstorbenen Butön vom Fürsten von Gyantse erbaut wurde, später Tsongkhapas Hauptlehrer Remdawa als Aufenthaltsort diente und heute eine Art ökumenisches Zentrum der Gelugpa-, Nyingmapa- und Sakyapa-Schule darstellt.

279 Auf dem Berg links der Straße ragen die Ruinen des früheren Klosters Shambu empor.

292 Links ist auf einer kleineren Erhebung nahe der Straße das 1442 gegründete Gelugpa-Kloster Drongtse (chin. *Zongzisi*) gelegen, das über eine philosophische und eine tantrische Fakultät verfügt.

299 Links der Straße ein Berg zur Himmelsbestattung, der zahlreiche, aus weißen Steinen arrangierte Mantras aufweist.

313 Links der Dzong von Penam (chin. *Bainang*) und am Fuß des Berges das Nyingmapa-Kloster Penam. Vairocana, einer der Hauptschüler Padmasambhavas, wurde hier geboren.
327 Rechts erkennt man in weiter Entfernung am Fuße des Berges das Gelugpa-Kloster Tsang Gabadong, eine Dependance von Drepung.
344 Wenn man der hier nach links abzweigenden Seitenstraße etwa 4 km folgt, gelangt man zum Kloster Zhalu (chin. *Xialusi*, vielfach auch Shalu geschrieben, vgl. S. 273), dem Kloster des Butön Rinpoche (1290–1364), das mit seinen herrlichen Mandala-Darstellungen und Dächern aus türkisfarbenen Ziegeln immer einen Besuch wert ist.
349 Zurück auf der Hauptroute sind in der Ferne Shigatse (chin. *Xigaze, Rikaze*, vgl. S. 275) und das Kloster Tashilhünpo (vgl. S. 277) zu sehen.
358 Die Tankstelle und Stadtgrenze von Shigatse (3900 m) sind erreicht.
362 Kloster Tashilhünpo (chin. *Zhaxilhunbo*), der Sitz des Panchen Lama.

□ Der See Yamdok Yutsho

Der auf 4482 m Höhe gelegene ›Türkisfarbene See von Yamdok‹ bildet mit etwa 180 km² Fläche das drittgrößte Gewässer der tibetischen Hochebene. Eine Göttin – so heißt es – soll sich in ihn transformiert haben und seine außergewöhnliche Form ließ die Tibeter in ihm einen Skorpion erkennen. Chinesische Ingenieure haben nahe des Passes eine Pumpstation errichtet, von der das Wasser des Sees ab 1993 durch unterirdische Rohre zu einem etwa 850 m tiefer gelegenen Kraftwerk auf der anderen Seite des Khampa La am Tsangpo-Ufer geleitet und zur Elektrizitätsgewinnung genutzt werden soll. Der hier ökologisch noch intakte, doch sensible Lebensraum ist nach Ansicht von Umweltschützern aufgrund der zu erwartenden Absenkung des Wasserspiegels stark gefährdet.

□ Das Kloster Samding

Wenngleich Samding (chin. *Sangdingsi*) aufgrund seiner Abgeschiedenheit derzeit nur selten von Touristen besucht wird, nimmt das bisher nur in geringem Umfang wieder rekonstruierte Kloster als legendenhaft umwobener Sitz der Dorje Phagmo (Skt. *Vajravarahi*), der höchsten weiblichen Inkarnation Tibets, eine herausragende Stellung im Land ein.

Wie die Chroniken berichten, wurde die heilige Stätte im Jahre 1716 von den mongolischen Dzungaren heimgesucht. Die Bevölkerung hatte die Invasoren vor den magischen Kräften der Äbtissin, die als eine Emanation der schweineköpfigen, weiblichen Yidam-Gottheit Vajravarahi gilt und deshalb den Linientitel Dorje Phagmo, ›Vajra-Bache‹, trug, gewarnt. Da sahen die Dzungaren, als sie das Eingangstor zum Dukhang des Klosters öffneten, einen Schweinestall vor sich, in dem ein Eber (= Dorje Phagmo) umgeben von Schweinen (= ihre Nonnen) hauste. Voller Entsetzen wandten sich die mongolischen Moslems ab, so daß das Kloster der Zerstörung entging.

Buddhistische Nonnen (1903) ▷

Gyantse

Das etwa 4070 m hoch gelegene Gyantse (chin. *Gyangze*), ›Königsspitze‹, ist mit etwa 8000 Einwohnern eines der ›Metropolen‹ Zentraltibets. Das in der Altstadt noch weitgehend erhaltene, traditionell tibetische Stadtbild mit seinen weiß getünchten Fassaden, den farbenfroh dekorierten Gesimsen, Fenstern und Türverkleidungen läßt den Besucher noch am ehesten die Atmosphäre des traditionellen Tibet nachspüren. Das ruhige Leben, die auf der Hauptstraße verkehrenden Pferde- und Maultiergespanne und der noch immer die Stadt überragende, imposante Dzong – bis zu seiner Erstürmung durch die Engländer 1904 für uneinnehmbar gehalten – verleiten dazu, die Umwälzungen der letzten Jahrzehnte für einen Augenblick zu vergessen.

Als eine wichtige Verbindungsstation auf dem Weg von Sakya und Shigatse nach Lhasa in einer der fruchtbarsten Gegenden Tibets gelegen, verdankt Gyantse seine wirtschaftliche Blüte einerseits der Fruchtbarkeit seines vom Nyangchu durchflossenen Tales, andererseits der über Gyantse verlaufenden Handelsroute von Nepal nach Lhasa. Durch sie wurde Gyantse zum bedeutendsten tibetischen Umschlagplatz für Yak- und Schafswolle. Den Handelsverbindun-

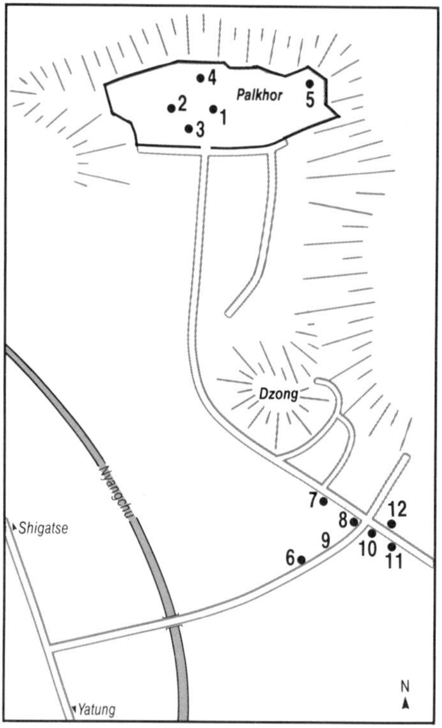

Gyantse
1 *Tsuglagkhang der Klosteranlage Palkhor Chöde*
2 *Kumbum*
3 *Kloster Gurpa*
4 *Kloster Rinding*
5 *Thangka-Wand*
6 *Gyantse-Hotel Nr. 1*
7 *Gyantse-Hotel Nr. 2*
8 *Bank*
9 *Restaurant*
10 *Laden*
11 *Buchhandlung*
12 *Postamt*

gen folgte der kulturelle Austausch. Nepalesisch-newarische Künstler schufen in Verbindung mit tibetischen Meistern die einzigartigen Kulturdenkmäler der Stadt.

Die Geschichte Gyantses beginnt 1365 mit der Ernennung von Nangchen Phagpa Päl (* 1318) zum Gouverneur dieser Region durch den mongolischen Yuan-Kaiser Togan Temür (1320–70). Noch im gleichen Jahr gründete Phagpa Päl den Dzong von Gyantse, sein Sohn Künga Phagpa (* 1357) begann 1390 mit dem Bau des Klosters Pälkhor Chöde, dessen Sohn wiederum, der in ganz Tibet berühmte Rabten Künzang Phag (1389–1442), ließ 1418 den Tsuglagkhang, den Haupttempel des Klosters, und 1427 den herrlichen Kumbum von Gyantse errichten.

Als die Briten 1904 unter Colonel Younghusband eine militärische Expedition nach Tibet mit dem Ziel unternahmen, die bis dahin verweigerte Zustimmung der tibetischen Regierung zur Eröffnung einer britischen Mission zu erhalten (vgl. S. 64), wurden bei der Erstürmung des Dzongs mehrere hundert Tibeter getötet.

□ Die Klosterstadt Pälkhor Chöde

Pälkhor Chöde bildete unter den tibetischen Klöstern ein einzigartiges ›ökumenisches‹ Zentrum. Von einer hohen, den ganzen Klosterbezirk vor allen weltlichen Ablenkungen abschirmenden Mauer umgeben, befanden sich vor 1959 innerhalb der 1390 gegründeten Stätte

16 autonome Klöster: vier der Sakyapa, drei der Zhalupa und neun der Gelugpa, die schon aufgrund ihres zahlenmäßigen Übergewichtes in den letzten Jahrhunderten das Oberhaupt des Klosterbezirks zu stellen pflegten. Tägliche Zusammenkünfte zur Abhaltung ritueller Feierlichkeiten, an denen Mönche aller Klöster teilnahmen, fanden in der Großen Versammlungshalle, dem kultischen Mittelpunkt der Anlage, statt. Von den ehemals 16 sind lediglich noch zwei erhalten: ein Kloster der Sakyapa-Schule – links gelegen, wenn man auf die Große Versammlungshalle zugeht – und ein kleines Kloster der Zhalupa – im Rücken der Versammlungshalle am Berghang zu sehen.

□ Der Tsuglagkhang des Klosters Pälkhor Chöde

Der 1418 von Rabten Künzang Phag (1389–1442) gegründete Tsuglagkhang, die ›Kathedrale‹ des Klosters, bildet das kultische Zentrum von Pälkhor Chöde und enthält eine große 48säulige Versammlungshalle, in der seit jeher Mönche aller Fakultäten des Klosterbezirks täglich zur Begehung gemeinsamer Opferzeremonien zusammenkamen, sowie mehrere Sanktuarien und Kapellen mit kostbaren Verehrungsobjekten, die die einstige Bedeutung des Klosters noch plastisch vor Augen führen. Die in ihrer Mehrheit in Stuck gefertigten, ausdrucksvollen Statuen wirken so warm, als wären sie aus mit Klarlack überzogenem Holz hergestellt. Ihre künst-

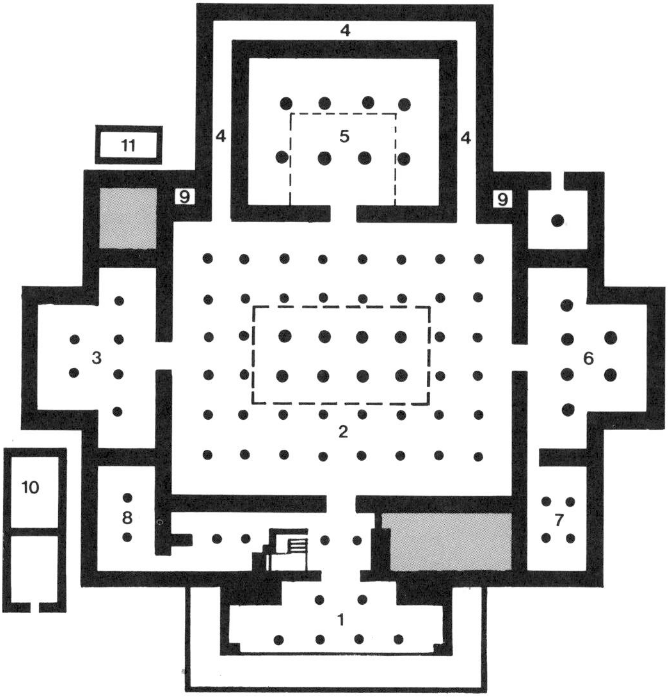

Palkhor Chöde
1 Eingangshalle
2 Dukhang
3 Vairocana Lhakhang
4 Umrundungsgang
5 Buddhas der drei Zeiten
6 Maitreya Lhakhang
7 Kudung Lhakhang
8 Gönkhang
9 Räume im ersten Stock
10 Lhakhang mit Gebetsmühle
11 Toilette

lerische Gestaltung verleiht ihnen die gleiche, eigentümliche Lebendigkeit, die auch aus den wunderschönen newarisch beeinflußten Malereien spricht.

Betritt man die weitläufige, nahezu leere Versammlungshalle, wird man mit einer seltsamen Stille konfrontiert, die auch die wenigen, dreimal täglich hier ihre Rezitationen abhaltenden Mönche nicht hinwegzuwischen vermögen. Links liegt die vielleicht beeindruckendste Kapelle, der Vairocana Lhakhang, der im Zentrum den das Element Äther verkörpernden Buddha Vairocana enthält, viergesichtig als Sinnbild seiner Kenntnis aller Ereignisse in den vier Himmelsrichtungen. Umgeben wird er auf der Rückseite von den übrigen vier Jinas, dem gelben Ratnasambhava, dem roten Amitabha, dem grünen Amoghasiddhi und dem blauen Akshobhya, flankiert von den ihnen jeweils zugehörigen beiden Bodhisattva-Formen. Rechts vor dem Vairocana passiert man eine voluminöse Schrift; in Gold auf schwarzgelacktem Papier geschrieben und mit einem hervorragend geschnitzten und vergoldeten Buchdeckel versehen, liegt hier eine Kopie der »*Prajynaparamita*«. Die von dem Philosophen Nagarjuna etwa im 2. Jh. n. Chr. verfaßte »Vervollkommnung der Weisheit« stellt die vielleicht bedeutendste Schrift des Mahayana dar.

Im Hauptsanktuarium begegnet man den Buddhas der Drei Zeiten, links dem Buddha Dipamkara (Vergangenheit), rechts dem Buddha Maitreya (Zukunft) und im Zentrum einem großen, links von Avalokiteshvara und rechts von Maitreya begleiteten Buddha Shakyamuni, dem Buddha ›unseres Zeitalters‹. 14 t Kupfer wurden für die Anfertigung dieser 8 m hohen Statue benötigt. An den Seitenwänden sieht man die acht männlichen und die acht weiblichen Bodhisattvas als Gefolge. Die nur noch schwer erkennbaren, alten Malereien des speziellen Umrundungsweges für dieses zentrale Sanktuarium zeigen die Tausend Buddhas.

Rechts trifft man im Maitreya Lhakhang auf den Buddha der Zukunft, weiterhin auf Atisha, Padmasambhava und Kamalashila, der die indische Richtung in der innerbuddhistischen Auseinandersetzung von Samye 792/4 (vgl. S. 52) siegreich vertrat, sowie auf die Beschützer der Drei Familien und in der hinteren rechten Ecke auf die Statuen der Drei Dharma-Könige Tibets: von links Songtsen Gampo (reg. 629–49), Tisong Detsen (reg. 755–97) und Rälpacen (reg. 817–36). In dem kleinen Seitenraum steht der Stupa der Gemahlin von Rabten Künzang Phag.

Aus dem Dukhang hinaus, kann man rechts den Gönkhang, den Raum der Schutzgottheiten des Klosters, betreten, in dessen Mitte – unter zahlreichen von Pilgern geopferten Khathaks – der Sakya-Beschützer Gönpo Gur, links Ekajati und rechts Pälden Lhamo in Form von Lehmstatuen zu sehen sind.

Im Obergeschoß gelangt man von den fünf, in Hufeisenform angelegten Kapellen zunächst links in den Samvara Lhakhang, der im Zentrum ein prächtiges dreidimensionales Mandala der 62 Gottheiten Samvara nach der Tradition des indischen Tantrikers Luyipa aus vergoldetem Kupfer beherbergt. An den Wänden sieht man links die indischen und rechts die tibetischen Repräsentanten der Lehr-Überlieferungslinie Lamdrä, ›Der Weg ist (bereits) die Frucht‹, der zentralen Lehre der Sakyapa-Schule – wiederum äußerst lebhaft wirkende Statuen, die stilistisch denen des Erdgeschosses gleichen. Die Wandmalerei zeigt eine legendenhaft verklärte Illustration der Lebensgeschichte Phagpa Lamas (1235–80) sowie den Mongolenherrscher Khubilai Khan.

Nach dem folgenden Maitreya Lhakhang gelangt man zum zentralen Sanktuarium dieses Stockwerks, dem Lama Lhakhang, der in der Mitte einen Tsongkhapa enthält, flankiert von Butön Rinpoche (1290–1364), dem Sakya Pandita (1182–1251) und Padmasambhava (8. Jh.) als den Repräsentanten der in Pälkhor Chöde vertretenen Lehren. Weitergehend gelangt man zu zwei Lhakhang mit den Sechzehn Arhats, den direkten Schülern des Buddha, deren wunderbare Statuen in kleinen Felsgrotten positioniert sind.

Im zweiten Stockwerk befinden sich im Zhäyä Tsekhang 15 hervorragende Mandalas als Darstellung der Daseinsbereiche höchster tantrischer Gottheiten der Sakyapa-Tradition. Auf dem Altar verweilt als Hauptstatue ein Buddha Shakyamuni, flankiert von den Bodhisattvas Maitreya und Manjushri.

□ Der Kumbum von Gyantse

Der innerhalb der Klosteranlage Pälkhor Chöde situierte Stupa ist der einzige heute noch existierende, begehbare Reliquienschrein und bildet mit seinen einzigartigen, stark nepalesisch-newarisch beeinflußten Malereien eines der großartigsten Monumente der tibetischen Architektur. 1440 von dem Gyantse-Fürsten Chögyel Rabten Künzang Phag errichtet, wurde er aufgrund der in ihm zu sehenden ›100 000 Darstellungen (von Gottheiten)‹ – genaugenommen sind es 27 529 – als ›Kumbum‹ bekannt.

Zu verstehen ist der Kumbum als ein dreidimensionales Mandala, das auf seinen verschiedenen Ebenen die Gottheiten des lamaistischen Pantheons enthält: von den einfacheren Göttern auf den unteren Stufen bis zu den höchsten, tantrischen Yidam und dem Adi- oder Urbuddha, dem Urgrund und Ursprung allen Seins, in der Spitze des Stupas. Im Zuge der rituellen rechtsläufigen Begehung des Stupa erweist der Gläubige in den einzelnen Kapellen den gesamten, auf dem Wege zur Erleuchtung hilfreichen, heilvollen Kräften seine Ehrerbietung und erreicht, dadurch, daß sich sein Geist auf die Religion richtet, eine zunehmende Reinigung seines Bewußtseins.

Um dem Gläubigen die Zuwendung zu diesem ›Objekt der Verehrung‹ (tib. *Chörten*) zu erleichtern, wurde der Kumbum – ähnlich den monumentalen Stupas in den Ländern südlich der Himalaya-Kette – auf allen vier Seiten der Bumpa mit den ›Alles sehenden Augen Buddhas‹ versehen. Dadurch bildet der Kumbum eine Synthese aus einem den Geist des Buddha symbolisierenden, abstrakten Stupa und dem konkreten Bildnis des Buddha, zugleich durch seine Begehbarkeit eine Verbindung von Stupa und Lhakhang.

Gelegen sind auf der Mitte jeder der vier Seiten die Hauptkapellen, die sich über jeweils zwei Stockwerke erstrecken und die die Hauptstatuen der einzelnen Himmelsrichtungen enthalten. Flankiert werden sie wiederum von Seitenkapellen, die die ihnen zugehörigen Nebengottheiten beherbergen. Gewidmet sind die einzelnen Kapellen verschiedenen durch Lehmstatuten dargestellten Gottheiten. Nebengötter oder unterschiedliche Formen derselben Gottheit – versehen mit anderweitigen Attributen, einer unterschiedlichen Zahl von Armen oder variierender Körperfarbe – sind häufig auf den Wandmalereien dargestellt. Während die Statuen zu einem großen Teil restauriert oder neu gearbeitet wurden, besticht der Kumbum vor allem durch seine großteils noch original erhaltenen, in ihrer Vielfalt, Farbigkeit und künstlerischen Gestaltung einzigartigen alten Wandmalereien.

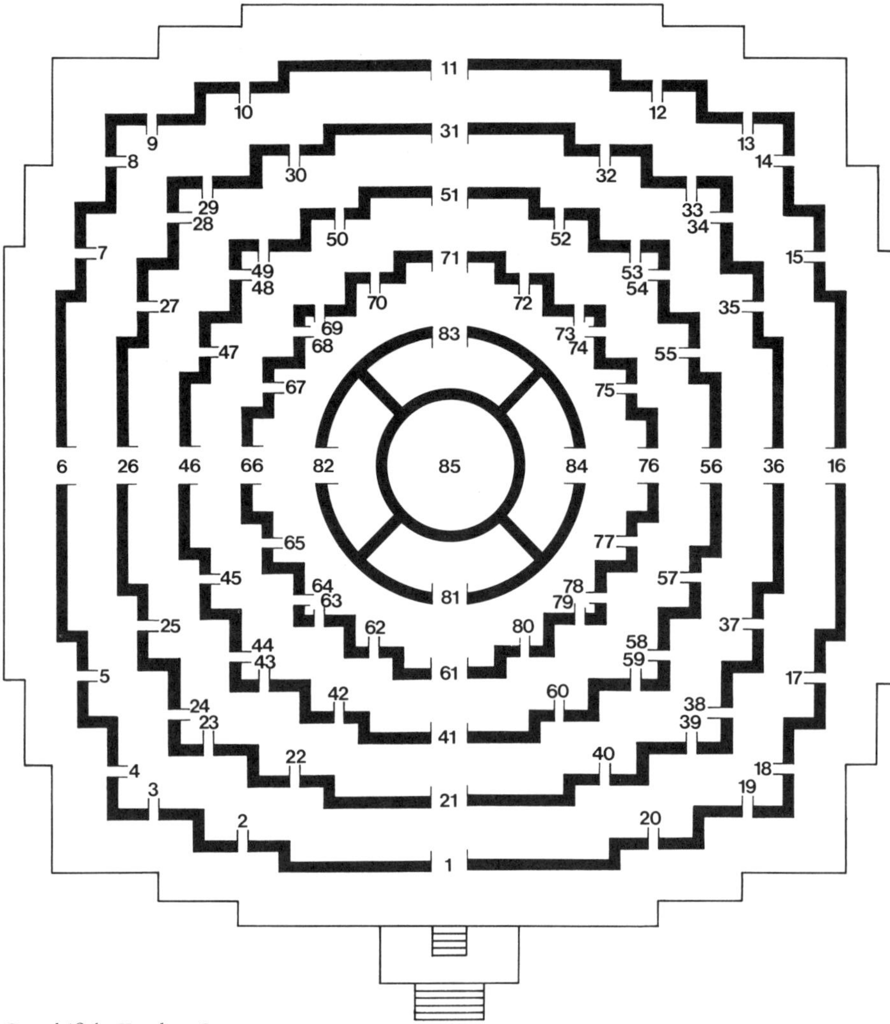

Grundriß des Kumbum-Stupa

Wir verleihen der zur südlichen Eingangsseite im Grundgeschoß weisenden Kapelle die Nummer 1 und umkreisen den Stupa im Uhrzeigersinn:

1) Südliche Hauptkapelle: Buddha Shakyamuni und seine beiden Hauptschüler
2) Die achtarmige Marici, die ›Lichtausstrahlende Göttin‹
3) Bhutadamara, eine spezielle Form der Vajrapani

4) Metseg und seine beiden Gefährtinnen, Vajravidarana
5) Sitatapatra, die ›Göttin mit dem Weißen Schirm‹, samt vier Gefährtinnen
6) Westliche Hauptkapelle: Amitayus und sein Paradies Sukhavati
7) Die gemischt friedvoll-zornvolle Parnashabari
8) Der rotfarbige Hayagriva
9) Formen des weißen und blauen, sein Schwert erhebenden Acala
10) Grahamatrika, die weiße, sechsarmige ›Große Mutter‹
11) Nördliche Hauptkapelle: Buddha Dipamkara, ›Buddha der Vergangenheit‹
12) Die Reichtumsgottheit Vasudhara samt ihren vier Gefährtinnen
13) Der grauenvolle Gönpo Beng, der auf einem Tiger reitende Mahakala
14) Der zornvolle Mahakala in seinen verschiedenen Erscheinungsformen
15) Die sechsarmige Gyeltshen Tsemo, Wandmalereien von Formen der Lhamo
16) Östliche Hauptkapelle: der rote Maitreya, Verkörperung der Liebe
17) Die Reichtumsgottheit Vaishravana in ihren verschiedenen Formen
18) Treppenaufgang: ›Eingangstempel zur Stadt der Großen Befreiung‹ mit der Darstellung von Schutzgottheiten, besonders der Vier Weltenhüter
19) Gönpo Gur, der blaue, zornige Mahakala samt Stab als Hauptattribut
20) Die dreigesichtige, achtarmige weibliche Gottheit Vijaya

1. Stockwerk:
21) Lichtgaden von Lhakhang Nr. 1 (Buddha Shakyamuni)
22) Fünf Formen des Amitayus nach Art des Inders Jatari (10. Jh.)
23) Die Khadiravani Tara samt einer Wandmalerei der 21 Taras
24) Der auf einem Löwen reitende Simhanada Manjushri
25) Der Bodhisattva Amoghapasha
26) Lichtgaden von Lhakhang Nr. 6 (Roter Amitayus)
27) Der schwarze Hayagriva nebst roten Nebenformen
28) Die Vierarmige Kurukulla nebst Ekajati und der Khadiravani-Tara
29) Der auf einem Löwen reitende Rajalila-Manjushri
30) Vidarana in Begleitung der Sarasvati und der Vajratara
31) Lichtgaden von Lhakhang Nr. 11 (Buddha Dipamkara)
32) Die gelbfarbige, achtarmige, vierbeinige und viergesichtige Özer Tsugtor
33) Die Weiße Tara nebst dreigesichtiger Formen
34) Der auf einem Elefanten reitende Bodhisattva Samantabhadra
35) Verschiedene Formen des Vajrapani
36) Lichtgaden von Lhakhang Nr. 16 (Roter Maitreya)
37) Der zu den Fünf Jinas zählende ›Akshobhya, Wesen des blauen Lotos‹
38) Treppenaufgang mit Darstellungen der fünf schrecklichen Gottheiten
39) Der auf einem Löwen reitende Vadisimha Manjushri
40) Der vierarmige Avalokiteshvara mit wundervoll gemalten Nebenformen

Der Kumbum von Gyantse

Im 2. Stockwerk stehen in den vier Hauptkapellen die den jeweiligen Richtungen zugeordneten vier der Fünf Tathagatas:

41) Südliche Hauptkapelle: Der Buddha Amitabha, ›Unendliches Licht‹
42) ›Lhakhang der Drei Juwelen‹, d. s. der Vajrasattva, Lokeshvara und Akashagarbha als Verkörperung von Buddha-Schaft, Lehre und Gemeinschaft
43) Der schreckliche Metar Barwa, der ›Gleich Feuer Lodernde‹
44) Die goldfarbige, vierarmige Yum Chenmo, die ›Große Mutter‹
45) Der viergesichtige Vairocana nebst Wandmalerei des grünen Amoghasiddhi
46) Westliche Hauptkapelle: Der gelbe Ratnasambhava, der ›Juwelgeborene‹
47) Der sechsgesichtige Jananasattva Manjushri
48) Der weiße Bodhisattvavajra
49) Der den Herrn des Todes besiegende Vajrapani nebst Vajrasattva
50) Der die drei niederen Wiedergeburtsbereiche reinigende, rote Shakyasimha
51) Nördliche Hauptkapelle: Der grüne Amoghasiddhi, ›Fehlerlose Vollendung‹
52) Der alle niederen Wiedergeburtsbereiche reinigende Künri (Vairocana)
53) Der rote Amitayus und Wandmalereien des blaufarbigen Dorje Hungdzä
54) Der grüne Buddha ›König der Lehrhalter‹, Vairocana
55) Der weiße Vajrasattva und rechts der Tür der weiße Vajradhara
56) Östliche Hauptkapelle: der blaue Akshobhya, der ›Unerschütterliche‹
57) Die ein Gebiß haltende Sanggye Nyima
58) Treppenaufgang: die Acht Stupas des Sugata
59) Der schreckenerregende Metar Barwa
60) Der Vajrasattva der paradiesischen Sphäre Sukhavati

Im 3. Stockwerk sind die Lhakhang mit den Darstellungen der Yogis und Mönche als Lehrhalter nebst Königen und Fürsten als Gabenherren zu besichtigen:

61) Lichtgaden von Lhakhang Nr. 41 (Buddha Amitabha)
62) Butön Rinchen Dub (1290–1364) und die Lehrhalter seiner Lehren
63) Der dunkelhäutige Inder Birvapa flankiert von vier Sakya-Hierarchen als Lehrhalter der Lamdrä-Lehre (›Der Weg ist [bereits] die Frucht‹)
64) geschlossen
65) Die Überlieferungslinie des Asanga
66) Lichtgaden von Lhakhang Nr. 46 (Buddha Ratnasambhava)
67) geschlossen
68) Die Überlieferungslinie der Kagyüpa: der Inder Tilopa (988–1069), links Naropa (956–1040) und Milarepa (1040–1123), rechts Marpa (1012–98) und Gampopa (1079–1153)
69) geschlossen
70) Eine der Überlieferungslinien der Kalacakra-Lehren
71) Lichtgaden von Lhakhang Nr. 51 (Buddha Amoghasiddhi)
72) Die Drei Dharmakönige Tibets und Nyatri Tsenpo
73) geschlossen

74) Shantirakshita, Autor des Bodhicaryavatara, Padmasambhava, Kamalashila und bedeutende Übersetzer besonders der Frühen Lehrverbreitung
75) Padmasambhava mit seinen Gefährtinnen Mandarava und Yeshe Tshogyel
76) Lichtgaden von Lhakhang Nr. 56 (Buddha Akshobhya)
77) Die Überlieferungslinie des Khache Panchen Shakyashri (1127–1225)
78) Treppenaufgang: Wandmalereien der Zehn Zornvollen Gottheiten
79) geschlossen
80) Die Kadampa-Linie: Atisha flankiert von Nagtso Lotsawa und Dromtönpa

In der runden Kuppel, der Bumpa des Stupas, sind weitere vier Lhakhang mit großen Statuen und prachtvollen Mandalas. Allein in der Bumpa finden sich 18 886 Gottheiten dargestellt.

81) Im südlichen Lhakhang wird Buddha Shakyamuni von Avalokiteshvara und Maitreya flankiert. Die direkten Schüler des Buddha, die Arhats, erscheinen hier in Felsgebirgshöhlen sitzend dargestellt.
82) Im westlichen Lhakhang trifft man Shakyasimha, flankiert von Manjushri und der weißen friedvollen Form des Vajrapani.
83) Im nördlichen Lhakhang begegnet man der Yum Chenmo oder Prajnaparamita, der die ursprüngliche intuitive Weisheit verkörpernden Gottheit, samt den Buddhas der Zehn Richtungen.
84) Im östlichen Lhakhang befindet sich eine herrliche vergoldete Kupferstatute des Vairocana, des zu den Fünf Jinas gehörigen Buddhas, der den Bereich des feinstofflichen Elementes Äther verkörpert.

    Über mehrere Leitern gelangt man von hier aus zum in der Spitze gelegenen Lhakhang. In den beiden zu passierenden, dunklen Zwischengeschossen befinden sich einzigartige Malereien, die sämtlich tantrische Gottheiten der Anuttarayogatantra-Stufe, der ›Unübertrefflichen Yoga-Tantra-Stufe‹, darstellen: den roten Raktayamantaka, den schwarzen Vajrabhairava, Manjushrivajra, Guhyasamaja, Samvara, Hevajra und Vajrapani.
85) In der Spitze ist als geistiges Zentrum der Stupa-Anlage der Lhakhang des Buddha Vajradhara, des eigentlich nicht darstellbaren Adi-Buddha, der den über alle gedankliche Faßbarkeit hinausgehenden Urgrund und Ursprung allen Seins verkörpert und somit auch als Emanator aller Gottheiten angesehen wird. Vajra und Gantha als Symbole der letztendlichen Vereinigung der Polaritäten vor der Brust kreuzend, ist er in Form kleinerer Statuen – die ursprüngliche Statue ist nicht mehr vorhanden – auf dem Altar sowie an einem Pfeiler zu sehen. Zu seinen Seiten thronen die Bodhisattvas Avalokiteshvara und Manjushri, vor ihm steht eine kleine Statue des berühmten Brückenbauers Thangtong Gyelpo (1385–1464, vgl. S. 246), dessen Fähigkeit, Ketten von einer bis dahin unerreichten Härte zu schmieden, als Ausdruck seiner übernatürlichen Vollendung angesehen wurde.

    An den Wänden finden wir Darstellungen von Lamas der Sakyapa, Nyingmapa und Zhalupa als Beleg dafür, daß der Lama die höchste aller Zufluchtnahmen darstellt, denn er allein besitzt das auf dem Weg zur Erlösung benötigte Wissen, das aus lamaistischer Sicht in all diesen Gottheiten zum Ausdruck kommt.

□ Der Dzong von Gyantse

Der etwa 150 m über die Stadt hinausragende Dzong, der Verwaltungs- und Regierungssitz der früheren Gouverneure von Gyantse, ist die einzige, heute noch weitgehend erhaltene Befestigungsanlage Tibets. Die Gründung erfolgte 1365 durch Nangchen Phagpa Päl (*1318), dem Urheber des Fürstengeschlechtes von Gyantse, der in diesem Jahr vom mongolischen Yuan-Kaiser Togon Temür seine Ernennung als Gouverneur über den Distrikt Nangchen erhielt. Aufgrund seines prächtigen Erscheinungsbildes wurde der Dzong als *Gyankhartse*, ›Höchste Königsfestung‹ bekannt, ein Name, der später in verkürzter Form der Stadt wie der Region zu eigen wurde. 1904 stürmten die Engländer unter Leitung von Colonel Younghusband die Festung und nahmen sie innerhalb kürzester Zeit ein; diese Begebenheit rettete seltsamerweise den Dzong vor der Zerstörung während der Kulturrevolution. Diente er doch der kommunistischen Propaganda als ein abschreckendes Beispiel für den britischen Imperialismus, der hier in einem eigenen kleinen Museum dokumentiert wird.

Zum Besuch holt man sich als erstes den Schlüssel und eine Eintrittskarte nahe des Aufgangs an der Südseite des Dzong-Berges. Tun Sie dies nicht, müssen Sie nach einem Drittel des Weges unverrichteter Dinge zurück. Kinder werden Ihnen gerne den Weg zum nahe gelegenen Haus des Schlüsselverwalters zeigen (machen Sie die Geste des Aufschließens und fragen Sie die Kleinen: *Demi kaba du*). Der Anstieg nimmt nicht ganz eine Stunde in Anspruch. Oben haben Sie einen herrlichen Ausblick auf die Stadt. Rechts des Dzongs sehen Sie in weiter Ferne die kleinen Klausurhäuschen des zu Pälkhor Chöde gehörigen Berg-Klosters (tib. *Ritrö*).

□ Zhalu – die Residenz des großen Butön Rinpoche

18 km vor Shigatse und 4 km südwestlich der Route Shigatse – Gyantse liegt das Kloster Zhalu (chin. *Xialusi*), ›Sprößling‹, ein Name, der auf die Kultivierung des Erleuchtungsgedankens anspielt.

Die Gründung im Jahre 1040 geht auf einen Chetsün Sherab Jungnä zurück, der in der Lokalgeschichte des Klosters als Abkömmling der tibetischen Königsfamilie ausgewiesen wird. Andererseits gilt er aber auch als ein Schüler eines gewissen Wangchuk Dorje, eines jener ›Zehn Männern von Ü und Tsang (= Zentraltibet)‹, die die ungebrochene Überlieferungstradition der Lehre in der Zeit der Buddhistenverfolgung (9.–10. Jh.) durch ihre Flucht nach Osttibet bewahrten. Wie es heißt, gründete Chetsün das Kloster an eben der Stelle, an der ein von seinem Meister abgeschossener Pfeil sich in den Boden bohrte. Erst um die Wende zum 14. Jh. erlangte die heilige Stätte ihre herausragende Bedeutung. Zu jener Zeit wurden den lokalen Machthabern Dragpa Gyeltshen und Künga Gyeltshen, die der hier zur Zeit der Yuan-Dynastie etablierten Zehntausendschaft Zhalu vorstanden, die Gunst des Yuan-Kaisers zuteil. Ihrer Förderung verdankt das Kloster seinen Ausbau, ihrer Verbindung zum Yuan-Hofe sein stark von Stilelementen der chinesischen Architektur beeinflußtes Erscheinungsbild. Die glasierten türkisfarbenen Ziegel, die gebogenen Streben, die überhängenden, geschwungenen Dächer und Dachfirstfiguren wurden von chinesischen Kunsthandwerkern gefertigt, die eigens hierherkamen, um vor Ort die technischen Arbeiten durchzuführen.

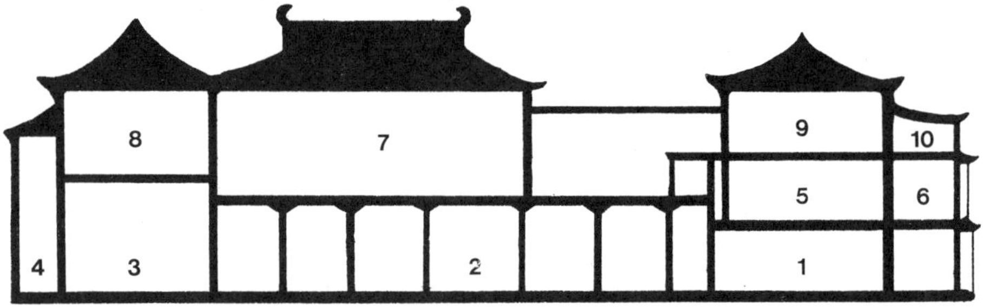

Zhalu *1 Speicher 2 Dukhang 3 Sanktuarien 4 Umrundungsweg 5 Yum Chenmo Lhakhang 6 Umrundungsweg 7 Zhäyäkhang-Heiligtümer 8 Jokhang 9 Tanjur Lhakhang 10 Umrundungsweg*

Um diese Zeit avancierte Butön Rinchen Drub (1290–1364) zum Abt von Zhalu. Berühmtheit erlangte er vor allem dadurch, daß er gemeinsam mit dem Tshälpa Künga Dorje (1309–64) das damals in Tibet vorhandene buddhistische Schrifttum auf seinen Authentizitätsgehalt hin überprüfte, es klassifizierte und im etwa 300 Bände umfassenden tibetisch-buddhistischen Kanon, dem Kanjur und Tanjur, zusammenstellte. In seinen eigenen Gesammelten Werken legte er darüber hinaus in 27 Bänden Schriften zu fast allen Disziplinen der buddhistischen Wissenschaften vor. Zugleich schuf er durch seine Interpretation des traditionellen Schrifttums die Schule der Zhalupa, die jedoch nur von regionaler Bedeutung blieb. Ihre Inhalte fanden später allerdings vielfach Eingang in die Lehrtradition Tsongkhapas. 300 Mönche praktizierten ehemals in Zhalu. Heute gehen wieder etwa 70 ihren religiösen Studien nach.

Der im Grundgeschoß gelegene 36säulige Dukhang hat dem Besucher nur noch wenig Interessantes zu bieten. Bedeutend sind allerdings die Malereien auf dem weitläufigen, innen liegenden Umrundungsweg und ganz besonders die des rechts gelegenen Gosum Lhakhang, der ›Dreitür-Kapelle‹, die derzeit noch den Besuchern verschlossen bleibt.

Im Obergeschoß trifft man im Zhäyäkhang Lho, dem ›Südlichen Heiligtum‹, auf etwa 4 m große Mandalas der Yogatantra-Klasse, der dritthöchsten Tantra-Klasse, die hier nach der Restauration des Klosters im 14. Jh. als Wandmalereien angebracht wurden. Von links sieht man die Mandalas der Gottheiten Päljor, Vajradhatu, Dorje Tsemo und Khamsum Namgyäl. Butön Rinchen Drub samt seinen beiden Schülern, zu deren beiden Seiten seine 27bändigen Gesammelten Werke in Regalen aufbewahrt werden, nehmen das Zentrum des Raumes ein, flankiert links von den Acht Medizin-Buddhas, rechts von einer vorzüglichen Statue des Avalokiteshvara Khasarpani. Auf dem Thron ruht ein wunderbarer Shakyamuni, umgeben von zahlreichen alten, zauberhaften Statuen, u. a. Butöns Schüler Thugsä Rinchen Namgyel. Links des Altars steht eine prächtige, etwa 50 cm große, vergoldete Kupferstatue des Yidam Kalacakra.

Der zentral gelegene Jokhang wird von einem Jobo Shakyamuni beherrscht, vor dem ein – so heißt es – von selbst entstandenes Relief des Avalokiteshvara Khasarpani plaziert ist. Darunter zeigt ein kleines Steinrelief vier kleine weiße Stupas in schwarzem Stein, das bei der Grundsteinlegung des Klosters wundersamerweise gefunden wurde, weiter ein schwarzer Stein, der in weißem Stein den auf natürliche Art und Weise entstandenen Schriftzug Om Mani Padme Hum in sich trägt. Links steht der kleine Reliquien-Stupa Butöns, rechts eine hölzerne Kiste, die die berühmte Lebenswasser-Vase von Zhalu beinhaltet. Nur alle zwölf Jahre wird sie anläßlich des sogenannten Vaishravana-Festes geöffnet. Aus ihrer Befindlichkeit glauben die Mönche, Aussagen über das zukünftige Geschick ihres Landes ableiten zu können. Zu erwähnen sind weiterhin eine hier aufbewahrte, aus eigener Kraft ertönende Muschel sowie ein aus 108 verschiedenen Hölzchen zusammengesetzter Druckstock mit kaum noch zu identifizierenden tibetischen Schriftzeichen, eines der heiligsten Verehrungsobjekte des Klosters. Auf dem Thron des Klostervorstandes ist eine sehr schöne Padmasambhava-Statue plaziert. Die Pfeiler schmücken rechts eine Statue Vajrasattvas, links des Butön Rinpoche. Thangkas stellen hier die Fünfunddreißig Buddhas der Sündenbekenntnis sowie die Vorgeburtsgeschichten des Buddha dar.

Im Zhäyäkhang Jang, dem ›Nördlichen Heiligtum‹, ist neben wunderbaren vergoldeten Buchdeckeln und kostbaren, alten Standbildern mittlerer Größe eine sogenannte Porträtstatue Butöns zu sehen. Die auch hier erkennbaren großen Mandala-Wandmalereien sind von Witterungsschäden stark zerstört.

Shigatse

An der Mündung des von Gyantse herabkommenden Nyangchu in den Tsangpo gelegen, ist Shigatse (chin. *Xigaze, Rikaze*) nach Lhasa die zweitgrößte Stadt Tibets. Etwa 3900 m hoch gelegen beherbergt sie mehr als 46 000 Einwohner.

Legenden zufolge entstand die Stadt dadurch, daß hier einst ein Jäger seßhaft wurde, dem sich schließlich 18 Familien anschlossen. Im 13. und 14. Jh. unterstand diese Siedlung zunächst den Gouverneuren der Zehntausendschaft von Zhalu. Als diese mit dem Niedergang der Yuan-Dynastie ihren Einfluß einbüßten, erlebte Shigatse als Sitz der Gouverneure von Tsang, die hier in dem herrlichen Shigatse-Dzong residierten, seine wirtschaftliche und politische Blütezeit. Berühmt wurde Shigatse vom 16. Jh. an als Sitz des Panchen Rinpoche, des neben dem Dalai Lama ranghöchsten Würdenträgers der Gelugpa-Schule, der im Kloster Tashilhünpo seine Residenz hatte.

Bis in die 50er Jahre des 20. Jhs. bildete Shigatse die Hauptstadt der westtibetischen Provinz Tsang. Im Zuge der Neugliederung Tibets wurde die kleine Metropole zur Hauptstadt der Autonomen Provinz Shigatse, die heute ein Gebiet von 176 000 km^2 umfaßt, auf dem in 17 Bezirken 550 000 Menschen leben.

Shigatse bildet mit seinen Hotels einen hervorragenden Rastplatz für die in der näheren oder weiteren Umgebung gelegenen Klöster, die bequem in Tagesfahrten zu besuchen sind.

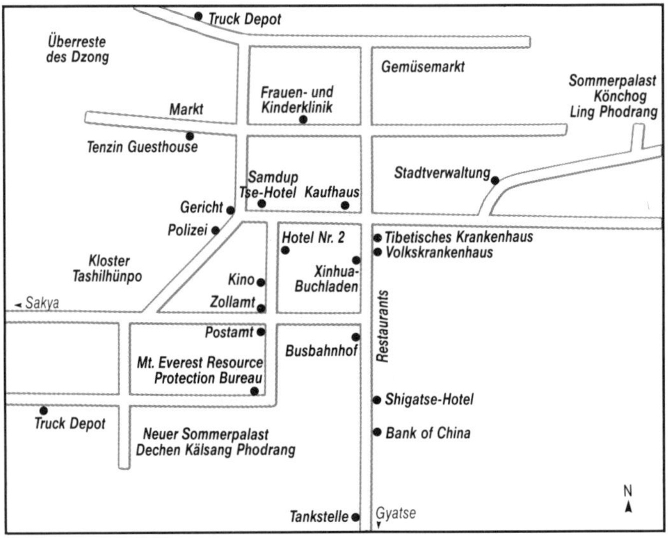

Shigatse

Zum bereits beschriebenen Zhalu (vgl. S. 273) sind es lediglich 23 km. Das von dem Sakyapa-Lama Ngor Künga Zangpo 1429 errichtete, teilrenovierte Ngor Evam Chöde ist nach etwa 20 km Fahrt zu erreichen. Unweit von dort ist das 1153 von Tumtön Lodrö Dragpa erbaute Kadampa-Kloster Narthang gelegen, das wegen seiner Tara und der 1732–43 hier im Auftrage des Regenten Pholhanä geschnitzten Blockdruckstöcke des sogenannten Narthang-Kanjur und -Tanjur berühmt ist.

□ Der Dzong von Shigatse

Erbaut auf einer kleinen Erhebung namens *Nyima Ribo,* ›Sonnenberg‹, lag der Dzong von Shigatse einst majestätisch über der Stadt. Historische Aufnahmen bezeugen, daß er zu den prächtigsten Festungen Tibets zählte. Heute sind hier nur noch seine Grundmauern zu sehen, was traurig stimmt.

Näheres über die vermutlich in das frühe 15. Jh. zurückgehende Gründung des Dzongs ist nicht bekannt. Eine Erweiterung des Gebäudes dürfte unter dem berühmten Tsangpa Desi (17. Jh.) und seinen Vorläufern stattgefunden haben. Eng mit den religiösen Oberhäuptern der Kagyüpa-Schule, besonders dem Karmapa, verknüpft, bildeten sie, indem sie weite Teile des westtibetischen Raumes beherrschten, ein politisches Gegengewicht zur im 16./17. Jh. entstehenden Gelugpa-Vorherrschaft. Von den Truppen Gushri Khans (reg. 1636–56), die dieser dem 5. Dalai Lama (1617–82) 1640 zur Hilfe schickte, wurde der Tsangpa Desi schließlich besiegt und zur Abschreckung ermordet. Zwei Jahre später bestätigte Gushri Khan dem 5. Dalai Lama in diesem Dzong die Stellung des religiösen und weltlichen Oberhauptes über Tibet. Seit dieser Zeit diente der Dzong als Verwaltungssitz des Gouverneurs der Provinz Tsang – bis er 1966 der blindwütigen Kulturbarbarei der Chinesen zum Opfer fiel.

□ Das Kloster Tashilhünpo – die Residenz des Panchen Lama

Tashilhünpo (chin. *Zhaxilhunbo),* ›Berg des Glücks‹, wurde 1447 von Tsongkhapas Neffen und Schüler Gendün Dub (1391–1475), der posthum zum 1. Dalai Lama ernannt wurde, gegründet und bildete neben Sera, Drepung und Ganden das bedeutendste Gelbmützen-Kloster Zentraltibets. Wie es heißt, forderte Lhamo, die Schutzgottheit der Dalai Lamas, Gendün Dub auf, dieses Kloster ins Leben zu rufen. Als seine Gabenherren werden zwei wohlhabende Adelige aus Tsang, Sönam Päljor und Sönam Pälsang, genannt. Nach Gendün Dub fungierte Gendün Gyatsho (1475–1542), der spätere 2. Dalai Lama, als Abt des Klosters. 1791 dringen nepalesische Gurkha-Truppen bis nach Tsang vor und richten auch in Tashilhünpo schwere Zerstörungen an. Berühmt wurde die heilige Stätte als Residenz des *Panchen Lama,* des ›Gelehrten-Lama‹. Der 5. Dalai Lama verlieh diesen Titel seinerzeit seinem Lehrer Chöki Gyeltshen (1569–1637), der als Reinkarnation von Tsongkhapas berühmten Schüler Khädrub Je (1385–1438) und drei berühmter Äbte Tashilhünpos galt. Dadurch, daß diesen drei Äbten posthum ebenfalls der Titel des Panchen Lama verliehen wurde, wird Chöki Gyeltshen heute als 4. Panchen Lama gezählt.

In vier Fakultäten studierten und praktizierten hier ehemals 3700 Mönche die buddhistische Lehre. Dem Einfluß des Panchen Lama ist es zuzuschreiben, daß um 1980, zur Zeit der erneuten Öffnung der Klöster, nahezu die Hälfte aller tibetischen Mönche in Tashilhünpo lebte. 800 Mönche widmen sich hier heute wieder der religiösen Praxis. Eindrucksvoll ist ein Besuch der mittaglich im Dukhang abgehaltenen Opferzeremonie, die zugleich der Einnahme und rituellen Opferung des Mittagsmahls – Tsampa und Buttertee – dient.

Selbst der von den Chinesen häufig als Aushängeschild einer liberalen Minderheitenpolitik benutzte Panchen Lama – durch frühzeitige Festsetzung an der Möglichkeit zur Flucht gehindert und offensichtlich lange Zeit stark von China unter Druck gesetzt – konnte die Zerstörung großer Teile seines Klosters während der Kulturrevolution nicht verhindern. Von den einst mit Golddächern geschmückten Grabbauten der verschiedenen Panchen Lamas überdauerte lediglich die Anlage mit dem Reliquien-Stupa des 4. Panchen Lama unbeschadet die 60er Jahre.

Tibeter beginnen ihre Pilgerschaft gewöhnlich im Uhrzeigersinn mit dem Besuch des Großen Maitreya im Westen der Klosteranlage. Sie sollten diesen Lhakhang jedoch besser ans Ende ihrer Klosterbesichtigung stellen und sich nicht die Gelegenheit entgehen lassen, in dem kleinen Dukhang der Ngagpa Dratsang, der ›Tantrischen Fakultät‹, zunächst noch ein paar Minuten den nahezu tagtäglich bis etwa 10 Uhr durchgeführten Begehungen beizuwohnen – zumeist spezielle Rituale zur Kontrolle des Bewußtseins Verstorbener im Bardo, dem Bereich zwischen Tod und Wiedergeburt. Die düstere Atmosphäre und die von einem in den höchsten Tönen plärrenden wie dumpf donnernden Zeremonialinstrumentarium begleiteten, tiefen Gesänge der in ihre dicken Obergewänder gehüllten Mönche lassen die mystische, eindringliche Atmosphäre früherer Zeiten nachspüren. Auch die Kulturrevolution scheint keine Spuren hinterlassen zu haben. Kostbare Seidenwebereien zeigen hier wie in anderen Lhakhang die Existenzenreihe der Panchen Lamas. In der Nähe vom Sitzthron des Ngagchen Rinpoche, einem der ganz wenigen heute noch in Tibet lebenden Tulkus, steht ein kleines plastisches

Mandala, das täglich mit den Darstellungen der jeweiligen, zu evozierenden Gottheit bestückt wird.

Durch die engen, verschlungenen Gassen geht es nun über den zentralen Klosterhof, dessen Galerien mit Wandmalereien der Tausend Buddhas verziert sind, zur 48säuligen Großen Versammlungshalle des Klosters, deren Bau zwölf Jahre in Anspruch genommen hat. Der sehr dunkel gehaltene Raum mit seinen massiven Säulen, erhöhten Sitzreihen für die Mönche und überdimensionalen Thronsitzen für den Panchen Rinpoche und andere Würden- und Funktionsträger des Klosters läßt, zumal wenn er von bis zu 2000 Mönchen erfüllt ist, die tiefe religiöse Ehrfurcht des alten Tibet lebendig werden.

Auf der rechten Seite zeigen wunderschöne Wandmalereien – die eigenhändig von Gendün Dub angefertigt worden sein sollen – Tsongkhapa, Vajradhara und Buddha Shakyamuni. Dahinter liegen drei Sanktuarien, von denen das zentrale, viersäulige Heiligtum den Jobo Shakyamuni samt seinen beiden Hauptschülern, umgeben von großen Lehmstatuen der Acht Mahabodhisattvas an den Seitenwänden, enthält. Stupas weisen die Statuen der Fünf Tatha-

Tashilhünpo *(2. Stock) 1 Tshepak Lhakhang 2 Kanjur Lhakhang 3 Dechen Lhakhang 4 Ganden Lhakhang 5 Tara Lhakhang (1. Stock) 6 Jokhang 7 Silberner Reliquienschrein 8 Druckerei 9 1000 Statuen des Buddha 10 1000 Statuen des Amitayus 11 1000 Statuen der Tara*

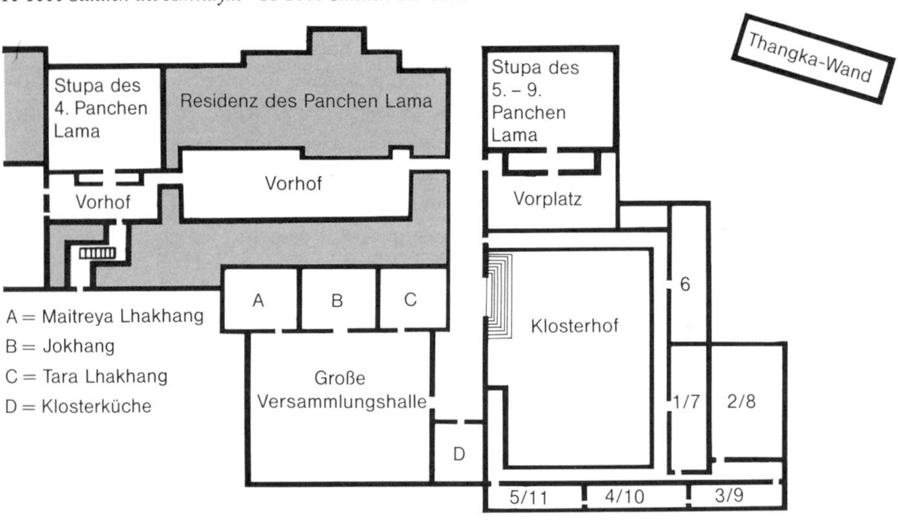

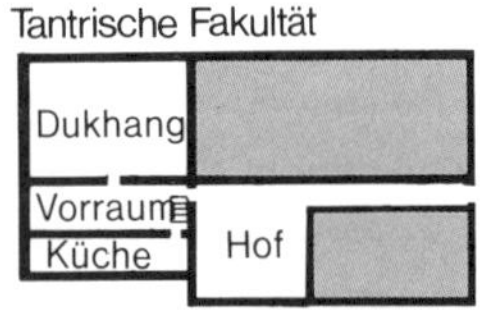

Mönche im Kloster Tashilhünpo während der Ritualpraxis

gatas auf. Links sieht man neben einem sehr schönen Manjushri ein prächtiges Abbild des posthum zum 1. Dalai Lama ernannten Gendün Dub (1391–1475), davor als sein Herzensobjekt eine Statue des Shakyamuni in einem verglasten Schrein. Gegenüber thront der 4. Panchen Lama Chöki Gyeltshen, einst der Lehrer des 5. Dalai Lama.

Im linken, zumeist geschlossenen Allerheiligsten sieht sich der Besucher einem etwa 10 m hohen, wunderbaren Standbild des Buddha Maitreya gegenüber, flankiert von den Bodhisattvas Avalokiteshvara rechts und Manjushri links. Das rechte Sanktuarium besitzt drei goldene Statuen der Tara, hinter denen eine Wandmalerei von Gendün Dub ebenfalls die Tara zeigt. Weitere Objekte der Verehrung bilden in Gold und Silber geschriebene Texte und eine Statue von Gendün Dubs Lehrer Je Sherab Sengge († 1445), der einer der engsten Schüler Tsongkhapas war.

Auf der Nordseite des Klosterhofes ragt das prächtige, erst 1987 fertiggestellte Gebäude mit dem Reliquienschrein des 5.–9. Panchen Lama empor. In der Bumpa des mehr als 10 m hohen Stupa, in dem 1500 kg Silber und 108 kg Gold verarbeitet wurden, erblickt der Betrachter die Statue des 9. Panchen Lama. Die Wandmalereien zeigen die Tausend Buddhas in Gold auf rotem Untergrund, die Deckenmalerei ein Mandala des Yidam Kalacakra.

Auf der südöstlichen Seite des Klosterhofes befinden sich im zweiten Obergeschoß der Tshepak Lhakhang, der von der Statue des Langlebigkeit symbolisierenden Amitayus beherrscht wird, und der Kanjur Lhakhang. Zahlreiche alte Mönche sind hier stets mit der Lesung des Kanjur, der ›Worte des Buddha‹, beschäftigt. Gläubige, die die Lesung der Heiligen Schrift mit Opfergaben in Form von Naturalien oder Geld unterstützen, ernten lamaistischen Vorstellungen zufolge reiche religiöse Verdienste.

Durch den Dechen Lhakhang, der Buddha Amitabhas Paradiesischer Sphäre *Sukhavati*, ›Großes Glück‹, gewidmet ist, den Ganden Lhakhang, in dem Tsongkhapa, flankiert vom

Kloster Tashilhünpo

5. Dalai und 5. Panchen Lama, die zentrale Stellung einnimmt, und einer kleinen, der Befreierin Tara gewidmeten Kapelle, gelangt man wieder in den Innenhof und legt sodann den gleichen Weg in dem darunter gelegenen Stockwerk, wiederum auf der östlichen Hofseite beginnend, noch einmal zurück: Einen Jokhang und den Raum der Silbernen Reliquienstupas passierend, in dem neben dem Schrein des Cogpo Dzungar eine Statue des Ur-Buddha Vajradhara als Hauptobjekt der Verehrung dient, gelangt man zum *Parkhang* (›Druckerei‹), in dem die hölzernen Blockdruckstöcke des Klosters aufbewahrt werden. Mönche demonstrieren dem interessierten Besucher traditionelle tibetische Druckverfahren und verkaufen auf Baumwolltücher abgezogene, dekorative Drucke. Durch drei weitere kleine Lhakhang mit 1000 Statuen des Buddha, des Amitayus und der Tara kommt man wieder in den Innenhof.

Auf der Rückseite des Dukhang gelangt man zum Reliquienstupa, der den mumifizierten Körper des 4. Panchen Lama Lozang Chögyen (1570–1662) enthält. Neben drei großen Statuen der Beschützer der Drei Familien fallen die Wandmalereien der Tausend Buddhas ins Auge.

Gleich nebenan liegt der Dzäja Tshomchen, der ›Große Versammlungsraum der Hundert Taten Buddhas‹; der 29säulige Saal enthält noch seine originalen, guterhaltenen, außergewöhnlich prächtigen und detaillierten Wandmalereien. Bis 1994 wird hier der Leichnam des 10. Panchen Lama Lozang Tinle Chögyen (1938–89) mumifiziert. In der Rechten eine Gantha und in der Linken einen Vajra haltend, ist er in einem gekühlten und belüfteten Glaskasten in Meditationsstellung aufgebahrt. 1994 soll er in dem eigens für ihn errichteten monumentalen Stupa beigesetzt werden.

Zum Abschluß der Besichtigung wird dem Besucher mit der größten Buddha-Statue Tibets im Jampa Lhakhang noch eine besondere Überraschung geboten. Ein mit 11 000 kg Kupfer und 229 kg Gold gefertigter Maitreya, der Buddha der Zukunft, schaut den Eintretenden unvermittelt milde lächelnd an. Die linke, im Schoß liegende Hand hält in Dhyana-Mudra, der Meditationsgeste, eine Vase mit dem Unsterblichkeitstrank, die Rechte zeigt die Geste der Argumentation. 26,20 cm mißt die 1914 unter dem 9. Panchen Lama mit unglaublichem Aufwand errichtete Statue.

Als Goldmalerei auf rotem Untergrund sind hier 1000 Maitreya-Buddhas zu sehen. Neben der Tür zieren Malereien des lokalen Beschützers Jingkarwa sowie von Guhyasamaja, Yamantaka und Samvara, der drei großen Yidam-Gottheiten der Gelugpa-Schule, die Wände.

Umgeben wird das Kloster von einem Umrundungsweg, der am nordöstlichen Klostereingang beginnt und im Uhrzeigersinn um die heilige Stätte führt.

□ Die Sommerpaläste der Panchen Lamas

Ähnlich dem Norbulingka in Lhasa (vgl. S. 168) wurden auch für die Panchen Lamas in Shigatse Sommerpaläste gebaut, die für Besucher derzeit allerdings nicht zugänglich sind. Der im östlichen Teil Shigatses gelegene Könchog Ling Phodrang entstand 1824 unter dem 7. Panchen Lama Lozang Tänpa Nyima (1782–1853). Mit seinem Ziergarten erstreckt er sich über mehr als 40 000 km^2. Der erst 1950, eigens für den 10. Panchen Lama errichtete Dechen Kälsang Phodrang, bisweilen auch als der ›Neue Panchen Palast‹ bezeichnet, liegt im südwestlichen Teil der Stadt und umfaßt mit seinen großzügigen Gartenanlagen eine räumliche Ausdehnung von 14 000 m^2. Bis zu seinem Tode im Jahre 1989 diente er dem 10. Panchen Lama bei seinen Aufenthalten in dieser Region als Wohnsitz.

Die Überlandroute Lhasa – Kathmandu

Die Strecke verläuft zunächst über Shigatse, so daß hier für den ersten Streckenabschnitt auf eine der drei Routen von Lhasa nach Shigatse (vgl. S. 257, 258, 260) verwiesen sei. Im Anschluß daran sind bis nach Zhangmu, der chinesischen Grenzstation, weitere 483 km zurückzulegen, für die mit kürzeren Stopps mindestens zwölf Stunden Fahrtzeit erforderlich sind. Empfehlenswert ist daher eine Übernachtung in New Tingri.

00 Shigatse, Kloster Tashilhünpo (3900 m).

1 Der dem Gebirgszug rechter Hand vorgelagerte Berg ist der Platz der Himmelsbestattung in Shigatse.

15 Rechts geht eine Straße zum Kloster Narthang ab.

58 Links Giding Dzong und Ortschaft gleichen Namens.

70 Dorf Tshelung.

97 Hier sieht man zur Rechten kurz die Ruinen des Ngonmo Dzong (15. Jh.).

99 Rechts auf dem Berg der kleine Ana Lhakhang (Sakyapa-Schule).

113 Paßhöhe des Tsuo La (ca. 4520 m).

116 Schöner Blick ins Tal.

127 Brücke über den Drumchu (4120 m). 200 m weiter links ab beginnt die Straße zum Kloster Sakya (27 km, vgl. S. 283).

147 Dorf Sherasu.

152 Man passiert das mit einer Tankstelle versehene Lhatse (chin. *Lhaze*, 4030 m).

154 Links liegt auf einem Berg das Kloster Lhatse.

157 Rechts zweigt die Straße nach Westtibet ab.

185 Paßhöhe des 5220 m hohen Jia Tsuo La (tib. *Lhakpa La*); herrlicher Ausblick auf die umliegenden Gebirgsketten.

237 Qomolangma-Hotel, New Tingri (4350 m, vgl. S. 289), mit altem Namen Shekar (chin. *Xegar*). Wenn man von hier aus der in nordwestlicher Richtung verlaufenden Straße folgt, gelangt man nach 7 km zum Örtchen Shekar, seinem Dzong und Kloster.

242 Checkpoint.

274 Rechts der Straße der kleine *Ting Tso*, ›Tiefgründiger See‹, der von der lokalen Bevölkerung als heiliges Wasser verehrt wird und eine beliebte Pilgerstätte ist.

297 Paßhöhe, links bei gutem Wetter ein faszinierender, unvergeßlicher Blick auf den 8872 m hohen Mt. Everest (tib. *Chomo Langma*, chin. *Qomolangma*). Rechts davon ragt der Cho Oyu (8153 m) in den Himmel.

298 Ortschaft Tingri (4342 m), von der links die Straße 48 km weiter nach Rongbuk (5030 m) und nochmals 6 km weiter zum Everest-Basecamp führt.

337 Gutsuo Dzong und Ortschaft (4400 m).

370 Rechts zweigt eine Nebenstrecke nach Westtibet ab.

395 Paßhöhe Lalung Leh (5050 m), Blick auf eine herrliche Kette namenloser Sechs- und Siebentausender, die südöstlich vom Chogsam (7537 m) und südwestlich vom Shisha Pangma-Massiv (8022 m) überragt wird.

415 Ortschaft Yarleb.

437 Rechts der Berg Shumori, der Milarepa als Meditationsstätte diente.

439 Ortschaft Amajungkha; etwa 500 m links der Straße, am Hang unterhalb des Dorfes, befindet sich Nyalam Phelgye Ling (vgl. S. 290), ein berühmter Meditationsort Milarepas.

447 Ortschaft Nyalam (chin. *Nielamu;* 3740 m).

461 Qushang-Hotel.

483 Zhangmu (tib. *Trangmu,* nep. *Khasa*), die chinesische Grenzstation an der chinesisch-nepalesischen Grenze (2350 m).

Nach weiteren 8 km erreicht man mit der Überquerung der nepalesisch-chinesischen Freundschaftsbrücke die nepalesische Grenzstation Kodari (1750 m). Von hier aus sind es nun noch 116 km nach Kathmandu. Unterwegs passiert man Barabise (25 km), Dolalghat (58 km), Dhulikhel (80 km), den durch den Salzhandel mit Tibet groß gewordenen Ort Banepa (90 km) sowie einen Aussichtspunkt auf Bhaktapur, auch Bhadgaon genannt, eine der drei großen Städte des Kathmandu-Tales (98 km).

Sakya – das Gründungskloster der Sakyapa-Schule

Sakya (chin. *Sajia, Sa'gya*) ist in einem Seitental der Überlandstrecke von Shigatse zur nepalesischen Grenze gelegen. Im Falle einer Überlandein- oder -ausreise kann es auf der Tagesstrecke Shekar–Shigatse besucht werden. Ansonsten empfiehlt sich eine Fahrt von Shigatse nach Sakya (155 km), für deren teilweise schlechte Wegstrecke allerdings mit einem Bus vier Stunden Fahrtzeit einzuplanen sind. Der Straße von Shigatse zur nepalesischen Grenze folgend, biegt man hinter der am Kilometerstein 5028 gelegenen Brücke über den Drumchu links ab und folgt dem Tal flußaufwärts.

Nach 3 km passiert man rechts auf einer Berghöhe ein Zweigkloster Sakyas. Nach weiteren 20 km kommt die imposante, festungsartige Anlage ins Blickfeld, die durch den Drumchu in das Nord- und Südkloster geteilt wird.

Sakya, ›Fahler Ort‹, ist einerseits die Bezeichnung für das Gründungs- und Stammkloster der Sakyapa-Schule, die zu den vier großen religiösen Schulrichtungen Tibets zählt, andererseits auch der Name des Verwaltungsbezirkes, der seit der Gründung des Klosters den Mitgliedern des Hauses Sakya unterstand.

Erste Nachrichten über das Tal sind bereits in der Biographie des Atisha (982–1054) überliefert. Als er seinerzeit diesen Ort erreichte, hatte er auf dem nördlich des Drumchu gelegenen Pönpo-Berg eine Vision von mystischen Keimsilben, die er als Anzeichen dafür interpretierte, daß hier in Zukunft Emanationen der Bodhisattvas Manjushri, Avalokiteshvara und

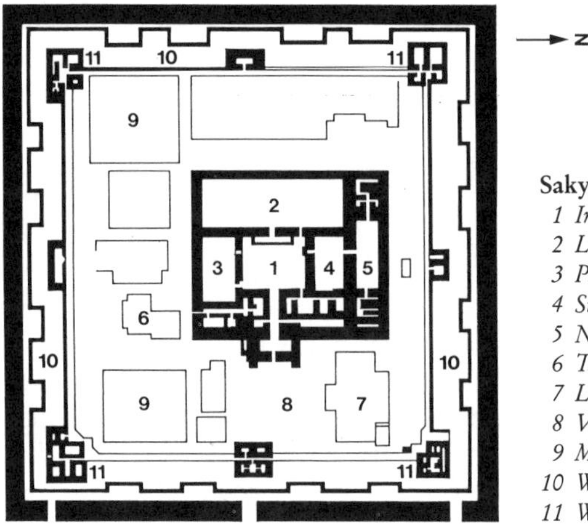

Sakya
1 *Innenhof*
2 *Lhakhang Chenmo*
3 *Phurkhang*
4 *Silberner Reliquienstupa*
5 *Nördlicher Lhakhang*
6 *Tsechen Lhakhang*
7 *Labrang*
8 *Vorhof*
9 *Mönchsquartiere*
10 *Wallmauer*
11 *Wehrtürme*

Vajrapani erscheinen würden. Dadurch wurden mehrere der später hier auftretenden Lehrträger in der Reihe der Thronfolger von Sakya als Emanationen himmlischer Bodhisattvas angesehen.

In mythologischen Überlieferungen führen die Sakyapa ihrerseits den Ursprung ihres Geschlechtes auf drei, als Manifestationen des Bodhisattva Manjughosha geltende ›Götter des Klaren Lichtes‹ zurück, die sich ehemals in der westtibetischen Region Ngari Tö niedergelassen haben sollen. In ihrer Nachkommenschaft stand ein gewisser Yapang Kye, der mit einem schwarzen Dämonen in Streit (tib. *Khon*) lag, nach der Bezwingung dessen Weib zur Frau nahm und von ihr einen Sohn namens Khön Pälpoche geboren bekam. Historisch belegt ist dieser Stammvater des Khön-Geschlechtes, aus dem später die Thronhalter und Gouverneure von Sakya stammten, als ein Minister des großen tibetischen Königs Songtsen Gampo (reg. 629–49).

Die Gründung des Klosters erfolgte im Jahre 1073 durch den in seiner Nachkommenschaft stehenden Khön Könchog Gyälpo (1034–1103), der als Schüler des Übersetzers Drogmi (992–1072) zum Lehrhalter einer eigenständigen, aus Indien stammenden Tradition des Buddhismus geworden war. Gemäß einer Prophezeiung legte er seinen Mönchsstatus ab, heiratete und begründete damit das traditionelle System der Thronfolge im Kloster Sakya: Weitergegeben wird die Linie in direkter leiblicher Erbfolge bzw., falls der jeweilige Thronhalter einen zölibatären Lebenswandel führt, in der sogenannten Onkel-Neffe-Sukzession, wobei das Amt eines verstorbenen Hierarchen auf einen Sohn seines Bruders oder ein anderes nahestehendes Familienmitglied übertragen wird.

Die Entwicklung einer eigenständigen, philosophischen Tradition, die Erhöhung der politischen Bedeutung Sakyas und der Ausbau des Klosters wurden von Könchog Gyälpos Nachfolgern vorangetrieben, allen voran von den sogenannten Fünf Sakya-Hierarchen, von denen der große Sakya Pandita sowie der Phagpa Lama als die bedeutendsten anzusehen sind.

Aufgrund seiner hohen Gelehrsamkeit und vorbildlichen sittlichen Lebensweise als Mönch war der Sakya Pandita (1182–1251), der ›Gelehrte von Sakya‹, bereits zu Lebzeiten eine hochgeachtete religiöse Persönlichkeit, so daß er für die zu dieser Zeit beherrschende Macht Asiens, die Mongolen, eine ideale Integrationsfigur zur Durchsetzung ihres politischen Herrschaftsanspruches über Tibet darstellte. 1244 aufgefordert, den Hof von Tschinggis Khans Enkel Göden († kurz nach 1251) zu besuchen, wurde er in Liang Chou zum Repräsentanten Tibets ernannt. Auf seiner Rückreise verstarb er jedoch im chinesischen Chengdu, wo noch heute seine Grabpagode zu sehen ist.

Seine Nachfolge trat 1253 sein Neffe, der noch junge Phagpa Lama (1235–80), an. Ihm hatte der mongolische Kaiser den Vorzug vor dem sich ebenfalls um die Gunst des Herrscherhofes bemühenden Karma Pakshi (1204–83), einem Vertreter der Kagyüpa-Schule, gegeben. Denn Phagpa Lama soll – Quellenberichten zufolge – vor dem kaiserlichen Hof in einer schauervollen Zeremonie seine abgehackten Extremitäten in die Fünf-Buddha-Familien verwandelt haben und nach dem Ende dieses magischen Spiels wieder körperlich unversehrt gewesen sein. Der Meister sicherte sich ein Mitspracherecht zu den inneren Angelegenheiten Tibets und erhielt mehrere hochrangige Titel, die seine Stellung als religiöses Oberhaupt des Schneelandes festigten (vgl. S. 57).

Blick auf einen Wehrturm von Kloster Sakya

Als die Verwaltung des Landes unter dem Supremat der Sakyapa in zwölf Zehntausendschaften aufgeteilt wurde, stand die Dynastie als die herrschende Macht Tibets im Zenit ihrer politischen Bedeutung. Nachdem Phagpa Lama im Jahre 1280 vermutlich durch Gift ermordet wurde, entledigten sich die Sakya-Gouverneure 1290 ihrer gewichtigsten innenpolitischen Gegenspieler, der Drigungpa, indem sie deren Hauptsitz, das nördlich von Lhasa gelegene Kloster Drigung Thel, brandschatzten und zerstörten. Der Distrikt Sakya erstreckte sich zu dieser Zeit etwa von der Gegend des heutigen Shigatse bis zur nepalesisch-tibetischen Grenze und weit nach Westtibet hinein. Sämtliche Sakya unterstehenden Gebäude waren und sind auch heute noch oft mit blau-rot-gräulichen Streifen gekennzeichnet – Farben, die die Beschützer der Drei Familien symbolisieren, als deren Emanationen die Sakya-Hierarchen galten.

Aus Mangel an eindeutigen Erbfolgegesetzen kam es in der sich immer weiter verzweigenden Familienlinie der Khön verstärkt zu inneren Zwistigkeiten. Während die in der Yuan-Dynastie (1280–1368) China und weite Teile Asiens beherrschenden Mongolen bereits in der 1. Hälfte des 13. Jhs. Spuren ihres Machtverfalls zeigten, entstand den Sakya mit dem Phagmo Drupa, dem Gouverneur der sich über das Gebiet von Tsethang erstreckenden Zehntausendschaft, ein gewichtiger Gegenspieler. Nachdem er sich bereits in Auseinandersetzungen mit den Tshälpa und Drigungpa die Vorherrschaft in Zentraltibet gesichert hatte, stürzte er 1354 die Sakya-Dynastie – zu einer Zeit, da diese von den ihrerseits mit innenpolitischen Schwierigkeiten beschäftigten Mongolenherrschern der Yuan-Dynastie nicht mehr gestützt zu werden vermochten.

Sakya war damit zu einer Regionalmacht degradiert, konnte diesen Status jedoch bis 1959 bewahren. Der Distrikt schrumpfte auf etwa 3500 km^2 zusammen, die von etwa 16 000 Einwohnern besiedelt wurden. Mehr als 1000 zölibatär lebende Mönche, verheiratete Yogis und Nonnen residierten in den Klöstern des Sakya-Gebietes. Wohl an die 100 weitere Dependancen befanden sich in Zentral- und vor allem Osttibet.

Schon auf den ersten Blick beeindruckt die z. T. in offenem Gelände gelegene Anlage, die durch den Drum-Fluß in ein Nord- und Südkloster unterteilt wird, durch ihre für lamaistische Stätten ungewöhnlich düsteren, machtstrotzenden Anblick. Diesen Eindruck erzeugen vor allem die gewaltigen, graugetünchten, nahezu 10 m hohen Befestigungswälle sowie die Wehrtürme auf der Ringmauer des Südklosters.

Das während der Kulturrevolution nahezu vollständig zerstörte Nordkloster bildete mit seinen ehemals 108 Heiligtümern das Zentrum monastischen Lebens in Sakya. Selbst aus Osttibet kamen Mönche der Sakyapa-Tradition hierher, um die spezielle Ritualpraxis und die grundlegenden Lehrtexte ihrer Schulrichtung zu studieren, sowie die wichtigsten Einweihungen von den Oberhäuptern und Linienhaltern der verschiedenen Lehren zu erhalten. Entsprechend ihrer Herkunft fanden sie für ihren in der Regel drei- bis zwölfmonatigen, bisweilen aber auch langjährigen Aufenthalt in einem der 25 Khangtsen Sakyas Unterschlupf. Als mehr oder weniger autonome Einheiten innerhalb des gesamten Klostergefüges waren diese Mönchsquartiere vor allem auf der Nordseite des Klosters angesiedelt.

Restauriert wurden hier in den letzten Jahren verschiedene kleinere Kapellen, von denen der ehemals von dem Übersetzer Bari Lotsawa (*1040) erbaute, der Göttin Ushnishavijaya ge-

Buddha Shakyamuni im Kloster Sakya

weihte Namgyel-Lhakhang, der u. a. seinen Reliquienstupa enthält, zweifellos der bedeutendste ist.

Eingefaßt werden die sakralen Gebäude des Südklosters von einer quadratisch angelegten, jeweils etwa 100 m Seitenlänge messenden Umfassungsmauer mit Wehrgang und mächtigen Bastionen, die der Klosteranlage den Charakter einer nur schwer einnehmbaren, mittelalterlichen Festung verleihen und nicht zuletzt die politische Bedeutung und weltliche Macht Sakyas zum Ausdruck bringen.

Wenn man die Anlage durch das nach Osten gelegene, mit einer zusätzlichen Vormauer geschützte Eingangstor betritt, steht man direkt dem Haupttempel gegenüber, einem rotgetünchten, nach außen hin nahezu fensterlosen Bau, der in seinen verschiedenen, von insgesamt 158 Säulen getragenen Lhakhang die ungeheuren Reichtümer und Kostbarkeiten Sakyas enthält. Eine Galerie von Gebetsmühlen lädt den Gläubigen zur Umrundung des Gesamtkomplexes und damit zum Erwerb religiöser Verdienste ein. Auf der Höhe der Dachplattform wird das Kloster von zahllosen, im Winde tönenden Glocken umgeben, die dem Pilger die Vergänglichkeit seines eigenen Seins ins Bewußtsein rufen und ihn so zu religiöser Praxis anhalten sollen.

Auf der rechten Seite liegt der Tsechen Lhakhang, das offizielle Empfangsgebäude des Klosters, das gegenwärtig nur als Lagerraum und Werkstätte zur Renovierung religiöser Objekte benutzt wird. Links vom Hauptgebäude ragt die Labrang, die Residenz der Sakya-Hierarchen mit ihren verschiedenen Gebäuden auf, in denen wieder einige kleinere, sakrale Räume eingerichtet sind.

Wenn wir die Torhalle des Hauptgebäudes betreten, drohen uns links und rechts überdimensional große Statuen der Dharmapalas Hayagriva und Mewa Tsegpa, danach die vier Weltenhüter. Von dem geschlossenen Innenhof, den man sodann erreicht, gelangt man zu den einzelnen Lhakhang. Der wegen seiner unermeßlichen Reichtümer berühmte Lhakhang Chenmo, der ›Große Lhakhang‹, befindet sich geradeaus auf der westlichen Seite des Hofes. Schon beim Betreten versetzt einen die stille, überschwengliche Pracht der großen goldenen Figuren in Staunen.

Die vorzüglichen Rückenlehnen der Statuen und die großartig gearbeiteten Reliquienstupas sind Meisterstücke tibetischer Goldschmiedekunst. Versehen sind sie mit den schon aus dem indischen Raum überlieferten mythologischen Figuren, nämlich den sogenannten Sechs Ornamenten, andere wiederum mit zahlreichen kleineren Statuen und ausschmückenden Verzierungen. Die mit alten Teppichen belegten Sitzreihen der Mönche liegen erhöht; mächtige, weitgehend unbehandelte Baumstämme tragen den nach Osten geöffneten Lichtgaden.

An der linken Seitenwand treffen wir auf einen prächtigen Mahamuni, der als Weihefüllung die Reliquien des Sakya-Herrschers Pönchen Shakya Zangpo enthält, auf einen kleineren Shakyamuni und einen Elfgesichtigen Avalokiteshvara, an der Hauptwand erkennen wir zwei Shakyamuni-Statuen, die den Magier Padmasambhava flankieren, weiter den prunkvollen Reliquienstupa des Sakya-Hierarchen Ngawang Thuthob Wangchug, den an seinem schlohweißen Haar erkennbaren Sakya-Hierarchen Künga Nyingpo (1092–1158), einen Shakyamuni, der die Reliquien des Phagpa Lama enthält, einige Statuen von Sakya-Hierarchen und die Drei Gottheiten Langen Lebens, vor denen die ›Beiden Rotgekleideten‹ aus der Gruppe der Fünf Sakya-Hierarchen, der große Sakya Pandita und Phagpa Lama, thronen. Ein kleinerer Manjushri, als dessen Emanation der Sakya Pandita galt, stellt den berühmten Jamyang Tsögyelma, ›Manjushri, Sieger des Disputs‹, dar; diese Form des Manjushri soll einst dem Sakya Pandita während einer religiösen Auseinandersetzung mit Häretikern auf der Schulter erschienen sein und bildet eines der Hauptobjekte von Sakya.

Alsdann passiert man den zentralen, eindrucksvollen, von Phagpa Lama errichteten Buddha Shakyamuni, der als bedeutendste Weihefüllung die Reliquien des großen Sakya Pandita enthält. Die ›Drei Weißgekleideten‹, drei weitere der Fünf Sakya-Hierarchen schließen sich an. Im Gegensatz zu den ›Beiden Rotgekleideten‹, d. h. Mönchen, tragen sie zur Verdeutlichung ihres Laienstatus weiße Kleidung. Es folgen ein Manjushri, der sich einst bei einem Brand – so heißt es – als feuerbeständig erwies und keinen Schaden nahm, zwei sehr schöne Statuen des Maitreya und des Ur-Buddha Vajradhara, ein prächtiger Reliquienstupa eines Sakya-Hierarchen sowie ein weiterer Maitreya. An der rechten Seitenwand stehen drei weitere große Standbilder des Buddha Shakyamuni. Die Wandmalereien sind dem Zyklus der zehn exemplarischen Taten des Buddha gewidmet.

Durch eine kleine Tür im Gitter gelangen wir in Tibets größte und vielleicht wertvollste Bibliothek. Bis in eine Höhe von etwa 10 m werden auf der gesamten Längsseite des Lhakhang schätzungsweise 20 000 Schriften verschiedener Literaturgattungen in Regalen gelagert.

Auf der linken Seite des Innenhofes schließt sich der Phurkhang an. Im hinteren Abschnitt der linken Wand zeigen Malereien den Hevajra-Zyklus der bedeutendsten Yidam-Gottheit von Sakya. Exzellente Statuen des Jobo Shakyamuni sowie des Manjushri findet man sodann an der Längswand. Während der zeremoniellen Cham-Spiele benutzte, überdimensionale Pappmaché-Figuren von Dharmapalas und Yaks vermitteln einen Eindruck von den Festspielen des Klosters.

Auf der rechten Seite des Innenhofes können wir im Lhakhang der Silbernen Reliquienstupas elf Schreine von Sakya-Hierarchen des 13. und 14. Jhs. bewundern. Die rückseitigen Wandgemälde zeigen die Fünf Tathagatas und über ihnen die Fünf bedeutendsten Sakya-Hierarchen, die auch als die ›Drei Weiß-‹ und ›Zwei Rotgewandeten‹ entsprechend ihrem Laien- bzw. Mönchsstatus bekannt sind: Künga Nyingpo (1092–1158), Sönam Tsemo (1142–82), Dragpa Gyeltshen (1147–1216) sowie in ›Rot‹ der Sakya Pandita Künga Gyeltshen (1182–1251) und Phagpa Lama (1135–80). Auf der linken Seite sieht man einen buddhistischen Kanon und eine Darstellung der Beschützer der Drei Familien.

Durch eine Tür auf der Rückseite des Raumes gelangt man in den nur spärlich erleuchteten Nördlichen Lhakhang, der neben großen Stupas nochmals Malereien der Fünf Sakya-Hierarchen enthält. Links des Eingangs sieht man den Brahmanarupadhara-Mahakala, der seinerzeit dem Phagpa Lama erschienen sein und ihm die Antworten auf die schwierigen Fragen Khubilai Khans gegeben haben soll (vgl. S. 57).

Mahakala hat hier die Form eines alten, indischen Brahmanen angenommen, der die Schenkeltrompete hält.

New Tingri und Shekar

Das Qomolangma-Hotel von New Tingri bietet lediglich einfache Übernachtungsmöglichkeiten. Nur wenige Kilometer westlich liegt die alte tibetische Ortschaft Shekar (chin. *Xegar*), ›Weißer Kristall‹, mit ihrem einst imponierenden, seit der Kulturrevolution nur noch in Trümmern daliegenden Dzong und einem kleinen, unterhalb der Burgmauern gelegenen Kloster, das 1266 von dem Sakya-Lama Sinde'u Rinchen gegründet, später in ein Gelugpa-Kloster umgewandelt wurde und sich nun wieder im Aufbau befindet. Zur Spitze des Burgberges, von der man bei gutem Wetter einen Blick auf den Mount Everest hat, führt ein Pfad hinauf.

Nyalam Phelgye Ling

Kurz vor Nyalam passiert man Milarepas berühmte Meditationshöhle Nyalam Phelgye Ling. In der Kulturrevolution völlig zerstört, befinden sich hier heute zwei kleine Lhakhang. In dem unteren sieht man die Grotte des großen Yogi (1040–1123). Berühmt ist Milarepa für seine exzellente Beherrschung tantrischer Meditations- und Yoga-Praktiken. So übte er in Vollendung den ›Yoga Innerer Hitze‹ (tib. *Tummo*) aus, und konnte so auch in der eisigen Winterzeit seiner Versenkung nachgehen. Seine ›Hunderttausend Gesänge‹ enthalten gleichnishafte Belehrungen, die ohne philosophische Spitzfindigkeiten den Geist der buddhistischen Lehre in einfachen Worten ausdrücken und die eine praktische Verwirklichung der philosophischen Lehrinhalte für essentieller halten als eine weltferne Gelehrtheit.

Nyalam bildet seit langer Zeit einen bedeutenden Pilgerort für alle Tibeter. Der 5. Dalai Lama (1617–82) ließ vor dem Eingang der Höhle schließlich einen kleinen Lhakhang bauen, der 1966 völlig zerstört, inzwischen aber rekonstruiert wurde. In der Vorhalle sind die Fuß- und Handabdrücke zu sehen, die Milarepa zum Beweis seiner magischen Kräfte in Stein zurückließ. Ein mächtiger Felsen trägt hier seine Fingerabdrücke, einen anderen Stein formte er, wenn man den Worten des Sakristans glaubt, lediglich durch gedankliche Vorstellungskraft zu einem Schafleib. In der verglasten Vitrine sieht man neben Tsongkhapa mit seinen beiden Schülern – ein Zeichen dafür, daß dieser Ort nun von den Gelugpa verwaltet wird – eine Statue Milarepas in der für ihn typischen Darstellung. Er trägt langes Haar, ein Meditationsband sowie ein weißes Baumwollgewand als Ausdruck seines yogischen Lebenswandels. Seine rechte Hand hat er, dem Klang der Stille lauschend, an sein rechtes Ohr gelegt.

Westtibet: Zum Berg Kailash und an den Manasarovar-See

Trockenheit, Kälte und extreme Höhe sind die bestimmenden Faktoren der westtibetischen Hochebene. Die jährliche Niederschlagsmenge liegt zwischen 60 und 100 mm, die Höhenlage der weitläufigen, baumlosen Steppentäler bei 4500–5000 m, nur 30% der Hochebene ist mit Gras bewachsen, die Besiedlungsdichte liegt bei etwa einem Einwohner auf 10 km^2. Fast ausschließlich Nomaden durchziehen diese nur noch durch Weidewirtschaft nutzbare, zunehmend verkarstende Naturlandschaft.

Das von den Tibetern als ›Ngari‹ (chin. *Ali*) bezeichnete Westtibet erstreckt sich heute über das Gebiet nördlich des Himalaya, von der tibetischen Westgrenze bis etwa nach Lhatse. Bis ins 17. oder 18. Jh. umfaßte es neben den westtibetischen Fürstentümern Guge und Purang, die das Land westlich und östlich des Manasarovar Sees regierten, auch die heute unter indischer Verwaltung stehenden Regionen Ladakh, Zanskar, Spiti und Lahaul sowie die im nepalesischen Grenzgebiet angesiedelten Regionen Mustang, Yolmo und Dolpo. Bekannt wurde Westtibet als das Quellgebiet der vier großen indischen Flußsysteme: Brahmaputra, Indus, Karnali und Satlej. Für Buddhisten, Hindus und Bönpos stellt dieses Gebiet durch den heiligen Berg Kailash und den See Manasarovar den mythologischen Ursprung und Mittelpunkt der Welt dar.

Die Vorgeschichte Westtibets wird von Zhang-Zhung geprägt, jenem Ursprungsland des Böntums, das ehemals mit dem Berg Kailash als kulturellem Zentrum in diesen Breiten lag. Nach dem Machtantritt von Songtsen Gampo wurde dieser Raum aufgrund seiner Eingliederung in den tibetischen Herrschaftsbereich als *Ngari,* ›kontrolliertes Gebiet‹, bekannt.

Als das tibetische Königtum mit der Ermordung Langdarmas um 842 sein Ende gefunden hatte (vgl. S. 53), ließen sich die Nachkommen seines Sohnes Ösung in Westtibet nieder. Deren Abkömmlinge gründeten wenig später die Fürstentümer Guge und Mangyül Gungthang, die über Jahrhunderte die Herrschaft über diese Region ausübten.

Von herausragender kulturgeschichtlicher Bedeutung für die erneute Verbreitung des Buddhismus erwies sich Westtibet um die Jahrtausendwende. Damals herrschte König Yeshe Ö in Guge. Von den Qarluq-Türken gefangengenommen, sollte er nur gegen ein Goldaufkommen im Gewichte seines eigenen Körpers wieder ausgelöst werden. Als sein Sohn Jangchub Ö jedoch nicht genügend Edelmetall zusammenbringen konnte, empfahl der alte und weise Herrscher seinem Sohn – wir folgen der Legende –, ihn aufzugeben und das Gold zur Einladung des berühmten Heiligen Atisha zu benutzen, um so den Boden für die Renaissance des Buddhismus in Tibet vorzubereiten. So wurden um 1040 Atisha (982–1054) und der indische Übersetzer Rinchen Zangpo (958–1055) nach Tibet gebeten. Atisha weilte von 1040 bis 1042 im Kloster Tholing und verfaßte dort seine berühmte Schrift *Bodhipathapradipa.* Rinchen Zangpo ist bekannt dafür, 108 Klöster in verschiedenen Regionen Westtibets gegründet zu haben, u. a. das berühmte Tsaparang (vgl. S. 297).

In der Mitte des 12. Jhs. scheinen fremde, nicht-tibetische Herrscher im Bereich südlich des Manasarovar Sees regiert und hier mit Sitz im heutigen Taklakot das Königreich Purang (auch Yatse oder nepalesisch Khasa genannt) gegründet zu haben. Mit der Unterwerfung und Annexion von Purang im Jahre 1630 durch den ladakhischen König Senge Namgyel war das Ende der Königshäuser von Guge und Purang besiegelt. Der letzte Repräsentant des Königshauses von Guge verstarb 1743 im ladakhischen Exil.

Als Ladakh im Jahre 1834 vom Maharaja von Jammu und Kaschmir unterworfen wurde und die indischen Truppen weiter nach Westtibet vordrangen, kam es zu einer Schlacht am Satlej, in der die Tibeter siegten. Damit unterstanden Guge und Purang der Verwaltung der tibetischen Zentralregierung.

Reiseplanung: Die Risiken einer Westtibetreise sollten nicht unterschätzt werden. Besonders die Höhenkrankheit kann dem Besucher arg zu schaffen machen. Vorausgehen sollte deshalb möglichst ein früherer Tibet-Aufenthalt oder eine Zeit der Akklimatisierung in anderen Teilen des Landes. Unverzichtbar sind eine ärztliche Untersuchung, körperliche Fitness, erfahrene Führer sowie eine vernünftige Ausrüstung: gutes Schuhwerk, warme Kleidung, Hut, Sonnencreme, Wasserflasche und Lebensmittelvorräte. Auch ein eigenes Zelt und ein eigener Schlafsack sind dringend zu empfehlen.

Noch im April fällt das Thermometer hier bis auf –20 °C. Die günstigste Reisezeit ist von Ende Mai bis Anfang Juni. Während des Monsun ist die Gegend oft unpassierbar. Hochwasser führende Flüsse machen ein Weiterkommen unmöglich oder erfordern große Umwege. Bevorzugt werden von vielen Reiseveranstaltern die Monate August bis Oktober, da die Gegend dann kurz ergrünt und viele Pilger anzutreffen sind.

Reisen nach Westtibet sollten sorgfältig geplant und organisiert werden. Kailash-Reisen für Individualtouristen boten früher auch tibetische Unternehmen an, speziell das Baizhou Guest House oder Ali Truck Depot, etwa 3 km außerhalb Lhasas auf der linken Seite der Nyangre Road in Richtung Sera. Eine gute, verläßliche Organisation ist bei dieser Reise alles!

Erreicht werden kann Westtibet heute über verschiedene Strecken. Die Xinjiang-Route verläuft von Pakistan aus über den Khunjerab-Paß, die in Xinjiang gelegenen Orte Taxkorgan, Kashgar, Yecheng sowie Mazar und dann über die westtibetischen Orte Jieshan, Ruthog, Shiquanhe und Menjir zum Kailash. Vom Khunjerab-Paß bis zum Kailash mißt die Strecke knapp über 2000 km.

Von Lhasa oder Kathmandu nimmt man die Abzweigung 6 km westlich von Lhatse nach Raga (241 km). Dort folgt man je nach den klimatischen Bedingungen der südlichen oder nördlichen Westtibet-Route (s. u.). Von Ladakh und Indien aus führen mehrere Päße nach Westtibet, die gegenwärtig aufgrund politischer Spannungen allerdings nur indischen Pilgern offenstehen.

Die südliche Westtibet-Route ist die kürzeste Strecke von Zentraltibet zum Kailash. Während der Sommermonate ist sie jedoch zumeist unpassierbar. Von Lhatse aus führt sie über Raka nach Saga (293 km) und weiter über Dongba (chin. *Zhongba*, 438 km, früher Traduin genannt) nach Barga, das 825 km von Lhatse entfernt ist.

Die nördliche Westtibet-Route verläuft nördlich des Tsangpo, der (soweit möglich) wenige Kilometer westlich von Lhatse per Fähre überquert wird. Vorbei an herrlich gelegenen Seen und heißen Quellen führt die Route dann nach Tshochen (chin. *Coqen*), das man 438 km hinter Lhatse erreicht. Ist ein Übersetzen bei Lhatse nicht möglich, kommt man nicht darum herum, einen etwa 200 km weiten Umweg über Tingri zu machen. 72 km hinter Tingri folgt man sodann der nach Westtibet abzweigenden Piste und erreicht Tshochen schließlich nach einer zusätzlichen Übernachtung. In Dongtso trifft man auf die Amdo-Shiquanhe-Route, der man durch den einst berühmten Umschlagplatz Gertse (chin. *Gerze;* 761 km von Lhatse) und Gaki (chin. *Qaksaka;* 1146 km von Lhatse) nach Shiquanhe (chin.; tib. *Senge Khabab*, 1258 km von Lhatse), der heutigen Provinzhauptstadt Westtibets, folgt. Von hier aus verläuft die Strecke in südsüdöstlicher Richtung zum Berge Kailash, der auf dieser Strecke etwa 1600 km von Lhatse entfernt gelegen ist. Verbringt man längere Zeit in dieser Gegend, ist es ratsam, sich in Purang (chin. *Bulan, Burang*, von den Indern Taklakot genannt) einzurichten, das 104 km von der Ortschaft Barga entfernt ist und über die besten Unterbringungsmöglichkeiten in dieser Gegend verfügt.

In der Gegend von Purang

Neben den berühmten Pilgerzielen Kailash und Manasarovar gilt die Meditationshöhle Padmasambhavas und seiner Gefährtin Yeshe Tsogyel als einer der heiligsten Orte dieser Region. Die heilige Stätte befindet sich in Tirthapuri, südwestlich von Menjir und ermöglicht auch einen Besuch der nahe gelegenen heißen Quellen.

Der Berg Kailash

So wie der mythische Weltenberg Meru nach der indischen Kosmologie als Mittelpunkt des Weltensystems gilt, wird der Kailash (tib. *Kang Tise,* ›Eisberg Meru‹, oder *Kang Rinpoche,* ›Eisberg-Juwel‹) von den Tibetern als dessen geographische Entsprechung in unserer Welt betrachtet. Eine Reise dorthin bedeutet für den Gläubigen daher eine Fahrt in das heilige Zentrum der Welt, eine Begegnung mit dem sich natürlicherweise manifestierenden Transzendenten, mit der Konkretisierung des Unfaßbaren. Gleich einem Stupa als dem Symbol für den Geist des Buddha, gleich einem Diamanten als dem Sinnbild der unzerstörbaren, unveränder-

Kailash – der heilige Berg der Tibeter

lichen eigentlichen Natur der Wirklichkeit ragt der Berg empor – mal leuchtend, mal still im Dunkeln daliegend, bisweilen in Wolken gehüllt, dann wieder in der Sonne glitzernd, erhaben und unerreichbar, doch stets präsent im Geiste des Wallfahrers.

Jede Umrundung (Skt. Parikrama) dieses Berges ist für den Pilger von unendlich großen Verdiensten, eine Begegnung mit dem eigenen Selbst in einer Landschaft, die die Unendlichkeit von Raum und Zeit spürbar werden läßt. Die Hindus betrachten den Kailash als Sitz Shivas, die Buddhisten als Sitz der Yidam-Gottheit Samvara samt seiner Prajna Vajravarahi, die Bönpos sehen in ihm eine Kristallpagode, die die Seele des Schneelandes birgt und den Schutz und das Wohlergehen der tibetischen Bevölkerung sichert.

Seit unerdenklichen Zeiten zieht es neben den einfachen Gläubigen, für die die Umrundung des Kailash eines der höchsten Ziele auf Erden darstellt, indische Mahatmas und Sadhus, tibetische Yogis und Mönche, Buddhisten wie Bönpos hierher. In den Klöstern und Felsenhöhlen um den Kailash verbrachten sie Jahrzehnte der Meditation und Verinnerlichung, inspiriert von der grenzenlose Weite der Landschaft, der Nähe des Himmels und der Ursprünglichkeit und Unberührtheit der Natur – für sie ein unübertreffliches Mittel zur Begegnung mit dem Absoluten und zum Verständnis der Natur des Geistes. Die Erkenntnis, daß alles Dasein Ausdruck einer transzendenten Wirklichkeit ist, das Gewahrsein, daß das Leben in einen höheren Sinnzusammenhang eingebettet ist, das Gefühl der Raum- und Zeitlosigkeit des Universums und die Spürbarkeit der Gegenwart des Numinosen können hier, in einem Raum, der den Eingriffen und Reglementierungen gesellschaftlicher Ordnungssysteme weitgehend entzogen war, stärker als irgendwo sonst erfahren werden.

Entfernungsangaben für die Orte in der Kailash-Region

Purang – Darchen = 110 km;
Purang – Shiquanhe = 435 km;
Barga – Huore = 18 km;
Barga – Shiquanhe = 330 km;
Barga – Menjir = etwa 80 km;
Menjir – Tirthapuri = 13 km;
Tholing – Tsaparang = 10 km.

□ Kailash Parikrama

Die Umrundung des 6714 m hohen Kailash wird von Pilgern auf einem äußeren und einem inneren Umrundungsweg vollzogen. Die 55 km lange äußere Umrundung schließt eine anstrengende, 800 Höhenmeter überwindende Paßbewältigung in 5723 m Höhe ein. Je nach physischer Stärke kann die Strecke in ein bis drei Tagen zurückgelegt werden. Fromme Tibeter benötigen für eine Prostrationsumrundung 15–28 Tage. Buddhisten umrunden den Berg im Uhrzeigersinn, Bönpos in entgegengesetzter Richtung. Steine mit den Fuß- und Handabdrücken Heiliger, Plätze, an denen die Pilger ihre Zufluchtnahme im Angesicht des Kailash vollziehen, Stupas, Mani-Mauern und Gebetsfahnen markieren den Weg.

Die Umrundung, die von den Tibetern als ein Weg durch den Bardo, den Zwischenbereich zwischen Leben und Tod, empfunden wird und damit zu einer symbolischen Wiedergeburt im Geiste führt, beginnt am Darchen Chörten. Die ersten wichtigen Stationen bilden der ›Große Flaggenmast‹ (tib. *Darpoche*) und der ›Zweibeinige Stupa‹ (tib. *Chörten Khangnyi*), der das Eingangstor in das Tal des ›Götterflusses‹ (tib. *Lhachu*) darstellt. Nach einiger Zeit erreicht man Chöku Gompa, eines der drei Klöster auf dem Äußeren Umrundungsweg, in dessen Gönkhang Khangri Lhatsen, die lokale Schutzgottheit der Kailash-Region verehrt wird. Im Lhakhang des Klosters sieht man einige Statuen und silberne Stupas als die religiösen Verehrungsobjekte, die nach den Wirren der Kulturrevolution aus den ehemals sechs Kailash-Klöstern übrigblieben. Im Zentrum thront eine Statue des hochverehrten Chöku Rinpoche, der das Kloster im 16. Jh. gründete.

Den zweiten Zufluchtsplatz und linker Hand eine dreispitzige Felsformation passierend, die als Ausdruck der Drei Gottheiten Langen Lebens betrachtet wird, gelangt man zum ersten Übernachtungsort, zum Kloster Drira Phug (4981 m), ›Höhle des Dri-Rind-Hornes‹, in dem sich eine Statue des Kagyüpa-Lama Götsang Räpa findet, dem Entdecker dieses Umrundungswegs. Von hier hat man einen Ausblick auf die herrliche Nordwand des Kailash. Etwa drei km weiter beginnt nach der Überquerung des Lhachu der anstrengende Aufstieg zur Paßhöhe des Dolma La, des ›Tara-Passes‹ (5723 m). Auf halber Höhe liegt Zhiwa Tshäl, der Leichenacker der Vajrayogini, der Ort, der in den Bardo der Wiedergeburt führt. In dem Bewußtsein, hier dem Totenrichter Yama mit Waage und Spiegel zu begegnen, lassen die Gläubigen Locken ihres Haares oder Kleidungsstücke als Opergaben zurück. Knapp mehr als ein Kilometer ist jetzt noch bis zur Paßhöhe zurückzulegen. Jetzt nicht zu hasten, sich Zeit zu lassen und sein eigenes Tempo zu gehen in der immer dünner werdenden Luft, ist sehr wichtig.

Auf der Paßhöhe vollziehen die Pilger eine rituelle Umrundung des Steines, in den Tara, nachdem sie Götsang Räpa, den Entdecker des Umrundungsweges, hier hinaufgeführt hatte, eingegangen sein soll. Opfergaben werden niedergelegt und Prostrationen vollzogen. Nun abwärts liegt südlich des Passes der Thugje Chenpo-See, der ›See des Großen Barmherzigen‹. Vor allem indische Pilger lassen es sich nicht nehmen, hier trotz eisiger Kälte ein rituelles Bad der Reinigung zu nehmen. Nach einem steilen Abstieg gelangt man in das östliche Kailash-Tal. Wichtig ist es, hier nicht den kleinen Fluß zu überqueren, sondern am rechtsseitigen Ufer zu bleiben. Wer den noch vielleicht fünfstündigen Weg bis zur Dzutrül Phug nicht mehr schafft, sollte besser hier nächtigen.

Dzutrül Phug, ›Höhle magischer Wundertaten‹, ist der Ort, an dem Milarepa, Tibets großer Yogi, einst mit Naro Bönchung einen Wettstreit mit magischen Mitteln ausführte. Als es

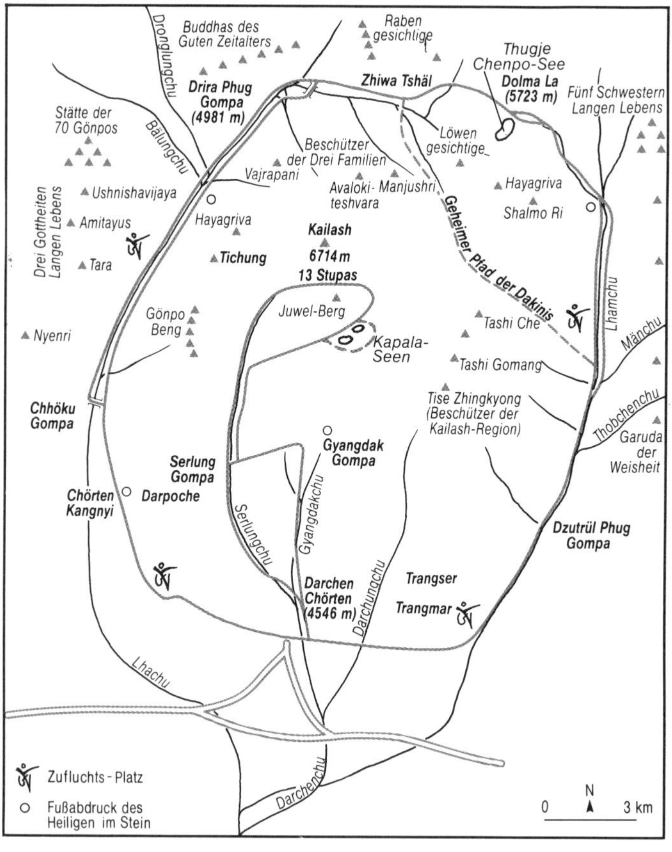

Kailash Parikrama

schließlich darum ging, wer von beiden zuerst die Spitze des Kailash erreiche, ritt der Bönpo auf seiner Trommel zur Spitze hinauf, der Meister jedoch benutzte den ersten Strahl der aufgehenden Sonne und saß im Bruchteil einer Sekunde auf dem Gipfel. Die Höhle, in der Milarepa einst meditierte, bildet das religiöse Zentrum des Klosters.

Noch etwa fünf Stunden sind es von hier aus bis zum Ausgangspunkt Darchen. Kurz vor dem Darchen Chörten zweigt rechts ein Weg zum Gyangdag Gompa ab, das in etwa zwei Stunden zu erreichen ist. Nach Westen führt von hier aus ein Weg zum Kloster Serlung. Der weitere Weg in das Herz der Kailash-Region steht der Überlieferung zufolge nur demjenigen offen, der bereits dreizehnmal den äußeren Umrundungsweg gegangen ist.

□ Der See Manasarovar

So wie der Kailash die irdische Entsprechung des Weltenberges Meru oder Sumeru bildet, wird der Manasarovar (tib. *Tsho Mapham, Tsho Mavang*) mit dem mythologischen Ozean Anavatapta, über den der gleichnamige Naga-König herrscht, gleichgesetzt. Der buddhistischen Kosmologie zufolge wächst inmitten dieses Sees der Dzambu-Baum, dessen goldene Früchte, soweit sie nicht, nachdem sie reif in den See gefallen sind, von den Nagas verspeist werden, das in den Flüssen zu findende Gold ausmachen. Die Hindus betrachten den Manasarovar als ein himmlisches Gewässer, das aus einer Spiegelung des Geistes Brahmas entstand. Seine Umrundung und eine rituelle Reinigung in seinen Fluten zählen daher zu den höchsten Zielen eines Hindu-Pilgers.

Ob Sie den 4558 m hoch gelegenen See umrunden, dabei den Anblick des nördlich von hier gelegenen Kailash und des südlich gelegenen Gurla Mandhata (7728 m) genießen und den acht, an seinem Ufer gelegenen Klöstern einen Besuch abstatten können, wird vermutlich Ihr Zeitplan entscheiden. Die drei- bis viertägige, nicht ganz 100 km lange Umrundung beginnt gewöhnlich in Huore. Dort sollte man sich auch mit Nahrungsmitteln eindecken, denn nur in den Klöstern Seralung und Trugo gibt es Gelegenheiten, ein Essen aus der Klosterküche zu bekommen. Im Sommer können Fliegenschwärme und Moskitos einem allerdings die Umrundung des 330 km^2 großen Gewässers etwas verleiden.

Westlich des Manasarovar liegt in 4584 m Höhe ein weiterer großer See, der Rakshas Tal (tib. *Langka Tsho*). Diese Fluten gelten als Manifestation des Lunaren, des Weiblichen und Unbewußten, im Gegensatz zum Manasarovar, der schon aufgrund seiner Form mit der Sonne und mit den Kräften des Männlichen und Bewußten verglichen wird.

Tholing und Tsaparang

Nur außerhalb der Monsunzeit sind Tholing (chin. *Zanda*) und Tsaparang (chin. *Zhaburang*), die bedeutendsten buddhistischen Stätten des alten Königreiches von Guge, zu besuchen. Unter guten Bedingungen ist Tholing von Shiquanhe aus per Jeep in einer Tagesfahrt zu erreichen.

Von Purang aus empfiehlt es sich, eine Übernachtung in Möncer einzuplanen und die verbleibenden 220 km nach Zanda, das über ein einfaches Gasthaus und Restaurant verfügt, am folgenden Tag zurückzulegen.

Das Kloster Tholing oder Thoding war von 1040 bis 1042 die Heimat des bengalischen Heiligen Atisha (983–1055), dessen Wirken zur Gründung der Kadampa-Schule führte. 1966 wurde die heilige Stätte geschlossen und weitgehend zerstört. In drei Lhakhang sind allerdings noch Überreste der einmaligen Malereien und einige Statuen zu sehen. Der Rote Lhakhang dient nun als Zentrum der Anlage und zeigt noch einige Statuen und Malereien weiblicher Gottheiten im westtibetischen Stil. Tantrische Gottheiten und Darstellungen der Guru-Überlieferungslinie der Gelugpa-Schule enthält der Weiße Lhakhang. Südwestlich von Zanda befindet sich ein noch relativ gut erhaltener, großer Stupa, dessen Erbauung dem Guge-König Yeshe Ö (11. Jh.) zugeschrieben wird.

Tsaparang (3800 m), gut 10 km westlich von Tholing gelegen, ist die zweite bedeutende Stätte der Späten Bekehrung in Westtibet. Gegründet von dem indischen Übersetzer Rinchen Zangpo (958–1055) bildete die Anlage neben Tholing das wichtigste Kloster Guges. Aufgrund der Austrocknung, Verkarstung und zunehmenden Versandung Westtibets ist Tsaparang im 16. Jh. jedoch aufgegeben worden. Während sämtliche Statuen in der Kulturrevolution stark beschädigt oder zerstört wurden, sind die teils noch aus der Gründungszeit stammenden Wandmalereien noch recht gut erhalten. Kunsthistorisch stellen sie einzigartige Zeugnisse der späten indisch-buddhistischen Kunst dar. Der auf dem Berge gelegene, rote Demchog Lhakhang, der den religiösen Teil des heute weitgehend verwitterten, ehemaligen Sommerpalastes der Könige von Guge bildete, enthielt ehemals ein plastisches Mandala Samvaras (tib. *Demchog*). Allein aufgrund seiner einzigartigen Malereien tantrischer Gottheiten ist er einen Besuch wert. Dem Eingang gegenüber erkennt der Besucher die fünf Erscheinungsformen Guhyasamajas, links fünf Formen Samvaras, rechts fünf Formen Hevajras und an der Eingangsseite die speziellen Schutzgottheiten und Dakinis des Samvara-Mandalas. Unterhalb der Burg befinden sich vier weitere Lhakhang. Die noch sehr gut erhaltenen Malereien des Roten Lhakhang (tib. *Lhakhang Marpo*) sind in Ausdruckskraft, farblicher Harmonie und künstlerischer Gestaltung nicht zu übertreffen. Besonders die Darstellungen der Fünf Tathagatas, der achtarmigen Ushnishavijaya mit dem kleinen Buddha Amitabha in ihrer oberen Rechten oder die lebhaft wirkenden Schutzgottheiten zornvoller oder gemischt friedvoll-zornvoller Form an der Eingangswand kann man sich gar nicht lange genug anschauen. Daneben finden sich Darstellungen der Acht Mahabodhisattvas sowie illustrative Szenen aus dem Leben des Buddha oder vom Bau des Klosters. Der gleich nebenan gelegene Vajrabhairava Lhakhang enthielt ehemals eine große Statue des schreckenerregenden Yidam Vajrabhairava. Die Kulturrevolution überstanden allerdings einzig die Malereien, unter denen links Vaishravana, Guhyasamaja, Guhasamaja-Manjuvajra, rechts Chakrasamvara, Hevajra, zu erkennen sind. Als Randfiguren mit beträchtlicher Größe sind Maitreya, Yama und die Acht Formen der Tara abgebildet.

Unterhalb des Roten Lhakhang ist der um 1500 gegründete Weiße Lhakhang (tib. *Lhakhang Karpo*) gelegen. Auch er besticht durch seine herrlichen, mit außergewöhnlicher Akribie gemalten Darstellungen tantrischer Gottheiten. Darüber hinaus sind hier die Überreste der in der Kulturrevolution zerstörten Statuen zu sehen. Abgesehen von den beiden Zornvollen Türhütern, dem blauen Vajrapani und roten Hayagriva, bilden die Standbilder hauptsächlich einzelne Gottheiten des 37fachen Vairocana-Zyklus ab. An der Wand rechts sind Darstellungen der Könige von Guge zu sehen. Unterhalb davon gelangt man zu einem weiteren kleinen Lhakhang, dem Lotsawa Lhakhang, der nochmals herrliche Darstellungen von Buddha Shakyamuni, sowie Atisha und Tsongkhapa, jeweils mit ihren beiden Hauptschülern, enthält.

Aufgrund der einzigartigen Malereien ist das Photographieren hier – wie man stets zu hören bekommt – nur mit einer Sondererlaubnis aus Peking gestattet.

Die Qinghai-Route: Von Lhasa nach Golmud und weiter nach Xining und Langzhou

Die im nordwestlichen China gelegene Provinz Qinghai umfaßt bei einer mittleren Höhe von etwa 4000 m eine Fläche von 720 000 km² und ist von etwa 4 Mio. Einwohnern besiedelt. In weiten Teilen mit der einstigen Provinz Nordosttibet (tib. *Amdo*) identisch, wird sie im Norden vom Qilin Gebirge, im Nordwesten vom Tsaidam-Becken und im Süden von den Tanggula-Zügen eingeschlossen. Herausragende Besichtigungspunkte dieser Region sind die Klöster Kumbum (der Geburtsort Tsongkhapas), Labrang, die Residenz des Jamyang Zhäpa, der Kokonor-See sowie der im südöstlichen Qinghai gelegene Berg Amnye Machen, das Naturheiligtum der nordosttibetischen Golok.

Bereits 1954 wurde die Qinghai-Route, eine wichtige Handelsstraße zwischen Zentraltibet und China, von den Chinesen fertiggestellt, eine Strecke, die zunächst in zwei bis drei Tagen durch weitläufige Nomadengebiete von Lhasa nach Golmud führt und dann über Xining nach Lanzhou weiterläuft. 1985 wurde der letzte Teilabschnitt asphaltiert. Aufgrund der enormen Höhenlage und der oft extremen klimatischen Bedingungen ist auch im Frühling und Herbst warme Kleidung erforderlich. Verpflegung ist unterwegs nur bedingt erhältlich.

00 Lhasa-Hotel.

11 Man folgt der rechts abzweigenden Qinghai-Route ins Tölung-Tal (chin. *Doilung*) und dem Tölung Chu aufwärts.

16 In einiger Entfernung sieht man links den Lhakhang von Shongpa Lhachu liegen, jenen Ort, an dem Padmasambhava bei seiner Ankunft in Tibet in Erwartung der königlichen

Gesandtschaft mit seinem magischen Stab eine Quelle hervorsprudeln ließ, um so Wasser für die Zubereitung von Tee zu beschaffen.

40 Die links liegende, kleine Eisenbrücke führt zum Kagyüpa-Kloster Tshurphu (s. S. 192), der Residenz des Karmapa.

52 Ortschaft Machu (chin. *Maqu*).

67 Ort Döcin.

88 Garnisonsstadt Yangpacen.

90 Links biegt die Nördliche Route nach Shigatse ab. Man erkennt die Ausläufer der Nyenchen Thanglha-Kette (bis 7253 m), der man fortan folgt.

163 Das Städtchen Damshung (tib., chin. *Dangxiong*), das in der Nähe des berühmten Nam Tsho (mong. *Tengri Nor,* chin. *Tianhu*) gelegen ist. Der ›Himmelssee‹ ist mit 1940 km^2 das zweitgrößte Gewässer Chinas und mit 4678 m der höchstgelegene Binnensee der Welt.

188 Paßhöhe des Nyenchen Thanglha (chin. *Nyainqen Tangla Shan*).

327 Nagchu, ›Schwarz-Fluß‹ (vgl. S. 301), die Hauptstadt der gleichnamigen Präfektur, die besonders für ihr jährlich am 15. August veranstaltetes Pferderennen berühmt ist. Straßen führen von hier nach Westtibet (chin. *Ali*) und gen Osten zur Stadt Chamdo (764 km).

330 Checkpoint.

463 Städtchen Amdo. In westlicher Richtung zweigt hier eine Straße nach Shiquanhe (1336 km) ab.

552 Tanggula Shankou-Paß (5180 m), zumeist schneebedeckt. Hier befindet man sich in einer Region, die erst mit dem Bau der Qinghai-Route erschlossen wurde. Westlich erhebt sich der Geladantong (6621 m), an dem der Tuotuo, der Quellfluß des 6380 km langen Yangtse entspringt. Das kurz hinter der Paßhöhe gelegene, von den Chinesen errichtete Städtchen Wenquan könnte mit 5100 m die höchstgelegenste Stadt der Welt sein.

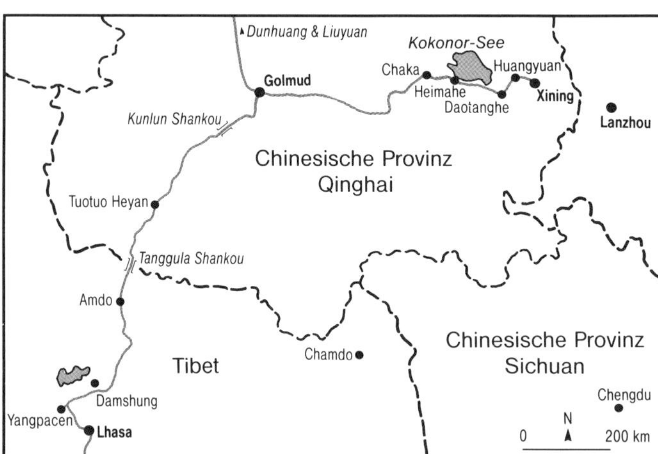

Qinghai-Route

707 Totohe oder Tuotu Heyan. Durch Steppengebiete, in denen gelegentlich noch Wildtiere wie tibetische Gazellen zu sehen sind, geht es von hier aus zum Kunlun-Gebirge.
1031 Kunlun Shankou (4873 m), Paßhöhe des Kunlun-Gebirges, dessen höchste Gipfel mit 7714 m angegeben werden.
1134 Checkpoint.
1137 Golmud (s. u.).

Nagchu

Das Städtchen ist heute eine der fünf von den Chinesen zur Verwaltung des Landes eingerichteten Präfekturen Tibets. Bekanntheit erlangte der Ort durch die hier 1718 geführte Schlacht, in der die Mandschu den Truppen der Tibeter und mongolischen Dzungaren unterlagen. Weithin berühmt ist es heute in Tibet wegen des hier alljährlich am 15. August durchgeführten Pferderennens.

Golmud

Die neue, unattraktive Stadt zählt etwa 100 000 Einwohner und bildet den vorläufigen Endpunkt des chinesischen Eisenbahnnetzes in dieser Region. Flugverbindungen bestehen laut Plan dienstags und samstags nach Lhasa und Xian. Mit Bussen und Trucks sind Xining, Lanzhou, Dunhuang und Lhasa zu erreichen, Züge verkehren mit etwa 24 Stunden Fahrtzeit zweimal täglich gen Norden in Richtung Xining.

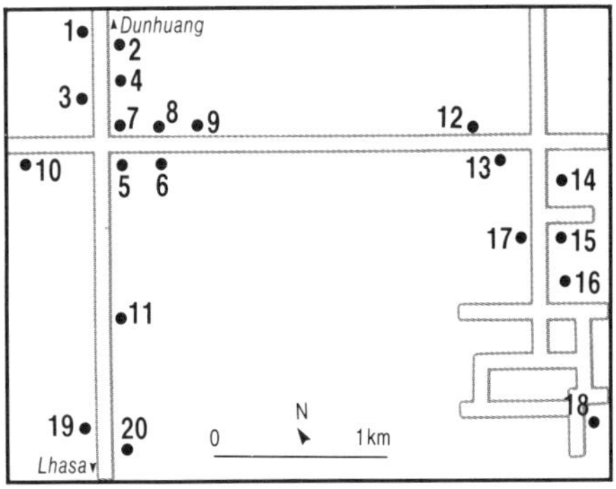

Golmud *1 nach Dunhuang 2 Truck Depot Nr. 1 3 Guest House 4 Truck Depot Nr. 2 5 Busse zum Bahnhof 6 Hotel 7 Laden 8 Restaurant 9 Hotel 10 Truck Depot Nr. 3 11 Büro der Lhasa Transport Company 12 Public Security Bureau 13 Buchladen 14 Markt 15 Restaurant 16 Guest House 17 Kaufhaus 18 Bahnhof 19 Checkpoint 20 nach Lhasa*

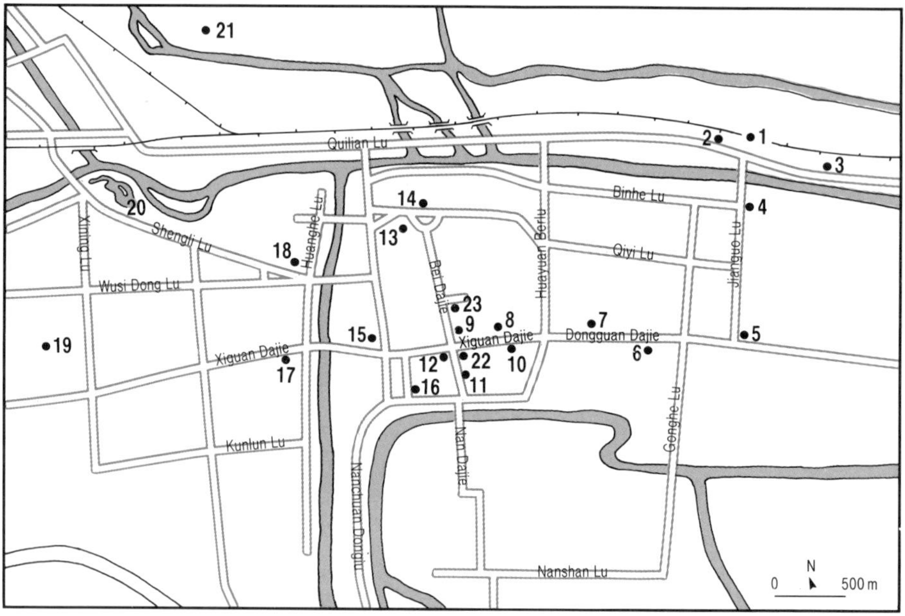

Xining *1 Bahnof 2 Bahnhofshotel 3 Bahnhofsmarkt 4 Zentraler Busbahnhof 5 Hotel 6 Moschee 7 Bank of China 8 CAAC-Luftfahrtbüro 9 Xinhua-Buchladen 10 Restaurant 11 Public Security Bureau 12 Post 13 Kunstgewerbeladen 14 Hotel 15 Ximen-Busstation 16 Markt 17 Foreign Languages-Buchladen 18 Busse nach Huangyuan 19 Hutai-Hügel 20 Zoo 21 Beishani-Tempel und -Pagode 22 Kaufhaus 23 Restaurant*

Xining

Das am Huangshui gelegene Xining (2260 m) ist mit nahezu 600 000 Einwohnern die Hauptstadt der Provinz Qinghai und per Flug- und Bahnlinie mit Beijing und Lanzhou (216 km) verbunden. Einst besonders von strategischer Bedeutung, wurden hier nach 1949 Betriebe der Chemie-, Textil- und Metallindustrie angesiedelt. Die Stadt empfiehlt sich als Ausgangspunkt für einen Ausflug zum 138 km westlich gelegenen Kokonor See oder zum 26 km nördlich gelegenen Kloster Kumbum. Das taoistische Felsenkloster Beishansi befindet sich am nördlichen Rand der Stadt, 20 km südöstlich von Xining der 1393 erbaute Tempel Qutansi.

Kumbum Jampa Ling

Die heilige Stätte zählt zu den sechs großen Gelugpa-Klöster Tibets und wurde im Jahre 1560 am Geburtsort Tsongkhapas (1357–1419) mit der Errichtung eines kleinen Klosters, in dem zunächst nur sieben Mönche lebten, gegründet. Entsprechend ihrem Hauptobjekt der Verehrung, dem hier im Gedenken Tsongkhapas errichteten Stupa, wurde das Kloster als ›Stupa-Kloster‹ (chin. *Taersi*) bekannt. Als der 3. Dalai Lama 1583 hierherkam, beauftragte er den Lama Tsöndrü Dagpa einen großen Maitreya Lhakhang zu gründen, von dem sich Jampa Ling, der tibetische Name des Klosters (›Maitreyas Kontinent der 100 000 [Buddha-]Darstellungen‹) ableitet. Im 17. und 18. Jh. wurde die Anlage stark vergrößert. Einst lebten hier bis zu 4000 Mönche.

Kumbum ist fraglos das bedeutendste Kloster der Region Amdo. Wohl nur deshalb haben die zentralen Gebäude auch die Kulturrevolution überstanden. Mehr oder weniger geschlossen war das Kloster von 1967 bis 1979.

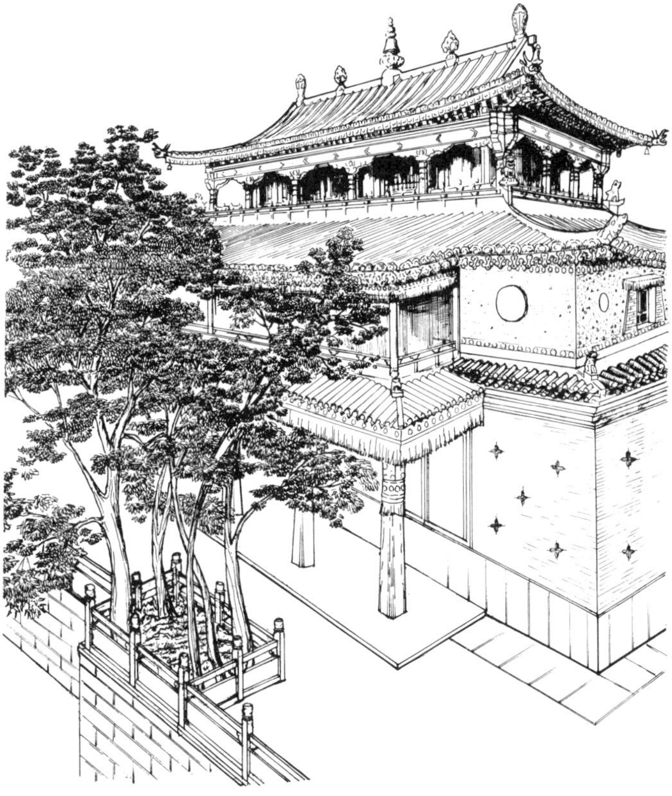

Der Serdong Chenmo im Kloster Kumbum

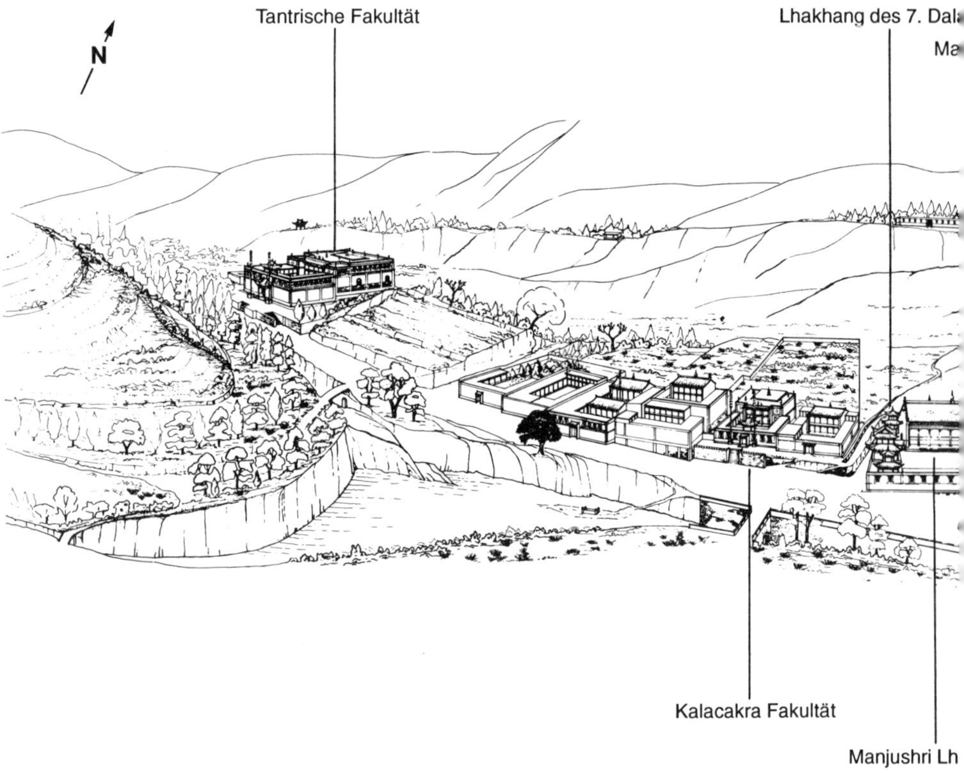

Gesamtansicht des Klosters Kumbum

Eingebettet ist die in zahlreichen architektonischen Elementen unverkennbar chinesisch beeinflußte Klosteranlage in ein von Hügeln gebildetes Seitental. Die üblicherweise lamaistische Klöster umgebende Mauer zur Abgrenzung des religiösen Bereiches ist auf der Frontseite nicht mehr vorhanden. So fällt einem am Eingang zuerst die Reihe der Acht Stupas des Sugata ins Auge, die an die wichtigsten exemplarischen Taten des Buddha erinnern.

Im Vorhof der links gelegenen, 1692 erbauten Kleinen Golddachhalle schauen ausgestopfte Yaks etc. als Reittiere der Schutzgottheiten von den Galerien herunter. Am oberen Ende des Hofes gelangt man in einen typischen, lamaistischen Gönkhang, der die Gönpo Kunga beherbergt, eine Fünfergruppe von Schutzgottheiten, die dafür bekannt sind durch das Medium von Nechung (vgl. S. 187) zu sprechen. Den Klosterhof wieder verlassend, stößt man auf den großen Kalacakra-Stupa. Rechts dahinter gelangt man zur Gebetshalle für die Langlebigkeit des 7. Dalai Lama (1717), die von ihm selbst eingeweiht wurde und Buddha mit seinen beiden Schülern als Hauptobjekt der Verehrung besitzt. Im Klosterhof sieht man einen mit Fett, Münzen und Wolle

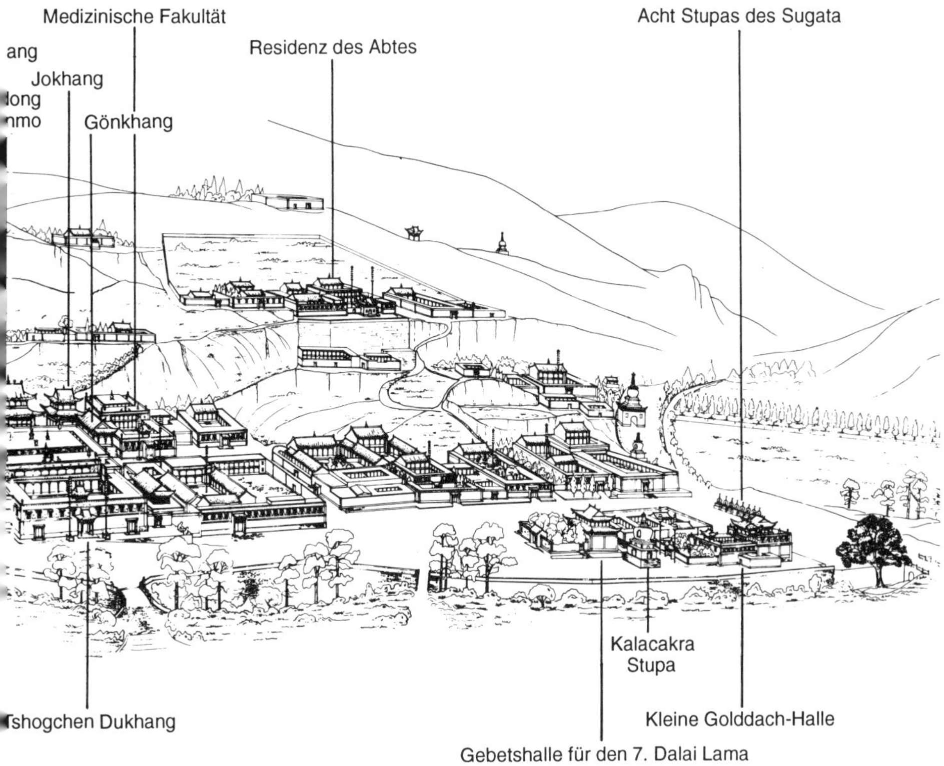

als Opfergaben überhäuften Stein, der Tsongkhapas Mutter stets als Rastplatz gedient haben soll, wenn sie Wasser vom nahe gelegenen Fluß holte.

Vorbei an der Druckerei gelangt man sodann zur 1757 gegründeten Medizinischen Fakultät. Zu sehen sind hier Statuen von Tsongkhapa, Jobo Shakyamuni, dem Medizin-Buddha Bhaishajyaguru und der Tara sowie acht Plastische Mandalas. Medizinische und philosophische Studien bestimmen den Ausbildungsgang, dessen Abschluß das medizinische Mänrampa-Examen bildet.

Der 166säulige Tshogchen Dukhang diente der Vollversammlung der Mönche aller Fakultäten. Die Sitzreihen sind mit kostbaren Läufern belegt, die Säulen mit Drachenteppichen behängt, Gebälk und Verstrebungen besonders üppig geschnitzt und farbenprächtig bemalt. Die Hauptstatuen an der Altarwand stellen Tsongkhapa und Buddha Shakyamuni dar.

Auf der Rückseite ist das rechts von einem Jokhang sowie einem Gönkhang und links von einem Maitreya Lhakhang flankierte Hauptheiligtum von Kumbum situiert, der Serdong

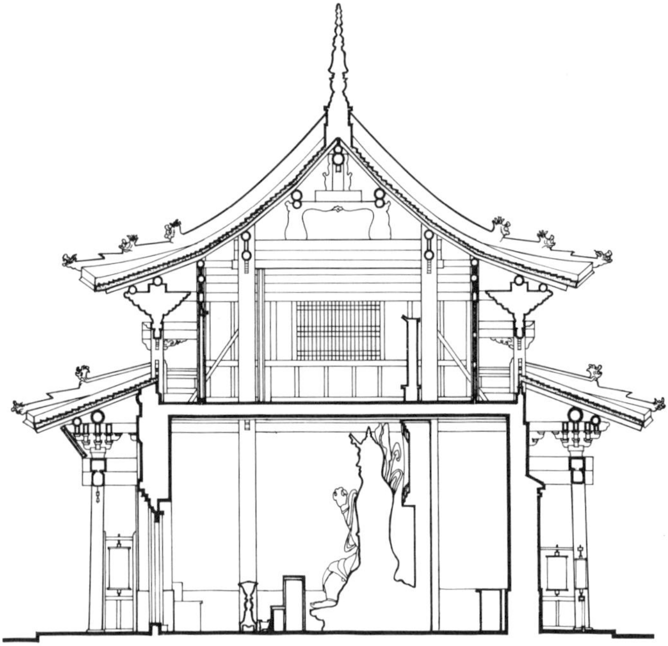

Maitreya Lhakhang des Klosters Kumbum

Chenmo, der ›Große Gold-Baum‹. Grün glasierte Ziegel und vergoldete Kupferdächer mit Emblemen der buddhistischen Lehre zieren den prachtvollen vierstöckigen Bau, der als Hauptobjekt der Verehrung einen drei Stockwerke hohen Stupa enthält, in dem als Weihefüllung ein sagenumwobener, heiliger Baum aufbewahrt wird. Gesprossen sein soll er aus dem Blut, das während der Geburt Tsongkhapas bei der Durchtrennung der Nabelschnur auf die Erde tropfte. Seine Blätter sind dafür bekannt, die Abbildungen von heiligen tibetischen Silben und buddhistischen Symbolen getragen zu haben, eine Tatsache, die durch die Berichte der französischen Missionare Huc und Gabet gestützt wird, die das Kloster 1845 besuchten: »Unser erster Eindruck war der Verdacht eines Betruges von seiten der Lamas, doch nach einer eingehenden Untersuchung aller Details konnten wir nicht die geringste Fälschung entdecken. Sämtliche Zeichen schienen uns Teile des Blattes selbst zu sein, ganz gleich den Blattadern und -nerven. Ihre Lage war nicht auf allen die gleiche. Auf einem Blatt waren sie an der Spitze, bei einem anderen in der Mitte, einem dritten an der Basis oder an der Seite zu finden. Die austreibenden Blätter wiesen die Buchstaben nur in einem teilweisen Bildungszustand auf. Stamm und Äste des Baumes, die einer Platane gleichen, sind ebenfalls mit diesen Zeichen bedeckt. Entfernt man ein Stück der Borke, weist die darunter liegende Rinde undeutliche Zeichenkonturen in einem sich entwickelnden Stadium auf, und, was völlig einzigartig ist, diese neuen Zeichen sind in der Regel verschieden von denen, die sie ersetzen.« Kultivieren ließ sich dieser Baum nach Aussagen der Lamas bislang an keinem anderen Ort.

Inzwischen ist der bereits erwähnte, versiegelte und seit über 70 Jahren nicht mehr geöffnete Silberstupa um diesen Baum herum erbaut worden. Die im Hof gepflanzten Ableger, deren Laub von Pilgern als kostbare Reliquie eingesammelt wird, lassen keinerlei bedeutungsvolle Zeichen erkennen.

Südlich von hier liegt der 1592 errichtete Manjushri Lhakhang, auf dessen Frontseite sich der für Disputationen, zeremonielle Festspiele und Versammlungen genutzte Klosterhof befindet. Auf seiner südlichen Seite wird er durch den Lhakhang des 7. Dalai Lama begrenzt, dessen Reliquien hier in einem prachtvollen Stupa beigesetzt wurden.

Weiter südlich schließt sich die erst 1817 errichtete Kalacakra-Fakultät an, in der regelmäßig spezielle tantrische Begehungen abgehalten und eng mit den Kalacakra-Lehren verbundene Wissenschaften wie Astronomie, Astrologie, Zeitrechnung und mathematische Berechnungen gelehrt werden. Einen Steinwurf entfernt weiter südlich findet der Besucher die 1649 gegründete Tantrische Fakultät, die heute über einen 60säuligen Dukhang verfügt und als bedeutendste Statuen Maitreya und Shakyamuni sowie die Yidam-Gottheiten Guhyasamaja, Samvara und Yamantaka nebst ihren plastisch ausgestalteten Mandalas beherbergt.

Weit berühmt ist Kumbum auch für seine Fertigung von Butterskulpturen, die – aus gefärbter Butter auf Drahtgestellen gearbeitet – grazile Meisterwerke höchster Kunstfertigkeit darstellen und neben floralen Motiven buddhistische Gottheiten und Symbole abbilden. Üblicherweise zum ›Großen Gebet‹ im Anschluß an das Neujahrsfest auf hohen Stellagen errichtet, ist eine Kollektion kleinerer Skulpturen in einem speziellen Ausstellungsraum auf der anderen Seite des Flusses zu bewundern.

Lanzhou

Einst eine wichtige Station der Seidenstraße, ist das am Oberlauf des Huanghe gelegene Lanzhou (1554 m) heute mit mehr als 2 Mio. Einwohnern die Hauptstadt der chinesischen Provinz Gansu. Als bedeutender Verkehrsknotenpunkt ist es ein Umschlagplatz zwischen Nordwest-, Südwest- und Zentralchina, zugleich Standort von Unternehmen der Textilbranche, Petrochemie und Maschinenbauindustrie. Seit 1960 ist Lanzhou das Zentrum der chinesischen Atomenergieforschung.

Neben dem für seine Bronzeskulpturen, seine neolithischen Keramikobjekte (Zhou-Zeit, 11. Jh.–771 v. Chr.) und seine Kollektion von Grabbeigaben berühmten Museum Bowuguan, bilden die siebenstöckige Weiße Pagode, die die Grabstupa des 1251 hier verstorbenen Sakya Pandita sein soll, und der Fünf-Quellen-Park Wuquan Gongyuan die Hauptattraktionen der Stadt. Das lamaistische Kloster Labrang befindet sich 160 km südwestlich nahe der kleinen Stadt Xiahe. 70 km südwestlich liegen am Huanghe die berühmten buddhistischen Höhlen von Bingling Si (6. Jh.), die von Mai bis Oktober vor Ort per dreistündiger Bootsfahrt besichtigt werden können.

Das Kloster Labrang Tashi Khyil

Mit seiner Gründung im Jahre 1709 durch den 1. Jamyang Zhäpa (1648–1742) ist Labrang, ›Lama-Residenz‹, eines der jüngeren tibetischen Klöster, doch bereits seit dem 19. Jh. zählt es zu den sechs großen heiligen Stätten der Gelugpa-Schule in Tibet. Zu verdanken hat Labrang Tashi Khyil, ›Lama-Residenz Glückswirbel‹, wie es mit ausführlichem Namen genannt wird, seinen schwunghaften Aufstieg vor allem seinem Klosteroberhaupt, dem Jamyang Zhäpa, dem ›Lächelnden Manjushri‹, der seinen Liniennamen darauf zurückführt, daß die Statue des Manjushri im Jokhang einst gelächelt haben soll, als der erste Jamyang Zhäpa ihr eine zeremonielle Glücksschleife darreichte. Eng verknüpft sind die Jamyang Zhäpa seit jeher mit der Fakultät Gomang des Klosters Drepung (vgl. S. 179), an der sie verschiedentlich als Äbte fungierten. Dadurch ergab sich auch die enge Verbindung Labrangs zu zahlreichen mongolischen Klöstern und Gabenherren. Später zählten die Jamyang Zhäpa zu den Hoflamas der mandschu-chinesischen Kaiser und erhielten damit auch aus Beijing reichliche Unterstützung. 138 Zweigklöster besaß Labrang, bevor die Chinesen es 1958 schlossen. Als touristische Attraktion wurde es 1970 wiedereröffnet, ab 1980 durfte die religiöse Praxis wieder aufgenommen werden, so daß hier gegenwärtig etwa 500 Mönche studieren können.

Am westlichen Ende der Stadt Xiahe, Provinz Gansu, gelegen, umfaßt das Klosterareal 860 000 m^2, von denen nahezu 400 000 m^2 bebaut sein sollen. Die Zahl der Lhakhang wird mit 139 angegeben. Entsprechend dem Modell mongolischer Klöster besaß Labrang anfangs vier Abteilungen: die Philosophische Fakultät, die Tantrische Fakultät Mägyü, die Medizinische Fakultät sowie die den Kalacakra-Lehren gewidmete Fakultät. Ergänzt wurden sie später durch die Hevajra-Fakultät sowie eine Tantrische Fakultät, die sich der Praxis von Gyütö, der nahe zu Lhasa gelegenen ›Oberen Tantrischen Fakultät‹, verpflichtet fühlt. Es spricht für den Reichtum und die Bedeutung Labrangs, daß die geräumigen Dukhang der Fakultäten zumeist in der Höhe von zwei Stockwerken, die dahinter liegenden Sanktuarien in der Höhe von drei bis vier Stockwerken erbaut wurden.

Thösam Ling, die ›Insel des Hörens und Meditierens‹, auch *Tshännyid Dratshang*, ›Philosophische Fakultät‹, genannt, wurde vom 1. Jamyang Zhäpa als Keimzelle des Klosters gegründet. Das Ziel der Studien bildet hier der Erwerb des philosophischen Titels eines Geshe Dorampa. 15 Jahre beträgt die durchschnittliche Studienzeit, um überhaupt zur abschließenden 13. Klasse zu gelangen. Die öffentlich abgehaltene Abschlußprüfung zur Erlangung dieses buddhistischen Doktorgrads dann zu bestehen, ist nur wenigen vorbehalten.

Um Medizin und Heilkunde, einen wichtigen Wissenschaftszweig des Lamaismus, studieren zu können, etablierte der 2. Jamyang Zhäpa Könchog Jigme Wangpo (1728–1817) 1784 eine Medizinische Fakultät (tib. *Mänpa Dratshang*), deren Sanktuarium einen Buddha Akshobhya im Sambhogakaya-Schmuck enthält.

Einen prächtigen Anblick bietet der zentral gelegene Dukhang von Thösam Ling, der mit seiner Größe und den 140 wuchtigen Pfeilern zugleich den Tshogchen Dukhang, die Halle der Vollversammlung, darstellt. Üppig verziertes Dachgebälk, farbenprächtige Seide und schwerer

Kloster Labrang

Brokat bilden die bestimmenden dekorativen Elemente. Bis zu 4000 Mönche fanden hier bei religiösen Feierlichkeiten Platz. Dem Eingang gegenüber steht der hohe Thron der Jamyang Zhäpa vor den Statuen des Buddha Maitreya in Sambhogakaya-Form, Tsongkhapas und der verschiedenen Existenzkettenglieder des Jamyang Zhäpa sowie einem aus Sandelholz gefertigten Tausendarmigen Avalokiteshvara. Das zentrale Heiligtum beherbergt nochmals einen Buddha Maitreya in seiner typisch westlichen Sitzhaltung – diesmal im Dharmakaya-Schmuck –, flankiert von den Acht Bodhisattvas. Das Nebensanktuarium enthält in aufwendiger Gold- und Silbertauschierung gefertigte Stupas, die die mumifizierten Reliquien der einzelnen Jamyang Zhäpa enthalten.

Die Kalacakra-Fakultät (tib. *Dükhor Dratshang*) wurde 1763 vom 2. Jamyang Zhäpa gegründet und dient neben den spezifischen Ritualzyklen dieser Gottheit den Studien der mit dem Kalacakra-Tantra verbundenen Astronomie und Astrologie, wie sie aus Indien überliefert wurde. Die bedeutendsten Objekte bilden hier die Statue des 2. Jamyang Zhäpa sowie eine prächtige Kalacakra-Statue, die das Herzensobjekt des 6. Panchen Lama bildete.

Weithin bekannt ist Labrang für den nordwestlich von hier gelegenen, fünf Stockwerke hohen *Serkhang Chenmo,* das ›Große Gold(dach-)Haus‹, das eine Statue des Buddha Maitreya, des in Zukunft erscheinenden ›Liebenden‹, enthält, deren Höhe mit mehr als sieben Menschengrößen angegeben wird. Sie bildet das bedeutendste Verehrungsobjekt Labrangs. Vor ihr thront ein Buddha Shakyamuni mit seinen beiden Schülern, links davon erkennt man eine Tara, rechts einen Avalokiteshvara.

Die Tantrische Fakultät Mägyü wurde bereits 1719 von Gyüchen Könchog Yarphel auf Anregung des 1. Jamyang Zhäpa gegründet. Neben einem prächtigen Kanjur und wunderbaren Malereien verschiedener Yidam ist hier als Hauptobjekt der Verehrung eine Statue des Jobo zu sehen. Das Sanktuarium enthält die Reliquienstupas der herausragenden Äbte dieser Fakultät.

Die Hevajra-Fakultät (tib. *Kyeedor Dratshang*) wurde 1879 vom 4. Jamyang Zhäpa (1856–1916) ins Leben gerufen. Sie ist vornehmlich tantrischer Ritualpraxis gewidmet, dient jedoch auch dem Studium anderer Wissenschaftszweige: der Grammatik, der Schreibkunst, der Poesie und der Pflege religiöser Zeremonienfestspiele. Der Dukhang der Fakultät beinhaltet das Standbild des 4. Jamyang Zhäpa und eine Statue des Yidam Hevajra, die vom Panchen Lama gestiftet wurde.

Die Tantrische Fakultät Gyütö wurde 1943 vom 5. Jamyang Zhäpa (1916–47) gegründet. Unter den zahlreichen Kunstwerken finden sich eine Sammlung von Tausend Statuen des Langlebigkeit gewährenden Amitayus, ein Thangka mit der Darstellung der drei Yidam-Gottheiten Samvara, Guhyasamaja und Yamantaka sowie im Sanktuarium die Statue des Buddha Maitreya.

Weitere Besichtigungspunkte bilden die Lhakhang von Tsongkhapa, Manjushri, Ushnishavijaya und Buddha Sengge Ngaro, der in weiter Zukunft als eine Existenz des großen Tsongkhapa erscheinen wird.

Den Höhepunkt des Klosterbesuchs bildet für den Pilger ein Besuch der Labrang, der Residenz des Jamyang Zhäpa, mit ihren üppig verzierten, von kunstvoll gearbeiteten Dachreitern und Wasserspeiern geschmückten Golddächern. Das bedeutendste Heiligtum ist hier der Jokhang mit einer kleineren Statue des Jobo, die – einst von dem indischen Heiligen Shantirakshita nach Tibet gebracht – später ein Verehrungsobjekt Tsongkhapas, des Gründers der Gelbmützen-Schule, gewesen ist.

Ikonographie, Symbolik und Terminologie des Tibetischen Buddhismus – ein lexikalischer Anhang

In alphabetischer Reihenfolge werden in diesem Anhang wichtige Fachbegriffe nochmals kurz erläutert und die Gottheiten des tibetischen Pantheons in ihrer Ikonographie vorgestellt. Zur Darstellung der zahllosen Buddhas und Gottheiten des Pantheons, deren Klassifikation und grundlegende ikonographische Darstellung bereits im Zusammenhang mit der Beschreibung des Lamaismus (vgl. S. 107ff.) abgehandelt wurde, bedienen sich die tibetischen Künstler eines festgelegten Instrumentariums. Neben ihrer grundsätzlichen fried- oder zornvollen Darstellungsform wird jede Gottheit, um ihre spezifischen Qualitäten zum Ausdruck zu bringen, durch 1) Körperhaltungen (Skt. Asana), 2) Handhaltungen (Skt. Mudra) und 3) spezifische Attribute charakterisiert.

Körperhaltungen und Sitzweisen (Asana)

Ekasamapada *Tanzhaltung, auf einem Bein stehend, vor allem bei weiblichen Gottheiten gebräuchlich*

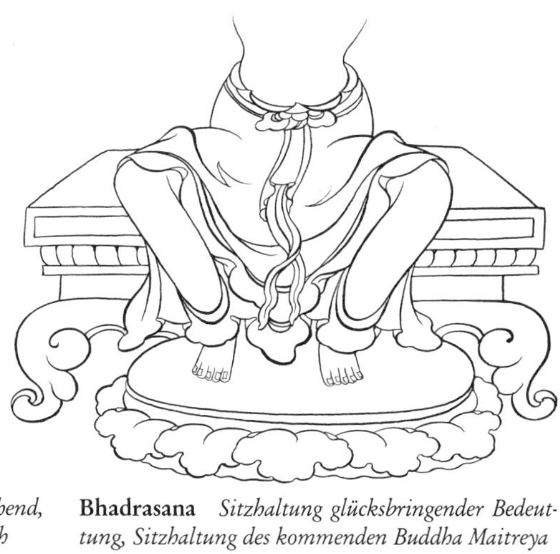

Bhadrasana *Sitzhaltung glücksbringender Bedeutung, Sitzhaltung des kommenden Buddha Maitreya*

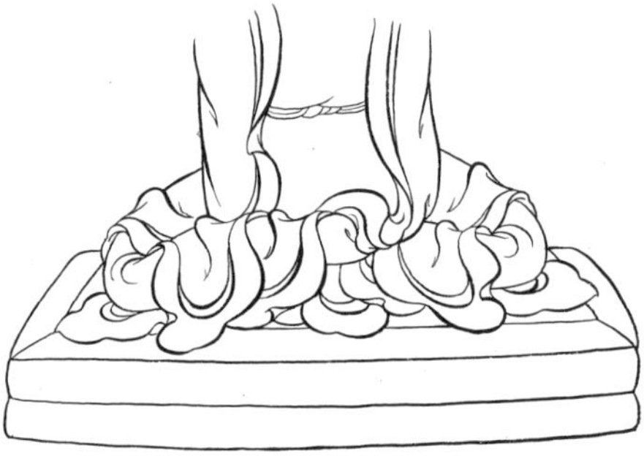

Sattvaparyanka *Gelöste Sitzhaltung der Bodhisattvas, auch bei Königen und Heiligen gebräuchlich*

Samasamsthana *Stand mit geschlossenen Beinen, Haltung stehende Bodhisattvas*

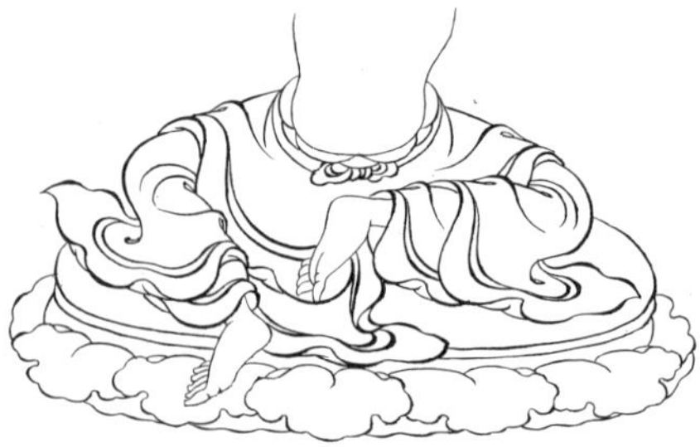

Ardhaparyanka *Sitzhaltung von Tara, Lhamo, Vaishravana und anderen Sambhogakaya-Manifestationen*

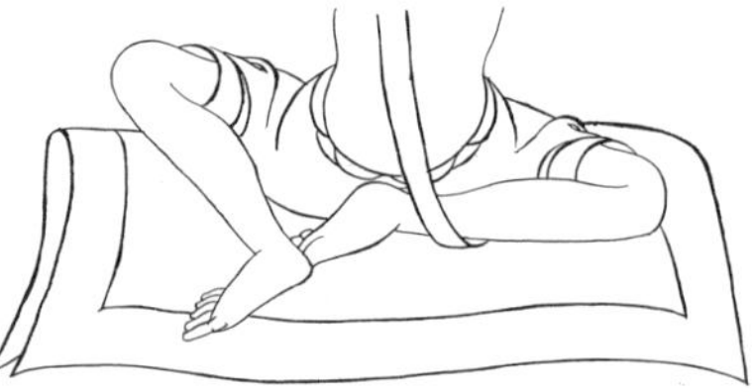

Lilasana *Rechts gebeugtes und links angewinkeltes Bein, Stellung sitzender Yogis und Siddhas*

Alidhapada *Ausfallschritt, vor allem bei zornvollen Gottheiten*

Vajraparyanka *Sitzhaltung von Buddhas und Bodhisattvas*

Symbolische Gesten (Mudra)

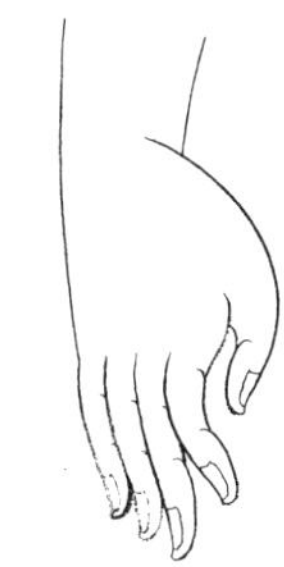

Dhyana-Mudra

Bhumiparsha-Mudra

Dharmacakra-Mudra

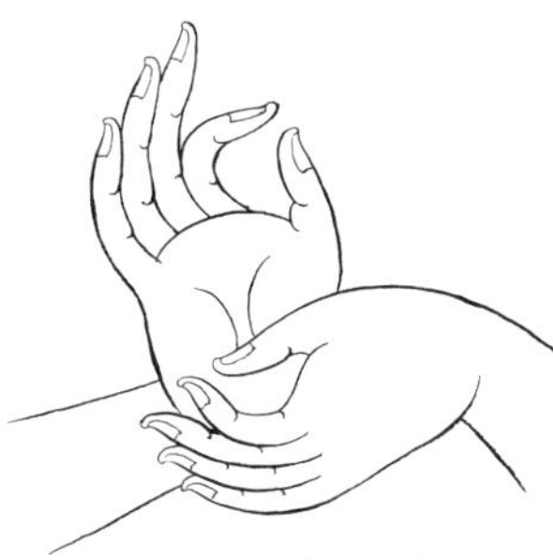

Dharmacakra-Mudra

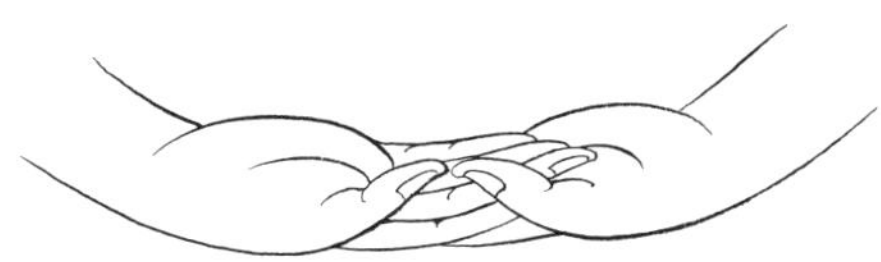

Doppelte Dhyana-Mudra

Anjali-Mudra

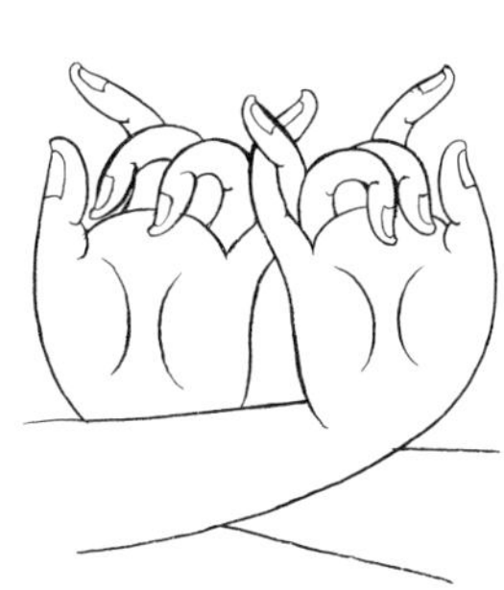

Vajrahumkara-Mudra

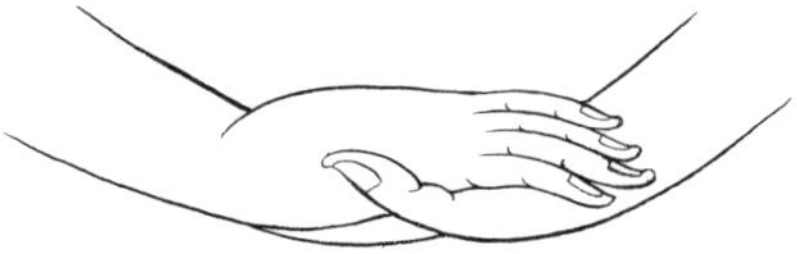

gelöste Handhaltung der Arhats

Padma-Mudra

Ikonographische Attribute

(vgl. auch S. 114)

Vajra-Kreuz (Vishvavajra)

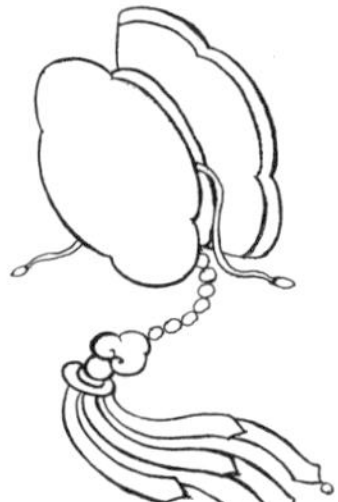

Doppeltrommel (Damaru)

Gebetsschnur (Mala)

Mond (Candra)

Sonne (Surya)

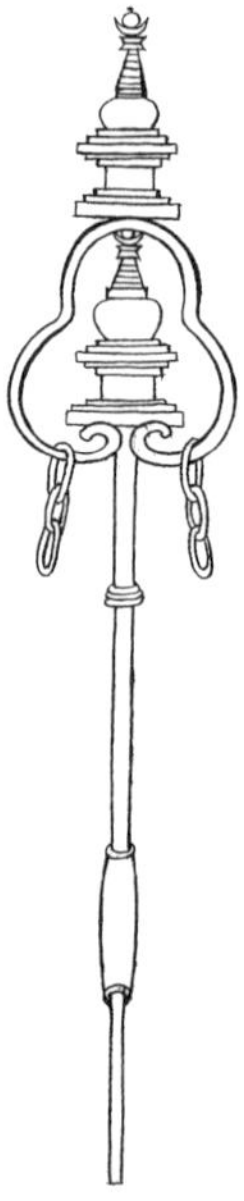

Bettelstab (Khakkhara)

Magischer Stab (Khatvangga)

Vase mit Lebenswasser (Kalasha)

Glocke (Ganthu)

Spiegel (Adarsha)

Opfermesser (Katrika)

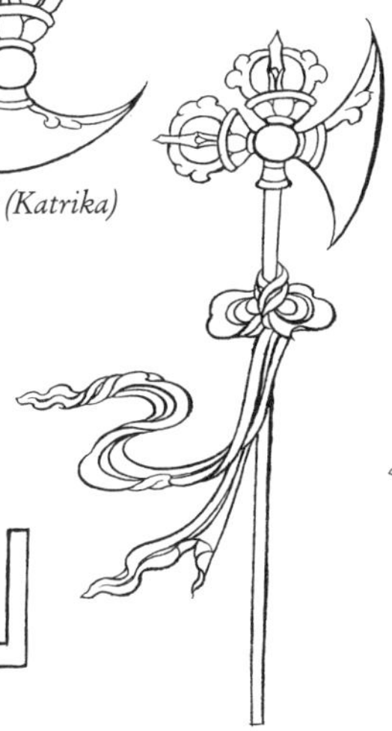

Axt (Parashu)

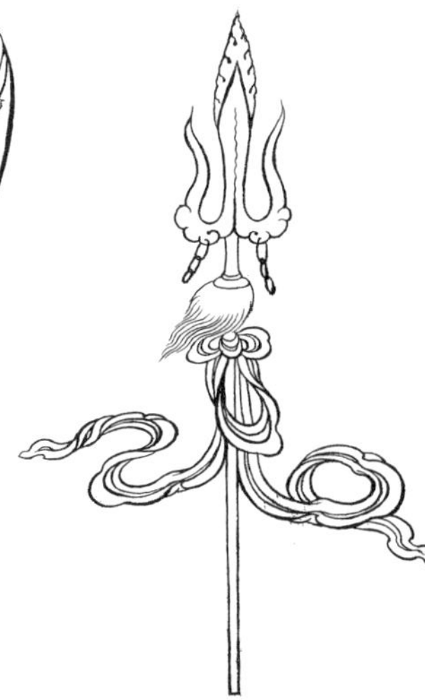

Dreizack (Trishula)

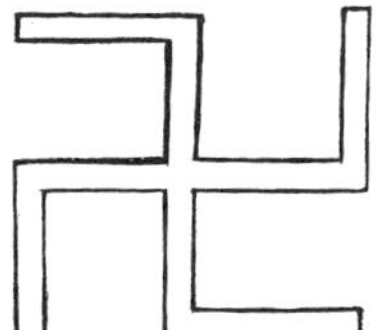

Hakenkreuz (linksläufig)

Wunschjuwel (Cintamani)

Rad der Lehre (Cakra)

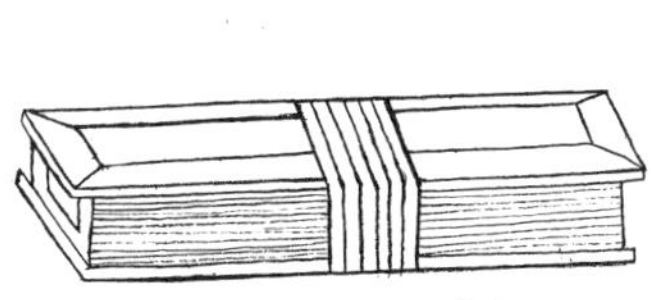

Buch (Pustaka)

Hakenkreuz (rechtsläufig, Swastika)

Zepter (Vajra)

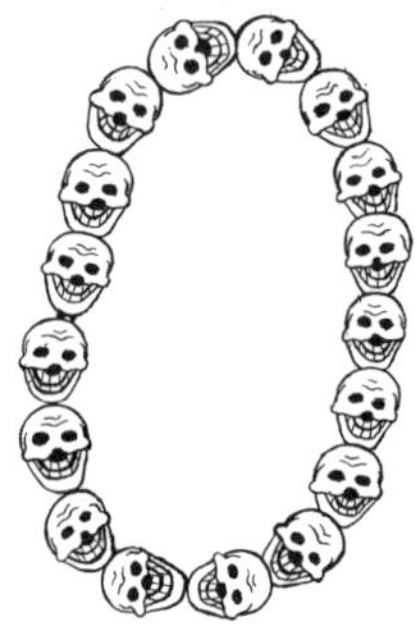

Rosenkranz (Mala)

Lotosblume (Padma)

Schwert (Khadga)

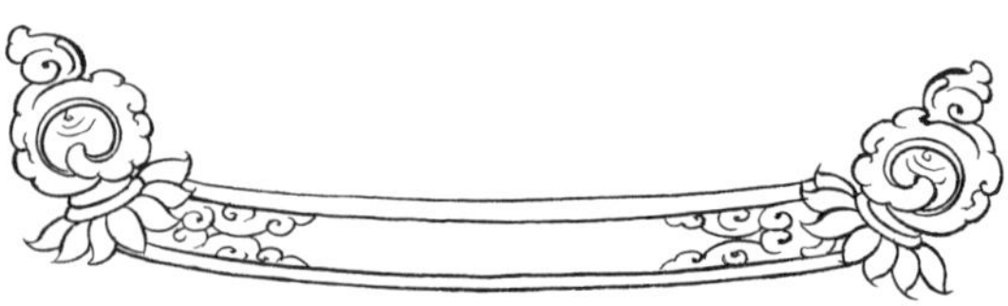

Stab des Gönpo Gur

Brahmakopf

Pfeil und Bogen (Shara, Capa)

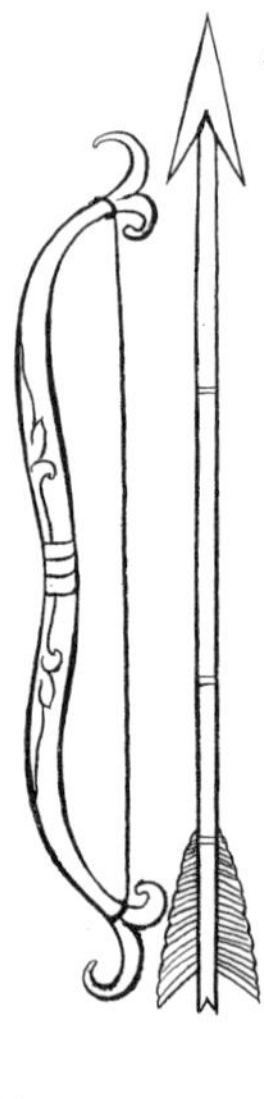

Ritualdolch (Phurbu)

Almosenschale (Patra)

Dämonenschlinge (Pasha)

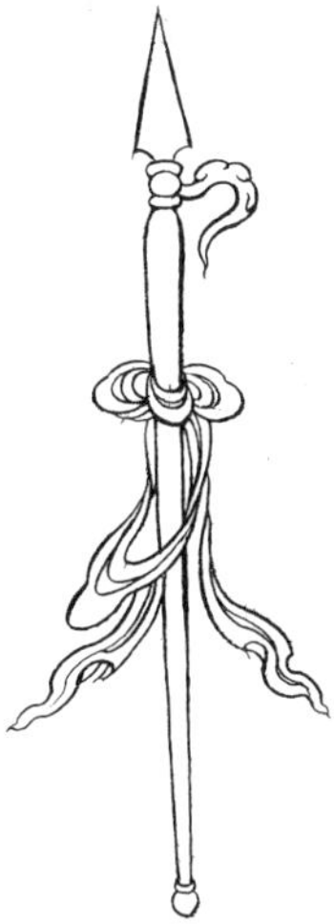

Elefantenhaken (Ankusha)

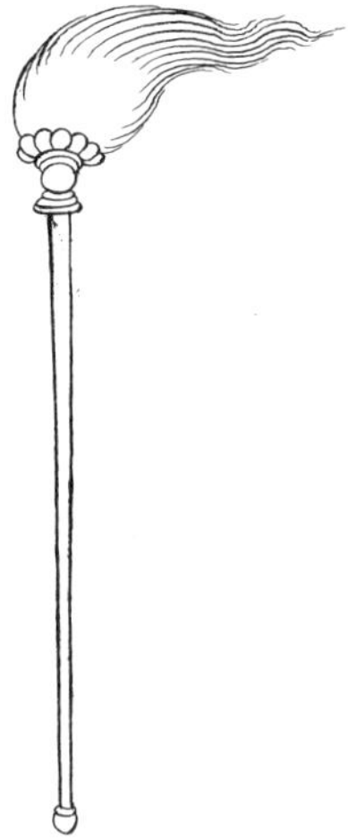

Fliegenwedel (Camara)

Zepterstab (Danda)

Fangschlinge (Pasha)

Schädelschale mit Blut (Raktakapala)

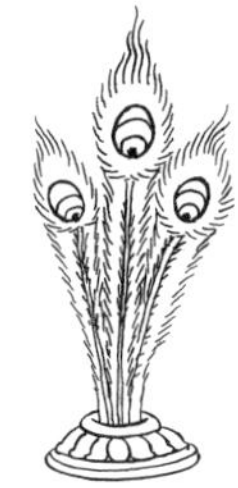

Pfauenfeder (Mayurapiccha)

Gottheiten, Heilige, fremdsprachige Begriffe (Glossar)

Acala (Skt.) Der in schwarzer oder dunkelblauer Körperfarbe erscheinende → Dharmapala Acala, der ›Unbewegbare‹, ist eine Emanation des → Buddha Akshobhya in gemischt friedvoll-zornvollem Aspekt, mit charakteristischem Ausfallschritt. Erkennbar ist er an dem erhobenen Schwert in der Rechten und der Fangschlinge in der Linken. Er steht häufig auf zwei → Ganesha – im Buddhismus ein Symbol des Geizes – und wird als Gegenmittel von Habgier und Geiz beschworen.

Acht Glückssymbole In der Buddha-Legende heißt es, die Acht Glückssymbole seien dem Buddha nach seiner Erleuchtung von Göttern als Sinnbilder der Qualitäten seiner Lehre überreicht worden. Zu finden sind sie auf Altären als Opfergaben an die Buddhas, vor Reliquienstupas lamaistischer Heiliger sowie in allen Bereichen des täglichen Lebens der Tibeter. Ihre Darstellung erfolgt in Einzelsymbolen wie auch in Gruppendarstellungen.

Gedeutet werden 1) der **Schirm** als Symbol des Schutzes, den die Lehre des Buddha den Gläubigen gewährt, 2) die **Kalasha,** die Vase mit dem Lebenswasser, als Symbol ewigen Lebens, das der Nektar dieser Lehre spendet, 3) die beiden **Fische** als Symbol der Fähigkeit, mit dieser Lehre den Ozean des → Samsara zu durchschwimmen, 4) die rechtsgedrehte, weiße **Meeresschnecke** als Symbol für den Ruhm der Lehre, 5) der **Lotos** als Symbol geistiger Klarheit und Unbeflecktheit der Lehre, 6) das **Siegesbanner** als Symbol des Sieges über alle Verdunklungen, 7) der endlose **Knoten** als Symbol für die Möglichkeit, mit Hilfe der Lehre des Buddha karmische Verstrickungen zu lösen (der gelöste Knoten als Symbol des Endziels wird häufig lose im Knoten hängend dargestellt) und 8) das **Rad der Lehre** (Dharmacakra) als Symbol des Edlen Achtfachen Weges.

Acht Mahabodhisattvas ›Die Acht Großen Bodhisattvas‹ werden als eine Gruppe von geistigen Söhnen des historischen Buddha angesehen und treten deshalb häufig in seinem Gefolge auf. Als Emanationen der → Fünf Tathagatas werden sie entsprechend den unterschiedlichen tantrischen Überlieferungszyklen mit z. T. verschiedenen ikonographischen Attributen dargestellt, so daß sich keine allgemein verbindliche Beschreibung dieser Gruppe geben läßt. Zu den Acht Großen gehören → Manjushri, der friedvolle → Vajrapani, der zweiarmige → Avalokiteshvara, Kshitigarbha, Sarvanivaranavishkambhin, Akashagarbha, → Maitreya und → Samantabhadra (vgl. auch S. 110).

Acht Manifestationen des Padmasambhava Gewöhnlich um → Padmasambhava mit seinen beiden Gefährtinnen gruppiert, stellen die Acht Manifestationen Padmasambhavas verschiedene seiner Emanationsformen dar, die er benutzte, um in acht Ländern in der den Umständen angemessenen Weise die Lehre zu verbreiten: 1) Pema Gyelpo, 2) der Siddha Nyima Özer, 3) der Pandita Pemasambha, 4) Loden Chogse, 5) die schreckliche Yidam-Emanation Sengge Dradog, 6) der in Yab-Yum auftretende Adibuddha Tshokye Dorje, 7) der auf dem Tiger reitende, schreckliche Dorje Drolö und 8) der Buddha Shakya Sengge.

Acht Medizin-Buddhas Die Acht Medizin-Buddhas bilden eine Gruppe von Buddhas, die um → Bhaishajyaguru gruppiert sind und als Verkörperungen geistiger Heilmittel angesehen werden.

Acht Stupas des Sugata Diese Gruppe von → Stupas des ›Wohl (ins Nirvana) Eingegangenen‹ erinnert in ihrer individuellen architektonischen Gestaltung an acht

Ereignisse im Leben des historischen Buddha: 1) der Lotosblätter auf seinen Stufen tragende Päpung-Stupa an die Geburt des Buddha, 2) der Bodhi-Stupa an die Erleuchtung Buddhas, 3) der Gomang-Stupa an die vielen Zugänge zur Lehre des Buddha, 4) der Chotrül-Stupa an den Sieg über den Dämonen Mara, 5) der Lhabab-Stupa an seine Herabkunft aus dem Paradies Sukhavati, 6) der Yendum-Stupa an die Aussöhnung der Mönchsgemeinde, 7) der Namgyel-Stupa an die Verlängerung seiner Existenz um drei Monate auf Bitten der Mönche hin und 8) der Nirvana-Stupa an sein Eingehen ins Parinirvana. Fälschlicherweise wird diese Gruppe immer wieder mit den Berichten des Mahaparinirvanasutra in Verbindung gebracht, eines Mahayana-Textes (etwa 1. Jhs), in dem es heißt, daß die Reliquien des Buddha nach seinem Tode von acht Herrschern geteilt und in Stupas in ihren Ländern beigesetzt wurden. Hierbei handelt es sich um eine gesonderte Gruppe.

Acht Taras Die Acht Taras stellen eine Figurengruppe dar, die aus der – zumeist veränderten – achtfachen Darstellung der Grünen → Tara besteht und als Schutz vor den Acht Schrecken, d. s. 1) der Löwe, 2) der Elefant, 3) Feuer, 4) die Schlange, 5) Wasser, 6) Freiheitsverlust, 7) Diebstahl und 8) Fleischverzehr, gilt.

Adi-Buddha oder **Ur-Buddha** Der Adi-Buddha (Skt.) oder Ur-Buddha stellt die Verkörperung des Buddha-Prinzips an sich dar, des Ursprungs und Urgrundes allen Seins. Als bildhafte Darstellung des gestaltlosen → Dharmakaya, der Ebene der höchsten Wirklichkeit, entzieht er sich eigentlich einer ikonographischen Darstellung. Aus didaktischen wie meditativen Gründen wird er jedoch in Form eines attributlos mit seiner weißen → Prajnya in Vereinigung verharrenden Buddha von dunkelblauer Körperfarbe, (→ Samantabhadra) oder als → Vajra und → Gantha vor seiner Brust kreuzender Buddha (→ Vajradhara) dargestellt. Er gilt als der mystische Schöpfer der → Fünf Tathagatas. In bestimmten tantrischen Systemen können auch → Manjushri oder → Kalacakra seine Funktion übernehmen (vgl. auch S. 89).

Akshobhya (Skt.) → Buddha Akshobhya.

Amban Titel chinesischer Kommissionäre, die erstmals 1723 von den Mandschu-Kaisern zur Kontrolle der tibetischen Regierung eingesetzt wurden und nach 1750 ein erweitertes Mitspracherecht in allen politischen Angelegenheiten erhielten. Mit den Zerfallserscheinungen der Mandschu-Dynastie ging ihr Einfluß gegen Ende des 18. Jhs zurück. Die letzten Ambane verließen Tibet 1912.

Amitabha (Skt.) → Buddha Amitabha.

Amitayus (Skt.) Der rotfarbige Amitayus, eine Emanation des → Buddha Amitabha, trägt als kennzeichnendes Attribut in Dhyana-Mudra eine Kalasha, die Vase mit dem Trank der Todlosigkeit (Skt. → Amrita). Er wird im →

Sambhogakaya-Schmuck dargestellt und zählt zu den → Drei Gottheiten Langen Lebens.

Amoghasiddhi (Skt.) → Buddha Amoghasiddhi.

Amrita (Skt.) Nektar, Lebenswasser.

Anuttarayoga-Tantra (Skt.) Die höchste der → Vier Tantra-Klassen des Vajrayana-Buddhismus.

Arhat (Skt.) ›Der seine (inneren) Feinde besiegt hat‹, oder Sthavira (Skt.), ›Der in seinem Standort Feste‹, ist die Bezeichnung des Heiligentypus im Hinayana-Buddhismus. Die ikonographische Darstellung der → Sechzehn Arhats mit dem → Buddha Shakyamuni als Hauptfigur und den → Vier Weltenhütern als Vervollständigung findet sich in zahlreichen lamaistischen Klöstern. Sie gelten einerseits als gewöhnliche sterbliche Wesen, andererseits als Emanationen des historischen Buddha. Sie erscheinen in der traditionellen Gewandung verschiedener Länder, sprechen verschiedene Sprachen und sollen in ihrem eigenen Wirkensbereich dem Dharma und der buddhistischen Gemeinde hilfreich zur Seite stehen.

Atisha (Skt.) Der ursprünglich aus Bengalen stammende Gründer der → Kadampa-Schule (982–1054), auch Dipamkarashrijnana genannt. Nach seiner Einladung durch den westtibetischen König Jangchub Ö verbrachte er die letzten Jahre seines Lebens in der Nähe des Tara Lhakhang von Nyetang.

Avalokiteshvara (Skt.) Der in zahlreichen verschiedenen Formen auftretende → Bodhisattva Avalokiteshvara ist die Emanation des → Buddha Amitabha und genießt als Nationalgottheit Tibets und Bodhisattva des gegenwärtigen Zeitalters große Verehrung. Von den Tibetern Chenresi genannt, gilt er als Verkörperung liebevoller Hinwendung zu allen im Leiden verhafteten Lebewesen. Als seine irdischen Verkörperungen galten der tibetische König → Songtsen Gampo (reg. 629–49), die → Dalai Lamas und → Karmapas. Er ist stets von weißer Körperfarbe, sein Hauptsymbol ist die Lotosblume, sein → Mantra ist das berühmte → Om mani padme hum.

Der Elfgesichtige Avalokiteshvara ist eine auf seine acht Hauptarme reduzierte Form des Tausendarmigen Avalokiteshvara.

Der Vierarmige Avalokiteshvara gilt als die eigentliche Emanationsform der Dalai Lamas. In den Händen hält er Lotos und Gebetsschnur, in den beiden zentralen Händen das Juwel der Lehre in Anjali-Mudra.

Der Tausendarmige Avalokiteshvara stellt die prächtigste Darstellung dieses Bodhisattva dar. In der Entstehungsmythologie heißt es, anläßlich seines Wirkens in den Höllenbereichen sei ihm angesichts des unendlichen Leidens der Kopf in zehn Teile zersprungen. Darauf habe der → Buddha Amitabha, sein geistiger Ahnherr, aus diesen Stücken zehn neue Gesichter geformt, sie in vier Köpfen arrangiert und sein eigenes Haupt obenauf gesetzt. Diese elf Gesichter versinnbildlichen seine Fähigkeit, alles Leiden zu sehen. Weiterhin wuchsen ihm tausend Arme, von denen 993 die Geste des Gebens als Ausdruck des liebenden Mitgefühl Avalokiteshvaras ausdrücken.

Bardo Zwischenzustand, Zustand zwischen zwei (Extremen); der Bereich zwischen dem Tod und der Wiedergeburt, wie auch der Bereich zwischen Geburt und Tod.

Die Beiden Besten → Sechs Ornamente.

Beschützer der Drei Familien Das sind die drei Gottheiten → Avalokiteshvara (Lotos-Familie), → Manjushri (Tathagata-Familie) und → Vajrapani (Vajra-Familie), die als Emanatoren der Dalai Lamas, des chinesischen Kaisers und des mongolischen Khans gelten.

Bhaishajyaguru

Bhaishajyaguru (Skt.) Der dunkelblaue, stets mit einem Myrobalan-Zweig in seiner Rechten dargestellte Bhaishajyaguru ist als der tibetische Medizin-Buddha bekannt. In der Linken trägt er oft in Dhyani-Mudra eine Bettelschale. Er ist ein Symbol für die heilenden Kräfte der Buddha-Lehre, deren Praxis die Gesundung des Geistes bewirkt.

Bhrikuti (Skt.) Die nepalesische Prinzessin, Gemahlin des → Songtsen Gampo und Erbauerin des Jokhang.

Bodhicitta (Skt.) ›Erleuchtungsbewußtsein‹, die Selbstverpflichtung des Mahayana-Anhängers, auf das eigene Eingehen ins Nirvana zu verzichten und zum Wohle der Lebewesen zu wirken, bis sie alle Erleuchtung erlangt haben.

Bodhisattva (Skt.) ›Träger des Erleuchtungsbewußtseins‹, d. s. Emanationen der Buddhas auf → Sambhogakaya-Ebene, der ›Ebene des Mitgenießens‹, die der Buddha nach → Mahayana-Vorstellungen aufgrund seiner unbegrenzten Buddha-Aktivität ausstrahlt, um so im → Samsara zum Wohle der Lebewesen wirken zu können. Sie sind als Verkörperungen der Qualitäten des

Buddha-Prinzips zu verstehen, d. h. als Verkörperung von Mitleid, Weisheit usw.

Bodhistupa (Skt.) Einer der → Acht Stupas des Sugata, der an das Ereignis der Erleuchtung des Buddha erinnert und damit auf das Erleuchtungsprinzip weist.

Bönpo (tib.) Anhänger der Bön-Religion, der ursprünglichen, naturalistisch-animistischen, vorbuddhistischen Religion Tibets.

Buddha (Skt.) ›Erwachter‹, ›Erleuchteter‹, ein Epitheton aller Wesen, die sich nach buddhistischen Vorstellungen im Zustande vollkommener Erleuchtung befinden.

Buddha Akshobhya (Skt.) Der dunkelblaue Buddha Akshobhya, der ›Unerschütterliche‹, gilt nach der → Guhyasamaja-Tradition als Buddha des → Mandala-Zentrums. Nach anderen tantrischen Traditionen verweilt er im Osten des Mandala. Er ist von tiefblauer Körperfarbe und hält die Hände in Dhyana- und Bhumisparsha-Mudra. Sein Attribut ist der → Vajra, dessen unwandelbare Diamant-Natur – die Weisheit, daß allen Erscheinungen eine universelle Gesetzmäßigkeit zugrunde liegt – er verkörpert. Sein Element ist der Äther (oder das Wasser), seine Keimsilbe ist ›Hum‹. Gelegentlich wird er durch → Vajrasattva vertreten, bisweilen erscheint er auch als Vajrasattva-Akshobhya. Seine bekannteste Emanation stellt → Vajrapani dar.

Buddha Amitabha (Skt.) Der rote Buddha Amitabha gilt unter den → Fünf Tathagatas als Buddha der westlichen → Mandala-Sphäre und verkörpert die Weisheit der essentiellen Gleichheit. Sein Symbol ist der Lotos, sein Element das Feuer, seine Keimsilbe ›Hrim‹. Als seine bedeutendsten Emanationen auf → Sambhogakaya-Ebene werden → Avalokiteshvara und → Amitayus angesehen.

Buddha Amoghasiddhi (Skt.) Der grüne Buddha Amoghasiddhi, ›Fehlerlose Vollendung‹, verkörpert, in der nördlichen → Mandala-Sphäre thronend, die Weisheit, daß alles → Karma seiner Vollendung bedarf. Seine Keimsilbe ist ›Kham‹, sein Element die Luft und sein Symbol das Vajra-Kreuz.

Buddha Maitreya (Skt.) Maitreya zeigt als zukünftig erscheinender Buddha die Dharmacakra-Mudra, die Geste des Drehens des Rades der Lehre, und verharrt zumeist im Bhadrasana, der ›westlichen‹ Sitzhaltung. Als weiteres entscheidendes Erkennungsmerkmal erscheint in seiner → Ushnisha häufig ein kleiner → Stupa. Wenn er als Bodhisattva mit Schmuck und fünfstrahligem Diadem erscheint, trägt er häufig auch die Vase mit dem Lebenswasser in seinen Händen oder auf einem Lotos über seiner Schulter.

Buddha Ratnasambhava (Skt.) ›Dessen Ursprung der Juwel ist‹, verkörpert unter den → Fünf Tathagatas die Weisheit der Unterscheidung. Von gelber Körperfarbe thront er im Süden des → Mandala. Sein Element ist die Erde, seine Keimsilbe ›Tram‹, sein Symbol das Wunschjuwel.

Ratnasambhava

Buddha Shakyamuni (Skt.) Der historische Buddha, mit weltlichem Namen Gautama Siddharta, trägt den geistlichen Namen Buddha Shakyamuni, ›Weiser aus dem Geschlecht der Shakya‹. Seine Handhaltungen sind die Bhumisparsha-Mudra mit der rechten und Dhyani-Mudra mit der linken Hand. Ikonographisch wird er in seiner → Dharmakaya-Form als Buddha dargestellt, häufig aber auch in seiner → Sambhogakaya-Form mit reichem Bodhisattva-Schmuck als → Jobo. Er bildet die zentrale Darstellung innerhalb der Gruppe der → Sechzehn Arhats und der → Buddhas der Drei Zeiten. Seine Lebensgeschichte wird ikonographisch häufig durch die Darstellung seiner bedeutenden → Zwölf Taten wiedergegeben.

Buddha Vairocana (Skt.) ›Der alles zu völligem Leuchten bringt‹, Name des zu den → Fünf Tathagatas gerechneten Buddha, der gemäß Guhyasamaja-Tantra-Tradition als weißer, das Rad haltender Buddha im Osten des → Mandala dargestellt wird. Als sein Element gilt das Wasser, als seine Keimsilbe ›Om‹, als seine → Prajnya Vajradhatvishvari. Seine viergesichtige Form versinnbildlicht Allwissenheit.

Buddhas der Drei Zeiten Dies sind → Buddha Dipamkara (Vergangenheit), → Buddha Shakyamuni (Gegenwart) und → Buddha Maitreya (Zukunft). Sie bilden eine häufig dargestellte Gruppe von Statuen als Symbol für die Allgegenwärtigkeit der Buddha-Schaft.

Die Buddhas der Sieben Weltzeitalter Diese Buddhas bilden eine Gruppe von pseudo-historischen Buddhas, die die Lehre in verschiedenen Weltzeitaltern verkündet haben. Lediglich → Buddha Shakyamuni ist historisch nachgewiesen. Ihre Darstellung dient der Vergegenwärtigung der Allgegenwärtigkeit des Buddha-Prinzips.

Bumpa Bezeichnung der kuppelförmigen Rundung des → Stupa, die zur Einlagerung der Reliquien dient und häufig in einer Nische das Abbild einer lamaistischen Gottheit oder ein Symbol der Lehre enthält.

Butön Rinpoche Mit ausführlichem Namen Butön Rinchen Drub (1290–1364) genannt, wurde als bedeutendster Lama des in der Nähe von Shigatse gelegenen Klosters Zhalu bekannt. Berühmtheit erlangte er als einer der beiden Kompilatoren des → Kanjur und → Tanjur, des lamaistischen Kanons.

Cakrasamvara (Skt.) ›Rad der Glückseligkeit‹ (auch: Samvara), ist eine → Yidam-Gottheit der Anuttarayoga-Tantra-Stufe und tritt in verschiedenen Erscheinungsformen, fast immer in → Yab-Yum mit seiner → Prajnya → Vajravarahi auf. Eine seiner bekanntesten Formen wird ikonographisch als viergesichtige, zwölfarmige, gemischt friedvoll-zornvolle Gottheit von dunkelblauer Körperfarbe dargestellt. Als seine Residenz gilt der Berg Kailash.

Chenresi Tibetische Bezeichnung für → Avalokiteshvara.

Chörten Tibetische Bezeichnung für → Stupa.

Dakinis (Skt.) ›Himmelswandlerinnen‹, stellen magische Kräfte besitzende, weibliche Wesen dar, die dem tantrischen Adepten Initiationen geben. Oft nackt auftretend, Blut aus Schädelschalen trinkend und mit Attributen aus Knochen sowie mit Totenschädelketten geschmückt, stellen sie die Verkörperung der höchsten Weisheit dar, indem sie die Vergänglichkeit irdischen Daseins und die wahre Natur der Wirklichkeit unverblümt zur Schau stellen.

Dalai Lama (tib.) ›Ozeanlama‹, Titel des höchsten Lama der Gelugpa-Schule, der seit der Zeit des 5. Dalai Lama (1617–82) das religiöse und politische Oberhaupt der Tibeter ist und bislang in 14 Existenzen auftrat: 1. Dalai Lama Gendün Dub (1391–1475), 2. Dalai Lama Gendün Gyatsho (1475–1542), 3. Dalai Lama Sönam Gyatsho (1542–88), 4. Dalai Lama Yöntän Gyatsho (1589–1617), 5. Dalai Lama Ngawang Losang Gyatsho (1617–82), 6. Dalai Lama Tshangyang Gyatsho (1683–1706), 7. Dalai Lama Losang Kälzang Gyatsho (1708–57), 8. Dalai Lama Jampäl Gyatsho (1758–1804), 9. Dalai Lama Lungtog Gyatsho (1806–15), 10. Dalai Lama Tshültrim Gyatsho (1816–37), 11. Dalai Lama Khädrub Gyatsho (1838–56), 12. Dalai Lama Tinlä Gyatsho (1856–75), 13. Dalai Lama Thubtän Gyatsho (1876–1933), 14. Dalai Lama Tendzin Gyatsho (* 1935).

Damcen ›Der durch Eid Gebundene‹, eine tibetische Bezeichnung des → Dharmapala → Yama.

Dashakaro Vashi (Skt.) ›Das Machtvolle Zehngestaltige‹, ein aus sieben Zeichen der Ranja-Schrift bestehendes mystisches Monogramm mit darüberliegender Mondsichel, Sonne und Flamme, das Hauptsymbol der vajrayanistischen → Kalacakra-Periode, der letzten Phase des Buddhismus in Indien (7. Jh.). Es diente den Tantrikern als ein Schlüssel zur Erklärung der vielfältigen makro-mikrokosmischen Analogie des Universums, der komplexen Zusammenhänge zwischen grob- und feinstofflicher Welt und zur Erkenntnis kosmologischer Prozesse.

Dharma (Skt.) Die ›Lehre des Buddha‹.

Dharmacakra (Skt.) Das ›Rad der Lehre‹.

Dharmakaya (Skt.) ›Körper des (allgegenwärtigen) Gesetzes‹, Bezeichnung für den Körper, die ›Daseinsebene‹ der höchsten Realität, die als unveränderlich, dauernd, einheitlich, harmonisch, rein, strahlend und beseligend beschrieben wird. Es ist die Ebene der absoluten Wirklichkeit, die jenseits aller Vorstellungen, Begriffe und Bildlichkeit, jenseits aller Dualität liegt. Das eigentliche Wesen des Dharmakaya ist die Leerheit (Skt. Shunyata).

Ikonographisch gelten alle Buddhas grundsätzlich als die Darstellung des Dharmakaya. Sobald sie Schmuck und Diadem tragen, sind sie jedoch im → Sambhogakaya abgebildet, d. h. nicht in der Wirklichkeitsebene ihres eigenen absoluten Seins, sondern in der ›Ebene des Mitgenießens‹, auf der sie vom Meditierenden meditativ erfahren werden können.

Dharmapala (Skt.) ›Schützer der Lehre‹, schreckenerregende, häufig in die vorbuddhistische Zeit zurückgehende Gottheiten, die von Heiligen wie → Padmasambhava als Schutzgottheiten auf unterster Stufe in das buddhistische Pantheon eingegliedert wurden, um die Lehre, die Gläubigen und die sakralen Stätten vor Unheil und negativen Einflüssen zu schützen. Bekannte Dharmapalas sind → Acala, → Lhamo, → Yama, → Hayagriva, → Yamantaka oder → Mahakala.

Dhyani-Buddhas (Skt.) ›Die Meditationsbuddhas‹, historisch nicht nachweisbare, populärwissenschaftliche Bezeichnung für die → Fünf Tathagatas.

Dorje Tibetische Bezeichnung für → Vajra.

Dorje Chang Tibetische Bezeichnung für → Vajradhara.

Dorje Jigjed Tibetische Bezeichnung für → Vajrabhairava.

Dorje Phagmo Tibetische Bezeichnung der weiblichen Gottheit → Vajravarahi, deren entscheidendes ikonographisches Merkmal der Schweinekopf ist.

Dratshang Tibetische Bezeichnung von Fakultäten oder Abteilungen in großen Klöstern.

Drei Gottheiten Langen Lebens Die Figurengruppe von → Amitayus, → Ushnishavijaya und → Tara, drei Gottheiten, die besonders mit dem Nimbus der Gewährung von Todlosigkeit versehen sind.

Drei Juwelen (Skt. Triratna) Dies sind Buddha, → Dharma und → Sangha, die Gemeinde der Gläubigen, als die drei Objekte der Zufluchtnahme aller Buddhisten.

Drei-Körper-Lehre (Skt. Trikaya) Die Lehre von den Drei Körpern als den Daseinsebenen des Universums.

Drölma Tibetische Bezeichnung für Skt. → Tara.

Dukhang (tib.) ›Versammlungshalle‹, Bezeichnung des zumeist zentral gelegenen Hauptgebetsraums lamaistischer Klöster, in denen sich die Mönche zu den gemeinsam abgehaltenen Ritualen und zu den täglichen Rezitationen treffen.

Dzong (tib.) ›Festung‹, ›Burg‹, Bezeichnung der zumeist an strategisch günstigen Punkten errichteten Verwaltungssitze tibetischer Distriktgouverneure.

Emanation ›Ausstrahlung‹, Bezeichnung für 1) Gottheiten, die als Bodhisattvas von Buddhas ›ausgestrahlt‹ werden, 2) menschliche Wesen, → Tulkus, die als ›Ausstrahlungen‹ von Buddhas oder Bodhisattvas gelten.

Feld der Ansammlung von Verdienst und Weisheit Eine Malerei als Visualisationsobjekt für den Kult des Lama.

Frühe Bekehrung Tibets Die Periode der erstmaligen buddhistischen Bekehrung Tibets, die sich von → Songtsen Gampo (reg. 629–49) bis → Langdarma (reg. 836–41) erstreckte.

Fünf Tathagatas (Skt.) ›Die Fünf So-Gegangenen‹, auch die ›Fünf Siegreichen‹ genannt, stellen keine historischen Buddhas dar, sondern Emanationen des → Adi-Buddha im → Sambhogakaya-Aspekt. Im → Vajrayana fungieren sie als Verkörperungen grundlegender physikalischer, psychologischer, kosmologischer und philosophischer Prinzipien, die sich in einer universellen makro-mikrokosmischen Analogie auf allen Daseinsebenen wieder finden. Sie gelten als Oberhäupter und Emanatoren eigener Familien von Gottheiten, die ihnen charakterlich verwandt sind. Auftreten können sie – jeweils auch in → Yab-Yum – in ihrer eigenen Form als Buddha (Dharmakaya) bzw. auch als → Bodhisattvas (Sambhogakaya), so daß sie meditativ erfahren werden können.

Fünfunddreißig Buddhas der Sündenbekenntnis Eine Darstellung der Fünfunddreißig Buddhas der Sündenbekenntnis befindet sich, um → Buddha Shakyamuni gruppiert, in fast jedem Kloster. Sie werden an jedem 15. Monatstage, dem Vollmondtage, von den Mönchen angerufen, um die moralischen Verfehlungen durch ein Selbstbekenntnis und Gelobung auf Besserung zu tilgen.

Ga'u Tibetische Bezeichnung eines häufig in Silber getriebenen, kunstvoll gearbeiteten Amulettbehälters, der zur Aufbewahrung von Statuen, → Tsha tsha's oder kleineren Malereien dient. Gefüllt wird er weiterhin mit den üblichen Utensilien für → Weihefüllungen.

Gandhola Bezeichnung offener, dachförmiger Aufbauten häufig chinesisch beeinflußten Stils, die – stets über den bedeutendsten Standbildern errichtet – lediglich von schlanken Stützpfeilern getragen werden und so z. B. bei der rituellen Umrundung von allen Seiten einen Blick auf das Verehrungsobjekt ermöglichen.

Ganesha Im Hinduismus zählt der elefantenköpfige Ganesha als Sohn Shivas und Parvatis zu den populärsten Gottheiten. Er gilt dort als Reichtums- und Fruchtbarkeitsgottheit und wird gerne dargestellt, wie er mit seinem Rüssel in einer Schale mit süßem Reis nascht.

Wie Texte des → Tanjur belegen, wurde Ganesha bereits in Indien als → Dharmapala ins buddhistische Pantheon integriert. Bei den Tibetern erscheint er – scheinbar in einem engen Verhältnis zu → Avalokiteshvara stehend – in zwei- und vierarmiger Form, zumeist in weißer Körperfarbe.

Gantha → Vajra.

Garuda

Garuda (Skt.) Der mythische Göttervogel Garuda, eine ins buddhistische Pantheon integrierte Naturgottheit, ist im Lamaismus – ähnlich → Vajrapani – als ein Mittel zur Bezwingung übler → Nagas bekannt. Er kann auch als zornvolle Erscheinung des → Vajradhara auftreten.

Gebetsfahnen Mit → Mantras und Darstellungen wie dem → Windpferd bedruckte Baumwolltücher, die den Wunsch der Ausbreitung der Lehre in alle Himmelsrichtungen und das damit verbundene Glück für alle Lebewesen ausdrücken.

Gebetsmühle Mit → Mantras gefüllter, um eine Achse drehender Zylinder, der als eines der adäquaten ›Gebetsmittel‹ des Lamaismus besonders für einfache Gläubige gilt. Durch die Erweckung einer religiösen Einstellung und die gleichzeitige Drehung des ›Mani-Rades‹ wird nach lamaistischen Vorstellungen durch die Einheit von Bewußtsein und Handlung die heilwirksame Kraft der Mantras freigesetzt.

Gelbmützen-Schule → Gelugpa.

Gelugpa (tib.) ›Die Tugendschule‹, die aufgrund ihrer gelben Kopfbedeckung als Gelbmützen bekannt gewordene, von → Tsongkhapa (1357–1419) gegründete Schulrichtung des Tibetischen Buddhismus, deren bekanntester Repräsentant der Dalai Lama ist.

Gesar von Ling Der sagenumwobene Held des tibetischen Nationalepos genießt besonders in Osttibet hohe Verehrung, wo seine mythologischen Kriegszüge gegen alle möglichen Arten von Ungeheuern und übelgesonnene Herrscher noch heute großes Interesse hervorrufen. Ins buddhistische Pantheon als Kriegsgottheit auf der Stufe der → Dharmapalas integriert, wird er, die Lanze mit Wimpel und eine Bambuspeitsche haltend sowie einen mit Wimpeln besetzten Helm tragend, auf seinem ›Vajra-Pferd‹ dargestellt.

Geshe (tib.) ›Heilsfreund‹, ein hoher philosophischer Titel, der, nach Abschluß höherer philosophischer Studien, besonders in der Gelugpa-Schule vergeben wird.

Gönpo (tib.) → Mahakala.

Gönpo Ber

Gönpo Gur

Gönpo Ber oder **Gönpo Bing** (tib.) Der tiefblaue oder schwarze Gönpo Ber oder Gönpo Bing ist eine Form des schreckenerregenden → Mahakala, erkennbar an dem Stab, aus dem, wie es in Texten heißt, ganze Armeen von Helfern entlassen werden können, um feindliche Mächte zu besiegen.

Gönpo Gur (tib.) Eine dunkelblaue Form des → Mahakala hält über beiden Unterarmen einen Stab, dem ähnliche Funktionen zugeschrieben werden, wie dem des → Gönpo Ber. In den zentralen Händen hat er Opfermesser und Schädelschale.

Gottheiten Im Vajrayana und Lamaismus als Verkörperungen der verschiedenen Qualitäten des Buddha-Prinzips zu verstehen. Sie gelten dem tantrischen Adepten als machtvolle Mittel zur Verwirklichung des angestrebten Heils, als makro- wie mikrokosmisch wirksame Entitäten, die zugleich psychische Kräfte wie ›real‹ existierende Gottheiten darstellen. Ihr Wesen geht über gewöhnliche Sinneswahrnehmung hinaus. Aus der Sicht des ungebildeten, einfachen Gläubigen, der in ihnen verstärkt Heilsbringer oder Retter sieht, sind sie funktional den Göttern des griechischen oder römischen Pantheons nicht unähnlich.

Guhyasamaja

Grüne Tara Eine der populärsten weiblichen Gottheiten des Lamaismus stellt die → Tara von grüner Körperfarbe dar, die als eine Verkörperung der Liebe beschrieben wird. In ihrer Linken hält sie in der Geste der Furchtlosigkeit einen über ihrer linken Schulter rankenden Lotos, die Rechte zeigt die Geste des Gebens. Als ihre berühmteste Emanation galt → Songtsen Gampos Gemahlin → Bhrikuti.

Guhyasamaja (Skt.) Die älteste nachweisbare Gottheit des buddhistischen Tantrismus ist in die Zeit vor dem 7. Jh. zu datieren. Von tiefblauer Körperfarbe erscheint Guhyasamaja als ein → Yidam der → Anuttarayoga-Tantra-Klasse als sechsarmige, dreigesichtige Gottheit in → Yab-Yum mit seiner → Prajnya, die spiegelbildlich die gleichen Symbole in ihren Händen hält.

Guru Rinpoche Tibetische Bezeichnung des → Padmasambhava.

Hayagriva (Skt.) Der zornige, rotfarbene → Yidam Hayagriva, ›Pferdenacken‹, leicht an seinem Pferdekopf, den er fast immer mit wehendem Haarschopf

Hayagriva

trägt, erkennbar, tritt zumeist in eingesichtiger, zweiarmiger oder in seiner dreigesichtigen, sechsarmigen Form auf. Er ist bereits im indischen Vajrayana-Buddhismus bekannt und gilt in Tibet als eine der zornvollen Erscheinungsformen des → Avalokiteshvara.

Herren der Friedhöfe (Skt. Citipati) Diese in Form von zwei Skeletten auftretenden Gottheiten gelten als eine Erscheinungsform des → Mahakala und symbolisieren die Vergänglichkeit allen irdischen Daseins.

Hevraja

Hevajra (Skt.) Eine vier-, sechs- oder achtgesichtig dargestellte Gottheit der höchsten → Tantra-Klasse von dunkelblauer Körperfarbe, in den Armen seine → Prajnya Nairatmya, die ›Ichlose‹. Auffälligstes ikonographisches Detail bilden die von seinen zwölf Armen gehaltenen, zwölf blutgefüllten, weißen Schädelschalen. Gilt mit → Vajrakila als bedeutendster → Yidam der Sakyapa-Schule. Seine Entstehung datiert etwa ins 8. Jh.

Hinayana (Skt.) ›Kleines Fahrzeug‹, abwertende Bezeichnung für den → Theravada-Buddhismus.

Inkarnation Die körperliche Wiedergeburt verstorbener Heiliger, zu unterscheiden von → Emanation.

Jampa Tibetischer Name des → Maitreya.

Jamyang Zhäpa ›Lächelnder Manjushri‹, Linientitel des Oberhauptes des nordosttibetischen Gelbmützen-Klosters Labrang. Als einer der bedeutendsten Lamas erlangte er sowohl am mandschurischen Kaiserhofe wie auch unter den Äbten des Klosters Drepungs in seinen verschiedenen Inkarnationen immer wieder maßgeblichen Einfluß.

Jina ›Siegreicher‹, eine alternative Sanskrit-Bezeichnung der → Fünf Tathagatas.

Jobo (tib.) Die → Sambhogakaya-Form des → Buddha Shakyamuni, der mit der Erlangung des Mahaparinirvana in den jenseits der Subjekt-Objekt-Spaltung liegenden Dharmakaya, die Ebene höchster Realität, entrückte und diese Form im Sambhogakaya, dem ›Körper der Mitgenießens‹, annahm, um so die Lebewesen an seinem ureigenen Wesen teilhaben zu lassen. Er erscheint deshalb in der dem Buddha Shakyamuni eigenen Darstellungsform, trägt jedoch den für den Sambhogakaya typischen Bodhisattva-Schmuck und das Diadem.

Kadampa-Schule Bezeichnung einer Schulrichtung, die, von Dromtön (1005–64), dem Gründer des Klosters Rateng, ins Leben gerufen, sich auf → Atisha (982–1054) zurückführen läßt und eine strenge sittliche Lebensführung (Mönchstum, Zölibat) als Voraussetzung tantrischer Ritualpraxis proklamierte.

Kagyüpa-Schule ›Schule der Wort-Überlieferung‹, Bezeichnung der von Marpa (1012–98) gegründeten Schulrichtung des Tibetischen Buddhismus, die sich die praktische Verwirklichung der yogischen Lehren zum Ziel setzte, um so aus der unmittelbaren Einsicht in die höchste Natur der Wirklichkeit ein Leben in Übereinstimmung mit den Gesetzen des Universums zu entwickeln.

Kalacakra (Skt.) ›Rad der Zeit‹, eine zumeist als viergesichtiger, zwölf- oder 24armiger, dunkelblauer → Yidam in → Yab-Yum dargestellte Gottheit der höchsten Tantra-Stufe, stellt den Kristallisationspunkt der von magischen, mystischen und astrologischen Vorlieben geprägten Kalacakra-Periode, der letzten Phase des → Vajrayana-Buddhismus in Indien (7.–10. Jh.), dar.

Kanjur (tib.) Die ›Übersetzung des (Buddha-)Wortes‹, und Tanjur (tib.), die ›Übersetzung der Lehr(auslegungen späterer Gelehrter)‹, bilden das von allen lamaistischen Schulrichtungen anerkannte kanonische Schrifttum des Lamaismus, eine Textsammlung, die – in verschiedenen Ausgaben existent – in mehr als 300 Bänden mehr als 4000 Schriften umfaßt.

Kapala (Skt.) Schädelschale.

Karma (Skt.) Bezeichnung der buddhistischen Vorstellung eines ›Kausalgesetzes‹, das alle eintretenden Ereignisse als Auswirkung der ethischen Reife früherer Handlungen interpretiert und es dem Individuum ermöglicht, durch eine entsprechende Lebensführung sein künftiges Schicksal, vor allem seine künftige Existenzannahme, entscheidend zu beeinflussen.

Karmapa (tib.) Das in einer Wiederverkörperungslinie auftretende Oberhaupt der Kagyüpa-Schule und wegen seines berühmten, aus dem Haar von → Dakinis gefertigten Hut, den er während einer speziellen ›Kronzeremonie‹ trägt, auch als ›Schwarzhut-Lama‹ bekannt geworden. Sein Sitz war ehedem das Kloster Tshurphu, heute weilt er im sikkimesischen Rumtek.

Khangtsen Tibetische Bezeichnung der nach ihrer regionalen Herkunft benannten Wohnquartiere der Mönche in lamaistischen Klöstern.

Khatvanga (Skt.) Bezeichnung eines bedeutenden ikonographischen Symbols, das sowohl dem indischen Magier → Padmasambhava als auch besonders weiblichen Gottheiten wie der → Vajrayogini eigen ist. An der Spitze des Stabes befindet sich ein Dreizack, darunter ein Totenschädel, der rote Kopf eines Alten, der blaue Kopf eines Jünglings, ein Vajra-Kreuz und eine Kalasha, die Vase mit dem Lebenstrank.

Kshetrapala ›Beschützer des Feldes‹, eine Schutzgottheit, die, auf einem schwarzen Bären reitend, im Gefolge des → Mahakala auftritt. In der Linken hält Kshetrapala eine Schädelschale, in der Rechten ein Opfermesser. Einerseits besonders in der Sakyapa-Schule verehrt, bildet er andererseits als einstiger ›Diener‹ → Tsongkhapas eine spezielle Schutzgottheit des Klosters Sera.

Kumbum ›Hunderttausend Abbildungen‹, 1) Bezeichnung des berühmten als Tempelanlage begehbaren → Stupa von Gyantse, 2) des nordosttibetischen → Gelugpa-Klosters, das an dem Geburtsort → Tsongkhapas erbaut wurde.

Künga Nyingpo (1092–1158) Einer der fünf Sakya-Hierarchen. Er gilt als eine Emanation des → Avalokiteshvara und trat besonders durch die Etablierung der Sakyapa-Schule und des Klosters Sakya hervor.

Labrang ›Lama-Residenz‹, tibetische Bezeichnung der zumeist oberhalb des Klosters am Berge separat gelegenen Residenz des Lamas oder Tulkus.

Lama (tib.) Bezeichnung des ›Heilsfreundes‹, des Führers auf dem Weg zur Erleuchtung im Lamaismus, dessen Güte sich allen zuwendet, die danach verlangen. Zu unterscheiden von einfachen Mönchen; es gelten nur Personen als Lama, denen eine tiefe Einsicht in die Natur der Wirklichkeit zugesprochen werden kann.

Lamaismus Religionstypologische Bezeichnung der tibetischen Art des → Vajrayana-Buddhismus, der sich über Tibet hinaus auch auf die Himalaya-Länder sowie China und die Mongolei erstreckt. Basierend auf der Funktion des Lama als unabdingbarem Führer auf dem Heilsweg, wird diese Bezeichnung – ehemals abgeleitet vom äußeren Erscheinungsbild dieser Religion – von den Tibetern heute als Ausdruck eines historischen Fehlverständnisses der Rolle des Lama abgelehnt.

Langdarma Tibetischer König (reg. 836–841), der bis zu seiner Ermordung durch den buddhistischen Mönch Pälgi Dorje in Verbindung mit dem Adel und den Vertretern der → Bön-Religion den Niedergang des Buddhismus bewirkte. Seine Herrschaft erlangte er durch den Mord an seinem jüngeren Bruder → Rälpacen, der bei der Thronfolge den Vorrang erhalten hatte.

Leere, Leerheit Bezeichnung des Wesens der jenseits aller Verstandeskategorien und Vorstellungen liegenden höchsten Natur der Wirklichkeit, das, wie es heißt, → Samsara und → Nirvana durchdringt, wie Butter die Milch. Da dieses Wesen mit den Kategorien dikursiven Denkens nicht erfaßt werden kann, wird es als ›leer‹ im Sinne von ›unfaßbar‹, ›jenseits aller Vorstellbarkeit‹ bezeichnet.

Lhakhang ›Haus der Gottheiten‹, tibetische Bezeichnung von ›Tempeln‹ oder kleineren sakralen Räumen in → Dzongs und Klöstern, die dem rituellen Kultus dienen.

Lhamo

Lhamo oder **Pälden Lhamo** (tib.) Die entstehungsgeschichtlich mit der hinduistischen Kali verwandte, zornvolle, weibliche Schutzgottheit bildet eine der bekanntesten → Yidam-Gottheiten Tibets, kann aber auch als → Dharmapala fungieren. Auf einem Maultier reitend, den Vajra-Stab oder ein Schwert in der Rechten schwingend und die blutgefüllte Schädelschale in der Linken haltend, reitet sie auf einem Maultier durch einen Blutsee, eine noch triefende Menschenhaut als Sattel benutzend. Ein Bild voller Symbolik, das dem Meditierenden die Einsicht vermitteln soll, daß auch aller Schrecken und Schauder letztendlich nichts als eine Erscheinungsform der → Leerheit ist und damit keine wirkliche dauerhafte Realität besitzt. Lhamo gilt als Schutzgottheit des Dalai Lama.

Lönpo Gar (tib.) Ein bedeutender Minister → Songtsen Gampos (reg. 629–49). Er geleitete → Wencheng von China nach Tibet. Nach der Ankunft in Lhasa wurden ihm, da er sich ihr gegenüber unredlich benommen haben soll, die Augen ausgestochen.

Macig Labdrön (tib.) Eine der bedeutendsten tibetischen Mystikerinnen (1055–1149), die als Schülerin des Phadampa Sanggye zu einer der wesentlichen Repräsentantinnen der Lehre vom ›Abschneiden (des Denkprozesses)‹ wurde. Ziel dieser Lehre war es, das Anhaften am Ego wie an der irrealen Erscheinungswelt ›abzuschneiden‹.

Madhyamika (Skt.) ›Der Mittlere Weg‹, die auf → Nagarjuna zurückgehende Auffassungsweise des → Mahayana, daß die Wahrheit stets zwischen den Extremen gelegen ist. Grundlage der Madhyamika-Philosophie bilden die in der → Prajnaparamita verbreiteten Lehren.

Der weiße Mahakala

Mahakala (Skt.) Der schreckenerregende Mahakala, der ›Große Schwarze‹, ist gleichzeitig einer der bedeutendsten → Dharmapalas wie eine der bedeutendsten → Yidam-Gottheiten des → Vajrayana-Buddhismus. Dreigesichtig und sechsarmig in seiner bekanntesten dunkelblauen Emanationsform auftretend und von den Tibetern kurz als Gönpo bezeichnet, sind aus ikonographischen Handbüchern mehr als 70 weitere seiner Erscheinungsformen bekannt, von denen → Gönpo Ber und der → Weiße Mahakala die verbreitetsten sind.

Mahayana (Skt.) Das ›Große Fahrzeug‹, Bezeichnung der Richtung des Buddhismus, die die Erkenntnis von → Samsara und → Nirvana als → Leere sowie das Bodhisattva-Ideal – nicht aus eigennützigen Gründen, sondern zum Wohle aller Lebewesen nach Erleuchtung zu streben – als die Essenz des buddhistischen Weges betrachtete.

Maitreya (Skt.) Neben seiner Form als → Buddha Maitreya erscheint Maitreya, ähnlich dem → Buddha Shakyamuni in seiner Form als → Jobo, auch im → Sambhogakaya-Aspekt als → Bodhisattva und ist dann mit Schmuck und fünfstrahligem Diadem angetan.

Makara (Skt.) Ein Seeungeheuer der indischen Mythologie, das – mit einem delphinartigen Kopf und einer Art Eidechsenunterleib versehen – die lebenspendende Kraft des Wassers verkörpert und ein Symbol zur Abwehr von Unheil darstellt.

Mandala (Skt.) Wörtlich als ›Kreis‹, ›Scheibe‹, ›Bereich‹ zu übersetzen, im → Vajrayana-Buddhismus die Bezeichnung für psycho-kosmische, geometrisch aufgebaute Gebilde, die der Meditierende während der Meditationen visualisiert. Sie stellen den Palast oder die Daseinssphäre einer → Gottheit dar, die im Zentrum des Mandala verweilt, umgeben von zahllosen Nebengottheiten, die als der unendliche Variationenreichtum der zentralen Gottheit zu verstehen sind. Benutzt werden sie von Tantrikern wie ›Werkzeuge‹, mit denen die in ihnen bildhaft vermittelten Kräfte verwirklicht werden sollen.

Mandarava (Skt.) Eine der beiden Hauptgefährtinnen des → Padmasambhava, die als Tochter des Königs aus dem mythischen Zahor gilt.

Manguste Auch Ichneumon genannt, eine häufig fälschlicherweise mit der Ratte identifizierte Spezies von Nagetieren, die der indischen Tradition zufolge als Unterdrücker der → Nagas fungieren. Die von ihr ausgespieenen Juwelen charakterisieren sie als ein Symbol für Reichtum.

Manjushri (Skt.) Bereits aus dem indischen Buddhismus bekannter → Bodhisattva, der als Verkörperung der Weisheit angesehen wird. So trägt er als seine ikonographischen Symbole das Buch und in der Linken ein Schwert zum Durchschlagen der Unwissenheit. Er zählt zu den → Beschützern der Drei Familien und gilt als die friedvolle Form des → Yamantaka.

Mantras (Skt.) ›Sprüche‹, mystische Silben, die als die lautliche Daseinsebene von Kräften verstanden werden, die auf bildlicher Ebene als → Gottheiten zum Ausdruck kommen, so daß die Rezitation von Mantras als heilswirksame Handlung verstanden wird. Im volksreligiösen Bereich werden sie als magische Machtmittel zur Austreibung von Krankheiten, Besänftigung negativer Einflüsse und Erreichung individueller, auch weltlicher Ziele benutzt.

Marpa (tib.) Gründer der Kagyüpa-Schule (1012–98), der Schüler des → Naropa und Lehrer des → Milarepa.

Milarepa (tib.) Der bedeutendste tibetische Yogi (1040–1123). Seine Biographie, die in Herz zerreißender Weise von der Bewältigung seiner karmischen Verstrickungen auf seinem Heilswege unter Leitung seines Guru → Marpa berichtet, zählt zu den herausragenden Zeugnissen der tibetischen Hagiographie.

Der Mongole, der den Tiger führt Eine Darstellung, die sich auch heute noch in zahlreichen lamaistischen Klöstern findet und versinnbildlicht, wie der Mongole, der den mongolischen Khan verkörpert, mit Hilfe der Kette der Religion (= Tibet) den Tiger, ein Symbol für den chinesischen Kaiser, führt.

Der Mongole, der den Tiger führt

Mönlam-Fest (tib.) ›Das Große Gebet‹ bildet das bedeutendste Ereignis im jährlichen Festtagskalender der Tibeter. Direkt im Anschluß an das Neujahrsfest für etwa drei Wochen gefeiert, stellte es früher einen Zeitraum dar, in dem die staatliche Gewalt in die Hände der Geistlichkeit überging.

Mudra (Skt.) ›Handhaltung‹, Darstellungen über die bedeutendsten Mudras vgl. S. 313.

Naga (Skt.) Eine in Form von ›Schlangen‹ auftretende Klasse zumeist negativ agierender Dämonen, die als Verursacher verschiedener Krankheiten gelten. Aufgrund des chinesischen Einflusses werden die Nagas häufig in Form von Drachen dargestellt.

Nagarjuna (Skt.) Als Begründer der → Madhyamika-Schule einer der bedeutendsten buddhistischen Philosophen. Seine Lebenszeit ist etwa für das 2.–3. Jh. anzusetzen. Er gilt als Autor der → Prajnyaparamita und zahlreicher anderer maßgeblicher Werke.

Namgyel Stupa Einer der → Acht Stupas des Sugata, der speziell im Falle schwerer Krankheiten errichtet wird. In seiner Bumpa ist zumeist die Statue → Ushnishavijayas zu sehen.

Naropa (Skt.) Der durch seine meditativen und yogischen Techniken, die → ›Sechs Lehren des Naropa‹, berühmt gewordene indische Heilige (956–1040), der – ehemals Lehrer an der indischen, buddhistischen Universität Nalanda – mit Hilfe der ihm von seinem Lehrer Tilopa (988–1069) übermittelten außergewöhnlichen Techniken die Befreiung erlangte. Seine abenteuerliche Biographie stellt ein hervorragendes Beispiel früher lamaistischer Hagiographie dar.

Nirmanakaya (Skt.) Bezeichnung des grobstofflichen ›Erscheinungskörpers‹, in dem die Buddhas, wie der historische Buddha, auf der Erde erscheinen. Als Ursache der Entstehung gilt das Große Mitleid der Buddhas und Bodhisattvas. Dargestellt wird der Nirmanakaya, in dessen Realitätsebene die Buddhas, wie es heißt, → Emanationen aussenden, um die in ihm lebenden Wesen direkt und in der ihnen am besten entsprechenden Weise belehren zu können, in der Ikonographie durch → Lamas, → Siddhas und andere Heilige.

Nirvana (Skt.) ›Verwehen‹, im tibetischen mit ›Frei von Leiden‹ übersetzt, Bezeichnung der dem → Samsara – der irrealen, als ›leidvoll‹ charakterisierten Erscheinungswelt – gegenüberstehenden ›Bewußtseinsebene‹, die frei von Leiden und damit das Höchste Glück (Skt. *Mahasukha*) ist.

Nyingmapa-Schule ›Die Schule der Alten‹, die sich auf die eigene nationale Tradition der → Frühen Bekehrung Tibets stützende Schulrichtung, die → Padmasambhava als ihren Hauptguru verehrt und den Schwerpunkt auf die magischen und mystischen Praktiken des Lamaismus legt.

Om mani padme hum (tib.) Häufig mit ›Oh Kleinod im Lotos‹ übersetztes → Mantra des → Avalokiteshvara.

Opfer der Fünf Sinne Eine Darstellung verschiedener Opfergaben, die als Symbole sinnlicher Bedürfnisse täglich von den Mönchen allen heilswirksamen Kräften geopfer werden und sich häufig auf Malereien als Opfergabe an die Gottheiten dargestellt finden. Zu unterscheiden sind hier Opfer an fried- oder zornvolle Gottheiten: Friedvollen Gottheiten opfert man mit einer Laute oder Zimbeln (Hören), Früchten oder → Tormas (Schmecken), Seidenband (Fühlen), Spiegel (Sehen), Meeresschnecke mit Joghurt oder Vase mit Blumen (Riechen). Zornvollen Gottheiten werden sinnliche Wahrnehmungen durch in einer Schädelschale arrangierte Organe geopfert: Ohren (Hören), Zunge (Schmecken), Herz (Fühlen), Augen (Sehen), Nase (Riechen).

Padmasambhava (Skt.) ›Dessen Ursprung der Lotos ist‹, ein historisch nicht gesicherter, indischer Magier, der vom tibetischen König → Tisong Detsen (reg. 755–97) nach Tibet berufen wurde, um die dem → Dharma feindlich gesonnenen Kräfte zu unterwerfen. Er gilt als der Begründer von Samye (775), dem ersten tibetischen Kloster.

Padmasambhava mit seinen beiden Gefährtinnen Der indische Magier → Padmasambhava (8. Jh.) samt seinen beiden Hauptgefährtinnen → Yeshe Tsogyel und → Mandarava.

Pälden Lhamo (tib.) ›Glorreiche Lhamo‹, → Lhamo.

Panchen Lama (tib.) ›Pandita-Lama‹, Linientitel des höchsten Lama am Kloster Tashilhünpo, Shigatse. Erhielt seinen Titel ehemals vom 5. Dalai Lama und gilt als eine Emanation des → Buddha Amitabha. In seiner Linie sind bislang zehn Existenzenkettenglieder: 1. Panchen Lama Gelek Pälsang (1385–1438), 2. Panchen Lama Sönam Choglang (1439–1504), 3. Panchen Lama Wensa Losang Döndup (1505–66), 4. Panchen Lama Losang Chöki Gyeltshen (1570–1662), 5. Panchen Lama Losang Yeshe (1663–1737),

6. Panchen Lama Losang Pälden Yeshe (1738–80), 7. Panchen Lama Losang Tänpä Nyima (1782–1853), 8. Panchen Lama Losang Palden Chödag (1855–82), 9. Panchen Lama Losang Chöki Nyima (1883–1937), 10. Panchen Lama Losang Tinlä Lhündub (1938–89).

Paramita (Skt.) ›Vollkommenheiten‹, ›Tugenden‹, die aus mahayanistischer Sicht einen unabdingbaren Bestandteil des Heilsweges bilden und gewöhnlich in einer Sechsergruppe zusammengefaßt werden: 1) Freigiebigkeit, 2) Sittlichkeit, 3) Nachsicht, 4) Willenskraft, 5) Meditation und 6) Weisheit.

Pehar (tib.) Eine Schutzgottheit des Lamaismus, die → Tisong Detsen nach dem Siege über die Uiguren bei Bishbaliq um 790 als Siegeszeichen mit nach Tibet brachte, Pehar wurde als erster → Dharmapala am Kloster Samye verpflichtet.

Phagpa Lama (tib.) Der am Hofe Khubilai Khans weilende Lama der Sakyapa-Schule (1235–80), der von Khubilai mit mehreren hohen Titeln geehrt wurde und die Sakyapa-Schule zum Zenit ihrer Macht führte.

Porträtstatuen Diese Statuen historischer Persönlichkeiten bilden die ›Kleinode‹ unter den tibetischen Plastiken. Anders als herkömmliche Standbilder, die festgelegten ikonometrischen Normen unterliegen und das Charakteristische des Porträtierten vor allem durch Handhaltung und Symbolik auszudrücken suchen, bilden Porträtstatuen Bildnisse, die die spezifischen geistigen Qualitäten des Dargestellten zum Ausdruck bringen sollen. Durchweg von herausragenden Meistern gefertigt, ist ihnen als künstlerisches Stilmittel häufig eine außergewöhnliche Gestaltung, eine bewußte Überzeichnung der Proportionen oder eine Betonung der Gesichtsmimik eigen, die dann häufig freundlich dreinblickende, von Erstaunen und Humor geprägte oder auch verschmitzte Züge trägt.

Prajnya (Skt.) ›Weisheit‹. 1) Bezeichnung der weiblichen Entsprechung männlicher Gottheiten in → Yab-Yum-Darstellungen. 2) ›Methode‹ (Skt. Upaya) und ›Weisheit‹ (Skt. Prajnya) bilden die beiden Komponenten des vajrayanistischen Heilsweges. Bezeichnet wird mit Upaya die in liebender Hinwendung zu allen Lebewesen bestehende ›Methode‹ zur Verwirklichung des Heils, mit ›Prajnya‹ die aus der unmittelbaren Einsicht in die Natur der Wirklichkeit entstehende ›Weisheit‹. In der Ikonographie werden diese beiden als gleichwertig angesehenen Prinzipien in Form von männlichen *(Upaya)* und weiblichen *(Prajnya)* → Gottheiten ausgedrückt, die oft in → Yab-Yum als symbolischer Vereinigung dieser beiden Polaritäten dargestellt werden. Die hinduistische ›Shakti‹, die im Gegensatz zur buddhistischen Prajnya das aktive kreative und damit gegenteilige Prinzip verkörpert, wird fälschlicherweise häufig mit der buddhistischen Prajnya gleichgesetzt.

Prajnyaparamita (Skt.) ›Vollkommenheit der Weisheit‹, Bezeichnung der von dem → Mahayana-Philosophen → Nagarjuna (2. Jh. n. Chr.) aus dem Reich der →

Nagas ›geborgenen‹ Schrift, die eine neue Auffassung des Buddhismus zur Folge hatte und wesentlich zur Entwicklung des → Mahayana beitrug. In der Legende heißt es, der Buddha habe seine Lehre auf Erden seinen Schülern, zugleich aber eine tiefere Lehre im Himmel den Göttern verkündet, die, in der Prajnyaparamita niedergelegt, schließlich auch den Menschen zuteil wurde.

Puja (Skt.) Bezeichnung einer rituellen Opfer- und Verehrungshandlung.

Rad der Existenzen (Skt. Bhavacakra) Eine didaktischen Zwecken dienende malerische Darstellung 1) der Ursachen des Leidens, 2) der verschiedenen Existenzbereiche, in denen die Lebewesen nach buddhistischer Vorstellung immer neue Existenzen annehmen und 3) der Zwölffachen Kausalkette des Entstehens in Abhängigkeit.

Rälpacen (tib.) Der dritte der drei Religionskönige Tibets (→ Tisong Detsen, → Songtsen Gampo). Er regierte 817–36 und ließ der Geistlichkeit eine großzügige staatliche Förderung angedeihen, die schließlich zu Mißgunst unter den mit der → Bön-Religion verbündeten Adelskreisen führte. Nach seiner Ermordung regierte sein älterer Bruder → Langdarma (836–41). Dargestellt wird Rälpacen mit dem → Dharmacakra in der Linken und dem → Vajra in der Rechten.

Rahula 1) Name des Sohnes Buddha, 2) Bezeichnung für die Planetengottheit, die auch häufig unter dem Namen Rahu auftaucht. Verknüpft wird letztere mit der Mondfinsternis, ein Ereignis, das von den Tibetern stets mit Sorge betrachtet wird, da sie befürchten, Rahula könne den Mond verzehren.

Ratnasambhava (Skt.) → Buddha Ratnasambhava.

Rinpoche (tib.) ›Edelgeborener‹, ›Juwel‹, Anrede eines Tulku oder hohen Lama.

Rotmützen Eine Bezeichnung, die vor allem für die ›Schule der Alten‹, die tibetische Nyingmapa-Schule, benutzt wird, gelegentlich aber auch alle, sich von den Gelbmützen unterscheidenden Schulrichtungen bezeichnet.

Sakya Pandita (tib. Sakya Pänchen) Der ›Gelehrte von Sakya‹ (1182–1251) ist die herausragende Autorität der Sakyapa-Schule. 1244 an den Hof von Dshinggis Khans Engel Göden gereist, legte er den Grundstein für den Ausbau der 100jährigen weltlichen Vorrangstellung der → Sakyapa. Seine Werke weisen ihn als einen Universalgelehrten aus.

Sakyapa-Schule Von Khön Könchog Gyalpo mit der Gründung des Klosters Sakya im Jahre 1073 gegründete Schulrichtung des Lamaismus. Unter dem → Sakya Pandita erlangt sie eine herausragende politische Bedeutung, unter → Phagpa Lama (1235–80) den Zenit ihrer Vorrangstellung, bis sie im Jahre 1351 vom Phagmo Drupa zu einer Lokalmacht degradiert wird.

Samantabhadra (Skt.) Der tiefblaue, attributlos dargestellte Samantabhadra, der ›All-Gute‹, bildet die Personifikation des → Adi-Buddha oder Ur-Buddha in der → Nyingmapa-Schule. Er erscheint stets in → Yab-Yum mit seiner weißen → Prajnya Samantabhadri.

Sambhogakaya (Skt.) ›Körper des Mitgenießens‹ ist die Bezeichnung der feinstofflichen, ätherischen ›Realitätsebene‹, in die die jenseits der Objekt-Subjekt-Spaltung verweilenden → Buddhas feinstoffliche → Emanationen senden, um so ihre Qualitäten dem Meditierenden im ›Körper des Mitgenießens‹ erfahrbar zu machen.

Samsara (Skt.) Bezeichnung der von den Buddhisten als irreal betrachteten Erscheinungswelt. Da ihr eigentliches Wesen als aus verschiedenen Elementen und Faktoren zusammengesetzt gilt, denen keinerlei eigenständige, nicht dem Wandel unterworfene Substantialität zugesprochen werden kann, gilt sie als letztlich ›leer‹. Durch die Anhaftung an den Erscheinungen, deren eigentliche Natur die → Leere ist, entsteht buddhistischen Vorstellungen zufolge das Leiden.

Samvara (Skt.) → Cakrasamvara.

Sangha (Skt.) ›Gemeinschaft der Buddhisten‹, im frühen Buddhismus speziell als Bezeichnung für die ›Ordensgemeinschaft‹ benutzt, später auch für die buddhistische Laiengemeinde verwendet. Die Spaltung einer Ordensgemeinde gilt als eine der frevelhaftesten Taten, die Verunglimpfung oder mißgünstige Betrachtung von Begleitern auf dem Wege zur Erleuchtung als sehr unheilvoll.

Sarasvati

Sarasvati (Skt.) Die mit der Laute als ihrem Haupterkennungssymbol auftretende weibliche Gottheit, die als eine spezielle Form der → Tara gilt.

Shakti (Skt.) → Prajnya.

Shambala (Skt.) ›Glücksquell‹, Name des in den → Kalacakra-Texten erwähnten mystischen Paradieses, das als die Quelle mystischen Wissens gilt und nur von dem alle weltlichen Bindungen hinter sich gelassen habenden Tantriker erreicht werden kann. Fälschlicherweise wird es immer wieder mit dem mythischen Land Shangrila, das man in Nordpakistan lokalisiert, in Verbindung gebracht.

Sechs Ornamente 1) die Bezeichnung einer Gruppe von sechs großen indischen Philosophen des 1. bis 7. Jhs. n. Chr., die mit ihren Werken entscheidend den Mahayana-Buddhismus prägten: Nagarjuna, Aryadeva, Asanga, Vasubandhu, Dignaga, Dharmakirti. Begleitet werden sie häufig von den sogenannten ›Beiden Besten‹, d. s. die beiden indischen Gelehrten Gunaprabha und Shakyaprabha. 2) bei der Beschreibung von Buddha-Statuen eine Bezeichnung für die Sechs Arten von Ornamenten, die die Rückenlehne seines Thrones zieren: Oben ein → Garuda, darunter – jeweils auf beiden Seiten symmetrisch angeordnet – ein → Naga, ein → Makara, ein gutaussehender Bube, eine Art Einhorn und zuunterst ein Ornamente tragender Elefant.

Shunyata (Skt.) → Leere.

Sieben Arten von Opfern Butterlampen als Lichtopfer, → Tormas als Speiseopfer, Räucherstäbchen als Rauchopfer, Blumen als ästhetisches Opfer sowie drei Schalen mit Wasser, die 1) wohlduftendes Wasser, 2) Wasser zur Körperreinigung und 3) Wasser zur Fußwaschung enthalten. Auf nahezu jedem buddhistischen Altar werden diese Opfergaben symbolisch durch die Aufstellung von sieben Schalen dargebracht, die während der morgendlichen → Puja stets mit frischem Wasser gefüllt werden.

Sieben Juwelen der Königsherrschaft Diese Gruppe von ursprünglich hinduistischen Symbolen des Königtums dient zur Darstellung der majestätischen Ausstattung eines Cakravartin, eines ›Weltenherrschers‹. Auch den Buddhas als Wesen, denen diese Qualitäten aufgrund ihrer hohen Verwirklichung eigen sind, werden sie als Symbole dargebracht, so daß sie auch vor den Stupas hoher Lamas zu finden sind: 1) das Dharmacakra, 2) das Wunschjuwel, 3) die Königin, 4) der Minister, 5) der Kriegselefant, 6) das Pferd und 7) der Heerführer

Songtsen Gampo (tib.) Der 33. tibetische König, der 629–49 regierte, die Prinzessinnen → Wencheng und → Bhrikuti heiratete und den Buddhismus in Tibet einführte.

Späte Bekehrung Tibets Die Periode der Neubekehrung Tibets, die nach dem Niedergang der Lehre unter dem tibetischen König → Langdarma (reg. 836–41) im 10. Jh. von Indien aus einsetzte und zur Gründung der verschiedenen Schulrichtungen des Lamaismus führte.

Stupa (Skt.) Aus dem altindischen Grabhügel hervorgegangenes Monument des Buddhismus, das vielfach als Reliquienschrein benutzt und als Symbol für den Geist des Buddha betrachtet wird.

Swastika (Skt.) Bezeichnung für ein Hakenkreuz, das im Lamaismus als Symbol der Festigkeit, Ausdauer und Beständigkeit gilt. Am augenfälligsten erscheint das Swastika-Symbol auf dem Thron des → Lama, der gebeten wird, ›fest‹ im → Samsara zu verweilen, bis alle Lebewesen die Erleuchtung erlangt haben. Während die Buddhisten ihr Kreuz rechtsläufig gestalten, besitzen die Anhänger der → Bön-Religion ein linksläufiges Swastika-Symbol.

Tanjur (tib.) ›Übersetzung des (Buddha-)Wortes‹, → Kanjur.

Tantra (Skt.) ›Ursprung‹, ›Entstehung von Wissen‹, Bezeichnung der Schriften des → Tantrismus sowie die in ihnen niedergelegten Lehrsysteme. Um die immer unüberschaubare Anzahl der Tantras in → Kanjur und Tanjur zusammenzustellen, wurden die Tantras von Butön (1290–1364) in vier Klassen eingeteilt, deren höchste die Anuttaratantra-Klasse, die ›Unübertreffende Tantra-Klasse‹, bildet.

Tantrismus Bezeichnung einer auf den → Tantras beruhenden ganzheitlichen Erkenntnislehre, die von der Untrennbarkeit des Relativen und Absoluten ausgeht und die Transzendentierung der realen Welt in die höchste Wirklichkeit sowie die Verschmelzung des einzelnen mit dem Absoluten anstrebt. Elemente des Tantrismus finden sich im Hinduismus, Jainismus und in Form des → Vajrayana-Fahrzeuges im Buddhismus.

Die weiße Tara

Die grüne Tara

Tara (Skt.) ›Die Retterin‹, als Verkörperung der Liebe verehrte weibliche Gottheit des Vajrayana, die aus einer Träne des → Avalokiteshvara entstanden sein soll. Am bekanntesten ist sie in ihren Erscheinungsformen der → Weißen und der → Grünen Tara, als deren → Emanationen die beiden Hauptgemahlinnen Songtsen Gampos gelten, → Bhrikuti und → Wencheng. Hohe Verehrung wird auch ihren Erscheinungsformen der → Acht Taras und Einundzwanzig Taras zuteil.

Tathagata 1) ›So-Gegangener‹, ehrenvoller Beiname eines jeden Buddha, der verdeutlichen soll, daß der Buddha sein Leben in Übereinstimmung mit der Natur der Wirklichkeit, der sogenannten ›So-Heit‹ (Skt. *Tatha*) lebt. 2) Verwendet wird diese Bezeichnung hier vor allem für die sogenannten → Fünf Tathagatas, die als Emanationen des → Adibuddha die grundlegenden philosophischen Prinzipien des späten Mahayana-Buddhismus verkörpern.

Tausend Buddhas Eine Gruppe von Buddhas, deren Erscheinen im Bhadrakalpasutra, der ›Lehrschrift vom guten Zeitalter‹, prophezeit wird. Ihre Darstellung erfolgt zumeist in einer 200fachen Darstellung von fünf Buddhas mit den → Mudras der → Fünf Tathagatas.

Terma (tib.) Eine Bezeichnung für apokryphes Schrifttum, d. h. für ehemals von Heiligen wie Padmasambhava versteckte Schriften, die später, als die Zeit reif zu ihrem Verständnis war, von Tertön, ›Schatzentdeckern‹, in Felsen, Höhlen, Seen usw. gefunden wurden. Verbreitet sind Termas besonders bei den → Nyingmapas, aber auch bei den → Kagyüpa und → Sakyapa. Die → Gelugpa lehnen sie als nicht authentisches buddhistisches Schrifttum ab.

Thangka (tib.) ›Flachbild‹, Bezeichnung von auf Leinwand gemalten, aus Stoff- und Brokatstücken applizierten oder in Webtechnik hergestellten Gemälden, die aufgrund ihrer Aufbewahrungsweise zumeist als ›Rollbilder‹ bezeichnet werden.

Theravada (Skt.) ›Lehrmeinung der Ordensältesten‹, Bezeichnung der bis heute in Sri Lanka und Südostasien heimischen Form des Buddhismus.

Thönmi Sambhota (tib.) Ein Minister des tibetischen Königs → Songtsen Gampo (reg. 629–49), der nach Indien gesandt wurde, um auf der Grundlage indischer Alphabete eine tibetische Schrift zu kreieren. Ikonographisch wird er deshalb als Buch und Feder haltender Minister mit dem turbanähnlichen Kopfschmuck hochrangiger Laien jener Zeit dargestellt.

Tisong Detsen (tib.) Von 755–97 regierender tibetischer König, der für seine Buddhismusfreundlichkeit bekannt war. 763 nahm seine Armee für kurze Zeit die damalige chinesische Hauptstadt Chang'an, das heutige Xian, ein. Er holte → Padmasambhava nach Tibet, ließ etwa 775 das Kloster Samye errichten und proklamierte 779 den Buddhismus zur Staatsreligion. Ikonographisch wird er als Emanation des → Manjushri mit Schwert und Buch über den Schultern abgebildet.

Torma (tib.) ›Speise-Opfer‹, eine Art ritueller Opferkuchen aus Tsampa, der je nach Anlaß mit Kräutern, Fleisch oder auch Alkohol angereichert und häufig mit farbenprächtigen, kunstvollen Butterverzierungen geschmückt wird. Je nach Anlaß werden Tormas in unterschiedlicher Größe, Farbe und Form hergestellt. Zornvolle Gottheiten beköstigt man mit dreieckigen, von einem Flammenkranz umgebenen, friedvolle Gottheiten mit zumeist weißen Tormas in weichen Formen.

Trikaya-Lehre → Dreikörperlehre.

Tripitaka (Skt.) ›Dreikorb‹, die Sammlung des buddhistischen Pali-Schrifttums der Theravadins, der ›Alten‹, einer Schule des Hinayana-Buddhismus. Der Tripitaka besteht aus den drei ›Körben‹ Abhidharmapitaka, dem ›Korb der Dogmatik und Metaphysik‹, Sutrapitaka, dem ›Korb der Lehrreden‹, und Vinayapitaka, dem ›Korb der Disziplin‹.

Tsha Tsha Tibetische Bezeichnung für kleine Lehmfigürchen oder Ton-Täfelchen, die, bisweilen mit der Asche verstorbener religiöser Würdenträger angereichert, die Abbildungen von Gottheiten wie die → Drei Gottheiten Langen Lebens aufweisen und in und bei → Stupas, Höhlen usw. abgelegt werden.

Tsongkhapa (tib.) ›Der Mann aus Tshongkha‹, eigentlicher Mönchsname Losang Dragpa (1357–1419), Begründer der → Gelugpa-Schule und Gründer des Klosters Ganden.

Tulku (Skt.) ›Erscheinungskörper‹, Bezeichnung von menschlichen Wesen, die als → Emanationen von → Buddhas oder → Bodhisattvas gelten und diese Existenz annehmen, um so zum Wohle der Lehre und Lebewesen zu wirken.

Upaya (Skt.) ›Methode‹, → Prajnya.

Ushnisha (Skt.) Auf dem Kopf von Buddhas befindlicher Auswuchs, der als ein körperliches Merkmal ihres Erleuchtungszustandes gilt.

Ushnishavijaya

Ushnishavijaya (Skt.) Zu den → Drei Gottheiten Langen Lebens zählende dreigesichtige, sechsarmige Gottheit in gemischt friedvoll-zornvoller Erscheinung, die speziell wegen ihrer Gewährung von Langlebigkeit Verehrung findet. Ihr bestes Erkennungsmerkmal ist die in ihrer oberen Rechten gehaltene kleine → Amitabha-Statue.

Vairocana (Skt.) → Buddha Vairocana.

Vaishravana (Skt.) Wie schon die dickleibige Erscheinungsform ausweist, gehört Vaishravana zu den Wohlstand gewährenden Reichtumsgottheiten. Auf einem Löwen reitend, hält er in der Rechten das Siegesbanner, in der Linken die Juwelen speiende → Manguste. Unter den → Vier Weltenhüter bewacht er den Norden.

Vajra (Skt.) Im Hinduismus mit ›Donnerkeil‹, im Buddhismus als Symbol für die Unveränderlichkeit der eigentlichen Natur der Wirklichkeit jedoch als ›Diamant‹ zu übersetzen; stellt einen zentralen Begriff im → Vajrayana-Buddhismus dar. Benutzt wird er vor allem zur Bezeichnung des gebräuchlichsten Ritualinstrumentes des → Vajrayana, des Vajra, des ›Diamant-Zepters‹, das die ›Methode‹, das selbstlose Wirken zum Wohle aller Lebewesen versinnbildlicht. Der Vajra wird zumeist gemeinsam mit dem komplementären Ritualinstrument Gantha, der ›Glocke‹, benutzt, deren ertönender und verklingender Ton dem Buddhisten zur Erkenntnis der eigentlichen Natur der Wirklichkeit gereicht. Werden beide in der Vajrahumkara-Mudra vor der Brust gekreuzt, wird damit die Vereinigung dieser Polaritäten symbolisiert.

Vajrabhairava (tib.) Der ›Vajra-Furchterregende‹, zählt zu den → Yidam-Gottheiten der höchsten → Tantra-Klasse. Seine populärste Form ist neungesichtig, vierunddreißigarmig, von dunkelblauer Körperfarbe und an dem zentralen Stierkopf erkennbar. Er gilt als Besieger des Totengottes → Yama, weshalb er häufig auch als → Yamantaka, ›Richter des Yama‹, bezeichnet wird.

Vajradhara (Skt.) Der dunkelblaue Buddha Vajradhara, ›Vajra-Träger‹, hat die Form des Adi-Buddha bei den → Gelugpa, → Kagyüpa und → Sakyapa, hält → Vajra und → Gantha im Vajrahumkara-Mudra vor der Brust.

Vajrakila

Vajrakila (Skt.) Eine Dolchgottheit der höchsten → Tantra-Klasse, die als die personifizierte Erscheinung des magischen Ritualdolches (tib. *Phurbu*) betrachtet wird, erscheint zumeist dreigesichtig, sechsarmig und hält in den zentralen Händen den Ritualdolch zur Vernichtung des Bösen. Über seinen Schultern zeigen sich zwei Vogelschwingen. Ehemals von → Padmasambhava nach Tibet gebracht, gilt er als bedeutendster → Yidam der → Nyingmapa-Schule, genießt jedoch auch bei allen anderen Schulen des Tibetischen Buddhismus hohe Verehrung.

Vajrapani

Vajravarahi

Vajrapani (Skt.) ›Der den → Vajra in der Hand hält‹, eine als Emanation des → Buddha Akshobhya geltender → Bodhisattva mit dunkelblauer Körperfarbe in zumeist zornvoller Erscheinungsform. In der Rechten hält er den → Vajra drohend erhoben. Nur selten wird seine friedvolle Emanation, die lediglich einen Vajra als Attribut trägt, abgebildet.

Vajrasattva (Skt.) Der weiße Vajrasattva erfüllt im buddhistischen Pantheon verschiedene Funktionen, die im Zusammenhang mit divergierenden tantrischen Überlieferungen zu sehen sind. Häufig gilt er als → Sambhogakaya-Verkörperung des → Adi-Buddha → Vajradhara. Er hält den → Vajra aufrecht vor seiner Brust, in der Linken die Gantha, die Glocke, in Höhe der Hüfte.

Vajravarahi (Skt.) ›Vajra-Bache‹, bildet eine → Dakini der höchsten → Tantra-Klasse. Identifizierbar an ihrem Schweinekopf, → Vajra und Schädelschale sowie einen → Khatvanga in der Armbeuge haltend, gilt sie als Verkörperung der Fünf Arten des Wissens. Ihr Wesen ist die gleichzeitig entstandene Freude als Ausfluß der Erkenntnis der Natur der → Leerheit.

Vajrayana (Skt.) Das ›Diamant-Fahrzeug‹, Bezeichnung der von den mystisch-magischen Praktiken des → Tantrismus geprägte Richtung des indischen Buddhismus, die – auf der → Mahayana-Philosophie fußend – die Erleuchtung durch die Anwendung spezieller yogischer und meditativer Praktiken in einem einzigen Leben zu verwirklichen sucht. Das Vajrayana bildet die philosophische Grundlage des Tibetischen Buddhismus.

Vier einträchtige Tiere

Vier Einträchtige Tiere Eine Darstellung, die eine beliebte Fabel aus dem → Kanjur illustriert. Elefant, Affe, Hase und Haselhuhn ernten Früchte von einem Baum. Interpretiert wird diese Gruppe häufig als ein Gleichnis für das harmonische Zusammenleben der Lebewesen.

Vier Weltenhüter Die Darstellung der Vier Weltenhüter erinnert stark an das Erscheinungsbild zentralasiatischer Krieger. In der Mythologie als Schützer der vier Himmelsrichtungen auf den vier Seiten des mythischen Weltenberges Meru beschrieben, treten sie auch an den vier Eingangstoren von → Mandalas als Torhüter auf. In dieser Funktion, Verdunklungen und Befleckungen aus dem geheiligten Opferraum fernzuhalten, finden sie sich häufig in den Vorhallen zahlreicher tibetischer Versammlungs- und Gebetsräume.

Weihefüllungen Erforderlich zur ›Belebung‹ lamaistischer Verehrungsobjekte wie Stupas und Statuen. Weihefüllungen bestehen aus Objekten für Körper, Wort und Geist: aus Statuen und → Tsha tshas, religiösen Texten und Papierröllchen mit Mantras, und aus einem Holzstab als Repräsentation des Lebensbaumes. Je umfangreicher und segensreicher die Weihefüllung ist, eine um so größere Segenskraft wird der Statue oder dem Stupa zugesprochen.

Die vier Weltenhüter

Virupaksha

Virudhara

Dhritarashta

Jambhala

Weißer Mahakala Der Weiße Mahakala, wegen seines vor der Brust gehaltenen Wunschedelsteins auch als Cintamani-Mahakala bekannt, ist eine sechsarmige Form des → Mahakala.

Weiße Tara Die neben ihren gewöhnlichen Augen auch auf Stirn, Hand- und Fußflächen je ein Auge tragende und deshalb als die ›Siebenäugige Göttin‹ bekannte, weißfarbige Erscheinungsform der → Tara hält die Rechte in der Geste des Gebens und in der Linken in Vitarka-Mudra eine Lotosblume.

Wencheng (chin.) Die von den Tibetern Gyaza oder Münsheng Kongjo genannte chinesische Tang-Prinzessin, die von → Songtsen Gampo zur Gemahlin erkoren wurde und als Mitgift den heute im Jokhang von Lhasa verweilenden → Jobo Shakyamuni mitbrachte. Sie war eine Meisterin der Geomantie und erbaute den Ramoche in Lhasa.

Windpferd Das mit dem flammenden, dreifachen Wunschjuwel der Lehre gesattelte Windpferd erscheint, umgeben von den vier Tieren der Himmelsrichtungen, vor allem auf Gebetsfahnen und drückt den Wunsch aus, die Lehre in alle Himmelsrichtungen zu verbreiten.

Yab-Yum (Skt.) ›Vater-Mutter‹, eine Darstellungsform tantrischer Gottheiten im Aspekt ›sexueller‹ Vereinigung, dient dem Tantriker als ein Symbol der mystischen Vereinigung der aus der eigentlichen Natur der Wirklichkeit entstandenen Polaritäten → Upaya (›Methode‹) und → Prajnya (›Weisheit‹), die als gleichwertige Prinzipien verstanden werden und in der Ikonographie in männlichen und weiblichen Gottheiten zum Ausdruck kommen.

Yama

Yama (Skt.) Der auch im tibetischen Totenbuch auftretende Totengott Yama gilt als Beherrscher der Höllen und Richter der Toten. Von → Yamantaka bezwungen, wurde er mythologischen Vorstellungen nach in den Dienst des Buddhismus gestellt, weshalb er auch Damcen Chögyel, ›Der durch Eid Gebundene‹, heißt. Er wird als zweiarmige, Schädelschale und Opfermesser als Symbole der Polaritäten haltende, stierköpfige Gottheit abgebildet.

Yamantaka (Skt.) → Vajrabhairava.

Yamaraja König → Yama, eine Form des Totengottes, die vor allem als → Dharmapala fungiert.

Yeshe Tshogyel (tib.) Wird als die Verkörperung einer tantrischen → Dakini der höchsten Stufe angesehen, war neben → Mandarava die Hauptgefährtin des → Padmasambhava (8. Jh.). Sie gilt als Verfasserin der Lebensgeschichte Padmasambhavas.

Yidam (tib.) ›Im Herzen gebundene Gottheiten‹, stellen geheimgehaltene, persönliche Schutzgottheiten des Lamaismus dar. Dienlich sind diese, in friedvoller, zornvoller oder gemischt friedvoll-zornvoller Form auftretenden Gottheiten bei der Überwindung innerer und äußerer Hindernisse. Vor allem werden sie aber als Verkörperungen bestimmter Qualitäten betrachtet, deren Verwirklichung das Voranschreiten auf dem Heilswege beschleunigt. Die Offenbarung von → Yidam-Gottheiten erfolgt in → Mandalas. Auch → Dakinis und → Dharmapalas wie → Yamantaka, → Lhamo oder → Mahakala können die Funktion des Yidam übernehmen. Die der → Anuttarayoga-Tantra-Stufe zuzurechnenden → Gottheiten → Guhyasamaja, → Hevajra, → Cakrasamvara oder → Kalacakra bilden die bekanntesten Yidam.

Yum (tib.) ›Mutter‹ (Skt. Prajnya), ist die Bezeichnung des weiblichen Gegenpols tantrischer → Gottheiten in → Yab-Yum-Darstellung.

Zangdog Pälri (tib.) Der Name des mystischen Paradieses des → Padmasambhava, der hier im Zentrum seines Palastes thront. Auf den Etagen über ihm sind → Avalokiteshvara als sein → Sambhogakaya-Aspekt und unter dem Dach → Amitabha als sein → Dharmakaya-Aspekt zu sehen. Eine Wiedergeburt in diesem paradiesischen Bereich erhoffen sich viele einfache Gläubige, denn eine Existenzannahme in dieser Region verspricht, lange Zeit in der Aura des großen Guru verharren zu können.

Zehn Tugenden Die in der Vermeidung der → Zehn Untugenden bestehenden Tugenden.

Zehn Untugenden Töten, Stehlen, Moralische Unreinheit, Lüge, verschleiernde Rede, Unglaubwürdigkeit, Verleumdung, Habgier, Schädigung, Befolgung irriger Ideologie.

Zehntausendschaft Bezeichnung einer Steuereinheit aus der Zeit der Yuan-Dynastie (1270–1368). Damals wurde die Bevölkerung Tibets in ›Dreizehn Zehntausendschaften‹ eingeteilt, in Bevölkerungseinheiten von etwa je zehntausend Familien.

Zhang-Zhung Name des ursprünglich im westtibetischen Raum gelegenen Königreiches, dessen kulturelles Zentrum die Region um den heiligen Berg Kailash bildete. Sein Ende fand Zhang-Zhung mit der Unterwerfung durch das unter Songtsen Gampo entstehende tibetische Großreich. Betrachtet wird es von den → Bönpos als das Ursprungsland der Bön-Religion.

Zhängo Bezeichnung der während des dreiwöchigen → Mönlam-Festes ursprünglich mehr symbolisch die weltlichen Regierungsgeschäfte führenden Oberaufseher des Festes, die stets aus dem Kloster Drepung stammten.

Zufluchtnahme Die grundlegende Praxis des Buddhisten besteht in der täglich gesprochenen, mit Prostrationen ausgeführten Formel: ›Ich nehme meine Zuflucht zum → Buddha, zum → Dharma und zum → Sangha‹. Im Lamaismus wird zusätzlich die Zuflucht zum Guru sowie für fortgeschrittene Praktiker zum → Yidam und zur → Dakini vollzogen.

Zwischenzustand → Bardo.

Zwölf Taten des Buddha Die bedeutendsten Ereignisse im Leben des Buddha werden von den Tibetern in den sogenannten ›Zwölf Taten des Buddha‹ zusammengefaßt. Zu verstehen sind diese als vom Buddha beispielhaft vorgeführte Taten, die den Lebewesen als Leitlinien auf ihrem eigenen Wege zur Erleuchtung dienen sollen. Nach Mahayana-Ansicht war der Buddha – wie schon seine erste Tat verdeutlicht – bereits vor seiner letzten Existenz im Zustand der höchsten Erleuchtung. Sein Erscheinen als → Buddha Shakyamuni diente daher nur der Belehrung der Lebewesen durch beispielhafte Taten. Malerische Darstellungen dieser Episoden, die bisweilen auch Begebnisse aus den zahlreichen Vorleben des Buddha umfassen können, zählen zu den beliebtesten Motiven lamaistischer Darstellungszyklen. Illustriert werden dabei folgende Ereignisse: 1) Die Herabkunft aus dem Tushita-Himmel, in dem die Buddhas stets verweilen, bevor sie sich ein letztes Mal wiederverkörpern, um den Lebewesen den → Dharma zu verkünden, 2) das Eindringen in den Mutterleib, 3) die körperliche Geburt, 4) die Lebensführung königlichen Standes, 5) ein Studium der Künste und Wissenschaften, 6) die Aufgabe von Haus und Besitz, 7) die Übung asketischer Praktiken, 8) die Erzeugung von → Bodhicitta, 9) die Überwindung der Versuchungen Maras, 10) die Erlangung der Erleuchtung, 11) das Drehen des ›Rades der Lehre‹, d. h. die Verkündigung der gefundenen Wahrheit, und 12) das Eingehen ins Parinirvana.

Praktische Reiseinformationen

Reisevorbereitung . . . 355
Auskünfte, Informationsmaterial und diplomatische Vertretungen . . . 355
Einreisebestimmungen . . . 355
Einreisemöglichkeiten . . . 356
Gruppenreisen . . . 356
Kleidung und Ausrüstung . . . 356
Klimatabelle . . . 357
Beste Reisezeit . . . 357
Zollbestimmungen . . . 357

Kleiner Sprachführer . . . 358

Städte-Informationen . . . 361
Golmud . . . 361
Gongkar Airport . . . 361
Gyantse . . . 361
Lhasa . . . 361
Shekar . . . 363
Shigatse . . . 363
Tsethang . . . 364
Xining . . . 364
Zhangmu . . . 365

Informationen von A–Z . . . 366
Abendliche Unterhaltung . . . 366
Ausreise . . . 366
Besichtigungen . . . 366
Bettler . . . 366
Busse . . . 366
Elektrizität . . . 367
Englisch-Kenntnisse . . . 367
Fotografieren . . . 367
Führungen . . . 367

Gesundheit . . . 368
Hunde . . . 368
Landkarten . . . 368
Medien/Nachrichten . . . 369
Nomaden . . . 369
Post . . . 369
Öffnungszeiten . . . 369
Public Security Bureaus . . . 369
Reiseagenturen . . . 369
Reisemittel . . . 370
Restaurants . . . 370
Rikshas . . . 370
Telefonverbindungen . . . 370
Trekking . . . 370
Trinkgeld . . . 371
Trucks und Truck Depots . . . 371
Verhaltensregeln . . . 371
Visa-Verlängerung . . . 371
Währungsumtausch und Zahlungsmittel . . . 371
Zeitdifferenz . . . 371

Literaturverzeichnis . . . 373

Bild- und Quellennachweis . . . 377

Namenregister . . . 378
Ortsregister . . . 385
Sachregister . . . 390

Auskünfte und Informationsmaterial

Auskünfte und Informationsmaterial können bei den Botschaften und Konsulaten der VR China angefordert werden.
BRD: Botschaft der VR China, Kurfürstenallee 12, 5300 Bonn, ✆ 02 28/36 10 95 98;
Generalkonsulat der VR China, Elbchaussee 268, 2000 Hamburg 52, ✆ 0 40/8 22 76 00;
Bildungsabteilung der chinesischen Botschaft, Außenstelle Berlin, Branitzerplatz 3, 1000 Berlin 19, ✆ 0 30/3 04 35 10.
Österreich: Metternichgasse 4, 1030 Wien, ✆ 02 22/75 31 51.
Schweiz: Kalcheggweg 10, 3000 Bern, ✆ 0 31/44 73 33.

Auskünfte erteilen auch die in Lhasa ansässigen, unter den Städteinformationen aufgeführten Reiseveranstalter sowie die folgenden Vertretungen Tibets:
Information Office of H. H. The Dalai Lama, Gangchen Kyishong, Dharamsala, Dist. Kangra, H. P. 176 215, Indien.
BRD: Deutsch-Tibetische Kulturgesellschaft e. V., c/o Tsewang Norbu, Fritz-Pullig-Str. 28, 5205 St. Augustin 2, ✆ 0 22 41/20 36 10;
Tibet Initiative Deutschland e. V., Postfach 2531, 5300 Bonn 1, ✆ 02 28/21 98 92. Fax 02 28/26 16 20;
Tibet Initiative München e. V., Rückertstr. 4, 8000 München 2, ✆ 0 89/5 38 09 03, Fax: 0 89/53 10 76;
Österreich: Verein der Freunde Tibets, c/o Michael Lugger, Albertgasse 30/2/13, 1080 Wien.
Schweiz: Office of Tibet, Waffenplatzstr. 10, CH-8002 Zürich, ✆ 2 01 33 36, Fax 2 02 21 60.
England: Office of Tibet, Linburn House, 342 Kilburn High Road, London NW 62 QJ, ✆ 3 28 84 22, Fax: 372 54 49.
Nepal: Gadhen Ghangsar, P. O.-Box 310, Lazimpat, Kathmandu, ✆ 1 16 60.

Einreisebestimmungen

Erst 1985 öffneten die Chinesen Tibet auch für Individualreisende. Nach den Unruhen von 1987 erhielten Rucksacktouristen, da ihre Bewegungsfreiheit nur schlecht einzuschränken ist, keine Visa mehr. 1991 wurden im chinesischen Chengdu wieder erste Visa für Individualreisen ausgestellt. Eine Lockerung der Einreisebestimmungen ist für 1995 geplant, wird aber maßgeblich von den politischen Entwicklungen abhängig sein. Aktuelle Auskünfte geben die chinesischen Botschaften.

Verlängerungen von Visa – in der Regel für einen Monat – kann jedes Public Security Bureau (PSB) erteilen. Für Regionen wie Ost, West- oder Südtibet sind spezielle Reisebevollmächtigungen, sogenannte *Alien Travel Permits* (ATP), erforderlich, die am besten schon in Deutschland einzuholen sind, aber auch bei den PSB beantragt werden können. Neben den Reisezielen erhalten sie auch Angaben über das Reisemittel. Ein ›Car‹-Eintrag erlaubt die Benutzung aller Arten von Kraftfahrzeugen als Transportmittel, also auch die Mitfahrt in Bussen und Lkw! Hält man sich an ungenehmigten Orten auf, so wird man zumeist am nächsten Morgen weitergeschickt, oft auch in den ›Ausgangsort‹ zurückgebracht. Den Zielort als Ausgangsort anzugeben, kann so doch noch zum Ziel führen. Bei schweren Verstößen wird man angehalten, eine Selbstkritik zu schreiben, u. U. wird der Paß eingezogen und erst an einem festgelegten Ort wieder ausgehändigt. Auch Ausweisungen sind schon vorgekommen.

Die Veranstalter von Gruppenreisen haben hingegen wenig Schwierigkeiten, für ihre Reisegruppen die erforderlichen Visa zu erhalten. Der Einhaltung der vertraglich festgelegten Routen innerhalb des Landes und der gewünschten Einreisewege steht gewöhnlich nichts entgegen, wenn die klimatischen Bedingungen es erlauben.

Verboten ist die Einfuhr anstößiger oder politisch kritischer Schriften sowie die Einfuhr von Dalai Lama-Bildern, die nicht zum eigenen Gebrauch gedacht sind. Deklarieren muß man bei der Einreise alle mitgeführten Wertgegenstände, Devisen, Kameras, Radios u. ä. Eventuell wird man bei der Ausreise daraufhin kontrolliert. Bewahren Sie Zollerklärung und ATP gut auf. Auch falls Sie Souvenirs oder Antiquitäten kaufen sollten, empfiehlt es sich, die Kaufquittungen sicherheitshalber für die Ausreise aufzubewahren.

Einreisemöglichkeiten

Flugverbindungen nach Tibet bestehen zum Gongkar-Airport, der etwa 90 km südlich von Lhasa gelegen ist und täglich angeflogen wird. Ob die Flugzeuge wirklich starten, hängt letztendlich stark von der Wetterlage ab. Gelegentlich werden Flüge abgesagt.

Chengdu – Gongkar, etwa 2 Std. Flugzeit, offiziell zweimal täglich. Kathmandu – Gongkar, 60–75 Min. Flugzeit, nur mittwochs und samstags.

Die gebräuchlichsten Landverbindungen bilden die Kathmandu- sowie die Qinghai-Route. Alle anderen Verbindungen stehen nur Reisegruppen mit Sondergenehmigung offen. Nur wenige Gruppen hatten bislang die Gelegenheit, die Überland-Routen von Bhutan aus durch das Chumbi-Tal nach Lhasa (noch nicht für den Tourismus geöffnet), von Chengdu aus über Derge nach Lhasa (die 2400 km lange Sichuan-Route) oder von Kunming aus nach Lhasa (die etwa 2400 km lange Yunnan-Route), zu befahren.

Gruppenreisen

Gruppenreisen stellen derzeit die einzig verläßliche und zumeist auch einzig mögliche Art der Reise in Tibet dar. Verschiedene Veranstalter bieten Touren an, die zu den bedeutendsten Sehenswürdigkeiten führen und neben Übernachtung und Vollverpflegung auch den Transport in kleineren, zumeist japanischen Reisebussen im Lande in die Preiskalkulation mit einschließen.

Kleidung und Ausrüstung

Für die Tagesausflüge und Besichtigungen ist sportliche und bequeme Kleidung zu empfehlen. Wenngleich es tagsüber auch in herbstlichen Monaten häufig milde ist, sollten warme Sachen für die Abende und dickere Jacken für die Fahrten nicht fehlen. Von Mai bis September ist tagsüber leichte Kleidung angenehm, es sei denn, Sie halten sich stundenlang in den etwas kühleren Klöstern auf. Sonnenbrille und -hut seien dringend empfohlen. Gute Dienste bei allen Unwägbarkeiten leistet ein Schweizer Offiziersmesser, eine Taschenlampe benötigen Sie in den Klöster, bei abendlichen Ausgängen und bei Stromausfall. Toilettenpapier gibt es nur in besseren Hotels. Nützlich ist eine Plastik- oder Feldflasche, in die man sich Tee einfüllen lassen kann; aufgrund der Höhenlage hat man einen enormen Flüssigkeitsbedarf.

Beste Reisezeit

Die günstigsten Reisemonate sind April bis Juni sowie September und Oktober. Für Juli bis September ist mit Regen zu rechnen, in hohen Lagen auch mit Schneefall. Die Straßen weichen zu dieser Zeit in den Hochlagen gelegentlich auf, werden von den tibetischen Fahrern, die mit den Landesverhältnissen vertraut sind, jedoch gut gemeistert. Bleibt man stecken, sind Lkw-Fahrer oft hilfsbereit. Auch im Dezember und Januar ist gelegentlich mit Schneefall zu rechnen. In den Tälern schmilzt er jedoch schnell wieder in der warmen Sonne dahin.

Zollbestimmungen

Die Ausfuhr von Antiquitäten (Kulturgut aus der Zeit vor 1959) ist verboten. Kameras, Wertgegenstände und Finanzen müssen bei der Einreise deklariert werden. Bei der Ausreise erfolgt eine Überprüfung der Zollerklärung. Bei Verlust von Kameras sollten Sie sich eine Bescheinigung von der Polizei geben lassen. Halten Sie die Angaben auf der Zoll-

Klimatabelle

Monat	Temperatur in °C max.	Temperatur in °C min.	Niederschlag in mm	Wetterlage
Januar	7	−10	1	kalt
Februar	9	−7	1	kalt
März	12	−3	2	kalt
April	16	1	5	frisch
Mai	20	5	25	etwas windig
Juni	23	9	77	etwas windig
Juli	22	10	130	gemäßigt
August	21	9	139	angenehm
September	20	8	56	heiter
Oktober	17	2	8	angenehm
November	12	−5	2	kühl
Dezember	8	−9	1	kalt

erklärung möglichst kurz. Die Ausfuhr von tibetischen Schriften im tibetischen Poti-Format ist offiziell verboten, wird aber zumeist großzügig übersehen.

Kleiner Sprachführer

Geld, Bezahlung

Geld	gormo
Wieviel?	gatshö
Wieviel kostet?	gormo gatshö
Wieviel kostet dies?	di gormo gatshö räwä
Das ist teuer/billig	gong chenpo rä/ gong chungchung rä

Essen/Trinken

Mahlzeit, Gericht	khalag
Fleisch	sha
Gemüse	tshäl
Fisch	nya
Nudelsuppe	thugpa
Nudelgericht	chowmein
Ich habe Hunger	nga dogo togi dug
Eine Mahlzeit bitte	khalag nangro nang
Durst	kha kom pa
Ich habe Durst	nga kha kom gi dug
Wasser	chu
Trinkwasser (abgekochtes Wasser	chu khöl ma
Tee	ja
Alkohol	chang rag

Personalpronomen

ich	nga
du	khyod
er	khong
sie	khorang
wir	ngatsho
ihr	khyerang tsho
sie	khong tsho, khorang tsho

Gebäude

Bank	ngülkhang
Brücke	sampa (mit stimmhaftem ›s‹)
Burg, Festung	dzong
Busbahnhof	mota babtsug
Geschäft	tshongkhang
Hotel	drönkhang
Kloster	gönpa
Krankenhaus	mänkhang
Restaurant	sakhang (mit stimmhaftem ›s‹)
Tempel	lhakhang

Topographie

Berg	ri
Fluß	tsangpo, chu
Gewässer, Teich, Bach	chu
Straße	lam kha, lam
Tal	lungpa

Reisen, Orientierung

Wo, wohin	kaba
Wohin gehen/ fahren Sie?	kaba drogi yö
Ich fahre nach Lhasa	nga Lhasa la drogi yö
Wo liegt der Tempel?	lhakhang kaba ra?

Von wo?	ganä.
Von wo kommen Sie?	(khyerang) ganä pheb yin.
Führt dieser Weg nach Lhasa?	lamkha di nä Lhasa la drogi räwä
Ja/nein	Rä/ma rä oder La ong/la ma rä

Zeit

Zeit	dütshö
Ich habe Zeit	nga la dütshö yö
Ich habe keine Zeit	nga la dütshö mä
Stunde, Uhrzeit	chutshö
Wieviel Uhr (welche Stunde) ist es?	chutshö gatshö rä
Wieviel Uhr fährt der Bus nach Lhasa?	chutshö gatshö la mota lhasa la grogi rä
Wann	gadü.
Wann treffen wir uns?	gadü ngatsho jälgi yin
heute	de ring
morgen	sangnyin
Ich komme morgen um drei Uhr	nga sangnyin chutshö sum pa la yonggi yin

Fotografieren

Foto	par
Ich möchte ein Foto von Ihnen machen	nga khyerang par gyabdö yö
Wieviel kostet es, ein Foto zu machen?	par cig gyabpa la gormo gatshö rä
Film	pingshog
Schwarzweiß-film	pingshog tshöntra mäpa
Farbfilm	pingshog tshöntra yöpa
Ich möchte einen Film kaufen	nga pingshog cig nyodö yö
Entwickeln Sie Filme?	pingshog shugi yöpä
Wieviel kostet ein Abzug?	par cig gormo gatshö rä

Farben

weiß	karpo
rot	marpo
blau	ngönpo
gelb	serpo
grün	janggu

Konversation

Wie geht es Ihnen?	khyerang debo yinpä
Mir geht es gut/ nicht gut	debo yin/min
Wann sind Sie hier angekommen?	khyerang kadü lebsong nga
Vor sechs Tagen/ Gestern bin ich eingetroffen	nyima druggi ngönla/ khasang jorwa yin
Haus	khangpa
gut	yakpo
schlecht	dugcag
Ihr Haus ist nett	khyeranggi khangpa yakpo dug
Laßt uns morgen wieder treffen	sangnyin jälyong
Nicht haben (besitzen)	mä
Danke	thugje che
kalt	drangmo
warm	drobo
heiß	tshapo
Es ist heiß	tshapo rä
Weit entfernt	thag ringpo
Nahe gelegen	thag nyepo
Ist dieser Ort weit entfernt?	sacha di thag nyepo räwä
links	yön
rechts	yä

Zahlen

1	cig
2	nyi
3	sum
4	zhi
5	nga
6	drug
7	dün
8	gyä
9	gu
10, 11	cu thampa, cucig
12, 13	cunyi, cusum
14, 15	cuzhi, conga
16, 17	cudrug, cubdün
18, 19	cobgyä, cugu
20, 21, 22	nyishu thampa, nyishu tsa cig, nyishu tsa nyi
30, 31, 32	sumcu thampa, sumcu so cig, sumcu so nyi
40, 41, 42	zhicu thampa, zhicu zhe cig, zhichu zhe nyi
50, 51, 52	ngacu thampa, ngacu nga cig, ngacu nga nyi
60, 61, 62	drugcu thampa, drugcu re cig, drugcu re nyi
70, 71, 72	düncu thampa, düncu dön cig, düncu dön nyi
80, 81, 82	gyäcu thampa, gyäcu gya cig, gyäcu gya nyi
90, 91, 92	gucu thampa, gucu go cig, gucu go nyi
100, 200, 300	gya thampa, nyi gya, sum gya
1000, 2000, 3000	cig tong, nyi tong, sum tong
10 000, 20 000	kri, nyi tri
100 000, 200 000	bum cig, bum nyi

Kilometer	kumili
Wieviele Kilometer ist es von hier aus nach Lhasa?	di nä Lhasa la kumili gatshö rä

Unterkunft

Hotel	drönkhang
Wo liegt das Hotel?	drönkhang kaba rä
Wieviel kostet ein Zimmer?	khangpa cig gormo gatshö rä
In Ordnung, okey	digsha
Bettdecke	nyalche
Ich brauche noch eine Bettdecke	nga la dadung nyalche cig gö

Golmud

Bahnverbindung: nach Xining täglich am vormittag und am späten Nachmittag (jeweils etwa 25 Std.)
Busverbindungen: nach Xining und nach Lhasa
Einkaufsgelegenheit: Wer nach Lhasa reist, sollte sich hier noch mal mit Verpflegung eindecken
Flugverbindungen: Di und Sa nach Lhasa und Xian
Unterkunft: lediglich das Municipal Guest House ist empfehlenswert, ca. 2 km vom Busbahnhof entfernt
Truck-Depots: Drei Truck-Depots, sämtlich an der Dunhuang-Lhasa-Straße gelegen, bieten vielfache Mitfahrgelegenheit nach Lhasa, Dunhuang, Xining und Lanzhou

Gongkar-Airport

98 km von Lhasa gelegen, der einzige internationale Flughafen Tibets. Nach dem Ausbau der Landbahn werden hier von 1994 an auch Großraummaschinen vom Typ Boeing 747 landen können. Zugleich sollen dann auch weitere internationale Fluglinien eröffnet werden. Individualreisende werden per Flughafenbus zum CAAC-Büro in Lhasa gebracht. Um den Gepäcktransport brauchen sie sich auch nicht zu kümmern. Abfahrt von Lhasa zum Flughafen am CAAC-Büro. Täglich findet morgens ein Flug Chengu-Lhasa (etwa 9.30 Uhr) - Chengdu statt. Mi und Sa geht morgens eine zusätzliche Fluglinie Chengdu-Lhasa (etwa 9.30 Uhr) - Kathmandu (etwa Ortszeit 10.00 Uhr) - Lhasa (etwa 14.00 Uhr) - Chengdu. Die genauen Flugzeiten unterliegen neben Unpünktlichkeiten ständig Flugplanänderungen, so daß sie hier nicht verläßlich gegeben werden können. Erkundigen Sie sich in den CAAC-Büros über die aktuellen Zeiten! Offiziell findet darüber hinaus Sa und Di der Flug Lhasa-Golmud-Xian statt. De facto wird er aber häufig gestrichen.

Gyantse

Gyantse besitzt bislang keine Wechselmöglichkeit. Neben dem Gyantse Hotel Nr. 1 (✆ 3 56 und 3 57, Zimmer ab etwa 30 US-$) gibt es ein sehr einfaches Gasthaus, das Gyantse Hotel Nr. 2.

Lhasa

Bank of China: East Jinzhu Road, geöffnet Mo bis Sa 9–12.30 und 15.30–18.30 Uhr (✆ 2 48 35). Für Gäste des Lhasa Hotels von 7–22 Uhr durchgehend geöffnete Zweigstelle an der Rezeption.
Busverbindungen: Busbahnhof für Stadtbusse am Renmin Lu; etwa fünfmal stündlich Verbindungen in Richtung Drepung (am Lhasa Hotel und Tibet Hotel vorbei) und

nach Sera, die Fahrer halten unterwegs auf Winkzeichen; an der Ecke Minzu Lu/Central Jinzhu Lu liegt die Lhasa Bus Station für Überlandfahrten in andere Städte; Busstand an der Kang'ang Road für Fahrten in die Nachbarorte

CAAC-Luftfahrtbüro: Kang'ang Road, geöffnet 9.30–12.30 Uhr (Sommerzeit 9–12 Uhr), ✆ 2 24 17, zugleich Haltestelle der Busse vom und zum Gongkar Airport

Einkaufsgelegenheiten: Friendship Store am westlichen Ende des Jokhang-Vorplatzes, in der Altstadt besonders in dem gesamten Bereich nördlich und westlich des Jokhang.

Hotels: Die Tagespreise der folgenden Unterkünfte stellen Hauptsaisonpreise (1. 4.–31. 10.) dar, in der Nebensaison (1. 11.–31. 3.) gibt es Preisnachlässe von 30–50%: Holiday Inn Lhasa, 1 Minzu Road (✆ 2 22 21 u. 2 32 22, Tlx. 6 80 10 HILSA CN, Doppelzimmer mit Bad ab ca. 60 US-$); Tibet Guesthouse, West Beijing Road (✆ 2 37 38, Tlx. 6 80 13 TELEX CN, Zimmer für ca. 160 FEC); Sunshine Hotel, Linju Road (✆ 2 22 27 u. 2 28 53, Tlx. 6 80 16 TRCLS CN, Zimmer für ca. 70 FEC); Himalaya Hotel, Ling Yuo Dong Lu (✆ 2 37 75 u. 2 22 93, Tlx. 6 80 19 TIST CN, Zimmer für ca. 100 FEC); Xuelian Hotel, in einer Seitenstraße des Jingzhu Dong Lu (✆ 2 38 24 u. 2 30 56, Zimmer für ca. 40 FEC). Preiswert: Snowlands Hotel, Guangming Road (✆ 2 36 87); Plateau Hotel, Duodi Road (✆ 2 49 16), Banakshol Hotel, 11 East Beijing Road (✆ 2 38 29), Kirey Hotel, 19 East Beijing Road (✆ 2 34 62), Yak Hotel, 36 East Beijing Road (✆ 2 34 96).

Information und Reiseorganisation: Tibet Tourism Bureau (TTB), West Beijing Road, (✆ 2 44 84 und 2 45 84, Tlx. 6 80 12 CTTB CN, Cable 2 44 84); Tibet Tourist Corporation (TTC), West Beijing Road, Holiday Inn Lhasa, (✆ 2 44 15 und 2 22 21–28 16, Tlx. 6 80 18, Fax 2 44 15, Cable 20 88); China International Travel Service (CITS), 168 West Beijing Road (✆ 2 29 80, Tlx. 6 80 09 ZMLAS CN, Cable 88 48); Zweigstelle im Lhasa-Hotel, Room No. 1016–1018; Lhasa Travel Agency, im Sunshine Hotel, Linju Road (✆ 2 25 75 und 2 28 53–99, Tlx. 6 80 16 TRCLS CN, Cable 06 74); China Workers' Travel Service (CWTS), East Jinzhu Road (✆ 2 42 86 und 2 22 44, Tlx. 6 80 25 BTBL CN, Cable 00 22), Zweigstelle im Lhasa-Hotel, Room No. 1014; China Youth Travel Service (CYTS), Holiday Inn Lhasa, Room 1103 (✆ 2 41 73 und 2 33 29, Tlx. 6 80 17 CYTS CN, Cable 72 30). Tibet China Travel Service (TCTS), West Beijing Road (✆ 2 29 80, Tlx. 6 80 09 ZMLAS CN, Cable 88 48); China Golden Bridge Travel Service Corp. (✆ 2 38 28 und 2 40 63, Tlx. 6 80 02 GBTCL CN)

Krankenhäuser: Empfohlen wird Touristen bei Bedarf zumeist das City People's Hospital, East Beijing Road (✆ 2 32 12 und 2 33 38); eine Praxis für Tibetische Medizin befindet sich im Lhasa Hotel; weitere Krankenhäuser: People's Hospital of the Tibet Autonomous Region, Northern Linkuo Road (✆ 2 22 00 u. 2 23 53); Tibetan Medicine Hospital of Tibet, östliches Ende der Yutuo Road (✆ 2 42 11), General Hospital of Tibet Armed Police Force, Niangre Road (✆ 2 37 97); General Hospital of Tibet Military Region, Niangre Road (✆ 4 11 04), Maternity and Child Care Hospital (Central Jinzhu Road, ✆ 2 31 61)

Nepalesische Botschaft: westlich des Minzu Lu, nördlich des Norbulingka

Postamt: City Post Office, Ecke Central Beijing Road/Kang'ang Road, 10–17 Uhr (Sommerzeit: 9–18.30 Uhr) geöffnet. Briefmarken und Briefaufgabe auch im Lhasa-Hotel

Public Security Bureau: Am Zhongzuel Lu gelegen, westlich des Potala, mit Ausnahme von Donnerstagnachmittag und Sonntag 8.30–12.30 Uhr und 16–19 Uhr geöffnet, ✆ 2 31 70

Restaurants: in allen Hotels sowie: Barkhor Cafe (vom Lhasa-Hotel geführt), 100 m westlich des Jokhang-Eingangs; an der Beijing Road einige einfache, aber ganz gute einheimische Restaurants

Taxi und Jeep: Taxistand am Renmin Lu, 300 m vor dem Eingang des Jokhang. Bestellungen nimmt auch die Hotel-Rezeption vor. Die Preise liegen nur wenig unter dem Niveau in Deutschland. Unternehmen: City District Tourist Taxi Company, 38 East Beijing Road (✆ 2 44 37); Passenger Transport Auto Company, West Jinzhu Road (✆ 2 38 37); City Transportation Bureau, West Jinzhu Road (✆ 2 31 13); City Public Bus Company, East Jinzhu Road (✆ 2 44 92)

Telefon: Auslandsvorwahl 113; Auskunft 114; Feuer 119; Diebstahl 110; Verkehrsunfall 2 33 16; Städtisches Sicherheitsbüro 2 44 22

Telegraphenamt: Linkou Lu, 7.30–9.30 Uhr und 10–18 Uhr (Sommerzeit: von 7–9 Uhr und 9.30–18 Uhr) geöffnet, Nachtservice von 18–23 Uhr. Langwierige Verbindungen mit wechselndem Erfolg ins Ausland. Weitaus schneller und besser geht es vom Lhasa Hotel aus per Satellit

Theater, Kino & Tanzveranstaltungen: Tibetan Opera Theatre, West Beijing Road (✆ 2 21 17 und 2 38 10); Song and Dance Troup, 67 Central Beijing Road (✆ 2 26 30 und 2 25 93); Drama Theatre, 18 East Beijing Road (✆ 2 41 34 und 2 26 90); Lhasa Song and Dance Troup, 36 East Linkuo Road (✆ 2 32 84); Xueba Amateur Opera Theatre, West Beijing Road; Lhasa Theatre, Minzu Road (✆ 2 37 24); Lhasa Cinema, 25 Yutuo Road (✆ 2 48 65)

Truckdepots: Von Lhasa aus kann man Trucks aufgrund strenger Kontrolle gewöhnlich nur noch mit offiziellem Ticket benutzen. Gern wird die Benutzung von Trucks aber nicht mehr gesehen. Man kann einen Lastwagen auf einer Ausfallstraße hinter den Checkpoints (Lhasa-Brücke und Doilungdeqen) per Anhalter zum Stoppen bringen. Für die einzelnen Routen empfehlen sich folgende Depots:
Qinghai-Route: Truckdepots 1, 2, 4 und 5, die Depots vor dem Potala, nördlich des Holiday Inn und an der East Jinzhu Road; Sichuan: Depot Nr. 6; Westtibet und Xinjiang: Depot nördlich des Holiday Inn; Tsethang: Truckdepot an der East Jinzhu Road.

Xinhua Bookstores: sämtlich etwa 10–12.30 und 16–18 Uhr geöffnet: 1) am westlichen Ende der Yutuo Road (✆ 2 32 49), 2) 300 m westlich des Tibet Hotels an der West Beijing Road (✆ 2 23 85), 3) Duodi Road (✆ 2 46 94), 4) Tibetan Language Bookstore, Barkhor Street (✆ 2 43 03).

Shekar

Das Örtchen eignet sich – abgesehen von der Besichtigung der idyllischen alten Siedlung – nur in Notfällen für eine Übernachtung. Im Qomolangma-Hotel gibt es außer einem dürftigen Essen keinerlei Service.

Shigatse

Bank of China: geöffnet 9.30–12.30 Uhr und 15.30–18 Uhr (✆ 21 22 und 21 23).

Keine Wechselmöglichkeit im Shigatse-Hotel

Busverbindungen: Am Bus- und Truckdepot gute Verbindungen zur Grenzstation Nyalam, nach Qinghai und Westtibet

Einkaufsgelegenheiten: interessanter Altstadt-Markt (etwa 9.30–18.30 Uhr), Kaufhäuser, Xinhua Bookstore

Information und Reiseorganisation: CITS-Büro im Shigatse Hotel (✆ 25 25, Cable: Shigatse 88 48)

Hotels: Xigaze Hotel (✆ 25 19, Zimmer ab etwa 30 US-$); sehr einfach und billig sind das tibetische No. 1-Hotel und das chinesische No. 2-Hotel. Offiziell nicht für Touristen offen: Samdub Tse Hotel (✆ 22 52)

Krankenhäuser: Regional People's Hospital (✆ 26 55, 26 52), Regional Tibetan Hospital (✆ 26 53), Municipal Hospital (✆ 22 69).

Public Security Bureau: 9.30–12.30 Uhr und 15.30–18.30 Uhr geöffnet

Kloster Tashilhünpo: Geöffnet nur 9.30–12.30 Uhr, So geschlossen

Taxi: nur schwer zu bekommen, höchstens durch die Rezeption des Shigatse Hotels

Telefon: Auslandsvorwahl 113, Auskunft 116, Telegramm-Aufgabe 23 08, Feuer 21 01, Notruf 22 38 und 26 50

Restaurants: Gute Restaurants liegen an der Hauptstraße nördlich des Shigatse Hotels

Tsethang

Bank of China: 9.30–12.30 Uhr und 15.30–18 Uhr

Busverbindungen: gegen 8.30 Uhr fahren mehrmals täglich Busse am Busbahnhof nach Lhasa ab, so daß sie auch zur Fahrt zur Anlegestelle der Fähre nach Samye benutzt werden können

Einkaufsgelegenheiten im Untergeschoß des Großen Kaufhauses, interessante Mitbringsel: Kameras, Füllfederhalter, Fahrradschellen

Information und Reiseorganisation: CITS-Büro, Lhokha-Prefecture, (✆ 573), etwa gegenüber dem Zedang-Hotel.

Hotels: Zedang Hotel (✆ 80 45 20; etwa 60–210 FEC), Nedong Guest House (sehr einfach), Muslim Guest House (eigentlich nur für Angehörige der Hui usw. gedacht)

Restaurants: im Zedang-Hotel und in der ganzen Stadt verstreut

Truck-Depots: Nr. 1, Via Lhasa, Verbindungen nach Qinghai; Nr. 2, Trucks in Richtung der osttibetischen Städte Chamdo und Nyingchi, von wo aus man, falls die Straße inzwischen freigegeben ist, nach Sichuan weiterfahren kann. Mitfahrgelegenheit eventuell auch von der Tankstelle aus

Xining

CAAC Luftfahrt-Büro: auf der Hauptstraße, Xiguan Dajie, ✆ 774 34

Bank of China: 9–12 und 14.30–18 Uhr geöffnet, Di nachmittags, Sa und So ganztags geschlossen

Busverbindungen: Der zentrale Busbahnhof für Überlandfahrten liegt 50 m links vor dem Bahnhof. Regelmäßige Verbindungen nach Kumbum starten vom Ximen-Busbahnhof. Vom Bahnhof abgehend, passiert der Stadtbus Nr. 1 das Xining Daxia-Hotel, Bus Nr. 9 das Xining Binguan-Hotel

Information und Reiseorganisation: CITS-Büro im Xining Binguan-Hotel (✆ 2 39 01–700)

Hotels: Xining Binguan, Qiyi Lu (✆ 2 39 01); Xining Daxia, Dongguan Dajie (✆ 779 91); Bahnhofshotel
Post: Xiguan Dajie, geöffnet 9.30–12 Uhr und 14.30–18 Uhr
Public Security Bureau: auf dem Bei Dajie, 9–12 Uhr und 14.30–18 Uhr geöffnet
Taxi: Stand für Taxis und dreirädrige Motorgefährte am Bahnhof; Taxivermittlung im Xining Binguan-Hotel
Restaurants: in den Hotels, am Bahnhof, interessant ist das Svan-Restaurant auf dem Bei Dajie
Xinhua-Buchladen: auf dem Xiguan Dajie; auf der gleichen Straße befindet sich westlich der Flußbrücke ein Foreign Languages Bookstore

Zhangmu

Für die Einreise über Zhangmu benötigt man ein Visum mit Einreisevermerk für die Überlandroute Kathmandu–Lhasa. Die 9 km lange, mehr als 500 Höhenmeter überbrückende Strecke zwischen der chinesisch-nepalesischen Freundschaftsbrücke und der chinesischen Grenzstation in Zhangmu ist von Juli bis September wegen der monsunzeitlichen Erdrutsche stets nur zu Fuß zu bewältigen. Dann sollte man etwa drei Stunden für den Anstieg einplanen und auch den Zeitunterschied zwischen Nepal und China (+ 2 Std., Sommer + 3 Std.) berücksichtigen und die Grenze möglichst bis 16 Uhr chinesischer Zeit erreichen. Da das 2 km hinter der nepalesischen Grenzstation Kodari gelegene Totopani keine angenehmen Übernachtungsmöglichkeiten bietet, sollte man so früh wie möglich nach Nepal ausreisen, um noch einen Bus nach Kathmandu zu erreichen. Die Grenzstation in Zhangmu öffnet um 10 Uhr morgens (7.00 Uhr nepalesischer Zeit).

Da die nächste Wechselmöglichkeit erst in Shigatse gegeben ist, sollte man in der Bank of China von Zhangmu unbedingt Geld wechseln (So geschlossen!). Mit US-$ kann man in Tibet, besonders in diesen Breiten, noch wenig erreichen. In Zhangmu akzeptieren die Geschäfte noch Nepali-Rupien.
Bank of China: außer So 9–12.30 Uhr und 16–18 Uhr geöffnet
Busverbindungen: regelmäßig Busverbindungen von Zhangmu nach Shigatse/Lhasa gibt es nicht. Einzelreisende finden u. U. im Ort einen Truck oder einen Touristenbus, der leer nach Lhasa zurückfährt und bereit ist, sie mitzunehmen.
Hotels: Das einfache Zhangmu-Hotel liegt direkt an der Grenzstation (Zimmer etwa 60 FEC); im Ort passiert man weitere, einfache Gasthäuser.
Public Security Bureau: ab morgens 9.30 Uhr geöffnet. Möglicherweise kann man hier noch das benötigte Alien Travel Permit für die Überlandeinreise nach Lhasa bekommen.
Restaurants: Restaurant im Zhangmu-Hotel; ein Kiosk am Zhangmu-Hotel bietet annehmbare Momos. Geht man durch den Ort, passiert man noch mehrere andere, einfache Restaurants.

Informationen von A–Z

Abendliche Unterhaltung

Vergnügungen werden nur in geringem Maße in tibetischen Städten geboten. In den Hotels finden häufig Veranstaltungen mit traditionellen tibetischen Tänzen statt. Im Lhasa-Hotel wird man von einem traditionellen tibetischen Musikensemble unterhalten.

Ausreise

Bei der Ausreise benötigen Sie Ihre Zollerklärung! Das Gepäck wird häufig auf Antiquitäten kontrolliert. Quittungen teurer Gegenstände sollten Sie besser aufbewahren. Nehmen Sie Ihre Filme unbedingt ins Handgepäck und lassen Sie sie besser nicht durchleuchten!

Besichtigungen

Alle diesbezüglichen Formalitäten werden von den Reiseveranstaltern übernommen. Erhoben wird häufig eine Gebühr für die Besichtigung von Klöstern, gelegentlich auch einzelner Räume. Eine kleine Spende für das Kloster – die offiziellen Eintrittsgebühren kommen häufig nicht oder nur begrenzt dem Kloster zu – wird dankbar angenommen.

Bettler

Bettelei ist in Tibet, besonders in Lhasa, weit verbreitet. Häufig erbetteln Pilger ein paar Pfennige zur Finanzierung ihrer Wallfahrt, Mönche und Nonnen bitten um Geld für den Wiederaufbau ihres Klosters. Die typische Bettelgeste ist eine Faust mit nach oben gerichtetem Daumen, häufig mit beiden Händen gleichzeitig vollzogen und von einem *Kuje, kuje* begleitet. Speisen Sie in Restaurants, kommen gelegentlich auch Bettler, die sich Essensreste erhoffen.

Busse

Das Reisen in öffentlichen Verkehrsmitteln, d. h. Bussen, ist Touristen derzeit untersagt, es sei denn, Ihr Alien Travel Permit (ATP) trägt einen ›Car‹-Vermerk. Illusionen über den Standard der Busse nimmt einem oft schon der erste Anblick. Nicht umsonst murmeln die Tibeter während der Fahrt ihre Mantras. Pausen sind sehr selten. Deshalb Wertgegenstände, Reiseproviant usw. in einem kleinen Gepäckstück bei sich tragen, den Rest so regen- und staubsicher wie möglich auf dem Dach verstauen. An Touristen werden Bustickets oft nur zögerlich verkauft. Seien Sie hartnäckig und bitten Sie u. U. Tibeter, die Karten für Sie zu kaufen. Eventuell können

Sie an den Verkaufsstellen für Fahrkarten auch Truck-Tickets bekommen. Es lohnt sich immer, selbst vor Ort Gruppen zu organisieren und Jeeps oder auch einen Bus zu dem gewünschten Reiseziel zu mieten. Eine Eisenbahnstrecke für die Route Goldmud–Lhasa ist noch in der Planungsphase.

Elektrizität

Es gibt in allen Städten Strom (220 Volt Spannung). In kleineren Ortschaften wird er jedoch oft um 22 Uhr abgestellt. Akkus also tagsüber aufladen. Ihre Taschenlampe sollte nachts am Bett stehen. Heißes Wasser und Duschgelegenheit gibt es nur in besseren Hotels und oft auch nur zu bestimmten Tageszeiten.

Englisch-Kenntnisse

Englische Sprachkenntnisse nutzen Ihnen in Tibet oft nur wenig, da kaum jemand Englisch spricht. Falls Sie Telefongespräche mit Taxi-Unternehmen führen möchten, bitten Sie einen Tibeter oder Chinesen um Hilfe. Die tibetischen Zahlen sollten Sie aber kennen (vgl. S. 360).

Fotografieren

Ihre Foto- und Filmausrüstung sollte komplett sein, wenn Sie nach Tibet reisen; denken Sie vor allem an Batterien für Kamera und Blitzgerät, und nehmen Sie genügend Filme mit. Funktioniert Ihre Kamera nicht mehr, so können Sie sich mit dem Kauf eines chinesischen Modells, u. U. gar eines gebrauchten, über die Runden retten. In der Beijing Zhong Lu Road in Lhasa (die gegenüber vom Potala von der Beijing Road abzweigt) befinden sich eine Anzahl von Foto-Läden. Hier bekommen Sie auch Schwarzweiß- und Farbnegativfilme, selbstverständlich werden auch Entwicklungsarbeiten in Farbe und Schwarzweiß durchgeführt. Dia-Filme sind in Tibet so gut wie gar nicht zu bekommen.

Bei Besichtigungen in den Klöstern werden staatlich festgesetzte Gebühren für das Fotografieren erhoben. Erkundigen Sie sich vorab, ob die geforderte Summe sich auf das ganze Kloster bezieht oder nur auf einzelne Räume. Besonders für Video-Aufnahmen muß man viel Geld bezahlen. Film-Aufnahmen mit einer 16 mm-Kamera bedürfen einer Sondergenehmigung. Das Fotografieren von militärischen Einrichtungen, dazu gehört auch der Flughafen, ist wie überall sonst auf der Welt selbstverständlich auch in Tibet verboten. Respektieren Sie es, wenn Tibeter nicht von Ihnen auf den Film gebannt werden möchten, und fotografieren Sie in Klöstern nicht, wo es verboten ist!

Führungen

Einen lokalen, chinesischen oder tibetischen Reiseleiter, der Englisch spricht, vermitteln Ihnen sämtliche Reiseagenturen in Lhasa. Die Mönche in den Klöstern sind sehr hilfsbereit und nennen Ihnen gerne die Namen der Gottheiten, haben aber in der Regel nur sehr begrenzte Englisch-Kenntnisse.

Gesundheit

Denken Sie daran, daß Sie bei Ihrem Tibet-Aufenthalt sich ständig in einer durchschnittlichen Höhe von 4000 m aufhalten. Personen mit hohem Blutdruck, Herz- und Atemwegserkrankungen sollten vor der Reise unbedingt mit ihrem Arzt Rücksprache nehmen.

Die Symptome der Höhenkrankheit – Schwindelgefühl, Übelkeit, Schlaflosigkeit, Kopf- und Brustschmerzen – machen sich bei allen Tibetreisenden bemerkbar. Zumeist verschwinden sie jedoch nach ein bis zwei Tagen der Eingewöhnung. In jedem Fall sollten Sie für die ersten Tage Ihres Aufenthaltes im Schneeland die folgenden Regeln beachten, die die Anpassung Ihres Organismus an die ungewohnte Belastung unterstützen: Unternehmen Sie keine großen körperlichen Anstrengungen und nehmen Sie keinen Alkohol zu sich! Trinken Sie viel, sehr viel Tee (möglichst mehr als drei Liter pro Tag), schlafen Sie lange und machen Sie alles mit Muße und in Ruhe. Gegen die Kopfschmerzen hilft Aspirin.

Wenn Sie sich weitere gesundheitliche Probleme ersparen wollen, so beachten sie die allgemeinen Regeln für Asienreisen: Verzichten Sie auf Salate und ungekochtes Gemüse, essen Sie Fleisch nur in völlig durchgebratenem Zustand und trinken Sie nur abgekochtes Wasser. Magen-Darm-Beschwerden gehen Sie so zumeist aus dem Weg. Thermoskannen mit heißem Wasser für Tee bekommen Sie auf Anfrage in den Hotels auf Ihr Zimmer.

Impfungen sind für Tibet nicht vorgeschrieben; doch sollten Sie Ihre Tetanus- und Polio-Impfungen auffrischen und eine Gammaglobulin-Prophylaxe gegen Hepatitis A vornehmen lassen.

Aufgrund der relativ bescheidenen medizinischen Versorgungslage sollte Ihre Reiseapotheke Mittel gegen alle Eventualitäten haben. So etwa Medikamente gegen Magen-Darm-Beschwerden und die Höhenkrankheit, Antibiotika gegen bakterielle Infektionen sowie Schmerzmittel und Verbandsmaterial. Lassen Sie sich von Ihrem Hausarzt eine Reiseapotheke zusammenstellen, das gilt besonders, wenn Sie regelmäßig bestimmte Medikamente einnehmen müssen.

Weiterhin benötigen Sie Sonnenschutzmittel mit einem hohen Lichtschutzfaktor und ein Lippenschutzmittel.

Krankenhäuser gibt es nur in Lhasa und Shigatse, die allerdings weit unter dem gewohnten mitteleuropäischen Standard rangieren. Wenn Sie nach einem Arzt suchen, so fragen Sie auch in den Rezeptionen der großen Hotels, ob sich unter den Gruppenreisenden ein Mediziner befindet.

Hunde

Hunde stellen ein nicht zu unterschätzendes Problem dar. In der Dunkelheit rotten sie sich in Ansiedlungen zu Rudeln zusammen, in der Nähe von Nomadenzelten sichern sie das Territorium. Vorsicht ist stets geboten, mit ein paar Steinwürfen können Sie sich Respekt verschaffen. Mitnehmen sollten Sie abends immer eine Taschenlampe, mit der Sie Hunde blenden können.

Landkarten

»South-Central Tibet«: 1:1 000 000, Stanfords International Maps

»Tibet«: 1:2 000 000, Production Editions Astrolabe
»Kathmandu to Tibet«: 1:1 000 000, Mandala Maps, Kathmandu
»Himalaya«: 1:1 500 000, Nelles Maps, München
»China«: 1:4 000 000, Reise- und Verkehrsverlag, Berlin

Medien/Nachrichten

In chinesischer und tibetischer Sprache werden in Lhasa und Tsethang Fernsehsendungen ausgestrahlt, Radio läßt sich in fast ganz Tibet empfangen. Zeitschriften wie die Tibet Daily erscheinen nur in Chinesisch und Tibetisch. Der Hauskanal des Lhasa Hotels sendet täglich einen englischsprachigen Film. Internationale Nachrichten können Sie über Kurzwelle erreichen. Das chinesische Fernsehprogramm bringt täglich um 22.30 Uhr in seinem 1. Programm eine englischsprachige Nachrichtensendung.

Nomaden

Die Nomaden sind scheu und lieben es gewöhnlich nicht, von westlichen Reisenden in ihren Zelten aufgesucht zu werden. Vergewissern Sie sich, daß die Hunde angekettet sind, falls Sie sich ihren Zelten nähern!

Post

Postlagernde Sendungen (›Poste Ristante‹) werden nur an der Hauptpost in Lhasa aufbewahrt. Briefe benötigen von Lhasa nach Europa etwa zwei Wochen. In Lhasa kann man Mo und Sa keine Pakete aufgeben, Auslandspakete sollten wegen der Zollkontrolle zunächst unversiegelt am Schalter abgegeben werden. Es empfiehlt sich, Pakete danach ganz in Baumwolle einnähen zu lassen.

Öffnungszeiten

Ämter, Büros und staatliche Geschäfte sind gewöhnlich von 9.30–12 und von 15.30–18 Uhr geöffnet. Auch viele Klöster halten sich an diese Zeiten und lassen nur dann Besucher ein.

Public Security Bureau

Bei den PSB's kann man sein Visum verlängern und Alien Travel Permits (ATP) für bestimmte Reiserouten und Regionen beantragen, mit Glück erhält man hier auch Sondergenehmigungen für den Besuch von Regionen, die für den allgemeinen Tourismus gesperrt sind. PSB's gibt es in allen großen Städten Chinas, in der Autonomen Region Tibet in Lhasa, Shigatse und Zhangmu.

Reiseagenturen in Tibet

Im Zuge der zunehmenden Privatisierung gibt es nun neben dem China International Travel Service (CITS, Chin. Lüxingshe) auch private Reiseorganisationen in Tibet: Lhasa Travel Agency, CWTS und Golden Bridge (zu ihren Büros vgl. S. 362).

Reisemittel

Besucher können Taxis, in der Regel chinesische Jeeps oder japanische Landcruiser, mieten. Es lohnt sich bei den verschiedenen Agenturen die Preise zu vergleichen. Der Jeep-Stand in Lhasa findet sich in der Nähe des Busbahnhofes am Jokhang. Per Aushang im Hotel lassen sich selbst organisierte Fahrgemeinschaften bilden, so spart man viel Geld. Weniger komfortabel ist die Benutzung von Trucks (s. u.) Nur unregelmäßig gehen Flüge vom Gongkar Airport nach Golmud (2 Std.). Nach Shigatse wird vielleicht in Zukunft wieder eine Linie eröffnet. Helikopter sind u. U. bei langfristiger Planung durch Verhandlung mit CITS, Lhasa, möglich.

Auskunft über den Verleih von Fahrrädern sollten Sie in ihrem Hotel einholen. Ein Test vor der Ausfahrt empfiehlt sich.

Restaurants

Restaurants sind in den meisten größeren Ansiedlungen zu finden. Die Auswahl an Gerichten ist allerdings oft recht bescheiden. Speisekarten, soweit überhaupt vorhanden, sind gewöhnlich nur in chinesischer Sprache. Nudelgerichte (tib. *Thugpa*), Gehacktes in Teigtäschchen (tib. *Momo*, chin. *Tschautse*), Tee (tib. *Cha*) und Bier (chin. *Piwo*) sind das Standardrepertoire. In größeren Städten bekommen Sie auch Fisch und lokale Spezialitäten. Am besten gehen Sie mit in die Küche und wählen dort unter den vorhandenen Gerichten aus.

Auch in den großen Hotels hat der Verpflegungsstandard ein westeuropäisches Niveau noch nicht erreicht. Bei Überlandreisen ergeben sich häufig Schwierigkeiten bei der Besorgung von Lebensmitteln. In ihrem Reisegepäck sollten daher Maggi-Würfel, Instant-Kaffee, Schokolade, Nüsse, Plätzchen und abgepacktes Brot nicht fehlen.

Rikshas

Seit ihrer Einführung im Jahre 1986 ist die Zahl von Fahrradrikschas sprunghaft angestiegen. Rikshas finden Sie vor den Hotels und an den touristischen Anlaufpunkten. Den Preis müssen Sie aushandeln.

Telefonverbindungen

Nur von Lhasa aus können Sie nach Europa telefonieren (vgl. S. 363).

Trekking

Bergtrecks sind in Tibet wenig verbreitet. Häufig wird die dreitägige Wanderung von Ganden nach Samye durchgeführt, in Nordosttibet ist die Umrundung des Amnye Machen, in Westtibet die Kailash-Umrundung populär. Bergtouren, zumeist von Kathmandu/Nepal aus organisiert, führen in die Regionen des Mt. Everest, Shishapangma, Namche Barwa und Makalu.

Trinkgelder

Trinkgeld wird im stillen schon mal angenommen, sind in öffentlichen Restaurants jedoch wie in ganz China offiziell untersagt.

Trucks und Truckdepots

Mitfahrgelegenheit in Lastwagen bildete in der Vergangenheit ein billiges und gern benutztes Reisemittel für Individualtouristen. Bekommt man nur einen Platz auf der Ladefläche eines Trucks, kann es allerdings, besonders bei Paßüberquerungen, sehr kalt werden! Regenkleidung, eine warme Jacke, Handschuhe, Lebensmittel usw. sollten immer greifbar sein.

Den beiden chinesischen Lkw-Typen Jiefang und Dongfeng ist der japanische Isuzu in jedem Fall vorzuziehen. Er bietet mehr Komfort, hat ein größeres Platzangebot, ein höheres Ladegewicht und erreicht hohe Geschwindigkeiten. Die Mitfahrgelegenheit verschafft man sich an Tankstellen, Checkpoints, an Truckstops oder zur Not als Anhalter, indem man den Fahrer möglichst mit aller Energie zum Stoppen bewegt. Auf den Türen finden sich oft Angaben über Ziel oder Herkunft des Trucks. Die ersten beiden Nummern des Nummernschildes geben darüber hinaus an, in welcher Provinz das Fahrzeug gemeldet ist, die folgenden sind die Nummer des jeweiligen Bezirkes der Provinz: Tibet 23; Gansu 25 und 55; Qinghai 26, 27 und 86; Sichuan 20 und 50; Xinjiang 28, 57 und 58; Shaanxi 24; wichtige Bezirksnummern: Lhasa 230; Shigatse 2312; Chamdo 233.

Das Aushandeln des Preises läßt sich meist schon irgendwie machen. Die Kommunikation während der Fahrt ist aufgrund sprachlicher Barrieren allerdings oft sehr beschränkt. Zigaretten, möglichst amerikanische oder europäische, haben eine wichtige Funktion bei den Verhandlungen. Sie werden oft erst abgelehnt. Das gehört jedoch zum Geschäft. Man sollte sich deshalb nicht vorschnell abweisen lassen, sondern auf die Zwischentöne achten, dem Fahrer Zigaretten und Bier zustecken und mit ihm scherzen. Bezahlen sollte man, falls man nicht im Truckdepot eine Fahrkarte erhält, möglichst erst am Ankunftsort!

Verhaltensregeln

Während des Besuchs religiöser Stätten ist das Tragen von Hüten, sind Rauchen, Essen und Trinken untersagt. Ihre Kleidung sollte dem Besuch angemessen sein. Die Berührung von Statuen oder anderen Verehrungsobjekten sowie die Benutzung der Mönchssitze – es sei denn, Ihnen ist nicht wohl – wird als anstößig empfunden. Üben Sie Rücksicht während ritueller Begehungen und beachten Sie die Anweisungen des Aufsicht führenden Mönches. Mit kleinen Spenden vor der Hauptstatue unterstützen Sie Kloster und Mönche.

Achten Sie das Recht auf persönliche Integrität und haben Sie Respekt vor der Religiösität der Menschen! Holen Sie bei Porträt-Fotos durch einen Blick oder eine Geste Einverständnis ein und akzeptieren Sie eine Weigerung. Manche Tibeter mögen fürchten, daß die Fotos durch magische Riten der Seele Schaden zufügen könnten. Versprechen Sie niemandem, Bilder zu schicken, die dann nicht ankommen und bezahlen Sie nicht für

Porträts. Nehmen Sie keine an heiligen Orten dargebrachte Tsha Tsha-Täfelchen, Mani-Steine usw. als Souvenirs mit. Solche Erinnerungsstücke können Sie auf jedem Markt kaufen.

Visaverlängerung

In der Regel geben die Public Security Bureaus nur einen Monat Verlängerung.

Währungsumtausch und Zahlungsmittel

Die chinesische Währung ist Yüan. Im Umlauf ist sie in Form von Renminbi und FEC. Letztere Foreign Exchange Currency bilden das offizielle Touristengeld. Beim Geldwechsel darf man als Tourist nur FEC erhalten. Kleinere Mengen, die Sie etwa beim Kauf im Markt in Renminbi zurückbekommen, können Sie bei vielen Gelegenheiten wieder ausgeben. Ihre Hotelrechnung und oft auch Serviceleistungen in Hotels und Transport können lediglich mit FEC oder US-$ bezahlt werden. Ein anderer, nennenswerter Unterschied besteht nicht zwischen den Währungen. Drei Yüan entsprechen in etwa einer DM. Wichtig: Nur 10% des Betrages der letzten Geldwechsel-Quittung können Sie am Ende der Reise – und dann auch oft nur in einer Bank, nicht in einem Hotel!! – zurücktauschen!

Zeitdifferenz

Da die Beijing-Zeit für alle Provinzen Chinas maßgeblich ist, besteht für Tibet eine Diskrepanz zwischen der aktuellen Tageszeit und der Ortszeit. Im Sommer geht die Sonne morgens etwa um 7.30 Uhr auf, im Winter zeigt sie sich erst eine Stunde später. Sonnenuntergang ist im Sommer etwa gegen 21.00 Uhr, im Winter um 19.00 Uhr. Da Beijing die Uhren im Sommer eine Stunde vorstellt, beträgt der Zeitunterschied zur MEZ – von wenigen Tagen abgesehen – stets plus 7 Stunden.

Literaturverzeichnis

Aziz, B.: Tibetan Frontier Families. Reflections of Three generations from D'ing-ri. New Delhi (1978).

Batchelor, S.: The Tibet Guide. London 1987.

Bechert, H. & Gombrich, R. (Hrsg.): Der Buddhismus. Geschichte und Gegenwart. München 1989.

Bell, Ch.: The People of Tibet. (Repr. Oxford 1968).

Ders.: Portrait of a Dalai Lama. (Repr.) London (1987).

Ders.: The Religions of Tibet. (Repr. Oxford 1968).

Beyer, S.: The Cult of Tara. Magic and Ritual in Tibet. Berkeley/Los Angeles/London (1973).

Booz, E. B.: A Guide to Tibet. London (1986).

Brauen, M.: Heinrich Harrers Impressionen aus Tibet. Frankfurt 1974.

Ders.: Mandala. Der Heilige Kreis im tantrischen Buddhismus. Köln 1992.

Ders.: (Hrsg.), Peter Aufschnaiter. Sein Leben in Tibet. Innsbruck (1983).

Buckley, M. & R. Strauss, Tibet. A travel survival kit. o. O. (1986).

Chodag, T., Tibet. The land and the people. Beijing (1988).

Dagyab, L.S.: Tibetan Religious Art. 2 Parts. Wiesbaden 1977 (Asiatische Forschungen, Bd. 52).

Dalai Lama: Das Buch der Freiheit. Die Autobiographie des Friedensnobelpreisträgers. (Bergisch-Gladbach 1990).

Dargyay, E. K.: Tibetan Village Communities. New Delhi 1982.

Dowman, K.: The Power-Places of Central Tibet: The Pilgrim's Guide. London & New York 1988.

Essen, W. von & T. T. Thingo: Die Götter des Himalaya. Buddhistische Kunst Tibets. 2 Bde. München 1989.

Dies.: Padmasambhava. Leben und Wundertaten des großen tantrischen Meisters im Spiegel der tibetischen Bildkunst. Köln 1991.

Evans-Wentz, W. Y.: Das Tibetanische Totenbuch oder die Nachtod-Erfahrungen auf der Bardo-Stufe. Olten/Freiburg (1960^{10}).

Ders.: Milarepa. Tibets großer Yogi. Weilheim 1971.

Everding, K.-H.: Die Präexistenzen der lČaṅ skya Qutuqtus. Untersuchungen zur Konstruktion und historischen Entwicklung einer lamaistischen Existenzenlinie. Wiesbaden 1988. (Asiatische Forschungen, Bd. 104).

Ders.: Situpas Pilgerreise durch Zentraltibet in den Jahren 1918–1920. (Noch nicht veröffentlicht).

Ferrari, A.: mK'yen brts's Guide to the Holy Places of Central Tibet. Rom 1958 (Serie Orientale Roma, Vol. 16).

Filchner, W.: Kumbum Dschampa Ling. Das Kloster der Hunderttausend Bilder Maitreyas. Leipzig 1933.
Ders.: Das Rätsel des Matchu. Meine Tibet-Expedition. Berlin 1907.
Ders.: Sturm über Asien. Berlin 1924.
Frauwallner, E.: Die Philosophie des Buddhismus. Berlin 1956 (Texte der Philosophie, 2).
Gäng, P.: Das Tantra der Verborgenen Vereinigung. München 1988.
Gelder, S. & R.: The Timely Rain. London 1964.
Goldstein, M. & C. Beall: Die Nomaden Westtibets. Der Überlebenskampf der tibetischen Hirtennomaden. 1991.
Govinda, Lama A.: Der Weg der Weißen Wolken. Erlebnisse eines buddhistischen Pilgers in Tibet. Zürich/Stuttgart 1969.
Hambly, G. (Hrsg.): Zentralasien. Frankfurt 1966 (Fischer Weltgeschichte).
Harrer, H.: Sieben Jahre in Tibet. Wien 1952.
Hedin, S.: Transhimalaya, 3 Bde. Leipzig 1909.
Henss, M.: Tibet. Die Kulturdenkmäler. Zürich 1981.
Hoffmann, H.: Die Religionen Tibets. Bon und Lamaismus in ihrer geschichtlichen Entwicklung. Freiburg/München 1956.
Ders.: Symbolik der tibetischen Religionen und des Schamanismus. Stuttgart 1967 (Symbolik der Religionen, Bd. 12).
Ders.: Tibet. A Handbook. Bloomington o. J. (Oriental Series, Vol. 5).
Huc & Gabet: Travels in Tartary, Thibet and China. 1844–1846. 2 Vol. (Repr.) New Delhi 1988.
Internationale Juristenkommission: The Question of Tibet and the Rule of Law. London 1982.
Jackson, D. & J.: Tibetan Thangka Painting. Methods and Material. (London 1968[2]).
Johnson, R. & K. Moran: The Sacred Mountain of Tibet. On pilgrimage to Kailas. Vermont 1989.
Kaschewsky, R.: Das Leben des lamaistischen Heiligen Tsongkhapa Blo-bzaṅ-grags-pa (1357–1419). 2 Teile, Wiesbaden 1981 (Asiatische Forschungen, Bd. 32).
Kawaguchi, E.: Three Years in Tibet. (Repr.) Kathmandu 1979.
Kelly, P. & G. Bastian: Tibet – ein vergewaltigtes Land. Berichte vom Dach der Welt. Hamburg 1988.
Dies. & K. Ludwig: Tibet klagt an. Zur Lage in einem besetzten Land. Mit der Nobelpreisrede des Dalai Lama. Wuppertal 1990.
Kiggel, R. (Ed.) & L. Lizhong. Buddhist Art of the Tibetan Plateau. Hongkong 1988.
Kircher, Athanasius: China Monumentis Qua Sacris, Qua Profanis Nec Non Variis Naturae et Artis Spectaculis, Aliarumque Rerum Memorabilium Argumentis Illustrata (Kurztitel China Illustrata), Amstelodami 1667.
Klaus, Ch.: Der aus dem Lotos Entstandene. Ein Beitrag zur Ikonographie und Ikonologie des Padmasambhava nach dem Rin chen gter mdzod. Wiesbaden 1982 (Asiatische Forschungen 85).
Dies.: Schutz vor den Naturgefahren. Tibetische Ritualtexte aus dem Rin chen gter mdzod. Wiesbaden 1985. (Asiatische Forschungen 97).

Klimkeit, H.-J.: Buddha. Leben und Lehre. Stuttgart 1990 (Urban Taschenbücher, Bd. 438).
Ders.: Die Seidenstraße. Handelsweg und Kulturbrücke zwischen Morgen- und Abendland. Köln 1988 (DuMont-Dokumente).
Ders.: Tod und Jenseits im Glauben der Völker. Wiesbaden 1978.
Kottkamp, H.: Der Stupa als Repräsentation des buddhistischen Heilsweges. Wiesbaden 1992 (Studies in Oriental Religions 25).
Lauf, D.-I.: Das Erbe Tibets. Wesen und Deutung der buddhistischen Kunst von Tibet. Bern 1972.
Lehmann, H.-P. & J. Ullal: Tibet. Das stille Drama auf dem Dach der Erde. Hamburg 1981.
Lhalungpa, L. P.: Tibet, the Sacred Realm. Photographs 1880–1950. o. O. 1983.
Livizarri-Raeuber, A.: Thangkas. Köln 1984 (DuMont-Taschenbücher, Bd. 150).
Ludwig, K.: Tibet. München (1989) (Beck'sche Reihe 824).
Montgomery-McGovern, W. To Lhasa in Disguise. London 1924.
Müller, C. C. & W. Raunig (Hrsg.): Der Weg zum Dach der Welt. Innsbruck & Frankfurt/Main o. J.
Olschak, B. C.: Mystik und Kunst Alttibets. Bern 1972.
Petech, L.: China and Tibet in the Early 18th Century. Leiden 1972 (T'oung Pao, Monographie 1).
Ders.: Aristocracy and Government in Tibet. 1728–1959. Rom 1973 (Serie Orientale Roma, Vol. 45).
Poncar, J. & J. Keay: Tibet. Tor zum Himmel. o. O. (1988).
Richardson, H. E.: A Corpus of Early Tibetan Inscriptions. o. O. 1985 (James Forlong Series, No. 29).
Ders.: Tibet. Geschichte und Schicksal. Frankfurt/Main 1964.
Sagaster, K.: Grundgedanken des tibetischen Totenbuchs. In: Tod und Jenseits im Glauben der Völker. Hg. von H. J. Klimkeit. Wiesbaden 1978.
Ders. (Hrsg.): Ikonographie und Symbolik des tibetischen Buddhismus. 7 Bde.: A I, II: L. S. Dagyab, G. N. Ronge; B + C: U. Toyka-Fuong, D, E und F: L. S. Dagyab. Wiesbaden 1983–1991 (Asiatische Forschungen, Bde. 77, 78, 96, 99, 114 und 115).
Sarat Chandra Das: Journey to Lhasa. London 1904.
Schäfer, E.: Fest der Weißen Schleier. Braunschweig 1950.
Ders.: Unbekanntes Tibet. Durch die Wildnisse Osttibets zum Dach der Welt, Berlin 1937.
Scheck, F. R.: Volksrepublik China. Kunstreisen durch das Reich der Mitte. Köln (1986) (DuMont Kunst-Reiseführer).
Schneider, U.: Einführung in den Buddhismus. Darmstadt 1980 (Wissenschaftliche Buchgesellschaft).
Schuh, D.: Das Archiv des Klosters bKra-śis-bsam-gtan-gliṅ von sKyid-groṅ. Teil 1. Bonn 1988 (Monumenta Tibetica Historica, Abt. 3, Bd. 6).
Ders.: Erlasse und Sendschreiben mongolischer Herrscher für tibetische Geistliche. St. Augustin 1977 (Monumenta Tibetica Historica, Abt. 3, Bd. 1).

Ders.: Recht und Gesetz in Tibet. In: Tibetan and Buddhist Studies commemorating the 200th anniversary of the birth of Alexander Csoma de Körös. Ed. by L. Ligeti. Vol. 2. Budapest 1984.
Schumann, H. W.: Buddhismus. Stifter, Schulen und Systeme, Olten 1976.
Shakabpa, T. W. D.: Tibet. A political history. New Haven and London 1967.
Snellgrove, D.: Indo-Tibetan Buddhism. Indian Buddhists and their Tibetan Successors. 2 Vols. Boston 1987.
Ders. & H. E. Richardson: A Cultural History of Tibet. London 1968.
Souveränitätszugehörigkeit Tibets und seine Menschenrechtssituation. Hrsg. vom Presseamt des Staatsrates der VR China. Beijing 1992.
Stein, R. A.: Tibetan Civilisation. London 1967^2.
Thomas, L. & L.: Tibet im Gewitter. Berlin 1951.
Tichy, H.: Zum heiligen Berg der Welt. Wien 1937.
Tucci, G.: Indo-Tibetica. I–IV, in 7 Parts. Rom 1932–1941.
Ders.: Land of Snows. London 1967.
Ders.: To Lhasa and beyond. Diary of the expedition to Tibet in the year 1938. Rom 1956.
Ders.: Tibetan Painted Scrolls. 3. Bde. Rom 1949.
Ders. & W. Heissig, Die Religionen Tibets und der Mongolei. Stuttgart 1970 (Die Religionen der Menschheit, Bd. 20).
Vandor, I.: Die Musik des tibetischen Buddhismus. Wilhelmshafen (1978) (Taschenbücher zur Musikwissenschaft, Bd. 48).
Vitali, R.: Early Temples of Central Tibet. London 1990.
Waddell, L. A.: The Buddhism of Tibet or Lamaism. Cambridge 1894.
Ders.: Lhasa and its Mysteries. London 1905.
Weiers, M. (Hrsg.): Die Mongolen. Beiträge zu ihrer Geschichte und Kultur. Darmstadt 1968 (Wissenschaftliche Buchgesellschaft).
Weyer, H.: Tibet. Der stille Ruf nach Freiheit. (Freiburg i. Brsg. 1988).
Ders., M. Grassnick, H. Kitzki & R. Nyfeller: Tibet. Wahrheit und Legende. Karlsruhe 1982.
Ders. & J. C. Aschoff. Tsaparang. Tibets großes Geheimnis. Freiburg i. Brsg. 1987.

Bild- und Quellennachweis

Farbfotos

F. Damm 2, 3, 4, 5, 6, 7, 8, 9, 10, 13, 14, 15, 16, 17, 21, 22, 23, 26, 27, 28, 29
K.-H. Everding Umschlagvorderseite, vordere Umschlaginnenklappe, Umschlagrückseite, hintere Umschlaginnenklappe, 1, 11, 12, 18, 19, 20, 31
A. Gruschke 24, 25, 30

Schwarzweißfotos

Aperture Books Inc., New York S. 14, 28, 33, 39, 65, 70, 76, 94, 105 oben, 131, 139, 140, 188, 263
A. Begsteiger S. 20, 102, 103, 105 unten, 121, 135, 172, 179, 187, 226, 231, 235, 238/239, 256, 261, 270, 352
K.-H. Everding S. 2/3, 37, 42, 191, 229, 279, 287
A. Gruschke S. 25, 285, 293, 294, 309
W. Hellige S. 129, 149, 156, 280
Ullstein Bilderdienst S. 67, 68, 146 links, rechts, 147, 167

Karten: DuMont Buchverlag

Register

Namenregister

(inkl. Buddhas, Bodhisattvas, Gottheiten, Berufs- und Volksgruppen. Buddhas und Bodhisattvas sind sowohl alphabetisch als auch tabellarisch aufgeführt)

Abt 103, 104
Äbte von Drepung 180
Äbte von Tashilhünpo 277
Acala 269
Achi (weibl. Schutzgottheit von Drigung) 232
Acht Bodhisattvas 161, 164, 177, 178, 235, 241, 266, 279, 298, 309
Acht Emanationen des Padmasambhava 253
Acht Große Mahayana-Philosophen 183
Acht Mahabodhisattvas 157
Acht Manifestationen des Padmasambhava 232, 248
Acht Medizin-Buddhas 108, 189, 239, 274
Acht Zornvolle Gottheiten der Nyingmapa-Schule 189
Adel 31, 33, 35, 36, 48, 49, 51, 52, 53, 67, 68, 90, 120
Adept/Novize 87, 88, 91, 104, 107
Adi-Buddha (Personifizierung der Leere) 88, 89ff., 108ff., 112, 241, 272
Akashadhalvishvari (Prajnya des Buddha Vairocana) 111
Akashagarbha (Bodhisattva) 271
Akshobhya, der ›Unerschütterliche‹ (Buddha; einer der 5 Tathagatas) 83, 110, 111, 183, 255, 266, 269, 271, 272, 308
Alexander der Große 50, 112
Altan Khan (mongol. Khan, 16. Jh.) 59, 61
Ambane (chinesische Kommissare) 63, 64, 177
Amitabha (Buddha des Westens/ Buddha des Unendlichen Lichtes, einer der 5 Tathagatas) 83, 93, 111, 156, 158, 159, 178, 225, 255, 266, 271, 280, 298
Amitayus (Buddha) 163, 177, 183, 183, 235, 240, 247, 254, 269, 271, 279, 280, 310
Amoghasiddhi, ›Fehlerlose Vollendung‹ (Buddha; einer der 5 Tathagatas) 110, 111, 255, 266, 271
Amoghapasha (Buddha) 269
Amshuvarman (nepalesischer König) 47
de Andrade, Antonio (portugiesischer Jesuiten-Pater) 142
Arhat (Hinayana-Ideal) 82, 108, 111, 272
Asanga (Begründer der Yogacara-Schule) 84, 86, 271
Ashoka (indischer König 3./4. Jh. v. Chr., Förderer des Buddhismus) 49
Asita 78
Asuras (Halbgötter) 98
Atisha (indischer Gelehrter, 982–1054) 54, 55, 158, 165, 170, 192, 230, 231, 234, 235, 243, 245, 266, 272, 283, 291, 298, 299
Aufschnaiter, Peter 44, 127, 148
Avalokiteshvara (Bodhisattva des Mitleids; Schutzpatron Tibets) 44, 61, 83, 93, 98, 101, 112, 120, 152, 155, 156, 158, 161, 163, 170, 171, 177, 230, 241, 243, 246, 248, 249, 254, 255, 266, 272, 279, 283, 310
- Avalokiteshvara, achtunddreißigarmig 164
- Avalokiteshvara, elfgesichtig 181, 183, 189, 288
- Avalokiteshvara Khasarpani 274, 275
- Avalokiteshvara, tausendarmig 155, 159, 165, 170, 173, 177, 255, 309
- Avalokiteshvara, vierarmig 18, 269

Bari Lotsawa (* 1040) 286
Bauern 35, 36, 38, 103
Bell, Charles Sir (Agent der brit. Regierung in Gyantse) 145
Bernard, Theos 147
Beschützer der Drei Familien 165, 190, 255, 266, 281, 289
›Beschützer der Lehre‹ s. Dharmapala
Bettler 38, 172, 173
Bhaishajyaguru (Medizin-Buddha) 184, 236, 305
Bhrikuti (nepalesische Gattin des großen tibetischen Königs und Reichsgründers Songtsen Gampos), s. Gemahlinnen des Songtsen Gampo 46, 47, 151, 152, 158, 159
Bhutadamara (spezielle Form der Vajrapani) 268
Birvapa 271
Bodhisattvas als Repräsentation des Sambhogakaya 108
Bodhisattvas der Zehn Richtungen 244, 247
Bodhisattvas, himmlische 109ff.
Bodhisattvavajra 271
Bodhisattva, Skt. ›Erleuchtungswesen‹ (allg.) 84, 85, 87, 93, 108, 109, 110, 112, 134, 160, 171, 266, 267
- Acht Bodhisattvas 161, 164, 177, 178, 235, 241, 266, 279, 298, 309
- Acht Mahabodhisattvas 157
- Akashagarbha 271
- Amoghapasha 269
- Avalokiteshvara (tib. Chenrezi; Bodhisattva des Mitleids; Schutzpatron Tibets) 44, 61, 83, 93, 98, 101, 112, 120, 152, 155, 156, 158, 161, 163, 170, 171, 177, 230, 241, 243, 246, 248, 249, 254, 255, 266, 272, 279, 283, 310
- Avalokiteshvara, achtunddreißigarmig 164
- Avalokiteshvara, elfgesichtig 181, 183, 189, 288
- Avalokiteshvara Khasarpani 274, 275
- Avalokiteshvara, tausendarmig 155, 159, 165, 170, 173, 177, 255, 309
- Avalokiteshvara, vierarmig 18, 269
- Bodhisattvas als Repräsentation des Sambhogakaya 108
- Bodhisattvas der Zehn Richtungen 244, 247
- Bodhisattvas, himmlische 109ff.
- Bodhisattvavajra 271
- Jamyang Tsögyelma (›Manjushri, Sieger des Disputs‹; s. auch Manjushri) 288

- Jnanasattva Manjushri 271
- Manjugosha 284
- Manjushri (Bodhisattva der Weisheit) 83, 91, 112, 158, 170, 178, 185, 187, 189, 236, 255, 267, 272, 279, 283, 288, 289, 308, 310
- Manjushrivajra 272
- Padmapani, ›Lotos-Halter‹ 111, 171, 236
- Rajalila-Manjushri 269
- Ratnapani, ›Juwelhalter‹ 111
- Samantabhadra 269
- Simhanada Manjushri 269
- Thugje Chenpo, elfgesichtig, der ›Große Mitleidvolle‹, s. Avalokiteshvara 184
- Vadisimha Manjushri 269
- Vajrabhairava (zornvolle Manifestation des Manjushri) 160, 178, 186, 272, 298
- Vajrapani, ›Vajra-Halter‹ 111, 161, 177, 247, 254, 255, 269, 271, 272, 284, 299
- Yamantaka (zornvolle Form des Bodhisattva Manjushri) 109, 141, 165, 169, 181, 185, 186, 236, 281, 307, 310

Bogle, George 143
Bönpo (Bön-Priester) 45, 48, 49, 52, 75, 76, 294, 295, 297
Bönpo-Beschützer 259
Brahma, Weltenherrscher (Hind.) 79, 297
Brahmanarupadhara-Mahakala 289
Briten/Engländer 64, 65, 143, 144, 145
Buddha (Skt. der ›Erleuchtete‹) 47, 76, 78, 80, 101, 112, 117, 164, 165, 169, 171, 178, 254
Buddhas (allg.) 87, 91, 93, 100, 107, 108, 109, 112ff., 127, 134
- Acht Medizin-Buddhas 108, 189, 239, 274
- Adi-Buddha (Personifizierung der Leere) 88, 89ff., 108ff., 112, 241, 272
- Akshobhya, der ›Unerschütterliche‹ (einer der 5 Tathagatas) 83, 110, 111, 183, 255, 266, 269, 271, 272, 308
- Amitabha (Buddha des Westens/Buddha des Unendlichen Lichtes, einer der 5 Tathagatas) 83, 93, 111, 156, 158, 159, 178, 225, 255, 266, 271, 280, 298
- Amitayus 163, 177, 183, 235, 240, 247, 254, 269, 271, 279, 280, 310
- Amoghasiddhi, ›Fehlerlose Vollendung‹ (Buddha, einer der 5 Tathagatas) 110, 111, 255, 266, 271
- Bhaishajyaguru (Medizin-Buddha) 184, 236, 305
- Buddhas als Repräsentation des Dharmakaya 108
- Buddhas der Drei Zeiten 108, 163, 178, 232, 254, 266
- Buddhas der Sieben Weltzeitalter 108, 158
- Buddhas der Zehn Richtungen 272
- Dipamkara (Buddha der Vergangenheit) 157, 235, 266, 269
- Fünfunddreißig Buddhas der Sündenbekenntnisse 108, 236, 253, 255, 275
- Jobo (Buddha in Sambhogakaya-Form) 183
- Jobo 153, 155, 157, 158, 161, 178, 189, 254, 310
- Jobo Mahabodhi 244
- Jobo Mikyö Dorje (Skt. Akshobhya Vajra) 47, 152, 160, 161
- Jobo Shakyamuni, ›Edler Herr Shakyamuni‹ 47, 151, 152, 153, 156, 159, 160, 165, 275, 279, 289, 305
- Kanakamuni (Buddha der Vergangenheit) 111
- Kashyapa (Buddha der Vergangenheit) 111, 234, 235
- Krakucchanda (Buddha der Vergangenheit) 111
- Künri (Vairocana) 271
- Maitreya (tib. Jampa; Buddha der Zukunft) 83, 110, 111, 112, 155, 156, 158, 164, 165, 168, 170, 171, 177, 178, 179, 183, 184, 186, 187, 189, 191, 231, 250, 266, 267, 281, 239, 254, 272, 279, 269, 277, 288, 298, 307, 309, 310
- Medizin-Buddha 186
- Ratnasambhava (der ›Juwelengeborene‹) 111, 255, 266, 271
- Samantabhadra, ›All-Guter‹, s. Adi-Buddha 89, 111, 241
- Sengge Ngaro 310
- Shakyamuni, der ›Weise (aus dem Geschlecht der) Shakya‹, (Historischer Buddha/Buddha der Gegenwart) 78, 83, 95, 108, 110, 111, 157, 164, 170, 171, 177, 178, 179, 183, 184, 185, 187, 189, 225, 233, 234, 241, 244, 247, 248, 254, 255, 266, 267, 268, 269, 272, 274, 279, 288, 299, 304, 307, 310
- Tathagata 183
- Tausend Buddhas 225, 266, 278, 279, 281
- Tausend Maitreya-Buddhas 281
- Ur-Buddha (Adi-Buddha) 280
- Vairocana, ›König der Lehrhalter‹ (Buddha, einer der 5 Tathagatas) 110, 111, 192, 240, 243, 244, 255, 262, 266, 271, 272
- Vajradhara, ›Vajra-Träger‹, (Ur-Buddha; s. auch Adi-Buddha) 89, 170, 232, 272, 279, 280, 288
- Vajradhatu 274
- Vajrasattva 271, 275
- Vier Jinas 266

Buddha-Familie 110
Buddhas als Repräsentation des Dharmakaya 108
Buddhas der Drei Zeiten 108, 163, 178, 232, 254, 266
Buddhas der Sieben Weltzeitalter 108, 158
Buddhas der Zehn Richtungen 272
Buddhisten 52, 72, 76, 77, 117
Bush, George 167
Butön Rinchen Drub 95, 243, 261, 262, 267, 271, 274, 275

Cakrasamvara 298
Cakravartin, Skt. ›Weltenherrscher‹ 78
Chetsün Sherab Jungnä 273
Chinesen 65, 71, 73, 74, 106, 138
Chogtu-Mongolen 62
Chögyel Rabten Künzang Phag 267
Chöki Gyeltshen (Sera-Lama, 1469–1544) 177
Chöki Gyeltshen s. Panchen Lama, Vierter
Chöku Rinpoche 295
Cogpa Jangchub Pälden 184, 188
Cogpo Dzungar 280

Dagpo Rinpoche 225
Dakinis, ›Himmelswandlerinnen‹ (tib. Kandroma; weibliche Gottheiten) 51, 91, 110, 168, 173, 247
Dalai Lama (allg.) 11, 31, 33, 34, 59ff., 65, 69, 72, 73, 90, 91, 93, 123, 144, 148, 159, 166, 167, 275
- 1. Dalai Lama (Gendün Dub; 1391–1474; posthum ernannt) 181, 277, 279
- 2. Dalai Lama (Gendün Gyatso; 1475–1542; posthum ernannt) 181, 250, 277
- 3. Dalai Lama (Sönam Gyatso; 1543–1588) 59, 303
- 4. Dalai Lama (Yönten Gyatso; 1589–1617) 61
- 5. Dalai Lama, der ›Große Fünfte‹ (Ngawang Lozang Gyatsho; 1617–82) 40, 61ff., 153, 161, 163,

164, 165, 177, 181, 183, 236, 247, 251, 254, 276, 277, 279, 280, 290
- 6. Dalai Lama (Tshangyang Gyatsho; 1682–1705) 62ff., 165, 174
- 7. Dalai Lama (Kelsang Gyatsho; 1708–57) 63ff., 164, 168, 177, 183, 184, 230, 247, 248, 304
- 8. Dalai Lama (Jampel Gyatsho; 1858–1804) 64, 164, 168, 183
- 9. Dalai Lama (Lungtog Gyatsho; 1805–1815) 168
- 10. Dalai Lama (Tsültrim Gyatsho; 1816–37) 64, 169
- 11. Dalai Lama, Elfter (Khedrup Gyatsho; 1838–55) 64, 169, 248
- 12. Dalai Lama (Trinle Gyatsho; 1856–75) 64, 164, 169
- 13. Dalai Lama (Tubten Gyatsho; 1876–1933) 64ff., 145, 153, 160, 165, 169, 171, 177, 178, 181, 244, 248
- 14. Dalai Lama (Tendzin Gyatsho; 1935–) 66ff., 166ff., 169, 247, 248

Damcen (Schutzgottheit) 152, 181
Dämonen 50, 75, 76, 90, 100, 119, 248
David-Néel, Alexandra 145
Demchog (Skt. Samvara) 298
Demo Rinpoche (Regent) 183
Denpa (Volksstamm) 23
Desi Sanggye Gyatso s. Sanggye Gyatso
Desideri, Ippolito (Jesuiten-Pater) 143
›Dharma-Schützer Nechung‹ 188
Dharmapalas, ›Beschützer der Lehre‹ (Schutzgottheiten) 50, 91, 110, 123, 141, 168, 178, 184, 188, 189, 239, 288
Dipamkara (Buddha der Vergangenheit) 157, 235, 266, 269
Dolan, Brooke 147
Dondub Drölma 165
Dorje Dänpa Kündga Namgyäl 237
Dorje Hungdzä 271
Dorje Phagmo (Skt. Vajravarahi; ›Vajra-Bache‹; höchste weibl. Inkarnation Tibets) 262, 294
Dorje Tsemo 274
Dorjiev, Agvan (Burjate im russ. Geheimdienst, Vertrauter des 13. Dalai Lama) 64, 145
Dragpa Gyeltshen 273, 289
Drawa Ngonshe 239
Drei Dharma-Könige Tibets 266, 271
›Drei Gottheiten des Langen Lebens‹ 169, 179, 183, 184, 186, 255, 288
Drigum Tsenpo (tib. mythischer König) 45
Drigung Rinpoche, ›Jüngerer‹ und ›Älterer‹ 231, 232
Drogmi (992–1072) 284
Dromtönpa Gyelwä Jungnä (Schüler des Atisha) 55, 170, 230, 231, 234, 245, 272
Durtrö Lhamo (›Herrin der Leichenäcker‹) 241
Düsong (tib. König) 48
Düsum Khyenpa s. Karmapa, Erster
Dzungaren (Mongolen) 40, 63, 143, 178, 180, 240, 262, 301

Ekai Kawaguchi (japan. Mönch in Tibet) 145, 171, 180
Ekajati 266, 269
Erdherren (Myth.) 75
Erster Jamyang Zhäpa Ngawang Tsöndrü (Tulku des Klosters Labrang) 183, 310
Erster Rateng Rinpoche Tänpa Rabgya 177
Esholek 251
Exiltibeter 57, 69

Filchner, Wilhelm 146
Forscher/Entdecker 142ff.
Franke, August Herrmann 144
Frauen (s. auch Aufgabenbereiche) 26, 27, 40, 69
Fünf Jinas, Fünf ›Siegreiche‹, s. Fünf Tathagatas
Fünf Sakya Hierarchen 239, 284, 289
›Fünf Schreckliche Gottheiten‹ 269
Fünf Tathagatas, Fünf ›So-Gegangene‹ 108ff., 155, 156, 234, 240, 255, 269, 271, 272, 279, 289, 298
Fünf Tathagatas in mystischer Vereinigung mit ihrer Gefährtin s. Yab-Yum 110
Fünfter Jamyang Zhäpa (1916–47) 310
Fünfunddreißig Buddhas der Sündenbekenntnisse 108, 236, 253, 255, 275

›Gabenherren‹ 104, 108, 127
Gabet, Josephe 144
Gampopa (Schüler des Milarepa) 56, 225, 271
Ganden Tri Rinpoche 186
Garuda (mythischer Vogel) 123, 169
Gawa (Minister des Songtsen Gampo) 158
Gayadhara 237
Gebrüder Schlagintweit 144
Geister 25, 29, 75, 76, 119
Gemahlinnen des Songtsen Gampo (s. auch Wen Cheng und Bhrikuti) 90, 171
Gendün Dub s. Dalai Lama, Erster
Gendün Gyatso s. Dalai Lama, Zweiter
Geshe Dorampa 308
Geshe Potoba (Kadampa-Lama) 227
Gläubige 96, 102, 104, 106, 120, 124, 136, 153
Göden (Enkel Tschinggis Khans, † kurz nach 1251) 57, 285
Golok (nordosttib. Nomaden) 16, 38, 299
Gön Serdongma, ›Goldgesichtiger Gönpo‹ (lokale Schutzgottheit) 160
Gönpo Beng (Mahakala) 269
Gönpo Gur (blauer, zorniger Mahakala mit Stab) 253, 266, 269
Gönpo Kunga (Fünfergruppe von Schutzgottheiten) 304
Gönpo Maning 253
Gopala 242
Götsang Räpa 295, 296
›Götter des Klaren Lichtes‹ 284
Gottheiten 88, 96, 100, 107ff., 113, 115, 118, 119, 123, 127, 131, 132, 317ff.
Gottheiten der vier Tantra-Klassen 91
Gottheiten, tantrische 109ff.
- Gottheiten, friedvolle 106, 107, 113, 114, 115
- Gottheiten, gemischt friedvoll-zornvolle 109
- Gottheiten, zornvolle 106, 107, 112, 114, 115ff.
›Göttin mit dem Weißen Schirm‹ 185
Govinda, Lama Anagarika 147
Grahamatrika 269
Grueber, Johannes 143
Gründer der Gelbmützenschule 310
Guhyasamaja (Yidam) 160, 165, 178, 181, 185, 187, 272, 281, 298, 307, 310
Guhyasamaja-Manjuvajra 298
Gungri Gungtsen 164
Gungsong Gungtsen (Sohn des Königs Songtsen Gampo) 48
Gungthang Lhamo 227
Gurkhas (nepalesische Truppen) 144
Guru Dragpo 247
Guru Rinpoche, ›Kostbarer Guru‹ s. Padmasambhava
Gushri Khan (mongolischer Qoshoten-Herrscher) 40, 62, 181, 247, 276

Gyelmo Tsän 243
Gyelpo Gurdzin 236
Gyelpo Ku'nga (Schutzgottheit) 173, 181, 189
Gyeltshab Rinpoche 186, 225
Gyeltshen Tsemo, sechsarmige 269
Gyüchen Könchog Yarphel 310

Hamilton, Alexander 143
Han-Chinesen 19, 23, 62, 69
Handwerker/Handwerkertum 35, 36, 38, 71
Harrer, Heinrich 147
Hauptgottheit 117
Hauptschutzgottheit eines Klosters 124
Hayagriva, ›Pferdenacken‹ (Yidam-Gottheit) 141, 158, 161, 244, 247, 254, 269, 288, 299
Hedin, Sven 145
Heilige 54, 88, 93, 108, 317ff.
Heilige und Lehrer 108, 111ff., 115
›Herren der Friedhöfe‹ 141
Herrscher von Ladakh 142
Heruka 247
Hevajra 244, 247, 272, 298, 310
Hilfsgottheiten 141
Himmelsgeister 75
›Himmelskönige‹ 255
Hoffmann, Helmut 106
Hofgeistliche in China 58
Hoflamas der mandschu-chinesischen Kaiser 308
Höllengeister/Höllenwesen (Myth.) 96, 97
Hua-shang (Streitführer der chinesischen Buddhisten im Konzil von Samye) 52, 141
Huc, Regis-Evariste (Lazaristen-Missionar) 144, 306
Hui (Volksstamm) 23
Hungergeister (Skt. Preta; Myth.) 96, 97, 98
Hungertote 69

Indrabhuti (König von Uddiyana) 50

Jamchen Chöje (Tsongkhapa-Schüler, Gründer des Klosters Sera; 1354–1435) 177, 178, 179
Jamyang Tsögyelma (›Manjushri, Sieger des Disputs‹; s. auch Manjushri) 288
Jamyang Zhäpa 184, 299, 308, 309
Jangchub Bum (Gründer von Sera Mä) 178
Jangchub Gyeltsen (Oberhaupt der Phagmo Drupa) 57, 58
Jangchub Ö (westtibetischer König) 54, 55, 291
Jatari (indischer Maler) 269
Je Sherab Sengge (Schüler des Tsongkhapa) 279
Jigje Tshelha, ›Langlebigkeit spendender Vajrabhairava‹ 186
Jigme Lingpa 247
Jingkarwa 281
Jisnagupta (nepalesischer Herrscher) 47
Jnanasattva Manjushri (Bodhisattva) 271
Jobo (Buddha in Sambhogakaya-Form) 183
Jobo 153, 155, 157, 158, 161, 178, 189, 254, 310
Jobo Jampäl Dorje (Yidam-Gottheit) 230
Jobo Mahabodhi (Buddha) 244
Jobo Mikyö Dorje (Skt. Akshobhya Vajra; Buddha) 47, 152, 160, 161
Jobo Shakyamuni, ›Edler Herr Shakyamuni‹ (Buddha) 47, 151, 152, 153, 156, 159, 160, 165, 275, 279, 289, 305
Jung, C. G. 115

Kadampa Lama 192, 227, 245
Kalacakra (Yidam-Gottheit) 132, 164, 168, 232, 247, 274, 279
Kälsang Gyatsho s. Dalai Lama, Siebenter
Kamalashila (indischer Gelehrter) 50, 243, 266, 272
Kanakamuni (Buddha der Vergangenheit) 111
Karmapa (Oberhaupt der Karma-Kagyüpa Schule) 57
- 1. Karmapa (Düsum Khyenpa; 1110–93) 225
- 2. Karmapa (Karma Pakshi; 1204–83) 93, 225, 285
- 3. Karmapa (Rangdschung Dorje; 1284–1339) 93, 255
- 4. Karmapa (Rölpä Dorje; 1340–83) 225
- 16. Karmapa (Rigpä Dorje; 1921–81) 19, 192, 225
Kashyapa (Buddha der Vergangenheit) 111, 234, 235
Keating, Paul 167
Khache Panchen Shakyashri 272
Khädrubje 186, 277
Khampas (Osttibeter) 172
Khamsum Namgyäl 274
Khangri Lhatsen 295
Khangri Lhatsen 295
Khön (mit den Sakya assoziierte Adelsfamilie) 56
Khön Könchog Gyelpo (Gründer des Klosters Sakya (1034–1103) 56, 284
Khön Pälpoche 284
Khön-Geschlecht 284
Khubilai Khan (mongolischer Yuan-Kaiser, 13. Jh.) 57, 59, 142, 266, 289
Khyentse Chenmo 237
Kimsheng Kongjo (chin. Jinsheng), chin. Prinzessin 48
Kirchner, Athanasius (jesuitischer Gelehrter) 143
Knga Phagpa 264
Kohl, Helmut 167
König von Bhutan 143
König von Guge 142
Kopernikus, Nikolaus 95
Krakucchanda (Buddha der Vergangenheit) 111
Kshetrapala 178
Kumaraja 192
Künchen Lodrö Rinchen Sengge 177
Künga Döndrub 160
Künga Gyeltshen s. Sakya Pandita
Künga Nyingpo (Sakya-Hierarch) 248, 288, 289
Künri (Vairocana) 271
Künstler 127ff., 264
Kurukulla 247, 269
Kyobpa Jigten Sumgön 231, 232
Kyura-Geschlecht 231

Laienanhänger des Buddhismus/Laientum 82, 83, 91, 120, 108, 127, 140
Laienbeamte 63, 93
Lama Dampa Sönam Gyeltshen 248
Lama/Lamas 27, 28, 90ff., 93, 101, 102, 108, 110, 111, 114, 115, 118, 130, 142, 147
Lama Zhang 227
Lamaistische Würdenträger 120
Lamas, mongolische 64
Landarbeiter 35, 36, 120
Landesgottheiten 50
Langdarma (tib. König) 19, 53, 151, 153, 170, 190, 191, 251, 254, 291
Langri Thangap 227
›Lebende Buddhas‹ 142
Leibeigener 144
Leichenbestatter 29
Lha Thothori (tib. König) 254
Lhajang Khan (mongolischer Qoshoten-Fürst, 1703–1717) 63, 175, 178, 234
Lhamo (zornvolle Schutzgottheit) 159, 158, 168, 173, 178, 181, 236, 239, 269, 277

Lhamo Ekajati (zornvolle Schutzgottheit) 165
Lhopa (Volksstamm) 23
Licchavi-König Narendradeva (nepalesischer König) 47
Locana (Prajnya des Buddha Akshobhya) 111
Lochen Dharmashri 241
Lokalgottheiten 90
Lokeshvara 271
Longchenpa 245, 247
Longdol Lama 236
Lönpo Gar 254
Lozang Chögyen (Reliquien-Stupa) 280
Lozang Tänpa Nyima s. Panchen Lama, Siebenter
Lozang Tinle Chögyen s. Panchen Lama, Zehnter
Ludwig IX. (König von Frankreich) 142
Luyipa 266

Mahabala 269
Mahakala, der ›Große Schwarze‹ (zornvoller Aspekt des Avalokiteshvara) 109, 115, 141, 178, 181, 184, 185, 187, 236, 237, 239, 253
- Mahakala, sechsarmig 168, 177
- Mahakala, viergesichtig 186
Mahamuni 288
Maharaja von Jammu und Kaschmir 291
Mahasammata (erster König aller Lebewesen, Myth.) 45
Mahasiddhas, 84 indische, ›Große Magier‹ 115
Maitreya (tib. Jampa; Buddha der Zukunft) 83, 110, 111, 112, 155, 156, 158, 164, 165, 168, 170, 171, 177, 178, 179, 183, 184, 186, 187, 189, 191, 231, 239, 250, 254, 266, 267, 269, 272, 277, 279, 281, 288, 298, 307, 309, 310
Major, John 167
Mamaki (Prajnya des Buddha Ratnasambhava) 111
Mandarava (Gefährtin des Padmasambhava) 141, 272
Mandschu-Kaiser s. Qing-Kaiser
Mangson Mangtsen (Nachfolger von Songtsen Gampo) 152, 160
Manjugosha (Bodhisattva) 284
Manjushri (Bodhisattva der Weisheit) 83, 91, 112, 158, 170, 178, 185, 187, 189, 236, 255, 267, 272, 279, 283, 288, 289, 308, 310
Manjushrivajra (Bodhisattva) 272
Manning, Thomas 144
Mao Zedong 67, 68, 166
Mara (Verkörperung des Bösen) 79
Marco Polo 142
Marici, achtarmige (›Lichtausstrahlende Göttin‹) 268
Markhampa (Schüler Tsongkhapas) 236
Marpa (tib. Übersetzer, einer der Begründer der Kagyüpa-Schule) 55, 192, 244, 271
Marques (Jesuiten-Missionar) 142
Maudgalyayana (Jünger Buddhas) 171
Maya (Mutter des Buddha Shakyamuni) 78
McGovern, William Montgomery 147
Medizin-Buddha 186
Medizin-Lama 174
Menpa (Volksstamm) 23
Metar Barwa (der ›Gleich Feuer Lodernde‹) 271
Metseg 268
Mewa Tsegpa 288
Milarepa (tibetischer Yogi, 1040–1123) 56, 170, 171, 192, 225, 243, 244, 271, 283, 290, 296, 297
Ming-Kaiser (chin.) 57
Minling Tichen (›Thronhalter von Mindroling‹) 240, 241
Missionare, buddhistische 48, 49
Miwang Jobo 179
Miwang Pholhanä (›Gabenherr‹ Tsongkhapas) 178
Mönche/Mönchtum 31, 53, 55, 69, 91, 102, 103, 106, 119, 120, 123, 124, 127, 138, 140, 148
Mönchsbeamte 63
Mongolen/Mongolenstämme 56, 59, 231
Mönza Ticham (tibet. Gemahlin des Songtsen Gampo) 171
Moslems 38
Mune Tsenpo (tib. König 797–799) 52

Naga-König 297
Nagarjuna (indischer Gelehrter, Hauptvertreter der Madhyamika-Schule) 59, 60ff., 84, 266
Nagas (›Schlangengeister‹) 60, 75, 84, 155, 171, 297
Nagtso Lotsawa 272
Nain Singh, Kishen Singh, Kintup (indische Pandits im Dienste des brit. Geheimdienstes) 144
Nakhi (Volksstamm) 23
Namkha Nyingpo 245
Namri Songtsen (tib. König, Vater des Songtsen Gampo) 19, 46
Nangchen Phagpa Päl 264, 273
Naro Bönchung 296
Naro Khachöma (Dakini) 173, 247
Naropa (indischer Tantriker) 55, 192, 271
Nechung Chökyong, ›Dharma-Schützer Nechung‹ (Dharmapala) 18, 168, 181, 184, 189
Nechung-Orakel 67, 173
Nehru 170, 171
Nepalesen 144
Nepalesische Gattin des Songtsen Gampo (s. auch Bhrikuti) 171
Ngada Ösung 254
Ngagchen Rinpoche 278
Ngawang Chogden 177, 230
Ngawang Lozang Gyatso s. Dalai Lama, Fünfter
Ngawang Thuthob Wangchug (Sakya-Hierarch) 288
Ngog Legpä Sherab (Schüler des Atisha) 170, 231, 234, 245
Ngor Künga Zangpo 239, 276
Nöjin (Form des Vaishravana) 260
Nomaden 36, 38, 39ff., 71, 135, 148, 258
Nomaden, Besteuerung 42ff.
Nyatri Tsenpo, ›Nackenthron-König‹ (myth. König) 44ff., 158, 170, 241, 250, 254, 255, 271
Nyethang Le'u Jemo (Myth.) 233

Ogyen Lingpa 251
Orakel/Orakelpriester 93, 94
Orakelgottheit 189
Ord'Orville, Albert (Jesuitenpater) 143
Osttibeter 135
Ösung 291
Özer Tsugtor 269

Padmapani, ›Lotos-Halter‹ 111, 171, 236
Padmasambhava (der ›Lotosgeborene‹) 50ff., 56, 90, 110, 141, 155, 156, 163, 164, 189, 191, 192, 225, 232, 242, 243, 244, 245, 246, 247, 248, 250, 254, 255, 262, 266, 267, 272, 275, 288, 293, 299
Pälden Lhamo 171, 178, 181, 245, 266
Pälden Masung Gyelpo 245
Pälgi Dorje 53, 191
Päljor 274
Panchen Lama, ›Gelehrten-Lama‹ (allg.) 31, 64, 67, 69, 93, 123, 143, 148, 161, 257, 275, 277, 278, 281, 310

- 4. Panchen Lama (Lozang Chöki Gyeltshen; 1570–1662) 277, 279
- 5. Panchen Lama (Lozang Yeshe; 1663–1773) 280
- 6. Panchen Lama (Pälden Yeshe; 1738–1780) 66, 309
- 7. Panchen Lama (Lozang Tänpa Nyima; 1781–1853) 281
- 9. Panchen Lama (Chöki Nyima; 1883–1937) 279, 281
- 10. Panchen Lama (Lozang Tinle Chögyen; 1938–1989) 281
Panchen Losang Dragpa (Oberhaupt der Gelugpa-Schule) 183
Panchen Rinpoche s. Panchen Lama
Pandara (Prajnya des Buddha Amitabha) 111
Pandits (indische Gelehrte) 95, 144
Parnashabari 269
Pehar 245
Phabongkha Rinpoche (Gelugpa-Lama) 173
Phagmo Drupa Dorje Gyelpo 231
Phagpa Lama (Neffe des Sakya Pandita; 1235–80) 57, 59, 266, 284, 285, 288, 289
Phamo Drupa Jangchub Gyeltsen 249
Pholhanä (Regent) 276
Pilger 38, 138, 155, 173
Pode Gunggyel 251
Pönchen Shakya Zangpo (Sakya-Herrscher) 288
Pöpa (Volksstamm) 23
Pordenone, Odorico von 142
Prajnya, Weiße (›Weisheits‹-Partnerin des Adi-Buddha) 108
Prjevalski, Nicholas Michailovich (Forscher in Tibet) 145

Qarluq-Türken (Volksstamm) 291
Qiang (Volksstamm) 23, 43, 46
Qianlong (chin. Qing-Kaiser, 1735–1796) 64, 144
Qing-Kaiser/Qing-Dynastie (Mandschuren; 1644–1911) 19, 62, 63, 64, 65, 143, 145, 189, 301
Qoshoten (Mongolen) 62, 143, 180

Rabten Künzang Phag 264, 265
Rahula (Sohn des Buddha Shakyamuni) 78, 181
Rajalila-Manjushri (Bodhisattva) 269
Raksha-Dämon 155
Raktayamantaka 272
Rälpacen (dritter tib. ›Religionskönig‹ (816/17–36) 52ff., 153, 158, 173, 254, 266
Rangjung Dorje s. Karmapa, Dritter
Rateng Rinpoche 178, 230, 231
Ratnapani, ›Juwelhalter‹ (Bodhisattva) 111
Ratnasambhava, der ›Juwelengeborene‹ (Buddha) 111, 255, 266, 271
Tathagata 183
Regierungsbeamte 36, 148
Religionskönig 62, 64
Remdawa 261
Richardson, Hugh E. (Stellvertreter Großbritanniens in Lhasa) 145, 171
Rigdzin Gödem Truchen 240
Rigdzin Ngagi Wangpo 240
Rigdzin Pema Trinlä 240
Rigpä Dorje s. Karmapa, Sechzehnter
Rinchen Phüntshog (17. Drigungpa-Hierarch) 232
Rinchen Zangpo (958–1055) 54, 291, 298
Ritualleiter 123
Rolpä Dorje s. Karmapa, Vierter
Rothut-Tulku‹ 259
Rubruck, Wilhelm von (Franziskanermönch) 142

Sakya Pandita, ›Gelehrter der Sakya‹ (Künga Gyeltshen 1182–1251) 57, 155, 239, 245, 248, 267, 273, 284, 285, 288, 289
Samantabhadra (Bodhisattva) 269
Samantabhadra, ›All-Guter‹ s. Adi-Buddha 89, 111, 241
Samayatara (Prajnya des Buddha Amoghasiddhi) 111
Samvara (tib. Demchog; Yidam-Gottheit) 158, 165, 181, 186, 260, 272, 281, 294, 298, 307, 310
Sanggye Gyatso (Regent des 5. Dalai Lama) 62, 63, 163, 236
Sanggye Nyima 271
Sarasvati 269
Sarat Chandra Das 145
Schäfer, Ernst 147, 180
Schlangendämon s. Naga
Schuh, Dieter 22, 57
Schutzgottheit der Dalai Lamas 181, 277
Schutzgottheit der Kailash-Region s. Khangri Lhatsen
Schutzgottheit der Sakyapa 186
Schutzgottheit des Yarlung-Tales 255
Schutzgottheiten 90, 123, 239, 245, 251, 253, 266, 269
Schutzgottheiten, vorbuddhistische 245
Schwarzer Dämon (Khon) 284
Sechs Klassen von Lebewesen s. Daseinsbereiche
Sechs Manifestationen des Avalokiteshvara 98
Sechzehn Arhats (Lehrer des Hinayana) 165, 177, 178, 183, 184, 185, 225, 239, 267
Senaleg (tib. König) 52, 254
Senge Namgyel 291
Sengge Ngaro 310
Setrab/Setrapa (Schutzgottheit) 185, 236
Shakti (Partnerin im tantrischen Hinduismus) 87
Shakyamuni, der ›Weise (aus dem Geschlecht der) Shakya‹, (Historischer Buddha/Buddha der Gegenwart) 78, 83, 95, 108, 110, 111, 157, 164, 170, 171, 177, 178, 179, 183, 184, 185, 187, 189, 225, 233, 234, 241, 244, 247, 248, 254, 255, 266, 267, 268, 269, 272, 274, 279, 288, 299, 304, 307, 310
Shakyasimha 271, 272
Shantarakshita (indischer Gelehrter) 50, 51, 225, 242, 244, 255, 272, 310
Shariputra (Jünger des Buddha Shakyamuni) 171
Shenrab Miwo (Stifter der Bön-Religion) 76
Sherab Gyeltshen 259
Sherab Sengge (Schüler Tsongkhapas) 173
Sherpa (Volksstamm) 23
Shiva (hinduistische Gottheit) 87, 294
Shuddodana, Fürst (Vater des Buddha Shakyamuni) 78
Shun-di (Yüan-Kaiser) 249
Siddharta Gautama s. Buddha Shakyamuni
Siddhas (s. auch Mahasiddhas) 108, 111, 112, 114, 115, 246
Siebzehnter Drigungpa-Hierarch Rinchen Phüntshog 232
Simhanada Manjushri (Bodhisattva) 269
Sinde'u Rinchen 289
Sitatapatra 269
Skythen 44
Soldaten, chinesische 69
Sönam Gyatso s. Dalai Lama, Dritter
Sönam Gyeltshen 235, 249
Sönam Päljor 277
Sönam Pälsang 277
Sönam Tsemo 289
Songtsen Gampo (tib. König, 619–649) 19, 30, 32, 46ff., 50, 58, 90, 118, 127, 150, 151, 152, 156, 157, 158, 159, 161, 164, 168, 170, 171, 173,

190, 191, 229, 232, 241, 243, 244, 249, 250, 251, 252, 253, 254, 255, 266, 284, 291
Stötzner, Walter 147
Sumpa (Volksstamm) 46

Ta'o Chögyel 178
Tafel, Albert 146
Tagdra Lugong (tib. General) 49
Tagla Membar 259
Taglung Thangpa Tashi Päl 230
Tai Zong (chin. Tang-Kaiser) 157
Tamdin Yangsang Töpa, ›Geheimster, zornvoller Tamdin‹ (Skt. Hayagriva) 177
Tang-Dynastie (chinesische 618–906) 253
Tantriker 54, 244
Tantriker, indische 266
Tantrische Gottheiten der Anuttarayogatantra-Stufe (›Unübertreffliche Yoga-Tantra-Stufe‹) 272
TänzerInnen 139, 141
Tara (tib. Drölma) 83, 112, 120, 164, 183, 184, 187, 234, 236, 255, 276, 279, 280, 296, 305, 310
- Khadiravani Tara 269
- Tara, Acht Formen der 298
- Tara, Blaue 186
- Tara, Grüne 46, 177, 182, 185, 187, 243
- Tara, Grüne und Weiße 181
- Tara, vor den acht Gefahren schützende 253
- Tara, Weiße 46, 164, 173, 181, 186, 269
- Tara, ›Sprechende Tara von Trandruk‹ 255
- Tara, ›Sprechende Weiße‹ 178, 184, 234
- Taras, Einundzwanzig 184, 186, 234, 236, 254, 269
- Vajratara 269
Tausend Buddhas 225, 266, 278, 279, 281
Tausend Maitreya-Buddhas 281
Tazi Künzang 259
Tenzin Gyatso
s. Dalai Lama, Vierzehnter
Terdag Lingpa 240, 241
Tertön (›Schatzfinder‹, Entdecker von Terma-Texten) 51, 56
Thangtong Gyälpo (Brückenbauer) 115, 138, 139, 243, 246, 272
Thomas, Lowell jun. und sen. 148
Thönmi Sambhota (Minister des Königs Songtsen Gampo, Erfinder der tibetischen Schrift) 30, 48, 158, 164, 254
Thothori Nyentsen (tib. König) 45
Thugsä Rinchen Namgyel 274
Tichy, Herbert 147
Tide Tsungtsen (tib. König) 48
Tilopa (indischer Tantriker) 55, 271
Tisong Detsen (2. großer Religionskönig Tibets, 755–797) 19, 48 ff., 141, 158, 170, 225, 241, 242, 243, 244, 252, 254, 255, 266
Togan Temür (mongolischer Yuan-Kaiser) 264, 273
Tongden (Schüler des Tsongkhapa) 173
Triade der Kadampa-Lamas (Atisha mit seinen beiden Schülern Dromtönpa und Ngog Legpä Sherab) 170
Trijang Rinpoche (Gelugpa-Lama, ›Jüngerer Tutor‹ des 14. Dalai Lama) 173
Truppen, chinesische 63, 65, 148
Truppen, mongolische 62, 230
Tsän-Dämonen 75
Tsangpa Desi (Herrscher über Tsang) 58, 59, 62, 276
Tschinggis Khan 56
Tsetrül Rinpoche 230
Tshälpa Künga Dorje 95, 274
Tshälpa-Fürsten 184, 227
Tshangyang Gyatso
s. Dalai Lama, Sechster
Tshepong-Geschlecht 192
Tsi'u Marpo 245
Tsilupa (indischer Weiser) 89
Tsöndrü Dagpa 303
Tsongkhapa (Begründer der Gelugpa-Schule) 58 ff., 138, 145, 153, 154, 155, 156, 159, 163, 160, 164, 168, 173, 177, 178, 179, 180, 181, 183, 184, 185, 186, 189, 234, 245, 250, 261, 267, 277, 279, 280, 290, 299, 303, 305, 306, 309, 310
Tucci, Giuseppe (Tibetologe) 43, 127, 148, 157
Tulku (wiedergeborener Lama) 61, 83, 93 ff., 103, 123, 183, 230, 278
Tumtön Lodrö Dragpa 276
Turner, Samuel 143
Tuyuhun (tib. Azha, Volksstamm) 23, 46

Ugyen Gyatsho (sikkimesischer Lama, Begleiter von Sarat Chandra Das) 145
Uiguren 49
Ur-Buddha (Adi-Buddha) 280
Ushnishavijaya 109, 183, 184, 286, 298, 310
Vadisimha Manjushri (Bodhisattva) 269
Vairocana, ›König der Lehrhalter‹ (Buddha, einer der 5 Tathagatas) 110, 111, 192, 240, 243, 244, 255, 262, 266, 271, 272
Vaishravana (Reichtumsgottheit) 178, 179, 181, 185, 236, 245, 269, 298
Vajrabhairava (zornvolle Manifestation des Manjushri; Bodhisattva) 160, 178, 186, 272, 298
Vajradhara, ›Vajra-Träger‹, (Ur-Buddha; s. auch Adi-Buddha) 89, 170, 232, 272, 279, 280, 288
Vajradhatu (Buddha) 274
Vajrakila (Nyingmapa-Gottheit) 177, 244, 247
Vajrapani, ›Vajra-Halter‹ (Bodhisattva) 111, 161, 177, 247, 254, 255, 269, 271, 272, 284, 299
Vajrasattva 271, 275
Vajravarahi s. Dorje Phagmo
Vajravidarana 268
Vajrayogini 295
Vasudhara 269
Vidarana 269
Vier Jinas 266
›Vier Weltenhüter‹ (myth. Herrscher über die vier Himmelsrichtungen) 79, 123, 160, 177, 269, 288
Vierter Jamyang Zhäpa (1856–1916) 310
Vijaya 269
Vimalamitra 141, 244
Vishvakarma 157
Vishvapani, ›Doppel-[Vajra]-Halter‹ (Bodhisattva)
Vorsinger (tib. Umdse) 104, 123

Wandermönch 80
Wangchuk Dorje 273
Weigold, Hugo 147
›Weiße Dämonin‹ 249
Weißer Tshangspa 255
Weltenhüter
s. Vier Weltenhüter
Wencheng (chinesische Gattin Songtsen Gampos) 46, 47, 150, 151, 153, 157, 158, 159, 190, 254
West-Qiang (Volksstamm) 43

Yama/Yamaraja (Totenrichter) 97, 177, 178, 183, 185, 236, 295, 298
Yamantaka (zornvolle Form des Bodhisattva Manjushri) 109, 141, 165, 169, 181, 185, 186, 236, 281, 307, 310
Yapang Kye 284
Yarlha Shampo (Dharmapala) 255

Yarlung-Könige/Yarlung-Dynastie (tib.) 19, 43ff., 254
Yasodhara (Frau des Buddha Shakyamuni) 78
Yeshe Ö (westtibetischer König, 10. Jh.) 54, 291, 298
Yeshe Tsogyal (Hauptgefährtin des Padmasambhava) 51, 141, 232, 248, 251, 272, 293
Yidam, ›Im Herzen gebundene (Gottheit)‹ 110, 141, 262
Yogis 108, 111, 112, 114
Yongdzin Ngawang Zangpo 237
Yongle (chin. Ming-Kaiser 1402-24) 178
Younghusband (brit. Colonel, Leiter einer militär. Expedition nach Tibet) 64, 145, 189, 264, 273
Yuan Shikai 65
Yuan-Dynastie (Mongolen-Herrschaft in China; 1280–1368) 56ff., 231, 286
Yudra Nyingpo 244
Yum Chenmo, die ›Große Mutter‹ (Skt. Prajnyaparamita; Gottheit) 271, 272
Zar, russischer 64, 145
Zehn Zornvolle Gottheiten 272
Zhalupa-Schule 265, 274
Zhamar Rinpoche 259
Zhängo 138
›Zwei Beste‹ 183, 239, 248
Zwei Zornvolle Torhüter 157, 178, 299
Zweiter Jamyang Zhäpa Könchog Jigme Wangpo (1728–1817) 308, 309
Zwölf Weibliche Schutzgottheiten Tibets 181

Ortsregister

›Agra (Indien) 142
Amajungkha 283
Amdo (chin. Qinghai) 16, 19, 30, 66, 144, 166, 172, 299, 303
Amdo (Stadt) 300
Amdo-Shiquanhe-Route 292
Amnye Machen-Gebirge 16, 38, 299
Assam (Indien) 144
›Äußeres‹ Tibet 65
Autonome Provinz Shigatse 275
Autonome Region Tibet (chin. Xizang Zizhiqu) 19, 22, 66ff., 69, 150
Autonome Region Xinjiang 15

Banepa (Nepal) 283
Barabise (Nepal) 283
Barga 292, 295
Barkhor, ›Mittlerer Umrundungsweg‹ (Lhasa) 69, 138, 158, 171, 172, 173, 174
Beijing (Peking) 142, 143, 166, 302, 308
Beijing Road, tib. Deki Sharlam 168
Benares (heute Varanasi/Indien) 79
Bengalen (Indien) 48
Beri 62
Bezirk Kyishö (Lhasa und Umgebung) 227
Bhaktapur (Bhadgaon; Nepal) 283
Bhutan 119, 143, 255
Bihar (Indien) 54
Bingling Si (buddhistische Höhlen) 307
Bodh Gaya (Ort der Erleuchtung des Buddha; Indien) 79
Brahmaputra (s. auch Tsangpo) 144, 291
British-Indien 145
Brusha (heute Gilgit) 19, 48
Bumthang-Tal 119
Burma 19

Cagpori (›Eisenberg‹; Ort d. tib. Medizinschule in Lhasa) 138, 171, 174
Chamdo 18, 44, 67, 70, 170, 300
Chang'an (ehem. chin. Hauptstadt) 19, 49, 168
Changbu (Tempel) 192
Changdang 260
Changthang, ›Nördliche Ebene‹ 16, 21, 22, 39ff., 42, 142
Chänzig Phodrang 169
Chengdu (China) 70, 285
Chiling 172
Chimphug-Meditationshöhle 248
China 11, 14, 18, 38, 46, 48, 49, 57, 61, 62, 63, 64, 65, 66, 67, 68, 69, 70, 73, 74, 136, 142, 143, 145, 146, 148, 166, 175, 277, 286, 299
Chingdröl Chiling Park (Lhasa) 138, 172, 174
Chingwa Tagtse 45
Chiteshö 238, 239, 240
Cho Oyu (Berg) 282
Chogsam 283
Chökhang Gong 225
Chonggye (chin. Qiongjie; Geburtsort des 5. Dalai Lama, Gräber der Yarlung-Könige) 45, 61, 250ff.
Chonggye-Tal 118, 250
Chörten Khangnyi, der ›Zweibeinige Stupa‹ 295
Chubori (Berg) 233, 246
Chumbi-Tal 143
Chungmokang (chin. Qiongmogang; Berg) 259
Chushül-Brücke (chin. Quxū) 16, 233, 246, 248, 257, 260

Dagpo 46
Damshung (chin. Dangxiong) 300
Damxung 40
Darchen 295, 297
Darchen Chörten 295, 297
Darpoche, ›Großer Flaggenmast‹ 295
Dartsemdo (tib., chin. Kangding) 70
Datsukhar-Fähre (chin. Dagzhuka) 257, 258, 259
Dechen Kälsang Phodrang (oder ›Neuer Panchen Palast) 281
Dehra Dun (Uttar Pradesh, Indien) 240
›Denkmal für die Helden des Straßenbaus‹ (Mahnmal) 233
Densa Thel (Sitz des Phamo Drupa) 250
Derge 18, 70
Desheg Phodrang 241
Deyang 181
Deyang Dratsang 184
Deyangcog (Raum der Schutzgottheiten) 184
Dhanakosha-See 50
Dharamsala (Sitz der tib. Exilregierung in Indien) 67, 156, 166, 189
Dhulikhel (Nepal) 283
Döcin 300
Dolalghat (Nepal) 283
Dölma La, ›Tara‹-Paß 295
Dolpo (Nepal) 291
Dongba (chin. Zhongba, früher Tradun gen.) 292

Donggu La (Paß) 259
Dongtso 292
Drakmar Ke'utshang-Meditationshöhle 248
Dralha Lubuk (Höhlentempel) 151, 171ff.
Dranang (chin. Zhanang) 238
Dranang-Tal 238
Dratshang (Fakultät/Kollegium innerhalb eines Klosters) 175
Drayerpa-Tal 191
Drei große Klosteruniversitäten der Gelugpa (Ganden, Sera, Drepung) 31, 106
Drigung-Tal 227
Drigungchu (Fluß) 229
Drubta Samtenling-Meditationshöhle 225
Drumchu (Fluß) 282, 286
Dsungarei (früher: Ostturkestan) 15
Dukhang der Ngagpa Dratsang, ›Tantrische Fakultät‹ in Tashilhünpo 277
Dukhang von Thösam Ling, zugleich Tshogchen Dukhang (Labrang-Kloster) 308
Dükhor Dratshang (Kalacakra-Fakultät) 309
Dunhuang 301
Dzäja Tshomchen, ›Großer Versammlungsraum der Hundert Taten Buddhas‹ 281
Dzamling Simchung 189
Dzong (Befestigungsanlage) 118ff., 233, 273, 251, 254
- Dzong Chingwa Tagtse 251
- Giding Dzong 282
- Gongkar Dzong (chin. Gonggar) 233
- Gutsuo Dzong 282
- Gyangkhartse, ›Höchste Königsfestung‹ 273
- Gyantse Dzong 64, 118, 260, 263, 264, 273
- Nangkartse Dzong (chin. Nagarze) 260
- Ngonmo Dzong (Klosterruine, 15. Jh.) 282
- Päti Dzong 260
- Penam Dzong (chin. Bainang) 262
- Shekar Dzong 289
- Shigatse Dzong 62, 275, 276
- Tagtse Dzong (früher Dechen Dzong) 184, 227
- Yumbhu Lhakhar (Dzong) 45, 46, 118, 250, 254, 255
Dzutrül Phug, ›Höhle magischer Wundertaten‹ 296

Ferghana 49
Fünf Quellen Park Wuquan Gongyuan 307
Fürstentümer (autonome) 18

Gaki (chin. Qaksaka) 292
Ganden Lashö 229
Ganden Phodrang, ›Freudvoller Palast‹ (ehem. Regierungssitz der Dalai Lamas) 180, 181
Gangdise-Kette 14, 15, 17, 40
Ganges 50
Gansu (chin. Provinz) 16, 19, 49, 68, 73, 307, 308
Gartok 64
Gazellenhain von Sarnath/Benares (Indien; Ort der Predigt des Buddha über die ›Vier Edlen Wahrheiten‹) 79, 169
Geladantong (Berg) 300
Gertse (chin. Gerzue) 292
Gilgit (Pakistan) 19
Golmud 233, 258, 299, 301
Gomang des Klosters Drepung 181, 308
Gomang Dratsang 183
Gompa s. Kloster 184
Gongkar Airport 70, 233, 237
Gongpori (Berg) 248, 249
Gonkar Dorje Dän (s. Gonkar Chöde)
Gosum Lhakhang, ›Dreitür-Kapelle‹ 274
Guge 16, 142, 290, 291, 297, 298, 299
Gungthang 227
Gurla Mandhata (Berg) 297
Gutsuo 282
Gyama 46, 229
Gyantse, (s. auch Gyantse Dzong) 65, 66, 127, 143, 148, 260, 261, 263ff., 268, 273ff., 275
Gyantse-Route 233
Gyeltshab-Phodrang 225
Gyüme, ›Untere Tantrische Fakultät‹ 173
Gyüto, ›Obere Tantrische Fakultät‹ 160, 173, 308, 310

Hamdong Khangtsen 179
Handelsroute von Gartok 144
Handelsweg von Lhasa zur Mongolei 144
Häpori 243, 244, 248
Himachal Pradesh (Indien) 166
Himalaya 14, 15, 17, 18, 21, 46, 144, 290
Holiday Inn Hotel (Lhasa) 233
Huanghe-Fluß 307
Huangshui-Fluß 302

Hui (islamischer Volksstamm) 248
Huore 295, 297

Indien 14, 38, 48, 50, 65, 67, 89, 134, 136, 143, 145, 147, 166, 174, 260, 284, 292, 309
Indischer Ozean 14, 15
Indus 18, 291
›Inneres‹ Tibet 65
Inthronisierungshalle des 6. Dalai Lama 163

Jamkhang 191
Jangtse, ›Nördliche Spitze‹ (Fakultät) 184
Jepa Dratshang, ›Flüchtlingsfakultät‹ (Tantrische Fakultät) 175, 177
Jia Tsuo La (tib. Lhakpa La, Paß) 282
Jieshan 292
Jinsha Jiang 18
Jobo (Berg) 257, 260
Jokhang, ›Haus des Jobo/Edlen Herren‹ (Lhasa) 47, 53, 62, 106, 119, 138, 150, 151ff., 155, 156, 159, 160, 171, 172, 173, 190, 192, 275, 280, 308, 310
Jomo (Berg) 257, 260

K2 (auch Mount Godwin-Austin) 18
Kado 251
Kailash (tib. Kang Tise, ›Eisberg Meru‹, = Kang Rinpoche; heiliger Berg in Westtibet) 16, 18, 96, 101, 143, 147, 290ff.
Kailash-Tal 296
Kalacakra-Fakultät 307
Kalkutta (Indien) 143
Kälsang Phodrang 168
Kang Rinpoche s. Kailash
Kapelle der Neun Amitayus-Gottheiten 158
Kapilavastu (heute Nepal, Geburtsort Buddhas) 78
Karakorum 15, 17, 18
Karnali (Fluß) 18, 291
Karo 44
Karo La (chin. Karuola) (Paß) 260
Kaschmir 38, 48, 54
Kashgar 292
Kathmandu (Nepal) 70, 283, 292
Kathmandu-Tal 283
Kham (osttibetische Provinz) 16
Khampa La (chin. Gangbala) (Paß) 260, 262
Khunjerab-Paß 292
Kirong 23
Klöster (tib. Gönpa/Gompa) s. Sachindex

- Ani Sangkhung (Nonnenkloster) 173
- Ani Tsamkhung-Kloster 174
- Beishansi (daoistisches Felsenkloster) 302
- Bönpo-Kloster 257
- Cagzam Labrang 246
- Chöku Gompa 295
- Dorjetra (Nyingmapa-Kloster) 237, 240
- Drathang 238
- Drayerpa (chin. Yeba), ›Weitschweifender Felsen(blick)‹ (Felsenkloster) 53, 120, 190ff.
- Drepung, ›Reishaufen‹ (chin. Zhebengsi, Gelugpa-Kloster) 58, 59, 62, 107, 138, 140, 145, 150, 151, 170, 175, 179ff., 183, 187, 188, 189, 229, 262, 277
- Drigung (Nonnenkloster) 232
- Drigung Thel (chin. Zhigungsi, Stammkloster der Drigung-Kagyüpa-Schule) 54, 231, 232, 272, 286
- Drira Phug
- Drug Dechen Chökhor (Drugpa-Kagyü-Kloster) 233, 237
- Dungphu Chökhor (Ngorpa-Sakya-Kloster) 238, 239
- Evam Chogar 240
- Ganden Chökhor (Gelugpa-Kloster) 227, 249
- Ganden, das ›Freudenvolle‹ (chin. Gandansi; Skt. Tushita) (Gelugpa-Kloster) 58, 138, 150, 151, 170, 175, 180, 184, 185, 186, 191, 229, 277
- Gongkar Chöde (Sakyapa-Kloster) 233, 236, 237
- Gyangdag Gompa 297
- Gyütö (Ruine eines Gelugpa-Kloster; ehemals tantrische Fakultät) 191
- Jampaling 238, 248
- Kharchu (Nyingmapa-Kloster) 245
- Kloster der ›Vajra-Bache‹ 260
- Kumbum Jampa Ling (›Stupa-Kloster‹, chin. Taersi) 106, 127, 166, 299, 302, 303ff., 307
- Kündeling 64
- Labrang 106, 183, 299
- Labrang Tashi Khyil, ›Lama Residenz Glückswirbel‹ 307ff.
- Lamo 229
- Menri (Bön-Kloster) 259
- Mindroling (chin. Minzhulin; Nyingmapa-Kloster) 238, 240, 241, 250
- Namgyel Dratshang (Privatkloster des Dalai Lama) 168
- Namseling 238
- Nangkartse Chöde (Nyingmapa-Kloster) 260
- Narthang (Kadampa-Kloster) 276, 282
- Nechung, ›Kleiner Ort‹ (chin. Naiqiongsi; Kloster) 173, 181, 184, 187, 188
- Ngor Evam Chöde (Sakyapa-Kloster) 276
- Nyethang Dewachen 236
- Pälkhor Chöde (Berg-Kloster von Pälkhor Chöde [tib. Ritrö]) 273
- Pälkhor Chöde 260, 264, 267
- Penam (Nyingmapa-Kloster) 262
- Ralung (Drugpa-Kagyüpa-Kloster) 260
- Rateng (oder Reting, chin. Rezhensi, Gelugpa-Kloster) 54, 55, 227, 230, 234, 245
- Ratö (Gelugpa-Kloster) 233, 235
- Rechung Phuk 251
- Ribo Dechen 251
- Rinchen Ling 236
- Rongbuk 282
- Sakya (chin. Sajia, ›Fahler Ort‹, Sakyapa-Kloster) 16, 34, 54, 56, 58, 263, 282, 283ff.
- Samding (chin. Samdingsi) 260, 262
- Samye (chin. Sangyesi; erstes buddhistisches Kloster in Tibet) 50ff., 94, 119, 121, 148, 170, 188, 238, 241ff. 250, 259
- Sangag Simkhyil (Nonnenkloster der Gelugpa) 249
- Sangphu Ne'u thog 234
- Sera (Gelugpa-Kloster) 44, 58, 62, 138, 150, 151, 170, 175ff., 179, 190, 230, 277, 292
- Sera Thegchen Ling, ›In Wildrosenhecken gelegener Kontinent des Großen Fahrzeugs‹ s. Sera
- Serlung 297
- Shambu (Klosterruine) 261
- Shekar (Gelugpa-Kloster) 289
- Singa Gompa (Ruine) 227
- Taglung Thang (Stammkloster der Taglung-Kagyüpa-Schule) 54, 227, 230
- Tangpoche (Gelugpa-Kloster) 251
- Tänjäling 64
- Tashilhünpo (chin. Zhaxilhunbo), ›Berg des Glücks‹ (Gelugpa-Kloster, Sitz des Panchen Lama) 31, 58, 59, 106, 138, 257, 262, 275, 277, 278, 279, 280, 282
- Terdom, ›Schatzkiste‹ 232
- Tholing (oder Thoding, chin. Zanda; Kloster) 291, 295, 297, 298
- Thubten Dorjetra (Nyingmapa-Kloster) 240
- Tsang Gabadong (Gelugpa-Kloster) 262
- Tsechen Chöde 261
- Tshechogling 64
- Tshemönling 64
- Tshurphu (chin. Chubusi) (Karma-Kagyüpa-Kloster, Sitz des Karmapa) 54, 56, 93, 120, 192 ff., 225, 300
- Uru Katsel 119, 229
- Yungdrung Ling (Bön-Kloster) 259
- Zhalu/Shalu (chin. Xialusi) 54, 58, 127, 243, 262, 273, 274, 275, 276, 286
- Drongtse (chin. Zongzisi) (Gelugpa-Kloster) 261
- Gongkar Shedrub Ling (Gelugpa-Kloster) 233

Kodari 283
Kokonor-See 16, 46, 143, 145, 299, 302
Könchog Ling Phodrang 281
Kukhar Phodrang 164
Kumbum-Stupa 260, 264
Kunlun (Gebirge) 15, 17, 40, 301
Kunlun Shankou (Paß) 301
Kuru Zampa (Brücke über den Lhasa-Kyichu) 227
Kyeedor Dratshang (Hevajra-Fakultät) 310
Kyichu (Fluß) 53, 138, 144, 148, 184, 188, 191
Kyishö (Bezirk Lhasa und Umgebung) 227

Ladakh 19, 48, 124, 142, 143, 144, 174, 291, 292
Lahaul 291
Lalung Leh (Paß) 283
Langthang 227
Lanzhou 299, 301, 302, 307
Lha Chu, ›Götterfluß‹ 295
Lhababri (Berg) 250
Lhakhang, ›Häuser der Götter‹ (Tempel oder kleinere sakrale Räume in Dzongs und Klöstern) 102, 118ff., 122, 128, 153, 155, 160, 161, 164, 171, 191, 233, 235, 240, 248, 249, 253, 254, 277
- Ana Lhakhang 282
- Aryapalo 248
- Chenmo 288
- Chögyel Lhakhang, ›Kapelle des Dharma-Königs‹ 159
- Dawa Phug Lhakhang 191
- Dechen Lhakhang 280
- Demchog Lhakhang 298
- Lhakhang der Acht Medizin-Buddhas 155, 158

- Lhakhang der Beschützer 155
- Lhakhang der Buddhas der drei Zeiten 177
- Lhakhang der Dharma-Könige 158
- Lhakhang der Drei Juwelen 271
- Lhakhang der Goldenen Reliquien-Stupas 163
- Lhakhang der Silbernen Reliquienstupas 289
- Lhakhang des 7. Dalai Lama 307
- Lhakhang des Amitabha 156
- Lhakhang des Amitayus 164, 165
- Lhakhang des Medizin-Buddha 186
- Lhakhang des Milchebenen-Sees 156
- Lhakhang des Songtsen Gampo 155
- Dewachen Lhakhang 241
- Drölma Lhakhang 234
- Lhakhang Dzamling Gyän 232
- Ganden Lhakhang 280
- Gesichtsschau Lhakhang (Padmasambhava-Statue) 189
- Jampa Lhakhang 119, 186, 281
- Jampa Tründse Lhakhang 156
- Jampaling 238
- Kalacakra Lhakhang 164
- Kanjur Lhakhang 186, 279
- Khamsum Sangak Ling 248
- Kyeedor Lhakhang 237
- Kyichu Lhakhang 119
- Lama Lhakhang 122, 177
- Lama Lhakhang 186, 241, 267
- Lima Lhakhang 164
- Lotsawa Lhakhang 299
- Maitreya Lhakhang 158, 165, 266, 267, 303
- Maitreya Lhakhang 305
- Manjushri Lhakhang 307
- Namgyel Lhakhang 287
- Ngamchö Lhakhang 185
- Nyethang Drölma Lhakhang 233, 234, 235
- Padmasambhava Lakhang 158
- Phagpa Lhakhang 164
- Rigdsin Lhakhang 163
- Lhakhang, Roter (tib. Lhakhang Marpo, Kloster Tholing) 298
- Samvara Lhakhang 158, 266
- Lhakhang Serpo (›Gelber Lhakhang‹) 233, 235
- Shakyamuni Lhakhang 164
- Tara Lhakhang 184
- Thugje Chenpo Lhakhang 155
- Trandruk Lhakhang 119, 255
- Trandruk Lhakhang 250
- Tsechen Lhakhang 288
- Tsethang Yu'i Lhakhang 251
- Tshepak Lhakhang 279
- Tsongkhapa Lhakhang 156
- Vairocana Lhakhang 247, 266
- Vajrabhairava Lhakhang 298
- Lhakhang von Shongpa Lhachu 299
- Weißer Lhakhang (Lhakhang Karpo, Kloster Tholing) 298
- Zhitro Lhakhang, ›Lhakhang der Friedvollen und Zornvollen Gottheiten‹ 164

Lhamo Lhatsho, ›Göttersee der Lhamo‹ 250
Lhasa – Kathmandu, (Überlandroute) 282 ff.
Lhasa Kyichu (Fluß) 18, 173, 187, 227
Lhasa Tsuglagkhang 151 ff., 171
Lhasa, ›Stadt der Götter‹ 16, 18, 19, 34, 46, 55, 63, 65, 66, 67, 70, 71, 134, 137, 138, 142, 143, 144, 145, 147, 148, 150–174, 184, 188, 191, 192, 231, 232, 251, 257, 258, 263, 281, 286, 292, 299, 301, 308
Lhasa-Brücke 184
Lhasa-Gongkar Airport-Route 257
Lhasa-Museum 174
Lhasa-Shigatse-Route 233 ff., 257 ff.
Lhasa-Tal 150, 151, 173
Lhasa-Tsethang-Route 233 ff., 237, 238
Lhasa-Tsuglagkhang 138
Lhatse (chin. Lhaze) 282, 290, 292
Liangzhou 285
Lingkhor, ›Äußerer Umrundungsweg‹ (Lhasa) 138, 172
Lithang 63
Loseling 181, 183
Lukhang,‹ Tempel der Nagas‹ 174
Lungshöchu (Fluß) 229

Mä, ›Untere Region‹ 16
Machu (chin. Maqu) 300
Mädro (Region) 184
Mädro Gongkar (chin. Maizhokunggar, Bezirk) 229
Mädro Shän (Distrikthauptstadt) 229
Manasarovar-See (tib. Tsho Mapham, Tsho Mavang) 290, 291, 292, 297
Mangyül Gungthang 291
Marpori, ›Roter Berg‹ 150, 161
Mazar 292
Meditationshöhle des Pälgi Dorje 191
Meditationshöhle Nyima Phug 192
Meditationshöhle Padmasambhavas 293
Meditationshöhle von Songtsen Gampo 191
Meditationsklause Tsongkhapas 187
Mekong (tib. Dzachu) 18
Men Ba (Volksstamm) 248
Menjir 292, 293, 295
Meru Nyingpa (Tempel) 151, 173
Minyak 46
Möncer 298
Mongolei 59, 61, 66, 124, 144
Moschee von Lhasa 174
Mount. Everest (tib. Chomo Langma, chin. Qomolangma, Berg) 18, 289
Murari (Berg) 254
Museum Bowuguan 307
Mustang (Nepal) 291

Nagchu, ›Schwarz-Fluß‹ 40, 138, 300, 301
Nalanda (ehem. Klosteruniversität/Indien) 89
Nam Tsho (mong. Tengri Nor, chin. Tianhu, ›Himmelssee‹) 300
Namgyel-Stupa 234
Nangchen-Distrikt 273
Naranjana-Fluß 79
Nedong (Sitz des Jangchub Gyaltsen) 58, 250
Nepal 19, 20, 38, 47, 48, 143, 144, 263
Nepalesisch-chinesische Freundschaftsbrücke 283
Nepalesisch-tibetische Grenze 286
Nepalesische Grenzstation 283
New Tingri (= Shekar) 282, 289
Ngagpa 181
Ngari (Westtibet; chin. Ali) 16, 290, 291
Ngari Tö (westtibetische Region) 284
Nöjin Kangsa (chin. Noyin Kangsa; Berg) 260
Norbu Lingka, ›Juwel-Garten‹, Sommerresidenz des Dalai Lama (chin. Luobulingka) 44, 67, 106, 140, 151, 168 ff., 281
Nord-Indien 80
Nyalam (chin. Nielamu) 13, 283, 290
Nyalam Phelgye Ling (Meditationshöhle Milarepas) 56, 283, 290
Nyang-Tal 261
Nyangchu (Fluß) 18, 261, 263, 275
Nyangdren-Tal 190
Nyemo (chin. Nyemo) 257
Nyenchen-Thanglha-Gebirge (chin. Nyainqen Tanglha) 40, 259, 300
Nyethang 55
Nyethang-Tal 234, 235, 236
Nyima Phug 192
Nyima Ribo, ›Sonnenberg‹ s. Shigatse 276

Ölkha-Tal 250
Omathang, ›Milchebene‹ 260
Öseling 225

Ost-Turkestan 53
Osttibet 19, 21, 65, 71, 77, 192, 230, 273, 286
Ostturkestan 145
Otantapuri (Tempel in Magadha, Indien) 243
Othargi Tsho, ›See der Milchebene‹ 151

Pakistan 292
Palpa Luphug s. Dralha Lubuk
Paro-Tal (Bhutan) 119
Päti 260
Patna (Indien) 147
Pema Kyungdzong (Meditationsstätte des 2. Karmapa) 225
Phabongkha (chin. Pabengka) 190
Phadampa Sanggye-Stupa 237
Phenpo (chin. Linzhouxian, Region) 227
Phenyül 46
Phodrang Marpo, ›Roter Palast‹ (ehem. Wohnsitz des Dalai Lama im Potala) 161
Pönpo (Berg) 283
Potala (Berg) 44
Potala, (Winterpalast des Dalai Lama, Wahrzeichen Tibets) 47, 61, 94, 106, 137, 138, 143, 150, 151, 159, 161ff. 164, 166, 170, 171, 174, 175, 178
Pöyül ›Land Tibet‹ 16
Purang (chin. Bulan, Burang, ind. Taklakot) 292, 295, 298
Purang (oder Yatse, nep. Khasa; ehem. Königreich in Westtibet) 290, 291
Purushapur (heute Peshawar/ Pakistan) 86

Qilin-Gebirge 299
Qinghai (tib. Amdo) 16, 19, 23, 67, 68, 73, 166, 299, 302
Qinghai-Route 70, 192, 233, 258, 299ff.
Qomolangma Hotel (in New Tingri) 289
Qushang-Hotel 283
Qutansi-Tempel 302

Raga 292
Raka 292
Rakshas Tal (tib. Langka Thso) 297
Ramoche, ›Große Einfriedung‹ (Lhasa) 47, 119, 151, 152, 159ff., 173
Rasa Trülnang Tsuglagkhang, die ›Magisch entstandene Kathedrale von Rasa‹ 152
Rasa, ›Ort der Ziegen‹ 150, 151
Rumtek (Sikkim) 192
Rußland 64, 136, 145
Ruthog 292

Saga 292
Salween (tib. Ngülchu; chin. Nu Jiang) 18
Sangag Phodrang (›Palast geheimer Mantras‹) 181, 241
Satlej (Fluß) 18, 291
Seidenstraße 146
Sera Je-Fakultät 177
Sera Mä, ›Untere Fakultät‹ (Sera) 178, 179
Sera Ngagpa Dratsang 178
Seralung 297
Serdung Khang 185
Serkhang Chenmo (›Großes Gold[dach]Haus‹) 309
Serthang 237
Sertri Khang (›Goldthron-Gebäude‹) 186
Shartse, ›Östliche Spitze‹ (Fakultät) 184
Shekar (= New Tingri) 282, 289
Sheldrak Phuk, ›Kristallfels-Höhle‹ 250
Sherasu 282
Shigatse (chin. Xigaze) 46, 58, 134, 138, 142, 143, 145, 148, 257, 262, 258, 259, 260, 263, 273, 275ff., 281, 282, 283, 286, 300
Shiquanhe (chin.; tib. Senge Khabab) 292, 295, 297, 300
Shisha Pangma (Berg) 283
Shuge La (Paß) 259
Shumori (Berg) 283
Sichuan 16, 19, 46, 49, 68, 73
Sikkim 192
Simla (Indien) 65
Sommerpalast des Karmapa 255
Sommerpaläste der Panchen Lamas 281
Spiti (Indien) 291
Sri Lanka 82
Südliche Route 260
Swat-Tal (Pakistan) 50

Tagten Minjur Phodrang (Sommerpalast des 14. Dalai Lama) 169
Tagtse Zamchen, ›Große Brücke (der Region) Tagtse‹ (chin. Dagze) 191, 227, 229
Tagtser (Geburtsort des 14. Dalai Lama) 166
Taklakot 291
Tamdin-Kapelle 177
Tanggula Shankou-Paß 300
Tanggula-Berge 299
Tarim-Becken 15
Taxkorgan 292
Tengri-Nor (mong. tib. Nam Tsho, chin. Namucuo) 16, 17, 40, 144
Terdom (heiße Quellen) 232

Thösam Ling (›Insel des Hörens und Meditierens‹, auch Tshännyid Dratshang ›Philosophische Fakultät‹ gen.) 308
Thugje Chenpo-See 296
Tibetische Hochebene 144, 258
Tiefland von Turan (früher: Westturkestan) 15
Ting Tso, ›Tiefgründiger See‹ 282, 292
Tirthapuri 293, 295
Tö, ›Obere Region‹ 16
Toling 16
Tölung Chu (Fluß) 299
Tölung-Tal 299
Töpö, ›Oberes Tibet‹ 16
Totohe (oder Tuotu Heyan) 301
Transhimalaya (tib. Gangdise) 15, 16, 17, 143, 259
Trithog Khang (Residenz des Ganden Tripa) 186
Trugo 297
Tsaida-Brücke 233
Tsaidam-Becken (chin. Qaidam Pendi) 16, 145, 299
Tsamdo 229
Tsang (westtibetische Provinz) 16, 46, 58, 59, 140, 257, 275, 277
Tsangmang Ling 248
Tsangpo (Fluß) 14, 15, 18, 67, 144, 248, 257, 258, 259, 262, 275, 292
Tsangpo-Brücke 233
Tsangpo-Fähre 241
Tsangpo-Route 233, 257, 260
Tsangpo-Tal 237, 258, 260
Tsaparang (chin. Zhaburang) 16, 127, 142, 291, 295, 297, 298
Tsethang (chin. Zedang) 29, 44, 45, 58, 238, 241, 248, 250, 254, 255, 286
Tshäl 227
Tshäl Gungtang (Residenz der Tshälpa-Fürsten) 184, 188
Tshännyid Khang 259
Tshechu Bumpa-Stupa 250
Tshelung 282
Tshochen 292
Tshomchen 186
Tshongchen Dukhang 305
Tshurphu, Einsiedeleien und Meditationshöhlen 225
Tshurphu-Dukhang 225
Tshurphu-Fakultät 192
Tsomä 255
Tsongkha, ›Zwiebelregion‹ 58
Tsuglagkhang des Klosters Pälkhor Chöde 265
Tsuglagkhang, ›Kathedrale‹ 152, 153, 155, 158, 159, 172, 173, 174, 264
Tsuo La (Paß) 282

Tuotuo (Quellfluß des Yangtse) 300
Turkestan 46, 48, 49

Ü und Tsang (= Zentraltibet) 16, 273
Uddiyana 50, 155, 246
Utsekhang 230

Vier heilige Berge Zentraltibets 255
Volksrepublik China 13, 72
Vorderindien 13

›Wandernder See‹ Lop nor 145
Weissagender See Lamo Lhatsho 94
Weiße Pagode 307
Wenquan 300
West-Sichuan 53
Westliches Tsang 150ff.
Westtibet 19, 77, 96, 143, 144, 145, 282, 286, 290, 291, 292, 300
Westtibet-Route, nördliche 292
Westtibet-Route, südliche 292
Westtibetische Goldfelder 144
Westtibetische Hochebene 290
Westturkestan 19

Xi'an 70, 168, 301
Xiahe 307, 308
Xining 70, 299, 301, 302
Xinjiang-Route 292

Yamalung-Meditationshöhle 248
Yamdok Yutsho, ›Türkisfarbener See von Yamdok‹ 260, 262
Yangpacen (chin. Yangbajing; Ort) 192, 233, 258, 259, 300
Yangpacen (Skt. Sarvasti) s. Kloster Ganden 185
Yangtse (chin. Chang Jiang, tib. Drichu) 18, 300
Yarleb 283
Yarlha Shampo (Berg) 255
Yarlung-Tal 16, 19, 44, 45, 46, 118, 148, 150, 250, 254, 255
Yarlungchu (Fluß) 18, 250
Yecheng 292
Yolmo (Nepal) 291
Yunnan 16, 19, 49, 68, 73

Zanda 298
Zanskar 291
Zedang-Hotel 250
Zentraltibet 16, 77, 150ff., 230, 259, 263, 277, 292, 299
Zhang Zhung (ehem. Königreich in Westtibet) 19, 46, 52, 75, 291
Zhangmu (tib. Trangmu, nep. Khasa; chinesische Grenzstation) 16, 282, 283
Zhäyä Tsekhang 267
Zhäyäkhang Jang, ›Nördliches Heiligtum‹
Zhäyäkhang Lho, ›Südliches Heiligtum‹ 274
Zhide Labrang (Residenz des Rateng Rinpoche) 231
Zhimi La, ›Katzenpaß‹ 260
Zhiwa Dratsang 225
Zhiwa Tshäl (Leichenacker der Vajrayogini) 295
Zhöl 151
Zur-ri-Fakultät 225
Zurkardo 241

Sachregister

(vgl. auch das Glossar auf S. 318ff.)

Abhidharma-Pitaka 82
Abschottungspolitik 64
Absolute Wahrheit 114
Acht Erscheinungsformen Padmasambhavas 158
›Acht Glückssymbole‹ 120, 120, 137, 163
›Acht Stupas des Sugata‹, ›Acht Stupas des Wohlgegangenen‹ (= Buddha) 126, 163, 271, 304
Achtblättriger Lotus 150
›Achtfacher Pfad‹ (buddh.) 80
Ackerbau/Landwirtschaft 37, 148
Adels- und Klostergüter 33
Affe und Dämonin 44, 170
Ahnenkult 251
Akten, Urkunden 68
Almosenschale (Symbol der Besitzlosigkeit) 79, 98, 114
Alphabet s. Schrift, Tibetische
Amulett (tib. Togja) 75, 127
Amulettbehälter s. Ga'u
Anatman (Skt.), ›ohne Selbst‹ 81
Anavatapta (myth. Ozean) 297
›Anhaften‹ (buddh.) 100
Animistische Vorstellungen 74, 90, 136
Annektionsverbot 73
Anpflanzung neuer Getreidesorten 69
Anuttarayogatantra 272
Applikationstechnik 130ff.
Arbeitslager 68
Archäologische Forschungen/Ausgrabungen 126, 157, 251
Architektur lamaistischer Sakralbauten 119, 122ff.
Architektur, profane 118ff.
Asana s. Körperhaltung und Sitzweisen 311ff.
Astrologische Berechnungen/Astrologie 27, 47, 95, 119
Äther (Bereich des feinstofflichen Elementes) 272
Atman (Skt.), ›Selbst‹ 81, 86, 87
Atomraketen 72
Aufgabenbereich (weiblicher und männlicher) 40
Aufruhr 67

Bahnnetz 70
Bardo, ›Zwischenbereich‹ zwischen Tod und Annahme einer neuen Existenz 28, 100, 295
Beamtenhierarchie 31
Befreiung (von weltlichen Leiden, buddh.) 79, 82, 100, 102
Befreiungsideologie, kommunistische 66
Bereich der Formlosigkeit (buddh.) 96
Besetzung 66, 67, 72
Besiedlung 67
Besitzlosigkeit (buddh.) 79
Bespitzelung 72
Bestattung (Erd-, Feuer-, Luft-/Himmels- oder Wasserbestattung) 29, 111, 142, 143, 192, 232, 282, 253, 261
Bevölkerungsstatistik 22ff.
Bildliche Darstellung des Buddha 112, 125
Bildung 71
Bipolare Gottheiten in sexueller Vereinigung s. Yab-Yum-Darstellungen
›Blaues Steinhaus‹ 181
Blockdruck 71, 103, 131, 276, 280
Blockdruckausgaben 95
Bodenschätze/Mineralische Vorkommen 20, 71

Bodhi-Baum 78, 79
›Bodhicaryavatara‹
(Werk des Shantideva) 272
Bodhipathapradipa (›Lampe auf dem Weg zur Erleuchtung‹, Werk des Atisha) 55, 234
Bodhisattva-Gelübde 84
Bodhisattva-Ideal 84
Bodhisattva-Krone/-Diadem 113, 115
Bodhisattva-Natur 95
Bön-Religion/Böntum 49, 51, 53, 74, 75ff., 90, 242, 253, 259, 291
Bönpo-Kanjur s. Kanjur (Bön)
Brennmaterial 25, 26
Britische Militärexpedition nach Tibet 264
Britischer Imperialismus 273
Brückenbau/Eisenbrückenbau 246
Brückenbauer s. Thangtong Gyelpo 272
Buch, Symbol der Weisheit 98
Bücher 130ff.
Buddha-Aktivität 83
Buddha-Natur (Skt. Tathagatagarbha) 86, 118
Buddha-Qualitäten 83, 109
Buddhaschaft 83, 88, 101, 109
Buddhismus 47, 48, 49, 50, 52, 54, 74, 75, 76, 78ff., 85, 87, 96, 125, 127, 143, 170
Buddhistenverfolgung 53, 151, 273
Buddhistische Logik/Disputation 59, 104, 145, 155, 166, 175
Buddhistische Missionierung der Mongolei 59
Buddhistischer Kanon s. Kanjur und Tanjur
Bumpa 163, 267, 272, 279
Butter-Festival 138ff.
Butterlampen 102, 106, 123, 155
Butterskulpturen 138, 307
Buttertee 24, 123, 124, 138

Cham-Tänze 141ff., 168, 289
Chang (Gerstenbier) 24, 26, 106, 138, 159
Chinesisch-indische Auseinandersetzungen 250
Chinesisch-nepalesische Grenze 283
Chinesische Republik 65
Chörten s. Stupa
Chroniken/Historiographie 52, 150, 151, 152, 251

Dag (Rind) 41
Dalai Lama (mongolischsprachiger Titel: ›Lama [dessen Mitleid so groß ist wie] der Ozean‹ 59, 61
s. auch Dalai Lama/Personenregister
Daseinsbereiche (Götter, Halbgötter, Menschen, Tiere, Pretas, Höllenwesen) 80, 96, 98
Demonstranten 69
Desi, ›Regent‹ 31, 62, 93, 94, 143, 276
Dharma 98, 101, 106, 108, 110, 112
Dharmacakra, ›Rad der Lehre‹ 111, 247
Dharmakaya, ›Körper des Gesetzes‹ 83ff., 89, 108ff.
Dharmakaya-Form 112, 113
Dialekte 30
Diamantzepter (Skt. Vajra) 111
Diplomatische Kontakte 64
Distriktsverwaltung 31
Divination/divinatorische Mittel 94, 120, 155
Doppeltrommel 114
Doppelvajra (Skt. Vishvavajra) 111
Drache (tib. Trandruk; Myth.) 255
›Drei Grundgifte‹ (buddh.) s. Gier, Haß, Verblendung
Dreizack 114
Dri (Yakkuh) 21, 37, 41
Drigungpa (rel. Schulrichtung) 57, 286
Drugpa-Kagyüpa-Schule 237
Dualität 83, 85ff., 87, 113
Dukhang, Versammlungs- und Hauptgebetshalle 122, 123ff., 153, 155, 160, 173, 183, 184, 185, 225, 230, 232, 236, 240, 259, 266, 274, 280
›Durst‹ (buddh.) 81, 97, 100, 101
Dzambu-Baum (Myth.) 297
Dzo (Mischung zw. Rind und Yak) 37, 41
Dzogchen, Weg der ›Großen Vollendung 77
Dzomo (weibl. Dzo) 37, 41
Dzong (Befestigungsanlage) s. Ortsregister

East India Company 143
Ehe/Hochzeit 27ff.
›Einbezogenheit‹ Tibets in das Yuan-Reich 57
Eingießverfahren (Papierherstellung) 131ff.
Einlegearbeiten 134
›Einprägungen‹ s. Karma
Einreiseverbot für Briten 144
Einweihung s. auch ›Ermächtigung‹ 88, 91, 118, 127
›Elfgesichtiger Großer Mitleidvoller‹ (Statue des Avalokiteshvara) 156
Emanation des Avalokiteshvara 246
Emanationen der Fünf Tathagatas 109
Englisch-russischer Interessenkonflikt 145
Englische Schule 66
Erforschung, wissenschaftliche 142ff.
Erleuchtung 79, 84, 86, 87, 126, 273
Erleuchtungsprinzip 83, 101, 125
›Ermächtigung‹ (Skt. Abhisheka) s. Einweihung
Ernte 25, 140
Erscheinungsform (der Gottheiten) 109
Erscheinungswelt/Erscheinungen 60, 84, 86
Erschließung, ökonomische und verkehrstechnische 70ff.
Ethnie und Brauchtum 22ff.
Exekutivorgane (staatliche) 31, 32
Exil des Dalai Lama s. Flucht des Dalai Lama
Exilregierung, tibetische 67, 72, 73, 166
Expeditionen, geheime britische 144

Fakultäten 184
Fauna 20ff.
›Feld der Ansammlung von Verdienst und Weisheit‹ (buddh.) 91ff., 170, 185
›Feld der Ansammlung‹, tantrische Form 225
Feldsegnung 140ff.
Feste 137ff.
Festlegung der Grenzen 65
Feudalsystem 66
Flora 20ff.
Flucht des Dalai Lama 65, 148
Folter 72
Fossilien 13
Fremdenpolitik, restriktive 66
Friedensnobelpreis 11, 73, 166
Friedensvertrag mit China (822/823) 53
Friedvolle Erscheinung/friedvoller Aspekt (s. auch friedvolle Gottheiten) 108, 109
Frondienste 33
›Frühe Verbreitung‹ des Buddhismus/ ›Frühe Bekehrung‹ 46ff., 54, 56
Frühgeschichte 43ff.
›Fünf Gruppen des Ergreifens‹ s. Skandhas
Fünf-Buddha-Familien 285
Fünf-Punkte-Plan 69
Fürstengeschlecht von Gyantse 272
Fuß- oder Handabdruck (als symbolische Darstellung Buddhas) 112

Ga'u (Reliquien-/Amulettbehälter) 124, 134, 135, 136, 156, 251
Gabenherren 271, 277
Ganden Tripa, ›Thronhalter von Ganden‹ 186
Gandhola 161, 257
Gantha, ›Glocke‹ (Symbol der Prajnya) 87, 94, 114, 272
Gazellenhain von Benares 117
Gebetsfahnen 29, 101, 153
Gebetsmühlen 101, 287
Gebetsschnur 114, 173
Gebietshoheit/Gebietstitel 73
Geburt 27
Geburtenkreislauf 79, 82
Gedenkstelen s. Stele
Gefängnis 32, 68
Gegengeschlechtliche Entsprechung s. Yab-Yum
Geheimdienst 145
Geheimlehre 85
›Geisterfallen‹ 75
Gelbmützen s. Gelugpa-Schule
Gelübde 104
Gelugpa-Schule (›Tugend-Schule‹, Gelbmützen-Schule) 19, 58ff., 77, 89, 93, 123, 150, 151, 160, 173, 179, 180, 184, 192, 234, 265, 275
Geomantie, ›Erdwahrsagung‹ 47, 119, 150, 255
Geshe Lharampa (Titel, höchster Grad buddhistischer Logik) 154, 166
Geshe, ›Heilsfreund‹ (philosophischer Doktor-Grad) 104, 155
Geysire 15
Gier (buddh.) 109
Glaubensvorstellungen, buddhistische 80ff.
Glockenmetall (tib. Dzekyim oder Lima) 128
Glücksformeln 101
Glückssymbole (s. auch ›Acht Glückssymbole‹) 117, 134, 150
›Goldene Kette der Kagyüpa‹ 225
Gönkhang, ›Raum der Schutzgottheiten‹ 122, 123ff., 158, 159, 177, 179, 181, 184, 185, 237, 245, 266
Gouverneure von Tsang 275
Grabbeigaben 127, 136, 253
Grabmal 252
Grammatik 95
›Great Game‹ 145
Grenzverträge 18
Größte Bibliothek Tibets 289
Guerilla 67
Guomindang 66
Gupta-Schrift 30
Gurkha-Truppen, nepalesische 64, 277
Guru (Skt.), ›Lehrer‹ 85, 108, 111, 112
Gyüme, ›Untere Tantrische Fakultät‹ 173
Gyüto, ›Obere Tantrische Fakultät‹ 160, 173, 308, 310

Handel 38, 143, 120
Handelsabkommen 143
Handelsverbindungen 64, 142, 143, 145
Haß (buddh.) s. drei Grundgifte 109
Haus und Familie 25ff.
Häuser s. Architektur, profane
Haustiere 21, 37
Heilsweg/Erleuchtungsweg 81, 82, 91, 98, 107, 109, 114, 115, 127
Heilsweg, tantrischer 107, 110
Heilsziel 82, 87
Heiße Quellen 258
Herrscherurkunde 120
Hevajra-Zyklus 289
Himmelsseil 45
Hinayana, ›Kleines Fahrzeug‹ 82ff., 87, 112
Hinduismus 85, 87
Hingabe (buddh.) 88
›Höchste Wirklichkeit‹/›Höchstes Sein‹ 60, 85, 86, 88, 108
Hochsteppenklima 13
Höllen, heiße und kalte (Myth.) 96, 97
›Hunderttausend Gesänge‹ (des Milarepa) 244, 290

Identifizierung der Dalai Lamas 180
Identifizierung der Tulkus 93ff.
Ikonographie/Ikonographische Darstellung 79, 87, 109, 114ff., 132ff., 311
Ikonographische Attribute 114, 132, 314ff.
Ikonographische Darstellung des Pantheons 112ff.
Inkarnationslinie der Dalai Lamas 59ff.
Inschriftensäule s. Stele
Internationale Menschenrechtsvertretungen 72
Inthronisierungssaal des 5. Dalai Lama 181
Invasion/Einmarsch chinesischer Truppen 11, 66, 67, 72, 73, 151
Islam 50

Jambudvipa (Kontinent; Myth.) 96
Je Tashi Dokhama (Statue des Tsongkhapa) 165
Je Tshedzinma, (›Lebensverlängerung gewährende‹ Statue Tsongkhapas) 185
Jenseitsvorstellungen 76
Jesuitische Tibet-Mission 143
Jinismus 85
Joghurt-Fest (tib. Zhotön) 140ff.
Judikative 32, 58
Juwel (Skt. Ratna) der Lehre, symbolisiert die Vollkommenheit der Buddhaschaft 111, 114

Kadam Legbam, ›Buch der Kadampa‹ 192
Kadampa-Linie 272
Kadampa-Schule 54, 55, 58, 179, 230, 234, 236, 298
Kader-Verwaltung, kommunistische 68
Kagyüpa-Schule (›Schule der mündlichen Überlieferung‹) 55, 56, 127, 259, 276, 285
Kailash Parikrama 295ff.
›Kaiserlicher Lehrer‹ (Titel, chin. Di-shi) 57
Kalacakra-Lehren, Lehren vom ›Rad der Zeit‹ (s. auch Kalacakra als Gottheit im Personenindex) 89, 307
Kalacakra-Stupa von Kumbum 304
Kalender, tibetischer 137
Kama Gardri-Stil 127
Kanjur (Bön), ›Übersetzung der Worte (des Shenrab Miwo) 76, 77
Kanjur (buddh.), ›Übersetzung des (Buddha)-Wortes‹ 56, 95, 131, 181, 274, 279
Kanjur und Tanjur (buddh. Kanon) 56, 76, 186, 274
Kanonisches Schrifttum der Bönpos s. Kanjur (Bön)/Tenjur (Bön) 76
Karma 53, 78, 80, 86, 93, 100
Karma-Kagyüpa-Schule (rel. Schulrichtung) 56, 59, 62, 192, 276
Karmapa s. Karma-Kagyüpa-Schule
Kastensystem 80
Katang De'nga 251
Keimsilbe 110
Kerbstöcke 30
Khabse (Gebäck) 24
Khal (Hohlmaß für Getreide) 34
Khanate (mongolische Teilstaaten) 56
Khangtsen 124f., 286
Khataks (Glücksschleifen) 26, 27, 137, 153, 159, 168, 177, 245
Khatvangga-Stab 114
Kiang (Wildesel) 40
Klassenstrukturen/-system 35, 68

Kleidung 24ff.
Klerus 31, 32, 58, 67
Kloster/Klöster, tib. Gompa o. Gönpa, ›abgelegener Ort‹ (allgem.) 25, 33, 34, 66, 106, 107, 118ff., 127, 128, 130, 131, 184
Klöster, architektonischer Aufbau 121ff.
Klöster, Gründung und Verwaltung 119
Klosterbezirk/Klosterstädte 121, 175
Klosterleben 102ff.
Klosterräumlichkeiten 123ff.
Klosteruniversitäten der Gelugpa 123, 150, 175ff.
Knochentrompete 111, 114
Komitee der Kommunistischen Partei 69
Kompensationsrecht 32
Konferenz von Simla 19, 65ff.
Königsgräber 250ff.
Kontinentalverschiebung 13
Konzil von Samye 52
›Kopflose Schrift‹ (tib. Ume) 30
Kopfschmuck 24
›Kopfschrift‹ (tib. Ucen) 30
Korallen 136ff.
›Kornkammer Tibets‹ 261
Körperhaltung und Sitzweisen (Asana) 311ff.
Kosmogonie 76, 95ff.
Kosmologie 95ff., 243, 293
Krankenhaus (tib. Mentsikhang) 71, 174
Kulturdenkmäler 118
Kulturrevolution 68, 77, 118, 122, 124, 140, 153, 156, 160, 161, 171, 173, 174, 181, 185, 189, 230, 231, 234, 236, 243, 245, 254, 273, 277, 286, 289, 290, 295, 298, 299
›Kumbum Dschampa Ling‹ (Werk Filchners) 145
Kunst, Techniken 127ff.
Kunst und Kunsthandwerk 126ff.
Kunsthandwerk, Metall 134ff.

Labrang, Residenz des Abtes 124
Lamaismus/Tibetischer Buddhismus (s. auch Buddhismus) 78, 90ff., 95, 126
Lamaistische Autokratie 61ff., 150
Lamaistische Theokratie 30, 90
Lamdrä (Lehr-Überlieferungslinie der Sakyapa-Schule) 241, 266, 271
Lamrim, Lehre vom ›Stufenweg der Erleuchtung 163, 178
Landbesitz 33ff.
Landschenkungen 106
›Lange-Lebensquelle‹ (heilkräftige Quelle) 233
Leben des Buddha 78ff.
Lebenswasser-Vase von Zhalu 275
›Leere / Leerheit‹ (Skt. Shunyata) 60, 83, 84, 87, 88, 96, 101, 102, 107, 109, 110, 117
Legitimation des Herrschaftsanspruchs 59
Lehnsherr/Lehnsverfassung 33, 36, 42, 48
Lehre (buddhistische) 50, 54, 59, 80, 83, 87, 91, 102, 123
Lehre von den ›Neun Wegen‹ 76
Lehren, gnostische und zoroastrische 50
Leichenacker 117, 192
Leichenhäute 189
Lepra-Klinik 233
Lhakhang s. Ortsindex
Lhamo-Opern 138ff., 246
Lhasa-Tibetisch 30
Lichtopfer 106, 155
Lingkha, ›Garten-Fest‹ 138ff.
›Linie der Großen Vollendung‹ 241
Linientitel 61, 93
Liturgie 104
Losar Zang, ›Glückliches Neues Jahr‹ (Neujahrsgruß) 137
Lotos (Padma; Symbol der Reinheit) 111, 114

Madhyamika (Skt. Lehre der ›Anhänger des Mittleren Weges‹) 59, 60ff., 84, 85, 91
Magische Embleme 26
Magische Rituale/Praktiken 74, 75, 90
Mägyü (tantrische Fakultät) 310
Mahaparinirvanasutra, Sutra vom Eingehen des Buddha ins Nirvana 125
Mahavyutpatti (Skt.-tib. Wörterbuch, 9. Jh.) 52
Mahayana, ›Großes Fahrzeug‹ 55, 82ff., 87, 88, 90, 93, 109, 112, 266
Mahayoga-Meditation 248
Mahnmal: ›Denkmal für die Helden des Straßenbaus‹ 233
Makara-Köpfe 123, 169
Makro-mikrokosmische Analogie 85
Malerei/Malereien 127, 130ff., 164, 170, 171, 178, 181, 266, 267
Mandala, (tib. Kyilkhor, ›Kreis‹, ›Bereich‹, ›Scheibe‹) 62, 87, 112, 115ff., 122, 164, 165, 168
- Kumbum als Mandala 267
- Mandala als Abbild des gesamten Kosmos 117
- Mandala als Daseinssphären der Gottheiten 115ff., 175
- Mandala der 62 Gottheiten Samvara 266
- Mandala des Samvara 298
- Mandala von Kumbum 305
- Mandalas der Yogatantra-Klasse 274
- Neunfacher Amitayus-Mandala 164
- Plastisches Mandala der 37 Gottheiten Vairocanas 247
- Sand-Mandalas 118
Mänpa Dratshang (medizinische Fakultät) 308
Mänrampa-Examen (Medizin) 305
Mantra des Avalokiteshvara s. ›Om mani padme hum‹
Mantras 26, 87, 101, 118, 130, 134, 136
Mantrayana, ›Fahrzeug der Mantras‹ 89
Meditation 79, 88, 109, 145
Meditations- oder Visualisationshilfe 132
Medium des Klosters Nechung 181, 304
Medizin, tibetische 95, 174
Medizinische Versorgung 71
Medizinkügelchen 136
Medizinschule, tibetische 174
Mendri-Stil 127
Menschenopfer 253
Menschenrechte 69
Meru (mythischer Weltenberg) 18, 44, 96, 117, 126, 243, 293
Messungen, erdmagnetische, meteorologische, topographische 146
Militär 69ff., 72
Militärische Expeditionen 65
Militärische Mission 145
Ming-Kaiser 175
Mission, christliche 142
Missionierung der Mongolen 142
Mitgefühl (Skt. Bodhicitta) 88, 98, 118
Mitspracherecht (der chin. Ambane) 63, 64
›Mittlerer Pfad‹ (s. auch Madhyamika) 81
Modernisierung 66
Momos (Teigtäschchen) 24, 137
Mönchische Hierarchie 102, 145
Mönchsgelübde 62, 90
Mönchsquartiere (tib. Khangtsen) 124, 175
Mönchssteuer 35, 103
Mönchstum/Klosterwesen in der Autonomen Region Tibet 106ff.
Mönchsweg 83, 102, 115

Mond (Symbol der Prajnya) 114
Mönlam Chenmo, ›Großes Gebet‹ 138ff., 153, 154, 158, 173, 180, 307
Monsun 16, 20, 258, 292
Moralisch-sittliche Lebensführung 55, 76
Mudra (symbolische Geste) 313, 314
- Argumentationsgeste 281
- Dhyana-Mudra 281
- Disputationsmudra 183
- ›Geste der Erdberührung‹ (Skt. Bhumisparsha-Mudra) 79
Mumifizierung 29
Muslime 174
Mystische Vereinigung 85, 87

Nahrung 24ff.
Namensgebung, tibetische 27
Nangkhor, ›Innerer Umrundungsweg‹ 171
Nationale Minderheiten 248
Nationale Unabhängigkeit 72
Nationalversammlung 31
Nebenkontinente (Myth.) 96
Nechung, Gründungsmythologie 188
Negative Dialektik 85
Nestorianische Christen 142
Neubekehrung s. ›Späte Bekehrung‹
Neujahrsfest (tib. Losar) 24, 69, 137, 161, 307
Ngorpa-Sakya-Schule 239
›Nicht-Zweiheit‹ (Skt. Advaya) 85
Niedergang der (buddhistischen) Lehre 160
Nirmanakaya, ›Erscheinungskörper‹ 83ff., 93, 111ff.
Nirmanakaya-Manifestation 111
Nirvana, ›Verlöschen‹, ›Verwehen‹ 60, 80, 81, 82, 83, 84, 85, 87, 93, 113
Nor (Rind) 41
Novizen-Name 104
Numina/Numinose Mächte 74, 75, 101, 120
Nyingmapa-Jubum, ›Sammlung der Alten Tantras‹
Nyingmapa-Schule, ›Schule der Alten‹ 56, 63, 89, 163, 177, 272

Oberhaupt der Gelugpa-Schule 183, 186
Oberhaupt der Karma-Kagyüpa-Schule 192
Oberhoheit, chinesische 64, 65
Oberhoheit, weltliche und religiöse 62, 90
›Objekt der Verehrung‹/Verehrungsobjekt 53, 124ff., 130, 134, 267
Öffnung Chinas 74
›Om mani padme hum‹ (Mantra des Avalokiteshvara) 101, 230
Onkel-Neffe-Sukzession 284
Opern s. Lhamo-Opern
Opfer (Duft-, Rauch-, Trank- und Speiseopfer) 75, 106, 137, 138, 172
›Opfer der Fünf Sinne‹ 163
Opfergaben 280
Orakelgottheit von Nechung 188
Orakelknochen-Inschriften 43
Orakelmedium/Medium 187, 188, 189, 229, 236
Orakelwesen 187

Pacht 34, 43
Panda, ›Bambus-Bär‹ 21, 147
Pantheon, buddhistisches 83, 90, 91, 107, 110, 112, 115, 188, 245
Paradies des Avalokiteshvara 161
Parkhang, ›Druckerei‹ 280
Patruk (Kopfschmuck der Frauen) 134
Perlenthangka des ›Lässig verweilenden Avalokiteshvara‹ 255
Pferderennen 137
Pfründe (klösterliche) 34
Phamo Drupa-Dynastie 19, 57ff., 230, 249, 250, 286
Photographiergebühren 106
Picknicks 26, 138, 172
Pilger-Fest 138ff.
Plastiken 128ff.
Pockenepidemie 153
Pockenstelen 153
Poetische Liebeslyrik des 6. Dalai Lama 62
Polarität, männlich-weibliche (s. auch Tantrismus) 85, 87
Politische Säuberung 68
Politisches Zentrum der Gelugpas 180
Polizei 69ff.
Polizeivideos, chinesische 69
Prähistorische Zeit 136
Prajnya (Skt.), ›Weisheit‹ (s. auch Personen-Index) 87, 117, 101, 107, 126, 241, 294
Prajnyaparamita, ›Vollkommenheit der Weisheit‹, (Schrift des Mahayana-Buddhismus) 60, 84, 266
Pro-chinesische Position 66
Projektion (buddh.) 84, 86, 91, 100
Prostrationsumrundung 295
Puppentheater 138

Rad der Existenzen (Skt. Bhavacakra) 96, 97, 123, 239
Rad der Lehre (Dharmacakra) 114, 117, 150, 169, 171
Rechtssprechung 32, 35, 48, 58
Regierung 69ff.
›Reichslehrer‹ (Titel, chin. Guo-shi) 57
›Reine Sichtweise‹ (buddh.) 120
›Reines Bewußtsein‹, (Skt. Cittamatra) 85, 86
Reinkarnation 93ff., 166
Reiseberichte 22, 145, 147, 148
Rekonstruktion buddhistischer Stätten 151
Relative Wahrheit 114
Religionen 74ff.
Religionselemente, manichäische und persische 76
Religionsfreiheit 67, 72, 148
Religiöse Praxis, volkstümliche 101ff.
Reliquien 80, 123, 125, 126
Reliquien-Stupas s. Ortsindex
Renaissance des Buddhismus in Tibet 291
Residenz des Panchen Lama s. Tashilhünpo 277
Ressourcen Tibets 20, 143
Riten, exorzistische 76, 90
Ritualinstrumente 114, 115, 177
Ritualpraxis, tantrische 55, 160, 175
Rituelle Niederwerfung 153
Rituelle Umrundung heiliger Stätten (Skt. Parikrama) 77, 101, 123, 124, 126, 171, 294
Rituelle Verrichtungen/Praktiken 74, 104, 143
Rosenkranz 94
Rote Garden 68, 161, 184, 185, 230
›Rote Opfer‹ (Bön) 77
Rote Sekten (›frühere‹ buddh. Schulen in Tibet) 51, 141

Sadhanas (rituelle Anweisungen zur Evozierung der Gottheiten) 108, 132
Saga Dawa, ›Frühlingsmonat‹ (Geburtstag des Buddha) 138ff., 172
Sakya-Vorherrschaft 56ff.
Sakyapa-Schule 19, 56, 57, 127, 192, 237, 265, 272, 284
Salzhandel 283
Sambhogakaya, ›Körper des Mitgenießens‹ 83ff., 108, 109ff., 118, 244
Sambhogakaya-Form/Aspekt 83, 110, 113, 156, 157, 165, 177, 183, 309
Samsara (Kreislauf der Wiedergeburten) 60, 80, 81, 84, 85, 87, 89, 93, 97, 109, 113
Samye-Debatte 141, 266

Sang 66, 163
Sanktuarium 122, 123 ff., 160
Sanskrit-Originale 56, 95
Schädelschale 111, 114, 115, 165
Schema zu den Fünf Tathagatas 111 ff.
Schenkeltrompete 289
Schlachter 38, 53
Schlange als Symbol des Wissens 109
Schmuck 24, 134 ff.
Schneeleopard 21
Schneelöwe 158
Schrift, tibetische 29 ff., 48, 158, 170
Schrift- und Buchkunst 130 ff.
Schriftlose Tradition 75
Schriftsprache 30
Schrifttum, religiöses 68, 95 ff., 124, 131
Schrifttum, tibetisches 53, 95
Schulrichtungen 54 ff.
Schwarze Magie 244
›Sechs große heilige Stätten‹ der Gelugpa-Schule 308
›Sechs Ornamente‹ 183, 239, 248, 288
Sechs Paramitas, ›Sechs Vollkommenheiten‹ 52, 84
Sechs Yogas des Naropa 55
Sechzehn Gesetze 48
Seidenstraße 307
Selbstbestimmungsrecht 72
Serdong Chenmo (›Großer Goldbaum‹) 305
Seßhaftwerdung 118, 150
Shaktismus 87
Shakya Bumpa-Stupas 260
Shala-Baum (Baum, unter dem Buddha die Erleuchtung fand) s. Bodhi-Baum
Shambala (mythisches Paradies des Nordens) 64
Shang-Dynastie (chin.) 43
›Sieben Jahre in Tibet‹ (Bericht Heinrich Harrers) 148
›Sieben Juwelen der Königsherrschaft‹ 163
Sieben Ring-Gebirge und Ring-Ozeane (Myth.) 96
›Siebzehn-Punkte-Abkommen‹ 67, 73
Simchung (Privatgemach des Klosteroberhauptes) 122
Sino-japanischer Krieg 64
Sino-tibetische Sprachfamilie 29
Sitte und Brauchtum 26 ff.
Sittliche Ordensregeln 58
Sitz des Panchen Lama 275
Skandhas (Fünf Daseinsgruppen) 81, 110, 111
Sonne, Symbol der Upaya 114
Souveränitätsanspruch 57, 65, 72
Sozialstrukturen 22, 35 ff.
›Späte Bekehrung‹ (zweite Verbreitung des Buddhismus in Tibet) 54 ff., 90, 94, 119, 121, 170, 190, 232, 234
Speicherbewußtsein (Skt. Alayavijnyana) 86
Spiegel (als Symbol) 98, 100, 114
›Sprache der Götter‹ 189
Sprache, tibetische 29 ff.
Staat im ›Alten Tibet‹ 30 ff.
Staatsgüter 35, 36
Staatsklöster, Drei große s. ›Drei große Klöster‹ der Gelugpa Staatsorakel (s. auch Orakelwesen) 187 ff.
Staatsrat (tib. Kashag) 31
Staatsreligion 52
Städtebau 71 ff.
Statuen (als Symbole des Körpers des Buddha) 124
Statuen, Herstellung 128 ff.
Statuen (allg.) 26, 68, 123, 130
– ›Sprechende Statue des Tazi Künzang‹ 259
– Statue des Amitayus 165
– Statue des Buddha Dipamkara (Buddha der Vergangenheit) 157
– Statue des Buddha Shakyamuni 237
– Statue des Dreizehnten Dalai Lama 178
– Statue des Padmasambhava 241
– Statue/Rangjung Ngaden, die ›von selbst Entstandene, fünf Seelen Besitzende‹ (Statue des Avalokiteshvara) 156
Status des Dalai Lama 67
Status Tibets (politischer/völkerrechtlicher) 65, 67, 69, 72 ff.
Steine 136 ff.
Stele 153, 192, 251, 254
Stele mit dem Edikt von Tisong Detsen 243
Stele von 821/822 153
Stele vor dem Potala 138
Steuern/Abgaben 32, 34, 43, 53, 67, 120
Straßenbauprogramm 70
Stupa, (tib. Chörten, ›Opferbehältnis‹) 18, 25, 29, 80, 102, 123, 125, 126 ff., 151, 155, 163, 165
– Bodhistupa 183, 241
– Drepung Stupa 168
– Düdül-Chörten 241
– Ganden Lashö-Stupa 229
– Gönthang Bumpa-Stupa 251
– Kumbum-Stupa 260, 264
– Namgyal-Stupa 168, 234
– Nirvana-Stupa 185
– Reliquien-Stupa 29, 34, 46, 161, 163, 225, 232, 287, 288, 310
– Reliquien-Stupa des Atisha 233, 235
– Reliquien-Stupa des Butön 275
– Reliquien-Stupa des Dawa Gyeltshen 259
– Reliquien-Stupa des Tsongkhapa, goldener 185
– Reliquien-Stupas der Äbte Sönam Lodrö und Thadräl Sögyel 259
– Reliquien-Stupa des Vierten Panchen Lama 277
– Reliquienstupa Sherab Gyeltshens 259
– Silberstupa von Kumbum 307
– Stupa als Sinnbild des Geistes des Buddha 124 ff.
– Stupas des 5.–9. Panchen Lama 279
– Stupa des Sakya Pandita (angeblicher Grabstupa) 307
›Stützen des Glaubens‹ s. ›Objekte der Verehrung
Sukhavati, ›Großes Glück‹ (Paradies) 269, 271, 280
Supremat der Sakyapa 286
Sutra-Pitka, ›Korb der Lehrreden (des Buddha)‹ 82
Suzeränität 58, 65, 143
Suzeränität, chinesisch-mandschurische 63 ff.
Swastika (Vajra-Kreuz, Symbol der Festigkeit) 29, 114, 137
Swastika, linksläufige 77
Symbole des Körpers, des Wortes und des Geistes Buddhas s. ›Objekte der Verehrung‹
Symbole, sexuelle 87
Symboltier 110
›Systematisiertes‹ Bön s. Bön-Religion

Taglung-Kagyüpa-Schule 230
Tanjur, ›Übersetzung der Lehr(auslegungen)‹, (s. auch Kanjur und Tanjur) 56, 95, 131, 274
Tantra-Klassen 109, 274
Tantras (esoterische Schriften/Lehrsysteme) 85, 88, 95, 118, 132
Tantrische Fakultät (tib. Ngagpa Dratsang) 178, 184, 277
Tantrismus 50, 85 ff.
›Tanzplatz der Dakinis‹ 255
Tashi Dele, ›Glück und Wohlergehen‹ (Gruß) 137
Tazi (Paradies) 259
Technische Hochschulen 71

Tempel (s. auch Lhakhang) 53, 55, 119
Tenjur (Bön) ›Übersetzung der (Bönpo-)Kommentatoren‹ 76
Termas (apokryphe Schriften) 56, 100, 232
Tethys (das erdumspannende ›Mittelmeer‹) 13, 14
Thangka der Medizin-Buddhas 178
Thangkas (Rollbilder) 68, 91, 118, 130ff., 159, 161, 169, 170, 173, 174, 177
Theravada, ›Lehrmeinung der Ordensältesten‹ 82
Thermalquellen 232
Thron des Dalai Lama 183, 184
Thronfolgesystem im Kloster Sakya 284
›Thronhalter von Ganden‹ 186
›Tibet-Frage‹ 73, 74
Tibetisch-mongolische Beziehungen (16. Jh.) 59ff.
Tibetisches Großreich 46ff., 127
Tibetisches Totenbuch 28, 56, 100ff.
Tier- und Menschenopfer (Bön) 75
Tigerfellschürze (Symbol großer Macht) 109
Tod 27ff.
Tongdian (chin. Werk) 252
Tormas (s. auch Butterskulpturen) 106, 173, 181
Totenschädelkrone 115
Tourismus 69
Trance 93, 189
Transzendierung der Welt 85, 88
Tributzahlungen 49
Tripitaka, ›Dreikorb‹ 82
Tsampa 24, 27, 102, 106, 123, 124
Tsha-tsha 29, 130, 136
Tshälpa-Zweig der Kagyüpa-Schule 227
Tshänjä-Tanz, ›Tanz der Acht Erscheinungsformen (Padmasambhavas)‹ 141
Tshechu-Tänze 141ff.
Tshogchen Dukhang, ›Versammlungshalle der Vollversammlung (der Mönche)‹ 123, 175
Türkise 134, 136ff.
Tushita (Paradies des Ostens) 284

Überlieferung von Lehrer zu Schüler s. Überlieferungslinie, geistige
Überlieferungslinie der Kagyüpa 271
Überlieferungslinien der Kalacakra-Lehren 271
Überlieferungslinie, geistige 54, 88, 91
Übersetzer der ›Frühen Lehrverbreitung‹ 272
Übersetzungen, tibetische (aus dem Sanskrit) 95
›Übertragung der Verdienste‹ (buddh.) 117
Umerziehung 68
Umsiedlung 69
Umweltzerstörung/ökologischer Raubbau 69, 71, 72
Unabhängigkeit 65, 69
Unruhen 138
Unterricht in tibetischer Sprache 71
Untersuchungen, geologische und demographische 13, 22
Unterwelt (Myth.) 75
Untrennbarkeit von Absolutem und Relativem 85
Unwissenheit (buddh.) 81, 100, 118
Upaya (Skt.), ›Methode‹ 87, 101, 117, 126
Ur-Ozean (Myth.) 117
Ursprungslegende s. Affe und Felsdämonin
Urwind (Myth.) 96
Ushnisha 112

Vairocana-Zyklus 299
Vaishravana-Festival 275
Vajra 87, 94, 114, 272
Vajrayana, ›Diamant-Fahrzeug‹ 55, 85ff., 90, 110, 112, 115, 124
Vase mit Lebenswasser (Skt. Amrita; Symbol der Langlebigkeit) 98, 114, 281
Verblendung (buddh.) 109
Verdienste, karmische 86, 87, 124, 208
Verdunklungen, karmische 100, 110
Vereinte Nationen 67, 72
›Verfahren der verlorenen Form‹ 128
Vergänglichkeit des Daseins (buddh.) 109, 117
Verkörperungen des Adi-Buddha s. Fünf Tathagatas
Versandung/Verwüstung 16
Vertrag von 1906 64
Vieh 41ff.
Vielehe (Polyandrie, Polygamie) 28, 143
›Vier Ausfahrten des Buddha‹ 78
›Vier Edle Wahrheiten‹ 79
Vier Kontinente (Myth.) 96
Vier Medizin-Tantras 239
Vier populäre Wettkampfspiele (tib. Damag): Pferderennen, Ringen, Steinheben, Bogenschießen 138
Vier Stufen der Meditation 96
›Vier Unermeßlichkeiten‹ (buddh.) 81
Vinaya-Pitaka, ›Korb der Ordenszucht‹ 82, 240
Vogelwelt 21
Völkerrecht 72, 73
Volksgruppen 23ff.
Volksregierung 69
Volksreligionen/Volksreligiöse Vorstellungen 50, 74ff., 90
›Vollmönch‹ (Skt. Bhikshu, tib. Gelong) 104
Vorgeburtsgeschichten des Buddha 84, 275
Vorschriftliche Periode 19, 127
›Vorstellungsfreies Wissen‹ (Skt. Nirvikalpakajnyana) 86

Waage (Symbol der Wahrheit) 97, 100
›Weg der Mitte‹ 60
Weg zur Erleuchtung/Befreiung s. Heilsweg
Weihefüllung 46, 130, 163, 165, 185
›Weisheitskörper‹ (Skt. Jnyanakaya) 89
Welten-Ozean 60
Weltenachse 18
Weltenbaum 126
Werdegang des Mönches 104ff.
Wettkampfsportarten 137
Widerstand 63, 67, 68
Wiederaufbau heiliger Bön-Stätten 77
Wiedergeburt (s. auch Reinkarnation) 59, 80, 93, 100, 101, 128
Wiederverkörperungslinie 225, 230
Windpferd 101
Wirtschaftliche Experimente 69
Wohnsiedlungen 71
›Wunscherfüllender Stupa‹ s. Gönthang Bumpa-Stupa
›Wurzellama‹ 91

Yab-Yum-Darstellungen (männl. Gottheiten in Vereinigung mit ihrer weibl. Entsprechung) 87, 107, 109, 112, 132, 158, 240, 241
Yak/Wildyak 21, 37, 41, 48
Yakhautboote 70
Yidam-Gottheit 177, 181, 237, 282, 289, 294, 307, 310
›Yoga Innerer Hitze‹ (tib. Tummo) 244, 290
Yogacara-Richtung, Schule der ›Yoga-Praxis‹ 84, 85, 86ff., 91
Yogische Techniken 85, 87
Younghusband-Expedition 64, 189
Yum s. Yab-Yum

Zehn Exemplarische Taten des Buddha 288
›Zehn Männer von Ü und Tsang‹ 273
›Zehn Taten des Buddha‹ 247
Zehntausendschaft 273, 275
Zelt 41 ff.
Zentralregierung 31, 66
Zentrum der Welt 293
Zeremonie des 37fachen Mandalas 179
Zeremonienfestspiele, rituelle 137
Zeremonienmeister 104
Zerfall des tibetischen Reiches 53
Zerstörung religiöser Stätten 68
Zhalupa (rel. Schulrichtung) 58, 272
Zhang-Zhung-Sprache 76
Zi-Steine 134, 136 ff., 156
Ziselier-, Gravur- und Tauschiertechniken 134
Zornvoller Aspekt/zornvolle Erscheinung 108, 109
Zuflucht (buddh.) 101
Zwangsinhaftierung 72
Zwangssterilisierung 72
Zweiunddreißig Haupt- und achtzig Nebenmerkmale eines ›Großen Mannes‹ (Skt. Mahapurusha) 78, 112
Zwölf oder Hundert Taten des Buddha 123, 178
Zwölffache Kausalkette 100

DuMont Kunst-Reiseführer

- Ägypten und Sinai
- Albanien
- Algerien
- Belgien
  - Die Ardennen
- Bhutan
- Brasilien
- Bulgarien
- Bundesrepublik Deutschland
  - Aachen
  - Das Allgäu
  - Das Altmühltal
  - Bayerisch Schwaben
  - Das Bergische Land
  - Das Berchtesgadener Land
  - Bodensee und Oberschwaben
  - Bonn
  - Bremen, Bremerhaven und das nördliche Niedersachsen
  - Der Chiemgau
  - Dresden
  - Düsseldorf
  - Die Eifel
  - Franken
  - Hamburg
  - Hannover und das südliche Niedersachsen
  - Harz
  - Hessen
  - Nördliches Hessen
  - Hunsrück und Naheland
  - Köln
  - Kölns romanische Kirchen
  - Mecklenburg-Vorpommern
  - Die Mosel
  - Münster und das Münsterland
  - Zwischen Neckar und Donau
  - Der Niederrhein
  - Oberbayern
  - Oberpfalz, Bayerischer Wald, Niederbayern
  - Osnabrück, Oldenburg und das westliche Niedersachsen
  - Ostfriesland
  - Die Pfalz
  - Der Rhein von Mainz bis Köln
  - Rheinhessen
  - Das Ruhrgebiet
  - Saarland
  - Sachsen
  - Sachsen-Anhalt
  - Sauerland
  - Schleswig-Holstein
  - Der Schwarzwald und das Oberrheinland
  - Sylt, Helgoland, Amrum, Föhr
  - Thüringen
  - Der Westerwald
  - Östliches Westfalen
  - Württemberg-Hohenzollern
- Volksrepublik China
- Dänemark
- Die Färöer
- Frankreich
  - Auvergne und Zentralmassiv
  - Die Bretagne
  - Burgund
  - Côte d'Azur
  - Dauphiné und Haute Provence
  - Das Elsaß
  - Frankreich für Pferdefreunde
  - Frankreichs gotische Kathedralen
  - Romanische Kunst in Frankreich
  - Korsika
  - Languedoc – Roussillon
  - Das Limousin
  - Das Tal der Loire
  - Lothringen
  - Die Normandie
  - Paris und die Ile de France
  - Périgord und Atlantikküste
  - Das Poitou
  - Die Provence
  - Drei Jahrtausende Provence
  - Savoyen
- Griechenland
  - Athen
  - Die griechischen Inseln
  - Tempel und Stätten der Götter Griechenlands
  - Korfu
  - Kreta
  - Rhodos
- Grönland
- Großbritannien
  - Englische Kathedralen
  - Die Kanalinseln und die Insel Wight
  - London
  - Die Orkney- und Shetland-Inseln
  - Ostengland
  - Schottland
  - Süd-England
  - Wales
- Guatemala
- GUS u. a. ehem. Sowjetrep.
  - Moskau und Leningrad
  - Sowjetischer Orient
- Holland
- Indien
  - Ladakh und Zanskar
- Indonesien
  - Bali
- Irland
- Island
- Israel
  - Das Heilige Land
- Italien
  - Die Abruzzen
  - Apulien
  - Elba
  - Emilia-Romagna
  - Das etruskische Italien
  - Florenz
  - Gardasee, Verona, Trentino
  - Latium
  - Lombardei und Oberitalienische Seen
  - Die Marken
  - Der Golf von Neapel
  - Piemont und Aosta-Tal
  - Die italienische Riviera
  - Rom – Ein Reisebegleiter
  - Rom in 1000 Bildern
  - Das antike Rom
  - Sardinien
  - Sizilien
  - Südtirol
  - Toscana
  - Die ländliche Toscana
  - Die Villen der Toscana und ihre Gärten
  - Umbrien
  - Venedig
  - Das Veneto
  - Die Villen im Veneto
- Japan
- Der Jemen
- Jordanien
- Jugoslawien
- Karibische Inseln
- Kenya
- Luxemburg
- Malaysia und Singapur
- Malta und Gozo
- Marokko
- Mexiko
  - Mexico auf neuen Wegen
- Namibia und Botswana
- Nepal
- Norwegen
- Österreich
  - Burgenland
  - Kärnten und Steiermark
  - Salzburg, Salzkammergut, Oberösterreich
  - Tirol
  - Vorarlberg und Liechtenstein
  - Wien und Umgebung
- Pakistan
- Papua-Neuguinea
- Polen
  - Schlesien
- Portugal
  - Madeira
- Rumänien
- Die Sahara
- Sahel: Senegal, Mauretanien, Mali, Niger
- Schweden
  - Gotland
- Die Schweiz
  - Graubünden
  - Tessin
  - Das Wallis
- Spanien
  - Die Kanarischen Inseln
  - Katalonien
  - Der Prado in Madrid
  - Mallorca – Menorca
  - Nordwestspanien
  - Spaniens Südosten – Die Levante
- Sudan
- Südamerika
- Südkorea
- Die Südsee
- Syrien
- Thailand und Burma
- Tibet
- Tschechoslowakei
  - Prag
- Türkei
  - Istanbul
  - Ost-Türkei
- Ungarn
- USA – Der Südwesten
- Vietnam
- Zimbabwe
- Zypern

»Richtig reisen« / »Richtig wandern«

- Ägypten
- Kairo
- Sinai und Rotes Meer
- Algerische Sahara
- Arabische Halbinsel
- Australien
- Bahamas
- Belgien und Luxemburg
- Belgien mit dem Rad

Bundesrepublik Deutschland
- Berlin
- Deutsche Ostseeküste
- »Richtig wandern«: Franken
- München
- »Richtig wandern«: Ostfriesland
- »Richtig wandern«: Thüringer Wald
- China
- Cuba
- Dänemark
- Bornholm
- Finnland

Frankreich
- »Richtig wandern«: Bretagne
- »Richtig wandern«: Burgund
- »Richtig wandern«: Cevennen und Languedoc
- Elsaß
- Korsika
- »Richtig wandern«: Korsika
- Languedoc und Roussillon
- Paris
- »Richtig wandern«: Provence
- »Richtig wandern«: Pyrenäen
- Griechenland
- Die griechischen Inseln
- Kreta
- »Richtig wandern«: Kykladen
- »Richtig wandern«: Nordgriechenland
- »Richtig wandern«: Peloponnes
- »Richtig wandern«: Rhodos
- Großbritannien
- London
- Nord- und Mittelengland
- »Richtig wandern«: Nord-England
- »Richtig wandern«: Schottland
- »Richtig wandern«: Englands Süden
- Süd-England
- Guadeloupe – Martinique
- Holland
- Amsterdam
- Hongkong mit Macau und Kanton

Indien
- Nord-Indien
- Süd-Indien
- Indonesien
- Irland
- »Richtig wandern«: Island
- Italien
- Friaul – Triest – Venetien
- Ischia, Capri, Procida
- Neapel
- Oberitalien
- Rom
- Sardinien
- Sizilien
- Süditalien
- »Richtig wandern«: Südtirol
- Toscana
- »Richtig wandern«: Toscana und Latium
- Venedig
- Jamaica

Kanada und Alaska
- Ost-Kanada
- West-Kanada und Alaska
- »Richtig wandern«: Lappland

Luxemburg
- Belgien und Luxemburg
- Madagaskar – Komoren
- Malediven
- Marokko
- Mauritius
- Mexiko
- Nepal
- Neuseeland
- »Richtig wandern«: Neuseeland
- Norwegen

Österreich
- Graz und die Steiermark
- »Richtig wandern«: Tirol
- Wien
- Ostafrika
- Philippinen
- Portugal
- Azoren
- Prag
- Réunion

Rußland
- Moskau
- Schweden
- Die Schweiz und ihre Städte
- Seychellen
- Spanien
- Andalusien
- »Richtig wandern«: Andalusien
- Barcelona
- Extremadura
- Gran Canaria
- Ibiza/Formentera
- »Richtig wandern«: Der spanische Jakobsweg
- Katalonien
- Lanzarote
- »Richtig wandern«: La Palma, La Gomera, El Hierro
- Madrid und Kastilien
- »Richtig wandern«: Mallorca
- »Richtig wandern«: Der Osten Spaniens
- »Richtig wandern«: Pyrenäen
- Teneriffa

Südamerika
- Argentinien – Chile – Paraguay – Uruguay
- Peru und Bolivien
- Venezuela, Kolumbien und Ecuador
- Thailand
- Türkei
- Istanbul
- Tunesien

Ungarn
- Budapest

USA
- Florida
- Hawaii und Südsee
- Kalifornien
- Los Angeles
- Neu-England
- New Orleans und die Südstaaten
- Südwesten – USA
- Texas
- Washington D.C.
- Zentralamerika
- Zypern